民法典合同编通则司法解释适用指南

专题解读·适用难点·风险防范·类案指引

曹守晔／主编
申惠文　何　建　陈延忠　刘玉妹／副主编

法律出版社 LAW PRESS · CHINA
北京

图书在版编目(CIP)数据

民法典合同编通则司法解释适用指南：专题解读·适用难点·风险防范·类案指引/曹守晔主编. -- 北京：法律出版社, 2024
ISBN 978-7-5197-8003-6

Ⅰ. ①民… Ⅱ. ①曹… Ⅲ. ①合同法-法律解释-中国-指南②合同法-法律适用-中国-指南 Ⅳ. ①D923.65-62

中国国家版本馆CIP数据核字(2023)第101683号

民法典合同编通则司法解释适用指南：
专题解读·适用难点·风险防范·类案指引
MINFADIAN HETONGBIAN TONGZE
SIFA JIESHI SHIYONG ZHINAN：
ZHUANTI JIEDU·SHIYONG NANDIAN·
FENGXIAN FANGFAN·LEIAN ZHIYIN

曹守晔 主编

责任编辑 李 群 陈昱希
装帧设计 汪奇峰 臧晓飞

出版发行 法律出版社
编辑统筹 法规出版分社
责任校对 翁潇潇
责任印制 耿润瑜
经 销 新华书店

开本 710毫米×1000毫米 1/16
印张 48.75 字数 718千
版本 2024年3月第1版
印次 2024年3月第1次印刷
印刷 三河市龙大印装有限公司

地址：北京市丰台区莲花池西里7号(100073)
网址：www.lawpress.com.cn
投稿邮箱：info@lawpress.com.cn
举报盗版邮箱：jbwq@lawpress.com.cn

销售电话：010-83938349
客服电话：010-83938350
咨询电话：010-63939796

书号：ISBN 978-7-5197-8003-6
定价：118.00元

主编简介

曹守晔

国家法官学院兼职教授，中国审判理论研究会常务理事。“新世纪百千万人才工程”国家级人选。曾任最高人民法院高级法官、研究室一级巡视员、应用法学研究所常务副所长，合同法解释起草小组负责人，民法典编纂研究小组专班成员。曾任中国法官协会第5届理事、中国国际经济贸易仲裁委员会第15届专家咨询委员。

副主编简介

申惠文

郑州大学法学院教授，武汉大学民商法学博士，中国社会科学院法学研究所和中国应用法学研究所博士后，河南省中青年骨干教师，河南省法学会民法学研究会副会长兼秘书长。

何　建

上海市第一中级人民法院商事庭副庭长，三级高级法官、法学博士后。先后在民四庭、申诉庭、立案庭、民一庭等部门工作。

陈延忠

厦门海事法院高级法官，宁德法庭庭长，中国应用法学研究所博士后，福建省法学会海法学研究会副会长。2006年毕业于厦门大学，法学博士。曾获全国法院先进个人、全国法院办案标兵、全省法院先进工作者、首届福建省审判业务专家、全省法院调研人才、厦门市青年“五四”奖章标兵等荣誉称号。

刘玉姝

西南政法大学法学博士，先后任重庆市第五中级人民法院民二庭副庭长、执行局实施处处长，三级高级法官。曾获评重庆市法院办案标兵。

缩略语表

全称	简称	发文字号
《最高人民法院关于适用〈中华人民共和国民法典〉合同编通则若干问题的解释》	《民法典合同编通则司法解释》	法释〔2023〕13号
《最高人民法院关于适用〈中华人民共和国合同法〉若干问题的解释（一）》	《合同法司法解释（一）》	法释〔1999〕19号（已废止）
《最高人民法院关于适用〈中华人民共和国合同法〉若干问题的解释（二）》	《合同法司法解释（二）》	法释〔2009〕5号（已废止）
《最高人民法院关于审理买卖合同纠纷案件适用法律问题的解释》	《买卖合同纠纷司法解释》	法释〔2020〕17号修正
《最高人民法院关于适用〈中华人民共和国民法典〉总则编若干问题的解释》	《民法典总则编司法解释》	法释〔2022〕6号
《最高人民法院关于适用〈中华人民共和国民法典〉物权编的解释（一）》	《民法典物权编司法解释（一）》	法释〔2020〕24号
《最高人民法院关于适用〈中华人民共和国民法典〉时间效力的若干规定》	《民法典时间效力规定》	法释〔2020〕15号
《最高人民法院关于审理民间借贷案件适用法律若干问题的规定》	《民间借贷规定》	法释〔2020〕17号修正
《最高人民法院关于民事诉讼证据的若干规定》	《民事诉讼证据规定》	法释〔2019〕19号

续表

全称	简称	发文字号
《最高人民法院关于审理商品房买卖合同纠纷案件适用法律若干问题的解释》	《商品房买卖合同纠纷司法解释》	法释〔2020〕17 号修正
《全国法院民商事审判工作会议纪要》	《九民纪要》	法〔2019〕254 号
《最高人民法院关于适用〈中华人民共和国民法典〉有关担保制度的解释》	《民法典担保制度司法解释》	法释〔2020〕28 号
《最高人民法院关于审理人身损害赔偿案件适用法律若干问题的解释》	《人身损害赔偿司法解释》	法释〔2022〕14 号修正
《最高人民法院关于审理建设工程施工合同纠纷案件适用法律问题的解释（一）》	《建设工程施工合同司法解释（一）》	法释〔2020〕25 号
《最高人民法院关于审理城镇房屋租赁合同纠纷案件具体应用法律若干问题的解释》	《城镇房屋租赁合同纠纷司法解释》	法释〔2020〕17 号修正
《最高人民法院关于审理矿业权纠纷案件适用法律若干问题的解释》	《矿业权纠纷司法解释》	法释〔2020〕17 号修正
《最高人民法院关于审理建设工程施工合同纠纷案件适用法律问题的解释》	原《建设工程施工合同司法解释》	法释〔2004〕14 号（已废止）
《最高人民法院关于适用〈中华人民共和国物权法〉若干问题的解释（一）》	《物权法司法解释（一）》	法释〔2016〕5 号（已废止）
《最高人民法院关于适用〈中华人民共和国仲裁法〉若干问题的解释》	《仲裁法司法解释》	法释〔2006〕7 号
《最高人民法院关于审理外商投资企业纠纷案件若干问题的规定（一）》	《外商投资企业纠纷司法解释》	法释〔2020〕18 号修正

续表

全称	简称	发文字号
《最高人民法院关于适用〈中华人民共和国保险法〉若干问题的解释（二）》	《保险法司法解释（二）》	法释〔2020〕18号修正
《最高人民法院关于审理期货纠纷案件若干问题的规定》	《期货纠纷规定》	法释〔2020〕18号修正
《最高人民法院关于适用〈中华人民共和国民事诉讼法〉的解释》	《民事诉讼法司法解释》	法释〔2022〕11号修正
《最高人民法院关于人民法院办理执行异议和复议案件若干问题的规定》	《执行异议和复议规定》	法释〔2020〕21号
《最高人民法院关于当前形势下审理民商事合同纠纷案件若干问题的指导意见》	《民商事合同指导意见》	法发〔2009〕40号
《最高人民法院关于适用〈中华人民共和国担保法〉若干问题的解释》	《担保法解释》	法释〔2000〕44号（已废止）
《最高人民法院关于贯彻执行〈中华人民共和国民法通则〉若干问题的意见（试行）》	《民通意见》	法（办）发〔1988〕6号（已废止）

目录 contents

专题三 合同的效力

专题四 合同的履行

绪　论

法谚“法无解释不得适用”，虽属极而言之，但不无道理。《民法典》合同编及其相应的司法解释，是人民法院审理合同纠纷案件的主要法律依据。最高人民法院《关于适用〈中华人民共和国民法典〉合同编通则若干问题的解释》（法释〔2023〕13号，以下简称《民法典合同编通则司法解释》）于2023年5月23日由最高人民法院审判委员会第1889次会议通过，自2023年12月5日起施行。

《民法典》合同编的切实实施，对于在法治轨道上鼓励市场交易、促进市场繁荣、发展社会主义市场经济、巩固社会主义基本经济制度具有重大意义。《民法典合同编通则司法解释》以习近平新时代中国特色社会主义思想为指导，坚持人民立场、问题导向、法治思维、系统思维、守正创新，根据《民法典》规定和司法实践经验，最高人民法院在广泛征求各方面意见、深入研判、认真权衡的基础上，就《民法典》合同编通则适用中困扰合同纠纷案件审理的疑难问题作出了解释。《民法典合同编通则司法解释》的出台，对准确理解民法典，统一裁判思路，规范法官、仲裁员审理合同纠纷案件的自由裁量权，提高人民法院和仲裁机构实质性化解合同等债务纠纷的能力，抓实“公正与效率”工作主题，稳定社会大众对合同履行和合同纠纷的裁判预期，引导当事人诉前自行协商化解矛盾，推进新时代能动司法，提升新质生产力，推动经济高质量发展，均具有重要作用。

为使各级人民法院尽快准确理解掌握《民法典》合同编及《民法典合同编通则司法解释》的精神和内容，在合同纠纷案件审理中正确理解适用，最高人民法院于2023年12月19日发布《关于认真学习贯彻〈民法典合同编通则司法解释〉的通知》（法〔2023〕239号），要求各级人民法院在妥善处理好工学关系的前提下，通过多种形式组织学习培训，做好宣传工作。

一、《民法典合同编通则司法解释》的适用范围

该解释为各级人民法院而制定，适用范围是合同纠纷案件、非合同债权债务纠纷案件——不当得利和无因管理准合同纠纷案件，依法保护当事人的合法权益，制定的根据是《民法典》合同编通则和《民事诉讼法》等相关法律规定，同时结合了民商事审判实践。所谓非合同债权债务，即非因合同产生的债权债务，主要是不当得利、无因管理准合同之债，侵权行为之债，以及法定之债（如《民法典》第 26 条、第 1067 条）。《民法典》第 468 条规定，非因合同产生的债权债务，在法律没有规定的情况下，适用《民法典》合同编通则的有关规定，但是根据该债的性质不能适用的除外。在法律对非合同之债权债务没有特别规定的情况下，《民法典合同编通则司法解释》也可适用于非合同之债，除非依其性质不能适用。因不当得利、无因管理准合同之债，侵权行为之债产生的纠纷案件，以及负有法定义务而不履行义务而产生的抚养、赡养、扶养债务纠纷案件，根据其不同于合同的人身性质，不适用《民法典合同编通则司法解释》第 3 ~ 10 条合同的订立、第 52 ~ 54 条合同的解除、第 59 ~ 68 条违约责任等的解释。虽然该解释形式上是为各级人民法院而制定，实际上，仲裁机构也可以适用于合同纠纷案件的裁决。总之，该解释为各级人民法院制定，但是又不限于人民法院，适用范围主要是合同纠纷案件，但是又不限于合同纠纷案件。适用范围集中体现在该解释的前言“帽子”之中：“合同纠纷案件以及非因合同产生的债权债务关系纠纷案件”。

二、《民法典合同编通则司法解释》的主要内容和十大亮点

该解释的主要内容安排遵循合同订立、履行的生活逻辑，按照《民法典》合同编的篇章结构、沿袭《合同法》相关司法解释的布局顺序，对《民法典》合同编通则司法应用中的一般规定（合同条款解释和交易习惯）、合同订立、合同效力、合同履行、合同保全、合同变更和转让、合同消灭（权利义务终止）和违约责任等八个问题作出了系统的解释，合计主则 68

条，附则 1 条。《民法典》第 153 条第 1 款总结了司法实践经验，即吸收了《合同法司法解释（二）》限缩违法无效范围的规则，规定："违反法律、行政法规的强制性规定的民事法律行为无效。但是，该强制性规定不导致该民事法律行为无效的除外。"对于司法实践而言，如何理解和把握这类高度抽象、既不明确也不具体的但书条款，的确是一大难题。此涉及价值判断和利益衡量，需要斟酌是一方当事人，还是双方当事人违反法律、行政法规的强制性规定，是某一个行为无效还是整个合同无效，是仅需承担公法责任就可以实现该强制性规定目的，还是需要同时否定合同效力以实现该强制性规定目的。对此，《民法典合同编通则司法解释》第 16 条在总结司法经验的基础上，列举五种情形可认定为"但书"例外有效合同。同时第 2 款区分了合同订立行为与合同履行行为，实质上是区分了单方行为与双方行为。从内容看，该解释秉承《民法典》总则编、合同编立法宗旨，以法典为准绳，延续《合同法》相关司法解释价值导向，吸收合同理论研究成果，坚持问题导向，运用政治思维、历史思维、体系思维、辩证思维、程序思维、效率思维、能动思维，贯彻新发展理念，坚持社会主义核心价值观，聚焦理论和实务各界提出的合同纠纷案件法律适用的重点关切，回应了《民法典》合同编通则在司法应用中的问题，体现十大亮点如下：

（一）承前守典，稳定司法秩序

在制定《民法典合同编通则司法解释》过程中，起草人员尽可能保持司法解释的延续性，以维护司法秩序的稳定性，对于《合同法司法释（一）》《合同法司法解释（二）》等司法解释和司法政策中与《民法典》并无冲突且仍行之有效的规定尽可能保留或者在适当修改后予以保留。《合同法》相关司法解释的一部分进入《民法典》成为法律规范、一部分进入其他司法解释，例如《民法典时间效力规定》等，此外的一些内容得以在《民法典合同编通则司法解释》中延续、继承和发展。例如：第一部分一般规定中对合同条文的解释、交易习惯的认定；第二部分合同订立中合同成立的认定；第三部分合同效力中区分有效合同与无效合同、生效合同与未生效合同（附条件的、附期限的、需要审批的等），第 12 条关于需要行政审批的合同效力定位，报批义务条款效力的相对独立性、可诉性以及拒不履行的参照违约责任的赔偿替代责任，第16条通过对《民法典》第153条第1款[①]有效例外但书的解释，以列举的形式试图划出违反法律、行政法规强制性规定的合同有效与否的界限，限缩无效合同的范围，与《合同法司法解释（二）》通过对法律、行政法规的“强制性规定”作缩小解释，以限缩无效合同的范围，可谓殊途同归；第五部分合同保全中代位权诉讼实行被告地域管辖、集中管辖、合并审理、实质性化解矛盾的解释，继续坚持《合同法司法解释（一）》中债权人行使代位权胜诉之后直接受偿原则而排除传统理论上的“入库”规则等等。对于《九民纪要》《民商事合同指导意见》等司法政策性文件的规定，也根据实施情况及时总结经验，将被证明既符合《民法典》精神又切实可行的内容上升为司法解释，从而使其继续发挥指导作用。《民法典合同编通则司法解释》第17条在对《民法典》第153条第2款中的公序良俗进行细化解释时，始终坚持《民法典》的立法理念、核心价值和基本原则。

（二）补漏创新，直面实际问题

漏洞填补是司法解释的重要方法。“法与时转则治”，守正不是保守无为，而是循典而释，需与“创新”并举。司法解释在保持延续性、稳定性的同时，也应根据新的理念、新的法律、新的形势、新的成果、新的经验对合同法律制度有所发展（例如情势变更之于合同履行、合同解除通知异议期限之于合同解除通知履行期限，以及合同报批条款的独立效力在《合同法》相关司法解释、《关于审理外商投资企业纠纷案件若干问题的规定（一）》与《民法典》第502条第2款的演进发展），有效解决当前司法实践中存在的问题。例如：《民法典》虽然规定了因第三人原因造成违约情况下

---

① 《民法典》第153条第1款作为沟通公法与私法的管道，其基本功能是在私法中引入公法的价值理念或管制目标，用于控制私人自治，其实质是授权法院衡量公法具体强制规范的管制目标与契约自由，公益和私益在个案中的权重。然而，因该款并没有确定公法影响合同效力的标准，这使在个案中，对相互抵牾的公私法价值应如何取舍，难以达成共识。如刑法学者认为，应按照刑民各自的规范目的处理：若两者整体一致，则应综合考量法律效果；若明显对立，则需要拆分案件事实，分别适用刑民的法律效果。民法学者则诉诸公法的立法目的和比例原则等。但这些标准都因过于抽象而难以操作，实践中往往以特定时期的司法政策为准，甚至为统一裁判还确立存疑时的统一规则。如在德国司法实践中，若刑事禁令针对合同双方，在其应否影响合同效力存疑时，推定刑法影响合同效力。参见谢鸿飞：《违反刑法的合同的类型与效力》，载《法律适用》2024年第1期。

的责任承担（第593条），但对第三人缔约过失责任缺乏规定。《民法典合同编通则司法解释》第5条对缔约阶段第三人责任的漏洞进行填补；再如第8条明确了违反预约合同的责任，也属于漏洞补充性解释。第17条对《民法典》第153条第2款中的“公序良俗”作的与其说是漏洞补充，毋宁说是可据此认定无效的类型化解释，无效情形列举加有效思维方法，便于实务中把握。

（三）三位一体，精准综合司法

《民法典合同编通则司法解释》第16条是起草过程中争议最大、也是最长的一条。针对司法实践中存在的“涉罪合同一律无效”以及“罪名决定合同效力”、“行政处罚决定合同效力”等认识，综合考虑民事立法、行政立法与刑事立法的目的和司法的效果，理论上借鉴公法比例原则，明确只要行为人承担行政责任或者刑事责任能够实现强制性规定的立法目的，就可以根据《民法典》第153条第1款但书的规定认定合同不因违反强制性规定而无效。这里体现的是系统思维、体系解释方法。

合同违反法律、行政法规强制性规定的合同是否无效，是各国民法面临的一个难题，而我国《民法典》第153条第1款的但书如何明确解释，同样是一个难题。继《合同法》第52条将影响合同效力的强制性规定限定为法律、行政法规的强制性规定后，《合同法司法解释（二）》第14条进一步将导致合同无效的强制性规定限制在效力性强制性规定。这是当时学界的共识，也是实践经验的总结，无疑是必要的、正确的。《民法典》第153条第1款虽然没有采用效力性强制性规定的表述，但在思路上、目标上与《合同法司法解释（二）》第14条应该是一致的，即违反法律、行政法规的强制性规定不该全部无效、绝对无效，或者说不必然导致合同无效。在此次司法解释的起草过程中，绝大部分民法学者认为，效力性强制性的表述已经深入人心，尽管立法不宜采用，但司法解释采用这一表述，可以兼顾立法原意和实践的需求。经过反复研究并征求各方面的意见，征求意见稿保留了这一表述。之所以称为“效力性强制性规定”，是因为行为人违反该规定，不仅可能要承担公法上的责任，而且会导致合同无效。因此，《合同法司法解释（二）》第14条和新解释的征求意见稿采用了效力性强制性规定的表述，但没有同时采用管理性强制性规定的表述。与效力性强制性相对应的，可以是原在最高人民法院 2009 年通知中的管理性，周延的应为非效力性强制性，即行为人违反该规定，往往需要承担公法上的责任，民事责任可能也会有，但无需认定合同无效。为指导各级人民法院的法官对效力性强制性规定进行识别，征求意见稿在总结审判经验的基础上，就判断效力性强制性规定所需考量的因素作出了解释。一般认为，判断效力性强制性规定，首先应考察该强制性规定的规范目的是否需要通过否定合同效力来实现；其次应考察该强制性规定的保护范围，进而判断案件所涉当事人是否属于该强制性规定所保护的对象（如《城市房地产管理法》第 39 条第 1 款第 1 项前段，第 45 条第 1 款第 1 项前段）；再次应考察该强制性规定究竟是规制一方当事人还是同时规制双方当事人，以防止违法一方通过合同无效将违法后果“转嫁”给对方来承担（如《商业银行法》第 39 条）；最后应考察违反强制性规定的社会后果是否严重，从而判断是否应通过否定合同效力尽可能消除不良后果（《城市房地产管理法》第 39 条第 1 款第 2 项，第 45 条第 1 款第 1、2、3 项）。为使规则更加明确，征求意见稿本条第 2 款还就常见的效力性强制性规定作了列举式的规定，第 3 款就实践中争议较大的交易资质、批准证书问题进行较为详细的规定。

与征求意见稿不同的是，正式发布稿改变了本条的思路，不再采用“效力性强制性规定”这一概念来限缩无效合同范围，理由：一是虽然有的强制性规定究竟是效力性强制性规定，还是管理性强制性规定十分清楚，但是有的很难区分，因为标准不清晰，难以形成共识，特别是没能形成简便易行、务实管用的可操作标准，容易导致审判实践中有时裁判尺度不统一；二是在有的场合，合同有效还是无效，是裁判者综合分析多种因素的结果，而不仅仅是作为请求权基础或者行为人违反的法律规范的性质；三是审判实践中出现了望文生义的现象，即公法上的不少强制性规定被认定为管理性强制性规定，行政部门颇有微词。根据《民法典》第 153 条第 1 款的表述，司法解释最终不再区分效力性强制性规定和管理性强制性规定，而是直接对《民法典》第 153 条第 1 款规定的“但书”进行解释，避免继续陷入对规范定性的两难窘境。尽管如此，学界继续对效力性强制性规定和管理性强制性规定区分研究，或者对效力性强制性规定与非效力性强制性规定区分研究，仍然大有价值。特别是，新的解释在实施中还会出现新的值得研究探讨的问题，譬如衡量“能够实现强制性规定的立法目的”的具体标准，“对社会公共秩序造成的影响显著轻微”如何把握等，其难度未必就更小。我们应当有迎难而上的心理准备和勇气。

《民法典合同编通则司法解释》将征求意见稿的第 17 条与第 18 条合二为一，成为第 16 条，以公法上的比例原则为理论基础，以系统思维从立法宗旨及其实施效果上来限缩无效合同范围。其第 1 款具体列举了违反法律、行政法规强制性规定不影响合同效力的四种情形和兜底的其他情形，第 2 款区分了合同订立行为与合同履行行为受强制性规定的不同影响，换言之，规制履行行为的，不影响合同效力，第 3 款在认定行为违法不影响合同效力的前提下，规定了如果违法行为未经行政处理，应当提出司法建议，还规定了当事人的行为涉嫌犯罪的，与刑事诉讼的衔接问题。

（四）动静结合，兼顾物权与合同效力

根据《民法典》第 215 条规定的区分原则，《民法典合同编通则司法解释》第 18 条规定构成无权处分的，应当依据法定后果认定合同效力，第 19 条规定以转让或者设定财产权利为目的订立的合同效力不因无处分权而无效，但无处分权会影响到物权变动的效力，除非受让人善意取得财产权利。《民法典》合同编不再沿用《合同法》第 51 条的规定，并非对原物权人的权利不管不顾，而是在区分所有权变更与合同效力的基础上，平衡原权利人与受让人利益、物权静态保护与交易动态安全。未经他人授权转让他人财产，或者在他人财产上设定财产权利的，即使合同有效、已经履行，动产财产已经交付或者不动产财产移转登记至受让人，基于物权效力，物主即原权利人、真正权利人有权请求确认物权或者返还财产，除非受让人依据《民法典》第 311 条善意取得财产；合同不应当仅仅因为无权处分而无效，合同不能履行的，受让人有权解除合同并请求让与人承担违约赔偿责任。

（五）完善代理和代表制度，强调相对人的合理审查义务

《民法典合同编通则司法解释》第 20 条明确了法定代表人或者负责人的代表权限由法律、行政法规规定排除的，相对人对与其交易单位的法定代表人或者负责人是否取得授权负有合理审查义务。未尽到对法定代表人或者负责人是否取得授权的合理审查义务，则无权主张合同对法人、非法人组织发生效力，无权主张违约责任，除非尽到合理审查义务，符合《民法典》第504条的规定构成表见代表。该解释第20条第3款并且确立了内部追偿规则，即“法人、非法人组织承担民事责任后，向有过错的法定代表人、负责人追偿因越权代表行为造成的损失的，人民法院依法予以支持”。同时，第23条第2款在《民法典》第164条基础上，进一步细化代理人和相对人恶意串通的法律适用，为司法审判提供了更加清晰的规则。

（六）明确以物抵债效力，细化同时履行抗辩权

《民法典合同编通则司法解释》第27条、第28条，一方面沿袭了《九民纪要》的相关精神，另一方面结合理论发展和审判需要，细化优化以物抵债规则，如区分协议效力与物权变更，进一步明确人民法院确认的以物抵债协议不发生财产权移转的效力，并对债务人或者第三人与债权人在债务履行期限届满前达成以物抵债协议效力的认定，人民法院应当在审理债权债务的基础上认定协议效力。第31条则从三个方面细化同时履行抗辩权规则，其一，基于主要债务与非主要债务的不对等，规定了不履行非主要债务致使不能实现合同目的时，可以行使同时履行抗辩权；其二，对人民法院判决同时履行抗辩权的内容并对判决事项的执行进行了明确；其三，细化了《民法典》第526条规定的先履行抗辩权规则。

（七）细分情势变更条件，不再经过报核程序

如何认定《民法典》第533条第1款规定的合同的基础条件发生了重大变化？《民法典合同编通则司法解释》第32条第1款规定，“合同成立以后，因政策调整或者市场供求关系异常变动等原因导致价格发生当事人在订立合同时无法预见的、不属于商业风险的涨跌，继续履行合同对于当事人一方明显不公平的”，构成前述“重大变化”。这是适用情势变更规则的前提条件和事实要求。但是，合同涉及市场属性活跃、长期以来价格波动较大的大宗商品以及股票、期货等风险投资型金融产品的除外。法律者，绳墨也。司法审判、司法解释都应当以法律为准绳。该解释第32条遵守《民法典》第533条的基本规范，进一步细化了“重大变化”的具体情形，确认了情势变更规则适用的法定性质，不认可当事人抽象或具体排除情势变更适用的约定。与此相关，坚持不可抗力适用的法定性质——因不可抗力，不能履行民事义务的，或者不承担民事责任（《民法典》第180条），或者根据其影响大小全部或部分免除责任（《民法典》第590条），不能行使请求权的，诉讼时效中止（《民法典》第194条），不能实现合同目的的，可以解除合同（《民法典》第563条），造成货物运输合同的货物毁损、灭失的，承运人不承担责任（《民法典》第832条），但承运人未收取运费的不得请求支付运费，已经收取运费的，托运人可以请求返还（《民法典》第835条），因不可抗力导致高度危险物造成他人损害的，或者导致高空、高压、地下挖掘活动以及高速轨道运输造成他人损害的，不承担责任（《民法典》第1239条、第1240条）；明确了“重大变化”的前提，与《民法典》一致，既不认可个别学者主张的将不可抗力作为适用情势变更的原因或者前提、将不可抗力造成的损失在当事人之间如何分配纳入情势变更规则——因为于法无据，也不认可将商业风险分配规则纳入情势变更制度之中的观点，因为《民法典》第533条已经明确排除不适用，混淆了商业风险与情势变更。同时，就适用情势变更规则的法律后果，在合同“变更”与“解除”的选择应用上“变更”优先，鼓励合同变更履行，促进市场交易，维护市场经济秩序，并要求人民法院在判项中明确合同变更或解除的具体时间，为当事人准确划分了权利义务变化的时间节点。

另外，鉴于《民法典》吸收了《合同法司法解释（二）》第26条规定的内容，新设了合同履行过程中独立的情势变更制度，因此，首先，《民法典合同编通则司法解释》第32条此时就不需要刻意与不可抗力制度相区分。《合同法司法解释（二）》第26条之所以要区别不可抗力制度，是因为当时的立法者认为不可抗力涵盖了情势变更，是因为要解决当时《合同法》立法过程中存在将二者混为一谈并导致删除情势变更条款的突出问题，第26条当时发挥了拨乱反正、澄清界限的历史作用，而在《民法典》增加了情势变更制度之后的今天，这一问题已经不存在了，学界和实务界已经基本形成的共识是：虽然有时难以区分，毕竟情势变更与不可抗力为《民法典》规定的不同的法律事实、不同的法律制度，因而应当适用不同的法律规则。

至于不可抗力事实在特定情形下构成或者演化为情势变更的事实，出现了由“不能履行”转化为能够履行的事实（例如调整合同履行时间）而适用情势变更，不是因为出现了不可抗力的事实，而是出现了符合《民法典》第533条规定的“重大变化”事实。这也是二者的联系点之一。况且，《民法典》第563条将《合同法司法解释（二）》第26条中不能实现合同目的情形，已经并入合同解除的法定情形之一加以规定。其次，最高人民法院《关于正确适用〈中华人民共和国合同法〉若干问题的解释（二）服务党和国家工作大局的通知》（法〔2009〕165号）中的协商规则写入《民法典》，《民法典合同编通则司法解释》第32条和2023年《关于认真学习贯彻〈民法典合同编通则司法解释〉的通知》，也都不需要写入协商规则了。再次，根据最高人民法院《关于认真学习贯彻〈民法典合同编通则司法解释〉的通知》，适用情势变更制度不再需要报请最高人民法院审核。《合同法司法解释（二）》第26条规定情势变更制度后，最高人民法院发布了《关于正确适用〈中华人民共和国合同法〉若干问题的解释（二）服务党和国家的工作大局的通知》（法〔2009〕165号），要求各级人民法院审慎适用情势变更制度，根据案件的特殊情况，确需在个案中适用的，应当由高级人民法院审核；必要时应报请最高人民法院审核。这在当时《合同法》没有确立情势变更制度而司法解释设立了情势变更规则的情况下，最高人民法院在适用程序上持审慎态度，要求高级人民法院统一审核是必要的。最后，释随法转，现在考虑到《民法典》第533条已就情势变更制度作了明确规定，《民法典合同编通则司法解释》施行后，上述审核程序不再需要。依法成立的合同生效以后应当得到全面履行是原则，情势变更是例外。各级人民法院应正确理解《民法典》及《民法典合同编通则司法解释》关于情势变更制度的规定，妥善处理合同履行与合同变更或解除之间的关系、实现合同公平与维护合同秩序之间的关系。正常的价格变动固然是商业风险，但因政策变动或者供求关系的异常变动导致价格发生当事人在订立合同时难以合理预见的涨跌，按照原定价格继续履行合同，将带来显失公平的结果，则应当认定发生了可以适用情势变更规则的“重大变化”。案件中出现了《民法典》第533条和《民法典合同编通则司法解释》第32条规定的“重大变化”，当事人请求变更或者解除合同的，可以直接依据上述法条和解释径行裁决，无须像新冠疫情期间个别法院法官受误导先认定不可抗力再适用情势变更条款。

（八）完善合同保全制度，加大对债权人的保护力度

对代位权，《民法典合同编通则司法解释》第五部分用了14个条文对合同保全问题进行了细致、全面规定，进一步强化了对债权人的保护。这一部分延续了《合同法司法解释（一）》《合同法司法解释（二）》以来的传统，在本部分设置了相应的程序性规则，主要考虑是《民法典》合同编通则第五章明确规定了债权人代位权和撤销权只能通过向人民法院起诉的方式行使，故必须设置配套的程序性规则来保障代位权和撤销权在诉讼中具体实现，而放在本解释中一并规定，既是对传统的尊重和延续，也有利于学法找法用法。这也是本解释一开始将《民事诉讼法》也作为制定根据的原因。本解释将《民法典》合同编在《合同法》规定的基础上扩大代位权的行使范围的立法意图贯彻其中，既有对债权人代位权或者债权人撤销权行使条件的实体性规则解释，也有对行使债权人代位权或者债权人撤销权诉讼的程序性规则保障。《民法典》对债权人代位权和债权人撤销权两种保全措施规定的规则不同，前者吸收《合同法》相关司法解释适用“非入库规则”，后者适用“入库规则”，因而债权人在行使代位权时可以直接请求相对人对自己清偿债务，实现债权。据此《民法典合同编通则司法解释》延续《合同法》相关司法解释设计了不同的规则，并加大了对行使撤销权的债权人的保护，比如在第43条补充列举了债权人可以行使撤销权的不合理的价格交易的具体情形，以防止债务人变着花样“逃废债”、影响债权人的债权实现。同时，第35条和第36条对出现诉讼与仲裁冲突等新问题进行了积极回应，在尊重仲裁协议、充分考虑债权保护需求的基础上，最大限度照顾了各方利益。第46条规定债权人在行使撤销权撤销债务人与相对人的财产处分行为时，可以起诉对债务人的债务请求清偿，人民法院合并审理，一并解决债权人行使撤销权保全财产和债权人主张债务人清偿债务两个争议。这是在《民法典》框架下的一项规则创新，既符合债的保全的要求，又协调了立法与司法的关系，通过执行程序、财产保全措施实现债权人的胜诉权益，有效降低了债权人的维权成本，有力提高了债权人的维权效率，确保债权人合法权益获得保护。

（九）丰富抵销规则和可得利益的计算规则，破解损失认定难题

当事人主张抵销的，应当通知对方。对于抵销范围的认识分歧，《民法典合同编通则司法解释》第55条规定，抵销范围为双方互负的主债务、利息、违约金或者损害赔偿金等债务的同等数额，抵销成立的，自抵销通知到达时发生效力。第57条解释了侵权行为人不得主动主张抵销的侵权情形，有利于加强对自然人人身权益的保护，抑制故意或者重大过失的财产侵权。第58条根据诚实信用原则，兼顾法理人情，明确了不同的抵销标准：作为主动债权，以自己已过诉讼时效的债权主张抵销对方债权，对方援引诉讼时效抗辩的，人民法院对抗辩予以支持；作为被动债权，己方的债权已过诉讼时效，对方主张抵销的，人民法院支持抵销。

《民法典》第584条规定了违约损失赔偿的范围，其中包括合同履行可得利益，最高不超过违约一方在订立合同时预见到或者应当预见到的违约损失。对于司法审判实践中经常遇到的可得利益赔偿数额难以确定的问题，若不明确计算规则合理解决，不仅影响司法裁判质量，也会对当事人的缔约积极性和缔约成本产生负面影响。《民法典合同编通则司法解释》第60条至第62条对于可得利益的赔偿予以充实、细化，规定确定可得利益时应扣除非违约方为订立、履行合同支出的费用等合理成本，并对非违约方实施或未实施替代交易后的求偿范围进行了明确，以利于解决审判实践中长期存在的损失认定难题。

（十）条文与案例结合，以案例为指引

配套发布参考案例。制定司法解释和发布典型案例，都是最高人民法院指导全国法院正确适用法律，统一裁判尺度的重要抓手。除了司法解释条文、答记者问和配套通知以外，此次配套发布10个合同纠纷参考案例，是区别于以往司法解释的形式创新。典型案例比抽象条文更加具体生动、形象直观，能够发挥指引、评价、示范作用，与司法解释条文具有很强的互补性。配套发布典型案例，一是帮助理解司法解释的具体规定。例如，案例一有助于理解司法解释第4条什么是合同成立；案例二的裁判要点不仅明确了预约和本约的区分标准，而且明确当事人签订预约合同后，已经实施交付标的物或者支付价款等履行行为的，应当认定其以行为方式订立了本约，有助于正确理解适用本解释第 6 条；案例五涉及的是司法解释第 36 条在案件中的具体化；案例六是司法解释第 46 条第 1 款的先行实践；案例九是涉及司法解释第 60 条第 3 款合同可得利益的计算问题；案例十是涉及司法解释第 61 条第 2 款和第 63 条第 3 款合同可得利益的计算和损失赔偿范围问题。二是与司法解释确定的裁判规则形成有效互补。案例三有利于正确理解与适用司法解释第 15 条确立的名实不副合同纠纷裁判规则；案例四虽然没有支持当事人以情势变更为由诉请解除合同，但以《民法典》第 580 条第 1 款第 2 项判决终止合同解决了合同僵局问题，可与司法解释第 32 条情势变更形成合同解除的互补关系。

当然，最高人民法院以往发布的合同纠纷指导案例，不可忽视，应当参照适用。

三、《民法典合同编通则司法解释》的时间效力

《民法典合同编通则司法解释》附则，即第 69 条，其第 1 款明确了该解释发布即生效的规则："本解释自 2023 年 12 月 5 日起施行"。此款搬用了《民法典》第 1260 条的表述，但是含义不同。这里所谓"施行"，是指自此可以引用作为裁判依据，而不是其效力的时间起点，因为该解释是对《民法典》的解释，因而其效力可以溯及既往，直至《民法典》开始生效的时间，即 2021 年 1 月 1 日，但具有该解释同条第 2 款情形的除外，不得溯及既往加以引用。其第 2 款沿用《合同法司法解释（二）》第 30 条，就《民法典》施行后的法律事实引起的民事案件是否适用《民法典合同编通则司法解释》作出了规范，即"民法典施行后的法律事实引起的民事案件，本解释施行后尚未终审的，适用本解释；本解释施行前已经终审，当事人申请再审或者按照审判监督程序决定再审的，不适用本解释"。

《民法典》颁布后，最高人民法院先破后立，迅速废止了根据《合同法》制定的《合同法司法解释（一）》《合同法司法解释（二）》，司法实践急需出台关于民法典合同编通则的司法解释，因为在法院裁判文书中需要引用作为裁判依据。对于民法典施行前的法律事实引起的合同纠纷等民事债务

案件，在2020年12月废止了《合同法司法解释（一）》《合同法司法解释（二）》之后、新的解释出台前，需要引用《合同法司法解释（一）》《合同法司法解释（二）》作为裁判依据的，如何处理？这是2021年4月以前摆在一线法官面前的难题。为补救解决这一问题，最高人民法院在2021年4月发布的《全国法院贯彻实施民法典工作会议纪要》明确，在裁判文书"本院认为"部分，将《合同法司法解释》作为对相关法律规定的理解作为裁判说理依据。此可谓聊胜于无。

对于《民法典》施行前的法律事实引起的合同纠纷等民事债务案件，该解释没有明确其可否作为裁判的依据。"民法典施行前"，分两个阶段，一是《民法总则》施行以前，即1997年10月1日以前，二是1997年10月1日至2020年12月31日《民法总则》施行阶段。鉴于《民法总则》内容不变整体入典成为总则编，因此，《民法典合同编通则司法解释》对《民法典》总则编的解释，例如第1、11、14、16、17、18、21、22条，可以溯及至1997年10月1日《民法总则》生效之日，而对合同编通则的解释原则上可溯及至2021年1月1日。根据《民法典时间效力规定》，如果《民法典》合同编通则的条文具有溯及既往的效力，则《民法典合同编通则司法解释》就该条的法律适用作出的解释也具有相应的溯及力。此外，如果审理的合同纠纷案件应适用原《合同法》的规定，而《民法典》对该规定并无实质性修改，则《民法典合同编通则司法解释》施行后，人民法院在审理一、二审案件时，可以在裁判文书"本院认为"部分，将《民法典合同编通则司法解释》对该规定的理解作为裁判说理的依据；如果审理的案件应适用《合同法》和相关司法解释，而《民法典》对该规定并无实质性修改，则在《民法典》施行后《民法典合同编通则司法解释》施行前，人民法院在审理一、二审案件时，按照最高人民法院2021年4月发布的《全国法院贯彻实施民法典工作会议纪要》，在裁判文书"本院认为"部分，将《合同法》的相关司法解释作为对相关法律规定的理解作为裁判说理依据（这是对2020年12月在新的合同编通则司法解释未出而废止《合同法》相关司法解释先破后立，导致2020年12月至2023年12月合同司法解释断档的必要补救措施），一审已经结案的，不再改动，二审尚未终审的，应当适用《民法典合同编通则司法解释》，已经终审的，不再适用《民法典合同编通则司法解释》。

四、《民法典合同编通则司法解释》的思维和方法

《民法典合同编通则司法解释》是最高人民法院根据《民法典》和有关立法精神，结合合同纠纷审判工作实际需要，对人民法院在审判工作中具体应用《民法典》合同编通则的问题所作出的有权解释。正确理解《民法典》合同编通则，准确解释《民法典》合同编通则，既可以释疑解惑、拾遗补缺、完善改进立法，又可以切实提高《民法典》合同编通则实施的质量，实现合同司法公正与效率的统一，实现法律效果、政治效果和社会效果三者的统一。这种功能和效果在司法裁判人员面对法律适用边缘地带时将更为显著。

从制定合同司法解释的角度，起草一个有用、管用、好用的高质量的司法解释，并不容易，需要正确的思维方式、科学的解释方法、简明准确的表达；需要起草人员深入调查研究，认真总结审判实践经验，广泛征求意见，反复研讨论证、推敲修改。最高人民法院制定的司法解释是有权解释、有效解释，是最高人民法院根据《立法法》和全国人大常委会授权，根据法律和有关立法精神，针对法律应用中的问题作出的解释——具体形式为“解释”、“规定”、“规则”、“批复”和“决定”五种。

《民法典合同编通则司法解释》，既是全国法院合同纠纷审判实践经验的总结，也广泛吸收了合同理论研究成果。起草司法解释的思维方式，第一是问题（What），第二是对象（for Who），第三是方法（Way）。第一，问题，就是解释什么。司法解释要有的放矢，要有问题意识，不能漫无边际。解释最重要的，一是对于立法当中的缺憾、不足，是为补缺、堵塞漏洞，对于不确定的、模糊的语言予以确定，对于司法实践当中经常应用的那些最重要但不够明确的概念词语进行界定，如《民法典》第 151 条出现的“缺乏判断能力”。二是问题一定是在法律适用、法律应用过程的实践当中出现的，必须限定这个范围，因为法律问题太多了，宇宙之大问题无奇不有。释疑解惑，依法解释法律应用中有争议的问题。第二，对象，给谁解释。《民法典合同编通则司法解释》，从根本上来说，《民法典》是以人民立场为自己的立场，以人民为中心，司法解释理所当然也应当是这样的立场。具体来

说，最重要的是为法律工作者，为法官、检察官、律师、仲裁员等解释，他们在具体应用《民法典》，就是在适用《民法典》合同编的过程中，具体审理合同纠纷案件的时候，当他们对于某一个问题感到困惑，给他们一个相对明确的指引；范围不明确的时候，给他们大致画一个范围，找一个统一法律适用的界限、准星、指南。第三，方法，怎么解释。对法律怎么解释？科学的解释方法，诸如文义解释、目的解释、历史解释、体系解释、功能解释、综合解释等，角度不同，侧重点不同。综合运用了多种解释方法，有利于准确理解《民法典》合同编通则的核心要义，稳定合同预期。其实，法律解释方法最重要也是首要的解释方法，是于法有据不越权。于法有据就是不轻易创设新的行为规范、新的行为概念。特别是在科学化、系统化的《民法典》已经颁布实施了，情况跟《民法典》以前不一样，跟《民法通则》之前更不一样，那时候确实民事法律不健全，现在法律体系已经建立，如果说《民法通则》以前是在不得已的情况下，有一些创设性的规范、规则、续造性解释尚可理解，那么在《民法典》以后，应当尽可能地避免创设新行为规范、新的行为规则。《民法典合同编通则司法解释》因循法典规范，尊重立法原意。起草工作始终将准确理解贯彻《民法典》的立法意图作为最高标准，坚决避免规则设计偏离立法原意。严格依照《立法法》赋予的司法解释制定权限，坚守不创设新规则的基本立场，坚决做到根据民商事审判执行工作的实际需要作配套补充细化，确保《民法典》合同编的优秀制度设计在司法审判中准确落实落地。[①] 第二，是体系解释、系统思维。党的二十大报告要求坚持系统观念、系统思维。系统思维也称体系思维，就是运用全面整体的、普遍联系的、发展变化的思维，以此来观察认识事物、分析把握事物的本质及其自身发展变化的规律。运用系统观念系统思维解释法律，就是体系解释方法。例如，《民法典合同编通则司法解释》第 1 条就是体系解释的范例。此次解释不仅比较准确把握《民法典》体系内部各编之间关系，注重与总则编等的街接配合关系，而且注重与《民事诉讼法》、《公司法》（第 16 条）其他法

---

① 杨万明、刘贵祥等：《关于适用〈中华人民共和国民法典〉合同编通则若干问题的解释》的理解与适用，载《人民司法》2024 年第 1 期。作者还有林文学、段农根、杨永清、吴光荣、陈龙业、蒋家棣等。

律的衔接。《民法典》体系内部，如合同编通则中关于债权债务的规定，发挥了债法总则的功能作用，对于合同以外其他债权债务关系同样适用。

体系解释方法，一是要把解释对象置于法律规范体系、法典体系甚至整个国家法律体系之中，除了规范的性质如引导性、倡导性、管理性、强制性、禁止性、效力性和规范的层级如宪法与基本法、上位法与下位法、特别法与一般法、新法与旧法等，关注其纵向的、横向的联系，关注静态的、动态的变化，关注前世的、今生的演进发展，关注其因果的、偶发的联系，关注其政治的、经济的、社会的、文化的、生态的联系、背景和内涵。二是系统、综合运用宗旨解释、体系解释、文义解释、目的解释、历史解释、情景解释，形式上组合运用司法政策、司法解释（条文）、司法案例等。理论上，我国民法学者王利明教授，主张对《民法典》的解释与适用，采融贯思维：为准确理解和实施好《民法典》，必须从单行法思维向法典化思维转化，具体包括从多中心思维转向基础性法律思维，从碎片化思维转向体系性思维，从分散思维转向统一思维，从并立思维转向融贯思维。[①] 欧陆学者德沃金教授，在对法律实证主义的批判中，以法律原则为核心，建构了法律的融贯性或整体性理论，其内核是官方行为依据的原则必须一致、可理解；个别原则和作为一个整体的原则的适用必须始终如一；作为一个整体的原则必须融入正义、公平和正当程序的愿景中。

司法解释语言表达要简明准确，宁简勿繁，宁白勿晦。不求大而全，惜字如金，可解释可不解释的不解释，能够一句话说清楚的决不用两句话，关键是要合法、有效、管用，有利于统一法律适用，有利于实现公正与效率的目标。起草司法解释不是简单问题复杂化，而是相反，复杂问题简单化，解决问题而不是累积问题、叠加问题。一般来说，一个条文解决一个问题，不能不断地加许多前缀和后缀。不断往前加条件，很容易给人造成啰嗦、繁琐、离题、晦涩难懂的印象。运用最平实、最鲜明、最明白无误、最准确的语言，清楚表达一个意思，要让法官、检察官、律师等法律职业人士一看就明白其含义、明确

---

① 王利明：《论〈民法典〉实施中的思维转化——从单行法思维到法典化思维》，载《中国社会科学》2022 年第 3 期。

其真实意思，要在不失专业准确的基础上运用明白、准确的语言来解释法律。

最高人民法院在起草《民法典合同编通则司法解释》的过程中，始终以习近平新时代中国特色社会主义思想为指导，深入学习贯彻习近平法治思想，特别是其中关于《民法典》的一系列重要讲话精神，用以指导解决起草中重大疑难问题，力求所提出的解决方案具有较强的场景意识、针对性和可操作性，在形式上力图克服大而全的弊端，尽可能做到简而明、小而精。对于长期存在争议的一些问题，最大限度凝聚共识，切实避免规则设计偏离立法原意。2020 年年底，最高人民法院清理以往民事司法解释时间紧、任务重，在修订出台各部适用《民法典》司法解释时，先破后立，虽然迅速一同废止了《合同法》相关司法解释，但由于《民法典合同编通则司法解释》事关规范市场经济发展和市场交易秩序等复杂问题，起草过程中争议问题较多，为保障对合同编通则解释的准确性，经过近四年反复论证修改，至 2023 年底《民法典》施行三周年前夕得以出台。

《民法典合同编通则司法解释》按照《民法典》合同编通则规定的内容顺序，对基本形成共识、应当且能够作出解释的，基本都作了相应解释，从而给各级人民法院法官和仲裁机构仲裁员裁判合同纠纷案件，正确适用《民法典》合同编通则的规定，提供了统一的裁判依据，有利于实现法律适用统一、做到同（类）案同判，提高司法公信力。总体看，这是一部因循成典，守正创新，明确合同编通则规定含义和适用法律依据，保持《民法典》及其司法解释稳定性和适应性相统一的高质量的司法解释。

“道统天地有形外，思入风云变态中。”2020 年 5 月，习近平总书记在十九届中央政治局第二十次集体学习时指出：“民法典颁布实施，并不意味着一劳永逸解决了民事法治建设的所有问题，仍然有许多问题需要在实践中检验、探索，还需要不断配套、补充、细化。”同样，《民法典合同编通则司法解释》仅是对当前审判实践经验的总结和理论成果的归纳，还需要在司法运用中接受实践检验和考问，还需要在实践中与时俱进，运用科学方法去发展和完善。把握《民法典合同编通则司法解释》的适用范围，掌握其中的十大亮点，明确时间效力，知悉思维和方法，是我们学习和理解每一个条文并正确运用，进而发展和完善的基本前提。

专题一

一般规定

第一节　合同解释的细化规则

释义条文

《民法典合同编通则司法解释》

第一条　人民法院依据民法典第一百四十二条第一款、第四百六十六条第一款的规定解释合同条款时，应当以词句的通常含义为基础，结合相关条款、合同的性质和目的、习惯以及诚信原则，参考缔约背景、磋商过程、履行行为等因素确定争议条款的含义。

有证据证明当事人之间对合同条款有不同于词句的通常含义的其他共同理解，一方主张按照词句的通常含义理解合同条款的，人民法院不予支持。

对合同条款有两种以上解释，可能影响该条款效力的，人民法院应当选择有利于该条款有效的解释；属于无偿合同的，应当选择对债务人负担较轻的解释。

规范解读

1. 合同解释的基本方法

本条是对《民法典》第142条第1款的解释。《民法典》第142条坚持主观与客观相统一的合同解释方法，其第1款规定了有相对人的意思表示解释规则，“应当按照所使用的词句，结合相关条款、行为的性质和目的、习惯以及诚信原则”，确定意思表示的含义。第 142 条第 2 款规定了无相对人的意思表示解释规则。从本条第 1 款关于“……解释合同条款时，应当以词句的通常含义为基础，结合相关条款、合同的性质和目的、习惯以及诚信原则，参考缔约背景、磋商过程、履行行为等因素确定争议条款的含义”的规定看，可见其遵循《民法典》立法原意、坚持主观与客观相统一的合同解释思路。

本条是在区分有相对人和无相对人的前提下，根据《民法典》第 142 条的规定对合同解释的方法作出的概括。首先，有相对人的，可依据《民法典》第 142 条第 1 款和第 466 条第 1 款的规定，对争议条款作出合同文义解释、系统解释、目的解释（本条第 1 款），或者合意解释、真意解释（本条第 2 款）和有效解释、无偿债务从轻解释（本条第 3 款）。第 3 款延续了合同法的相关司法解释有效解释的思路。保持司法解释的连续性和稳定性，有利于统一法律适用、维护司法秩序、提高司法公信力、减少司法冲突。这三款解释规则分别对应对合同条款的通常理解、共同理解和诚意理解。其次，无相对人的，依据《民法典》第 142 条第 2 款的规定，可不拘泥于合同词句作出合同关联解释、系统解释、目的解释、习惯解释和诚信解释。

合同解释的基本立场，有主观主义和客观主义之分，还有主张以客观主义为主、主观主义为辅。主观主义又称为意思主义，侧重在“意思”，即探求表意人的真意；客观主义又称为表示主义，侧重在“表示”，即强调对相对人信赖利益的保护。自罗马法以来，合同解释就有主观主义和客观主义立场之分。早期，大陆法系民法典主要采取主观主义的立场，认为应当探寻当事人的真实意思，如 2010 年版的《法国民法典》第 1156 条规定，解释契约，应当从契约中寻找诸缔约当事人的共同意图，而不应拘泥于用语的字面意思。[①] 而经 2016 年法国债法改革法令修订后的《法国民法典》第 1188 条第 1 款仍保留了主观主义的规定，但在第 2 款规定，在无法发现合同当事人共同意图的情况下，合同应根据处于相同情况下的一个理性人所赋予的含义

① 参见罗结珍译：《法国民法典》，北京大学出版社 2010 年版，第 309 页。

来解释。[①] 该修订反映了《法国民法典》从意思主义为原则向意思主义与表示主义相结合的转变。考察《德国民法典》的规定亦可发现，《德国民法典》虽对意思表示的解释采取主观主义原则，但在合同的解释上又规定应当考虑交易习惯和诚实信用原则。[②] 目前，德国的通说认为，客观解释原则适用于需受领的意思表示，但主观主义并非毫无意义。[③] 换言之，《德国民法典》目前在合同的解释上系以客观主义为原则，以主观主义为补充。与之相反，英国法则从单一的表示主义逐渐向表示主义与意思主义相融合的方向发展。《联合国国际货物销售合同公约》《国际商事合同通则》等国际贸易规则在合同解释上基本采取了客观主义为主，并与主观主义相结合的观点。[④]

我国民事立法对于合同的解释既要求文义解释优化，以词句的通常含义为基础，也寻求不同于词句的通常含义的其他共同理解——真实意思表示，体现出主观主义与客观主义的结合转变，并考虑合同解释的效果，即有效性和公平合理性。《合同法》第 125 条第 1 款在解释目的上采用的语词是“确定该条款的真实意思”，而《民法典》第 142 条第 1 款在解释目的上采用的语词是“确定意思表示的含义”。《民法典》第 466 条的表述与第 142 条第 1 款的表述一以贯之，落脚点在于“确定争议条款的含义”。“意思表示的含义”或“争议条款的含义”着眼于“意思表示”或“争议条款”，反映出解释者应立足于合同文本进行解释。这样解释使法院、仲裁机构对合同的解释更易操作，因为当事人的真意隐藏于内心，具有隐蔽性，而真意的表达形式才是有权解释者客观可以依赖的依据。对于解释商事主体之间复杂的商事

---

① 秦悦民、郑润镐：《裁判者的工具箱：从司法实践看合同解释规则的运用》，载《中国国际仲裁评论》（总第 3 卷），法律出版社 2020 年版，第 95 – 115 页。

② 《德国民法典》第 133 条规定：“解释意思表示应探求其真意，不得拘泥于词句的字面意义。”第 157 条规定：“解释合同应按照诚实信用的原则及一般交易上的习惯解释。”参见陈卫佐译注：《德国民法典》（第 4 版），法律出版社 2015 年版。

③ 杨代雄：《意思表示解释的原则》，载《法学》2020 年第 7 期。

④ 《联合国国际货物销售合同公约》第 8 条第 1 款规定，“为本公约的目的，一方当事人所作的声明和其它行为，应依照他的意旨解释，如果另一方当事人已知道或者不可能不知道此一意旨”，正是意思主义的体现。第 2 款规定，“如果上一款的规定不适用，当事人所作的声明和其它行为，应按照一个与另一方当事人同等资格、通情达理的人处于相同情况中，应有的理解来解释”，正是表示主义的体现。

交易关系具有重要意义，也更易操作。从法理角度而言，无论当事人的内心真意如何，其均应受到意思表示的约束，不得与其表达的意思相悖。当然，以客观主义为基础，并不排除主观主义在特殊情况下的适用。如果有证据表明当事人的实际理解达成了不同于外部表示的一致，则应以该一致的意思成立合意。这也是大陆法系国家普遍接受的错误表示无害规则，也称错误表示所指规则或误载不害真意规则。拉伦茨的解释是，如果某项意思表示的相对人，是在行为人所指的意义上理解该项意思表示的，那么，表示中客观存在的多义性甚至错误，对表示的意义不发生影响，即行为人的意思表示仍然应当被解释为行为人所指的意思。[①] 也就是说，当事人已经达成意思表示一致，但在合同文本上用错了字词，对此应当按照当事人表示一致的意思，确定合同的内容和效果。本条第 2 款规定的就是误载不害真意规则。[②]

2. 合同解释方法的顺位

对合同的解释，首先必须从词句的含义入手，即采用文义解释方法，这样的解释才能更客观、更符合合同双方的真实意思表示。"通常含义"应当结合具体情况，如果是一般的民事合同，以社会一般人理解的词句含义为通常含义；如果是商事合同，按该商事领域的普通商人理解的词句含义为通常含义。文义解释方法是基础，但如拉伦茨教授所说，语言是一种随着时代发展而不断变化的、具有适应能力的、常常充满着歧义的工具。[③] 如果对特定的合同条款进行文义解释的结果仍然存在理解上的分歧时，可以结合合同的相关条款、合同性质和目的、习惯和诚信原则进行解释。

结合合同的相关条款进行解释，也就是运用体系解释的方法。解释时不能孤立地看待某一条款，而应将该条款置于整个合同中理解，整体考虑合同的上下文，根据不同条款之间的关联性来进行解释。

---

① ［德］卡尔 · 拉伦茨：《德国民法通论》（下册），王晓晔、邵建东、程建英、徐国建、谢怀栻译，法律出版社 2002 年版，第 459 页。

② 误载不害真意规则进一步的发展是知道或应当知道规则，即在当事人对合同条款发生争议时，如果一方当事人能够证明，另一方当事人知道自己的理解，则该一致的理解应当作为争议条款的意思。但从本条第 2 款的表述看，并未将误载不害真意规则扩展至知道规则。

③ 参见［德］卡尔 · 拉伦茨：《德国民法通论》（下册），王晓晔、邵建东、程建英等译，法律出版社 2013 年版，第 456 页。

结合合同的性质和目的进行解释，运用的是目的解释方法，在仅仅根据文义解释方法解释的结果不合理时，要结合当事人订立合同的目的进行解释。当事人在合同中一般会使用“为了”“由于”等这些词语来表明自身的目的，若还是不能确定合同目的，则应结合其他交易证据或各方当事人的履行行为来认定合同目的。《民法典》第142条将“性质”与“目的”并列，意在表明法律中的合同目的取决于合同性质，而合同性质即为事物本质。性质解释实际也是目的解释，只不过更加强调根据合同的性质（类型）对争议条款进行解释，旨在使争议条款的解释结论符合合同的基本性质。毕竟，合同定性为合同解释的第一层次，合同解释之操作需先判定该合同究属何种典型合同，或非典型合同。①

结合习惯进行解释是根据当事人所知悉或实践的生活和交易习惯对合同进行解释。对交易习惯的认定，可结合《民法典合同编通则司法解释》第2条确定的规则进行。

按照诚信原则解释，要求法官将自己作为一个诚实守信的当事人来理解、判断意思表示的内容，平衡双方当事人的利益，合理地确定意思表示的内容。首先，诚信原则是指引裁判者解释争议合同的一个方向，应作为具体解释方法的统领，贯穿于合同解释的始终。其次，为了防止向一般规则逃逸，只有当运用其他的规则仍然不能确定争议内容的情况下，才能援用诚信原则确定争议内容的含义，以防止司法裁量权的滥用。最后，合同解释过程中，不同解释方法的运用可能会产生冲突，此时也需要运用诚信原则予以协调。

合同解释的参考因素包括缔约背景、磋商过程、履行行为等，实际可视为目的解释方法的延伸。当事人对合同条款的具体约定，与签订合同时的事实背景是密不可分的。当从合同约定本身并不能确定合同订立的目的时，应结合缔约时的背景如当事人事前的磋商过程、当事人间的习惯做法以及当事人对交易市场的了解情况等事实进行综合分析。当事人之间的磋商过程如邮件往来、微信聊天记录等是法院进行目的认定的重要证据。合同的实际履行

---

① 参见王泽鉴：《债法原理》（第1册），作者自版2006年版，第236－237页。

是当事人实现目的的关键阶段，通过对当事人的履行行为进行审视，可以印证当事人所追求的目的为何且是否积极促成该合同目的的实现。

对于解释方法的顺位问题，《合同法》第125条第1款并未明确规定合同解释各项参考因素之间的考虑顺序，而《民法典》对于有相对人的意思表示则明确了文义解释的基础性。比较《民法典》对有相对人的意思表示和无相对人的意思表示的解释的规定，也可以看出文义解释在合同解释中的基础性地位。在有相对人的意思表示的解释中，《民法典》第142条第1款采用的表述是“应当按照所使用的词句”；而在无相对人的意思表示的解释中，《民法典》第142条第2款采用的表述是“不能完全拘泥于所使用的词句”。“不能完全拘泥于所使用的词句”这一表述，充分表明了在无相对人的意思表示的解释中对行为人内心真意的重视程度，也反向突出了在有相对人的意思表示的解释中对意思表示所使用的词句的重视程度，充分表明了文义解释的基础性地位。

概言之，在对合同进行解释时应按照以下顺序进行：（1）合同用语是解释的出发点，应首先使用文义解释的方法探查、鉴别当事人之间是否存在实质的分歧；（2）根据合同的上下文，用体系解释的方法可以检验当事人的主张是否存在逻辑上的不足；（3）用目的解释可以检验文义解释、体系解释等方法适用结果的合理性；（4）当事人之间约定的不足可以通过习惯和商业惯例的适用进行填补；（5）诚信原则作为民法的基本原则，在合同解释中起统领作用，并应贯穿于合同解释的全过程，但作为解释方法而言，应于最后适用。

3. 对合同条款有两种以上解释时的处理

对合同条款有两种以上的解释时，有以下三种解释规则：

一是尽量使之有效的解释规则。从目的解释的角度分析，合同当事人一般不会签订一份无效或者不成立的合同，这也是国际上的通行解释方法。如《法国民法典》第1157条规定，“如一项条款可能有两种意思时，宁可以该条款可能产生某种效果的意思理解该条款，而不以该条款不能产生任何效果的意思理解该条款”。即合同解释应有利于合同效果的发生。当然，这一原则只能适用于其本身为有效的合同，而不能适用于无效合同。

二是格式合同有利于合同相对人的解释规则。对于已经订入合同的条款，应当区分格式条款和非格式条款。格式条款，应当适用《民法典》第498条关于格式条款解释的规定，应当作出有利于合同相对人的解释。

三是无偿合同有利于合同债务人的解释规则。在无偿合同的债务负担存有争议时，应当对债务负担作出从轻解释，在学理上属于通说，在比较法上亦是通例。[①] 无偿合同一般是基于情谊，当事人之间并不发生给付交换，因此对于无偿合同的规范重点通常在于缓和合同拘束力与减轻债务人的责任。比较《担保法》（已废止）和《民法典》关于保证方式没有约定或者约定不明确时的责任推定，从推定为连带责任保证到推定为一般保证，实际上也是贯彻了无偿合同有利于债务人的解释规则。

四是当事人对肖像许可使用合同条款的争议，应当作出有利于肖像权人的解释。

五是当事人对保险合同条款的争议，应当作出有利于被保险人和受益人的解释。

六是当事人对消费协议条款的争议，应当作出有利于消费者的解释。例如，旅游合同条款争议，应当作出有利于旅游者的解释。

适用难点

1. 合同解释对象的确定

本条规定的是在理解有争议情况下的合同解释方法，针对的对象是合同双方理解有争议的条款，裁判者作的是阐明性解释。

实践中，还应当注意将理解有争议情况下对合同条款的解释与合同没有约定或约定不明情况下的解释进行区分。没有约定或约定不明的解释对象是未订入合同但应当在合同中约定的条款，通常是指当事人未在合同中约定相关事项或就合同中的某些事项仅作了概括性而非实质性的约定，裁判者需要进行补充性解释，以弥补合同漏洞。就解释目的而言，阐明性解释在于发现

---

① 如2016年修订的《法国民法典》第1190条规定，“遇有疑问，自由协商订立的合同作出有利于债务人、不利于债权人的解释”。

表意人的真意或受领人理解的客观意义；补充性解释则以假设的当事人意思为准据。[①]《民法典》第510条规定了补充性解释规则，在当事人不能达成补充协议的情况下，可根据相关条款或交易习惯确定合同内容，作出准确解释。同时，《民法典》在第511条、第582条等规定中援引了《民法典》第510条，但一般采用“当事人就有关合同内容约定不明确，依据本法第五百一十条规定仍不能确定的，适用……”这样的表述方式，表明在约定不明确的情况下，《民法典》第510条的规定优于此类任意性规定。

需要注意的是，《民法典》在有名合同各章节，也有对合同没有约定或约定不明时，直接作出法律推定，并不需要援引《民法典》第510条。比如《民法典》第686条第2款规定：“当事人在保证合同中对保证方式没有约定或者约定不明确的，按照一般保证承担保证责任。”在有此类法律推定的情况下，此类推定应当优先适用，无须再适用补充解释规则。

2. 合同条款冲突时的解决方法

实践中，合同条款的冲突主要表现为两种情形：第一种情形是同一份合同中包含相互冲突的条款；第二种情形是前后签订的多份合同对同一内容有不同约定而产生冲突。

第一种情形涉及的其实是体系解释方法的具体运用问题。一般情况下，一份合同中冲突条款的解释应当遵循以下规则：（1）手写条款的效力应当高于非手写条款；（2）特别条款优于一般条款；（3）非格式条款内容优于格式条款。[②] 之所以形成前述规则盖因为合同当事人对特别条款、手写条款、非格式条款的约定往往更加谨慎、认真；且特别条款和手写条款本身甚至就有否定原则性条款及打印或印刷条款的意义，故当事人对这类条款的合意表示更应得到法律的确认。

第二种情形涉及的是多份合同之间的冲突。常见的有以下两种情况：（1）前后签订的多份合同之间存在冲突，则签署在后的合同更能反映当事人的真实意思，因为其变更了在前签署的合同之条款，因而此时应采用

---

① 王泽鉴：《民法总则》，北京大学出版社2014年版，第399页。

② 江必新、何东宁等：《最高人民法院指导性案例裁判规则理解与适用（合同卷二）》，中国法制出版社2019年版，第214－215页。

"后陈述的条款优先于先陈述的条款"规则，在解释合同时应以签署在后的合同文本为准，并结合具体履行情况分析前后合同之间的关系；[①]（2）"阴阳合同"之间的冲突，即当事人对同一事项签订两份以上内容不相同的合同，一份为对内的合同，即"阴合同"，是双方实际履行的合同；另一份为对外合同，即"阳合同"，是用于公示备案、报批而不准备实际履行的合同。此时应当遵循真实意思排除虚假意思的原则。[②]

风险防范

合同文本一般应具备《民法典》第470条规定的必备条款：（1）当事人的姓名或者名称和住所；（2）标的；（3）数量；（4）质量；（5）价款或者报酬；（6）履行期限、地点和方式；（7）违约责任；（8）解决争议的方法。当事人可参照各类合同的示范文本订立合同。合同用语应当规范、准确，确保不能有歧义；合同上下文表述应当保持连贯、一致，避免出现条款表述冲突；在订立多份合同文本时，应当约定在当事人对合同条款有争议时，以哪份文本为准。在合同履行过程中，如果变更合同约定，应注意留存书面凭证。

类案指引

1. 成都金创盟科技有限公司（以下简称金创盟公司）、成都爱华康复医院有限公司（以下简称爱华医院）拍卖合同纠纷案[③]

裁判要旨：当事人对合同条款理解存在争议的，应运用文义解释、体系解释方法，结合交易习惯和诚实信用原则进行解释。

法院认为：判断金创盟公司是否应当承担爱华医院补交的城镇土地

① 参见最高人民法院（2017）最高法民终986号民事判决书、（2017）最高法民终704号民事判决书等。

② 参见贵州省铜仁市中级人民法院（2010）黔06民终1182号民事判决书。

③ 参见最高人民法院（2021）最高法民申7230号民事裁定书。

使用税，关键在于确定城镇土地使用税是否属于《拍卖公告》第6条约定的“所需补交的相关税、费”。首先，从文义解释上看，《拍卖公告》第6条用概括加列举的方式约定了买受人需自行承担的税费，概括即“办理过程中所涉及的买卖双方所需承担的一切税、费和所需补交的相关税、费”，列举即括号中列明的相关税费。按通常理解，买受人应承担的税费应先以列举项目为准，如果某项税费不属于列举项目，则应判断是否属于“概括”范畴。案涉城镇土地使用税并非括号列明项目。“办理过程中所涉及的买卖双方所需承担的一切税、费和所需补交的相关税、费”明确表明买受人需承担的仅限于“办理过程中所涉及的”。《城镇土地使用税暂行条例》第3条第1款规定，“土地使用税以纳税人实际占用的土地面积为计税依据，依照规定税额计算征收”。城镇土地使用税是基于土地使用权人实际占用土地而征缴的税种，是为提高土地使用效益设置的税种，与土地权属变更无关，不属于“办理过程中”的税费。因此，城镇土地使用税不属于《拍卖公告》第6条约定的需补交税费。其次，从体系解释上看，《拍卖公告》第6条由三句话组成，第三句话是对买受人自行承担税费的约定，前两句话为“标的物过户登记手续由买受人自行办理。拍卖成交买受人付清全部拍卖价款后，凭法院出具的民事裁定书、协助执行通知书及拍卖成交确认书自行至相关管理部门办理标的物权属变更手续”。可见，第三句关于税费负担的约定系在权属变更语境下作出的，并不包括权属变更过程之外的税费，即不包括案涉城镇土地使用税。最后，从交易规则或习惯来看，一方面，根据《最高人民法院关于人民法院网络司法拍卖若干问题的规定》第6条第2项和第14条第3项的规定，司法拍卖中应当说明拍卖财产现状、权利负担等内容，并在拍卖公告中特别提示拍卖财产已知瑕疵和权利负担。拍卖财产的瑕疵和权利负担等类似信息应当为被执行人掌握。本案中，执行法院明确要求爱华医院提供案涉土地相关材料，爱华医院也承诺自行承担资料不齐造成的不利后果。但是，爱华医院并未举证其提供了与案涉土地相关的城镇土地使用税欠缴情况，《拍卖公告》未对该笔税费欠缴情况进行说明和提示，《评估报告》也未说明该欠缴情况及其对土地评估价格的影响。基于对《拍卖公告》《评估报告》披露信息的信赖，金创盟公司在参与竞买时对承担城镇土地使用税未有预期应属正常。另外，根据《税收征收管理法》第8条第2款规定的“税务机关为纳税人、扣缴义务人的情况保密”，竞买人一般无法从税务机关查询到被执行人欠税信息，即金创盟公司一般无法自行查询案涉城镇土地使用税欠缴情况。因此，在爱华医院未披露欠缴城镇土地使用税具体情况下，由金创盟公司承担拍卖时不属于权属交易行为产生的且无法预见的城镇土地使用税，有违公平原则。另一方面，《最高人民法院关于人民法院网络司法拍卖若干问题的规定》第13条第9项规定，法院应当在拍卖公告中公示“拍卖财产产权转移可能产生的税费及承担方式”，据此，竞买人一般仅对权属变更本身形成的税费负担有合理预见。城镇土地使用税虽与案涉土地直接关联，但竞买人对需要补交城镇土地使用税一般不会有预见，且其本身属于爱华医院纳税义务范畴。如若未经特别说明，要求金创盟公司承担该税费有违诚实信用原则。

2. 贵州富强建筑工程有限公司（以下简称富强公司）、杨某明财产损害赔偿纠纷案①

裁判要旨：有证据表明当事人已经就法律关系性质达成一致的意思表示，合同文本对法律关系性质记载错误的，应当按照已经达成一致的意思表示认定法律关系的性质。

法院认为：《工程结算单》确有“模板租金105,586元”的表述，但在该表述之后还有“从本决算书签订之时起，发包人与承包人双方签订的有关合同、文书等自动终止失效，本次结算为最终结算”的表述。《工程结算单》中“模板租金”的表述，与《工程结算单》的其他内容及整体意思相矛盾，也与案件的基本事实不相符合，实为当事人在合同文字上对“富强公司接受模板辅材而支付相应对价”的随意性、不准确表达，因而，不能以此认定杨某明与富强公司在结算结果之外还存在以

① 参见贵州省铜仁市中级人民法院（2018）黔06民终259号民事判决书。

“模板等辅材在使用后仍需返还”为内容的租赁合同关系。故杨某明主张与富强公司存在“模板等辅材使用后需返还”的租赁关系，证据不足。

相关条文

《民法典》

第一百四十二条 有相对人的意思表示的解释，应当按照所使用的词句，结合相关条款、行为的性质和目的、习惯以及诚信原则，确定意思表示的含义。

无相对人的意思表示的解释，不能完全拘泥于所使用的词句，而应当结合相关条款、行为的性质和目的、习惯以及诚信原则，确定行为人的真实意思。

第四百六十六条 当事人对合同条款的理解有争议的，应当依据本法第一百四十二条第一款的规定，确定争议条款的含义。

合同文本采用两种以上文字订立并约定具有同等效力的，对各文本使用的词句推定具有相同含义。各文本使用的词句不一致的，应当根据合同的相关条款、性质、目的以及诚信原则等予以解释。

第二节 交易习惯的认定

释义条文

《民法典合同编通则司法解释》

第二条 下列情形，不违反法律、行政法规的强制性规定且不违背公序良俗的，人民法院可以认定为民法典所称的“交易习惯”：

（一）当事人之间在交易活动中的惯常做法；

（二）在交易行为当地或者某一领域、某一行业通常采用并为交易对方订立合同时所知道或者应当知道的做法。

对于交易习惯，由提出主张的当事人一方承担举证责任。

规范解读

本条是对交易习惯认定规则的解释。交易习惯是习惯的一种。

1. 作为民法渊源，习惯不得违背公序良俗

世界范围内，多个国家和地区都对法的渊源作出明确规定，主要有制定法、习惯法、法规性命令、自治团体规章、契约、法院判决等①。我国《民法典》第10条规定："处理民事纠纷，应当依照法律；法律没有规定的，可以适用习惯，但是不得违背公序良俗。"该条规定的民法渊源包括法律以及不违背公序良俗的习惯，确立了习惯作为补充性法源、次要性法源、辅助性法源的地位，这里的"习惯"主要指民事习惯②。《民法典总则编司法解释》第2条第1款对《民法典》第10条的"习惯"作出了解释："在一定地域、行业范围内长期为一般人从事民事活动时普遍遵守的民间习俗、惯常做法等，可以认定为民法典第十条规定的习惯。"这里的习惯，是可以成为法律渊源、成为裁判依据的。但是，习惯并不能自然成为"法"，经过法院审查不违反公序良俗的，才可以成为裁判依据。民法具有生活法、社会法、文化法、本土法、民众法的特质，民法规范来源于民众的生产、生活实践，而民事习惯为其主要表现形式③。按照法律部门划分，习惯可分为民事习惯、刑事习惯和行政习惯等。④ 在司法实践中，特定情形下确有根据习惯处理民事纠纷的需求和必要，也有利于定分止争。将习惯作为民法法源，能够丰富民法规则，保持《民法典》的开放性，也有利于规范和限制法官的自

① 黄茂荣：《法学方法与现代民法》（第5版），法律出版社2007年版，第5页。

② 参见最高人民法院民法典贯彻实施工作领导小组编著：《中华人民共和国民法典总则编理解与适用》，人民法院出版社2020年版。

③ 高其才：《民法典编纂与民事习惯研究》，中国政法大学出版社2017年版，第3页。

④ 曹守晔、金秀丽：《民事习惯的司法适用问题研究》，载《判解研究》，人民法院出版社2017年版，第2页。

由裁量权，保障法律的准确适用[①]。

2. 交易习惯的认定

本条沿袭《合同法司法解释（二）》第 7 条关于人民法院在合同纠纷案件审理中认定交易习惯的规则，确定了适用交易习惯的举证责任。

交易习惯是由商人在长期的商事交易中逐渐形成的一套规范，它被用来分配商人之间的权利、义务，调整和解决商人之间的利益冲突。交易习惯并未形诸文字，但并不因此而缺乏效力和确定性，其效力来源于商人对于此种“普适性规范”的熟悉和信赖[②]。交易习惯也因此具有了民意基础和不可替代的重要作用。

《民法典》中有 14 个条文出现了交易习惯，其中 12 个在合同编。例如，承诺的方式、合同履行、合同补充、选择之债的履行、后合同义务、从合同义务、合同检验、民间借款利息、客运合同的成立、保管合同的成立和保管凭证的出具等。

交易习惯的成立，只要行业内有其惯性之事实的存在即可[③]。如果在特定行业或特定区域内，有相当数量的主体于交易上经常、反复地在一段时期内援引遵守，即可能构成交易习惯，无须以整体社会的人均认知作为认定基础，也无须公权力的承认。我国幅员辽阔、风俗与习惯众多，法官在认定和适用交易习惯时，也应充分考虑该习惯根植的环境及土壤，进而作出是否适用的合理判断。

关于特定当事人之间的交易习惯。《民法典》第 140 条第 2 款规定：“沉默只有在有法律规定、当事人约定或者符合当事人之间的交易习惯时，才可以视为意思表示。”此处所谓的“当事人之间的交易习惯”，是指特定当事人之间进行交易时在一定时间内持续、反复多次采用的同一做法（惯例），具有同一做法沿用日久而成为惯例的特性；而按照交易习惯进行交

---

① 参见最高人民法院民法典贯彻实施工作领导小组编著：《中华人民共和国民法典总则编理解与适用》，人民法院出版社 2020 年版。

② 樊涛：《我国民商事司法中的交易习惯》，载《法律适用》2014 年第 2 期。

③ 参见樊涛：《我国民商事司法中的交易习惯》，载《法律适用》2014 年第 2 期。

易，具有简化交易、节省交易成本的积极作用①。如一方当事人欲主张沉默在双方交易中经常、反复适用，则需举证或对方当事人认可；而对方予以认可的沉默适用多少次才能构成当事人之间的交易习惯，则要结合当事人之间的交易类型、时间长短、熟悉程度、行业惯例等因素予以综合考虑。负有举证责任的当事人的相对方，在符合举证责任转移规则的情况下，也应就争议中的沉默不构成双方当事人之间的交易习惯进行举证，这样更便于法庭正确认定争议中的沉默是否构成当事人之间的交易习惯②。

3. 交易习惯由主张该种交易习惯存在的一方举证

交易习惯的证明，原则上由主张该交易习惯存在的一方负担举证责任。法官亦可在必要时依职权主动适用习惯裁判案件。因此，《民法典总则编司法解释》第2条第2款规定：“当事人主张适用习惯的，应当就习惯及其具体内容提供相应证据；必要时，人民法院可以依职权查明。”这主要是考虑到我国幅员辽阔、习惯众多，要求法官了解甚至熟悉习惯的存在和规则，既不合理也不现实。故以当事人举证为主，法官依职权查明为辅的做法，较为适合我国国情③。

适用难点

本条具体适用时，按照“谁主张、谁举证”的原则，应由主张一方对运用的习惯是否存在以及其内容进行举证证明。虽然《民法典总则编司法解释》第2条第2款规定，当事人主张适用习惯的，应当就习惯及其具体内容提供相应证据；必要时，人民法院可以依职权查明。从司法实践来看，也有案例表明法官可以在当事人未举证的情况下，运用交易习惯进行合同解释。④ 因为习惯解释方法既是当事人对合同理解有争议情况下的解释方法，

① 参见最高人民法院民法典贯彻实施工作领导小组编著：《中华人民共和国民法典总则编理解与适用》，人民法院出版社2020年版。

② 参见最高人民法院民法典贯彻实施工作领导小组编著：《中华人民共和国民法典总则编理解与适用》，人民法院出版社2020年版，第709页。

③ 参见最高人民法院民法典贯彻实施工作领导小组编著：《中华人民共和国民法典总则编理解与适用》，人民法院出版社2020年版。

④ 参见北京市高级人民法院（2019）京民再302号民事判决书。

也是在合同没有约定或约定不明时补充合同漏洞的方法。根据《民法典》第 10 条的规定，适用习惯应当满足以下两项前提条件。（1）法律没有规定，即相关法律、行政法规、地方性法规对某一类民事纠纷如何处理未作明文规定。（2）不违背公序良俗，包含两层意思：一是指公共秩序，包括社会公共秩序和生活秩序；二是指善良风俗，即由全体社会成员普遍认可、遵循的道德准则[①]。欲适用交易习惯作为裁判依据时，裁判机关也应对交易习惯是否存在、是否违反公序良俗进行审查和判断。需注意的是，公序良俗并非一成不变，而是可能随着时间的推移、特定人群和社会认知的变化而变化。因此，对交易习惯是否违反公序良俗，也需结合当时公众的普遍认知进行个案判断。

另外，在民商事司法实践中，也要注意认可和否认交易习惯之间的平衡。交易习惯起源于商人之间，具有风险和盈利共存的特性，很多情况下虽不必然属于"公平交易"，但仍具有一定合理性，如一概予以否定，则可能不利于交易的稳定和商业的发展。例如，我国司法实践中对于"对赌协议效力"的认定，此前具有相当大的争议，看法也在不断演变：2012 年 11 月，最高人民法院在"海富诉世恒案"中以"海富从世恒获得补偿的约定损害了公司及其债权人的利益"为由，判决认定"对赌协议"无效[②]；而在 2019 年，江苏省高级人民法院在"华工案"中则判决认定"对赌协议"有效[③]。2019 年 11 月 14 日，最高人民法院发布的《九民纪要》中，完善了"对赌协议"的定义并给出了处理意见——在无其他无效事由的情况下，原则上肯定投资方与目标公司订立的"对赌协议"的效力。可见，对于交易习惯的认知局限和接受程度，也可能随着社会经济环境的发展而变化，在个案的具体裁判中，也应注意认定或否认交易习惯之间的微妙平衡。

---

① 参见最高人民法院民法典贯彻实施工作领导小组编著：《中华人民共和国民法典总则编理解与适用》，人民法院出版社 2020 年版。

② 参见最高人民法院（2012）民提字第 11 号民事判决书。

③ 参见江苏省高级人民法院（2019）苏民再 62 号民事判决书。

类案指引

1. 上海某石油化工有限公司（以下简称化工公司）诉山西某科技有限公司（以下简称科技公司）买卖合同纠纷案①

法院认为：本案的争议焦点之一为科技公司和化工公司是否形成了“在合同签订当日或次日付款”的交易习惯。根据相关法律和司法解释的规定及其精神，人民法院对于交易习惯的认定，并非只是对当事人之间是否存在某种习惯做法的客观事实进行单纯的事实认定，其落脚点实际在于判定一方当事人主张的习惯做法是否属于法律所认可的交易习惯，能否作为解释当事人意思表示、填补合同约定漏洞、确定当事人权利义务的依据。因此，对于交易习惯的认定应当同时包含对当事人主观方面和该项习惯做法适法性的审查判断。当事人主张依据双方经常使用的习惯做法确定合同没有约定或者约定不明确的内容的，应当从当事人之间是否形成了此种经常使用的习惯做法、当事人是否具有受其约束的内心确信，以及此种习惯做法是否合法有效等方面加以审查认定。

而根据审理查明的事实，当事人双方在交易实践中形成了化工公司在合同签订当日或者次日付款的习惯做法，且双方对于受上述习惯做法约束形成了明确、稳定的内心确信。上述习惯做法不违反法律、行政法规的强制性规定，亦不违背公序良俗，依法可以认定为法律认可的交易习惯。根据上述交易习惯，化工公司迟延付款已构成根本违约，科技公司解除合同符合法律规定。化工公司要求科技公司履行交货义务缺乏法律和合同依据，依法应予驳回。

2. 陈某辉与吴某建买卖合同纠纷案②

法院认为：虽然作为出卖方，陈某辉在销售时有义务证明其所出售的木料确系小叶紫檀，但是根据查明的事实，吴某建向陈某辉购买的木料均由吴某建或其工作人员在买卖现场查看确认后，自行委托物流公司

---

① 参见上海市高级人民法院2023年第三批参考性案例（168号），上海市高级人民法院（2022）沪民再12号民事判决书。

② 参见福建省高级人民法院（2014）闽民终字第1286号民事判决书。

自福建运抵北京，即双方的交易惯例为现场交付，相关木料在交付后已经脱离陈某辉控制，转由吴某建控制。因此，陈某辉已经不具备证明存放于吴某建仓库中的木料与其所销售的木料是否同一以及真伪的客观条件，吴某建主张陈某辉售假，不仅应当举证证明目前存放于其仓库的木料并非双方约定的小叶紫檀，更重要的是应当证明相关木料确系陈某辉所销售。由于小叶紫檀木料的检验需要较为专业的知识，有时还需要借助仪器，因此，即使存在现场看货、现场验收、现场成交的交易习惯，也无法得出买方在成交后就不能进一步进行检验的结论。原审法院认定根据现场看货、现场验收、现场成交这一红木市场的交易习惯，检验期间即验货时间至迟应在木材装运时，缺乏法律依据。

相关条文

《民法典》

第十条 处理民事纠纷，应当依照法律；法律没有规定的，可以适用习惯，但是不得违背公序良俗。

第一百四十条 行为人可以明示或者默示作出意思表示。

沉默只有在有法律规定、当事人约定或者符合当事人之间的交易习惯时，才可以视为意思表示。

第一百四十二条 有相对人的意思表示的解释，应当按照所使用的词句，结合相关条款、行为的性质和目的、习惯以及诚信原则，确定意思表示的含义。

无相对人的意思表示的解释，不能完全拘泥于所使用的词句，而应当结合相关条款、行为的性质和目的、习惯以及诚信原则，确定行为人的真实意思。

第四百八十条 承诺应当以通知的方式作出；但是，根据交易习惯或者要约表明可以通过行为作出承诺的除外。

第四百八十四条 以通知方式作出的承诺，生效的时间适用本法第一百三十七条的规定。

承诺不需要通知的，根据交易习惯或者要约的要求作出承诺的行为时生效。

第五百零九条　当事人应当按照约定全面履行自己的义务。

当事人应当遵循诚信原则，根据合同的性质、目的和交易习惯履行通知、协助、保密等义务。

当事人在履行合同过程中，应当避免浪费资源、污染环境和破坏生态。

第五百一十条　合同生效后，当事人就质量、价款或者报酬、履行地点等内容没有约定或者约定不明确的，可以协议补充；不能达成补充协议的，按照合同相关条款或者交易习惯确定。

第五百一十五条　标的有多项而债务人只需履行其中一项的，债务人享有选择权；但是，法律另有规定、当事人另有约定或者另有交易习惯的除外。

享有选择权的当事人在约定期限内或者履行期限届满未作选择，经催告后在合理期限内仍未选择的，选择权转移至对方。

第五百五十八条　债权债务终止后，当事人应当遵循诚信等原则，根据交易习惯履行通知、协助、保密、旧物回收等义务。

第五百九十九条　出卖人应当按照约定或者交易习惯向买受人交付提取标的物单证以外的有关单证和资料。

第六百二十二条　当事人约定的检验期限过短，根据标的物的性质和交易习惯，买受人在检验期限内难以完成全面检验的，该期限仅视为买受人对标的物的外观瑕疵提出异议的期限。

约定的检验期限或者质量保证期短于法律、行政法规规定期限的，应当以法律、行政法规规定的期限为准。

第六百八十条　禁止高利放贷，借款的利率不得违反国家有关规定。

借款合同对支付利息没有约定的，视为没有利息。

借款合同对支付利息约定不明确，当事人不能达成补充协议的，按照当地或者当事人的交易方式、交易习惯、市场利率等因素确定利息；自然人之间借款的，视为没有利息。

第八百一十四条　客运合同自承运人向旅客出具客票时成立，但是当事人另有约定或者另有交易习惯的除外。

第八百八十八条 保管合同是保管人保管寄存人交付的保管物，并返还该物的合同。

寄存人到保管人处从事购物、就餐、住宿等活动，将物品存放在指定场所的，视为保管，但是当事人另有约定或者另有交易习惯的除外。

第八百九十一条 寄存人向保管人交付保管物的，保管人应当出具保管凭证，但是另有交易习惯的除外。

《民法典总则编司法解释》

第十九条 行为人对行为的性质、对方当事人或者标的物的品种、质量、规格、价格、数量等产生错误认识，按照通常理解如果不发生该错误认识行为人就不会作出相应意思表示的，人民法院可以认定为民法典第一百四十七条规定的重大误解。

行为人能够证明自己实施民事法律行为时存在重大误解，并请求撤销该民事法律行为的，人民法院依法予以支持；但是，根据交易习惯等认定行为人无权请求撤销的除外。

《民法典物权编司法解释（一）》

第十六条 受让人受让动产时，交易的对象、场所或者时机等不符合交易习惯的，应当认定受让人具有重大过失。

第十八条 民法典第三百一十一条第一款第二项所称“合理的价格”，应当根据转让标的物的性质、数量以及付款方式等具体情况，参考转让时交易地市场价格以及交易习惯等因素综合认定。

《买卖合同纠纷司法解释》

第一条 当事人之间没有书面合同，一方以送货单、收货单、结算单、发票等主张存在买卖合同关系的，人民法院应当结合当事人之间的交易方式、交易习惯以及其他相关证据，对买卖合同是否成立作出认定。

对账确认函、债权确认书等函件、凭证没有记载债权人名称，买卖合同当事人一方以此证明存在买卖合同关系的，人民法院应予支持，但有相反证据足以推翻的除外。

第十二条 人民法院具体认定民法典第六百二十一条第二款规定的

“合理期限”时，应当综合当事人之间的交易性质、交易目的、交易方式、交易习惯、标的物的种类、数量、性质、安装和使用情况、瑕疵的性质、买受人应尽的合理注意义务、检验方法和难易程度、买受人或者检验人所处的具体环境、自身技能以及其他合理因素，依据诚实信用原则进行判断。

民法典第六百二十一条第二款规定的“二年”是最长的合理期限。该期限为不变期间，不适用诉讼时效中止、中断或者延长的规定。

《民间借贷规定》

第三条　借贷双方就合同履行地未约定或者约定不明确，事后未达成补充协议，按照合同相关条款或者交易习惯仍不能确定的，以接受货币一方所在地为合同履行地。

第十五条　原告仅依据借据、收据、欠条等债权凭证提起民间借贷诉讼，被告抗辩已经偿还借款的，被告应当对其主张提供证据证明。被告提供相应证据证明其主张后，原告仍应就借贷关系的存续承担举证责任。

被告抗辩借贷行为尚未实际发生并能作出合理说明的，人民法院应当结合借贷金额、款项交付、当事人的经济能力、当地或者当事人之间的交易方式、交易习惯、当事人财产变动情况以及证人证言等事实和因素，综合判断查证借贷事实是否发生。

第二十四条　借贷双方没有约定利息，出借人主张支付利息的，人民法院不予支持。

自然人之间借贷对利息约定不明，出借人主张支付利息的，人民法院不予支持。除自然人之间借贷的外，借贷双方对借贷利息约定不明，出借人主张利息的，人民法院应当结合民间借贷合同的内容，并根据当地或者当事人的交易方式、交易习惯、市场报价利率等因素确定利息。

专题二

合同的订立

第一节　合同成立的认定

一、合同成立与合同内容

释义条文

《民法典合同编通则司法解释》

第三条　当事人对合同是否成立存在争议，人民法院能够确定当事人姓名或者名称、标的和数量的，一般应当认定合同成立。但是，法律另有规定或者当事人另有约定的除外。

根据前款规定能够认定合同已经成立的，对合同欠缺的内容，人民法院应当依据民法典第五百一十条、第五百一十一条等规定予以确定。

当事人主张合同无效或者请求撤销、解除合同等，人民法院认为合同不成立的，应当依据《最高人民法院关于民事诉讼证据的若干规定》第五十三条的规定将合同是否成立作为焦点问题进行审理，并可以根据案件的具体情况重新指定举证期限。

规范解读

本条是关于《民法典》第470条合同必备条款的解释，在吸收《合同法司法解释（二）》第1条“人民法院能够确定当事人名称或者姓名、标的和数量的，一般应当认定合同成立。但法律另有规定或者当事人另有约定的除外。对合同欠缺的前款规定以外的其他内容，当事人达不成协议的，人民法院依照合同法第六十一条、第六十二条、第一百二十五条等有关规定予以确定”规定的基础上，完善了合同成立与合同内容的规定，明确了合同必备条款的界定、除外情形以及合同条款如何补充的问题。如何正确适用本条规定，可以从以下几个方面理解。

1. 合同成立要件的确定

（1）合同必备条款。

合同条款是当事人合意的产物、合同内容的表现形式，是确定合同当事人权利义务的根据。尽管《民法典》第470条列举了合同中一般包括的条款，但实践中很多合同并不需要全部具备这些条款，比如，赠与合同就不需要有价款。合同条款分为必备条款和非必备条款。必备条款是指根据合同的性质和当事人的约定所必须具备的条款，缺少这些条款将影响合同的成立。[①] 对于非必备条款可以采用合同解释规则来填补合同漏洞，对合同条款进行补充。

现代合同法为了适应鼓励交易、增进社会财富的需要，各国合同法开始将合同必备条款的范围限定得较小，同时规定可以采用合同漏洞补充的方法来促成合同的成立。合同成立强调当事人意思表示的一致性，即以双方当事人达成最终合意、有受该合意约束的意思为前提。在双方当事人达成了最终受该合意约束的合意时，法院可将合同成立的必要因素要求降低至本条第1款设定的标准，即能够确定双方当事人、标的为何物、数量时，法院一般即可认定合同成立。此时，即便缺乏其他要件，也不影响双方的合意是具体、确定的。

（2）除外情形。

合同的必备条款，有的由法律直接规定，有的由合同性质决定，有的依当事人约定产生。因此，在法律另有规定或者当事人对合同成立条件另有约定的情形下，则以相关法律和当事人约定为准，不能仅以合同具备主体、标

① 王利明：《合同法研究》（第1卷），中国人民大学出版社2002年版，第356页。

的和数量就认定合同成立。比如，双方明确约定质量、价款或者报酬、履行期限，履行地点和方式、违约责任和解决争议方法等内容协商一致合同才能成立，但事后无法达成合意，那么，合同就不成立。

另外，关于无法确定价款或者报酬的合同是否成立的问题，在司法解释制定中一直存有争议，公开征求意见稿中也曾将无法确定价款或报酬的合同视为合同成立的除外情形，但在正式稿中又删除。实践中，人们交易过程往往是“讨价还价”，价款或者报酬应属重要内容。原则上，价款在一定程度上是反映当事人合意的关键性指标，未确定价款或者报酬的合同往往表明双方当事人并未形成最终受拘束的意思表示。若当事人根本未就价款或者报酬进行协商，也无其他有力证据证明受拘束意思的存在，就仅凭前述三项内容的存在而认定合同成立，并交由人民法院依照《民法典》第510条、第511条等有关规定确定价款或报酬，这很可能悖于常识。但是如果根据本条解释第1款能够认定合同已经成立的情况下，即能推断双方订立合同时已达成合意，有受该合同最终约束的意思表示时，一方当事人不能依据双方对价格条款未达成合意或较为模糊而主张合同不成立。此时，《民法典》已对单价的解释条款作出安排，即使未约定单价也可以通过解释手段来填补合同漏洞，人民法院可依照《民法典》第510条、第511条等有关规定来确定价款。

2. 合同成立下的条款补充

在依据《民法典合同编通则司法解释》第3条第1款可认定合同成立的前提下，对于合同的其他欠缺条款，首先由当事人协议补充，在当事人无法协商一致时，法院依照《民法典》第510条、第511条的相关规定确定，应当遵循下列规则。

（1）先按照合同有关条款或者交易习惯确定。

在当事人对合同其他内容达不成协议时，就要由法官推定当事人的意图进行补充，并且应按照一定的规则来确定合同的其他内容，即应“按照合同有关条款或者交易习惯确定”。按照合同有关条款来探究当事人共同的真意，应以合同文义为出发点，就合同论合同，统观合同全文，参考合同订立前后的相关来往信函，考虑到合同的目的和性质，本着诚信原则，兼顾双方当事人利益。按照交易习惯对合同条款进行补充，涉及对交易习惯的解释问题。《民法典合同编通则司法解释》第 2 条对交易习惯也作出了明确规定，在此不再赘述。

（2）根据《民法典》第 511 条的规定进行确定。

当按照合同有关条款或者交易习惯仍不能确定合同欠缺的其他内容时，《民法典》第 511 条规定了法律推定原则，即在当事人不能达成补充协议、按照合同有关条款和交易习惯仍不能确定时，对于合同欠缺的其他内容（非必备条款）由法律直接作出推定规则，以达到补充合同条款的目的。有关质量要求、价款或者报酬、履行地点、履行期限、履行方式、履行费用等条款没有约定或者约定不明确的，应当根据第 511 条的规定予以补充确定。

《民法典》第 510 条、第 511 条是关于合同条款补充的规定，本质上是一种任意性规范，以当事人没有约定或者约定不明确为前提。对此，《民法典》合同编第二分编典型合同关于 19 类有名合同的类似条款中，出现“当事人没有约定或者约定不明确的……”，均可适用《民法典》第 510 条或第 511 条规定进行补充。在审判实践中，涉及《民法典》合同编第二分编典型合同调整的 19 类有名合同以及其他法律明文规定的合同条款的补充的，应适用《民法典》合同编第二分编典型合同的规定，或者其他法律关于合同条款补充的规定，以及《民法典合同编通则司法解释》第 1 条的规定；涉及纯无名合同条款补充的，根据《民法典》第 467 条第 1 款的规定，应适用《民法典》合同编第一分编通则的规定，或类推适用与之最相类似的有名合同的法律规定以及《民法典合同编通则司法解释》第 1 条的规定。

3. 当事人主张与法院认定不一致的处理

在当事人主张的法律关系性质或者民事行为效力与人民法院认定不一致时，为避免裁判突袭的情形出现，法院不能简单驳回当事人的诉讼请求，但也不应由法院根据自己的认识径行作出裁判，以致出现超出当事人诉讼请求裁判的严重违反处分原则和辩论主义的情形。此时，法院应当将法律关系性质和民事行为效力的问题通过列为争议焦点进行审理，以保障当事人能够充分行使辩论权，对法律关系性质和民事行为效力问题有充分发表意见的机会。

根据《民事诉讼证据规定》第53条的规定，如果当事人主张合同无效或者请求撤销、解除合同等，法院认为合同不成立时，法院应当将合同效力和合同成立与否作为争议焦点进行审理。但存在以下两种情形时，法院没有必要将合同效力和合同成立与否作为争议焦点进行审理。

其一，如果合同成立与否或生效与否对裁判理由及结果没有影响的，这意味着当事人的诉讼权利和实体权利并不因法院的认定受到影响，此时，法院就没有让当事人对此问题进行辩论的必要，也自然没有将此问题作为焦点问题审理的必要。

其二，如果合同效力和合同成立与否的问题本来就是案件中双方当事人争议的焦点问题，已由法院主持双方当事人进行了充分辩论，当事人的诉讼权利已经得到充分保障，也没有再次进行审理的必要，法院可以根据自己的认识作出认定，并以此为基础进行裁判。

适用难点

1. 法院如何确定价款或者报酬

当事人未就价款或者报酬进行协商的，法院首先按照合同条款、合同性质、合同目的来确定，即结合合同的上下文来推定当事人是否有约定价款或报酬的真意。其次，如果合同体系解释无法确定的，则根据交易习惯予以确定，在交易习惯不违反法律、行政法规的强制性规定的前提下，交易习惯实际上是当事人意思自治原则的另一种体现。比如，地域性或者行业性的交易习惯是合同当事人双方在订立合同时所知道或者应当知道的，因彼此“心照不宣”，所以没有以书面形式体现在合同内容中，如果是双方当事人经常使用的习惯做法，那么双方主观上对此肯定是有意思联络的。最后，如果仍然不能确定合同内容，则按照订立合同时履行地的市场价格确定。

市场价格的确定把握以下三点：第一，时间点是双方当事人订立合同时。此时，合同当事人对当时的市场价格是知道或者应当知道的。即便之后价格有波动，只要在市场正常的价格变动范围内，不会超过当事人的预期范围，这个价格就是公平合理的。至于合同履行时市场价格发生重大波动，则要看是否符合情势变更制度的调整范围。第二，地点是履行地，履行地应理解为产品或者服务的提供地，即履行产品或服务交付义务的一方所在地。第三，适用政府定价和政府指导价的商品或服务，一般是与国民经济发展和人民生活关系重大的极少数商品、自然垄断经营的商品、资源稀缺的少数商品或者涉及重要的公用事业、重要的公益性服务等。

2. 当事人变更诉讼请求后举证期限的确定

本条第3款是关于当事人主张合同无效，人民法院认为合同不成立的处理规则，即依据《民事诉讼证据规定》第53条的规定处理。在法院将合同效力和合同成立与否作为争议焦点审理的过程中，如果当事人根据法庭审理情况变更诉讼请求的，法院不是必须重新指定举证期限，而是赋予法院确定举证期限的裁量权。这是因为，当事人主张将诉请由合同无效变更为合同不成立，虽发生了诉讼请求质的变化，但案件事实并不一定发生变化，不一定需要新的事实和证据，或者提供新的证据不一定需要与原举证期限相当的时间。此时，为避免无谓的诉讼消耗，提高诉讼效率，法院可以根据案件的具体情况重新指定举证期限，是否重新指定以及具体期限的确定应结合当事人的举证能力，综合考虑拟收集调取新证据的必要性、难易程度等因素，由法院视情形决定。

类案指引

1. 澳华资产管理有限公司（以下简称澳华公司）与洋浦经济开发区管理委员会（以下简称洋浦开发区管委会）建设用地使用权纠纷案[①]

裁判要旨：“意向书”的法律含义并不非常明确，法律性质也呈多样化，可能是磋商性文件、预约合同或者本约合同。如果意向书的“标的、数量”不确定，缺少当事人受其约束的意思表示，一般应认定为磋商性文件，不能认定合同成立。

① 参见最高人民法院（2014）民申字第263号民事裁定书。

法院认为：从《投资意向书》的内容看，首先，《投资意向书》的当事人虽然是确定和明确的，但对于合同的标的和数量，《投资意向书》则只是在描述了澳华公司所称的从光大公司处受让土地的情况的基础上，对澳华公司拟置换土地的意向及洋浦开发区管委会表示同意协调置换进行了约定，而对于是否必须置换成功以及置换土地的具体位置和面积均未作出明确约定。因此，该《投资意向书》不具备合同的主要条款，不构成正式的土地置换合同。其次，双方在《投资意向书》中虽然对签订《投资意向书》的背景进行了描述，但并未明确约定洋浦开发区管委会在置换土地过程中的权利和义务，当事人也未表明受其约束的意思，故该《投资意向书》并非相关土地使用权人就在将来进行土地置换或者在将来签订土地置换合同达成的合意。因此，案涉《投资意向书》的性质为磋商性、谈判性文件，不具备合同的基本要素，没有为双方设定民事权利义务，双方当事人之间并未形成民事法律关系。

2. 北京金和软件股份有限公司（以下简称金和软件公司）与北京广易通广告有限公司（以下简称广易通公司）广告合同纠纷案①

裁判要旨：双方争议合同内容涉及广告发布事宜，广告排期表则为确定广告发布事项的主要内容，双方对广告排期表内容的确认，可视为对合同的主要内容达成一致。

法院认为：根据双方往来的电子邮件内容，显示广易通公司两次向金和软件公司以附件形式发送了广告排期表，金和软件公司两次回复确认排期，安排投放，并注明“另导出排期文件时请注明首日测试效果，如果未达到我方要求，我方有权暂停或终止当前投放合作，仅支付首日费用”的内容，据此可以确定双方对于广告发布的频道、位置、类型、尺寸、日期、合同总金额等内容达成一致，而且双方对于4月22日的广告投放、价款支付以及后续广告投放事宜作了特别约定。法院确认该合同成立且广易通公司已经履行了4月22日的广告发布事项。

① 参见北京市海淀区人民法院（2015）海民（商）初字第02763号民事判决书。

相关条文

《民法典》

第四百七十条　合同的内容由当事人约定，一般包括下列条款：

（一）当事人的姓名或者名称和住所；

（二）标的；

（三）数量；

（四）质量；

（五）价款或者报酬；

（六）履行期限、地点和方式；

（七）违约责任；

（八）解决争议的方法。

当事人可以参照各类合同的示范文本订立合同。

第五百一十条　合同生效后，当事人就质量、价款或者报酬、履行地点等内容没有约定或者约定不明确的，可以协议补充；不能达成补充协议的，按照合同相关条款或者交易习惯确定。

第五百一十一条　当事人就有关合同内容约定不明确，依据前条规定仍不能确定的，适用下列规定：

（一）质量要求不明确的，按照强制性国家标准履行；没有强制性国家标准的，按照推荐性国家标准履行；没有推荐性国家标准的，按照行业标准履行；没有国家标准、行业标准的，按照通常标准或者符合合同目的的特定标准履行。

（二）价款或者报酬不明确的，按照订立合同时履行地的市场价格履行；依法应当执行政府定价或者政府指导价的，依照规定履行。

（三）履行地点不明确，给付货币的，在接受货币一方所在地履行；交付不动产的，在不动产所在地履行；其他标的，在履行义务一方所在地履行。

（四）履行期限不明确的，债务人可以随时履行，债权人也可以随时请求履行，但是应当给对方必要的准备时间。

（五）履行方式不明确的，按照有利于实现合同目的的方式履行。

（六）履行费用的负担不明确的，由履行义务一方负担；因债权人原因增加的履行费用，由债权人负担。

《民事诉讼证据规定》

第五十三条 诉讼过程中，当事人主张的法律关系性质或者民事行为效力与人民法院根据案件事实作出的认定不一致的，人民法院应当将法律关系性质或者民事行为效力作为焦点问题进行审理。但法律关系性质对裁判理由及结果没有影响，或者有关问题已经当事人充分辩论的除外。

存在前款情形，当事人根据法庭审理情况变更诉讼请求的，人民法院应当准许并可以根据案件的具体情况重新指定举证期限。

二、以竞价方式订立合同

释义条文

《民法典合同编通则司法解释》

第四条 采取招标方式订立合同，当事人请求确认合同自中标通知书到达中标人时成立的，人民法院应予支持。合同成立后，当事人拒绝签订书面合同的，人民法院应当依据招标文件、投标文件和中标通知书等确定合同内容。

采取现场拍卖、网络拍卖等公开竞价方式订立合同，当事人请求确认合同自拍卖师落槌、电子交易系统确认成交时成立的，人民法院应予支持。合同成立后，当事人拒绝签订成交确认书的，人民法院应当依据拍卖公告、竞买人的报价等确定合同内容。

产权交易所等机构主持拍卖、挂牌交易，其公布的拍卖公告、交易规则等文件公开确定了合同成立需要具备的条件，当事人请求确认合同自该条件具备时成立的，人民法院应予支持。

规范解读

本条规范以竞价方式（如招投标、拍卖及产权交易所挂牌交易等方式）订立合同时，对合同成立及合同内容的认定，补充和完善了《招标投标法》

和《拍卖法》的规定。

1. 以招标方式订立合同的认定

（1）招标、投标至发出中标通知书，具备了合同成立过程中要约和承诺两个阶段。

招投标行为主要包括招标行为、投标行为、发出中标通知书三类行为。对于公开招标的招标人发布招标公告，以及邀请招标的招标人向多家特定的对象发送投标邀请书的招标行为，其性质属于要约邀请，《民法典》第473条也明确规定招标公告为要约邀请。投标人依据招标人发出的招标公告和招标文件要求，向招标人发出希望与其订立合同的意思表示进行投标，其法律性质系要约。招标人收到投标人的相关文件后，经过一定程序，向中标的投标人发出中标通知书。其发出中标通知书的行为，性质为承诺。从《民法典》第471条规定来看，要约、承诺是合同成立的基础，也是合同成立必经的两个阶段。

（2）中标通知书到达中标人时可以认定合同成立。

中标通知书为招标人向投标人发出的确认投标人中标的通知书。发出中标通知书后，是否可以认定合同成立，曾有两种观点。肯定说认为，发出中标通知书意味着承诺，当事人承诺，应认定合同成立。否定说认为，中标后，双方还应继续协商，签订正式的合同书，中标通知书仅具有预约的性质，不应认定为承诺。大部分观点认为，发出中标通知书应为承诺。

根据《招标投标法》第46条第1款的规定，招标人和中标人应当自中标通知书发出之日起30日内，按照招标文件和中标人的投标文件订立书面合同。招标人和中标人不得再行订立背离合同实质性内容的其他协议。由此可知，当事人发出中标通知书后，不能再实质性地修改，书面合同文本只是进一步的确认形式。根据《民法典》第137条、第484条的规定，中标通知书是以通知方式作出的承诺，属于非对话方式作出的意思表示，承诺生效的时间以中标通知书到达中标人时生效，此时，合同成立。

（3）招标文件、投标文件和中标通知书是确定合同内容的依据。

根据《招标投标法》第46条第1款的规定，招标人和中标人应当在中标通知书发出之日起30日内签订书面合同，若中标通知书已送达中标人，即合同成立后，一方当事人拒绝订立书面合同的，那么，法院依据招标文件、投标文件和中标通知书等确定合同内容。

招标文件，是指招标人向供应商或者承包商发出的，旨在向其提供为编写投标文件所需的资料并向其通报招标投标将依据的规则和程序等项内容的书面文件。招标文件是招标投标活动中最重要的法律文件，不仅规定了完整的招标程序，而且提出了各项具体的技术标准和交易条件，规定了拟订立的合同的主要内容，是投标人准备投标文件和参加投标的依据，是评审委员会评标的依据，也是拟订合同的基础。实践中，招标文件一般应至少包括下列内容：投标人须知、招标项目的性质和数量、技术规格、投标价格的要求及其计算方式、评标的标准和方法、交货、竣工或提供服务的时间、投标人应当提供的有关资格和资信证明文件、投标保证金的数额或其他形式的担保、投标文件的编制要求、提供投标文件的方式、地点和截止时间、开标、评标、定标的日程安排以及主要合同条款，其中，合同条款应明确规定将要完成的工程范围、供货的范围、招标人与中标人各自的权利和义务。除一般合同条款之外，合同中还应包括招标项目的特殊合同条款。

投标文件应当对招标文件提出的实质性要求和条件作出响应，这就要求投标人必须严格按照招标文件填报，不得对招标文件进行修改，不得遗漏或者回避招标文件中的问题，更不能提出任何附带条件。所谓实质性要求和条件，是指招标文件中有关招标项目的价格、项目的计划、技术规范、合同的主要条款等。投标文件通常可分为：商务文件、技术文件、价格文件。投标文件一般包括：投标函、投标报价、施工组织设计、商务和技术偏差表。

中标通知书，是指招标人在确定中标人后向中标人发出的通知其中标的书面凭证，是对招标人和中标人都有约束力的法律文书。中标通知书的内容要清楚、明确、简要，时限上要在确定中标人后不延迟地发出。中标通知书应告知进一步签订合同的时间和地点。中标通知书可以要求中标方提供履约保证金。

2. 以拍卖方式订立合同的认定

拍卖是指由专营拍卖业务的拍卖行接受货主的委托，在一定的时间与地点，按照一定的章程和规则，通过公开叫价竞购的方法，将特定物品或者财产权利转让给最高应价者的现货买卖方式。简言之，拍卖就是购买者之间为购买拍卖物品而竞争叫价的过程。实践中拍卖分为现场拍卖和网络拍卖。

（1）现场拍卖合同成立的认定。

第一，拍卖遵循价高者得规则。《拍卖法》第 51 条规定，竞买人的最高应价经拍卖师落槌或者以其他公开表示买定的方式确认后，拍卖成交。这一规定确立了我国《拍卖法》中的价高者得规则。但价高者得规则并不意味着出价高的人一定能够“得”，因为价高者得规则的适用是有条件的，可能受以下两种情况制约。

一是有保留价拍卖。保留价就是我们常说的“底价”，指拍卖标的最低成交的价格界限。根据拍卖标的有无保留价，可以将拍卖分为有保留价拍卖和无保留价拍卖。无保留价拍卖中，谁出价高就成交给谁。但是在有保留价拍卖中，最高应价只有达到和超过保留价才有效，如果没有达到保留价，拍卖师不得宣布成交，而应当停止该标的的拍卖，这就是“流拍”。

二是有优先购买权的人参加拍卖。拍卖中的优先购买权分为国家的优先购买权和一般民事主体的优先购买权。国家的优先购买权主要存在于文物拍卖活动中。一般民事主体的优先购买权主要为出租房地产拍卖中的租户、公司股权拍卖中的股东、共有财产拍卖中的共有权人等。当有优先购买权人参拍时，优先购买权人一般不与其他竞买人进行竞价，而是当其他竞买人有出价最高者时，拍卖师询问优先购买权人是否愿意接受这个价格或由优先购买权人主动表示愿意接受这个价格，如果优先购买权人不接受这个价格，则拍卖师宣布成交给出价最高的竞买人；如果优先购买权人表示愿意接受的，出价最高的竞买人就得不到。

第二，现场拍卖自拍卖师落槌时合同成立。拍卖与一般买卖有所不同，其成立需要经过一些特殊的程序，为保证拍卖活动的正常进行并且保证拍卖的当事人的合法权益，拍卖程序一般分为以下三个阶段。

第一阶段是拍卖的表示。即拍卖人发出的对标的物进行拍卖的意思表示，包括拍卖公告和拍卖师开始拍卖时所作出的拍卖表示。一般而言，拍卖的表示属于要约邀请，《民法典》第 473 条也明确规定拍卖公告为要约邀请。所以拍卖人发出拍卖的表示只是引起竞买人的竞买，而不受其意思表示的约束。

第二阶段是应买的表示。即参加竞买人发出的购买标的物的意思表示。竞买人的应价属于要约，根据价高者得规则，竞买人应价后，如有其他更高应价时，前一应价即丧失其效力，直到出现最高应价。在有保留价拍卖时，如最高应价最高未达到保留价的，拍卖人不作出承诺，合同不成立。

第三阶段是买定的意思表示。在无保留价拍卖中或有保留价中最高应价超过保留价时，竞买人的最高应价经拍卖师落槌确定后，拍卖即成交。此时，拍卖人关于买定的表示属于承诺。这种承诺须以法律规定的方式进行公开表示，经拍卖人确认的最高应价人即为买受人。

（2）网络拍卖合同成立的认定。

第一，网络拍卖的类型。根据网络拍卖中当事人的不同，网络拍卖可以分为委托网络拍卖和自行网络拍卖。

委托网络拍卖，是指以网络拍卖平台经营者作为媒介，拍卖人接受拍卖标的所有权人或者其他对标的有处分权的人（委托人）的委托，依据法定拍卖规则和拍卖程序以自己名义主持的在线拍卖，此种网络拍卖实际上是传统拍卖在网络上的延伸。中国拍卖行业协会网络拍卖平台上进行的网络拍卖是委托网络拍卖。委托网络拍卖的当事人包括委托人（出卖人）、拍卖人（拍卖公司）和竞价人、具备《拍卖法》规定的三方当事人。中国拍卖行业协会网络拍卖平台为网络拍卖提供平台服务。

自行网络拍卖，是指网络拍卖平台经营者仅为拍卖标的所有权人或者对标的享有处分权的人（卖家）提供一个交易平台，买家通过上网进入该交易平台进行公开竞价，卖家与最高竞价人成交的网络拍卖方式。淘宝网络拍卖主要是自行网络拍卖，包括司法拍卖、资产处置和珍品拍卖。通过淘宝网等资产竞价网络平台以公开竞价方式转让债权资产，严格意义上并不属于《拍卖法》规定的拍卖行为，此类平台并非《拍卖法》意义上的拍卖人。只是鉴于通过网络公开竞价平台进行拍卖的行为，与《拍卖法》规制的拍卖行为最相类似，所以可以参照适用《拍卖法》的相关规定。

第二，网络拍卖自电子交易系统确认成交时合同成立。

根据《拍卖法》第 51 条“竞买人的最高应价经拍卖师落槌或者以其他公开表示买定的方式确认后，拍卖成交”的规定，在资产竞价网络平台上进行的拍卖中，拍卖公告系要约邀请，竞买人参与竞价并出价的行为属于要约，淘宝资产竞拍网络平台自动确认竞拍成功应属于竞买人的最高应价以“其他公开表示买定的方式确认”，构成承诺。此时，拍卖成交，双方合同关系已经成立。《竞买公告》和《竞买须知》中要求签订的《成交确认书》及《债权资产转让协议》，既是履行《竞买须知》义务的行为，也是对于双方合同权利义务的确认，但不是合同订立中的承诺。

（3）拍卖公告、竞买人的报价等是确定合同内容的依据。

根据《拍卖法》第 52 条的规定，拍卖成交后，买受人和拍卖人应当签署成交确认书。对于拍卖成交确认书的性质来说，实为竞买人的最高应价经拍卖师以落槌或者以其他公开表示买定的方式确认拍卖成交后，由买受人与拍卖人签署的对拍卖成交事实予以确认的书面文件，并非拍卖合同成立的条件。因此，当事人拒绝签署成交确认书的，并不能否认拍卖合同已成立的事实。对于当事人拒绝签署成交确认书的，拍卖合同内容如何确认？根据《拍卖法》第 46 条的规定，拍卖公告载明了拍卖时间、地点、标的，标的展示时间、地点，参与竞买应当办理的手续，以及需要公告的其他事项，再结合竞买人的报价，可作为确认合同内容的依据。

3. 产权交易所等机构主持拍卖、挂牌交易订立合同的认定

（1）产权交易所主持拍卖订立合同的认定。

根据《最高人民法院关于人民法院委托评估、拍卖工作的若干规定》提出，人民法院委托的拍卖活动应在有关管理部门确定的统一交易场所或网络平台上进行，《北京市高级人民法院关于部分法院涉民事执行资产统一进入北京产权交易所进行司法拍卖的规定（试行）》，明确北京产权交易所作为诉讼资产网络交易平台，凡入选高级人民法院名单的拍卖机构均可以报名参加试点法院委托的司法拍卖工作。拍卖公告期满后，产生符合资格竞买人的，由拍卖机构在北京产权交易所实施拍卖竞价。拍卖机构应法院要求在指定媒体和北京产权交易所网站发布拍卖公告，如对竞买人资格条件有特别要求的，必须于《拍卖公告》和《竞买须知》中注明。《拍卖公告》中确定了合同成立需要具备的条件的，当上述条件成就时，合同成立。

（2）产权交易所挂牌交易订立合同的认定。

对于通过产权交易所公开挂牌交易的，产权交易所对外公布的交易规则确定了合同成立需要具备的条件时，当上述条件具备时合同成立。这里需注意的是，合同未成立时，其中的仲裁条款是否成立？一方当事人能否依仲裁条款，以仲裁方式主张权利？最高人民法院国际商事法庭（CICC）在“运裕公司与中苑城公司仲裁纠纷案”① 中确认了合同未成立时仲裁条款有效。

本案最早的《产权交易合同》系北京产权交易所提供的标准文本，连同《债权清偿协议》由运裕公司等一方发给中苑城公司，两份合同均包含将争议提交北京仲裁委员会仲裁的条款。之后，当事人就仲裁机构进行了磋商。运裕公司等一方发出的合同草签版的仲裁条款，已将仲裁机构确定为深圳国际仲裁院。就仲裁条款而言，这是运裕公司等发出的要约。中苑城公司在合同草签版上盖章表示同意，并于 2017 年 5 月 11 日将盖章合同文本送达运裕公司，这是中苑城公司的承诺。至此，承诺通知到达要约人时生效，承诺生效时合同成立。因此，《产权交易合同》《债权清偿协议》中的仲裁条款于 2017 年 5 月 11 日分别在两个合同的各方当事人之间成立。之后，当事人就合同其他事项进行交涉，但从未对仲裁条款有过争议。虽然运裕公司等没有在最后的合同文本上盖章，其法定代表人也未在文本上签字，合同未成立生效，但根据《仲裁法司法解释》的规定，即使合同未成立，仲裁条款的效力也不受影响。

适用难点

1. 网络拍卖中网拍系统发生故障后合同成立的认定

网络拍卖具有即时性和公开性的特点，产权人、竞买人、竞买组织方均应严格遵守相关交易规则。虽然网络竞价系统自动生成《竞价结果通知单》，但因违反交易规则，不能形成有效承诺的，交易依法不能成立。这是

① 参见最高人民法院（2019）最高法民特 1 号民事裁定书。

最高人民法院在“青海红鼎房地产有限公司（以下简称红鼎公司）与青海省国有资产投资管理有限公司（以下简称国投公司）、青海省产权交易市场（以下简称产权市场）确认合同有效纠纷案”① 中确立的规则。

国投公司委托产权市场就涉案69号标的物公开挂牌交易，在竞价进入限时竞价阶段，当红鼎公司报竞价2893.78万元后，另一竞价人在限时180秒的竞价阶段，其计算机页面计时器在竞价倒计时至19秒时停止计时。红鼎公司最终以成交价2893.78万元竞得69号标的物，拍卖结束。国投公司认为由于竞价过程中限时竞买系统出现故障，请求对于当日的竞价结果不予确认。产权市场认定红鼎公司为69号标的物转让项目合法受让人。国投公司持有异议，拒绝履行合同义务办理资产产权变更手续。为此，红鼎公司诉请确认69号标的物转让项目的竞价结果合法有效，红鼎公司与国投公司之间的买卖合同成立，要求国投公司交付69号标的物全部资产，并配合办理资产产权变更手续。最高人民法院认为，各方主体在产权市场利用金马甲网络竞价系统对69号标的物进行交易，均应遵守交易规则。在网络竞价时，案外人伟业公司在限时180秒的竞价阶段，其计算机页面计时器在竞价倒计时至19秒时停止计时，在产权市场工作人员进行处置时，金马甲网络竞价系统自动生成《竞价结果通知单》，致使伟业公司在剩余的19秒期限内丧失了竞价机会。无论计时器停止计时现象是否属于故障，案涉交易均违反了“限时竞价阶段应当给予竞买人完整的竞买周期以实现充分竞价”的交易规则，未能形成有效承诺，对于国投公司不具有约束力，交易未能成立。

2. 网络拍卖中竞拍程序错误后合同成立的认定

在网络司法拍卖中，出卖人在资产竞价网络平台上就同一标的物设置两个拍卖窗口的，并不属于同一拍卖行为。拍卖合同是否成立，要看不同拍卖窗口下的竞拍程序是否与《竞买公告》《竞买须知》相符，如不相符合，因存在严重违反拍卖程序的问题，拍卖合同未能成立。

在“B某某诉A公司确认网拍合同成立案”② 中，法院认为，A公司在

---

① 参见最高人民法院（2015）民二终字第351号民事判决书。

② 参见北京市第二中级人民法院（2022）京02民终675号民事判决书。

淘宝网资产竞价网络平台上就同一标的物设置两个拍卖窗口的行为不属于同一拍卖行为。虽然两个窗口下的《竞买公告》《竞买须知》内容一致，A公司发布"债权资产"拍卖窗口的主观意图也是修正"抵押物"拍卖窗口标的名称的错误，但两个窗口的链接地址并不相同，两个拍卖窗口下的设置提醒、报名、交纳保证金等均独立进行。客观上，两个拍卖窗口对应的是标的名称、竞价时间和竞价周期不同的两个拍卖行为。无论是"抵押物"拍卖窗口还是"债权资产"拍卖窗口，均与《竞买公告》《竞买须知》的内容不完全相符：前者是拍卖标的名称不符，后者是竞价时间和竞价周期不符。"债权资产"拍卖窗口下进行的拍卖因为竞价时间和竞价周期与《竞买公告》《竞买须知》不符，存在严重违反拍卖程序的问题。由于拍卖程序问题的存在，淘宝资产竞拍网络平台自动确认B某某竞拍成功不能视为有效的承诺。A公司与B某某就拍卖标的物的拍卖合同未能成立。

类案指引

1. 岳阳经济技术开发区富兴房地产开发有限公司（以下简称富兴公司）与中国石化集团资产经营管理有限公司长岭分公司（以下简称长岭公司）、中国石化集团资产经营管理有限公司合资、合作开发房地产合同纠纷案①

裁判要旨：中标通知书生效后，双方的合同权利义务关系已经明确，合同的主要条款已经确定，双方当事人之间的合同已经成立。一方拒绝订立书面合同的，应按照双方约定承担违约责任。

法院认为：长岭公司委托国建公司就案涉项目开发进行国内邀请招标，并发出《招标文件》，富兴公司依据前述《招标文件》的要求，向国建公司提交《投标文件》，后国建公司通过开标与评标，并最终向富兴公司发出《中标通知书》。对照《招标文件》《投标文件》等书面资料的内容，合同主要条款在上述两个文件中已有载明，应当认定双方已

① 参见湖南省高级人民法院（2018）湘民终314号民事判决书。

就案涉项目由富兴公司施工达成了一致的意思表示，该一致的意思表示对于双方均有法律上的约束力。因此，双方当事人虽未在《中标通知书》发出后的规定时间内签订书面合同，但这并不影响双方之间合同的成立。双方之后就合同部分内容进行洽谈磋商，最终未签订书面合同的过程只能视为双方就合同主体、内容等方面进行补充、变更约定而未达成合意的过程。

2. 邯郸市金城机电物资有限公司（以下简称物资公司）与磁县教育局（以下简称县教育局）买卖合同纠纷案①

裁判要旨：《招标文件》对采购货物的名称、数量、规格、单价等作出明确约定，尽管中标人与招标人订立的《采购合同》未约定数量，但法院可依据招标文件确定合同内容。

法院认为：县教育局就当地中小学校舍安全工程钢材采购项目采用竞争性谈判的方式对外招标，物资公司依照《招标文件》投标并中标，《招标文件》对采购货物的名称、数量、规格、单价等作了约定。县教育局与物资公司签订了《采购合同》，尽管《采购合同》中仅约定了合同金额，但根据《招标文件》、成交通知书及双方签订《采购合同》的目的，可知采购项目为钢材，数量为906.458吨，合同金额为3,639,429元，故物资公司与县教育局所签订的《采购合同》已成立。

相关条文

《民法典》

第一百三十七条 以对话方式作出的意思表示，相对人知道其内容时生效。

以非对话方式作出的意思表示，到达相对人时生效。以非对话方式作出的采用数据电文形式的意思表示，相对人指定特定系统接收数据电文的，该数据电文进入该特定系统时生效；未指定特定系统的，相对人知道或者应当

① 参见河北省磁县人民法院（2014）磁民初字第1840号民事判决书。

知道该数据电文进入其系统时生效。当事人对采用数据电文形式的意思表示的生效时间另有约定的，按照其约定。

第四百七十一条 当事人订立合同，可以采取要约、承诺方式或者其他方式。

第四百七十二条 要约是希望与他人订立合同的意思表示，该意思表示应当符合下列条件：

（一）内容具体确定；

（二）表明经受要约人承诺，要约人即受该意思表示约束。

第四百七十三条 要约邀请是希望他人向自己发出要约的表示。拍卖公告、招标公告、招股说明书、债券募集办法、基金招募说明书、商业广告和宣传、寄送的价目表等为要约邀请。

商业广告和宣传的内容符合要约条件的，构成要约。

第四百八十三条 承诺生效时合同成立，但是法律另有规定或者当事人另有约定的除外。

第四百八十四条 以通知方式作出的承诺，生效的时间适用本法第一百三十七条的规定。

承诺不需要通知的，根据交易习惯或者要约的要求作出承诺的行为时生效。

第四百九十一条 当事人采用信件、数据电文等形式订立合同要求签订确认书的，签订确认书时合同成立。

当事人一方通过互联网等信息网络发布的商品或者服务信息符合要约条件的，对方选择该商品或者服务并提交订单成功时合同成立，但是当事人另有约定的除外。

《招标投标法》

第十条 招标分为公开招标和邀请招标。

公开招标，是指招标人以招标公告的方式邀请不特定的法人或者其他组织投标。

邀请招标，是指招标人以投标邀请书的方式邀请特定的法人或者其他组织投标。

第十六条　招标人采用公开招标方式的，应当发布招标公告。依法必须进行招标的项目的招标公告，应当通过国家指定的报刊、信息网络或者其他媒介发布。

招标公告应当载明招标人的名称和地址、招标项目的性质、数量、实施地点和时间以及获取招标文件的办法等事项。

第十七条　招标人采用邀请招标方式的，应当向三个以上具备承担招标项目的能力、资信良好的特定的法人或者其他组织发出投标邀请书。

投标邀请书应当载明本法第十六条第二款规定的事项。

第十九条　招标人应当根据招标项目的特点和需要编制招标文件。招标文件应当包括招标项目的技术要求、对投标人资格审查的标准、投标报价要求和评标标准等所有实质性要求和条件以及拟签订合同的主要条款。

国家对招标项目的技术、标准有规定的，招标人应当按照其规定在招标文件中提出相应要求。

招标项目需要划分标段、确定工期的，招标人应当合理划分标段、确定工期，并在招标文件中载明。

第二十三条　招标人对已发出的招标文件进行必要的澄清或者修改的，应当在招标文件要求提交投标文件截止时间至少十五日前，以书面形式通知所有招标文件收受人。该澄清或者修改的内容为招标文件的组成部分。

第二十七条　投标人应当按照招标文件的要求编制投标文件。投标文件应当对招标文件提出的实质性要求和条件作出响应。

招标项目属于建设施工的，投标文件的内容应当包括拟派出的项目负责人与主要技术人员的简历、业绩和拟用于完成招标项目的机械设备等。

第四十五条　中标人确定后，招标人应当向中标人发出中标通知书，并同时将中标结果通知所有未中标的投标人。

中标通知书对招标人和中标人具有法律效力。中标通知书发出后，招标人改变中标结果的，或者中标人放弃中标项目的，应当依法承担法律责任。

第四十六条　招标人和中标人应当自中标通知书发出之日起三十日内，按照招标文件和中标人的投标文件订立书面合同。招标人和中标人不得再行订立背离合同实质性内容的其他协议。

招标文件要求中标人提交履约保证金的，中标人应当提交。

第五十九条 招标人与中标人不按照招标文件和中标人的投标文件订立合同的，或者招标人、中标人订立背离合同实质性内容的协议的，责令改正；可以处中标项目金额千分之五以上千分之十以下的罚款。

《拍卖法》

第四十六条 拍卖公告应当载明下列事项：

（一）拍卖的时间、地点；

（二）拍卖标的；

（三）拍卖标的展示时间、地点；

（四）参与竞买应当办理的手续；

（五）需要公告的其他事项。

第四十七条 拍卖公告应当通过报纸或者其他新闻媒介发布。

第五十一条 竞买人的最高应价经拍卖师落槌或者以其他公开表示买定的方式确认后，拍卖成交。

第五十二条 拍卖成交后，买受人和拍卖人应当签署成交确认书。

第二节 合同订立中的第三人责任

释义条文

《民法典合同编通则司法解释》

第五条 第三人实施欺诈、胁迫行为，使当事人在违背真实意思的情况下订立合同，受到损失的当事人请求第三人承担赔偿责任的，人民法院依法予以支持；当事人亦有违背诚信原则的行为的，人民法院应当根据各自的过错确定相应的责任。但是，法律、司法解释对当事人与第三人的民事责任另有规定的，依照其规定。

规范解读

本条创设了合同订立中的第三人责任。重大意义在于受到损失的当事人可以突破合同相对性、直接请求第三人承担责任。司法实践中，经常会存在第三人侵害当事人缔约关系的法律纠纷，而此前《合同法》虽对缔约过失责任有所规定，但只限于当事人双方，并未对第三人缔约过失责任的具体情形加以规定，《民法典》第593条虽然规定了因第三人原因造成违约情况下的责任承担，但过于原则，而本次《民法典合同编通则司法解释》第5条对缔约阶段当事人合法权益保护存在的漏洞进行填补，在理论上完善了《民法典》的责任体系，实践上创新回应了审判实践需要。

1. 第三人实施欺诈或胁迫的赔偿责任

《民法典》第149条和第150条分别规定了第三人欺诈和第三人胁迫两种情形下的合同效力，但未对第三人的责任问题作出明确规定。在第三人实施欺诈、胁迫等行为的情形下，若固守合同相对性则无法保障受有损失当事人的权益，受有损失当事人仅请求合同相对方承担违约赔偿责任并不必然能够实现目的。在有预谋的欺诈活动中，实施欺诈活动的第三人选取的合同相对方往往是无清偿能力的自然人或空壳公司，在此种情况下，受有损失的当事人更是无法从合同相对方处获得赔偿。《民法典合同编通则司法解释》第6条根据《民法典》第157条的规定，确定合同因第三人欺诈或胁迫被撤销后，第三人应对受到损失的当事人承担赔偿责任，填补了民事领域“三角欺诈（胁迫）”的规范空白。

（1）第三人实施欺诈。

第一，构成要件。第三人欺诈是欺诈的一种特殊情形，构成要件包括：一是当事人以外的第三人实施欺诈行为；二是受欺诈方基于第三人实施的欺诈行为而陷入错误认识并作出违背真实意思的法律行为；三是对方知道或应当知道一方实施民事法律行为是基于第三人实施了欺诈行为。

根据《民法典总则编司法解释》第21条的规定，欺诈行为有以下两种形式：一是积极行为，即第三人故意告知对方虚假情况使之陷入错误认识并因此作出相应的民事法律行为。在此种情形下，第三人积极地通过编造虚假事实、提供误导信息等方式使对方陷入错误认识，违反了交易磋商过程中的普遍性不作为义务，必然对相对人的意思决定自由造成严重侵害。二是消极不作为。负有告知义务的第三人故意隐瞒真实情况的，也成立欺诈。这里的告知义务的来源，主要是指根据法律规定、诚信原则、交易习惯和特殊信赖等。

第二，法律效果。第三人实施欺诈后，受欺诈一方可向法院或仲裁机构请求撤销，被撤销的民事法律行为自始没有法律约束力，受欺诈一方有损失的，第三人应承担赔偿责任。但是，当事人撤销因欺诈而作出的意思表示，不得对抗善意第三人。

第三，举证责任分配。当事人在主张因第三人欺诈撤销民事法律行为时，应当对第三人所实施的欺诈行为和因果关系承担举证责任。此外，当事人还需证明对方“知道或应当知道该欺诈行为”。

例如，A 公司为销售其生产的设备，利用 B 县招商引资政策与 B 县政府洽谈，以在 B 县设立研发、生产基地带动上下游产业发展为幌子与 B 县签订合作协议，约定 A 公司在 B 县设立项目公司 A1 组织研发、生产，B 县政府协助推动本地市场销售 50 台设备。为落实 A 公司与 B 县政府签订的合作协议，A1 公司与 B 县政府实控国有公司 B1 签订买卖合同，约定 B1 公司以 40 万/台的价格向 A1 公司采购 50 台设备，合同签订后 B1 公司向 A1 公司支付货款 2000 万元。B 县政府、B1 公司发现 A 公司并不具备研发生产能力，其合同目的落空后，分别向 A 公司、A1 公司发函解除合同，并着手起诉 A 公司、A1 公司要求返还已支付的货款及利息损失，另查明 A1 公司已经是资不抵债。在本案中，根据合同相对性原则，B 县政府只能向 A 公司主张权利，B1 公司只能向 A1 公司主张权利，但 B 县政府未受有损失，A1 公司不存在欺诈行为且已丧失清偿能力，若不赋予 B1 公司向 A 公司主张赔偿责任的权利，则 B1 公司受有的损失无法得到充分赔偿。本条的施行填补了这一漏洞，赋予了 B1 公司依据合同订立中第三人责任规则向第三人索赔的权利。

（2）第三人实施胁迫。

第一，构成要件。第三人胁迫是指胁迫行为是由当事人以外的第三人作出的。第三人胁迫的构成要件包括：一是当事人以外的第三人实施了胁迫行为，根据《民法典总则编司法解释》第22条规定的胁迫的认定标准，直接或者将来发生的损害既可以指向当事人本人，亦可指向当事人的近亲属等。只要以对生命、身体、健康、名誉、荣誉、隐私、财产造成损害相要挟，均可构成胁迫行为。二是胁迫人在实施胁迫行为时应当具有胁迫的故意，过失不构成胁迫。三是胁迫具有不法性，即胁迫给对方施加了一种强制和威胁，此种威胁必须是非法的、没有法律依据的。四是受胁迫人所作出的意思表示与第三人的胁迫行为之间存在双重因果关系。

与第三人欺诈不同，无论相对人是否知道或应当知道向其发出的意思表示受到了第三人的胁迫，作出意思表示的人都可以撤销其意思表示。原因在于相较于欺诈，胁迫对当事人的自由意志压迫更重，对意思表示不真实的影响程度更深、危害性更强，需要法律提供更周全的救济。

第二，法律效果。受胁迫一方得请求法院或仲裁机构撤销因受协迫而实施的民事法律行为，受胁迫一方有损失的，第三人应承担赔偿责任。因胁迫的违法性较欺诈更为严重，不论胁迫人是否为对方当事人，表意人均得撤销其意思表示，并且此撤销得对抗善意第三人。

第三，举证责任分配。受胁迫一方应对胁迫行为、胁迫故意和因果关系进行举证。关于胁迫的违法性要件，属于规范性要件，当事人一旦能够对前述具体的事实要件加以证明，即可以构成评价违法性的根据。

2. 当事人有违背诚实信用原则行为的赔偿责任

从实践中的情况看，第三人在当事人订立合同的过程中实施欺诈或者胁迫时，当事人也可能存在违背诚信原则的行为，则各自根据过错程度承担相应的责任。此处的“过错”的判断标准上应指违反较高的注意义务（如《民法典》第157条、第509条第2款、第1198条）时的主观状态，而非《民法典》第1165条典型侵权行为构成要件中的过错，即行为人违反一般注意义务时的主观状态。[①]

① 崔建远：《合同解释与合同订立之司法解释及其评论》，载《中国法律评论》2023年第6期。

3. 法律、司法解释对当事人与第三人的民事责任已有规定的除外

现有法律、司法解释对当事人与第三人的民事责任已有明确规定的，为避免司法解释之间发生冲突，本条采取特别规定优于一般规定的思路，在法律、司法解释另有特别规定的情况下，优先适用特别规定。

比如，《注册会计师法》第 42 条规定了会计师事务所违反规定而造成利害关系人损失的赔偿责任；最高人民法院《关于审理涉及会计师事务所在审计业务活动中民事侵权赔偿案件的若干规定》第 1 条表明利害关系人可向会计师事务所主张因出具不实报告而致损的赔偿责任。《公证法》第 44 条规定了相关人员实施违反诚实信用原则行为的责任承担。《证券法》第 85 条规定了发行人、保荐人、证券承销公司及其直接责任人员的信息披露义务；《证券法》第 163 条规定了证券服务机构的勤勉责任；《证券投资基金法》第 99 条规定了基金销售机构向投资人揭示投资风险、销售与投资人风险承受能力相当的基金产品的义务，《证券法》第 88 条对金融机构适当性义务予以规定。

适用难点

1. 第三人欺诈中的“第三人”范围

司法实践中，“第三人”应作狭义解释，并非概括地指法律行为当事人以外的任何人，第三人欺诈中的“第三人”仅限于与该当事人毫无关系的纯粹的第三人，将法律行为一方当事人的代理人、法定代表人和缔约辅助人等排除在外，上述人员实施了欺诈行为，应当构成当事人一方实施欺诈行为，而不成立第三人欺诈。

此外，在有些情况下，实施欺诈行为的第三人既不是意思表示受领人的代理人，也不是其所委托从事合同谈判工作的人，但如果该第三人在利益方面与其有密切的联系，也应当被排除在本条“第三人”的范围之外。例如，因受骗而买了货物的人，借钱支付了货款，不能以证明卖方骗他进行买卖为由而宣告贷款合同下的责任无效。买卖与贷款是相互独立的合同，因受欺诈而订立其中一个合同，并不使当事人有理由宣告另一个合同无效。然而，在两个合同紧密相关时，如卖方和银行事先达成协议，卖方可以为消费者作出必要的安排，以贷款的形式为买卖提供融资，则情况就会不同。

2. 虚假陈述构成欺诈的认定

实践中，并非一切虚假的陈述都构成欺诈，应当区分事实与意见。构成欺诈的错误性陈述必须是对事实的陈述，仅仅是对自己意见或者见解的错误陈述不构成欺诈。[①] 欺诈只能是针对某个具体的、客观的事实的虚假陈述，而不能仅仅表现为“一般性见解”。但当某人对其陈述的事实具有专门的知识和技能时，其实质上在陈述一种“专家意见”。鉴于该种意见的普遍性和重要性，该种意见应被纳入欺诈规制的范畴之中。[②]

类案指引

1. 林某何与中国民生银行股份有限公司福州分行（以下简称民生银行福州分行）侵权责任纠纷案[③]

裁判要旨： 过桥资金提供方在提供过桥资金给借款人之前，曾去银行了解“还后再贷”的情况，银行向过桥资金提供方作出借款人资信良好的反馈，过桥资金提供方基于对银行信赖提供过桥资金给借款人，后银行又以借款人资信状况有问题为由拒绝继续放贷的，应认定银行早先承诺构成第三人欺诈，银行应对过桥资金提供方资金不能收回的本金及利息承担赔偿责任。

法院认为： 本案借款关系发生在林某何和林某锦之间，林某何主张在其决定是否要向林某锦出借款项的过程中，民生银行福州分行实施了欺诈行为，故要求民生银行福州分行承担返还款项的责任，属于合同之外的第三人实施欺诈引发的诉讼。据此，应当从是否存在欺诈行为、欺诈的故意、损害后果、因果关系四个方面予以考量：首先，民生银行福州分行存在陈述虚假信息、隐瞒真实信息的欺诈行为，且具有欺诈故意；

① 李永军：《民法总论》（第2版），法律出版社2009年版，第540页。
② 尹田：《民法典总则之理论与立法研究》，法律出版社2010年版，第555－556页。
③ 参见最高人民法院（2018）最高法民再360号民事判决书。

其次，由于林某锦并未能够获得后续贷款以清偿林某何的借款，且林某锦自身也已缺乏偿债能力，林某何作为刑事案件的受害人也未从刑事退赔程序中获赔，因此民生银行福州分行的虚假陈述和隐瞒事实造成了林某何的损失；最后，林某何因民生银行福州分行的欺诈行为造成了损失，故有权请求民生银行福州分行赔偿其实际出借款项本金和相应的利息损失。

2. 许某华与陈某荣、范某铭股权转让纠纷案[①]

裁判要旨：第三人胁迫通常须具备第三人有胁迫事实，受胁迫方的意思表示不真实。因受胁迫涉及合同一方内心恐惧心理，外人较难窥知，故对其实体上的认定往往须结合合同订立情境、过程乃至履行情况等综合考量。

法院认为：案涉股权转让协议系许某华受胁迫所签订，具体表现为以下几个方面：一是范某铭对许某华举报目的不正当，实属恶意。因事实上该举报不实，当地公安机关先立案后撤案，检察院也作不起诉决定，最高人民法院认定不构成注册商标的侵犯等。二是股权转让协议签订的背景特殊，在董事会面临换届时发生。三是股权转让协议签订的场所和时间特殊。该协议系许某华被羁押于看守所，失去人身自由，羁押期限即将届满，许某华基于可能被逮捕及追加罪责的恐惧，同意签订该协议。四是股权转让协议签订的过程特殊，与受让方陈某荣未有互相磋商的过程，也没有经过股东会等决议程序。五是股权转让的价格偏低。因此，许某华原本不具有缔结股权转让协议的意愿，因恐惧心理，签订股权转让协议实非其真实意思表示。该胁迫行为非合同相对方范某铭亲自直接实施，构成了第三人实施胁迫，应撤销此股权转让协议。

① 参见江苏省高级人民法院（2018）苏民终1388号民事判决书。

相关条文

《民法典》

第一百四十九条　第三人实施欺诈行为，使一方在违背真实意思的情况下实施的民事法律行为，对方知道或者应当知道该欺诈行为的，受欺诈方有权请求人民法院或者仲裁机构予以撤销。

第一百五十条　一方或者第三人以胁迫手段，使对方在违背真实意思的情况下实施的民事法律行为，受胁迫方有权请求人民法院或者仲裁机构予以撤销。

第一百五十七条　民事法律行为无效、被撤销或者确定不发生效力后，行为人因该行为取得的财产，应当予以返还；不能返还或者没有必要返还的，应当折价补偿。有过错的一方应当赔偿对方由此所受到的损失；各方都有过错的，应当各自承担相应的责任。法律另有规定的，依照其规定。

第五百九十三条　当事人一方因第三人的原因造成违约的，应当依法向对方承担违约责任。当事人一方和第三人之间的纠纷，依照法律规定或者按照约定处理。

《民法典总则编司法解释》

第二十一条　故意告知虚假情况，或者负有告知义务的人故意隐瞒真实情况，致使当事人基于错误认识作出意思表示的，人民法院可以认定为民法典第一百四十八条、第一百四十九条规定的欺诈。

第二十二条　以给自然人及其近亲属等的人身权利、财产权利以及其他合法权益造成损害或者以给法人、非法人组织的名誉、荣誉、财产权益等造成损害为要挟，迫使其基于恐惧心理作出意思表示的，人民法院可以认定为民法典第一百五十条规定的胁迫。

第二十三条　民事法律行为不成立，当事人请求返还财产、折价补偿或者赔偿损失的，参照适用民法典第一百五十七条的规定。

第三节 预约合同

一、预约合同的认定

释义条文

《民法典合同编通则司法解释》

第六条 当事人以认购书、订购书、预订书等形式约定在将来一定期限内订立合同，或者为担保在将来一定期限内订立合同交付了定金，能够确定将来所要订立合同的主体、标的等内容的，人民法院应当认定预约合同成立。

当事人通过签订意向书或者备忘录等方式，仅表达交易的意向，未约定在将来一定期限内订立合同，或者虽然有约定但是难以确定将来所要订立合同的主体、标的等内容，一方主张预约合同成立的，人民法院不予支持。

当事人订立的认购书、订购书、预订书等已就合同标的、数量、价款或者报酬等主要内容达成合意，符合本解释第三条第一款规定的合同成立条件，未明确约定在将来一定期限内另行订立合同，或者虽然有约定但是当事人一方已实施履行行为且对方接受的，人民法院应当认定本约合同成立。

新旧变化

在我国法上，预约合同的定义首次见诸《买卖合同纠纷司法解释》（法释〔2012〕8 号）第 2 条的规定，该条从主给付义务的角度规定了预约合同的核心特征，即“约定在将来一定期限内订立买卖合同”，并列举了司法实践中的常见形态“认购书、订购书、预订书、意向书、备忘录等”。但存在两个问题：一是预约是否必须约定本约订立的期限（“一定期限内”）；二是列举的预约形态可能导致法官直接以系争合同的名义认定其性质，而忽略当事人意思表示的解释。

《民法典》吸收了《买卖合同纠纷司法解释》的规定，将预约合同上升为一般规则，但上述两个问题仍存在争议。《民法典》保留了“一定期限内”的规定，删除了“意向书”和“备忘录”两种形态，对此宜结合立法机关的说明理解。首先，立法机关认为“一定期限”旨在表达当事人将来订立本约的意思是确定的，不宜僵化地认为当事人必须在预约中约定缔结本约的时间，而应当理解为当事人以约定期限等方式明确表达了缔结本约的意图。其次，立法机关明确指出“当事人签订的认购书、订购书、预订书并不是确定无疑一定构成预约合同，其是否构成预约合同，关键还是要看当事人是否对将来一定期限内订立本约合同达成合意”，[①] 因此列举形态仅具有提示作用。与《民法典》第495条第1款相比，《民法典合同编通则司法解释》第6条在法律适用层面，有以下值得注意的地方。

《民法典合同编通则司法解释》第6条第1款细化了预约合同的认定标准。首先，该解释沿用了《买卖合同纠纷司法解释》第2条对预约合同特征（主给付义务）及典型形态的表述，但由于《民法典》第495条已规定了预约合同的特征，且列举的典型形态仅有提示作用，因此在法律适用层面意义有限。其次，在《担保法司法解释》第115条“当事人约定以交付定金作为订立主合同担保的，给付定金的一方拒绝订立主合同的，无权要求返还定金；收受定金的一方拒绝订立合同的，应当双倍返还定金”以及《商品房买卖合同纠纷司法解释》第4条“出卖人通过认购、订购、预订等方式向买受人收受定金作为订立商品房买卖合同担保的，如果因当事人一方原因未能订立商品房买卖合同，应当按照法律关于定金的规定处理；因不可归责于当事人双方的事由，导致商品房买卖合同未能订立的，出卖人应当将定金返还买受人”的基础上，明确实践中广泛存在的“立约定金”属于预约，适用于所有类型合同。

本条第2款进一步列举了不构成预约合同的两种典型情形，是对本条第一款的细化规定。首先，当事人没有约定预约合同的主给付义务，缺乏缔结本约的法律拘束意思；其次，当事人之间尽管有缔结本约的表示，但本约的

---

① 黄薇主编：《中华人民共和国民法典合同编解读》（上册），中国法制出版社2020年版，第116－117页。

内容无法确定或可得确定。因此，这两种情形均不符合《民法典》第 495 条所规定的预约合同成立要件。

本条第 3 款规定了当事人之间成立本约合同的两种情形。第一，当事人已就合同的必要之点达成一致，但没有约定缔结本约的义务，不具备预约合同的核心特征，这一规定在法律适用上的意义，一是提示法官须对“认购书、订购书、预订书等”进行意思表示解释，不能仅凭系争协议的名称直接定性。二是明确预约合同与本约合同的区分标准，并非内容上是否完备，而是“本约暂时不生效”的意思。第二，当事人在缔结预约合同后未订立本约合同，而是直接履行预约合同中确定的本约合同义务，对方接受的情形，并不意味着此时预约合同直接转化为本约合同，而应当是《民法典》第 490 条所规定的“一方已经履行主要义务，对方接受时，该合同成立”。

规范解读

1. 预约合同的定义、功能与成立要件

预约合同是当事人约定将来订立一定合同的合同，[①] 旨在锁定交易，降低交易成本，为当事人提供强于“缔约过失”的保护。其法律功能主要有两项：[②] 一是预备性功能，即当事人考虑到签订本约合同存在法律或事实上的障碍，通过预约合同固定已经达成合意的权利义务，作为本约合同的基础。[③] 二是确保性功能，即本约暂时无法订立时（如本约存在法律上的障碍不能订立或当事人尚有其他事项存待进一步磋商），当事人达成固定缔结本约的合意，通过预约确保本约顺利缔结。[④]

---

① 王泽鉴：《债法原理》，北京大学出版社 2022 年版，第 135 页。

② 吴从周：《论预约》，载《台大法学论丛》第 42 卷，第 789－791 页。

③ 参见最高人民法院（2018）最高法民终 622 号民事判决书（法院指出，系争《增资扩股框架协议》的内容表明，当事人签订正式交易文件的条件依然未成就，该《框架协议》实为自《框架协议书》订立以来，各方对进一步磋商成果的文本固化，性质上仍为预约合同，目的是继续锁定交易机会，于将来缔结正式的增资扩股协议）。

④ 参见陕西省商洛市中级人民法院（2022）陕 10 民终 86 号民事判决书（法院指出，商品房买卖合同是一种要式合同，应当具备商品房买卖合同的必备条款。本案中涉及房屋买卖的口头协议不具备商品房买卖合同的特征，尚未成立商品房买卖合同法律关系。双方约定在将来一定期限内当面一次性办理交房、付款及过户手续，更加符合预约合同的法律特征）。

预约合同的识别具有重要法律意义：其一，界分预约合同、本约合同以及纯粹磋商，彰显预约合同之功能定位和法律效果；其二，衔接预约合同违约责任制度，包括违约认定、责任承担方式、损害赔偿范围等规则的适用。对此，《民法典》第495条仅规定预约合同的主给付义务为缔结本约合同，并不完备。有观点将买卖合同预约的特征概括为“合意性、约束性、确定性和期限性”，后又概括为“预备性、约束性、确定性、期限性”四项。[①]其中，预备性指的是“预约合同发生在本约合同的磋商阶段”，仅是对预约合同特征的描述，无构成要件意义；约束性指的是法律拘束意思，是合同成立的一般要件；确定性指的是“预约的内容应具有一定的确定性，是能够确定或者可能确定的，以免合同当事人陷入本约谈判的僵局，致使预约丧失存在之必要”，属于预约合同的特别成立要件；期限性指的是“预约标的应当是在一定期限内签订本约”，结合前文“新旧变化”部分关于“一定期限”的理解，应当将“期限性”特征理解为未来缔结本约合同的主给付义务，以及本约合同的权利义务暂时不生效的意思。结合规范目的和功能，[②]预约合同的成立除一般合同的成立要件之外，还需具备两个特别要件：一是未来缔结本约合同的合意（预约合同的主给付义务）；二是本约合同的要素确定或可确定。[③]需注意的是，缔结本约合同的合意应当包含本约合同的要素暂时不生效的意思。

对此，《民法典合同编通则司法解释》第6条第1款规定“能够确定将来所要订立合同的主体、标的等内容”这一要件，填补了《民法典》第495条的缺失。从文义看，本款存在两种理解：一是该要件适用于普通预约（“当事人以认购书、订购书、预订书、意向书、备忘录等形式约定将来一定期限内订立合同”）与定金型预约（“为担保将来一定期限内订立合同交

---

① 参见最高人民法院民事审判第二庭编著：《最高人民法院关于买卖合同司法解释理解与适用》，人民法院出版社2016年版，第51页；最高人民法院民法典贯彻实施工作领导小组主编：《中华人民共和国民法典合同编理解与适用（一）》，人民法院出版社2020年版，第230页。

② 分析法条的构成要件，应当满足清晰、明确，无歧义、无矛盾的要求，韩强：《法教义学在商法上的应用——以最高人民法院指导案例15号为研究对象》，载《北大法律评论》2014年第1期。

③ Vgl. Busche, in: Münchener Kommentar zum BGB 9. Auflage 2021. (Vor § 145) Rn. 63.

付了定金”）；二是仅针对定金型预约。结合规范目的，应当采取第一种理解。

2. 预约合同内容的确定性

如果对预约合同内容确定性要求过高，在个案中往往难以与本约区分。[①]《民法典合同编通则司法解释》第 6 条第 1 款及第 2 款对预约内容的确定性规定为“能够确定将来所要订立合同的主体、标的等内容”。考虑到我国学理和司法实践均将“当事人、标的和数量”作为合同成立的必要之点，[②] 本款维持了“主体、标的”两项，缺少了“数量”，似乎表达了预约合同内容确定性程度应当低于本约的法理意涵，[③] 最高人民法院相关负责人亦指出“关于内容具体确定的程度，考虑到预约合同是为将来订立本约而订立的合同，不能完全以本约内容的具体明确程度来要求预约的内容”。[④] 德国司法实践曾经采取这一观点，但随后扬弃，因为在德国法上，预约合同的当事人可以申请对对方强制执行，成立本约，[⑤] 因此预约合同在内容上，必须达到能以补充解释或适用任意性规范，推导出本约合同主要内容的程度。对此，德国通说采取“无修正适用说”，即预约合同无须包含本约合同的所有内容，但当事人须对所有重要之点达成一致，包括本约合同客观上必要之点，以及当事人主观上认为必要之点。换言之，在本约合同的要素之外，还可能包含对本约合同的履行具有重要意义的从给付义务，这样才能保证法官可以通过对预约合同的补充解释或适用任意性规范，推导出本约合同

---

① 杨芳贤：《民法债编总论》，三民书局 2020 年版，第 49 页。

② 参见《合同法司法解释（二）》第 1 条第 1 款，《全国法院贯彻实施民法典工作会议纪要》（法〔2021〕94 号）第 6 条第 1 款，《民法典合同编通则司法解释》第 3 条第 1 款；韩世远：《合同法总论》（第 4 版），法律出版社 2019 年版，第 120 页。

③ 有观点认为，预约合同只是以订立本约合同为目的，只需要具备标的并包含将来订立合同的意愿即可，而无须包含本约合同的主要条款。参见王利明：《预约合同若干问题研究——我国司法解释相关规定述评》，载《法商研究》2014 年第 1 期。

④ 参见《最高人民法院民二庭、研究室负责人就民法典合同编通则司法解释答记者问》，载最高人民法院网站，https：//www. court. gov. cn/zixun/xiangqing/419402. html。

⑤ 德国《民事诉讼法》第 894 条规定：“债务人受到判决，应作出一定意思表示的，判决确定时视为已作出意思表示。意思表示需待作出对待给付时，依第七百二十六条、第七百三十条将确定判决的有执行力的正本交付时，发生效力。”

的内容。[1]

比较法的经验须在我国实在法的构造下检验。德国法的启示在于，预约合同内容确定性的程度，须结合违约责任考察。根据《民法典合同编通则司法解释》第8条第2款，当事人未就预约合同的违约损害赔偿额达成有效约定的，法官原则上要结合预约合同的确定性程度（“预约合同在内容上的完备程度”及“订立本约合同的条件的成就程度”等因素），酌定损害赔偿额；但如果预约合同已就本约合同的主体、标的、数量、质量、价款或者报酬、履行期限、履行地点和方式、违约责任和解决争议方法等影响当事人权利义务的实质性内容达成合意，当事人可以请求违约方赔偿本约合同的履行利益。根据本解释，预约合同内容的确定性程度会对法效果产生影响，[2] 因此，将预约合同内容确定性要件原则性地规定为“能够确定将来所要订立合同的主体、标的等内容的”，能够扩大预约制度的生存空间，且更尊重当事人的意思。对该原则性规定的理解，须注意以下两点。

第一，能否从文义出发，认为“数量”不构成预约合同确定性的最低要求，即如果系争协议仅约定了当事人与标的，以及未来缔结本约合同的意思，是否仍有可能构成预约合同？《民法典合同编通则司法解释》第3条第1款规定，“人民法院能够确定当事人姓名或者名称、标的和数量的，一般应当认定合同成立”，维持了我国学理和司法实践将“主体、标的、数量”作为合同成立最低限度必要之点的传统立场。有观点认为，预约作为合同，应当作同一要求。[3] 但亦有观点认为，“主体和标的”构成合同确定性的最低要求，预约仅需当事人、标的（本约的合同类型与性质）与未来缔结本约合同的合意即可成立。[4] 在本解释起草过程中，还存在两种观点：一是认为只需要能够确定当事人之间形成将来订立合同的一致意思表示，无须确定

---

① Vgl. Busche, in: Münchener Kommentar zum BGB 9. Auflage 2021. (Vor § 145) Rn. 63; Staudinger/Bork (2020) Vorbemerkung zu § § 145. Fn. 58.

② 这一思路参见刘承韪：《预约合同层次论》，载《法学论坛》2013年第6期。

③ 参见刘承韪：《预约合同层次论》，载《法学论坛》2013年第6期；陆青：《〈买卖合同司法解释〉第2条评析》，载《法学家》2013年第3期。

④ 王利明：《预约合同若干问题研究——我国司法解释相关规定述评》，载《法商研究》2014年第1期；林洹民：《预约学说之解构与重构——兼评〈民法典〉第495条》，载《北方法学》2020年第4期。

标的，预约合同即可成立；二是预约合同必须有价格条款才能成立。① 对此需注意的是，认为预约合同应当规定数量的观点，往往以买卖合同作为原型，② 但在预约合同适用范围扩大化、本约合同类型多样化之后，并非所有交易都必须以数量锁定。③ 因此本款宜作以下理解：首先，如“主体、标的”都无法确定，则系争协议必然不构成预约合同；其次，未约定数量的协议能否构成预约合同，应结合本约合同的类型认定，如本约合同是买卖合同，预约合同就应当包含数量。在解释方案上，可认为“数量”的要求隐含于“等内容”中，须达到可确定的程度。概言之，问题的关键并不在于系争协议缺乏数量的规定是否必然不构成预约合同，而是在于能否通过意思表示解释，确定本约合同的主要内容。

第二，对于其他要素，须在个案中考虑能否通过对系争协议进行补充解释或依据《民法典》第511条确定，从而判断预约合同是否成立。

对于立约定金，在内容的确定性上亦不例外。收受定金可作为成立本约合同的证据，亦可作为成立预约合同的证据，因此须根据定金条款内容识别预约合同。若约定定金罚则执行条件是不订立本约合同，则属于预约合同；

① 石佳友、刘欢、曾佳：《〈民法典〉合同编司法解释规则的优化与完善——“〈民法典合同编司法解释（草案）〉学术研讨会”综述》，载《法律适用》2021年第12期。

② 我国对合同成立必要之点应当包括数量的观点，受到了《联合国销售合同公约》第14条第1款（“向一个或一个以上特定的人提出的订立合同的建议，如果十分确定并且表明发价人在得到接受时承受约束的意旨，即构成发价。一个建议如果写明货物并且明示或暗示地规定数量和价格或规定如何确定数量和价格，即为十分确定”）的影响，在《合同法司法解释（二）》的制定过程中尽管存在争议，但最高人民法院仍然选择了维持“数量”要求的立场。在《民法典》出台后，最高人民法院《全国法院贯彻实施民法典工作会议纪要》第6条的解释提及“明确数量为合同的必备要素，对于区分磋商性文件和预约合同也具有十分重要的价值”，并援引“澳华资产管理有限公司与洋浦经济开发区管理委员会建设用地使用权纠纷案”的裁判要旨“如果意向书的标的、数量不确定，缺少当事人受其约束的意思表示，一般应认定为磋商性文件”作为例证。但考察案件的终审判决书以及裁定书，可以看出系争《投资意向书》不构成预约合同的理由是未约定标的与数量以及本约合同的权利义务，无法通过补充解释或适用任意性规范推导出本约合同的内容，仅能得出双方须进一步协商的意思。参见（2013）民一终字第107号民事判决书，最高人民法院（2014）民申字第263号民事裁定书；最高人民法院研究室编著：《〈全国法院贯彻实施民法典工作会议纪要〉条文及适用说明》，人民法院出版社2021年版，第26－27页；郭魏：《意向书的法律性质和效力》，载《人民司法》2015年第22期。

③ 参见最高人民法院民事审判第二庭编著：《最高人民法院关于买卖合同司法解释理解与适用》，人民法院出版社2012年版，第52页。

若系不履行合同，则属于本约合同。[①]

3. 本约合同的认定

如系争协议“已就合同的主体、标的、数量、价款或者报酬等主要内容达成合意，符合本解释第三条第一款规定的合同成立条件”，此时判断其构成预约合同还是本约合同的关键，就在于当事人是否有未来签订本约合同的意思，以及相关权利义务暂不生效的意思。本解释第6条第3款对两种构成本约合同的情形作了细化规定。

第一，“当事人未明确约定将来一定期限内另行订立合同”，是指当事人并无另行签订本约合同的意思，因缺乏预约合同的成立要件而应认定为本约合同，并无疑义。这一规定旨在提示法官注意对系争协议进行意思表示解释。

第二，“虽有约定但当事人一方已实施履行行为且对方接受的”这一情形较为特殊。与此类似的规定，是《商品房买卖合同纠纷司法解释》第5条“商品房的认购、订购、预订等协议具备《商品房销售管理办法》第16条规定的商品房买卖合同的主要内容，并且出卖人已经按照约定收受购房款的，该协议应当认定为商品房买卖合同”。官方解释将之定性为“预约转化为本约”。认购书被认定为本约合同，除合同条款齐备外，还应具备合同实际履行条件。只要合同条款齐备、明确，不存在法律或事实上的障碍，无论合同名称如何，都应认定其为本约。[②] 然而，这一理解有欠妥当，系争“认购书”在因未能满足《商品房销售管理办法》强制性规范而无法对购房作出全面约定的情形下，只能作为预约合同，而其后签订本约合同障碍消除且当事人实际履行的时候，实际上是以“预约合同内容 + 履行行为”的方式成立了本约合同。[③] 对本解释第3条第2款，亦应当采取同一理解。

这也意味着，本款“虽有约定”，应理解为当事人之间的预约合同成立，而“当事人一方已实施履行行为且对方接受的”，指的是一方当事人履

---

① 参见梁慧星：《审理合同纠纷案件的若干问题》，载《法律适用》2012年第12期。

② 最高人民法院民事审判第一庭编著：《最高人民法院关于审理商品房买卖合同纠纷案件司法解释的理解与适用》，人民法院出版社2015年版，第71页；最高人民法院民事审判第二庭编著：《最高人民法院关于买卖合同司法解释理解与适用》，人民法院出版社2012年版，第55页。

③ 陆青：《〈买卖合同司法解释〉第2条评析》，载《法学家》2013年第3期。

行了本约合同的义务，且对方接受，此时本约合同成立。对此须注意以下两点：

一是对“履行行为”的理解。从文义上看，本条似乎未对履行本约合同的义务作出限定。但结合《民法典》第490条第2款“当事人未采用书面形式但是一方已经履行主要义务，对方接受时，该合同成立”，《民法典合同编通则司法解释》第71条第3款规定“当事人约定以交付定金作为合同成立或者生效条件，应当交付定金的一方未交付定金，但是合同主要义务已经履行完毕并为对方所接受的，人民法院应当认定合同在对方接受履行时已经成立或者生效”，“履行行为”宜理解为履行本约合同主给付义务。这一理解也符合我国司法实践的做法。[①]

二是如履行行为与预约合同相关约定不同，属于当事人以行为方式作出变更，本约合同的权利义务以双方接受的履行行为为准。

适用难点

1. 交易意向与预约合同的区分

结合我国现有司法实践和学理观点，在个案中区分仅有交易意向的磋商性文件，与具有法律约束力的预约合同，可以从以下几个方面判断。

第一，系争文件的名称。尽管现有学理和司法实践均认为，系争协议性质的判断，不应拘泥于文件的名称，而应当关注当事人是否就未来缔结本约合同形成合意。但在实践中，复杂商事交易往往有律师或法务等专业人士的参与，对文件名称的选择，亦可在一定程度上体现出当事人对协议约束力的态度，可作为系争协议性质判定的初步依据。

第二，当事人是否排除系争协议中的法律约束力。《民法典合同编通则司法解释》（征求意见稿）第7条第1款曾规定“当事人约定该文件不具有法律约束力”的，不能构成预约合同。尽管该规定在《民法典合同编通则司法解释》第6条第1款中删除，但其法理仍然有助于交易意向与预约合同

---

① 参见北京市高级人民法院（2016）京民再80号民事判决书。

的区分。在实践中，当事人排除协议法律约束力往往采取两种形式：一是明确约定系争文件不具有法律效力；二是约定系争文件仅使得双方就未来合同的实质内容负有磋商义务。但需要注意的是，当事人约定不具有法律拘束力的未必是整份文件，应当结合系争文件的整体内容甄别。如在“张甲、张乙股权转让纠纷案”中，当事人在《合作备忘录》第7条“效力及终止”第2款约定：该合作备忘录在成都市高新区签订，除本合作备忘录第2～7条单独有效外，本合作备忘录是各方目前合作意向的表述，不对任何一方产生具有法律约束力的权利或义务，也不应构成任何一方对完成本合作备忘录涉及的任何行动或交易的义务或承诺。任何关于实施本合作备忘录所涉及的行动或交易的义务只应依照正式合同的规定解释。第3款约定：本合作备忘录只作为各方为推进本次交易及协商谈判目的而使用，不得用作各方同意之外的其他任何用途。其中《合作备忘录》的第2～7条的法律约束力并未被排除，得独立构成预约合同。①

第三，系争协议内容的完备性。如前所述，预约合同在内容上应当具有确定性，须达到可确定本约主要内容的程度。在此基础上，系争协议的内容越完善，越能反映出当事人缔结本约的意向。以司法实践中涉及“合作备忘录”性质辨别的案件为例，法院认定构成预约合同的《合作备忘录》，大多在本约合同的主给付义务之外，对未来的合作细节、交易安排等涉及的从给付义务乃至附随义务均有较详细的约定。②

2. 预约合同与本约合同的区分

预约合同与本约合同的区分标准在于，主给付义务是否为在未来另行订立合同。因此，对系争协议主给付义务的解释，是区分二者的关键。重点在于，系争协议是否明确表达了本约合同主给付义务暂时不生效的意思。在实践中较难区分的一种情形是，当事人根据系争协议中须履行的义务，既有在将来一定期间内签订本约合同的义务，也有本约合同的主给付义务，此时应

---

① 参见四川省成都市中级人民法院（2018）川01民终17092号民事判决书。

② 参见北京知识产权法院（2021）京73民初973号民事判决书；湖南省高级人民法院（2020）湘民终901号民事判决书；西藏自治区高级人民法院（2021）藏民终41号民事判决书等。

当以后者为准，认定系争协议为本约合同。[①]

风险防范

1. 违约风险

预约合同一方当事人可能迟延、拒绝履行订立本约合同的义务，或其恶意磋商导致本约合同不能订立，给对方当事人带来巨额财产损失。

例如，在"中海外房地产（青岛）有限公司（以下简称中海外公司）、刘某峰商品房预约合同纠纷案"中[②]，案涉商品房预售合同条款已在原告中海外公司售楼处公示，被告刘某峰签署时明知其内容，但在房屋已具备交付条件的情形下，被告反以商品房预售合同中逾期交房违约金比例过低为由要求中海外公司修改合同条款。原告主张被告行为系因房地产市场情形明显下滑，意图通过恶意磋商拒不履行预约合同义务，阻碍合同目的实现，应当承担扣除购房定金的违约责任，但因原告未提交有效证据证明而未被采信。两审法院均认定案涉预购协议系因不可归责于双方的事由解除，判令原告向被告返还定金。

恶意磋商在实践中往往较难证明，因此，建议合同当事人在预约合同中设定多层次结构的违约责任条款，配合定金或违约金，并尽量注明可能涉及的损失范围，通过增加对方当事人违反预约合同的成本以防范该风险。

2. 交易目的落空风险

交易双方缔约前磋商阶段过长可能导致交易机会流失，或一方当事人利用预约合同投机导致交易目的落空。

例如，在"桑顿新能源科技有限公司（以下简称桑顿公司）、长沙市美宇电器有限公司（以下简称美宇公司）买卖合同纠纷案"中[③]，双方签订

---

① 可供借鉴的是广东省高级人民法院《关于审理房屋买卖合同纠纷案件的指引》（粤高法发〔2022〕5号）第2条规定，认购书、订购书、购房意向书等协议虽然约定在将来一定期限内签订房屋买卖合同，但协议已经具备房屋买卖合同主要条款，且当事人依据协议负有支付房屋价款或者交付房屋义务的，该协议应当认定为房屋买卖合同。

② 参见山东省青岛市中级人民法院（2021）鲁02民终14828号民事判决书。

③ 参见湖南省湘潭市中级人民法院（2021）湘03民终635号民事判决书。

《战略合作协议》，基于其中载明的预估采购数量，美宇公司同意为桑顿公司免费开模。但因市场原因，桑顿公司后续采购量严重低于《战略合作协议》载明的预估数，美宇公司交易目的落空并遭受重大损失。双方争议焦点之一即为《战略合作协议》性质系商业合作的前期磋商文件抑或预约合同，因其决定协议中预估的合作数量是否构成采购数量承诺的问题。两审法院均认定案涉协议成立预约合同，但认为采购量未达到预订的数量是市场原因造成的，桑顿公司对此并无主观恶意，从诚实信用、公平原则出发判令桑顿公司酌情赔偿美宇公司损失。

对此，预约合同中应当尽量通过表述清晰的排他性条款锁定将来订立本约合同的意思表示，并尽量避免使用意向书、备忘录等文件名；同时，可考虑在预约合同中约定相应风险分担条款，以规避后续争议。

3. 情势变更风险

交易伴随当事人订立预约时无法预见的、不属于商业风险的重大变化，导致交易过程不确定性增加，甚至失去交易价值。

例如，在“上海上企建筑装璜有限公司（以下简称上企公司）诉上海慧华箱包有限公司（以下简称慧华公司）等股权转让纠纷案”中[①]，原告上企公司与被告慧华公司签订《股权转让协议》（预约合同），约定日后签订内容为以股权转让方式收购慧华公司所有工业厂房的合同。原告陆续支付股款并为被告接受，双方通过部分履行本约合同主要义务成立事实上的股权转让关系。后因政策变化土地价格上涨，而厂房等投资成本随时间推移价值贬损，被告主张继续履行显失公平，应适用情势变更原则解除合同。法院认为，政策因素出现后双方并未重新协商价格而选择继续付款，故即便存在履行障碍也未严重影响合同履行；且情势变更原则的适用并非一定产生解除合同的效力，应按照合同严守的契约精神优先考虑在最大限度内维持原有的合同关系，因此判令不得解除合同。

为避免出现无法适用情势变更条款，合同继续履行的情况，预约合同双方当事人应根据交易情况制定条款内容，预留灵活的退出空间，以防范风险。

---

① 参见上海市第二中级人民法院（2016）沪02民终8592号民事判决书。

类案指引

1. 张某诉徐州市同力创展房地产有限公司商品房预约合同纠纷案①

裁判要旨： 预约合同既可以是明确本约合同的订约行为，也可以是对本约合同内容的预先设定。判断当事人之间订立的合同系本约还是预约的根本标准是当事人的意思表示，即当事人是否有意在将来订立一个新的合同。

法院认为： 原、被告双方签订的《商品房预订单》对于双方当事人的姓名或名称，商品房的基本情况（包括房号、建筑面积）、单价、付款时间进行了明确的约定，但协议第5条约定“在甲方（被告）通知签定（订）《商品房销售合同》之前，乙方（原告）可随时提出退房……在乙方按照本条约定签定（订）《商品房销售合同》前，甲方不得将该房另售他人”，双方在签订该认购单时对于该行为的性质为预约合同的认识明确。因此，法院确认该《商品房预订单》是以将来签订商品房销售（买卖）合同为目的的预约合同。

2. 巩义市嘉成能源有限公司（以下简称嘉成能源公司）与河南大有能源股份有限公司（以下简称大有能源公司）定金合同纠纷案②

裁判要旨： 当事人为担保将来订立正式合同设置了定金条款，则该定金具有立约定金的性质，成立定金型预约合同。因可归责于定金交付一方的原因导致本约合同未能订立的，定金不再退还。

法院认为： 转让协议是具有预约性质的合同，案涉定金为订约定金，只要本约未能订立不是由于出让方的原因，则该定金就不再退回。嘉成能源公司在是否对铁生沟煤业的债务提供担保及担保方式问题上，出现意见反复，最终影响了其进场交易的意愿，导致未能正式签约，收购未能成功，因此案涉收购未能成功签约是嘉成能源公司及其关联公司鸣创能源公司自身原因导致，根据《民法典》第587条的规定，驳回嘉成能源公司请求大有能源公司返还定金4000万元及利息的诉请。

---

① 参见《最高人民法院公报》2012年第11期。

② 参见河南省高级人民法院（2022）豫民终350号民事判决书，本案入选2022年全国法院十大商事案件。

3. 张某诉马某、赵某源、资迅航川（天津）房地产经纪有限公司房屋买卖合同纠纷案[①]

裁判要旨：当事人已就本约合同的必要之点达成一致，且没有约定缔结本约合同的义务，即使合同文书采用“认购书、订购书、预订书、意向书、备忘录等”预约合同典型名称，因其不具备“本约暂时不生效”的意思，双方直接成立本约合同而非预约合同。

法院认为：原、被告签订的《房产交易合同》系双方真实意思表示，委托授权合法，内容包含当事人的名称及身份信息、确定的标的、价款、付款方式、履行期限、交房时间、税费负担、违约责任等，符合本约合同对合同内容完整性、确定性的要求和标准，合同内容和形式符合法律规定，房屋买卖合同成立且有效。该合同充分考虑被告补办房屋产权证手续的期限这一唯一不确定的履约因素，为给予被告充分的准备时间，将网签时间确定在签订合同后的第6个月，合同的其他内容均清楚明确，不存在另行订立合同的必要，案涉合同中亦不包含重新订立一个新的合同的意思表示。因此，案涉合同系本约合同，被告的行为构成对本约的违约。

4. 成都讯捷通讯连锁有限公司（以下简称讯捷公司）与四川蜀都实业有限责任公司（以下简称蜀都实业公司）、四川友利投资控股股份有限公司房屋买卖合同纠纷案[②]

裁判要旨：判断当事人之间订立的合同是否系本约不能仅孤立地以当事人之间签订的协议之约定为依据，嗣后履行行为中可能包含订立本约合同的真实意思。一方在未订立本约合同的情形下直接履行预约中确定的本约合同义务，对方接受的，当事人之间成立本约合同。

法院认为：在蜀都实业公司与讯捷公司之间成立了房屋买卖法律关系。蜀都实业公司与讯捷公司在《购房协议书》中明确约定了双方拟进

① 参见天津市第二中级人民法院（2017）津02民终7100号民事判决书，载《天津市高级人民法院公报》2018年第2辑，第58－68页。

② 参见最高人民法院（2013）民提字第90号民事判决书。

行买卖的房屋的位置、面积和价款，虽然具备一份正式房屋买卖合同的主要内容，但是双方当事人在该协议第5条进一步明确要在将来订立一个新的合同，故应尊重当事人的意思表示，案涉《购房协议书》性质为预约。合同签订时作为买受人的讯捷公司已经实际交付了定金并约定该笔定金在一定条件下自动转为购房款，作为出卖人的蜀都实业公司接受了讯捷公司的交付；合同签订3个多月后，合同项下房屋交付完成。可见，讯捷公司以履行本约义务的形式发出缔结本约的要约，而蜀都实业公司予以承诺。结合案涉《购房协议书》签订后的履行情况，可以认定当事人之间达成了买卖房屋的合意，成立了房屋买卖法律关系。

相关条文

《民法典》

第四百九十条 当事人采用合同书形式订立合同的，自当事人均签名、盖章或者按指印时合同成立。在签名、盖章或者按指印之前，当事人一方已经履行主要义务，对方接受时，该合同成立。

法律、行政法规规定或者当事人约定合同应当采用书面形式订立，当事人未采用书面形式但是一方已经履行主要义务，对方接受时，该合同成立。

第四百九十五条 当事人约定在将来一定期限内订立合同的认购书、订购书、预订书等，构成预约合同。

当事人一方不履行预约合同约定的订立合同义务的，对方可以请求其承担预约合同的违约责任。

第五百一十一条 当事人就有关合同内容约定不明确，依据前条规定仍不能确定的，适用下列规定：

（一）质量要求不明确的，按照强制性国家标准履行；没有强制性国家标准的，按照推荐性国家标准履行；没有推荐性国家标准的，按照行业标准履行；没有国家标准、行业标准的，按照通常标准或者符合合同目的的特定标准履行。

（二）价款或者报酬不明确的，按照订立合同时履行地的市场价格履行；依法应当执行政府定价或者政府指导价的，依照规定履行。

（三）履行地点不明确，给付货币的，在接受货币一方所在地履行；交付不动产的，在不动产所在地履行；其他标的，在履行义务一方所在地履行。

（四）履行期限不明确的，债务人可以随时履行，债权人也可以随时请求履行，但是应当给对方必要的准备时间。

（五）履行方式不明确的，按照有利于实现合同目的的方式履行。

（六）履行费用的负担不明确的，由履行义务一方负担；因债权人原因增加的履行费用，由债权人负担。

《买卖合同纠纷司法解释》

第二条　当事人签订认购书、订购书、预订书、意向书、备忘录等预约合同，约定在将来一定期限内订立买卖合同，一方不履行订立买卖合同的义务，对方请求其承担预约合同违约责任或者要求解除预约合同并主张损害赔偿的，人民法院应予支持。

《商品房买卖合同纠纷司法解释》

第五条　商品房的认购、订购、预订等协议具备《商品房销售管理办法》第十六条规定的商品房买卖合同的主要内容，并且出卖人已经按照约定收受购房款的，该协议应当认定为商品房买卖合同。

《商品房销售管理办法》

第十六条　商品房销售时，房地产开发企业和买受人应当订立书面商品房买卖合同。

商品房买卖合同应当明确以下主要内容：

（一）当事人名称或者姓名和住所；

（二）商品房基本状况；

（三）商品房的销售方式；

（四）商品房价款的确定方式及总价款、付款方式、付款时间；

（五）交付使用条件及日期；

（六）装饰、设备标准承诺；

（七）供水、供电、供热、燃气、通讯、道路、绿化等配套基础设施和公共设施的交付承诺和有关权益、责任；

（八）公共配套建筑的产权归属；

（九）面积差异的处理方式；

（十）办理产权登记有关事宜；

（十一）解决争议的方法；

（十二）违约责任；

（十三）双方约定的其他事项。

二、违反预约合同的认定

释义条文

《民法典合同编通则司法解释》

第七条 预约合同生效后，当事人一方拒绝订立本约合同或者在磋商订立本约合同时违背诚信原则导致未能订立本约合同的，人民法院应当认定该当事人不履行预约合同约定的义务。

人民法院认定当事人一方在磋商订立本约合同时是否违背诚信原则，应当综合考虑该当事人在磋商时提出的条件是否明显背离预约合同约定的内容以及是否已尽合理努力进行协商等因素。

新旧变化

在《民法典》出台之前，《商品房买卖合同纠纷司法解释》（法释〔2003〕7号）第4条规定："出卖人通过认购、订购、预订等方式向买受人收受定金作为订立商品房买卖合同担保的，如果因当事人一方原因未能订立商品房买卖合同，应当按照法律关于定金的规定处理；因不可归责于当事人双方的事由，导致商品房买卖合同未能订立的，出卖人应当将定金返还买受人。"尽管文义上，本条仅规定了商品房买卖领域内，"立约定金"的违约形态与责任，但却蕴含了预约违约形态的雏形。根据官方说明，由于国内学理与司法实践尚未对预约有充分研究，因此本条回避了预约（认购书）

的违约责任和赔偿责任，[1] 然而从“未能订立商品房买卖合同”的表述看，本条明显将订立商品房买卖合同（本约）作为立约定金合同的主给付义务。

最高人民法院在《买卖合同纠纷司法解释》（法释〔2012〕8 号）第 2 条对买卖合同预约的效力采纳了“应当缔约说”的立场，明确违约形态为“不履行订立买卖合同的义务”。[2]《民法典》维持了前述立场，将预约的违约形态规定为“当事人一方不履行预约合同约定的订立合同义务”。

与《民法典》第 495 条相比，《民法典合同编通则司法解释》第 7 条第 1 款在主给付义务违反之外，补充规定了从给付义务严重违反的违约形态，细化了《民法典》第 495 条对违约形态的规定，具体来说，有两项补充。首先，本条第 1 款明确规定了预约的两种违约形态，即涉及主给付义务不履行的“拒绝订立本约合同”，以及在预约尚有未决条款的情形中，从给付义务不履行导致本约未能成立的情形（“在磋商订立本约合同时违背诚信原则导致未能订立本约合同的”）。其次，本条第 2 款为法官在个案中判定诚信磋商的从给付义务是否履行提供了参考标准，即“磋商订立本约合同时提出的条件是否严重背离预约合同约定的内容”“是否已尽合理努力进行协商”等。但诚信磋商的从给付义务违反，最终指向的仍然是缔结本约的主给付义务不履行，本约缔结失败的结果，因此本条规定仍在《民法典》第 495 条规定“不履行预约合同约定的订立合同义务”的文义范围内。

“磋商订立本约合同时违背诚信原则导致未能订立本约合同”的违约形态，主要适用于当事人在预约中尚有未决条款的情形。即使当事人均已履行诚信磋商义务，但未能就预约的未决条款协商一致，一方仍不能请求对方履行缔结本约的主给付义务。

---

① 《商品房买卖合同纠纷司法解释》第 4 条回避了预约（认购书）的违约责任和赔偿责任，在《买卖合同纠纷司法解释》起草阶段，最高人民法院明确前述规定隐含了“应当缔约说”的含义，“除不可归责事由外，预约双方应当缔结本约，否则将承担违约责任”。参见最高人民法院民事审判第一庭编著：《最高人民法院关于审理商品房买卖合同纠纷案件司法解释的理解与适用》，人民法院出版社 2015 年版，第 62 页；最高人民法院民事审判第二庭编著：《最高人民法院关于买卖合同司法解释理解与适用》，人民法院出版社 2012 年版，第 55 页。

② 参见最高人民法院民事审判第二庭编著：《最高人民法院关于买卖合同司法解释理解与适用》，人民法院出版社 2012 年版，第 55 页。

规范解读

1. 预约合同的义务群与违约形态

《民法典》采取了以合同编通则替代债法总则的立法构造，第577条违约责任与第468条共同构成我国法上债务不履行的一般规定。对于债务不履行的责任构成，首先应当考察“义务违反”要件，即债务人是否在客观上未依债之本旨履行债务。[①] 就违约责任的承担而言，确定是否存在“义务违反”，需要综合考察合同的给付义务与附随义务。

对预约而言，《民法典》第495条明确将缔结本约作为其主给付义务，在逻辑上，“不履行预约合同约定的订立合同义务”自然构成预约的“义务违反”。[②] 然而，预约未必是交易的终点，其内容因缔约阶段的不同而呈现出层次性。[③] 如果预约仅规定了本约的主要条款，双方当事人在缔结本约的主给付义务之外，还承担了就未决条款诚信磋商、促成本约成立的从给付义务。[④] 如果本约存在形式要件等要求，则债务人也有协助实现此类要求的从给付义务。[⑤]

无论是主给付义务还是从给付义务不履行，均构成义务违反。在这个意义上，相较《民法典》第495条，《民法典合同编通则司法解释》第7条第1款规定的两种预约违约形态，虽然在结果上均指向预约主给付义务的不履行，但在适用上有所区别。情形一主要涉及当事人主给付义务的违反；情形二则主要涉及预约存在未决条款的情形下，一方违反诚信磋商的从给付义务，能否继续请求对方履行缔结本约的主给付义务，以及对方当事人拒绝订立本约，是否可以免责。

2. 预约的主给付义务违反与负责事由

就违约责任的构成，义务违反要件仅考察债务人未依债之本旨而为给付

---

① 朱庆育主编：《中国民法典评注·条文选注》（第2册），第500条（缔约过失责任），孙维飞，边码6，中国民主法制出版社2021年版。

② 德国学理上认为在预约当事人拒绝订立本约时，对方得诉请缔结本约是“预约概念之内在必然性”。参见吴从周：《论预约》，载《台大法学论丛》第42卷，第807－808页。

③ 刘承韪：《预约合同层次论》，载《法学论坛》2013年第6期。

④ Vgl. Busche, in: Münchener Kommentar zum BGB 9. Auflage 2021.（Vor § 145）Rn. 64. Staudinger/Bork（2020）Vorbemerkung zu § § 145. Rn. 58.

⑤ Vgl. Staudinger/Bork（2020）Vorbemerkung zu § § 145. Rn. 64.

的客观状态。[1]《民法典合同编通则司法解释》第 7 条情形一规定的“拒绝订立本约合同”与《民法典》第 495 条规定的“不履行预约合同约定的订立合同义务”，均指代义务违反。

关于预约合同违约责任的归责原则，首先，通说认为，我国《民法典》在违约责任的归责原则上，以严格责任为原则，过错责任为例外。如果认为《民法典》未对预约合同违约责任的归责原则作出例外规定，应当适用严格责任，且《民法典》第 495 条与《民法典合同编通则司法解释》第 7 条表述中也并未要求“过错”要件。[2] 其次，司法实践中，一方仅需证明对方存在义务违反行为，拒绝缔结本约的一方应承担证明自己具有免责事由的举证责任，否则承担举证不能的后果。[3] 最后，预约合同以“缔结本约”这一结果义务为主给付义务，不同于《民法典》中以过错责任归责的典型合同（如保管合同、委托合同等）以行为义务作为主给付义务。因此，预约合同违约的归责原则应为严格责任。

较有争议的问题在于，当事人能否主张就未决条款履行了诚信磋商义务，但最终因未能达成合意拒绝订立本约，不属于本条情形一所述的违约行为？最高人民法院曾表达了肯定观点，指出采纳应当缔约说的根本目的在于促进善意谈判，预约的目的是“双方特意为各自保留磋商空间”，“预约订立后，预约双方须依诚信原则进行磋商，除不可归责于双方的事由外，应当缔结本约，否则将承担违约责任”。[4] 这一观点也得到部分学理和案例的支持。[5] 如对《民法典合同编通则司法解释》第 7 条第 1 款情形二的规定“在

---

① 陈自强：《契约违反与履行请求》，台北，元照出版公司 2020 年版，第 13 - 14 页；［德］海因·克茨：《德国合同法》，叶玮昱、张焕然译，中国人民大学出版社 2022 年版，第 326 - 327 页。

② 支持违反预约的归责原则为严格责任的观点，参见朱广新、谢鸿飞主编：《民法典评注：合同编（一）》，中国法制出版社 2020 年版，第 230 页（本条执笔人梅伟）。

③ 参见江苏省高级人民法院（2017）苏民再 278 号民事判决书。

④ 参见最高人民法院民事审判第二庭编著：《最高人民法院关于买卖合同司法解释理解与适用》，人民法院出版社 2012 年版，第 58 页。

⑤ 赵一平：《论立约定金罚则在商品房买卖合同纠纷中的适用》，载《法律适用》2004 年第 4 期；邹治、张静：《因不可归责于当事人双方的事由未能订立房屋买卖合同的立约定金不适用定金罚则——吕敏诉北京德高房地产经纪有限责任公司等买卖合同纠纷案》，载张柳青主编、北京市高级人民法院民一庭编：《北京民事审判疑难案例与问题解析》（第 2 卷），法律出版社 2007 年版，第 19 - 22 页。

磋商订立本约合同时违背诚信原则导致未能订立本约合同”作反面解释，似也能得出结论认为，诚信磋商义务的履行可以作为免责事由。

然而，这一观点混淆了预约与仅负有磋商义务的无名合同之间的关系。[①] 如当事人履行了诚信磋商的从给付义务，最终因协商未成或拒绝协商导致本约未成立，仍构成对预约的（主给付）义务违反，并不影响债权人的强制缔约请求权或违约责任的主张。[②] 关键在于对系争合同的意思表示解释，确定当事人所订立的，是否《民法典》第495条意义上的预约。也就是当事人是否希望赋予“订立本约”合同义务形式的法律约束力，[③] 还是仅表达了缔结本约的一种意向，在所有细节达成最终协议之前不愿意接受缔结本约的约束。[④] 理论上认为，如果确定了当事人愿就本约的缔结受法律约束，那么，除非构成不可抗力、情势变更、当事人另有约定等免责事由，应当订立本约。从公报案例“戴某飞诉华新公司商品房订购协议定金纠纷案”[⑤] 来看，即使法院不断强调“应当”，善意磋商义务也不过是个形式，除非当事人一方明示拒绝磋商，似只要当事人存在某种磋商动作或意愿即可满足要求。如此一来，当事人可以假意磋商，任选一个未约定条款并以未达成合意为借口，取消以前所为的允诺，[⑥] 这并不符合当事人意思。[⑦]

3. 诚信磋商义务违反

对违约责任的构成，主给付义务与从给付义务不履行，均构成“义务违反”，仅在法律后果上有所区别。原则上，从给付义务的不履行只有在导

---

① 附有未决条款的预约，仍以缔结本约作为主给付义务，有别于仅负有磋商义务的合同。后者并非我国法意义上的预约，属于无名合同，严格来说并不具有合同法律效力，违反该类合同所产生的属于缔约过失责任。参见朱庆育主编：《中国民法典评注·条文选注》（第2册），第500条（缔约过失责任），孙维飞，边码11，中国民主法制出版社2021年版。

② 杨代雄主编：《袖珍民法典评注》，中国民主法制出版社2022年版，第392页（本条执笔人谢德良）。

③ 耿利航：《预约合同效力和违约救济的实证考察与应然路径》，载《法学研究》2016年第5期。

④ Vgl. M. Otto in：Herberger/Martinek/Rüßmann/Weth/Würdinger，jurisPK – BGB，9. Aufl.，§ 145 BGB. Rn. 55.

⑤ 参见《最高人民法院公报》2006年第8期。

⑥ 耿利航：《预约合同效力和违约救济的实证考察与应然路径》，载《法学研究》2016年第5期。

⑦ Vgl. Busche，in：Münchener Kommentar zum BGB 9. Auflage 2021.（Vor § 145）Rn. 64.

致合同目的不能实现的情形下，当事人才能根据《民法典》第563条第1款第4项“当事人一方迟延履行债务或者有其他违约行为致使不能实现合同目的”，解除合同。[①]

根据《民法典合同编通则司法解释》第6条的规定，预约合同在内容上，应当达到能据以确定本约内容的程度，但无须包含本约的所有条款。因此当事人可以在预约中留有未决条款，以待未来进一步协商。对于包含未决条款的预约，缔结本约构成其主给付义务，而就未决条款诚信磋商以促成本约的缔结，则属于从给付义务。在这个意义上，《民法典合同编通则司法解释》第7条第1款规定的“在磋商订立本约合同时违背诚信原则导致未能订立本约合同”，宜理解为在预约合同存在未决条款的情形下，一方当事人违反诚信磋商的从给付义务程度严重，如恶意提出对方当事人无法或须耗费巨大成本才能完成的要求，此时本约未能成立可归责于该当事人，而该当事人亦无权请求对方履行订立本约的主给付义务。此时对方当事人拒绝订立本约，属于法律规定的具体合同中的特殊免责事实，[②] 无须承担违约责任。

诚信原则在适用时都呈现个案衡量的特点，需结合当事人具体信赖状态的实质利益衡量对诚信原则的标准进行认定。相较于缔约过失责任，预约合同中先合同诚信原则融入了更多信赖保护的因素。[③]《民法典合同编通则司法解释》第7条第2款列举的考虑因素体现的预约合同磋商阶段诚信原则标准较高，是因为预约作为独立的合同类型，其确定的内容具有法律约束力，不同于一般合同订立前当事人之间纯粹的磋商关系，双方通过订立预约合同把原本属于本约的先合同义务提升为标准更加严格的合同义务，即预约合同义务。因此，预约合同生效后，当事人磋商订立本约时应当遵循的诚信原则的标准高于磋商订立一般合同时应当遵循的诚信原则的标准，这也弥补了缔

---

① 另参见《买卖合同纠纷司法解释》第19条规定：“出卖人没有履行或者不当履行从给付义务，致使买受人不能实现合同目的，买受人主张解除合同的，人民法院应当根据民法典第五百六十三条第一款第四项的规定，予以支持。”

② 《民法典》在一些具体的典型合同中规定了特殊的免责事由。例如，《民法典》第823条第1款规定，承运人应当对运输过程中旅客的伤亡承担赔偿责任；但是，伤亡是旅客自身健康原因造成的或者承运人证明伤亡是旅客故意、重大过失造成的除外。此处也可看作基于预约不同于本约预备性的特点，法律规定的特殊免责事由。

③ 参见李潇洋：《民法典中缔约信赖保护的规范路径》，载《法学》2021年第6期。

约过失责任对合同订立过程中调整的不足之处。[①] 然而，人民法院在认定当事人一方在磋商时是否违背诚信原则时，除了本条列举的“该当事人在磋商订立本约合同时提出的条件是否严重背离预约合同约定的内容”与“是否已尽合理努力进行协商”之外，亦可参照《民法典》第 500 条规定的行为模式予以认定。

适用难点

1. 不应被认定为违反预约合同的行为

实践中常有预约合同生效后一方明示不再进行协商拒绝订立本约的行为，如“张某诉徐州市同力创展房地产有限公司（以下简称同力创展公司）商品房预约合同纠纷案”[②] 中，被告同力创展公司将其与原告张某签订的预订单中约定的房号安置给他人。再如“仲某清诉上海市金轩大邸房地产项目开发有限公司（以下简称金轩公司）合同纠纷案”[③] 中，金轩公司由于费用上涨成本提高不愿与仲某清签订正式买卖合同，并称商铺全部销售一空。

所谓不应被认定为违反预约合同的行为包括以下几种情形：一是法定免责事由或法定解除事由，包括《民法典》第 590 条的不可抗力和第 533 条的情势变更，如房屋买卖交易中，预约合同生效后出台新政策导致购房按揭贷款比例变化买方首付款大大增加无法继续履行签订本约的义务[④]、所涉房地产项目用地受到当地河流改造的影响未能顺利建设[⑤]、政府调整涉案园区定位导致当事人一方拟开设市场的定位与政府对涉案房产的新定位不符无法达成订立本约目的[⑥]等；二是当事人在预约合同中明确约定不签订本约；三

① 参见朱广新、谢鸿飞主编：《民法典评注：合同编（一）》，中国法制出版社 2020 年版，第 229－230 页。

② 参见《最高人民法院公报》2012 年第 11 期；江苏省徐州市泉山区人民法院（2010）泉民初字第 2427 号民事判决书。

③ 参见《最高人民法院公报》2008 年第 4 期；上海市虹口区人民法院（2007）虹民三（民）初字第 14 号民事判决书。

④ 参见福建省厦门市思明区人民法院（2010）思民初字第 6447 号民事判决书。

⑤ 参见云南省高级人民法院（2015）云高民申字第 94 号民事裁定书。本案中，法院认为所涉房地产项目未能顺利建设系项目用地受到昆明市“正大河”改造的影响，不可归责于双方当事人。

⑥ 参见广东省高级人民法院（2013）粤高法民二提字第 15 号民事判决书。

是在预约合同存在未决条款的情形下，一方当事人拒绝订立本约，系因另一方当事人违反诚信磋商的从给付义务程度严重（《民法典合同编通则司法解释》）第7条第1款情形二。

拒绝订立本约的一方应当承担其行为符合上述情形的举证责任，如一方主张因政府新政策出台导致无法履行订立本约的义务，则需要提交正式公文以证明在预约履行过程中政府出台某种普遍适用的宏观调控政策。[①] 若一方未能提供证据证明其拒签本约存在正当理由，如在“张家港世茂房地产开发有限公司与戴某英商品房预约合同纠纷案”[②] 中，违约方需要承担举证不能的责任，即其行为应当被认定为违反预约合同。

2. 磋商过程违背诚信原则的认定

如何把握诚信磋商的认定标准并非易事，《民法典合同编通则司法解释》第7条第2款列举了人民法院在认定情形二时具体考量的因素，即一方在磋商订立本约合同时提出的条件是否严重背离预约合同约定的内容、是否已尽合理努力进行协商等。

我国司法实践中，一方在磋商阶段否认已决条款或针对未决条款提出与已决条款严重背离的条件是认定违背诚信原则的重要参考依据。如在“珠海万里路企业有限公司（以下简称万里路公司）诉珠海辰泰房地产开发有限公司商品房买卖合同案”[③] 中，法院认为房价属于预约合同的已决条款，且万里路公司在往来确认文件中未对房价折扣提出异议，后其主张房价应适用8.1折优惠折扣违反预约合同的价格条款，违背诚信原则。

除此之外，“尽合理努力”也是一项不确定的义务标准，实践中应根据具体个案交易成熟度、未决条款对交易的重要程度、往来消息证明中体现的当事人对于本约订立的态度等综合判断，如双方在约定的时间前往磋商、存在往来函件表明针对某事项进行积极协商但最终没有达成一致，可以认为已尽合理努力。

---

① 参见北京市高级人民法院（2018）京民终543号民事判决书，详见【类案指引】案例4。

② 参见江苏省高级人民法院（2017）苏民再278号民事判决书。本案中，拒签本约合同的一方当事人戴某英未能提供证据证明其拒签商品房买卖合同存在合理的理由，应当承担商品房买卖合同签订不能的责任。

③ 参见广东省珠海市中级人民法院（2008）珠中法民一终字第104号民事判决书。

最后，诚信原则作为民法的帝王条款，其功能决定了不能对该原则僵化地适用，特定化应当在个案中通过广泛的利益衡量进行。例如，一个重要的利益评价标准是交易习惯，通常只有遵守了交易习惯才能被评价为符合诚实信用，因为交易习惯建立了正当的行为期待，而当事人必须根据诚信原则的要求满足这种期待。① 尽管诚信原则有不确定性，但仍有一定可把握的价值取向，其要求当事人相互体谅、以正直的方式行使权利与自由，不能仅以实现自己利益作为唯一的考量依据等②。

风险防范

1. 违约风险的防范

一般而言，当事人缔结预约后，即负担了缔结本约的主给付义务。由法院在预约的基础上，通过任意性规则或补充解释的方式确定本约的内容，存在不确定性，也未必符合当事人意思，因此如当事人对未来的交易涉及的问题尚有疑虑，须慎重考虑是否订立预约。

2. 意定归责原则的适用

考虑到预约违约的归责原则采严格责任，当事人一方拒绝订立本约时，除构成不可抗力与情势变更外，当事人究竟在何种程度上得以免责，须等待司法实践的具体化，存在不确定性。因此，当事人可自行约定符合双方利益的免责事由，如在何种情况下不得签订本约，以减少承担违约责任的概率。

3. 明确约定办理批准手续的具体义务

当事人订立需经批准才能生效的合同时，应当对办理批准手续的具体义务进行明确约定，如由谁负责向相关部门提交材料、由谁负责配合提交报批所需的材料等，并明确约定不履行报批义务的后果。一旦一方违约，则另一方可依据合同具体义务归属条款和违约责任条款要求对方承担责任。明确的

---

① ［德］罗歇尔德斯：《德国债法总论》（第7版），沈小军、张金梅译，中国人民大学出版社2014年版，第30页。

② 参见易军：《民法基本原则的意义脉络》，载《法学研究》2018年第6期。

责任约定可为法院合理认定赔偿责任范围提供参考，最大限度地保护己方利益。

类案指引

1. 仲某清诉上海市金轩大邸房地产项目开发有限公司（以下简称金轩公司）合同纠纷案①

裁判要旨：无不可抗力等负责理由拒绝订立本约，应当承担违约责任。

法院认为：涉案意向书约定“金轩公司应在其开发的房地产项目对外认购时，优先通知仲某清在约定的期限内前来认购”。金轩公司辩称由于房地产开发中动拆迁及工程造价等成本增加，基于情势变更的原因，没有通知仲某清认购商铺，但未就成本增加的问题提供足够的证据予以证明，故对其上述抗辩理由不予采信。金轩公司未按约履行其通知义务，并将商铺销售一空，导致涉案意向书中双方约定将来正式签订商铺买卖合同的根本目的无法实现，甚至在争议发生时主张双方签订的意向书无效，其行为违背了民事活动中应遵循的诚实信用原则，应认定为违约。因此，金轩公司应当承担相应的违约责任。

2. 纪某美诉厦门翔安新城投资开发有限公司房屋买卖合同案②

裁判要旨：因情势变更导致预约无法履行时，双方可以解除预约且无须承担预约合同的违约责任。

法院认为：诉讼前原、被告双方因政府出台房地产新的政策规定，导致政府对购房的按揭贷款比例进行了限制，致使原告的首付款增加了50余万元，在一定程度上造成了原告履行能力的不足。在诉讼期间，政府进一步出台房地产新的政策规定，家庭第三套房禁止银行按揭贷款，已致原告难以按照双方签订的《领秀城商品房认购书》的约定实现交易

① 参见《最高人民法院公报》2008年第4期（总第138期）。
② 参见福建省厦门市思明区人民法院（2010）思民初字第6447号民事判决书。

目的，符合双方在认购书中所约定的政府产业政策变化造成的无法履行之事项，对此双方均无过错，无须承担预约合同的违约责任。

3. 北京宁科置业有限责任公司（以下简称宁科置业公司）诉唐某某房屋买卖合同纠纷案①

裁判要旨：拒签本约一方承担证明自己具有不可抗力等免责事由理由的举证责任，否则承担举证不能的后果。举证限购政策时出具的文件标准不符合的，应承担违约责任。

法院认为：宁科置业公司拒绝与唐某某签订《商品房预售合同》的理由是，政府出台不允许自然人购买案涉房屋的限购政策，其就此承担证明责任。但是，该公司提交的证据仅有昌平园管委会拟定的《中关村科技园区昌平园重点功能区产业准入办法（征求意见稿）》、该公司自行编制的《TBD云集中心商务园区准入暂行管理办法》及相关内部往来函件，而未能提交任何正式公文，以证明在案涉协议履行过程中政府出台某种普遍适用的宏观调控政策。法院认定案涉协议不能履行并非由于政府政策变动，而是可归责于宁科置业公司本身。

4. 翁某某诉毕某某房屋买卖合同纠纷案②

裁判要旨：履行期限条款不明确不影响买卖合同本约的成立与生效，当事人应当遵循诚实信用原则，通过后续磋商填补合同漏洞。一方当事人拒绝对方的合理补充要约，坚持以明显违反一般交易习惯或合同既定条款的条件作为要约主张，造成补充协议无法达成，属于恶意磋商行为。

法院认为：本案中，《房屋买卖合同》将过户期限表述为“贷款审批通过后”，该条款的表述不能为后续履行设定准确预期，属于履行期限约定不明，当事人可以协议补充。第一，毕某某同意以中介人员提出的于2017年7月31日作为过户期限，如双方当日完成网签，则翁某某应在3日内开始申请贷款，预留的贷款准备期限达3个月有余。从当前房屋交易的一般惯例看，这一期限已经足以使购房人享有充分的贷款办

① 参见北京市高级人民法院（2018）京民终543号民事判决书。

② 参见上海市第一中级人民法院（2018）沪01民终5536号民事判决书。

理时间，显然不存在恶意挤压翁某某准备期限的情况。第二，翁某某在磋商中主张应当补充约定“实际过户时间以贷款审批通过为准”。由于申请贷款的次数与期限缺乏制约，如果合同条款采用这一表述，交易可能陷入无法预期的拖延状态。翁某某坚持主张以贷款审批通过作为实际过户条件，试图拖延、规避贷款不成情况下的付款义务，其行为实质是拒绝对过户期限进行补充明确。毕某某对其主张予以拒绝，是为了避免后续交易陷入缺乏制约的拖延，具有正当理由。法院认定，在补充磋商中，毕某某主张的过户期限给予了翁某某必要的准备时间，符合房屋交易的正常惯例；而翁某某的主张属于故意保留合同漏洞，违反诚信磋商义务，应对过户期限条款未达成补充协议承担全部过错责任。

相关条文

《民法典》

第四百九十五条 当事人约定在将来一定期限内订立合同的认购书、订购书、预订书等，构成预约合同。

当事人一方不履行预约合同约定的订立合同义务的，对方可以请求其承担预约合同的违约责任。

第五百七十七条 当事人一方不履行合同义务或者履行合同义务不符合约定的，应当承担继续履行、采取补救措施或者赔偿损失等违约责任。

《商品房买卖合同纠纷司法解释》

第四条 出卖人通过认购、订购、预订等方式向买受人收受定金作为订立商品房买卖合同担保的，如果因当事人一方原因未能订立商品房买卖合同，应当按照法律关于定金的规定处理；因不可归责于当事人双方的事由，导致商品房买卖合同未能订立的，出卖人应当将定金返还买受人。

三、违反预约合同的违约责任

释义条文

《民法典合同编通则司法解释》

第八条 预约合同生效后，当事人一方不履行订立本约合同的义务，对方请求其赔偿因此造成的损失的，人民法院依法予以支持。

前款规定的损失赔偿，当事人有约定的，按照约定；没有约定的，人民法院应当综合考虑预约合同在内容上的完备程度以及订立本约合同的条件的成就程度等因素酌定。

新旧变化

有关预约合同的违约责任，最初规定在《担保法司法解释》第 115 条“当事人约定以交付定金作为订立主合同担保的，给付定金的一方拒绝订立主合同的，无权要求返还定金；收受定金的一方拒绝订立合同的，应当双倍返还定金”。《商品房买卖合同纠纷司法解释》第 4 条也规定了在商品房买卖合同因可归责于一方的事由未能成立时，适用定金罚则。

前述规定仅适用于一方支付定金的情形，适用范围过于狭隘。2012 年《买卖合同纠纷司法解释》第 2 条首次对预约的违约责任作了一般性规定，即“一方不履行订立买卖合同的义务，对方请求其承担预约合同违约责任或者要求解除预约合同并主张损害赔偿的，人民法院应予支持”，明确规定违反预约承担的是违约责任，而非缔约过失责任。① 并规定了非违约方的两种救济方法：一是请求违约方承担预约合同违约责任，二是要求解除预约合同并主张损害赔偿。

---

① 最高人民法院民事审判第二庭编著：《最高人民法院关于买卖合同司法解释理解与适用》，人民法院出版社 2012 年版，第 50 页。

基于体系考虑，《民法典》第 495 条不再重复规定合同解除问题。[1] 该条仅在第 2 款原则性规定了违约方应承担预约合同的违约责任，旨在使制度设计保持一定的灵活性，以便为实践留下空间，但也表达了违约损害赔偿的范围应当根据交易成熟度有所区分的意旨，在成熟度很高的情形中，继续履行乃至本约履行利益的赔偿，都有可能得到支持。[2]

《民法典合同编通则司法解释》第 8 条承继了前述思路，明确预约合同的违约方应承担损失赔偿的违约责任，并规定损失赔偿责任的范围应根据预约合同的成熟度（“预约合同在内容上的完备程度以及订立本约合同的条件的成就程度等因素”）进行调整。第一，本条第 1 款规定预约合同生效后，一方因不履行订立本约合同的义务导致违约的，守约方可请求其赔偿因此造成的损失。第二，本条第 2 款表明损失赔偿的范围应先遵从当事人约定，此为意思自治的要求。若当事人没有约定，则由法院综合考虑预约合同内容的成熟度，酌定损失赔偿额。

规范解读

1. 预约合同中非违约方能否诉请违约方继续履行

根据《民法典》合同编第八章关于“违约责任”的规定，违约责任的形式主要包括继续履行、采取补救措施、赔偿损失、支付违约金与定金罚则等。预约合同作为合同之一种，其违约责任自然也应适用《民法典》关于合同违约责任的规定。首先，违约金条款与定金条款系当事人意定事项，当事人就预约合同约定有违约金或定金的，一方违反预约合同义务则应支付违约金或适用定金罚则，在理论与实务中已成共识，其适用并无争议。其次，因预约合同仅为“当事人间就此后订立本约达成的合意”，基于此特殊性，

---

① 立法机关在释义中指出，预约合同中一方违约，符合合同编规定的解除合同条件的，非违约方可请求解除预约合同。参见黄薇主编：《中华人民共和国民法典合同编释义》，法律出版社 2020 年版，第 80 页。

② 参见黄薇主编：《中华人民共和国民法典合同编释义》，法律出版社 2020 年版，第 82 页。

某些违约责任不适用于预约合同，如修理、更换、重作等。[①] 但对于继续履行的适用，在预约合同一方当事人无正当理由拒绝订立本约，或违反诚信磋商义务导致本约未能成立的情形中，非违约方能否请求继续履行订立本约，争议较大。[②]

在德国法上，预约之所以可以强制执行，理由有两点：一是本约的内容得依据预约确定；二是根据德国《民事诉讼法》第 894 条，法院得以判决形式拟制当事人订立本约合同的意思表示。[③] 在我国法上，尽管《民法典》第 495 条并未对预约内容的确定性作出规定，但应当坚持“本约内容可确定或可得确定”的标准，否则预约“约定订立合同义务”难以履行，固定交易机会的功能无从发挥。对此，《民法典合同编通则司法解释》第 6 条已经作出规定。在这个意义上，对预约的强制履行并无实质障碍。关键在于通过意思表示解释，确定当事人在系争合同中是否已就未来订立“本约”达成合意，抑或在形式上虽有未来缔约的表示，但却以未决条款未完全达成合意为前提，故仅负有诚信磋商义务。因此，否定预约得强制履行的典型理由，如违背当事人意志，构成“法律上或者事实上不能履行”或“债务标的不适于强制履行”等，[④] 均缺乏合理性。真正的障碍，实际上在于我国目前尚无类似德国《民事诉讼法》第 894 条的规定，法院拟制当事人缔约的意思表示并强制执行缺乏法律依据。在实践中，部分法院尝试围绕《商品房买卖合同纠纷司法解释》第 5 条的规定，通过扩大适用范围，以将预约认定为本约的方式，迂回达到比订立本约更接近履行利益的法律效果。这一做法的好处是回避了强制缔结本约违反意思自治的理论争议，又赋予法官在

---

① 参见朱广新、谢鸿飞主编：《民法典评注合同编》（一），中国法制出版社 2020 年版，第 240 页；最高人民法院民事审判第二庭编著：《最高人民法院关于买卖合同司法解释理解与适用》，人民法院出版社 2012 年版，第 58 页。

② 相关争议的简要梳理，参见黄薇主编：《中华人民共和国民法典合同编释义》，法律出版社 2020 年版，第 80 - 81 页。

③ 德国《民事诉讼法》第 894 条规定：“债务人受到判决，应作出一定意思表示的，判决确定时视为已作出意思表示。意思表示需待作出对待给付时，依第七百二十六条、第七百三十条将确定判决的有执行力的正本交付时，发生效力。”

④ 参见黄薇主编：《中华人民共和国民法典合同编释义》，法律出版社 2020 年版，第 80 页。

个案中利用合同解释及考量适法情形的自由裁量权，[①] 但面临的困境是模糊了预约合同与本约合同的界限。

然而，立法机关与最高人民法院均未反对预约的强制履行，[②] 司法实践中亦有相应探索。[③] 最高人民法院对《民法典合同编通则司法解释》的官方说明中提及“解释没有规定当事人违反预约合同是否可以采取强制履行的救济方式，主要是考虑到民事强制执行法仍在起草过程中，现行法并无对意思表示进行强制执行的规定，……如果今后通过的民事强制执行法对此有新规定的，当然按新的规定处理。”[④] 对此，《民事强制执行法》（草案）第198条明确规定了意思表示的强制执行制度，[⑤] 如本条最终进入立法，则预约合同的强制执行就有了明确的法律依据。

需补充说明的是，从德国与瑞士的经验来看，承认预约得强制履行，更多是作为损害赔偿请求权的基础，因此也并不存在违背当事人意思，架空当事人对是否订立本约决策权的可能。[⑥] 但预约合同是否能够强制履行，仍需根据个案判断，可供考虑的因素，包括预约合同内容的完备性，系争义务的可履行性等。

---

① 参见刘琳：《上海上企建筑装璜有限公司诉上海慧华箱包有限公司等股权转让纠纷案》，载茆荣华主编：《2018年上海法院案例精选》，上海人民出版社2020年版，第204－214页。

② 立法机关在相关说明中指出，如果当事人在预约阶段就对整个交易的主要内容通过谈判达成一致，本约的内容不需要再作过多协商，那么对于预约合同，要求当事人承担“继续履行”的违约责任，即订立本约的责任也就有实现的空间。参见黄薇主编：《中华人民共和国民法典合同编释义》，法律出版社2020年版，第82页；最高人民法院在对《民法典》的适用说明中亦指出，如果预约合同已包括了详尽的本约条款，双方就本约合同的主要条款达成一致，且已部分或者绝大部分履行，此时可判令强制缔约。参见最高人民法院民法典贯彻实施工作领导小组主编：《中华人民共和国民法典合同编理解与适用》（一），人民法院出版社2020年版，第233－234页。

③ 参见福建省厦门市思明区人民法院（2011）思民初字第11825号民事判决书。（本案尽管二审以调解结案，但一审法院独任法官认为，预约合同具有合同效力。合同相对人拒不履行合同义务的，应判决其履行，以维护相对人之利益，落实诚实信用原则。该裁判观点具有一定的前瞻性）中国应用法学研究所主编：《人民法院案例选》（第1辑），人民法院出版社2013年版。

④ 参见《最高人民法院民二庭、研究室负责人就〈民法典合同编通则司法解释〉答记者问》，载最高人民法院网站，https：//www. court. gov. cn/zixun/xiangqing/419402. html。

⑤ 该条规定“法律文书确定被执行人作出意思表示的，该法律文书生效时，视为意思表示已经作出。前款规定的意思表示附条件或者申请执行人应为对待给付义务的，条件成就或者申请执行人已经履行对待给付义务时，视为意思表示已经作出”。

⑥ 吴从周：《论预约》，载《台大法学论丛》第42卷，第823页。

2. 预约合同中违约方损失赔偿的范围

尽管我国主流学说以及司法早已认可违反预约承担的是独立的违约责任，而非本约的缔约过失责任。但就损害赔偿额的计算，仍存在两种观点：一是违反预约的违约损害赔偿责任，不同于违反本约的损害赔偿责任，在性质上可归入本约合同的缔约过失责任，损失在总体上限于本约的缔约过失责任范围内。[①] 二是认为法院在酌定预约损失赔偿额时，应将预约放在从预约订立到本约得到履行的整个交易链条中考虑。[②]

本条第 2 款规定，预约违约损失赔偿额的确定，以当事人意思自治为基础，以法院根据预约合同成熟度酌定为补充。若当事人对损失赔偿有明确约定，应尊重其约定。若由法院酌定损失赔偿额，则应根据合同成熟度进行判断，避免裁判偏离当事人订立预约合同时预设的法律后果。这就意味着，本解释并没有将违反预约的损害赔偿额限定于本约合同的缔约过失责任范围，预约合同在内容上越接近本约，赔偿范围亦越接近本约的履行利益。[③] 具体来说，预约始终处于本约的"缔约过程"，当事人对订立本约的信赖值得保护，本约的信赖利益对应交易链条的最前端，为守约方的利益提供兜底性的保护。交易链条最末端对应的则是本约的履行利益，若预约合同成熟度极高，一方违反预约合同项下义务的，则其对守约方的损失赔偿应接近或等同于本约的履行利益。因此，法院应以"本约的信赖利益"为下限，以"本约的履行利益"为上限，[④] 在此范围内根据"预约合同在内容上的完备程度

---

① 参见最高人民法院民法典贯彻实施工作领导小组编著：《中国民法典适用大全·合同卷》（一），人民法院出版社 2022 年版，第 302－303 页。

② 参见黄薇主编：《中华人民共和国民法典合同编释义》，法律出版社 2020 年版，第 82 页；最高人民法院民法典贯彻实施工作领导小组编著：《中华人民共和国民法典合同编理解与适用》（一），人民法院出版社 2020 年版，第 234－235 页。

③ 崔建远：《合同解释与合同订立之司法解释及其评论》，载《中国法律评论》2023 年第 6 期。

④ 学理上有类似观点主张"预约合同的损害赔偿范围在信赖利益以上、实际违约以下进行确定更合适"。参见石佳友、刘欢、曾佳：《〈民法典〉合同编司法解释规则的优化与完善——"〈民法典合同编司法解释（草案）〉学术研讨会"综述》，载《法律适用》2021 年第 12 期。实务中亦有类似的观点主张"违反预约的损害赔偿范围应介于订立本约的信赖利益与履行本约的可得利益之间，具体数额多少，应由法官根据个案具体情况进行酌定"。参见刘贵祥：《关于合同成立的几个问题》，载《法律适用》2022 年第 4 期。

以及订立本约合同的条件的成就程度等因素”，就违约方应承担的损失赔偿额进行酌定。

（1）下限：本约的信赖利益。

对于损失赔偿额的计算，尽管最高人民法院在制定《买卖合同司法解释》时已经注意到违反预约的责任应当重于缔约过失责任，但仍然认为预约违约的损失在总体上应相当于本约的缔约过失责任范围（本约的信赖利益损失）。[①] 如按照前述观点计算预约的违约损害，预约的违约责任与本约的缔约过失责任仅存在构成要件的区别，[②] 在法效果上基本一致，相当于架空了预约的独立价值。然而，与常规的“要约—承诺”缔约模式相比，当事人签订预约，旨在赋予订立本约的合意以合同义务的约束力，为当事人提供较缔约过失责任更强的保护，毕竟，无论当事人之间是否缔约，在正式缔约前达成何种合意，基于诚信原则所产生的先合同义务在合同订立过程中一直存在，[③] 并不构成当事人缔结合同义务的基础。[④] 对于缔结预约合同的当事人而言，其表现出了当事人之间一种更强的信赖，故损失赔偿的数额不应低于同等条件下缔约过失责任所产生的损失赔偿数额。[⑤] 以本约缔约过失责任的损失赔偿额，作为计算预约违约损失赔偿额的最低标准，实现了缔约过失责任与预约合同的功能互补与衔接。

本约缔约过失责任的损害赔偿，包括所受损失以及所失利益。就所受损失而言，主要包括订约费用、履约准备费用、与履约无关而支出的费用、本

---

① 参见最高人民法院民事审判第二庭编著：《最高人民法院关于买卖合同司法解释理解与适用》，人民法院出版社 2012 年版，第 61、67－68 页。

② 就缔约过失责任与预约违约责任的关系，参见最高人民法院民事审判第二庭编著：《最高人民法院关于买卖合同司法解释理解与适用》，人民法院出版社 2012 年版，第 67－68 页；林洹民：《预约学说之解构与重构——兼评〈民法典〉第 495 条》，载《北方法学》2020 年第 4 期；尚晓茜、刘衍：《〈民法典〉中订约失败责任的二元体系——预约合同违约责任与缔约过失责任之竞合》，载《上海政法学院学报》2020 年第 5 期。

③ Vgl. Busche, in: Münchener Kommentar zum BGB 9. Auflage 2021. (Vor § 145) Rn. 67.

④ Brinkmann, in: Prütting/Wegen/Weinreich (Hrsg.), BGB: Kommentar, 4. Aufl., Köln 2009, § 145 Rn. 27. 转引自吴从周：《论预约》，载《台大法学论丛》第 42 卷，第 789 页。

⑤ 参见陈峻阳：《论预约合同的违约责任》，载《河南大学学报（社会科学版）》2021 年第 2 期。

约未能有效成立而落空的费用。所失利益则主要指丧失其他订约机会的损失。[①]

（2）上限：本约的履行利益。

违反预约的损失赔偿额能否依据本约的履行利益确定，存在较大争议。对此，最高人民法院的立场一直未能明确。最高人民法院曾经持否定观点，主张预约的履行行为并没有生成经济利益，未达成本约只是丧失订立合同的机会，没有可得利益的损失。[②] 而后尽管承认违反预约应当赔偿履行利益，但却认为预约的履行利益不同于本约的履行利益，而是基于公平原则，既包括为签订合同而合理支出的实际费用，也可包括丧失与第三人另订合同的机会所产生的损失，即可酌情赔偿其他定约机会的损失利益。[③] 这一观点相当于把预约的履行利益等同于本约的信赖利益，并不可取。

作为独立的合同，预约的违约损害赔偿范围应当依据《民法典》第 584 条确定，即“因违约所造成的损失，包括合同履行后可以获得的利益”，包括履行利益以及固有利益的损失，但排除信赖利益的损失。[④] 从法理上说，预约的履行利益等于本约的履行利益，无论违约形态是拒绝履行、给付不能还是迟延给付。[⑤] 尽管最高人民法院在这一问题上迟迟未予表态，但我国司

---

① 参见朱庆育主编：《中国民法典评注・条文选注（第 2 册）》，第 500 条（缔约过失责任），孙维飞，边码 27；最高人民法院曾对所受损失的典型情形作了列举，包括订立预约合同所支付的各项费用（如交通费、通讯费）、准备为签订本约而合理支出的实际费用（如考察费、餐饮住宿费）、已给付金钱的法定孳息及提供担保造成的损失，可供参考。参见最高人民法院民事审判第二庭编著：《最高人民法院关于买卖合同司法解释理解与适用》，人民法院出版社 2012 年版，第 62 页。

② 参见最高人民法院民事审判第二庭编著：《最高人民法院关于买卖合同司法解释理解与适用》，人民法院出版社 2012 年版，第 61－62 页。

③ 最高人民法院民法典贯彻实施工作领导小组主编：《中华人民共和国民法典合同编理解与适用》（一），人民法院出版社 2020 年版，第 235 页。

④ 朱庆育主编：《中国民法典评注・条文选注》（第 2 册），第 584 条（违约损害的赔偿范围），姚明斌，第 248 页；孙维飞：《〈民法典〉第 584 条（违约损害赔偿范围）评注》，载《交大法学》2022 年第 1 期。

⑤ Armbrüster, in Westermann, Harm Peter, Grunewald, Barbara and Maier－Reimer, Georg. BGB: Handkommentar mit AGG, EGBGB (Auszug), ErbbauRG, LPartG, ProdhaftG, VBVG, VersAusglG und WEG, Köln: Verlag Dr. Otto Schmidt, 2020. vor § 145. Rn. 49.

法实务中早有认可在预约违约情况下，赔偿本约履行利益的做法，[①] 有学者就实务中类似观点作了总结：在预约合同已高度接近本约，而又未认定为本约的情况下，可以酌情考虑采用履行利益损失的赔偿方式，但具体金额仍应综合考虑各项影响因素，为守约方提供公平合理的司法救济。[②]

《民法典》出台后，立法机关原则上认可预约在内容完整性较高的情况下，预约违约损失赔偿额可接近于甚至等于本约的履行利益。[③]

预约的违约损失赔偿额的上限，法院应当在考虑“预约合同在内容上的完备程度以及订立本约合同的条件的成就程度等因素”的基础上而酌定。需要注意的是，不能将本约的履行利益等同于“可得利益”（合同履行后可以获得的利益），因为合同的履行利益还包括所受损失。[④] 因此，预约违约损失赔偿的上限，应当是本约的完整履行利益，而不限于可得利益。[⑤]

（3）酌定规则。

预约违约责任损失赔偿的范围有两条边界——本约合同的信赖利益与本约合同的履行利益。预约违约责任的损失赔偿在该两者之间进行酌定，即损失赔偿不得少于“本约合同的信赖利益”，不得超过“本约合同的履行

---

① 在“陈某根诉江阴兰星公司、钱某忠买卖合同纠纷案”［江苏省无锡市中级人民法院（2012）锡民终字第0024号民事判决书］中，法院认为，兰星公司在达到销售条件后即负有与购房人按照认购书的约定签订商品房买卖合同的义务，但因为该公司已经将认购房屋销售导致事实上不能履行，购房人的可期待利益损失应以房屋价格的上涨部分为限。值得注意的是，本案以系争房屋卖给第三人的价格和预约中确定的价格差额作为违约损害赔偿的数额，实际上支持了本约履行利益的赔偿，但囿于当时理论研究所限，法院的官方评释认为本案实际上支持的是信赖利益赔偿，因为违反预约合同应承担损失的范围应以机会损失为基础，但不能按照预定的本约内容请求赔偿其可预期的利益，预约合同守约方因对方违约所遭受的损失与本约的履行利益损失截然不同，这一观点并不可取。本案判决书与官方评释，载中国应用法学研究所主编：《人民法院案例选》（第2辑），人民法院出版社2013年版。

② 参见陈建志：《民法典下商品房买卖预约合同违约责任的赔偿范围与裁判路径——基于近五年1000件的实证分析》，载《审判研究》2021年第1期。

③ 黄薇主编：《中华人民共和国民法典合同编释义》，法律出版社2020年版，第82页。

④ 朱庆育主编：《中国民法典评注・条文选注》（第2册），第584条（违约损害的赔偿范围），姚明斌，第252－253页；孙维飞：《〈民法典〉第584条（违约损害赔偿范围）评注》，载《交大法学》2022年第1期。

⑤ 韩世远教授认为，可得利益概念过于模糊，预约债权人可以参照本约履行利益，主张损害赔偿，但是，损害赔偿的范围应小于违反本约损害赔偿的范围；违反预约损害赔偿范围的限缩，不是借助于对“可得利益”的概念界定，而应通过减轻损及损益相抵等规则实现。韩世远：《合同法总论》，法律出版社2018年版，第96页。

利益”。

在个案中如何就预约的损失赔偿进行酌定，应按照如下规则：合同成熟度越高、越接近本约的订立，损失赔偿的认定就越靠近本约的履行利益；合同成熟度越低、越远离本约的订立，损失赔偿的认定就更接近本约的信赖利益。[①] 酌定损失赔偿额的具体标准，见下文【适用难点】。

3. 完备型预约的损失赔偿

本约的履行利益是预约损失赔偿的上限，需要追问的是，在何种情况下，守约方可主张本约履行利益的损失赔偿？根据立法机关的释义，以本约的完整履行利益赔偿作为违反预约的法效果，应当根据以下原则认定，“预约合同阶段在整个交易环节中的位置非常重要，预约合同的订立及履行就完成了整个交易的绝大部分，使整个交易达到比较高的成熟度，本约合同义务的履行在整个交易环节中只占非常小的分量”。[②]

在具体个案中，预约合同的完备性须以第 2 款中提及的“预约合同在内容上的完备程度以及订立本约合同的条件的成就程度”为基础，结合预约合同的典型条款得出认定标准。根据本解释第 6 条第 3 款的规定，已就“合同标的、数量、价格或者报酬等主要内容达成合意”的“预约”，在特定条件下产生本约合同成立的法效果，可视为对接近本约的完备型预约的最低要求。在此前提上，若“预约”进一步对“本约合同的主体、质量、履行期限、履行地点和方式、违约责任和争议解决方法等影响当事人权利义务的实质性内容”达成合意的，更易被认定为完备型预约。

需要注意的是，就本约的成立而言，前述要素似可满足大多数合同的成立要件，但本款的重点并非对前述要素的列举，而在“影响当事人权利义务的实质性内容”的解释上，对此须结合本约合同的类型和内容认定。而在履行利益的赔偿范围上，应当根据预约合同的约定，以已经确定或可经由任意性规定或合同补充解释确定的内容为限。

---

① 参见陆青：《〈买卖合同司法解释〉第 2 条评析》，载《法学家》2013 年第 3 期。

② 参见黄薇主编：《中华人民共和国民法典合同编释义》，法律出版社 2020 年版，第 82 页。

适用难点

1. 酌定损失赔偿额的参考因素

根据本条第2款第2分句可知，人民法院在酌定损失赔偿额时，应当综合考虑订立预约合同在内容上的完备程度以及订立本约的合同的条件成就程度等因素，这些因素均影响“预约合同交易完备性/成熟度”的认定。

对“预约合同在内容上的完备程度”，须结合本约合同的类型判断，根据个案情形认定。考虑到预约合同的成立，应当在内容确定性上满足“本约合同内容确定或可得确定”的标准，对其内容的“完备程度”，可结合确定内容和未决条款，从以下三个角度综合考察：第一，对于本约的必要之点，以及重要性已为当事人所认可的非必要之点所达成的合意，应当考察其确定程度，如当事人仅就价款约定了确定方式的情形，预约合同的内容完备性就弱于当事人明确约定具体价款。第二，根据本约合同的类型，参考符合行规或交易习惯的示范文本，如住建部与工商总局引发的《商品房买卖合同示范文本》，考察有待当事人进一步磋商的未决条款所占比例。理论上有观点认为，预约合同中的未决事项对损失赔偿的酌定亦有影响；但具有意义的并非预约合同中存在多少未决事项，而是这些未决事项属于何种性质。预约合同中的未决事项可分为主观未决事项与客观未决事项①。对于主观未决事项，当事人本身对于交易的成立持保留态度，法官显然不能代替当事人补全未决事项，促成交易，否则会干扰当事人的意思自治空间；而对于客观未决事项，法官可利用合同解释的客观规则补全本约相关内容，并不构成对当事人自由的僭越。② 因此，若当事人之间尚存在许多主观未决事项，说明交易还远不够成熟，此时预约违约责任的损失赔偿应接近本约的信赖利益；而如果仅剩一些客观未决事项有待事后确定，则往往说明缔约过程已经接近成熟，此时预约违约责任的损失赔偿应接近本约的履行利益。第三，可以参考

① 主观未决事项：当事人之间就待决事项的内容在主观意图上无法达成一致希望未来再予明确的事项。客观未决事项：当事人之所以无法就待决事项达成一致意见并不是因为当事人主观上的犹豫态度而是因为存在一些客观障碍，导致在订立预约时双方无法达成共识。参见陆青：《〈买卖合同司法解释〉第2条评析》，载《法学家》2013年第3期。

② 参见陆青：《〈买卖合同司法解释〉第2条评析》，载《法学家》2013年第3期。

《民法典》第470条以及《民法典合同编通则司法解释》第3条所列举的合同成立一般条款，辅助判断。

对“订立本约的合同的条件成就程度”，应当考察本约合同成立与生效条件（主要是特别成立或生效要件）的满足可能性等，亦包括在预约合同订立后，依当事人之间的具体情况而判断本约合同有多大的可能性被履行。①

此外，该分句所规定的“预约合同在内容上的完备程度以及订立本约的合同的条件的成就程度等因素”应为“等外”而非“等内”，即除以上两项因素外，还应考虑其他影响认定“预约合同成熟度”的因素。从司法实践来看，预约合同内容及履行状态、签订本约意愿、客观障碍、市场风险、政策因素等因素均可作为判断标准。②

2. 本约履行利益的确定

在履行利益的认定上，须以违约行为所侵害的守约方利益的大小以及违约行为和损害之间的因果关系进行判断，进而通过《民法典》第584条的可预见性规则进行限缩。③ 同时，可得利益的具体类型亦应予以注意。实务中曾就商品房预约合同的可得利益作出区分：一是转售利润损失，二是生产利润损失或经营利润损失。④

3. 举证责任

当事人一方请求对方承担预约合同的违约责任，主张损害赔偿的，应举证证明下列事项：（1）预约合同已成立且生效；（2）对方有违反预约合同约定的行为；（3）因对方违反预约未订立本合同而遭受的损害；（4）损害

---

① 张家勇：《关于〈民法典合同编司法解释（征求意见稿）〉的修订意见》，载微信公众号“入楚蜀人”2022年11月5日。

② 参见最高人民法院（2019）最高法民申2826号民事裁定书。

③ 参见陆青：《〈买卖合同司法解释〉第2条评析》，载《法学家》2013年第3期。

④ 参见《海南省高级人民法院关于审理商品房预约合同纠纷案件的裁判指引（试行）及典型案例》。该裁判指引亦规定：对购买方主张出售方承担预约协议的违约责任包括直接损失和可得利益损失，其中可得利益损失为转售利润损失并提供事实依据的，法院应予支持。

与对方未订立本合同之间具有因果关系。[①]

风险防范

1. 风险的事先分配

预约合同是当事人之间为将来订立本约合同而达成的预先约定，属于私法领域的范畴。对当事人而言，其可在预约合同内对当事人间的权利义务作出明确约定，以便将来本约合同的订立和履行。为避免一方违约，或便于守约方在他方违约后主张违约责任，当事人在预约合同中可约定违约金条款、定金条款，亦可约定损失赔偿的具体计算方法及范围；在预约合同之外，双方还可将与预约订立后的相关实际情况予以记录，以便主张损失赔偿。

2. 预约条款的制定

预约违约损失赔偿额的确定，与预约的完备程度有关。预约的完备程度越高，违约方应向对方承担的损失赔偿责任则越重；反之，则越轻。因此当事人在订立预约合同之时，可将预约条款所涉及的本约内容尽量缩减，以降低预约的完备程度，避免将来承担过重的违约责任。当事人有意控制预约的完备程度，可能出于以下考量：其一，当事人虽无故意违反预约的想法，但在缔结预约时对某些问题尚不确定，因此订立较不完备的预约，以避免自己承担较重的违约责任，减少风险。其二，当事人在订立预约后，可能会继续寻求其他缔结本约的机会，因此愿以较轻的违约责任换取已订立预约的义务不履行。

3. 明确约定预约合同的效力

就预约效力而言，司法实践通常根据预约合同的内容判断，该种判断虽须以“符合交易实践中的惯常认知”为标准，但难免有不合当事人真意之情形。

因此，在考虑是否签订预约合同的时候，如当事人认为，未来的交易仍

① 参见朱广新、谢鸿飞主编：《民法典评注·合同编》（一），中国法制出版社2020年版，第243页；尚晓茜、刘衎：《〈民法典〉中订约失败责任的二元体系——预约合同违约责任与缔约过失责任之竞合》，载《上海政法学院学报》2020年第5期。

然有较多不确定的问题有待磋商，不希望过早地受到法律约束，可以明确约定“本协议仅具有磋商效力，合同当事人不具有订立本约的义务”。因待磋商条款之存在，法院应首先推定当事人对交易尚无合意，即使初步协议内容确定，甚至约定了最后交易的大部分条款。[①]

类案指引

1. 张某诉徐州市同力创展房地产有限公司（以下简称同力创展公司）商品房预约合同纠纷案[②]

裁判要旨：预约合同的违约责任可以本约的信赖利益为基准而计算。若预约合同中一方因违反预约合同中订立本约的义务而造成守约方丧失其他缔约机会的，其应承担守约方因丧失其他缔约机会而造成的损失。

法院认为：判断商品房买卖中的认购、订购、预订等协议究竟是预约合同还是本约合同，最主要的是看此类协议是否具备《商品房销售管理办法》第16条规定的商品房买卖合同的主要内容。关于原告损失的确定问题。在违约责任中，承担责任的一方应给对方造成的利益损失进行赔偿。本案中，原告张某在与被告同力创展公司签订预订单后，有理由相信被告会按约定履行订立本约合同的义务，从而丧失了按照预订单约定的房屋价格与他人另订购房合同的机会，因此被告因违约给原告造成的损失应根据订立预订单时商品房的市场行情和现行商品房价格予以确定。法院综合考量商品房市场的价格变动过程以及原告向被告交纳房款的数额，对于被告因违约给原告造成的损失确定为15万元。

① 耿利航：《预约合同效力和违约救济的实证考察与应然路径》，载《法学研究》2016年第5期。

② 参见江苏省徐州市泉山区人民法院（2010）泉民初2427号民事判决书，载《最高人民法院公报》2012年第11期。

2. 陈某根诉江阴兰星公司（以下简称兰星公司）、钱某忠买卖合同纠纷案①

裁判要旨：若当事人之间所签订的预约合同已具备本约合同的大部分内容（完备型预约），则违约方向守约方所承担的违约损失赔偿额不受本约信赖利益的限制。守约方得主张可得利益的损失赔偿，使其利益处于本约签订时的状态。

法院认为：双方签订的认购书对拟购商铺的位置、价款、认购时间及双方的权利义务作了明确约定，并对签署正式买卖合同作了安排，系独立、有效的预约合同。兰星公司在达到销售条件后即负有与陈某根按照认购书的约定签订商品房买卖合同的义务，此时，陈某根可以要求继续履行并取得认购房屋。兰星公司在取得预（销）售许可证后，未履行约定的通知义务，并将涉案房屋卖与他人，导致双方无法按认购书的约定继续履行，兰星公司应承担相应的违约责任，即损失赔偿，陈某根的可期待利益损失应以房屋价格的上涨部分为限。因预约合同与本约合同存在法律性质差异，在内容上亦缺乏付款时间、付款方式、商铺交付条件及日期等主要内容，双方需通过进一步谈判在本约中加以确定，故综合考虑江阴近年来房地产市场发展的态势及双方当事人履约情况，具体赔偿数额应以兰星公司因违约实际获得的差价利益返还给陈某根为宜。

3. 周某兴诉深圳融发投资有限公司（以下简称融发公司）商品房预约合同纠纷案②

裁判要旨：一方未履行双方签订的认购书的约定义务，构成违约，守约方可要求违约方承担违约责任。若双方就一方违约所应承担的违约金有约定的，应按照其约定。但如果守约方认为该违约金过低不足以弥补自身损失的，其可向违约方主张损失赔偿：一方面，该具体赔偿额应受到可预见性规则的限制；另一方面，若具体赔偿额过低给守约方带来

① 参见江苏省无锡市江阴市人民法院（2011）澄西民初字第0105号民事判决书；江苏省无锡市中级人民法院（2012）锡民终字第0024号民事判决书。

② 参见深圳市福田区人民法院（2015）深福法民三初字第1857号民事判决书。

较大损失时，应适当提高违约方的赔偿额。

法院认为：因案涉商业购物中心不能分割办理房地产证，融发公司未能履行订立正式买卖合同的义务，构成违约。案涉《认购书》第4.3条（没有取得预售许可）和第5条对融发公司根本违约商铺无法交付情形下的违约责任作了约定，依该两条之约定，在融发公司根本违约时违约金最多为认购款的25%。因此，在确定损害赔偿额时应参考该上限标准。一审、二审法院综合考虑当地房价上涨水平以及融发公司的赔偿能力等因素，酌定以案涉商铺评估市场价的25%作为损失赔偿额，虽该损失赔偿额超过融发公司在签订认购书时应当预见到的因违反合同可能造成的损失，但融发公司并未对此提出异议。因此，二审判决对损失赔偿额的处理并无不当。

4. 北京优高雅装饰工程有限公司（以下简称优高雅公司）诉北京亨利戴艺术家具有限公司违反预约合同义务损害其期待利益建筑合同案①

裁判要旨：在预约合同中，因一方拒不履行订立本约的义务，导致另一方损失本约履行利益的，守约方可主张相应的损失赔偿。

法院认为：双方在合同中约定被告有优先使用原告进行商场装修的义务。一方不履行合同义务给对方造成的损失，包括合同履行后可以获得的利益。被告未按约履行告知义务，擅自和第三方签订装饰施工承包合同的行为，损害了原告的期待利益，原告有权要求赔偿。双方当事人认可利润率为5%，故应据其计算优高雅公司可得利益。

5. 李某诉青岛崇杰集团有限公司（以下简称崇杰公司）商品房预约合同纠纷案②

裁判要旨：在预约属于完备型预约，实质上构成本约时，守约方得向违约方主张本约合同成立后可以获得的利益。

法院认为：双方签订的房屋申购书明确约定了案涉房屋的坐落位置、

---

① 参见北京市第二中级人民法院（2007）二中民终字01756号民事判决书，载《人民法院案例选》2009年第1辑。

② 参见山东省青岛市中级人民法院（2022）鲁02民终16531号民事判决书。

面积、价格、付款方式、违约责任等合同主要条款，具备商品房买卖合同的主要内容，应将该申购书认定为商品房买卖合同，而非预约合同。崇杰公司作为商品房买卖合同的出卖方，于2003年12月3日收取李某首付款后，并未按合同约定向李某交付房屋，亦未提交有效证据证明在此期间曾积极联系李某并催促其交纳剩余房款，长达十几年时间，势必造成李某受有较大损失。故李某要求崇杰公司承担相应的违约责任并赔偿房屋差价损失，应予支持。因崇杰公司无法交付合同约定的房屋，原址已建成其他房屋，李某申请以现建房屋为评估对象，具有合理性。依据评估意见，现房屋单价为44,752元/平方米，李某据此主张其因崇杰公司未依约履行所造成的损失5,391,510元。考虑到李某仅支付首付款，以及实际建成的房屋与申购书约定的房屋存在一定的差异等具体情况，综合本案案情，从公平原则出发，酌定崇杰公司按照李某所主张数额的80%赔偿李某损失4,313,208元。

6. 王某霞、尹某平等诉常州德厚房地产开发有限公司预约合同纠纷案①

裁判要旨：一方不履行预约合同所约定的订立本约之义务，该方应向预约合同相对人返还其所支付的定金，并就履行利益向相对人进行赔偿。但该赔偿额不能完全按照本约合同的履行利益来计算，否则预约与本约的差异无从体现。

法院认为：原、被告在认购协议书中明确约定于双方签订《商品房买卖合同》后，本协议效力自动终止，买方所付定金转入房款。且双方对于签署《商品房买卖合同》一直在进行磋商。因此，案涉认购协议书的性质为预约合同。认购协议书签订后，双方未能签署《商品房买卖合同》。原告方一直积极要求被告与之签署《商品房买卖合同》，系被告原因导致未能签署《商品房买卖合同》，原告有权要求解除双方签订的认购协议书。被告应当返还原告定金200,000元，并赔偿原告相应损失。原告主张被告支付案涉房屋差价1,189,239元，该诉请金额过高。但预

① 参见江苏省常州市钟楼区人民法院（2021）苏0404民初2761号民事判决书。

约合同的履行利益损害应该基于公平原则，包括为签订合同而合理支出的费用、丧失与第三人另订合同的机会所产生的损失，而预约合同签订至今房价有较大上涨，原告由于信赖被告而丧失了另行购房的机会，对于原告因此承受的损失，仅适用定金罚则有失公平，应酌情考虑原告由此产生的机会损失。对于赔偿标准，应参照订立预约合同时的房屋价格与现在房屋价格进行考虑，但考虑到本案为预约合同产生的纠纷，本约尚未订立，不能赔偿基于交易成功才可得到的利益，否则预约与本约的差异无从体现，故本院酌情认定被告应按房屋差价1,189,239元的80%即951,391.2元予以赔偿。

7. 朱某珍诉上海康桥房地产开发经营有限公司（以下简称康桥房地产公司）等商品房预约合同纠纷案①

裁判要旨：当事人一方不履行订立本约合同的义务，守约方可要求其承担损失赔偿的违约责任。双方当事人对损失赔偿有约定的，应按照其约定。但在损失赔偿过高时，法院应综合考虑双方订约内容、履约情况以及过错程度，就相应赔偿予以酌减。

法院认为：房屋认购书及两份补充协议均系原告及被告康桥房地产公司的真实合意，于法无悖，合法有效，对双方均有约束力。因康桥房地产公司将系争房屋向案外人出售导致双方已无法签署商品房预售合同，故双方在补充协议二中确认认购书及补充协议一解除，对康桥房地产公司在合同解除返还已付购房款及相应违约责任进行了约定。补充协议二明确康桥房地产公司应承担定金责任、支付购房违约金并赔偿购房市场差额损失。原告虽据此提出相应诉请，但定金罚则和违约金责任不可并用，在原告拒绝作出选择的情况下，因违约金条款比之定金条款更有利于非违约方的原告，故对违约金诉请予以支持，对双倍返还定金的诉请不予支持。双方认可的购房市场差额损失为165万元，较之违约金金额仍超出66万元，综合原告的付款比例及被告的过错程度等因素，法院酌情确定被告还应向原告赔偿差额损失33万元。

① 参见上海市浦东新区人民法院（2022）沪0115民初11484号民事判决书。

相关条文

《民法典》

第四百九十五条　当事人约定在将来一定期限内订立合同的认购书、订购书、预订书等，构成预约合同。

当事人一方不履行预约合同约定的订立合同义务的，对方可以请求其承担预约合同的违约责任。

第五百八十四条　当事人一方不履行合同义务或者履行合同义务不符合约定，造成对方损失的，损失赔偿额应当相当于因违约所造成的损失，包括合同履行后可以获得的利益；但是，不得超过违约一方订立合同时预见到或者应当预见到的因违约可能造成的损失。

《关于当前形势下审理民商事合同纠纷案件若干问题的指导意见》

三、区分可得利益损失类型，妥善认定可得利益损失

9. 在当前市场主体违约情形比较突出的情况下，违约行为通常导致可得利益损失。根据交易的性质、合同的目的等因素，可得利益损失主要分为生产利润损失、经营利润损失和转售利润损失等类型。生产设备和原材料等买卖合同违约中，因出卖人违约而造成买受人的可得利益损失通常属于生产利润损失。承包经营、租赁经营合同以及提供服务或劳务的合同中，因一方违约造成的可得利益损失通常属于经营利润损失。先后系列买卖合同中，因原合同出卖方违约而造成其后的转售合同出售方的可得利益损失通常属于转售利润损失。

10. 人民法院在计算和认定可得利益损失时，应当综合运用可预见规则、减损规则、损益相抵规则以及过失相抵规则等，从非违约方主张的可得利益赔偿总额中扣除违约方不可预见的损失、非违约方不当扩大的损失、非违约方因违约获得的利益、非违约方亦有过失所造成的损失以及必要的交易成本。存在合同法第一百一十三条第二款规定的欺诈经营、合同法第一百一十四条第一款规定的当事人约定损害赔偿的计算方法以及因违约导致人身伤亡、精神损害等情形的，不宜适用可得利益损失赔偿规则。

11. 人民法院认定可得利益损失时应当合理分配举证责任。违约方一般应当承担非违约方没有采取合理减损措施而导致损失扩大、非违约方因违约而获得利益以及非违约方亦有过失的举证责任；非违约方应当承担其遭受的可得利益损失总额、必要的交易成本的举证责任。对于可以预见的损失，既可以由非违约方举证，也可以由人民法院根据具体情况予以裁量。

《商品房买卖合同纠纷司法解释》

第四条 出卖人通过认购、订购、预订等方式向买受人收受定金作为订立商品房买卖合同担保的，如果因当事人一方原因未能订立商品房买卖合同，应当按照法律关于定金的规定处理；因不可归责于当事人双方的事由，导致商品房买卖合同未能订立的，出卖人应当将定金返还买受人。

《全国法院贯彻实施民法典工作会议纪要》

11. 民法典第五百八十五条第二款规定的损失范围应当按照民法典第五百八十四条规定确定，包括合同履行后可以获得的利益，但不得超过违约一方订立合同时预见到或者应当预见到的因违约可能造成的损失。

当事人请求人民法院增加违约金的，增加后的违约金数额以不超过民法典第五百八十四条规定的损失为限。增加违约金以后，当事人又请求对方赔偿损失的，人民法院不予支持。

当事人请求人民法院减少违约金的，人民法院应当以民法典第五百八十四条规定的损失为基础，兼顾合同的履行情况、当事人的过错程度等综合因素，根据公平原则和诚信原则予以衡量，并作出裁判。约定的违约金超过根据民法典第五百八十四条规定确定的损失的百分之三十的，一般可以认定为民法典第五百八十五条第二款规定的“过分高于造成的损失”。当事人主张约定的违约金过高请求予以适当减少的，应当承担举证责任；相对人主张违约金约定合理的，也应提供相应的证据。

第四节 格 式 条 款

一、格式条款的认定

释义条文

《民法典合同编通则司法解释》

第九条 合同条款符合民法典第四百九十六条第一款规定的情形，当事人仅以合同系依据合同示范文本制作或者双方已经明确约定合同条款不属于格式条款为由主张该条款不是格式条款的，人民法院不予支持。

从事经营活动的当事人一方仅以未实际重复使用为由主张其预先拟定且未与对方协商的合同条款不是格式条款的，人民法院不予支持。但是，有证据证明该条款不是为了重复使用而预先拟定的除外。

新旧变化

本解释第 9 条补充解释了对格式条款认定的实践情形。虽然格式条款具有降低交易成本、提高交易效率的积极意义，但由于格式条款是一方当事人提供，对格式条款进行规制是对缔约自由的保障。本解释第 1 款明确规定，当事人不能仅以格式条款系依据合同示范文本制作或者双方已明确约定合同条款不属于格式条款为由主张该条款不是格式条款。第 2 款针对实践中提供格式条款一方仅以未实际重复使用为由主张该条款不是格式条款的情形，明确不予支持，但其提供同一时期就同类交易订立的不同合同文本，足以证明该合同条款不是为了重复使用的除外。

规范解读

1. 格式条款构成要件的解释

第一，《民法典合同编通则司法解释》第 9 条第 1 款前半段规定，仅以合同条款是依据合同示范文本制作为由，不能排除构成格式条款。

首先，格式条款应在合同订立之前拟定，并无疑问。从格式条款适用于普遍、频繁的交易，是为节约交易成本而缺乏实质协商的特点来看，预先拟定也是题中应有之义。然而，如果认为格式条款必须由一方当事人拟定，才会有《民法典》第496条及之后各条的适用，无疑会不当限缩条文的适用范围。因此，重要的是合同一方当事人引入并使用了格式条款，而并不必须由一方当事人自身拟定，由第三人拟定亦可。如当事人一方依据政府主管部门、行业协会等制定的合同示范文本制作格式条款。

其次，须注意合同示范文本本身并非等于格式条款，合同示范文本仅是当事人双方签约时的参考文件，可经双方协商修改相应条款，而格式条款则由一方提供且不与对方协商。在我国，房屋的买卖、租赁、建筑等许多行业正在逐渐推行各类合同示范文本，合同示范文本的推广对于完善合同条款、明确当事人的权利义务、减少因当事人欠缺合同法律知识而产生的各类纠纷具有积极作用。但在实践中，因合同示范文本常与格式条款相混淆，变相使合同示范文本成为法规，相对方只有无条件接受并执行的义务，而没有同意或者不同意的权利，注意合同示范文本成为格式条款，仍需有订入合同的程序。

第二，《民法典合同编通则司法解释》第9条第1款后半段规定，仅以合同中双方已明确约定合同条款不属于格式条款为由，不能排除构成格式条款。格式条款实质特征在于“订立合同时未与对方协商”。[①] 法律之所以规制格式条款的订入和内容，是为保障缔约自由，而若某合同条款是由一方预先拟定且未与对方协商，那么即使合同中存在明确此合同条款不属于格式条款的约定，仍不能弥补此合同条款违背合同缔约自由的缺陷，且该明确此合同条款不属于格式条款的约定本身也同时可能构成格式条款。因此，对格式条款的认定应以该条款的订入是否真实反映了双方的真实意思为标准，综合考虑交易的性质、签订的过程、双方的谈判能力，而不能仅以合同中双方已

① 黄薇主编：《中华人民共和国民法典合同编释义》，法律出版社2020年版，第84页。

明确约定合同条款不属于格式条款下定论。[①]

2. "重复使用"及举证责任

第一，《民法典》第496条第1款对格式条款的定义与《合同法》的表述相同，保留"为了重复使用"。如果不是为了重复使用，即使合同条款预先拟定且未与对方协商，也不构成格式条款，因为法律并无设置特别规范对个别的、具体的相对方作倾斜保护之必要，个案处理即可。"重复使用"是格式条款的要素之一，删除该要件会导致格式条款的规制范围过宽，侵蚀合同自由。[②]

在比较法上，《国际商事合同通则》第2.1.19条第2款将重复使用作为格式条款的本质特征，"标准条款是指一方为通常和重复使用的目的而预先准备、并在实际使用时未与对方谈判的条款。"《德国民法典》第305条第1款也明确规定格式条款是"为数量多的合同而预先拟定的，由合同当事人一方在合同订立时向合同当事人另一方提出"。[③]

第二，重复使用存在客观和主观两种角度的解释，客观理解下，格式条款需要被现实地、实际地重复使用，意味着一次性使用的条款会被排除在格式条款规制范围之外。[④]主观理解则认为重复使用是指向格式条款使用人的目的，即使条款客观上只使用了一次，但只要当事人拟定该条款时是为了重复使用，仍应将其认定为格式条款。[⑤]《民法典》第496条第1款保留了重复使用并在释义中采用主观解释，从格式条款的立法目的及现有的规则体系出发，确为合理。因重复使用不能作僵化理解，只要格式条款提供方具有重复使用的目的，不论其使用的次数多少，即符合"为了重复使用"。

《民法典合同编通则司法解释》第9条第2款主体为"从事经营活动的当事人一方"，未限缩合同相对方，并针对实践中提供格式条款一方仅以未

---

① 赵筝：《格式合同的认定标准》，载《人民司法》2021年第5期。

② 吴一平：《论格式条款的成立与效力》，载《江苏社会科学》2014年第6期；李宇：《民法典分则草案修改建议》，载《法治研究》2019年第4期。

③［德］迪特尔·梅迪库斯：《德国民法总论》，邵建东译，法律出版社2000年版，第301页。

④ 谢鸿飞：《合同法学的新发展》，中国社会科学出版社2014年版，第144页。

⑤ 黄薇主编：《中华人民共和国民法典合同编释义》，法律出版社2020年版，第84页。

实际重复使用为由主张该条款不是格式条款的情形，明确不予支持，除非其提供同一时期就同类交易订立的不同合同文本，足以证明该合同条款不是为了重复使用，至于是否能达到“足以证明”的标准，则应由承审法官独立裁判，不宜作划一规定。

适用难点

关于“未与对方协商”要件的判断，本书总结认定思路以供参考：

第一，是否存在有效协商。例如，因为互联网用户只能点选同意网站或软件提供方已经制定好的服务协议或使用协议，不可能、也没有渠道与网站进行协商，该服务协议或使用协议当然属于格式条款。又如，合同文本既有打印部分也有留白之处，留白虽然可能意味着双方当事人可以协商改变约定，但若系列合同中的相同条款未见不同约定，也不能认为存在有效协商。[①] 再如，格式条款的使用方可能提供多种菜单或套餐供相对人挑选，但并不存在对条款内容的改变空间，因为“协商”的要义在于使相对方有改变条款内容的可能性，[②] 本条第2款也要求提供同一时期就同类交易订立的不同合同文本，而不能仅以未实际重复使用为由主张其预先拟定且未与对方协商的合同条款不是格式条款。

第二，合同当事人主体身份的考量。《民法典》第496条及之后的第497条、第498条虽然普遍适用于商事交易和民事交易，但是基于商事交易和民事交易的不同，商事交易双方在知识储备、获取信息资源能力、谈判能力相当，均能够对合同标的、价款、履行方式和地点、违约责任等关系双方重大利益的条款进行协商，对本条第1款后半段“双方已明确约定合同条款不属于格式条款”具有充分的合同自由，此时就不宜简单以合同条款是否由一方提前拟写为标准，要根据具体情况来合理理解规则，对于以法律的

---

① 殷秋实：《〈民法典〉第496条（格式条款的定义与订入控制）评注》，载《中国应用法学》2022年第4期；王天凡：《〈民法典〉第496条（格式条款的定义及使用人义务）评注》，载《南京大学学报（哲学·人文科学·社会科学）》2020年第6期。

② 赵筝：《格式合同的认定标准》，载《人民司法》2021年第5期。

强制性规定而不是根据当事人的自由选择确定交易之公平，必须极为谨慎。①

第三，就主给付义务此类合同缔结不可或缺的条款，当事人在订立合同时为达成充分合意已经进行了反复协商，最终作出了利益分配选择，司法不应轻易干涉，如果相对人了解核心给付的内容后，仍然选择订立合同，则应自己承担不利后果。②

风险防范

实务中，主张格式条款的相对方应当就预先拟定、重复使用目的和不能协商提供初步证据，否则存在败诉风险。③

例如，在“魏某、沈丘县巴庄火锅特许经营合同纠纷案”④ 中，最高人民法院认为，格式合同的认定，不应简单以合同条款是否由一方提前拟写为标准，而应以合同条款的最终拟定或者合同的最终签署是否体现了合同双方的真实意思为标准。即便合同条款由一方提前拟定，只要另一方充分知情并同意，亦不应认定其构成格式合同。本案中，沈丘县巴庄火锅对加盟河南巴庄公司巴庄火锅及双方权利义务、加盟政策、加盟前景等有充分了解，该《协议书》系在河南巴庄公司与沈丘县巴庄火锅协商一致的情况下签订的，系双方真实意思表示，且不违反法律、行政法规的强制性规定，应属有效。魏某关于《协议书》属于格式合同、相关条款应属无效的主张，缺乏依据，不能成立。

又如，在“江西益佰年药业股份有限公司（以下简称益佰年公司）与九江市富吉通玻璃制品厂（以下简称富吉通制品厂）、张某兴加工合同纠纷

① 黄薇主编：《中华人民共和国民法典合同编释义》，法律出版社2020年版，第83页；许德风：《论民法典的制定与弱者保护》，载《广东社会科学》2012年第1期。

② 解亘：《格式条款内容规制的规范体系》，载《法学研究》2013年第2期；殷秋实：《〈民法典〉第496条（格式条款的定义与订入控制）评注》，载《中国应用法学》2022年第4期。

③ 参见（2017）最高法民终170号民事判决书，（2021）最高法民申5098号民事裁定书，（2017）粤民再4号民事判决书。

④ 参见最高人民法院（2018）最高法民申4790号民事裁定书。

案”① 中，最高人民法院认为，富吉通制品厂、张某兴二审时提交的益佰年公司与案外人签订的三份协议只能证明其与本案协议有内容一致的条款，但并不能证明本案存在订立协议时未在当事人之间进行协商的事实，单方事先拟定好条款内容并不等同于各方当事人未经协商即订立协议，富吉通制品厂、张某兴并无证据证明涉案协议未经当事人协商同意而订立。

因此，尽管实践中存在大量一方预先拟定条款的情形，但法院最终认定格式条款时，不仅以合同条款是否由一方提前拟写为标准，而以合同条款的最终拟定或者合同的最终签署是否体现了合同双方的真实意思为标准，从而要求主张格式条款的相对方负有证明合同提供方未与其协商的举证责任。

类案指引

1. 长沙米拓信息技术有限公司（以下简称米拓公司）、河南省工程建设协会侵害计算机软件著作权纠纷案②

裁判要旨：软件著作权人免费提供可由不特定用户免费下载使用的建站软件，在用户协议中明确要求免费使用软件的用户须保留著作权人的版权标识和有关链接信息，系公司为推荐、许可不特定用户使用涉案建站软件而单方预先拟定并未与用户具体协商的条款，属于法定的格式条款。

法院认为：涉案《最终用户授权许可协议》条款系米拓公司为推荐、许可不特定用户使用涉案建站软件而单方预先拟定并未与用户具体协商的条款，属于上述法定的格式条款。

2. 陕西延长石油矿业有限责任公司（以下简称延长公司）、杨某义质押合同纠纷案③

裁判要旨：如相对方不同意签订反担保合同，则合同提供方未必同意为主债务人提供担保，则该合同系特定背景下专门订立，担保人（合

① 参见最高人民法院（2015）最高法民申3158号民事裁定书。
② 参见最高人民法院（2021）最高法知民终1547号民事判决书。
③ 参见最高人民法院（2018）最高法民再413号民事判决书。

同提供方）虽预先拟定该合同条款，但其并非为了重复使用，且反担保合同在明显位置的“鉴于”部分载明“双方经协商达成合同”，相对方在二审庭审中亦明确其签订合同时知道自己有义务，则该合同不具备格式条款构成要件。相对方举证多份合同文本相同并不表明该合同属于格式合同，相对方在合同提供方会议室现场签约且签约时受到合同提供方工作人员催促，亦不能证明该合同属于格式合同。

法院认为：多份合同文本相同并不表明该合同属于格式合同，杨某义主张在延长公司会议室现场签约且签约时受到延长公司工作人员催促，亦不能证明《股权质押反担保合同》属于格式合同。杨某义以延长公司还与他人签订多份文本相同的《股权质押反担保合同》、签约时其受到催促等为由提出上诉，理由不成立。

3. 北京爱奇艺科技有限公司（以下简称爱奇艺公司）与吴声威网络服务合同纠纷案①

裁判要旨：格式条款的法律特征有两点：一是该条款在订约以前就已经预先制定出来，而不是经双方当事人反复协商制定而成；二是该条款属于在订立合同时不能协商的内容。“一对众”的网络服务平台的特有产业模式，产生了预先拟定并面向众多 VIP 会员重复使用的条款，VIP 会员对于 VIP 会员协议只能“接受或走开”，不能与条款提供方进行协商，综合以上特征认定属于格式条款从而对网络服务平台以使用即同意的方式随意变更合同条款限缩已承诺于用户的合同权利的行为进行规制。

法院认为：“涉案 VIP 会员协议”是爱奇艺公司基于“一对众”的网络服务平台的特有产业模式，预先拟定并面向众多 VIP 会员重复使用的条款；VIP 会员对于 VIP 会员协议只能“接受或走开”，不能与爱奇艺公司进行协商。综合以上特征，一审北京互联网法院认定“涉案 VIP 会员协议”属于格式条款，二审北京市第四中级人民法院予以维持。

---

① 参见北京市第四中级人民法院（2020）京 04 民终 359 号民事判决书。

4. 赵某卫与成都西山居世游科技有限公司网络服务合同纠纷案[①]

裁判要旨：网络游戏用户自身并无与网络游戏运营商协商变更协议条款的机会，只能点选同意网站或软件提供方已经制定好的服务协议或使用协议，该等协议为格式条款。

法院认为：格式条款是当事人为了重复使用而预先拟定，并在订立合同时未与对方协商的条款。本案中，网络游戏用户需要在网络上以点击同意《服务协议》《游戏协议》后，方可注册封神榜游戏账号，用户自身并无与网络游戏运营商协商变更协议条款的机会，因此《服务协议》与《游戏协议》均系格式合同，其相关条款是否有效，关键在于提供格式条款的一方是否存在免除其责任、加重对方责任、排除对方主要权利的行为。

5. 胡某华与上海比迪工业铝型材配件有限公司竞业限制纠纷案[②]

裁判要旨：劳动合同的文本通常由用人单位提供，但最终订立的劳动合同的条款不等于格式条款。

法院认为：劳动合同是明确用人单位与劳动者双方权利义务的书面协议，一般情况下，劳动合同的文本均由用人单位提供，但劳动合同的订立，仍遵循平等自愿、协商一致的原则。而格式条款是当事人为了重复使用而预先拟定，并在订立合同时未与对方协商的条款。显然，劳动合同的订立双方仍可以协商，格式条款则一般不与对方协商，劳动合同的条款并不等于格式条款。双方未约定用人单位给予劳动者竞业限制补偿也不能认定为该约定免除用人单位法定责任、排除劳动者权利。双方未约定的权利义务仍可以通过法律的规定予以弥补，而并不必然导致约定无效。故胡某华认为双方的竞业限制约定无效的上诉主张，法院难以采纳。

---

① 参见北京市门头沟区人民法院（2017）京0109民初5557号民事判决书。

② 参见上海市第一中级人民法院（2014）沪一中民三（民）终字第2115号民事判决书。

相关条文

《民法典》

第四百九十六条　格式条款是当事人为了重复使用而预先拟定，并在订立合同时未与对方协商的条款。

采用格式条款订立合同的，提供格式条款的一方应当遵循公平原则确定当事人之间的权利和义务，并采取合理的方式提示对方注意免除或者减轻其责任等与对方有重大利害关系的条款，按照对方的要求，对该条款予以说明。提供格式条款的一方未履行提示或者说明义务，致使对方没有注意或者理解与其有重大利害关系的条款的，对方可以主张该条款不成为合同的内容。

《保险法》

第十七条　订立保险合同，采用保险人提供的格式条款的，保险人向投保人提供的投保单应当附格式条款，保险人应当向投保人说明合同的内容。

对保险合同中免除保险人责任的条款，保险人在订立合同时应当在投保单、保险单或者其他保险凭证上作出足以引起投保人注意的提示，并对该条款的内容以书面或者口头形式向投保人作出明确说明；未作提示或者明确说明的，该条款不产生效力。

《保险法司法解释二》

第十条　保险人将法律、行政法规中的禁止性规定情形作为保险合同免责条款的免责事由，保险人对该条款作出提示后，投保人、被保险人或者受益人以保险人未履行明确说明义务为由主张该条款不成为合同内容的，人民法院不予支持。

《邮政法》

第二十二条　邮政企业采用其提供的格式条款确定与用户的权利义务的，该格式条款适用《中华人民共和国合同法》关于合同格式条款的规定。

《合同行政监督管理办法》

第六条　经营者采用格式条款与消费者订立合同，应当以单独告知、字体加粗、弹窗等显著方式提请消费者注意商品或者服务的数量和质量、价款或者费用、履行期限和方式、安全注意事项和风险警示、售后服务、民事责任等与消费者有重大利害关系的内容，并按照消费者的要求予以说明。经营者预先拟定的，对合同双方权利义务作出规定的通知、声明、店堂告示等，视同格式条款。

二、格式条款订入合同

释义条文

《民法典合同编通则司法解释》

第十条　提供格式条款的一方在合同订立时采用通常足以引起对方注意的文字、符号、字体等明显标识，提示对方注意免除或者减轻其责任、排除或者限制对方权利等与对方有重大利害关系的异常条款的，人民法院可以认定其已经履行民法典第四百九十六条第二款规定的提示义务。

提供格式条款的一方按照对方的要求，就与对方有重大利害关系的异常条款的概念、内容及其法律后果以书面或者口头形式向对方作出通常能够理解的解释说明的，人民法院可以认定其已经履行民法典第四百九十六条第二款规定的说明义务。

提供格式条款的一方对其已经尽到提示义务或者说明义务承担举证责任。对于通过互联网等信息网络订立的电子合同，提供格式条款的一方仅以采取了设置勾选、弹窗等方式为由主张其已经履行提示义务或者说明义务的，人民法院不予支持，但是其举证符合前两款规定的除外。

新旧变化

关于格式条款的提示和说明义务规定最早见于 1995 年 10 月 16 日《合同法》（试拟稿）第 24 条，但方式限于明示。在此基础上，1997 年 5 月 14 日《合同法》（征求意见稿）第 23 条第 1 款将提示义务的方式从之前的“明示”改为“合理方式”，更贴合现实需求，并将提示、说明的内容修改为“免除或者限制责任的条款”，相比之前的试拟稿大幅限缩，同时增加了“不发生效力”的法律效果。之后，《合同法》（三次审议稿）在第 37 条第

1 款将名称改为“格式条款”，删除了违反提示、说明义务的后果，其余地方和 1998 年《合同法》（草案）相同，最终形成了《合同法》第 39 条。现《民法典》第 496 条修改了《合同法》第 39 条的条款顺序，改第 1 款为格式条款的定义，改第 2 款为订入规则，更为合理，同时第 2 款扩大了提示、说明义务的范围，从“免除或者限制其责任的条款”扩大为“免除或者减轻其责任等与对方有重大利害关系的条款”，并增设了违反提示或说明义务的后果，从合同订立的角度来判断格式条款是否构成合同内容。

从《合同法》到《民法典》的历史沿革来看，关于格式条款的定义和订入控制，一直存在三个方面的问题，即格式条款的特征、提示的方式和内容、违反提示与说明义务的后果，这三项也仍是解释《民法典》第 496 条的重点。对于格式条款的订入来说，真正有意义、将其和一般的合同订立过程相区分的，是格式条款使用人的提示和说明义务。

《民法典合同编通则司法解释》第 10 条进一步细化了格式条款的订入规则。《民法典》第 496 条规定了格式条款提供方的“合理提示、说明义务”以及违反该义务的法律效果，但缺乏关于“合理提示、说明义务”的列举。《民法典合同编通则司法解释》第 10 条第 1 款，则明确指出“在合同订立时采用通常足以引起对方注意的文字、符号、字体等明显标识”，提示注意免除或者减轻其责任等与对方有重大利害关系的条款，这也在内核上满足《民法典》第 496 条第 2 款要求格式条款提供方应尽的“合理提示义务”。第 10 条第 2 款规定“提供格式条款的一方按照对方的要求，就与对方有重大利害关系的条款的概念、内容及其法律后果以书面或者口头形式向对方作出通常能够理解的解释说明”，就应当认定格式条款提供方已经履行了《民法典》第 496 条第 2 款所规定的“合理说明义务”。

规范解读

1. “明显标识”及网络交易环境下提示方式的补充

《民法典》第 496 条第 2 款规定，提示义务的解释包括提示内容和提示方式两个方面。本解释第 10 条第 1 款在提示内容上延续了《民法典》第

496 条第 2 款的规定，无文字差异，而针对“合理的方式”进行了细化。

实践中存在格式条款使用方滥用改变字体、字号、颜色或者添加符号等特别提示方式的情形，导致提示内容根本无法与其他条款明显区别，本条第 1 款将《合同法司法解释（二）》第 6 条“采用足以引起对方注意的文字、符号、字体等特别标识”的规定修改为“采用通常足以引起对方注意的文字、符号、字体等明显标识”，符合规制格式条款、保护缔约自由的立法目的。格式条款相关规范处在“合同的订立”一章之中，而合同的订立无论采取何种方式，均需意思表示的合致，提示义务作为对格式条款的订入控制，控制的基础在于维护意思自治。对与相对方有重大利害关系的条款进行提示时，要采用“合理的方式”，普遍考察五个要素：一是条款的外形和性质是否能让相对方产生其是关于当事人之间权利义务规定的印象；二是根据特定的交易环境，提供格式条款的一方可以向相对方明示或者采用其他显著方式提醒相对方注意；三是提醒相对方注意的文字或者语言必须清晰明白；四是提起注意的时间需要在合同订立之前或者合同订立过程之中；五是提起注意的程度必须能够引起一般相对方的注意。① 《全国法院贯彻实施民法典工作会议纪要》第 7 条即涉及提醒注意的方法、时间和提醒程度，《消费者权益保护法》第 26 条第 2 款也指出除文字、符号和字体外，格式条款使用方的其他提示方式。

2. 说明义务内容、方式的具体化

《民法典合同编通则司法解释》第 10 条第 2 款为使相对方知悉条款的含义，从保证相对方意思真实出发，进一步细化说明义务的内容为“与对方有重大利害关系的条款的概念、内容及其法律后果”，② 即格式条款使用人不仅须解释相关条款的基本含义，还应进一步解释其给相对方带来风险和

---

① 王利明：《对〈合同法〉格式条款规定的评析》，载《政法论坛》1999 年第 6 期；傅健：《略论格式条款提供方的法定义务》，载《法学评论》2001 年第 4 期；崔建远：《合同法总论》（上卷），中国人民大学出版社 2011 年版，第 176－179 页。

② 最高人民法院曾就《保险法》第 17 条规定的“明确说明”应如何理解的问题进行答复，指出“明确说明”是指保险人就“免责条款的概念、内容及其法律后果等，以书面或者口头形式向投保人或其代理人作出解释，以使投保人明了该条款的真实含义和法律后果。”法研（2000）5 号文件援引该答复的判决，参见杨某某诉中国平安财产保险股份有限公司天津市宝坻支公司保险合同纠纷案，载《最高人民法院公报》2007 年第 11 期。

负担的大小及可能性，以达到使相对方“理解”格式条款的目的。① 相对方在知晓与自身有重大利害关系的格式条款存在后，应由其自己决定是否要求说明。

3. 格式条款提供方的举证责任

基于格式条款重复使用的特征，本解释第 10 条第 3 款明确提供格式条款方对自身已尽提示义务或者说明义务承担举证责任，延续《全国法院贯彻实施民法典工作会议纪要》第 7 条最后一句规定，具体的证明标准，则根据个案判断。例如，《九民纪要》第 76 条中规定：“卖方机构简单地以金融消费者手写了诸如‘本人明确知悉可能存在本金损失风险’等内容主张其已经履行了告知说明义务，不能提供其他相关证据的，人民法院对其抗辩理由不予支持。”《保险法司法解释（二）》第 13 条规定：“保险人对其履行了明确说明义务负举证责任。投保人对保险人履行了符合本解释第十一条第二款要求的明确说明义务在相关文书上签字、盖章或者以其他形式予以确认的，应当认定保险人履行了该项义务。但另有证据证明保险人未履行明确说明义务的除外。”

适用难点

首先，格式条款使用人未尽到提示和说明义务的法律效果，长期以来存在可撤销、无效和未订入合同三种观点。《民法典》第 496 条第 2 款“主张该条款不成为合同的内容”确定了“未订入合同”的法律后果。基于合同成立首先是一个自愿协商并达成合意的过程，只有让相对方知晓并理解要约内容后作出承诺，才能达成合同合意。如果格式条款提供方没有履行提示、说明义务，不能让相对方对条款达到理解、知晓的程度，那么在当事人对合同没有达成合意的情形下，该条款当然未订入合同，而不是进行效力判断。然而，因格式条款已然是条款提供方的真实意思表示，其不能以相对方不知其内容而主张不受其自身真实意思表示的约束。实务中注意新法溯及力，

① 傅健：《略论格式条款提供方的法定义务》，载《法学评论》2001 年第 4 期。

《民法典时间效力规定》第9条规定："民法典施行前订立的合同，提供格式条款一方未履行提示或者说明义务，涉及格式条款效力认定的，适用民法典第四百九十六条的规定。"

其次，如相对方在订立格式条款后自己注意到或事后明确知晓、理解了格式条款后，即使格式条款使用人没有明确说明或者说明不充分，也不妨碍格式条款订入合同，因为此时相对方的意思并无瑕疵。考虑到格式条款重复使用的特征，格式条款使用者的说明程度足以使一般理性人或一般消费者能够注意并理解条款是格式条款即可。[①]

比较法也多持类似观点，例如，《德国民法典》第305条第2款、第305c条等均规定了不成为合同组成部分的法律效果；《欧洲示范民法典（草案）》也认为，如果没有经过提示，那么合同在订立时不包括未经个别磋商的条款；意大利法的主流观点也认为未经提示的格式条款未订入合同。

风险防范

如双方在合同中明确约定"格式条款提供方已尽到提示和说明义务"，或相对方出具格式条款提供方已尽到提示和说明义务的确认函，在司法认定中，对主张格式条款未订入合同的相对方具有风险。

例如，在"淮安民贸物流有限公司（以下简称民贸公司）、中国银行股份有限公司淮安分行金融借款合同纠纷案"中，最高人民法院认为，民贸公司已向高新支行出具确认书，确认其充分理解并接受《最高额保证合同》，该格式条款有效。[②]

例如，在"杭州汽轮动力集团有限公司、渤海国际信托股份有限公司（以下简称渤海信托）信托纠纷案"中，最高人民法院认为，浙江花园进出口有限公司、花园集团有限公司在与渤海信托订立案涉《信托合同》时，

① 参见黄薇主编：《中华人民共和国民法典合同编解读》（上册），中国法制出版社2020年版；最高人民法院民法典贯彻实施工作领导小组编著：《中国民法典适用大全·合同卷（一）》，人民法院出版社2023年版，第496条释义；最高人民法院民法典贯彻实施工作领导小组主编：《中华人民共和国民法典合同编理解与适用》（一），人民法院出版社2020年版，第242页。

② 参见最高人民法院（2020）最高法民申1596号民事裁定书。

明确其已认真阅读且理解所有信托文件内容，并没有对争议条款内容提出异议，故受该条款约束。①

类案指引

1. 田某、周某诉中原信托有限公司金融借款合同纠纷案②

裁判要旨：贷款机构负有明确披露贷款实际利率的义务，若以格式条款约定利率，还应采取合理方式提请借款人注意，并按照借款人的要求予以说明。若因贷款机关未明确披露导致借款人没有注意或理解借款合同的实际利率，则应视为双方未就“按照该实际利率计算利息”达成合意，贷款机构无权据此计收利息。此时，合同利率的确定应当依据合同解释原则，结合相关条款、行为的性质和目的、习惯以及诚信原则，采用一般理性人标准。贷款机构发放贷款前已经收取的还款应当从实际本金中扣除。

法院认为：《民法典》第496条这一规定是民法公平、诚信基本原则在合同领域的具体体现，在沿袭《合同法》第39条的基础上，吸收借鉴《消费者权益保护法》、合同法相关司法解释的相关规定，将格式条款提供方的提示说明义务扩大到“与对方有重大利害关系的条款”，进一步明确未履行该义务时的法律后果。根据这一规定，当贷款人与金融消费者订立借款合同时，若因贷款人对利率格式条款未予披露和详细说明，致使借款人没有注意或者理解借款合同的实际利率，应当认为双方就“按照该实际利率计算利息”未达成合意，贷款人无权据此收取利息。根据《民法典时间效力规定》第9条，《民法典》第496条对于本案系争《贷款合同》具有溯及适用效力。

① 参见最高人民法院（2018）最高法民终776号民事判决书。
② 参见上海金融法院（2020）沪74民终1034号民事判决书。

2. 北京爱奇艺科技有限公司（以下简称爱奇艺公司）与吴声威网络服务合同纠纷案①

裁判要旨：“一对众”的网络服务平台的特有产业模式，产生了预先拟定并面向众多VIP会员重复使用的条款，不能以双方明确约定相对方不会以格式条款提供方尽到合理提示义务为由而声称协议中条款非法或无效。

法院认为：对于“即您和爱奇艺均认可前述条款的合法性及有效性，您不会以爱奇艺未尽到合理提示义务为由而声称协议中条款非法或无效”的约定，因格式条款的提示义务是格式条款提供方应尽的法定责任，需要采取合理的方式提请合同相对方注意。爱奇艺公司以格式条款提供方的地位，要求合同相对方承诺放弃以爱奇艺公司未尽到合理提示义务为由而主张格式条款非法或无效，从而达到免除或者降低其法定义务的目的，属于用格式条款的形式来拟制其已尽到法定义务的情形，实质是通过格式条款，排除合同相对方的法定权利，规避了应尽的法定义务。

3. 姜某林与中国邮政速递物流股份有限公司常州市分公司溧阳营业部服务合同纠纷案②

裁判要旨：“默认勾选方框”的网页设置不具有合理性，无法使相对方有效地阅读条款，故格式条款提供方未尽到提示和说明义务。

法院认为：关于被告对赔偿条款有无尽到提示和说明义务。本案属于邮寄合同纠纷，但不同于传统由寄件人手填快递面单，而是由寄件人通过手机扫码网上下单的方式进行邮递，即下单需通过网络操作进行，相关合同协议内容也显示在网页上，此种新型下单模式出发点本是方便寄件人下单邮寄，但亦应当审查被告的提示说明义务有无达到主动性、合理性、有效性的标准，否则不利于寄件人权益的保护。本案中，原告

① 参见北京市第四中级人民法院（2020）京04民终359号民事判决书。

② 参见江苏省溧阳市人民法院（2019）苏0481民初7879号民事判决书。

委托内勤帮原告通过手机微信扫描寄件二维码下单，已不是第一次使用手机网上下单，故当其在邮寄案涉包裹下单时，下单后显示的手机下单界面显示已经默认勾选“阅读并同意《服务协议》和《隐私保护声明》”前面的方框，无法通过单独跳框的形式对有关赔偿限额条款进行特别提示，不符合主动性的要求，寄件人也无法点击同意该条款（因为已经默认勾选好了），被告这种“默认勾选方框”的网页设置不具有合理性，无法使寄件人有效地阅读《服务协议》中有关赔偿限额条款，故被告未尽到提示和说明义务。至于被告认为因为寄件人已经下过单，视为已经对格式条款知晓的抗辩意见，法院认为，寄件人的每次下单行为应视为双方之间邮寄合同的成立过程，每一次的邮寄系彼此相互独立的合同关系，首次下单的提示和说明义务，不能免除后来下单时被告的提示和说明义务，否则不利于维护寄件人的权益，被告的抗辩意见不能成立。

相关条文

《民法典》

第四百九十六条 格式条款是当事人为了重复使用而预先拟定，并在订立合同时未与对方协商的条款。

采用格式条款订立合同的，提供格式条款的一方应当遵循公平原则确定当事人之间的权利和义务，并采取合理的方式提示对方注意免除或者减轻其责任等与对方有重大利害关系的条款，按照对方的要求，对该条款予以说明。提供格式条款的一方未履行提示或者说明义务，致使对方没有注意或者理解与其有重大利害关系的条款的，对方可以主张该条款不成为合同的内容。

《保险法》

第十七条 订立保险合同，采用保险人提供的格式条款的，保险人向投保人提供的投保单应当附格式条款，保险人应当向投保人说明合同的内容。

对保险合同中免除保险人责任的条款，保险人在订立合同时应当在投保单、保险单或者其他保险凭证上作出足以引起投保人注意的提示，并对该条款的内容以书面或者口头形式向投保人作出明确说明；未作提示或者明确说明的，该条款不产生效力。

第三十条 采用保险人提供的格式条款订立的保险合同，保险人与投保人、被保险人或者受益人对合同条款有争议的，应当按照通常理解予以解释。对合同条款有两种以上解释的，人民法院或者仲裁机构应当作出有利于被保险人和受益人的解释。

《保险法司法解释二》

第十一条 保险合同订立时，保险人在投保单或者保险单等其他保险凭证上，对保险合同中免除保险人责任的条款，以足以引起投保人注意的文字、字体、符号或者其他明显标志作出提示的，人民法院应当认定其履行了保险法第十七条第二款规定的提示义务。

保险人对保险合同中有关免除保险人责任条款的概念、内容及其法律后果以书面或者口头形式向投保人作出常人能够理解的解释说明的，人民法院应当认定保险人履行了保险法第十七条第二款规定的明确说明义务。

《邮政法》

第二十二条 邮政企业采用其提供的格式条款确定与用户的权利义务的，该格式条款适用《中华人民共和国合同法》关于合同格式条款的规定。

《消费者权益保护法》

第二十六条 经营者在经营活动中使用格式条款的，应当以显著方式提请消费者注意商品或者服务的数量和质量、价款或者费用、履行期限和方式、安全注意事项和风险警示、售后服务、民事责任等与消费者有重大利害关系的内容，并按照消费者的要求予以说明。

经营者不得以格式条款、通知、声明、店堂告示等方式，作出排除或者限制消费者权利、减轻或者免除经营者责任、加重消费者责任等对消费者不公平、不合理的规定，不得利用格式条款并借助技术手段强制交易。

格式条款、通知、声明、店堂告示等含有前款所列内容的，其内容无效。

《民事诉讼法司法解释》

第三十一条 经营者使用格式条款与消费者订立管辖协议，未采取合理方式提请消费者注意，消费者主张管辖协议无效的，人民法院应予支持。

《民法典时间效力若干规定》

第九条　民法典施行前订立的合同，提供格式条款一方未履行提示或者说明义务，涉及格式条款效力认定的，适用民法典第四百九十六条的规定。

《九民纪要》

76.【告知说明义务】告知说明义务的履行是金融消费者能够真正了解各类高风险等级金融产品或者高风险等级投资活动的投资风险和收益的关键，人民法院应当根据产品、投资活动的风险和金融消费者的实际情况，综合理性人能够理解的客观标准和金融消费者能够理解的主观标准来确定卖方机构是否已经履行了告知说明义务。卖方机构简单地以金融消费者手写了诸如“本人明确知悉可能存在本金损失风险”等内容主张其已经履行了告知说明义务，不能提供其他相关证据的，人民法院对其抗辩理由不予支持。

最高人民法院关于印发《全国法院贯彻实施民法典工作会议纪要》的通知（法〔2021〕94号）

7. 提供格式条款的一方对格式条款中免除或者减轻其责任等与对方有重大利害关系的内容，在合同订立时采用足以引起对方注意的文字、符号、字体等特别标识，并按照对方的要求以常人能够理解的方式对该格式条款予以说明的，人民法院应当认定符合民法典第四百九十六条所称“采取合理的方式”。提供格式条款一方对已尽合理提示及说明义务承担举证责任。

专题三

合同的效力

第一节　合同签订时缺乏判断能力的认定

释义条文

《民法典合同编通则司法解释》

第十一条　当事人一方是自然人，根据该当事人的年龄、智力、知识、经验并结合交易的复杂程度，能够认定其对合同的性质、合同订立的法律后果或者交易中存在的特定风险缺乏应有的认知能力的，人民法院可以认定该情形构成民法典第一百五十一条规定的“缺乏判断能力”。

新旧变化

在我国法上，“缺乏判断能力”正式进入立法，成为显失公平民事法律行为的主观要件，始于《民法总则》。在此之前，《民法通则》第 59 条仅规定民事法律行为显失公平时，可由法院变更或撤销，但未明确显失公平的构成要件。对此，《民通意见》第 72 条做了补充，规定“一方当事人利用优势或者利用对方没有经验，致使双方的权利与义务明显违反公平、等价有偿原则的，可以认定为显失公平”，其中“利用优势或者利用对方没有经验”属于主观要件。《合同法》第 54 条第 1 款第 2 项为显示公平的认定增加了“订立合同时”的限定条件，但未对主观要件进一步细化。

在司法实践中，法院往往结合当事人的判断能力，考察“没有经验”的要件是否满足。[①]《民法总则》第151条吸收学理研究成果与司法实践经验，将“没有经验”修改为“缺乏判断能力”，作为显失公平的主观要件之一。[②]这一规定亦被《民法典》第151条继承。在《民法典》生效后，部分司法文件针对特定主体或情形中，“缺乏判断能力”的适用作了规定，如《关于充分发挥司法职能作用助力中小微企业发展的指导意见》（法发〔2022〕2号）第2条，《最高人民法院关于为促进消费提供司法服务和保障的意见》（法发〔2022〕35号）第12条，但均缺乏细化标准。在实践中，部分法院沿用《民通意见》第72条的规定，作为《民法总则》或《民法典》第151条的解释依据，[③] 也有部分法院认为“缺乏判断能力”与“没有经验”有所区别，但未明确区分标准。[④]

《民法典合同编通则司法解释》第11条首次对“缺乏判断能力”的认定标准作出规定。首先，本条仅适用于一方交易主体是自然人的情形，排除了法人间的商事交易，主要是考虑到法人（公司）在商事交易上，有相对成熟的治理结构和决策机制，而需要得到显失公平规则保护的，往往是消费者、劳动者、老年人、未成年人等经济上的弱势群体。[⑤] 其次，本条将“年龄、智力、知识、经验”四个要素作为衡量认知能力的参考标准，但必须与合同性质、合同订立的法律后果或交易的特定风险相结合。总体来说，本条设定的一般标准须在个案中具体化，在适用上亦存在一定不确定性，有必要结合学理和司法实践，通过类型化的案型总结进一步明晰适用标准。

---

① 参见上海市第一中级人民法院（2017）沪01民终921号民事判决书。

② 参见［德］卡尔·拉伦茨：《德国民法通论》（下册），王晓晔等译，法律出版社2003年版，第623页。判断能力作为主观构成要件之一，若要满足其主观要件，须满足以下两项要求：（1）受损害方处于危困状态或缺乏判断能力等不利情形；（2）有利方有意地利用该不利情形。

③ 参见宁波海事法院（2019）浙72民初1863号民事判决书。

④ 参见上海市第一中级人民法院（2018）沪01民终5496号民事判决书。

⑤ 梅仲协：《民法要义》，中国政法大学出版社1998年版，第120页。

规范解读

1. 适用范围

就显失公平规则的适用范围，《民法典》第 151 条并未区分交易主体，学理上多数意见认为，在民商合一的立法体例之下，商事合同也存在显失公平的适用情形，但通常合同双方实力均等，难以认定其中一方“缺乏判断能力”，因而合同显失公平的概率较小。[①] 对此，司法界存在不同观点，一是认为“法人与非法人组织”不得以显失公平为由撤销民事法律行为，理由是法律已经假定“公司、非法人组织”具备民事权利能力和民事行为能力，对于交易中的商业风险具备“判断能力”；[②] 二是认为商事主体也可以主张显失公平，但对于主观要件的认定应当采取严格标准。[③] 从司法实践来看，法院并未排斥商事主体主张显失公平以获得救济，但认定其缺乏判断能力的例证并不多。法院往往基于商事主体对系争交易的熟悉程度、内部治理结构（如法务、风控、财务等职能部门）的设置、相关工作人员的工作经验、商业决策过程的充分性等理由，认定商事主体具有判断能力。[④] 基于该问题的复杂性，司法实践尚未有足够的案型积累，《民法典合同编通则司法解释》第 11 条并未就商事主体欠缺判断能力的认定作出规定。本条规定的“当事人一方是自然人”，是指以显失公平为由主张撤销民事法律行为的当事人，也就是《民法典》第 151 条中的“对方”及“受损害方”。

《民法典合同编通则司法解释》第 11 条可适用于整个合同，亦可适用

---

① 参见曾大鹏：《论显失公平的构成要件与体系定位》，载《法学》2011 年第 3 期；朱庆育主编：《中国民法典评注 · 条文选注》（第 1 册），第 151 条（显失公平行为），贺剑，边码 9，中国民主法制出版社 2021 年版。

② 参见最高人民法院民法典贯彻实施工作领导小组编著：《中华人民共和国民法典总则编理解与适用》，人民法院出版社 2020 年版，第 749 页。

③ 最高人民法院民法典贯彻实施工作领导小组编：《中国民法典适用大全 · 总则卷（三）》，人民法院出版社 2022 年版，第 1325 页。

④ 参见最高人民法院（2016）最高法民申 1084 号民事裁定书；最高人民法院（2020）最高法民申 4426 号民事裁定书；朱庆育主编：《中国民法典评注 · 条文选注》（第 1 册），第 151 条（显失公平行为），贺剑，边码 9，中国民主法制出版社 2021 年版。

于合同部分条款，因构成显失公平而被撤销的情形，此时其他条款仍具有效力。①

针对涉及身份关系的合同，如涉及合同财产之交换关系的，原则上亦有显失公平规则适用的可能性。但对于此类协议判定应采用谨慎之态度，离婚财产的分配是基于家庭感情与经济的综合考虑之下的安排，不能仅以客观上的给付是否失衡作为唯一判定标准。②

2. "无判断能力"的含义

《民法总则》与《民法典》第151条在显失公平主观要件上，将《民通意见》第72条的"没有经验"修订为"缺乏判断能力"。从文义和比较法经验来看，二者存在区别，但对此应当结合历史、体系及规范目的等因素考察。

对《民通意见》第72条，主流观点结合文义，区分"利用优势"和"对方没有经验"，认为前者指"一方利用其经济上的优越地位，而使对方难以拒绝对其明显不利的条件"，后者指"欠缺一般的生活经验或交易经验，但不包括特殊经验"。③然而这种区分并不清晰，因此学说和司法实践逐渐认可，"利用优势"可以包含"利用对方没有经验"，二者并非并列关系。④ 在《民法总则》立法阶段，考虑到乘人之危与显示公平难以区分，立法机关最终决定与通行立法例保持一致，将二者合并。⑤ 因此在解释上，可参考域外暴利行为的相关规定。

在比较法层面，《德国民法典》第138条第2款规定："法律行为系利用他人急迫情形、无经验、欠缺判断能力，或明显意志薄弱，使其对自己或第

① Vgl. Werner Flume, Allgemeiner Teil des bürgerlichen Rechts, Bd. 2: Das Rechtsgeschäft, 4. Aufl, 1992, S. 562.

② 参见最高人民法院民事审判第一庭编著：《最高人民法院婚姻法司法解释（二）的理解与适用》，人民法院出版社2004年版，第82页。

③ 参见唐德华、高圣平：《民法通则及配套规定新释新解》（上），人民法院出版社2003年版，第929－930页。

④ 参见贺剑：《〈合同法〉第54条第1款第2项（显失公平制度）评注》，载《法学家》2017年第1期。

⑤ 参见黄薇主编：《中华人民共和国民法典总则编解读》，中国法制出版社2020年版，第494页。

三人为财产利益给付之承诺或其给付显失公平者，该法律行为无效。”据此，其主观要件须暴利行为人明知并利用相对人处于弱势状态，由此，“无经验”与“欠缺判断能力”属于弱势状况的典型情形。其中“无经验”指代“欠缺一般生活经验或商业事务上的经验”，[①] 而“欠缺判断能力”，则指代“无法以合理的动机指导自己行为或正确评估合同中给付或对待给付的法律效果”。[②]

我国学理和司法实践对《民通意见》第72条“没有经验”一般定义为“欠缺一般的生活经验或交易经验，但不包括特殊经验”，应当采纳了德国与我国台湾地区对“无经验”的定义。而《民法总则》或《民法典》规定的“缺乏判断能力”，立法机关与最高人民法院似也未形成一致见解，有观点主张直接沿用《民通意见》对“没有经验”的界定，[③] 但也有观点主张以“缺少基于理性考虑而实施民事法律行为的能力或缺乏对民事法律行为的后果予以评估的能力”为标准，[④] 即德国法上“缺少判断能力”的判断标准。对此，应当注意的是，德国法明确区分无经验和欠缺判断能力，主要依托《德国民法典》第138条第2款的表述。如果严格按照这一逻辑解释我国《民法典》第151条，那么《民通意见》第72条的“对方没有经验”，只能被解释为《民法典》第151条的“危困状态”和“缺乏判断能力”之外的“等情形”中，[⑤] 这会给法律解释与适用带来不确定性，也不利于将《民通意见》施行多年以来的司法经验有机整合。考虑到我国《民法典》第151条与各国立法例上暴利行为基本保持一致，因此在解释上亦应当按照结合比较法经验与规范目的理解，不宜过于拘泥文义。《民法典》第151条的“缺乏判断能力”，应当涵盖前述德国法暴利行为主观要件中“无经验”和

---

① BGH DB 1958, 1241; MüKoBGB/Armbrüster, 9. Aufl. 2021, BGB § 138 Rn. 274.

② Staudinger/Fischinger (2021) BGB § 138 Rn. 281.

③ 参见最高人民法院民法典贯彻实施工作领导小组编著：《中华人民共和国民法典总则编理解与适用》（下），人民法院出版社2020年版，第747页；内蒙古自治区高级人民法院（2020）内民申3782号民事裁定书。

④ 参见李适时：《中华人民共和国民法总则释义》，法律出版社2017年版，第474页；最高人民法院民法典贯彻实施工作领导小组编：《中国民法典适用大全·总则卷》（三），人民法院出版社2022年版，第1328页；山东省高级人民法院（2021）鲁民申655号民事裁定书。

⑤ 杨代雄主编：《袖珍民法典评注》，中国民主法制出版社2021年版，第116页。

"缺少判断能力"的情形，并依此为基础构建不同案型。[1]

3. 判断能力的审查要素

如前所述，将《民通意见》的"没有经验"统合进《民法典》显示公平制度的主观要件后，对"缺乏判断能力"的司法审查，核心在于当事人是否因主观原因，无法对系争合同给付与对待给付的得失利弊进行评估。就主观原因，《民法典合同编通则司法解释》第 11 条结合司法实践，提炼出"年龄、智力、知识、经验"四个典型要素；就系争合同的评估，本条细化规定了"合同性质、合同订立的法律后果、交易中存在的特定风险"三个维度。就此而言，在个案中考察当事人是否对系争合同缺乏"应有的认知能力"，应当注重不同要素与交易维度的关联，综合考察。

（1）年龄。

年龄与自然人的认知能力、身体状况息息相关，[2] 因此在比较法上往往是显失公平主观要件的首要考虑因素。[3] 在实践中较多用于涉及高龄者的案型。一般而言，如行为人过于年长，因身体状况下降缺乏判断能力的可能性就越大。较为典型的是金融机构的从业人员向老年人兜售风险较高，收益率较低的理财产品。[4]

尽管年轻人也可能因为涉世未深而在特定交易中缺乏判断能力，但这一情形似更适合结合"经验"要素审查。[5] 对此应当注意的是民事行为能力与判断能力的区分。前者是有效实施法律行为的能力，仅在一般意义上划定民事主体参与民事活动的门槛；[6] 后者仅指当事人针对某项具体法律行为进行

---

① 实际上，德国学者亦承认，实践中"无经验"和"缺乏判断能力"往往难以明确区分。Staudinger/Fischinger（2021）BGB § 138 Rn. 279.

② 在实践中，年龄标准往往会与身体状况结合考虑，参见北京市延庆区人民法院（2017）京0119 民初 8157 号民事判决书。

③ Melissa T. Longrass, Finding Room for Fairness in Formalism—The Sliding Scale Approach to Unconscionability, 44 Loy. U. Chi. L. J. 1（2012）, pp. 8－11；MüKoBGB/Armbrüster, 9. Aufl. 2021, BGB § 138 Rn. 275；［瑞］贝蒂娜·许莉蔓－高朴、耶尔格·施密特：《瑞士民法：基本原则与人法》，纪海龙译，中国政法大学出版社 2015 年版，第 209 页。

④ 参见黄薇主编：《中华人民共和国民法典释义》，法律出版社 2020 年版。

⑤ BeckOK BGB/Wendtland, 68. Ed. 1. 11. 2023, BGB § 138 Rn. 52.

⑥ 尽管行为能力包含理解和判断能力，但这与显示公平规则主观要件的判断能力并不一致。参见朱庆育：《民法总论》（第二版），北京大学出版社 2016 年版，第 240 页。

判断的能力，即正确地对其予以利弊衡量的能力。[①] 部分判决将二者混为一谈，主张完全行为能力等同于判断能力，并不准确。[②]

（2）智力。

智力对判断能力的影响存在两种情形：一是智力缺陷导致当事人成为限制民事行为能力人或无行为能力人，二是当事人智力上存在一定缺陷，但尚未达到无民事行为能力或限制行为能力的程度，典型为尚未丧失辨认能力的精神疾病。由显失公平制度规制的是后一种情形。[③]

当事人的智力水平，往往需要通过鉴定认定，其对于判断能力的影响，须结合交易的具体情形判断。如在“李某与钱某华不当得利纠纷案”中，法院认为当事人虽然属边缘智力，但只是在智力上与常人稍有差别，具有完全民事行为能力。[④] 在“张某英与周某平、虞某国合同纠纷案”中，当事人经过韦氏智力测验，智商明显低于普通人，但仍然具有完全行为能力。[⑤]

（3）知识。

从广义来看，“知识”可能指代一般人的生活常识，或特定领域的专业知识。从比较法经验来看，一般将“教育程度低”作为缺乏判断能力的典型情形，而对于某一领域的特定知识，则纳入“无经验”的范畴考量。[⑥] 采取这一解释路径，将本条的“知识”限定为教育程度，有助于与“经验”区分，在法律适用上更加清晰。

在我国司法实践中，对教育程度的判断一般以学历为标准。原则上，当事人学历较高可证明其具有相当的文字识别能力与社会判断能力，[⑦] 即使对于较为陌生的领域，也应当有相应的信息获取和辨识能力，[⑧] 可以在一定程度上证明其对交易的判断能力。

---

① 参见杨代雄：《民法总论》，北京大学出版社2022年版，第405页。

② 参见新疆维吾尔自治区高级人民法院（2015）新民申字第364号民事裁定书。明确区分行为能力和判断能力的判决，参见最高人民法院（2020）民申字第1231号民事裁定书。

③ ［德］迪特尔·施瓦布：《民法导论》，郑冲译，法律出版社2006年版，第480页。

④ 参见安徽省合肥市中级人民法院（2014）合民一终字第02166号民事判决书。

⑤ 参见杭州市余杭区人民法院（2019）浙0110民初8768号民事判决书。

⑥ MüKoBGB/Armbrüster, 9. Aufl. 2021, BGB § 138 Rn. 275.

⑦ 参见四川省成都市中级人民法院（2019）川01民终1119号民事判决书。

⑧ 参见浙江省高级人民法院（2016）浙民申1941号民事裁定书。

（4）经验。

在显失公平的主观要件认定上，“经验”指代一般生活经验与交易经验。[①] 传统理论认为，缺乏针对特定生活或经济领域的专门经验，不应纳入显失公平规则的保护范围。经典例证是，某人一般负责办公品的采购，但因缺乏袜子市场的采购经验而支付了过高价格，无法构成显失公平意义上的“无经验”，因为没有对市场进行调查，应当自担风险。[②] 然而，瑞士最高法院却放宽了这一标准，认为无论普通人或专业人士，如果缺乏系争合同所涉及的特殊经验时，都可以适用显失公平规则。[③] 德国尽管也有少数观点赞成，[④] 但通说仍然维持了传统观点。

我国学理的多数观点与德国通说采同一立场，[⑤] 这也对司法实践产生了直接影响。如在“陈某等与北京贝迪堡管理咨询有限公司等合同纠纷案”中，一审法院明确指出，“无经验、缺乏判断能力”并非针对所签订合同所需的具体知识，而是欠缺一般的生活经验及或者交易经验，二审法院亦采取同样标准。[⑥] 然而，在“计某林与梅兰化工集团有限公司股权转让纠纷案”中，当事人一方不是矿产生产方面的企业，不具备矿产开采方面的专业技术知识，但并未委托权威机构考察，而直接基于对方提出的评价报告缔结合同，法院认为构成显失公平。[⑦]

问题的核心在于显失公平规则的适用范围是否应当严格限定，进而言之，如采取瑞士法的宽泛标准，是否会对交易安全造成消极影响。从德国法的实践案型来看，“无经验”的情形更多适用于与外界脱节，缺乏当代社会

---

① MüKoBGB/Armbrüster, 9. Aufl. 2021, BGB § 138 Rn. 274.

② BGH BB 1966, 226.

③ 参见吴从周：《论暴利行为》，载《台大法学论丛》第47卷第2期。

④ ［德］迪特尔·施瓦布：《民法导论》，郑冲译，法律出版社2006年版，第480页。

⑤ 参见蔡睿：《显失公平的动态体系论》，载《法治社会》2021年第6期；朱庆育主编：《中国民法典评注·条文选注》（第1册），第151条（显失公平行为），贺剑，边码30，中国民主法制出版社2021年版。

⑥ 参见北京市朝阳区人民法院（2020）京0105民初6788号民事判决书，北京市第三中级人民法院（2021）京03民终15581号民事判决书。

⑦ 参见河北省高级人民法院（2015）冀民二终字第55号民事判决书。

一般生活和交易经验的老年人、外来人，或初入社会的年轻人。[①] 考虑到当代社会分工的精细化，自然不能苛求每个人在特定领域均有经验，但作为一般的市场主体，在从事交易时应当谨慎。以当代的信息发展水平，通过互联网等搜集相应信息并非难事。如过度放宽“无经验”的认定标准，可能会诱发当事人的机会主义行为，事前对交易不进行审慎研究或咨询专业意见，事后以无经验为理由主张撤销合同。因此，现阶段宜将“经验”做狭义界定。

4. 系争合同的审查维度

当事人判断能力的缺乏须直接影响其对交易利弊的权衡，包括无法正确评估给付与对待给付以及交易的经济后果，尤其是交易的情形、合同内容与后果，以及由此产生的利弊。[②] 据此，《民法典合同编通则司法解释》第 11 条将交易的认定标准细化为合同性质、合同订立的法律后果或交易的特定风险三个维度。

（1）合同的性质。

考察合同性质对判断能力的影响，应当区分民事合同、消费者合同和商事合同。有学者结合我国司法实践，认为在普通民事合同中适用一般生活经验或交易经验；消费者合同领域中，在个案中可放宽对消费者缺乏判断力等标准，以消费者缺乏专业复杂知识认定为缺乏经验；在商事领域下，需考虑商业合同高收益高风险的特性，原则上不允许将特定行业领域经验作为缺乏判断力的认定标准为防破坏交易安全，但也需慎重考量当事人是否欠缺一般经验。[③] 这一思路值得司法实践参考。

（2）合同订立的法律后果。

对于“法律后果”，除当事人之间的给付义务与对待给付义务之外，还应当考虑合同的经济后果。这点往往需要结合显失公平规则的客观要件理解。应当注意的是，当事人因法律知识的匮乏而误判交易的法律后果，原则

---

① MüKoBGB/Armbrüster, 9. Aufl. 2021, BGB § 138 Rn. 274; Staudinger/Fischinger (2021) BGB § 138 Rn. 279; BeckOK BGB/Wendtland, 68. Ed. 1. 11. 2023, BGB § 138 Rn. 52.

② Staudinger/Fischinger (2021) BGB § 138 Rn. 282.

③ 参见武滕：《显失公平规定的解释论构造——基于相关裁判经验的实证考察》，载《法学》2018 年第 1 期。

上不应当作为“缺乏判断能力”,[①] 但如果是因移民等理由，对整体法律环境缺乏了解，有可能被认为“无经验”。[②]

（3）交易中存在的特定风险。

显失公平制度的规范目的并不在于消除交易的风险，因此本条所谓的“特定风险”，首先，应当排除正常的商业风险。其次，结合系争合同所处的商业环境与市场条件，根据交易对象、时间、地点等要素综合考察其特殊风险，尤其是对于新兴行业领域的无名合同，须结合产业结构和商业模式，对所涉及的风险进行甄别。如主播行业中“转会条款”的风险，就需要结合该行业的商业模式，同行从业者的相关条款以及市场的整体环境来判定。[③]

适用难点

1. 综合各项要素对判断能力进行认定

《民法典合同编通则司法解释》第 11 条以“年龄、智力、知识、经验”作为判断能力的审查要素，在适用上应当避免仅凭单一要素径行认定当事人是否缺乏判断能力。

年龄因素在个案中往往只能作为判断能力的初步标准。首先，不能仅依据当事人年龄直接判定其缺乏判断能力，如在“庄某兰、蔡某汉合同纠纷案”中，一审法院直接以当事人 91 岁为由，认定其不了解合同内容陷入错误认识，二审法院则予以纠正，认为在订立合同时，该当事人有正常的认知能力，基于自主自愿签订合同。[④] 其次，对高龄人士的判断能力，可以结合健康状况、交易对象等交易的特性与当事人的实际情况综合认定。如在“王某珍与宋某确认合同效力纠纷案”中，二审法院认定当事人缺乏判断能

① MüKoBGB/Armbrüster, 9. Aufl. 2021, BGB § 138 Rn. 274.

② 郑冠宇：《民法总则》，台北，新学林出版有限公司 2023 年版，第 362－363 页。

③ 参见广东省广州市番禺区人民法院（2020）粤 0113 民初 14938 号民事判决书，上海市第一中级人民法院（2018）沪 01 民终 5496 号民事判决书。

④ 参见河南省郑州市中级人民法院（2017）豫 01 民初 5353 号民事判决书，河南省高级人民法院（2018）豫民终 1381 号民事判决书。

力的依据是其签约时已处高龄多年，对房屋交易特别是涉及具体履行义务及其对价判断，不仅远逊于专业交易人员，精力、判断识别能力也明显弱于普通人。① 而在“范某英与无锡大众易房房地产经纪有限公司、吴燕萍等房屋买卖合同纠纷案”中，二审法院认为尽管年龄大、买房心切，其患有抑郁症和眼疾，但并不会导致其买房行为的认知障碍。②

年龄之外的三个要素均需要在个案中进行审查。智力要素重点审核智力障碍因素是否影响当事人对系争交易的权衡能力，须通过鉴定确定。知识因素以学历水平为标准，但在司法实践中，主要用以证明当事人具有相应的教育经历，而具备一般社会常识和相应的判断能力，但并不能以当事人学历较低而认定其缺乏判断能力。司法实践中，部分当事人主张自己学历较低，缺乏判断能力，但极少得到法院支持。③

如前所述，经验要素指代一般生活经验与市场交易经验。如当事人缺乏涉及特定领域的专门经验，原则上不应认定为“缺乏判断能力”，因为在陌生领域的交易，当事人应当有一定的注意义务。而在交易对方隐瞒交易相关的重要信息或故意告知虚假信息的情况下，当事人亦可通过缔约过失责任或主张对方欺诈，得到救济。在我国司法实践中，尽管部分判决提及当事人在某一领域的特别交易经验或从业经历，但主要用以佐证当事人具备充分判断能力。④

2. 本条未列举的“缺乏判断能力”情形

在比较法上，显失公平规则的主观要件还包括“明显意志薄弱”，即当事人因酒精、药物、游戏成瘾等，处于意志薄弱状态，在行为时难以认识到行为的不利后果。结合显失公平制度的规范目的，该情形亦可纳入《民法典合同编通则司法解释》第 11 条。

3. 本条能否适用于涉及身份关系的合同

在理论上，涉及财产关系的混合型身份协议也有适用显失公平规则的空

---

① 参见上海市第一中级人民法院（2017）沪 01 民终 921 号民事判决书。

② 参见江苏省无锡市中级人民法院（2021）苏 02 民终 1747 号民事判决书。

③ 参见江苏省蒙阴县人民法院（2022）鲁 1328 民初 704 号民事判决书。

④ 参见最高人民法院（2007）民三监字第 18－1 号民事裁定书，最高人民法院（2013）民申字第 1951 号民事裁定书。

间，但由于涉及感情和亲情因素，就判断能力的审查，应当更为审慎。在我国司法实践中，已有法院注意到混合协议这一特点，并认为“包含亲情因素的家庭成员内部交易行为，交易价格有别于一般市场价格不宜认定为有悖等价有偿，显失公平。”① 但在这类协议中，究竟应当采取何种标准，目前的司法实践尚未有明确界定。而在比较法层面，诸如离婚协议中涉及财产给付的承诺，如何认定当事人行为时的判断能力，也没有明确结论。②

类案指引

1. 家园公司诉森得瑞公司合同纠纷案 ③

裁判要旨： 当事人在合同中似乎处于优势地位，但随着合同的订立、履行，优势地位也会不复存在。弱势的一方也可能具有丰富的行业经验，对合同的订立具有正确的判断力。

法院认为： 本案的争议焦点在于，家园公司与森得瑞公司之间签订的协议中，设定的竞业禁止和保守商业秘密条款对家园公司是否显失公平。一是考察合同对一方当事人是否明显不公平。二是要考察合同订立中一方是否故意利用其优势或者对方轻率、没有经验。森得瑞公司在签约时似乎占有一定的优势，但家园公司签订合同时并非处于急迫的情形，其作为专业从事房地产中介业务的公司也不存在没有行业经验的问题。该合同属于格式文本，但对于合同条款中的有关词语，包括竞业禁止条款中的“关系人”“关联企业”的含义，合同均作有明确的释义。在订立合同之时，家园公司对此内容是明知的，基于双方当事人意思自治的原则，该合同一旦成立，即应对双方当事人产生法律约束力。合同订立中一方在签约时似乎占据优势地位，但随着合同的订立、履行，森得瑞公司所谓的优势地位可不复存在，合同双方实际上处于平等的地位。

① 参见上海市徐汇区人民法院（2015）徐民四（民）初字第2133号民事判决书。

② 参见吴从周：《论暴利行为》，载《台大法学论丛》第47卷第2期。

③ 参见《最高人民法院公报》2007年第2期（总第124期）。

2. 李某平、李某辉股权转让纠纷案①

裁判要旨：判断能力不同于行为能力，在特定行业领域缺乏行业经验可被认定为缺乏判断能力。

法院认为：李某在其父亲被羁押后，定期参加公司股东会和重大事宜决策会议，行使其父亲股东权益，不参与项目具体事项处理，不涉及重大决策的相关事项，并没有深入了解公司的情况，仅参加重大事宜决策会议，对伟业公司的具体管理、运营等均无具体参与。其缺少对企业管理经营经验，且参与伟业公司管理时间短，对伟业公司的基本情况未全面摸清。法院认定李某缺乏对伟业公司股权正确估值的判断能力。且完全民事行为能力和完整的判断能力，与李某是否具备持有伟业公司股权正确估值的判断能力，是两个不同的概念。

3. 吉林鑫城房地产综合开发有限责任公司（以下简称鑫城公司）与汤某鹏房屋买卖合同纠纷案②

裁判要旨：认定合同是否构成显失公平时，应采用主观要件和客观要件相结合。是否显失公平不能仅以是否低于市场价格衡量，主观层面应综合考量行业经验等要素。

法院认为：案涉商品房买卖合同的签订是基于以房抵债，在鑫城公司无力还债后，鑫城公司为尽快清偿债务而与汤某鹏签订案涉商品房买卖合同，是经双方协商一致同时进行利益衡量后的结果，房屋抵账价格是否显失公平不能仅以是否低于市场价格衡量，并且鑫城公司作为开发企业，具备市场销售经验，其又无证据证明在签订合同当时汤某鹏利用了其优势地位或者受到了胁迫等情形。认定合同是否构成显失公平时，应采用主观要件和客观要件相结合。鑫城公司作为独立的商事主体，与自然人汤某鹏相比，并不明显处于劣势地位，且鑫城公司并无相关证据证明其与汤某鹏签订《商品房买卖合同》，系因受汤某鹏欺诈、胁迫，而

---

① 参见最高人民法院（2020）民申字第1231号民事裁定书。

② 参见最高人民法院（2018）最高法民申1774号民事裁定书，载《最高人民法院公报》2020年第3期。

在违背其真实意思的情况下作出，虽然案涉7套房屋的评估价值高于抵债价格，但也不宜认定《商品房买卖合同》显失公平。

4. 祝某民、王某壮股权转让纠纷案①

裁判要旨：投资交易过程中具有较高风险，理性投资人已委托专业机构做调查分析，并促成交易，不归属缺乏判断能力情形，为正常经营决策。

法院认为：本案中，案涉股权转让价款涉及1.5亿元，作为理性投资经营者，当事人应当对标的公司及相应行业进行充分的了解，并且作出理性的选择。从案涉《股权转让协议书》的签订过程来看，其已经对标的公司进行了充分的背景调查及资料分析，亦聘请专业的机构进行了调查分析，甚至提前派驻人员担任标的公司顾问，故其在此基础上作出签订案涉协议的商业选择，并非缺乏判断能力而签订该协议。因此，祝某民等人主张其缺乏经验甚至处于危困状态，从而导致双方利益存在严重失衡，显然不能成立。对于标的公司的经营状态及价值考量，无证据证明标的公司在股权转让前后具有重大的价值减损，相关专利亦是在股权转让后由受让方申请被确认无效或不可实施。因此，案涉股权转让属于正常的商业经营决策，祝某民等人应当承担相应的商业风险。

相关条文

《民法典》

第一百五十一条　一方利用对方处于危困状态、缺乏判断能力等情形，致使民事法律行为成立时显失公平的，受损害方有权请求人民法院或者仲裁机构予以撤销。

第一百五十二条　有下列情形之一的，撤销权消灭：

（一）当事人自知道或者应当知道撤销事由之日起一年内、重大误解的当事人自知道或者应当知道撤销事由之日起九十日内没有行使撤销权；

（二）当事人受胁迫，自胁迫行为终止之日起一年内没有行使撤销权；

---

① 参见最高人民法院（2020）最高法民申4426号民事裁定书。

（三）当事人知道撤销事由后明确表示或者以自己的行为表明放弃撤销权。

当事人自民事法律行为发生之日起五年内没有行使撤销权的，撤销权消灭。

第二节　合同效力与审批或备案的关系

一、批准生效合同的法律适用

释义条文

《民法典合同编通则司法解释》

第十二条　合同依法成立后，负有报批义务的当事人不履行报批义务或者履行报批义务不符合合同的约定或者法律、行政法规的规定，对方请求其继续履行报批义务的，人民法院应予支持；对方主张解除合同并请求其承担违反报批义务的赔偿责任的，人民法院应予支持。

人民法院判决当事人一方履行报批义务后，其仍不履行，对方主张解除合同并参照违反合同的违约责任请求其承担赔偿责任的，人民法院应予支持。

合同获得批准前，当事人一方起诉请求对方履行合同约定的主要义务，经释明后拒绝变更诉讼请求的，人民法院应当判决驳回其诉讼请求，但是不影响其另行提起诉讼。

负有报批义务的当事人已经办理申请批准等手续或者已经履行生效判决确定的报批义务，批准机关决定不予批准，对方请求其承担赔偿责任的，人民法院不予支持。但是，因迟延履行报批义务等可归责于当事人的原因导致合同未获批准，对方请求赔偿因此受到的损失的，人民法院应当依据民法典第一百五十七条的规定处理。

新旧变化

《合同法》第 44 条规定："依法成立的合同，自成立时生效。法律、行政法规规定应当办理批准、登记等手续生效的，依照其规定。"其中，隐含的意思是未经批准、登记的合同为未生效合同。在区分债权和物权、负担行为和处分行为的基础上，“登记”不再影响合同的效力，故《民法典》第502条在承袭《合同法》第44条的规定的基础上，删除了“登记”，登记不再是影响合同生效的因素。《合同法司法解释（一）》第一次从规范层面规定了未生效合同。该解释第9条规定，“依照合同法第四十四条第二款的规定，法律、行政法规规定合同应当办理批准手续，或者办理批准、登记等手续才生效，在一审法庭辩论终结前当事人仍未办理批准手续的，或者仍未办理批准、登记等手续的，人民法院应当认定该合同未生效”。但鉴于该解释未规定未生效合同的具体效力，也未构建未生效合同向有效合同转化的机制，实践中，人民法院常常将未生效合同按照无效合同处理，模糊了二者之间的法律效力的界限。为解决实践中出现的问题，《合同法司法解释（二）》第8条规定，未经批准才能生效的合同，办理批准手续属于《合同法》第42条第3项规定的“其他违背诚实信用原则的行为”，人民法院可以根据案件的具体情况和相对人的请求，判决相对人自行办理报批手续，由怠于履行报批义务的当事人承担相关费用及损失。然而，多数情况下，办理报批手续并非相对人能够自行完成，尚需要报批义务人的配合。因而，该规定实际上很难实际履行，判决相对人自行办理报批手续面临不能执行的尴尬境地。《外商投资企业纠纷司法解释》第1条规定报批条款及相关条款独立生效，并在第5条、第6条规定了违反报批义务应当承担的法律后果，相对人可以要求报批义务人实际履行报批义务或选择解除合同、赔偿损失，从而建构起了对未生效合同效力的较为成熟的体系。此后，最高人民法院出台的《矿业权纠纷司法解释》《九民纪要》均未跳出《外商投资企业纠纷司法解释》建构的理论框架，对报批义务的性质、违反报批义务的责任性质的认识也几乎无变化。《九民纪要》第38条将报批义务条款及相关条款的独立生效规则从限定类型的外商投资企业合同案件、矿业权转让案件推向全部案件。《民法典合同编通则司法解释》相较《九民纪要》最主要的变化在于，在人民法院判决一方履行报批义务后，该当事人不履行的情况下，《九民纪要》规定的是“对方请求其承担合同违约责任的，人民法院依法予以支持”，而本解释规定的是“对方主张解除合同并参照违反合同的违约责任请求其承担赔偿责任的，人民法院应予支持”。

规范解读

1. 批准生效合同未经批准时的效力状态

传统民法理论认为，法律行为的生效要件可以区分为一般生效要件和特别生效要件，其中，“一般生效要件皆为法定，而特别生效要件则有法定或意定两种情形”。[①] 批准生效合同即以批准作为生效要件。而对生效的认识，可以通过其与成立的比较来实现。我国民事立法自合同法开始就对合同成立和合同生效作出了明确区分。合同成立是当事人意志的体现，与之对应的是对个人私益的追求；而生效是国家意志的体现，是为了维护社会公共利益。一般的合同，成立即生效；而批准生效合同，则须获得审批机关的批准方可生效，以防当事人的意思自治侵犯到社会公共利益。那么，在“批准”这一生效条件成就前，合同的效力状态如何？对此，学说上有无效说、有效说、效力待定说和未生效说。无效说认为，当事人未办理报批手续违反了法律、行政法规的强制性规定，故应认定无效。但鉴于该类合同获得批准后即可生效，故将其认定为无效明显扩大了无效合同的范围，增加了交易成本，也造成了信用危机，并不可取。随着合同效力体系的不断发展完善，对于合同无效的认定越来越严格，这种学说也逐渐被抛弃。有效说则主张将行政审批与合同效力解绑，认为行政审批影响的是合同的履行，而非合同的效力，并比照附条件合同和附期限合同，认为批准生效合同的长成逻辑应解读为“成立—有效—未生效—生效”。[②] 然而，这种学说未看到批准生效合同与附条件、附期限合同之间的差异，也忽略了实践中行政审批系于基础行为和履行行为的情况都可能存在，故并不能精确地描述批准生效合同批准前的效力状态。[③] 效力待定说则认为批准生效合同与效力待定合同相似，在合同成立时并不能即时生效，需要在得到某种形式的补强（追认、审批）之后才生

---

① 黄茂荣：《债法总论》（第1册），中国政法大学出版社2003年版，第93页。

② 参见蔡立东：《行政审批与权利转让合同的效力》，载《中国法学》2013年第1期。

③ 参见汤文平：《批准生效合同报批义务之违反、请求权方法与评价法学》，载《法学研究》2014年第1期。

效，因而将其归类为效力待定合同较为妥当。[①] 但是，传统上，我国立法规定的效力待定合同都是与主体资格的欠缺有关，不宜轻易打破这一分类规则。未生效说认为，审批规范主要是管理性的强制规范，内容具体表现为要求合同当事人去积极申请报批，违反此种管理性的强制规范，不一定直接导致合同无效，只要当事人能够依法申请审批，合同仍可能会因完全满足法律规定而生效，因此未审批合同的效力状态应为未生效。[②] 未生效说将合同成立与合同生效相区分，合同符合一般生效要件但尚不具备报批登记的特殊要件时，即是合同未生效的适用空间。当前的立法和司法解释采纳了未生效说的观点。

从司法实践来看，在《合同法司法解释（一）》出台前，司法实践中对该类合同大多认定无效。在《合同法司法解释（一）》出台后，虽然大部分法院认定该类合同未生效，但在结果上却仍然按照无效合同处理，未能很好地认识未生效合同的效力。依传统民法理论，与合同的成立和生效相对应，合同的效力有形式拘束力与实质效力之分。合同的形式拘束力源于合同的成立，是指当事人不能任意撤销、变更甚至解除合同的效力。合同的实质效力则是指基于合同本身而在当事人间发生的权利义务关系，在合同生效后方能发生。批准生效合同在获得批准前已经成立，因而具有形式拘束力，当事人不得擅自变更或者解除合同。但因其不具有实质效力，故当事人不得直接请求另一方履行合同义务或者承担合同约定的违约责任。同时，批准生效合同可以通过办理批准手续补正其效力，由未生效转为确定生效。但未生效仅是合同效力的中间状态，只有对合同有效或无效进行明确判断后才能解决当事人之间的纠纷，故当事人不能仅诉请确认合同未生效，人民法院也不能在判项中认定合同未生效。

2. 关于报批义务及相关条款应否独立生效

未生效合同具有形式拘束力，但该种形式拘束力一般仅产生消极不作为的义务，并不能对当事人课以积极地补正特别生效要件的义务，如此得出的

---

① 参见杨永清：《批准生效合同若干问题探讨》，载《中国法学》2013年第6期。

② 王利明：《合同法新问题研究》，中国社会科学出版社2011年版，第132页。

结论似乎是：合同未生效，报批义务条款为合同的一部分自然也未生效。从缔约目的出发，当事人约定报批义务条款，自然是希望使双方受此条款的拘束，履行报批义务促使合同生效。如报批义务被认为应在合同生效后才生效，报批义务对生效后的合同毫无意义，因此则相当于并未约定此条款。这样的结论显然不符合当事人的缔约目的。就审批对象而言，报批义务条款并不具体确定双方当事人的权利义务，本身并不需要审批。如果认为报批义务条款也须在批准后生效，则会导致报批与批准互为前提，陷入逻辑困境。实践中因审批而导致的合同纠纷，症结往往在于当事人不去报批而不是行政机关不批准。如果否定报批义务在批准前已经独立生效，不诚信的当事人将利用合同未生效的状态来逃避合同责任，在报批对己方不利时就不去报批，对方当事人因此遭受巨大损失，显然是不妥当的。从报批义务条款本身的性质而言，其仅具有程序性意义，目的在于促成合同生效，因而与合同中的争议解决条款一样应独立于合同的权利义务条款。同时，当事人对报批期限以及相对人的协助义务等约定都是与报批义务相关的条款，也具有效力上的独立性，不受整个合同未生效的影响。因此，《民法典》第 502 条第 2 款中明确规定："未办理批准等手续影响合同生效的，不影响合同中履行报批等义务条款以及相关条款的效力。"

实际上，关于报批义务的发生不以合同生效为前提的观点，早已获得司法实践的认可，例如在"新丰荣私人有限公司等与南宁百利物业开发有限公司股权转让纠纷案"① 中，一审法院认为："根据《中华人民共和国合同法》第八条、《中华人民共和国外资企业法实施细则》第二十二条的规定，自合同成立时百利物业公司有义务向审批机关、工商行政管理部门申报和办理批准、变更登记手续。此义务并不以股权转让合同生效为前提，否则将有违上述条款的立法本意，也与《中华人民共和国民法通则》第四条规定的诚实信用原则相悖，同时不利于保障交易安全。"二审法院对此亦持相同看法。

---

① 参见广西壮族自治区南宁市中级人民法院（2006）南市民三初字第 20 号民事判决书和广西壮族自治区高级人民法院（2006）桂民四终字第 12 号民事判决书。

3. 报批义务能否强制执行

既然报批义务及相关条款独立生效，不受合同未经批准的影响，那么相对方当然有权诉请继续履行，以便促进合同生效。实践中，在合同获得审批前，当事人往往已经投入了大量的时间和物质成本，如因报批义务不履行导致合同不能生效，会对当事人权益造成损害。因此，为保护相对方的信赖利益，应当允许相对方诉请另一方当事人履行报批义务。有观点认为，承认报批义务可强制履行，会损害到义务人的行为自由。然而，报批义务产生于合同已成立未生效阶段，并未影响当事人的缔约自由。在当事人未履行其应当承担的报批义务的情况下，相对方完全可以诉请法院强制债务人作出某种行为，债务人的行为（包括作为和不作为）作为执行标的，并不会贬损其人格权。

4. 未生效合同能否解除

批准生效合同在最终未能获得批准的情况下，应当通过哪种制度使当事人之间的权利义务归于消灭？根据现行法定的合同消灭制度，合同可以基于清偿、撤销、无效、解除任一方式退出舞台。如果通过确认合同无效解决，则不利于将未生效合同与无效合同区分，而未生效合同也不存在清偿的可能，撤销则一般仅针对已经生效的合同而言，故解除是使未生效合同的权利义务归于消灭的适当选择。但司法实践中，对于未生效合同能否解除素有争议。如在“赵某嘉与诸某瑞、许某芬股权转让纠纷案”① 中，法院认为未生效合同不存在解除之说。在“阳某录、阳某喜与六都寨灌区管理局合同纠纷案”② 中，法院认为关于未生效合同可否解除的问题，应结合当事人的意志和合同履行的可能性来确定。在《九民纪要》出台后，司法实践对于未生效合同可以解除形成了较为一致的观点。实际上，最高人民法院在《关于审理涉及国有土地使用权合同纠纷案件适用法律问题的解释》中即已表明立场，第4条明确规定：“土地使用权出让合同的出让方因未办理土地使用权出让批准手续而不能交付土地，受让方请求解除合同的，应予支持。”

---

① 参见广东省深圳市宝安区人民法院（2010）深宝法民二初字第930号民事判决书。

② 参见湖南省邵阳市中级人民法院（2009）邵中民二终字第30号民事判决书。

《民法典合同编通则司法解释》也采纳了未生效合同可以解除的观点。

5. 违反报批义务的救济

如前所述，报批义务可以诉请实际履行，在合同最终未经批准的情况下，当事人也可以通过解除合同使双方之间的权利义务归于消灭。《民法典合同编通则司法解释》具体规定了四种情形下义务人的责任和相对方的救济方式。

第一，未经生效判决，义务人不履行或不全面履行报批义务。有义务人不履行报批义务或者履行报批义务不符合合同的约定或者法律、行政法规规定的情形下，相对方首先可以请求负有义务的一方继续履行报批义务。此外，相对方也可以选择解除合同，并请求义务人赔偿因违反报批义务造成的损失。在当事人专门对违反报批义务约定违约责任的情况下，非义务方可以根据该约定要求义务方承担违反报批义务的违约责任。若当事人对违反报批义务未专门约定违约责任，则当事人要求赔偿的损失范围应限于违反报批义务而造成的损失。此处的"损失"乃信赖利益损失，此处的责任是缔约过失责任。[①]

由于未经批准合同处于未生效状态，不具有履行效力，故在当事人一方起诉请求对方履行合同约定的主要义务的情况下，人民法院应当进行释明，告知当事人变更诉请，经释明拒绝变更诉讼请求的，人民法院应当驳回诉讼请求，但是不影响其另行提起诉讼。此处的释明即是对效力状态的释明。在当事人对合同的效力状态与人民法院的认定不一致的情况下，人民法院应当主动行使释明权，以便一次性解决当事人之间的纠纷。但在当事人拒绝变更诉讼请求的情况下，基于不告不理原则，宜驳回其诉请，但不影响其另行起诉。

第二，义务人拒不履行生效判决确定的报批义务。此时，相对方可以请求解除合同，并请求义务人承担赔偿责任。而此处的赔偿责任应当参照违反合同的违约责任认定。实际上，对于违反报批义务的救济，《民法典合同编通则司法解释》采取了两次诉讼的构造模式：第一次诉讼请求实际履行报

① 参见万鄂湘主编：《〈最高人民法院关于审理外商投资企业纠纷案件若干问题的规定（一）〉条文理解与适用》，中国法制出版社2011年版，第76、88页。

批义务，第二次诉讼请求解除合同并赔偿损失。在第二次诉请解除合同并赔偿损失时，可以参照适用《民法典》有关附条件合同中“当事人为自己的利益不正当地阻止条件成就的，视为条件已成就”的规定，认为合同所附的法定条件因报批义务人不正当地阻止条件成就而拟制成就，从而使另一方享有参照违约责任请求赔偿损失的权利。因为，在合同成立的情况下，当事人享有履行利益的期待权。因义务人恶意不办理相关手续导致相对人的期待履行利益落空的情况下，其应当获得相应赔偿。

第三，非因可归责于报批义务人的原因合同未获批准。此时，报批义务人对于合同未获批准并无过错，仅系因为批准机关不批准所导致，则义务人无须承担赔偿责任。

第四，报批义务人履行迟延或履行瑕疵导致批准机关未批准。如果因为报批义务人履行迟延，导致本可以获得批准的事项因政策变化而未批准的，报批义务人仍应承担赔偿责任。相关责任按照《民法典》第157条关于民事法律行为无效、被撤销或者确定不发生效力的法律后果认定。

6. 违反报批义务的责任性质

当事人可以在合同中明确约定报批义务，即使没有约定，因为法律、行政法规规定这类合同必须经过批准才能生效，报批义务也是当事人必须履行的法定义务。如前所述，履行报批义务这一行为本身并不涉及任何实体利益的变动，也与合同类型的确定无关，因而其不属于主给付义务，存在的目的在于促进合同生效，性质上与先合同义务或附随义务类似。但权利人可单独诉请义务人履行报批义务，又使其有别于其他不能独立诉请的先合同义务、附随义务，而与从给付义务接近。换言之，报批义务具有双重属性：它既是整个合同发生效力的先合同义务，也是合同在生效前，法律或当事人为使合同发生法律效力而规定或约定的合同义务。[①]

当然，如果执着于追求概念体系的完美，恐怕很难精确地将报批义务与传统大陆法系民法中的先合同义务、从给付义务等一一对应。但对报批义务双重属性的认识，有助于进一步分析违反报批义务的责任性质。

---

① 吴光荣：《行政审批对合同效力的影响》，载《法学家》2013年第1期。

《合同法司法解释（二）》第 8 条将当事人怠于履行报批义务的行为认定为属于《合同法》第 42 条第 3 项规定的“其他违背诚实信用原则的行为”，而该条是有关缔约过失责任的规定。《九民纪要》则在考虑合同是否约定违反报批义务的责任、违反报批义务的具体情形等因素的基础上，规定了违反报批义务的专门违约责任和特定情形下违反报批义务的合同违约责任。但对于义务人违反报批义务但合同中并无违反报批义务的专门违约责任约定的情况下，义务人应当如何承担责任，未作明确规定。《民法典合同编通则司法解释》的规定实际上是以缔约过失责任为基础建构了违反报批义务的责任框架。首先，报批义务人履行迟延或履行瑕疵导致批准机关未批准时依据《民法典》第 157 条进行责任认定，已经表明该责任为缔约过失责任。[①] 其次，在规定不履行法院生效判决确定的报批义务的责任时，也系“参照”违反合同的违约责任认定赔偿责任额。因此，即便在此种情况下，产生的也不是真正的违约责任，而是参考附条件生效合同，义务人拒绝履行报批义务就是不当地阻碍条件成就，应拟制为条件成就来承担责任。而在直接请求解除合同的场合，报批义务人所承担的责任视合同是否专门针对报批义务约定独立的违约责任而有所不同：专门针对报批义务约定违约责任的，根据报批义务及相关条款独立生效的法理，此种违约责任独立生效，当事人在解除合同的同时，可以基于约定请求报批义务人承担违约责任。但这种专门违约责任显然有别于合同整体的违约责任。反之，合同未专门针对报批义务约定违约责任的，此时当事人一般只能请求报批义务人承担缔约过失责任。[②]

适用难点

1. 影响合同生效的批准条款的识别

我国当前的法律、行政法规中存在较多类型的批准条款，有的批准条款

---

① 《九民纪要》第 32 条明确“合同不成立、无效或者被撤销情况下，当事人所承担的缔约过失责任不应超过合同履行利益”，即明确合同不成立、无效、被撤销，对应的是“缔约过失责任”。

② 此种“缔约过失责任”的具体赔偿范围详见后文“适用难点”中“违反报批义务的赔偿责任的认定”相关论述。

批准的对象是合同，则此类条款可能影响合同的生效；而有的批准条款批准的对象并非合同，而是项目、资质或合同的履行行为，此时就不宜直接适用该类条款认定合同未生效。

根据《民法典》第 502 条第 2 款的规定，法律、行政法规中明文规定“合同应当办理批准等手续”的条款，显然属于影响合同生效的批准条款。比如在《外商投资法》出台前，“三资企业”的设立合同、章程、股权转让合同、承包经营合同和技术转让协议都是以办理相关的批准手续为生效要件的，如果未办理，这些合同则为法定未生效合同。

但法律、行政法规总是出现一些性质比较模糊的审批条款，如表述为“应当批准”“并办理批准手续”“由……批准”等字样，此时就需要具体识别审批的对象究竟是否合同。比如《城市房地产管理法》第 40 条规定：“以划拨方式取得土地使用权的，转让房地产时，应当按照国务院规定，报有批准权的人民政府审批。有批准权的人民政府准予转让的，应当由受让方办理土地使用权出让手续，并依照国家有关规定缴纳土地使用权出让金。以划拨方式取得土地使用权的，转让房地产报批时，有批准权的人民政府按照国务院规定决定可以不办理土地使用权出让手续的，转让方应当按照国务院规定将转让房地产所获收益中的土地收益上缴国家或者作其他处理。”该条中的审批对象是否划拨土地使用权转让合同本身，司法实践和司法解释经历了一个认识深化的过程。2005 年 8 月 1 日施行的《关于审理涉及国有土地使用权合同纠纷案件适用法律问题的解释》认为未经批准的划拨土地使用权转让合同无效。[①] 随着理论上对未生效合同和无效合同的区分，后续在司法实践中也有将未经批准的划拨土地使用权转让合同认定为成立未生效合同的情况。[②]《民法典》施行后，尽管未对划拨土地使用权转让审批对合同效力的影响予以具体规定，但《民法典担保制度司法解释》第 50 条对于划拨土地使用权抵押审批对合同效力的影响有明确的规定，可作为参考，该条第

---

① 该司法解释第 11 条规定，“土地使用权人未经有批准权的人民政府批准，与受让方订立合同转让划拨土地使用权的，应当认定合同无效。但起诉前经有批准权的人民政府批准办理土地使用权出让手续的，应当认定合同有效”。

② 参见最高人民法院（2018）最高法民申 6041 号民事裁定书。

2 款中规定："当事人以划拨方式取得的建设用地使用权抵押，抵押人以未办理批准手续为由主张抵押合同无效或者不生效的，人民法院不予支持。"由此可见，以划拨方式取得的土地使用权的转让合同，在未经批准的情况下，其效力并不受影响。[①] 也就是说，在当前严格区分债权和物权的背景下，《城市房地产管理法》第 40 条规定的批准对象为履行行为，而非合同本身。

总体而言，目前法律、行政法规中的"需批准"一般出现于以下几种情况：一是涉及国家财产，并需进入交易领域或者被第三人使用，如土地、海洋石油等；二是涉及公共利益，如反垄断、外商投资等；三是在特定的自然资源转让方面，如采矿权、探矿权的转让等；四是在某些领域对行为主体资质的要求，也需一定的审批程序。而实现设置"批准"程序的目的不一定要通过影响合同效力来进行。如最高人民法院对于《城市房地产管理法》第 40 条规定理解的前后变化，就体现了这一点。在财产处分领域，批准常常系为了控制合同履行而非阻却合同效力。如果"批准"仅仅是设置准入门槛，一般也不会影响合同效力。比如《危险化学品安全管理条例》第 7 条规定，"未经审批，任何单位和个人都不得生产、储存危险化学品"。据此，需要审批的不是合同，而是企业有没有能力"生产、储存"危险化学品，属于资质审批，故不能将这一条款泛化适用于危险化学品经营企业对外签订的合同。[②] 当然，如果合同涉及对公共利益的违反，如市场垄断行为等，则未经"批准"的后果为合同无效。综上，在司法实践中，应当从"批准"条款的表述和"批准"条款的目的出发，来甄别该批准条款是否影响合同效力以及如何影响合同效力。

2. 违反报批义务的赔偿责任的认定

如前所述，《民法典合同编通则司法解释》对于违反报批义务，构建了以缔约过失责任为基础，以专门违约责任和特殊情形下参照合同违约责任为补充的责任体系。

---

① 参见最高人民法院（2021）最高法民终 445 号民事判决书。
② 参见云南省高级人民法院（2011）云高民二终字第 55 号民事判决书。

缔约过失责任是指当事人在订立合同过程中，因违背诚信原则而给对方造成损失的赔偿责任。缔约过失责任是以诚信原则为基础的民事责任。[①] 对于缔约过失责任与违约责任，《民法典》均规定了“赔偿损失”责任形式，但二者有本质区别，其区别的核心在于，违约责任对应的是“履行合同可得利益”，缔约过失责任对应的是“信赖利益”。《合同法》第 42 条规定缔约过失责任的赔偿范围为“给对方造成的损失”，《合同法司法解释（二）》第 8 条确定的赔偿范围为“费用”和“实际损失”，《民法典》第 500 条规定的“造成对方损失的”，与《合同法》的规定无实质差异。信赖利益损失，主要是缔约费用的损失，一般仅限于直接损失，包括因信赖对方邀约邀请或邀约而与对方联系、赴实地考察等支出的合理费用；为缔约做各种准备时支出的合理费用；为谈判而支出的合理费用。但在特定情况下，信赖利益损失也可以包括机会损失等间接损失，但不得超过合同履行利益即合同成立并得到履行后所获得的利益。如在“深圳市标榜投资发展有限公司、鞍山市财政局股权转让纠纷案”[②] 中，最高人民法院认为，缔约过失责任人对善意相对人缔约过程中支出的直接费用等直接损失予以赔偿，即可使善意相对人利益得到恢复。但如果善意相对人确实因缔约过失责任人的行为遭受交易机会损失等间接损失，则缔约过失责任人也应当予以适当赔偿。但机会损失通常难以直接用金钱价值进行衡量，所以通常只能迂回参照履行利益来计算，这意味着信赖利益和履行利益之间并非泾渭分明、非此即彼。《民法典合同编通则司法解释》仅规定了违反生效判决确定的报批义务这一刚性条件下应当参照违约责任赔偿，但从前述标榜公司案和中鑫公司案[③]可以看出，即便未首先通过诉讼获得判令义务人履行报批义务的生效判决，在义务

---

① 黄薇主编：《中华人民共和国民法典合同编释义》，法律出版社 2020 年版，第 90 页。关于缔约过失责任的含义，有学者定义为合同不成立的缔约上的过失责任，即当事人在合同成立前的阶段因过错而给对方造成损失所应承担的民事责任。而合同在成立以后所发生的过错行为，则属于违约行为和违约责任的范畴。合同的成立是区分合同责任与缔约过失责任的根本标志。参见王利明、崔建远：《合同法新论》，中国政法大学出版社 1996 年版，第 134 – 135 页。

② 参见最高人民法院（2016）最高法民终 802 号民事判决书。

③ 参见广州市仙源房地产公司与广东中大中鑫公司等股权转让纠纷案裁判文书，最高人民法院（2009）民申字第 1068 号民事裁定书和广东省高级人民法院（2008）粤高法民四终字第 323 号民事判决书。

人不履行报批义务的行为与审批未通过存在相当因果关系的情况下，也并不完全排斥机会损失或可得利益损失的赔偿。① 义务人对合同未通过审批的主观过错程度越大，损害赔偿责任范围就越靠近履行利益。因为报批义务人故意不履行报批义务致使合同不能生效的行为，客观上使合同产生了视为生效的类似法律效果，故可参照违约责任来认定损害赔偿。

综而言之，违反报批义务导致相对人受有损害时，相对人可以请求损害赔偿。损害赔偿责任范围为信赖利益损失，并以履行利益为限。认定赔偿金额时能否将间接损失（可得利益损失）纳入赔偿范围，应当综合考量报批义务人的主观过错程度、报批义务未履行或履行不当与合同未获批准之间的因果联系、可得利益的确定性、相对人自身过错等因素。

3. 批准生效合同相关规则的扩张适用问题

我国现行法没有体现出批准生效制度与无权代理追认制度之间的关系。但是，须机关批准和须私法性同意的法律行为从行为成立至最终确定批准为止，都存在效力未定状态，在此未定状态各行为当事人之间也都具有类似的权利义务关系。② 司法实践中，人民法院其实已经将批准生效合同的相关规则应用于其他须经私法同意的合同。如在“北京鼎典泰富投资管理有限公司与邢某荣等合伙企业财产份额转让纠纷案”③ 中，最高人民法院确认了在未经协议约定的全体合伙人一致同意情形下，转让协议书属于合同成立未生效的状态。在“中珠医疗控股股份有限公司与杭州忆上投资管理合伙企业股权转让纠纷案”中，④ 最高人民法院明确了成立未生效合同可以解除的规则。

---

① 有人认为应当严格区分“信赖利益、机会损失、可得利益”，若未达成本约，仅是丧失一次订立合同的机会，并无可得利益损失。而奉约合同的履行，则是完成交易之行为，能够直接产生经济利益，该利益是合同的履行利益，其中包含可得利益。参见宋晓明、张勇健、王闯：《〈关于审理买卖合同纠纷案件适用法律问题的解释〉的理解与适用》，载《人民司法（应用）》2012 年第 15 期。

② 从比较法角度，德国法统一把公法、私法上法律行为实施前的允许、实施后的追认通称为须同意的法律行为。参见杨永清：《批准生效合同若干问题探讨》，载《中国法学》2013 年第 6 期。

③ 参见最高人民法院（2020）最高法民终 904 号民事判决书。

④ 参见最高人民法院（2020）最高法民终 137 号民事判决书。

风险防范

当事人订立须经批准才能生效的合同时，应当对办理批准手续的具体义务进行明确约定，如由谁负责向相关部门提交材料、由谁负责配合提交报批所需的材料等，并明确约定不履行报批义务的后果。一旦一方违约，则另一方可依据合同具体义务归属条款和违约责任条款要求对方承担责任。明确的责任约定可为法院合理认定赔偿责任范围提供参考，最大限度保护己方利益。

类案指引

1. 湖南海之星投资有限公司与谢某强股权转让纠纷案①

裁判要旨：在合同对违反报批义务有专门责任条款的情况下，如合同双方当事人均未能依照合同约定履行报批义务的，应当结合各自违反报批义务的情节及后果、对合同不能履行的过错程度等因素认定责任。

法院认为：本案是一起涉及外商投资企业的股权转让合同纠纷。双方合同第8.3条规定，如因乙方（湖南海之星投资公司）违约造成协议不能履行、不能完全履行的，乙方所交定金不予返还，如因甲方（谢某强）不依协议约定协助办理审批、工商变更登记、实体交割，造成协议不能履行、不能完全履行的，甲方应向乙方双倍返还定金。就湖南海之星投资公司而言，其虽在股权转让协议签订后数次向张家界市商务局咨询报批事宜，但从未向商务局正式提交报批手续，缺乏促成合同生效的诚信。就谢某强而言，其在被上诉人湖南海之星投资公司怠于报批后自行向张家界市商务局申请报批，积极履行了自身报批义务。张家界市商务局就其报批作出《关于受理张家界凯天国际酒店有限公司股权变更说明的函》，决定暂不受理。根据该函件意见，涉案协议因相关条文约定不明确需补正，而非内容不合法或需实质性变更。双方当事人应协商修

① 参见湖南省高级人民法院（2014）湘高法民三终字第68号民事判决书和最高人民法院（2014）民申字第1931号民事裁定书。

正该协议之瑕疵以促成协议审批生效。但谢某强在收悉该函件后，既未举证证明其向被上诉人告知了函件内容，亦未证明其就函件之意见向被上诉人提出了补正方案，而是单方通知被上诉人解除合同并返还定金。上述行为直接导致涉案协议失去协商补正并报批生效的可能，违反了协议约定的报批义务及合同法的诚信原则。综合上述情形，涉案协议未能生效系双方当事人均未积极履行协议之报批义务所致。但从本案中双方当事人各自违反报批义务的情节及后果分析，谢某强对合同不能继续履行的过错程度相对更大，故酌定由谢某强依据定金的10%向被上诉人承担赔偿责任。

2. 陈某斗与宽甸满族自治县虎山镇老边墙村民委员会采矿权转让合同纠纷再审案①

裁判要旨：合同因批准机关未予批准未生效，但未获批准的原因不可归责于报批义务人，对方请求其承担赔偿责任的，人民法院不予支持。

法院认为：涉案《老边墙金矿租赁告示》和《老边墙金矿租赁协议书》均属于合同的组成部分，后者是对前者的确认和补充。两者第4条均约定："金矿所有手续由承包者自行办理，费用自负。"后者还约定："如因有关手续办理不妥无法开采，租金不予返还。所造成的损失亦由乙方（陈某斗）负担。"由此可以看出，协议约定的办理金矿所有手续的义务人是陈某斗，手续办理不全的责任亦由陈某斗承担。签约当时，陈某斗明知村委会尚未从原承包人手中收回采矿许可证，租赁该金矿会冒巨大商业风险，却执意投标并签订上述协议是一种甘冒风险的行为。协议签订后，村委会积极办理采矿权租赁审批手续，当地（县）市政府有关主管部门已审核同意，只因程某武拒不交出原采矿许可证并起诉村委会而未获辽宁省国土资源厅批准。村委会对此尽了协助义务，没有过错。陈某斗虽然因采矿遭受了经济损失，但其在明知租赁协议未生效的情况下，擅自开挖巷道，属于违法开采行为，该行为不受法律保护，后果自负。故对陈某斗提出的赔偿损失诉请，不予支持。

---

① 参见最高人民法院（2011）民提81号民事判决书。

相关条文

《民法典》

第一百五十七条　民事法律行为无效、被撤销或者确定不发生效力后，行为人因该行为取得的财产，应当予以返还；不能返还或者没有必要返还的，应当折价补偿。有过错的一方应当赔偿对方由此所受到的损失；各方都有过错的，应当各自承担相应的责任。法律另有规定的，依照其规定。

第五百零二条　依法成立的合同，自成立时生效，但是法律另有规定或者当事人另有约定的除外。

依照法律、行政法规的规定，合同应当办理批准等手续的，依照其规定。未办理批准等手续影响合同生效的，不影响合同中履行报批等义务条款以及相关条款的效力。应当办理申请批准等手续的当事人未履行义务的，对方可以请求其承担违反该义务的责任。

依照法律、行政法规的规定，合同的变更、转让、解除等情形应当办理批准等手续的，适用前款规定。

《九民纪要》

37.【未经批准合同的效力】法律、行政法规规定某类合同应当办理批准手续生效的，如商业银行法、证券法、保险法等法律规定购买商业银行、证券公司、保险公司5%以上股权须经相关主管部门批准，依据《合同法》第44条第2款的规定，批准是合同的法定生效条件，未经批准的合同因欠缺法律规定的特别生效条件而未生效。实践中的一个突出问题是，把未生效合同认定为无效合同，或者虽认定为未生效，却按无效合同处理。无效合同从本质上来说是欠缺合同的有效要件，或者具有合同无效的法定事由，自始不发生法律效力。而未生效合同已具备合同的有效要件，对双方具有一定的拘束力，任何一方不得擅自撤回、解除、变更，但因欠缺法律、行政法规规定或当事人约定的特别生效条件，在该生效条件成就前，不能产生请求对方履行合同主要权利义务的法律效力。

38.【报批义务及相关违约条款独立生效】须经行政机关批准生效的合同，对报批义务及未履行报批义务的违约责任等相关内容作出专门约定的，该约定独立生效。一方因另一方不履行报批义务，请求解除合同并请求其承担合同约定的相应违约责任的，人民法院依法予以支持。

39.【报批义务的释明】须经行政机关批准生效的合同，一方请求另一方履行合同主要权利义务的，人民法院应当向其释明，将诉讼请求变更为请求履行报批义务。一方变更诉讼请求的，人民法院依法予以支持；经释明后当事人拒绝变更的，应当驳回其诉讼请求，但不影响其另行提起诉讼。

40.【判决履行报批义务后的处理】人民法院判决一方履行报批义务后，该当事人拒绝履行，经人民法院强制执行仍未履行，对方请求其承担合同违约责任的，人民法院依法予以支持。一方依据判决履行报批义务，行政机关予以批准，合同发生完全的法律效力，其请求对方履行合同的，人民法院依法予以支持；行政机关没有批准，合同不具有法律上的可履行性，一方请求解除合同的，人民法院依法予以支持。

《外商投资企业纠纷司法解释》

第一条 当事人在外商投资企业设立、变更等过程中订立的合同，依法律、行政法规的规定应当经外商投资企业审批机关批准后才生效的，自批准之日起生效；未经批准的，人民法院应当认定该合同未生效。当事人请求确认该合同无效的，人民法院不予支持。

前款所述合同因未经批准而被认定未生效的，不影响合同中当事人履行报批义务条款及因该报批义务而设定的相关条款的效力。

第五条 外商投资企业股权转让合同成立后，转让方和外商投资企业不履行报批义务，经受让方催告后在合理的期限内仍未履行，受让方请求解除合同并由转让方返还其已支付的转让款、赔偿因未履行报批义务而造成的实际损失的，人民法院应予支持。

第六条 外商投资企业股权转让合同成立后，转让方和外商投资企业不履行报批义务，受让方以转让方为被告、以外商投资企业为第三人提起诉讼，请求转让方与外商投资企业在一定期限内共同履行报批义务的，人民法院应予支持。受让方同时请求在转让方和外商投资企业于生效判决确定的期限内不履行报批义务时自行报批的，人民法院应予支持。

转让方和外商投资企业拒不根据人民法院生效判决确定的期限履行报批

义务，受让方另行起诉，请求解除合同并赔偿损失的，人民法院应予支持。赔偿损失的范围可以包括股权的差价损失、股权收益及其他合理损失。

二、备案合同或者已批准合同的效力

释义条文

《民法典合同编通则司法解释》

第十三条 合同存在无效或者可撤销的情形，当事人以该合同已在有关行政管理部门办理备案、已经批准机关批准或者已依据该合同办理财产权利的变更登记、移转登记等为由主张合同有效的，人民法院不予支持。

规范解读

实践中，常常存在合同只要经过行政审批就一定有效的误解。这种观点混淆了审批机关对合同事实所作的审查与人民法院就合同效力所作的审查。行政审批机关对合同的审查仅是出于特定管制目的的需要，比如对“三资企业”合同的审查主要是审查该合同是否符合国家产业政策、是否符合准入规定等。而对合同效力的审查则应是对当事人意思表示真实性、合法性的全面审查，依据的应当是《民法典》第 143 条等规定。因此，行政审批机关对合同的审查不能取代人民法院对合同效力的审查，人民法院对合同效力的审查也不应受审批机关审查结论的拘束。行政审批是在当事人所完成的独立的法律行为之上补充进国家的意思表示，因此，对于须经批准的法律行为，当行为本身有法律上的瑕疵时，即使已经批准，也不能补正该瑕疵，因为审批只是一种同意，无代替当事人意思的效力。[①]

在以往的司法实践中，也一度有观点认为应将审批机关的批准作为人民法院确权的依据，当事人对审批结果不服，只能通过行政复议或者行政诉讼的途径解决纠纷。在“香港绿谷投资公司诉加拿大绿谷（国际）投资公司

---

① 吴光荣：《行政审批对合同效力的影响》，载《法学家》2013 年第 1 期。

等股权纠纷案”[①]中，法院认为：“对于中外合资经营企业的股权变更，有关行政主管部门的审批构成实质性要件。而对于实质性的行政行为，是我国法律赋予有关行政主管部门的特有的权力，不能通过民事诉讼程序和作出民事判决予以变更。即使审批不当，也只能通过行政复议或者行政诉讼程序予以纠正。”在《第二次全国涉外商事海事审判工作会议纪要》中，最高人民法院重新确认了该审判思路。但这样认定的结果无异于将合同的所有其他生效要件均转化为审批一个要件，既不符合行政审批的逻辑，也不符合合同效力认定的基本法理，在实践中导致发生当事人无法从行政程序中获得有效救济等不公平现象。故在《外商投资企业纠纷司法解释》中，区分了行政机关的审批审查和人民法院的效力审查，并明确规定人民法院对合同效力的审查不受该合同已经经过批准的影响。《民法典合同编通则司法解释》对此予以沿袭。在行政审判中，最高人民法院也秉持相同的思路，认为合同当事人对转让合同的效力发生争议的，一般应当通过民事诉讼或者申请仲裁机构仲裁认定，行政机关在审查过程中一般不宜对合同是否有效直接作出认定。[②]

同理，登记机关依据转让合同等对房屋产权、股权等财产权利所做的变更登记、移转登记，仅是登记机关根据申请人的申请，按照法定程序进行形式审查的结果。对于申请材料如转让合同是否有效的问题，登记机关只能在职责范围内尽审慎审查义务，司法机关才是对合同效力作出判断的有权机关。从物权和债权的二分主义也可以推出这一结论。《民法典》第215条规定：“当事人之间订立有关设立、变更、转让和消灭不动产物权的合同，除法律另有规定或者当事人另有约定外，自合同成立时生效；未办理物权登记的，不影响合同效力。”换言之，合同效力不受是否办理物权登记的影响。由此可进一步推论，即使已经办理了物权变更登记，也不意味着合同有效，并无疑问。《民法典物权编司法解释（一）》第5条中表述的“预告登记的买卖不动产物权的协议被认定无效、被撤销”，隐含的含义即是办理了预告

① 香港绿谷投资公司诉加拿大绿谷（国际）投资公司等股权纠纷案，载《最高人民法院公报》2004年第7期。

② 参见最高人民法院（2019）最高法行再184号行政判决书。

登记并不能推出登记所依据的协议一定有效。因此，当事人仅以已依据合同办理财产权利的变更登记、移转登记等为由主张合同有效的，人民法院不予支持。

适用难点

在区分行政机关对合同事实的审查与人民法院对合同效力的审查的基础上，在司法适用中，应当注意的是对合同生效和合同有效、合同未生效和合同无效概念的区分。

一般情况下，合同成立时即生效，如合同设定了批准等特殊生效条件，则在该特殊生效条件成就时，合同才生效。而合同是否有效则应对照《民法典》第 143 条规定的民事法律行为的有效要件（行为人是否具有相应的民事行为能力，意思表示是否真实，是否违反法律、行政法规的强制性规定，是否违背公序良俗）进行审查。相应地，合同未生效只是由于设定的生效条件尚未成就，而并不意味着合同存在《民法典》第 144 条、第 146 条等规定的无效事由。如果合同被认定未生效后，客观上没有继续履行的条件，合同双方均不承担违约责任。但在合同可以继续履行的情况下，只因合同未办理报批手续而未生效，法院可以判决有报批义务的一方当事人履行报批义务，促使合同生效，贯彻《民法典》关于尽量使合同有效的立法精神；或依照合同条款，由违反报批义务的一方承担违反合同报批条款的责任，充分体现诚实信用原则。而合同无效的后果是返还财产和赔偿损失。

风险防范

订立合同时，为确保合同安全，防止合同无效或被撤销，应当对照《民法典》总则编第 143 条、第 144 条、第 146 条、第 153 条、第 154 条的规定，对合同主体的合法性、意思表示的真实性、合同内容的合法性进行审查。同时，应当根据具体订立的合同类型结合其他分编关于具体的合同无效的规定进行审查。尤其是须批准才生效的合同，应当特别注意合同约定是否存在违反法律、行政法规的强制性规定导致合同无效的情形。

类案指引

1. 浙江鼎元建设有限公司（以下简称鼎元公司）与九江市暨阳置业有限公司（以下简称暨阳公司）建设工程施工合同纠纷案[①]

裁判要旨：当事人为应付主管部门关于招投标、备案的要求而签订备案合同，该备案合同属于以虚假的意思表示实施的民事法律行为，应认定无效。

法院认为：案涉商品住宅项目属于《招标投标法》第3条规定的关系社会公共利益、公众安全依法必须进行招标的项目。暨阳公司与鼎元公司虽然于2013年1月20日根据星子县建设行政主管部门提出的案涉项目应履行招投标程序的要求，签订了一份《建设工程施工合同》并在建设行政主管部门备案，但该份合同仅系为应付主管部门的要求而签订。在该份备案合同签订之前，双方事实上已于2012年10月8日签订一份《建设工程施工合同》，并由鼎元公司进场施工，案涉项目实际并未履行招投标程序。原审判决关于本案中双方于2013年1月20日签订的用于备案的《建设工程施工合同》，2012年10月8日签订的《建设工程施工合同》以及据此双方于2013年8月30日签订的《建设工程施工合同补充协议》，均为无效合同的认定，事实和法律依据充分。

2. 崂山国土局与南太置业公司国有土地使用权出让合同纠纷案[②]

裁判要旨：政府机关对有关事项或者合同审批或者批准的权限和职责，源于法律和行政法规的规定，不属于当事人约定的范畴，不产生限制合同效力的法律效果。

法院认为：所谓附条件的合同，指当事人在合同中特别约定一定的条件，以条件是否成就作为合同效力发生的根据。合同所附条件，必须是将来发生的、不确定的事实，是当事人约定的而不是法定的，同时还必须是合法的。在我国，政府机关对有关事项或者合同审批或者批准的

① 参见最高人民法院（2018）最高法民终524号民事判决书。
② 参见最高人民法院（2004）民一终字第106号民事判决书。

权限和职责，源于法律和行政法规的规定，而不属于当事人约定的范围。当事人将法律和行政法规规定的政府机关对有关事项或者合同的审批权或者批准权约定为附条件的合同中的条件，不符合合同法有关附条件的合同的规定。当事人将法律和行政法规没有规定的政府机关对有关事项或者合同的审批权或者批准权约定为附条件的合同中的条件，同样不符合合同法有关附条件合同的规定。根据合同法规定精神，当事人在订立合同时，将法定的审批权或者批准权作为合同生效条件的，视为没有附条件。将法律未规定为政府机关职责范围的审批权或者批准权作为包括合同在内的民事法律行为生效条件的，同样视为没有附条件，所附的"条件"不产生限制合同效力的法律效果。

相关条文

《外商投资企业纠纷司法解释》

第三条　人民法院在审理案件中，发现经外商投资企业审批机关批准的外商投资企业合同具有法律、行政法规规定的无效情形的，应当认定合同无效；该合同具有法律、行政法规规定的可撤销情形，当事人请求撤销的，人民法院应予支持。

第三节　阴阳合同与名实不符的合同

一、阴阳合同与合同变更的效力认定

释义条文

《民法典合同编通则司法解释》

第十四条　当事人之间就同一交易订立多份合同，人民法院应当认定其中以虚假意思表示订立的合同无效。当事人为规避法律、行政法规的强制性规定，以虚假意思表示隐藏真实意思表示的，人民法院应当依据民法典第一

百五十三条第一款的规定认定被隐藏合同的效力；当事人为规避法律、行政法规关于合同应当办理批准等手续的规定，以虚假意思表示隐藏真实意思表示的，人民法院应当依据民法典第五百零二条第二款的规定认定被隐藏合同的效力。

依据前款规定认定被隐藏合同无效或者确定不发生效力的，人民法院应当以被隐藏合同为事实基础，依据民法典第一百五十七条的规定确定当事人的民事责任。但是，法律另有规定的除外。

当事人就同一交易订立的多份合同均系真实意思表示，且不存在其他影响合同效力情形的，人民法院应当在查明各合同成立先后顺序和实际履行情况的基础上，认定合同内容是否发生变更。法律、行政法规禁止变更合同内容的，人民法院应当认定合同的相应变更无效。

规范解读

1. 什么是“阴阳合同”

实践中，当事人之间就同一交易订立多份合同的情形屡见不鲜。对于多份合同的情形，应区分“阴阳合同”与合同变更。“阴阳合同”也被称为“黑白合同”“抽屉协议”等，是指当事人为规避行政监管等，以虚假意思表示订立一份合同用于备案、批准或者办理财产权利的变更登记、移转登记等，再私底下以真实意思表示订立一份合同用于实际履行。

我们认为，对于阴阳合同的效力，应严格适用《民法典》第146条关于虚伪表示与隐藏行为的规定，在民商事审判过程中要做到透过现象看本质。根据这一规定，当事人以虚假意思表示订立的“阳合同”应无效，但被隐藏的“阴合同”，则应“依据有关法律规定处理”：如果当事人规避的是法律、行政法规的强制性规定，则应当依据《民法典》第153条第1款认定被隐藏行为的效力；如果当事人规避的是法律、行政法规关于合同须经批准的规定，则应当依据《民法典》第502条认定被隐藏行为的效力。如此一来，被隐藏的合同既有可能有效，也有可能无效或者不生效。在“阴阳合同”均被认定无效或者确定不发生效力的情形下，原则上应当以体现当事人真实意思表示的“阴合同”作为处理当事人之间权利义务关系的事实基础，以防止发生不诚信的行为，但是法律另有规定时，应依据法律的规定处理当事人之间的权利义务关系。此外，与阴阳合同不同的是，合同变更以前一合同有效为前提。因此，在不存在虚假意思表示隐藏真实意思表示的场合，应考察当事人之间是否发生合同变更。尽管《民法典》对于合同变更采取变更自由的原则，即当事人协商一致可以变更合同内容，但一些法律、行政法规（如《招标投标法》第46条）禁止当事人对合同作出变更。因此，即使合同发生变更，该变更也应被认定无效。

2. 违反强制性规定的民事法律行为无效及其例外情形

法律规范分为强制性规范与任意性规范。任意性规范的目的是引导、规范民事主体的行为，并不具备强制性效力，民事法律行为与任意性规范不一致的，并不影响其效力。任意性规范体现的是法律对主体实施民事法律行为的一种指引，当事人可以选择适用，也可以选择不适用。与任意性规范相对的是强制性规范，后者体现的是法律基于对国家利益、社会公共利益等的考量，对私人意思自治领域所施加的一种限制。民事主体在实施民事法律行为时，必须服从这种对行为自由的限制，否则所实施的民事法律行为会因对国家利益、社会公共利益等的侵害而被判定无效。但是，民事法律行为因违反强制性规定无效有一种例外，即当该强制性规定本身并不导致民事法律行为无效时，民事法律行为并不无效。这里实际上涉及对强制性规定的性质判断问题。某些强制性规定尽管要求民事主体不得违反，但其并不导致民事法律行为无效。违反该法律规定的后果应由违法一方承担，没有违法的当事人不应承受另一方违法的后果。例如，一家经营水果的商店出售种子，农户购买了该种子，该商店违法经营种子，必须承担相应违法责任，但出于保护农户的目的，不宜认定该买卖行为无效。至于在实践中究竟如何判断对哪些强制性规定的违反才导致民事法律行为无效，原则上是根据规定的目的来进行判断。需要更加全面地审查合同有关缔约背景、交易目的、交易结构、交易标的等事实的情况，综合判断合同表面与实际情况的一致性，进而发现并认定各方潜在的、真实的意思表示及其行为，以查明案件真相，正确适用法律。

3. 同一交易订立多份合同时应如何审查

本条明确了并不是同一交易订立的多份合同一定是阴阳合同，如果该交易中多份合同均系真实意思表示，且不存在其他影响合同效力情形的，应当综合认定效力，探寻当事人真实的意思表示。当事人真意与合同性质认定并非同一层面的问题。所谓当事人真意，指代当事人意图通过特定的合同构造实现的法律效果，这属于自治层面的合同解释的任务。合同解释虽离不开意思表示解释规则等法律规范的运用，但解释的目标仍是在实然层面发现当事人旨在通过合同实现的法律效果。合同的性质认定，本质是法院经审查后决定合同应适用何种规范的过程，由于涉及法律规范的适用，因而需要对法律进行解释，并据此对当事人的真意作出规范意义上的评判，这属于应然层面的合同评价问题。法官遵循当事人真意对合同定性，并非仅仅是因为裁判者通过合同解释发现了当事人想要通过合同达到的效果，而是在发现当事人真意的基础上，结合既有规范评价肯定了此种效果追求的正当性，从而确定了合同性质。

在审查多份合同时，应综合考量合同文义、目的、习惯、诚信原则等，在探求当事人真实意思的过程中，合同目的是重要参考要素之一，但并非决定要素。我国合同法规范奉行表示主义，合同内容固定了当事人旨在实现的意图，因此在对合同进行解释时，应首要依据合同用语解释合同。就多份完全不同的合同，如果多份合同在内容上并未发生冲突，也没有违反法律规定，则都应当认定为合法有效，对当事人都有法律约束力。绝不能因为多份合同都是就同一事项作出的约定就简单粗暴地认定后一份合同是前一份合同的变更和替代，或者后一份合同是前一份合同的补充和完善。当然，如果多份合同在内容上互相冲突，无法兼容，则按照意思表示最近最新的原则，并且在有利于实现合同目的的前提下，结合合同实际履行情况，按照合同成立时间上的先后顺序，以成立在后的合同内容为准。

适用难点

1. 一个规范是否属于强制性规定的判断标准

本条规定的“强制性规定”，是相对于任意性规定而言的，是不允许人们依自己的意思加以变更或排除适用的规定。强制性规定要求当事人必须从事或者不从事某一种行为，属于行为规范的范畴，有别于纯粹约束法院的裁判规范。如《民法典》合同编第 498 条有关“对格式条款的理解发生争议的，应当按照通常理解予以解释”的规定，其规范对象是法院而非当事人，属于纯粹的裁判规范，而非强制性规定。认定某一规定是否为强制性规定，可首先采取形式标准，看某一规范是否包含诸如“应当”“必须”“不得”“禁止”等表述来认定其是否为强制性规定。

（1）关于“应当”。

带“应当”表述的规范通常为强制性规定，但例外情况下也包括裁判规范与倡导性规范，因此，不可简单根据形式标准来认定某一规定就是强制性规定。如前述《民法典》合同编第 498 条的规定，尽管采用“应当”的表述，但其属于纯粹的裁判规范，而非强制性规定。再如，《民法典》合同编第 707 条规定，“租赁期限六个月以上的，应当采用书面形式。当事人未采用书面形式，无法确定租赁期限的，视为不定期租赁”，该条的意思是 6 个月以上的长期租赁“最好”采取书面形式，如果没有采取书面形式，无法确定租赁期限的，将被视为不定期租赁，承租人的利益将不能像定期租赁那样得到保障。就此而言，该条性质上属于倡导性规范。

（2）关于“必须”。

“必须”作为强化版的“应当”，其表征的就是强制性规定。但有的法律条文中的“必须”并不具有表征规范性质的意义，如《民法典》物权编第 291 条规定：“不动产权利人对相邻权利人因通行等必须利用其土地的，应当提供必要的便利。”这里的“必须”，是“不得不”的意思，不能作为认定规范形态的依据。

（3）关于“不得”。

带有“不得”表述的规定通常是强制性规定，但也包括裁判规范与半强制性规定，因而不能简单地凭语义加以识别。如《合同法》第 54 条第 3 款规定：“当事人请求变更的，人民法院或者仲裁机构不得撤销。”该条就是纯粹的裁判规范。再如，《民法典》第 546 条第 2 款规定：“债权转让的通知不得撤销，但是经受让人同意的除外。”该条为债权人设定了不得撤销通知的强制性义务，但有例外情况，即受让人同意。可以看出，该规定性质上属于半强制性规定。可见，带“不得”表述的规范与违法无效规则还存在一定的区别。

（4）关于“禁止”。

“禁止”在民商法中用得较少，意思是当事人“不得”为某一行为，是强化版的“不得”，表征的都是强制性规定。

总之，凡带有“必须”“禁止”表述的规范，均为强制性规定。带有“应当”“不得”表述的规范通常为强制性规定，但要排除属于裁判规范、倡导性规范或半强制规范的情形。没有形式标准可供识别的，再根据实质标准来判断。鉴于《民法典》合同编考察强制性规定的主要目的在于确定其是否影响合同效力，因此在难以确定某一规范是强制性规定还是任意性规范的情况下，不妨先将其纳入《民法典》第 153 条的考察范围，再根据相应的规则认定其是否为强制性规定，该强制性规定的立法目的是否与合同效力直接关联，进而认定合同效力。

2. 关于通谋虚伪表示是否可以对抗善意第三人

在比较法上，通谋虚伪表示的效力存在不同模式，一为绝对无效，二为相对无效。二者的区别在于是否对善意第三人给予特别保护：如是绝对无效，是对所有人均自始无效；相对无效时，双方当事人不得以通谋虚伪表示之无效对抗善意第三人。《民法总则（草案）》原有但书规定，即“双方当事人不得以通谋虚伪表示之无效对抗善意第三人”，但此后被删除，其理由在于，对善意第三人的保护应适用《物权法》关于善意取得的规定。

对这一问题，过去的司法实践中，已有适用第二种相对模式所含法理的先例。最高人民法院以通谋虚伪表示法理为说理依据，认为：“根据民法基本原理，双方当事人通谋所为的虚伪意思表示，在当事人之间发生绝对无效的法律后果。但在虚伪表示的当事人与第三人之间，则应视第三人是否知道或应当知道该虚伪意思表示而发生不同的法律后果：当第三人知道该当事人之间的虚伪意思表示时，虚伪表示的无效可以对抗该第三人，当第三人不知道当事人之间的虚伪意思时，该虚伪意思表示的无效不得对抗善意第三人。据此，在基础合同因债权人和债务人双方通谋实施的虚伪意思表示而无效的情况下，保理业务合同并不当然因此而无效。”[①]

风险防范

虽然根据相关法律的规定，在查实属于“阴阳合同”的情况下，用以示人的“阳合同”并不是当事人真实意思的表示，是不作数的。问题是合同本身就是当事人意思表示的载体，如果一方认为存在“阴阳合同”，“阳合同”并不是自己的真实意思表示，而另一方则否认存在“阴阳合同”，一口咬定应以“阳合同”为准，那么想要查明事实就需要大量的其他证据。一旦举证不力，法院可能认定“阳合同”就是双方真实意思的表示。另外，订立“阴阳合同”也是一种违背诚信原则的行为，而《民法典》明确规定：民事主体从事民事活动，应当遵循诚信原则，秉持诚实，恪守承诺。因此，订立合同一定要遵循诚信原则，一方面自己不应违背事实要求订立“阴阳合同”，另一方面也不要配合或者协助对方订立“阴阳合同”，否则会因为违反国家法律强制性规定被行政处罚，甚至有构成刑事犯罪的风险。

类案指引

上海乔普贸易有限公司、殷某波等合伙协议纠纷案[②]

裁判要旨：当事人约定设立合伙企业并定期回购合伙企业财产份额系通谋虚假意思表示，依法应属无效，但隐藏的关于借贷的相关约定系双方真实意思表示，不违反法律、行政法规强制性规定，应为有效。

法院认为：博森企业签订案涉《合伙协议》时的真正意思表示并非设立合伙企业，成为合伙人，通过合伙企业生产经营获得合伙收益、承担合伙风险，而是通过签订《收购协议》，以设立合伙企业的同时转让合伙企业财产份额并收取固定溢价款，变相实现还本付息的借贷目的，系以通谋虚假意思表示隐藏真实的借贷关系。双方当事人对二审判决关

---

① 参见最高人民法院（2014）民二终字第271号民事判决书。

② 参见最高人民法院（2022）最高法民申706号民事裁定书。

于案涉法律关系系借贷关系的认定并无异议。由此，《合伙协议》《收购协议》作为案涉民事法律关系的载体，尽管双方约定设立合伙企业并定期回购合伙企业财产份额系通谋虚假意思表示，依法应属无效，但隐藏的关于借贷的相关约定系双方真实意思表示，不违反法律、行政法规的强制性规定，应为有效。殷某波自愿为该借贷提供担保而作出的《承诺函》亦应为有效。二审判决在认定本案应按当事人隐藏的借贷法律关系进行处理的同时，直接将作为案涉法律关系载体的《合伙协议》《收购协议》确认无效，表述有失妥当。

相关条文

《民法典》

第一百四十六条 行为人与相对人以虚假的意思表示实施的民事法律行为无效。

以虚假的意思表示隐藏的民事法律行为的效力，依照有关法律规定处理。

第一百五十三条 违反法律、行政法规的强制性规定的民事法律行为无效。但是，该强制性规定不导致该民事法律行为无效的除外。

违背公序良俗的民事法律行为无效。

第一百五十七条 民事法律行为无效、被撤销或者确定不发生效力后，行为人因该行为取得的财产，应当予以返还；不能返还或者没有必要返还的，应当折价补偿。有过错的一方应当赔偿对方由此所受到的损失；各方都有过错的，应当各自承担相应的责任。法律另有规定的，依照其规定。

第五百零二条 依法成立的合同，自成立时生效，但是法律另有规定或者当事人另有约定的除外。

依照法律、行政法规的规定，合同应当办理批准等手续的，依照其规定。未办理批准等手续影响合同生效的，不影响合同中履行报批等义务条款以及相关条款的效力。应当办理申请批准等手续的当事人未履行义务的，对方可以请求其承担违反该义务的责任。

依照法律、行政法规的规定，合同的变更、转让、解除等情形应当办理批准等手续的，适用前款规定。

《民法典总则编司法解释》

第二十三条　民事法律行为不成立，当事人请求返还财产、折价补偿或者赔偿损失的，参照适用民法典第一百五十七条的规定。

《建设工程施工合同司法解释（一）》

第一条　建设工程施工合同具有下列情形之一的，应当依据民法典第一百五十三条第一款的规定，认定无效：

（一）承包人未取得建筑业企业资质或者超越资质等级的；

（二）没有资质的实际施工人借用有资质的建筑施工企业名义的；

（三）建设工程必须进行招标而未招标或者中标无效的。

承包人因转包、违法分包建设工程与他人签订的建设工程施工合同，应当依据民法典第一百五十三条第一款及第七百九十一条第二款、第三款的规定，认定无效。

第二条　招标人和中标人另行签订的建设工程施工合同约定的工程范围、建设工期、工程质量、工程价款等实质性内容，与中标合同不一致，一方当事人请求按照中标合同确定权利义务的，人民法院应予支持。

招标人和中标人在中标合同之外就明显高于市场价格购买承建房产、无偿建设住房配套设施、让利、向建设单位捐赠财物等另行签订合同，变相降低工程价款，一方当事人以该合同背离中标合同实质性内容为由请求确认无效的，人民法院应予支持。

第二十四条　当事人就同一建设工程订立的数份建设工程施工合同均无效，但建设工程质量合格，一方当事人请求参照实际履行的合同关于工程价款的约定折价补偿承包人的，人民法院应予支持。

实际履行的合同难以确定，当事人请求参照最后签订的合同关于工程价款的约定折价补偿承包人的，人民法院应予支持。

《保险法司法解释（二）》

第二条　人身保险中，因投保人对被保险人不具有保险利益导致保险合同无效，投保人主张保险人退还扣减相应手续费后的保险费的，人民法院应予支持。

《商品房买卖合同纠纷司法解释》

第六条 当事人以商品房预售合同未按照法律、行政法规规定办理登记备案手续为由，请求确认合同无效的，不予支持。

当事人约定以办理登记备案手续为商品房预售合同生效条件的，从其约定，但当事人一方已经履行主要义务，对方接受的除外。

第二十一条 以担保贷款为付款方式的商品房买卖合同的当事人一方请求确认商品房买卖合同无效或者撤销、解除合同的，如果担保权人作为有独立请求权第三人提出诉讼请求，应当与商品房担保贷款合同纠纷合并审理；未提出诉讼请求的，仅处理商品房买卖合同纠纷。担保权人就商品房担保贷款合同纠纷另行起诉的，可以与商品房买卖合同纠纷合并审理。

商品房买卖合同被确认无效或者被撤销、解除后，商品房担保贷款合同也被解除的、出卖人应当将收受的购房贷款和购房款的本金及利息分别返还担保权人和买受人。

《最高人民法院关于审理技术合同纠纷案件适用法律若干问题的解释》

第八条 生产产品或者提供服务依法须经有关部门审批或者取得行政许可，而未经审批或者许可的，不影响当事人订立的相关技术合同的效力。

当事人对办理前款所称审批或者许可的义务没有约定或者约定不明确的，人民法院应当判令由实施技术的一方负责办理，但法律、行政法规另有规定的除外。

《外商投资企业纠纷司法解释》

第一条 当事人在外商投资企业设立、变更等过程中订立的合同，依法律、行政法规的规定应当经外商投资企业审批机关批准后才生效的，自批准之日起生效；未经批准的，人民法院应当认定该合同未生效。当事人请求确认该合同无效的，人民法院不予支持。

前款所述合同因未经批准而被认定未生效的，不影响合同中当事人履行报批义务条款及因该报批义务而设定的相关条款的效力。

人民法院在审理案件中，发现经外商投资企业审批机关批准的外商投资企业合同具有法律、行政法规规定的无效情形的，应当认定合同无效；该合同具有法律、行政法规规定的可撤销情形，当事人请求撤销的，人民法院应予支持。

第十八条　实际投资者与外商投资企业名义股东之间的合同被认定无效，名义股东持有的股权价值高于实际投资额，实际投资者请求名义股东向其返还投资款并根据其实际投资情况以及名义股东参与外商投资企业经营管理的情况对股权收益在双方之间进行合理分配的，人民法院应予支持。

外商投资企业名义股东明确表示放弃股权或者拒绝继续持有股权的，人民法院可以判令以拍卖、变卖名义股东持有的外商投资企业股权所得向实际投资者返还投资款，其余款项根据实际投资者的实际投资情况、名义股东参与外商投资企业经营管理的情况在双方之间进行合理分配。

第十九条　实际投资者与外商投资企业名义股东之间的合同被认定无效，名义股东持有的股权价值低于实际投资额，实际投资者请求名义股东向其返还现有股权的等值价款的，人民法院应予支持；外商投资企业名义股东明确表示放弃股权或者拒绝继续持有股权的，人民法院可以判令以拍卖、变卖名义股东持有的外商投资企业股权所得向实际投资者返还投资款。

实际投资者请求名义股东赔偿损失的，人民法院应当根据名义股东对合同无效是否存在过错及过错大小认定其是否承担赔偿责任及具体赔偿数额。

《民法典时间效力规定》

民法典施行前成立的合同，适用当时的法律、司法解释的规定合同无效而适用民法典的规定合同有效的，适用民法典的相关规定。

《期货纠纷规定》

第十三条　有下列情形之一的，应当认定期货经纪合同无效：

（一）没有从事期货经纪业务的主体资格而从事期货经纪业务的；

（二）不具备从事期货交易主体资格的客户从事期货交易的；

（三）违反法律、行政法规的强制性规定的。

第十四条　因期货经纪合同无效给客户造成经济损失的，应当根据无效行为与损失之间的因果关系确定责任的承担。一方的损失系对方行为所致，应当由对方赔偿损失；双方有过错的，根据过错大小各自承担相应的民事责任。

第十五条 不具有主体资格的经营机构因从事期货经纪业务而导致期货经纪合同无效，该机构按客户的交易指令入市交易的，收取的佣金应当返还给客户，交易结果由客户承担。

该机构未按客户的交易指令入市交易，客户没有过错的，该机构应当返还客户的保证金并赔偿客户的损失。赔偿损失的范围包括交易手续费、税金及利息。

二、名实不符与合同效力

释义条文

《民法典合同编通则司法解释》

第十五条 人民法院认定当事人之间的权利义务关系，不应当拘泥于合同使用的名称，而应当根据合同约定的内容。当事人主张的权利义务关系与根据合同内容认定的权利义务关系不一致的，人民法院应当结合缔约背景、交易目的、交易结构、履行行为以及当事人是否存在虚构交易标的等事实认定当事人之间的实际民事法律关系。

规范解读

1. 与原有关条文的对比

本条与《合同法》第 125 条第 1 款规定相比，区别在于：首先，本条区分了有相对人的意思表示的解释和无相对人的意思表示的解释。其次，即使是在有相对人的意思表示的解释场合，本条的规定也与《合同法》的规定有区别，即本条的规定是以意思表示所使用的词句为基础，结合有关因素确定意思表示的含义，而《合同法》的规定是合同所使用的词句与其他有关因素并列。换句话说，意思表示所使用的词句，在本条的规定中占据基础性地位，但在《合同法》第 125 条的表述中，意思表示所使用的词句虽然重要，虽然排在所考虑的因素的第一位，但不如在《民法典》中规定得重要。

意思表示的解释，是指因意思表示不清楚或者不明确发生争议时，由人民法院或者仲裁机构运用解释方法，明确意思表示的真实含义的活动。任何意思表示都是通过语言、文字、行为等一定外在表现形式体现出来的，而这些外在表现形式与表意人的内心真实意思表示是否一致，常常因表意人的表达能力或者表达方式的不同而出现差异，或者意思表示不清楚、不明确，不同的人可能就会产生不同理解，甚至产生争议，此时，就需要人民法院或者仲裁机构对意思表示进行解释。

意思表示的解释具有以下特征：一是意思表示解释的对象是当事人已经表示出来的、确定的意思，而非深藏于当事人内心的意思。深藏于当事人内心的意思无法作为认识的对象，是无法解释的。二是意思表示解释的主体是人民法院或者仲裁机构，并不是任何机构或者个人都可以对意思表示作出有权解释。在现实生活中，其他机构或者个人自己对意思表示的解释不是有权解释，不会对当事人产生法律约束力，只有人民法院或者仲裁机构对意思表示作出的解释才是有权解释，才会对当事人产生法律约束力。三是人民法院或者仲裁机构对意思表示的解释不是任意的主观解释，而是必须遵循一定的规则，这些规则就是解释意思表示的方法。

面对错综复杂的名实不符合同，是机械地将其与典型合同对号入座，还是精准地对症下药，考验着法律人的智慧。如果不能准确探明合同目的在合同定性中的规范意义，仅因存在合同内容与目的的分离便以合同目的作为合同定性标准，无疑逾越了合同目的的功能边界，无法获得正当性支撑。

2. 名实不符的含义

“名实不符”是实践中的一种法律现象，大致可以分为两种情形：一种是合同名称与合同约定的内容不一致，基于合同定义的强制性，当事人双方无法对语词作不符合规范的定义，如将一方按照要求完成特定物品安装工作的合同定义为买卖合同；另一种是当事人主张的法律关系与合同约定的权利义务不一致。我们认为，上述两种情形在法律属性上是不同的：前者涉及合同解释问题，即如何理解当事人在合同中的特殊约定，例如“名为联营，实为借贷”“名为合作开发，实为借贷”等，往往涉及对“保底条款”的认定和理解；后者涉及当事人以虚假意思隐藏真实意思表示的问题，往往存在双方虚构交易标的进行交易或者为规避监管而采取虚伪表示，例如在“名为融资租赁，实为借贷”中，就可能是通过虚构交易标的来实现的，而在一些融资性贸易、票据清单交易中，则可能存在当事人为规避监管而采取虚伪表示的情况。

显然，对于当事人以虚假意思隐藏真实意思表示的问题，应适用《民法典》第146条的规定。但与“阴阳合同”不同的是，在此种“名实不符”情况下，由于当事人之间仅仅订立的是一份合同，而非两份以上的合同，因此，法官在判断是否构成虚伪意思表示时，存在较大难度。为此，《民法典合同编通则司法解释》第15条特别指出，“应当结合缔约背景、交易目的、交易结构、履行行为以及当事人是否存在虚构交易标的等事实认定当事人之间真实的法律关系，并据此认定合同效力”。也就是说，一旦认定当事人之间形式上订立的合同并非当事人真实意思表示，则应先认定当事人的真实意思表示，再认定真实意思表示订立合同的效力。不过，在此过程中，也可能存在形式上的合同虽然是一方的真实意思表示，但并非另一方真实意思表示的情形。此时，则既可能涉及合同被撤销（重大误解），也可能导致合同不成立。在当事人主张合同无效或者被撤销，而人民法院认定合同不成立时，不宜简单驳回当事人的诉讼请求，而应依据《民事诉讼证据规定》第53条的规定处理。

适用难点

1. 合同解释的应用和需要注意的问题

合同解释需在实践中结合案情进行综合性的价值判断与考量权衡，才能达到合法、合理、合情的效果。合同解释是指运用一定的解释方法探求当事人的真实意思表示。合同解释的目的则在于更好地规范当事人的言行，确保其适当地履行权利及义务，以实现缔约时所欲实现的目标，重视在意思自治的框架内保障当事人个案权利的圆满。关于合同解释中的“当事人真意”，法条规定似乎倾向于探求当事人主观上的真实意思，但多数观点认为，“当事人的立约真意”并非指其内心的主观意思，而是应当从维护善意相对人合理信赖及保障交易安全的立场，从意思表示受领人的角度出发，认定

“客观表示价值”；还有观点认为，应避免过于强调合同一方当事人的主观认知，而应探求双方共同的主观意思。

合同条款是基于合同当事人意思表示一致而订立的，但在实践中，由于种种原因，当事人可能会对合同某些条款的理解发生争议，或者双方实际约定的情况与合同不符。对这些含义的确定，应当探究当事人双方（或者多方）订立合同时真实的意思表示。对合同争议条款的解释规则，可作以下理解：

第一，首先要按照条款所使用的词句进行解释。法理上，这种解释方法又被称为文义解释。合同条款是由词句构成的，所以，解释合同条款必须首先从词句的含义入手。一些词句在不同的场合可能表达出不同的含义，对条款中词句的理解首先应当按照一个合理人通常的理解来进行。也就是说，法官应当将一个合理的人在通常情况下对有争议的条款所能理解的含义作为解释词句含义的标准。对于何谓“合理人”应当结合具体情况来判断，如果是一般的民事活动，则“合理人”就是社会一般的人，例如一个人到商场买一件衣服，对买卖合同的含义发生争议，对该买卖合同的理解就应当按照一个普通人的理解进行解释；如果是某种特殊交易，则“合理人”就是该领域内的人，例如医疗器械的买卖合同就应当按照医疗界人士的理解来解释其含义。

第二，对条款中词句的理解不能孤立进行，而要结合其他相关条款、行为的性质和目的、习惯以及诚信原则，综合判断、确定争议条款的含义。

（1）合同条款是合同整体的一部分，条款之间有密切联系，因此对争议条款的解释不仅要从该条款本身词句的含义去理解，还要结合其他相关条款进行分析判断，即应当整体考虑合同的上下文，根据不同条款之间的关联性来进行解释。

（2）行为的性质或者合同的性质，指该合同所体现的显著区别于其他合同的本质特征。合同的性质不同，在合同的成立、履行、解除、违约责任等方面也就有所不同。合同的性质，例如某一融资类合同究竟是融资租赁合同还是借款合同，可能直接影响对合同条款的理解，因此对争议条款含义的确定，也要充分考虑合同的性质。

（3）根据行为目的即合同目的进行解释，是指应当根据当事人订立合同所追求的目的对争议条款进行解释。当事人签订合同都是为达到一定的目的，合同中的各条款都是为达到合同目的而制定的。合同目的包括整个合同的真实意图。因此，在解释争议条款时，应当从符合合同目的的原则剖析，当条款表达意见含混不清或相互矛盾时，作出与合同目的协调一致的解释。

在具体案件中，也可按照交易习惯和诚信原则进行解释。

2. “名为典当、实为借贷”的借款利息认定

民间借贷法律关系中关于利率及利息的认定，不仅需要考虑政府及金融监管部门的管理便利，同时也需要考虑到市场主体中借贷双方的利益需求。民间借贷法律关系中利率及利息的认定主要存在以下关键问题：一是区分自然人之间、自然人和法人、法人之间的认定标准；二是约定明确与约定不明时的认定标准；三是对于利息无约定或者利息约定不明时的裁量认定标准。

借贷双方对于借款利息没有约定或者约定不明时，在合同本质上属于合同部分条款欠缺，此时需要利用合同解释原理进行补充，但解释合同必须尊重合同原有内容，洞察当事人真实本意。具体至“名为典当、实为借贷”的借款合同案件，当事人在形式合同中使用的语言文字表述，以及在形式合同与实质合同相似条款的内容比较上，通过对合同的整体解释补充合同欠缺的内容，同时充分考虑交易方式、交易习惯和法律、行政法规的强制性规定在法定裁量范围内认定此类借款合同的利息标准。

风险防范

在民事法律关系中，当事人的权利义务，既来自当事人的意思自治，也来自法律的规定。合同中的权利义务条款为当事人划定了行为的边界，起到规范和指引当事人行为的作用，是当事人意思自治的体现；同时，权利义务条款还决定着合同的性质，在发生纠纷时，合同如何定性则会直接影响法律的适用。由于各类合同的权利义务内容存在相互交叉的情况，而在合同中，双方当事人对合同的签订时常存在合同名称与合同内容不相符合的情况，故对合同性质的认定，时常成为审判实践中的争议焦点问题。要做到：

（1）合同的权利义务条款，是实现合同目的的重要保障。因此，订立合同时，权利义务条款的约定应尽可能清晰、详尽。

（2）权利义务条款应讲求对等和公平。经济活动中，强势一方不应该利用优势地位，刻意规避自身应承担的责任与义务，故意加重对方的责任，这样做既可能得不到法律的支持，还可能减损自身信誉，损害自己的长期利益；而弱势一方，则应当通过合同中的权利义务条款来保障自身的基本权利，一味追求低价而忽略合同条款，常常会得不偿失。

（3）实践中，主张损害方承担侵权责任往往需要证明损害方存在过错，且损害事实与其过错之间存在因果关系，这显然比主张违约责任会更困难一些。因此，事前重视合同的订立，明确各方的权利、义务及违约责任，清晰合同性质，才更加有利于平等保障合同各方的权益。

类案指引

1. 某甲银行和某乙银行合同纠纷案

裁判要旨：案涉交易符合以票据贴现为手段的多链条融资交易的基本特征。案涉《回购合同》是双方虚假意思表示，目的是借用银行承兑汇票买入返售的形式为某甲银行向实际用资人提供资金通道，真实合意是资金通道合同。在资金通道合同项下，各方当事人的权利义务是，过桥行提供资金通道服务，由出资银行提供所需划转的资金并支付相应的服务费，过桥行无交付票据的义务，但应根据其过错对出资银行的损失承担相应的赔偿责任。

法院认为：《回购合同》系双方虚假合意，该虚假合意隐藏的真实合意是由某乙银行为某甲银行提供资金通道服务，故双方之间的法律关系为资金通道合同法律关系。具体理由为：第一，某甲银行明知以票据回购形式提供融资发生在其与王某之间，亦明知是在无票据作为担保的情况下向王某融出资金，而某乙银行等过桥行仅凭某甲银行提供的票据清单开展交易，为其提供通道服务。因此，本案是以票据贴现为手段，以票据清单交易为形式的多链条融资模式，某甲银行是实际出资行，王某是实际用资人，某乙银行是过桥行。第二，某甲银行与某乙银行之间不交票、不背书，仅凭清单交易的事实可以证明，《回购合同》并非双方当事人的真实合意。第三，案涉交易存在不符合正常票据回购交易顺序的倒打款，进一步说明《回购合同》并非双方的真实意思表示。《回购合同》表面约定的票据回购系双方的虚假意思而无效；隐藏的资金通道合同违反了金融机构审慎经营原则，且扰乱了票据市场交易秩序、引发金融风险，因此双方当事人基于真实意思表示形成的资金通道合同属于违背公序良俗、损害社会公共利益的合同，依据《民法总则》第153条第2款及《合同法》第52条第4项的规定，应为无效。在《回购合同》无效的情形下，某甲银行请求某乙银行履行合同约定的义务并承担违约责任，缺乏法律依据，但某乙银行应根据其过错对某甲银行的损失承担相应的赔偿责任。

2. 中信银行股份有限公司西安分行（以下简称中信银行西安分行）与山煤国际能源集团晋城有限公司（以下简称山煤晋城公司）合同纠纷案①

裁判要旨：保兑仓交易以双方有真实买卖关系为前提，无真实买卖关系的，属于名为保兑仓交易实为借款合同，保兑仓交易无效，被隐藏的借款合同是当事人的真实意思表示，如不存在其他无效情形，应当认定有效。保兑仓交易认定为借款合同关系的，不影响卖方和银行之间担保关系的效力，卖方仍应当承担担保责任。

法院认为：保兑仓交易作为一种新类型融资担保方式，其基本交易模式是，以银行信用为载体、以银行承兑汇票为结算工具、由银行控制货权、卖方受托保管货物并以承兑汇票与保证金之间的差额作为担保。保兑仓交易的基本交易流程是：卖方、买方和银行签订三方合作协议，其中买方向银行缴存一定比例的承兑保证金，银行向买方签发以卖方为收款人的银行承兑汇票，买方将银行承兑汇票交付卖方作为货款，银行

① 参见最高人民法院（2019）最高法民终870号民事判决书。

根据买方缴纳的保证金的一定比例向卖方签发提货单，卖方根据提货单向买方交付对应金额的货物，买方销售货物后，将货款再缴存为保证金。根据案涉《三方业务合作协议》载明的内容，本案当事人在该协议中约定的交易方式是较为典型的保兑仓交易。但保兑仓交易以买卖双方有真实买卖关系为前提。案涉《三方业务合作协议》虽然体现的交易方式为保兑仓交易，但根据查明的事实，山煤晋城公司与陕西石化公司之间并不存在真实的货物买卖交易。案涉保兑仓交易没有真实贸易背景，因此当事人之间并不存在真实有效的保兑仓交易法律关系。案涉《三方业务合作协议》的各方当事人之间真实的法律关系应为借款及担保合同关系，即中信银行西安分行向陕西石化公司提供融资借款，山煤晋城公司为陕西石化公司向中信银行西安分行的借款提供担保，上述借款及担保均是当事人真实意思表示，不违反法律规定，故案涉《三方业务合作协议》实质为借款及担保合同，应认定有效。

相关条文

《民法典》

第一百四十条　行为人可以明示或者默示作出意思表示。

沉默只有在有法律规定、当事人约定或者符合当事人之间的交易习惯时，才可以视为意思表示。

第一百四十二条　有相对人的意思表示的解释，应当按照所使用的词句，结合相关条款、行为的性质和目的、习惯以及诚信原则，确定意思表示的含义。

无相对人的意思表示的解释，不能完全拘泥于所使用的词句，而应当结合相关条款、行为的性质和目的、习惯以及诚信原则，确定行为人的真实意思。

第四百六十六条　当事人对合同条款的理解有争议的，应当依据本法第一百四十二条第一款的规定，确定争议条款的含义。

合同文本采用两种以上文字订立并约定具有同等效力的，对各文本使用的词句推定具有相同含义。各文本使用的词句不一致的，应当根据合同的相关条款、性质、目的以及诚信原则等予以解释。

第四百九十八条 对格式条款的理解发生争议的，应当按照通常理解予以解释。对格式条款有两种以上解释的，应当作出不利于提供格式条款一方的解释。格式条款和非格式条款不一致的，应当采用非格式条款。

第五百一十条 合同生效后，当事人就质量、价款或者报酬、履行地点等内容没有约定或者约定不明确的，可以协议补充；不能达成补充协议的，按照合同相关条款或者交易习惯确定。

第五百一十一条 当事人就有关合同内容约定不明确，依据前条规定仍不能确定的，适用下列规定：

（一）质量要求不明确的，按照强制性国家标准履行；没有强制性国家标准的，按照推荐性国家标准履行；没有推荐性国家标准的，按照行业标准履行；没有国家标准、行业标准的，按照通常标准或者符合合同目的的特定标准履行。

（二）价款或者报酬不明确的，按照订立合同时履行地的市场价格履行；依法应当执行政府定价或者政府指导价的，依照规定履行。

（三）履行地点不明确，给付货币的，在接受货币一方所在地履行；交付不动产的，在不动产所在地履行；其他标的，在履行义务一方所在地履行。

（四）履行期限不明确的，债务人可以随时履行，债权人也可以随时请求履行，但是应当给对方必要的准备时间。

（五）履行方式不明确的，按照有利于实现合同目的的方式履行。

（六）履行费用的负担不明确的，由履行义务一方负担；因债权人原因增加的履行费用，由债权人负担。

第一千零二十一条 当事人对肖像许可使用合同中关于肖像使用条款的理解有争议的，应当作出有利于肖像权人的解释。

《保险法》

第三十条 采用保险人提供的格式条款订立的保险合同，保险人与投保人、被保险人或者受益人对合同条款有争议的，应当按照通常理解予以解释。对合同条款有两种以上解释的，人民法院或者仲裁机构应当作出有利于被保险人和受益人的解释。

《最高人民法院关于审理融资租赁合同纠纷案件适用法律问题的解释》

第一条 人民法院应当根据民法典第七百三十五条的规定，结合标的物的性质、价值、租金的构成以及当事人的合同权利和义务，对是否构成融资租赁法律关系作出认定。

对名为融资租赁合同，但实际不构成融资租赁法律关系的，人民法院应按照其实际构成的法律关系处理。

《民间借贷规定》

第二十三条 当事人以订立买卖合同作为民间借贷合同的担保，借款到期后借款人不能还款，出借人请求履行买卖合同的，人民法院应当按照民间借贷法律关系审理。当事人根据法庭审理情况变更诉讼请求的，人民法院应当准许。

按照民间借贷法律关系审理作出的判决生效后，借款人不履行生效判决确定的金钱债务，出借人可以申请拍卖买卖合同标的物，以偿还债务。就拍卖所得的价款与应偿还借款本息之间的差额，借款人或者出借人有权主张返还或者补偿。

《民事诉讼法司法解释》

第十八条 合同约定履行地点的，以约定的履行地点为合同履行地。

合同对履行地点没有约定或者约定不明确，争议标的为给付货币的，接收货币一方所在地为合同履行地；交付不动产的，不动产所在地为合同履行地；其他标的，履行义务一方所在地为合同履行地。即时结清的合同，交易行为地为合同履行地。

合同没有实际履行，当事人双方住所地都不在合同约定的履行地的，由被告住所地人民法院管辖。

《最高人民法院关于审理涉及国有土地使用权合同纠纷案件适用法律问题的解释》

第二十一条 合作开发房地产合同约定提供土地使用权的当事人不承担经营风险，只收取固定利益的，应当认定为土地使用权转让合同。

第二十二条 合作开发房地产合同约定提供资金的当事人不承担经营风

险，只分配固定数量房屋的，应当认定为房屋买卖合同。

第二十三条 合作开发房地产合同约定提供资金的当事人不承担经营风险，只收取固定数额货币的，应当认定为借款合同。

第二十四条 合作开发房地产合同约定提供资金的当事人不承担经营风险，只以租赁或者其他形式使用房屋的，应当认定为房屋租赁合同。

第四节　合同无效的具体认定

一、合同违反强制性规定无效的认定

释义条文

《民法典合同编通则司法解释》

第十六条 合同违反法律、行政法规的强制性规定，有下列情形之一，由行为人承担行政责任或者刑事责任能够实现强制性规定的立法目的的，人民法院可以依据民法典第一百五十三条第一款关于“该强制性规定不导致该民事法律行为无效的除外”的规定认定该合同不因违反强制性规定无效：

（一）强制性规定虽然旨在维护社会公共秩序，但是合同的实际履行对社会公共秩序造成的影响显著轻微，认定合同无效将导致案件处理结果有失公平公正；

（二）强制性规定旨在维护政府的税收、土地出让金等国家利益或者其他民事主体的合法利益而非合同当事人的民事权益，认定合同有效不会影响该规范目的的实现；

（三）强制性规定旨在要求当事人一方加强风险控制、内部管理等，对方无能力或者无义务审查合同是否违反强制性规定，认定合同无效将使其承担不利后果；

（四）当事人一方虽然在订立合同时违反强制性规定，但是在合同订立后其已经具备补正违反强制性规定的条件却违背诚信原则不予补正；

（五）法律、司法解释规定的其他情形。

法律、行政法规的强制性规定旨在规制合同订立后的履行行为，当事人以合同违反强制性规定为由请求认定合同无效的，人民法院不予支持。但是，合同履行必然导致违反强制性规定或者法律、司法解释另有规定的除外。

依据前两款认定合同有效，但是当事人的违法行为未经处理的，人民法院应当向有关行政管理部门提出司法建议。当事人的行为涉嫌犯罪的，应当将案件线索移送刑事侦查机关；属于刑事自诉案件的，应当告知当事人可以向有管辖权的人民法院另行提起诉讼。

规范解读

1. 违反强制性规定导致合同无效的情形

（1）管理型强制性规定与效力性强制性规定的区分。

1981 年颁布的《经济合同法》第 7 条规定，违反法律和国家政策、计划的合同无效。1986 年颁布的《民法通则》第 58 条规定，违反法律的合同无效。这两条中的“法律”是指广义的法律，包括法律、行政法规、地方性法规和部门规章等。这导致民事主体的意思自治受到了很大的制约，影响了中国特色社会主义市场经济的发展。1999 年 3 月颁布的《合同法》第 52 条第 5 项规定，违反法律、行政法规的强制性规定合同无效。该条明确将合同无效的依据限缩为“法律和行政法规”，排除了地方性法规和规章。1999 年 12 月颁布的《合同法司法解释（一）》第 4 条规定：“合同法实施以后，人民法院确认合同无效，应当以全国人大及其常委会制定的法律和国务院制定的行政法规为依据，不得以地方性法规、行政规章为依据。”2009 年颁布的《合同法司法解释（二）》第 14 条规定：“合同法第五十二条第（五）项规定的‘强制性规定’，是指效力性强制性规定。”该条进一步确定合同无效的依据限缩为法律和行政法规中的效力性强制性规定。2009 年颁布的《民商事合同指导意见》第 15 条规定，“违反效力性强制规定的，人民法院应当认定合同无效；违反管理性强制规定的，人民法院应当根据具体情形认定其效力”。

在《民法总则》起草过程中，曾经采纳了“效力性强制性规定”的表达。《民法总则（草案）》（第三次审议稿）第155条规定：“违反法律、行政法规的效力性强制性规定或者违背善良风俗的民事法律行为无效。”不过，有意见认为，效力性强制性规定的概念比较模糊，与管理性强制性规定难以区分，建议更换一种更加明确的表达方式。因此，2017年颁布的《民法总则》第153条第1款规定：“违反法律、行政法规的强制性规定的民事法律行为无效，但是该强制性规定不导致该民事法律行为无效的除外。”2020年颁布的《民法典》对该条没有修改。《民法典》虽然没有明确采纳“效力性强制性规定”的表达，但采取但书的方式，同样起到限缩民事法律行为无效法律依据范围的目的。最高人民法院新闻局2023年12月5日发布的《最高人民法院民二庭、研究室负责人就民法典合同编通则司法解释答记者问》就提及，“在解释起草的过程中，考虑到效力性强制性规定的表述已被普遍接受，不少同志建议继续将效力性强制性规定作为判断合同是否因违反强制性规定而无效的标准。经过反复研究并征求各方面的意见，解释没有继续采用这一表述。主要是因为，虽然有的强制性规定究竟是效力性强制性还是管理性强制性规定十分清楚，但是有的强制性规定的性质却很难区分。问题出在区分的标准不清晰，没有达成共识，特别是没有形成简便易行、务实管用的可操作标准，导致审判实践中有时裁判尺度不统一。一是因为虽然有的强制性规定究竟是效力性强制性规定还是管理性强制性规定十分清楚，但是有的强制性规定的性质却很难区分。问题出在区分的标准不清晰，没有形成共识，特别是没有形成简便易行、务实管用的可操作标准，导致审判实践中有时裁判尺度不统一。二是因为在有的场合，合同有效还是无效，是裁判者根据一定的因素综合进行分析的结果，而不是其作出判决的原因。三是因为自效力性强制性规定的概念提出以来，审判实践中出现了望文生义的现象，即大量公法上的强制性规定被认为属于管理性强制性规定，不是效力性强制性规定”。因此，《民法典合同编通则司法解释》第16条没有采取《合同法司法解释（二）》第14条将强制性规定区分为效力性强制性规定和管理性强制性规定的做法，而是采取了直接对《民法典》第153条第1款规定的“但书”进行解释的思路，回应广大民商事法官的现实需求。

虽然司法解释没有继续采纳效力性强制性规定的表达，但作为司法实践产生的一种知识将在相当长的时间内仍然发挥较大的作用。

（2）认定效力性强制性规定的主要因素。

《九民纪要》第 30 条规定，人民法院在审理合同纠纷案件时，要依法慎重判断“强制性规定”的性质，特别是要在考量强制性规定所保护的法益类型、违法行为的法律后果以及交易安全保护等因素的基础上认定其性质，并在裁判文书中充分说明理由。《民法典合同编通则司法解释（征求意见稿）》第 17 条第 1 款规定：“合同违反法律、行政法规的效力性强制性规定的，人民法院应当依据民法典第一百五十三条第一款认定无效。在判断法律、行政法规的强制性规定是否为效力性强制性规定时，人民法院应当综合考量强制性规定的目的、当事人是否属于强制性规定保护的范围、强制性规定规制的是一方当事人还是双方当事人、违反强制性规定的社会后果等因素。”因为没有形成足够的共识，该条并没有成为正式的司法解释条文。然而，该条认定效力性强制性规定的方法和思路，在实践中仍有相当价值。

第一，强制性规定的目的。立法目的是制定法律的根本目标和宗旨。在具体案件中，要从立法目的出发，进行合理解释。《民法典》第 1 条规定的立法目的是保护民事主体的合法权益，维护社会和经济秩序。不同法律的立法目的不同，不同强制性规范的立法目的不同。不确认违法行为无效不能达到立法目的的，属于效力性强制性规定，否则就属于管理性强制性规范。管理性强制性规定更多是为了实现管理的需要而设置的，并非针对行为内容本身。

第二，强制性规定保护的范围。强制性规定往往有特定的保护范围，司法裁判不能轻易超越保护范围，轻易认定为效力性强制性规范，进而否认合同的效力。如《金融资产管理公司条例》第 11 条规定：“金融资产管理公司按照国务院确定的范围和额度收购国有银行不良贷款；超出确定的范围或者额度收购的，须经国务院专项审批。”最高人民法院认定，《金融资产管理公司条例》该条规定是基于行政管理作出的，违反该规定并不必然导致债权转让合同的无效。[1] 再如，《储蓄管理条例》第 22 条规定："储蓄存款利率由中国人民银行拟订，经国务院批准后公布，或者由国务院授权中国人民银行制定、公布。"第 23 条规定："储蓄机构必须挂牌公告储蓄存款利率，不得擅自变动。"在"梅州市梅江区农村信用合作联社江南信用社诉罗某玲储蓄合同纠纷案"中，人民法院认定，《储蓄管理条例》第 22 条和第 23 条的规定是对金融机构管理性规定，不是对储蓄机构对外签订、履行储蓄存款合同的效力性规定，不影响储蓄机构在从事民事活动中的行为的效力，不能以储蓄机构违反该项规定为由，确认涉案储蓄合同关于存期的约定无效。[2] 上述案例中，强制性规范针对的是特定主体的对内管理行为、不涉及公共利益的规定，不属于效力性强制性规定。

第三，强制性规定规制的是一方当事人还是双方当事人。有些强制性规定，是针对双方当事人提出的要求，如禁止流通物的买卖；有些强制性规定是一方当事人提出的要求，如各种营业资质的申请等。如《商业银行法》第 39 条第 1 款规定："商业银行贷款，应当遵守下列资产负债比例管理的规定：（一）资本充足率不得低于百分之八；（二）流动性资产余额与流动性负债余额的比例不得低于百分之二十五；（三）对同一借款人的贷款余额与商业银行资本余额的比例不得超过百分之十；（四）国务院银行业监督管理机构对资产负债比例管理的其他规定。"《最高人民法院关于信用社违反商业银行法有关规定所签借款合同是否有效的答复》（法经〔2000〕27 号函）中明确，《商业银行法》第 39 条是关于商业银行资产负债比例管理方面的规定。它体现中国人民银行更有效地强化对商业银行（包括信用社）的审慎监管，商业银行（包括信用社）应当依据该条规定对自身的资产负债比例进行内部控制，以实现营利性、安全性和流动性的经营原则。商业银行（包括信用社）所进行的民事活动如违反该条规定的，人民银行应按照商业银行法的规定进行处罚，但不影响其从事民事活动的主体资格，也不影响其所签订的借款合同的效力。再如《国际海运条例》第 7 条第 1 款规定，经

---

① 参见最高人民法院（2003）民二终字第 14 号民事判决书。

② 参见梅州市梅江区农村信用合作联社江南信用社诉罗某玲储蓄合同纠纷案，载《最高人民法院公报》2011 年第 1 期。

营无船承运业务，应当向国务院交通主管部门办理提单登记，并缴纳保证金。《最高人民法院关于未取得无船承运业务经营资格的经营者与托运人订立的海上货物运输合同或签发的提单是否有效的请示的复函》（〔2007〕民四他字第19号）中明确，《国际海运条例》第7条第1款是管理性强制性规定；当事人在未取得无船承运业务经营资格的情况下签发了未在交通主管部门登记的提单，虽然违反了《国际海运条例》第7条第1款，但提单仍然有效；受理案件的法院应当向有关交通主管部门发出司法建议，建议交通主管部门予以处罚。

第四，违反强制性规定的社会后果。如果强制性规范的违反，可能构成刑事犯罪，就意味着这种行为具有较强的社会危害性。为实现法律体系的统一，考虑人民群众的法感情，违反该强制性规定的合同一般宜认定为无效。如果强制性规范的违反，只是轻微的行政违法，就不宜简单认定违反该规定的合同是无效的。该行为仅造成当事人的损害还是不特定多数人的损害，对于强制性规范性质的认定，也具有重要的意义。如果仅仅是当事人的损害，就不宜认定为效力性强制性规范。如果是不特定的多数人利益，就可以认定为效力性强制性规范。

人民法院在认定强制性规范性质时，要权衡相互冲突的权益，进行综合利益衡量。首先，强制性规范要实现的法益与合同自由的法益，要进行比较全面的权衡。如果强制性规范要保护的是人身自由、人格尊严，保护的是婚姻自主权等基本民事权益，则违反该强制性规定的合同是无效的。如果强制性规范保护的是金融安全、国家秩序等，则违反该强制性规定的合同往往也是无效的。其次，要考虑交易安全的保护。如果强制性规范只禁止一方为某种行为，在确定合同效力时，要优先考虑交易相对人的保护问题。最后，合同是否已经履行也是要考虑的客观因素。在合同已经履行的情况下，双方对质量没有争议，可以在一定程度上承认合同的有效性，否则将会破坏现有的社会秩序，造成社会资源的浪费。当然，如果合同瑕疵是严重的，比如买卖枪支弹药，因严重违反社会秩序，合同就属于绝对无效。

（3）效力性强制性规定的主要类型。

《九民纪要》第30条规定，下列强制性规定，应当认定为“效力性强制性规定”：强制性规定涉及金融安全、市场秩序、国家宏观政策等公序良俗的；交易标的禁止买卖的，如禁止人体器官、毒品、枪支等买卖；违反特许经营规定的，如场外配资合同；交易方式严重违法的，如违反招投标等竞争性缔约方式订立的合同；交易场所违法的，如在批准的交易场所之外进行期货交易。关于经营范围、交易时间、交易数量等行政管理性质的强制性规定，一般应当认定为“管理性强制性规定”。《民法典合同编通则司法解释（征求意见稿）》第17条第2款规定：“有下列情形之一的，人民法院应当认定合同因违反效力性强制性规定无效：（一）合同主体违反法律、行政法规关于国家限制经营、特许经营以及禁止经营等强制性规定；（二）合同约定的标的物属于法律、行政法规禁止转让的财产；（三）合同约定的内容本身违反禁止实施犯罪行为、不得实施侵权行为、不得限制个人基本权利等强制性规定；（四）交易方式违反法律、行政法规关于应当采用公开竞价方式缔约等强制性规定；（五）交易场所违反法律、行政法规关于应当集中交易等强制性规定；（六）合同违反涉及公序良俗的强制性规定的其他情形。”因为没有形成足够的共识，该条并没有成为正式的司法解释条文。该条规定的效力性强制性规定的主要类型，在实践中仍有相当的价值。

第一，合同主体违反法律、行政法规关于国家限制经营、特许经营以及禁止经营等强制性规定。国家限制经营、特许经营，包括允许个人准入须经法定程序批准或许可，如香烟、食盐等经营，也包括不允许个人经营的国家垄断性经营，如股指期货、外汇等。禁止经营包括贩卖盗版光盘、毒品、淫秽物品等法律法规严令禁止的物品。参照非法经营罪的打击对象，其“口径”逐步扩大，逐步外延到生产销售有毒有害食品行为，特殊时期哄抬物价、牟取暴利行为，设立淫秽色情网站的行为，印刷销售法轮功等非法出版物的行为等。[①] 根据《外商投资法》第28条的规定，外资企业从事负面清单规定的禁止投资的领域，签订的合同，虽然属于市场准入资格类规则，但根据该规定，应认定合同无效。

---

① 田宏杰、阮柏云：《非法经营罪内涵与外延扩张限制思考》，载《人民检察》2012年第23期。

第二，合同约定的标的物属于法律、行政法规禁止转让的财产。例如，《民法典》第1007条规定："禁止以任何形式买卖人体细胞、人体组织、人体器官、遗体。违反前款规定的买卖行为无效。"再如，《文物保护法》第44条规定："禁止国有文物收藏单位将馆藏文物赠与、出租或者出售给其他单位、个人。"该条不仅禁止赠与、出租或者出售馆藏文物行为，还禁止国有文物通过赠与、出租或者出售等行为流入其他单位或者个人的结果，因此其效力应当是无效的。①

第三，合同约定的内容本身违反禁止实施犯罪行为、不得实施侵权行为、不得限制个人基本权利等强制性规定。比如，赌博为我国《刑法》所明确禁止，因此赌债是无效的，不受法律保护。再如，根据《民法典》第497条的规定，提供格式条款一方不合理地免除或者减轻其责任、加重对方责任、限制对方主要权利，或者提供格式条款一方排除对方主要权利，该格式条款无效。在"许某梁与洪某蓉民间借贷纠纷案"② 中，案外人洪某博系洪某蓉的父亲，其已死亡。许某梁提交的借据载明借款金额600,000元，借款人为洪某博，担保人为洪某蓉。该借款款项由数次出借组成，经另案庭审调查属于标会款。许某梁诉至法院，请求判令洪某蓉返还借款本金及利息。法院认为：该案许某梁主张借款600,000元系由2014年的6笔借款结算而成，洪某蓉所提交的由洪某博组织的自2014年7月15日起的标会记录及其他标会记录多份，许某梁质证表示无异议，并承认其参与了洪某博所组织的标会，而该标会记录体现标会总额为600,000元。标会属于国家明令禁止的破坏金融秩序的非法集资行为，根据法律规定，标会款不受法律保护，许某梁亦无权诉请案外人洪某博或其继承人，以及担保人洪某蓉返还该600,000元。

第四，交易方式违反法律、行政法规关于应当采用公开竞价方式缔约等强制性规定。《招标投标法》第3条第1款规定："在中华人民共和国境内进行下列工程建设项目包括项目的勘察、设计、施工、监理以及与工程建设

① 陈树森：《识别影响合同效力强制性规定的路径思考》，载《中国应用法学》2021年第5期。

② 参见福建省泉州市中级人民法院（2021）闽05民终686号民事判决书。

有关的重要设备、材料等的采购，必须进行招标：（一）大型基础设施、公用事业等关系社会公共利益、公众安全的项目；（二）全部或者部分使用国有资金投资或者国家融资的项目；（三）使用国际组织或者外国政府贷款、援助资金的项目。”招标投标活动不仅涉及当事人合法权益的保护，还涉及国家利益、社会公共利益的问题。因此，根据《建设工程施工合同纠纷司法解释（一）》第1条，建设工程必须进行招标而未招标的合同，是无效的。

第五，交易场所违反法律、行政法规关于应当集中交易等强制性规定。交易场所往往是合同的次要部分，违反交易场所的规定，比如禁止占道经营或者禁止在中小学附近经营等，本身并不禁止当事人从事的经营行为本身，故违反该规定时不影响合同效力。如《未成年人保护法》第58条中规定，“学校、幼儿园周边不得设置营业性娱乐场所、酒吧、互联网上网服务营业场所等不适宜未成年人活动的场所”。但有些行为不能在特定场所内进行，否则构成违法，签订的合同无效。如《河道管理条例》第24条第1款规定：“在河道管理范围内，禁止修建围堤、阻水渠道、阻水道路；种植高杆农作物、芦苇、杞柳、荻柴和树木（堤防防护林除外）；设置拦河渔具；弃置矿渣、石渣、煤灰、泥土、垃圾等。”植树行为本身不违法，但该条禁止在河道管理范围内植树，河道管理范围签订的植树合同是无效的。有些行为只能在特定场所内进行，否则构成违法，签订的合同无效。如证券交易、期货交易等往往是特许经营，只能在特定交易所进行。

第六，合同违反涉及公序良俗的强制性规定的其他情形。以上五种情形没有完全列举，其他应当认定为效力性强制性规定的情形，也包括在该条文义范围内。如在“张某春与丰都县三抚林场合同纠纷案”① 中，法院认为：《森林法》规定，自然保护区的森林严禁采伐。《自然保护区条例》规定，禁止任何人进入自然保护区的核心区，因科学研究的需要必须进入核心区从事科学研究观测、调查活动的，需经省级以上人民政府有关自然保护区行政主管部门批准，禁止在自然保护区的缓冲区开展旅游和生产经营活动。案涉

① 该案系2020年重庆市高级人民法院发布重庆法院环境资源典型案例之七。

竹笋收购资格确认合同违反了《森林法》和《自然保护区条例》的前述禁止性规定，如果认定合同有效并继续履行，将对自然环境和生态造成破坏，损害环境公共利益，该竹笋收购资格确认合同应属无效。

2. 违反强制性规定不导致合同无效的情形

《民法典合同编通则司法解释》第 16 条没有采用自 2009 年以来形成的区分效力性强制性与管理性强制性规定的主流观点，而是采取对《民法典》第 153 条第 1 款“该强制性规定不导致该民事法律行为无效”进行解释的方法。实践中很难准确区分效力性强制性与管理性强制性规定，没有形成简便易行、务实管用的可操作标准，导致裁判尺度不统一。合同有效还是无效，是裁判者根据一定的因素综合进行分析的结果，而不是简单判定强制性规范的性质。因此，《民法典合同编通则司法解释》第 16 条采取了整体主义法治的立场，不区分效力性强制性规定和管理性强制性规定，强调民事法治与行政法治、刑事法治的统一，强调运用比例原则在个案中判定违反强制性规定的效力。

（1）行政责任或者刑事责任与合同效力的关系。

根据《民法典合同编通则司法解释》第 16 条第 1 款的规定，合同虽然违反法律、行政法规的强制性规定，但由行为人承担行政责任或者刑事责任就可以能够实现强制性规定的立法目的的，该合同就是有效的。这是整体主义法治观的具体体现，具有较强的实践意义。法律体系的系统性、整体性、协同性是国家法治统一的前提条件。维护国家法治统一，是一个严肃的政治问题。我国是单一制国家，维护国家法治统一至关重要。实现国家法治统一，必须切实增强宪法意识，发挥宪法统领作用。宪法调控民法、行政法与刑法关系，实现法律体系内部的协调。

违反法律、行政法规的强制性规定，要承担行政处罚等行政责任。违反法律、行政法规强制性规定的合同，并不当然无效。如果行政责任足以实现强制性规定的目的，违反法律、行政法规强制性规定的合同就是有效的。要树立整体主义法治观，用宪法思维处理民法与行政法的冲突。私法自治与行政管制的界限，不是由民法确定，也不是由行政法确定，而是由宪法确定。如未经登记的公司签订的合同，公司登记机关可以予以行政处罚，但签订的合同并不当然无效。《公司法》第259条规定："未依法登记为有限责任公司或者股份有限公司，而冒用有限责任公司或者股份有限公司名义的，或者未依法登记为有限责任公司或者股份有限公司的分公司，而冒用有限责任公司或者股份有限公司的分公司名义的，由公司登记机关责令改正或者予以取缔，可以并处十万元以下的罚款。"根据这一条款，未依法登记为公司，而冒用公司名义签订合同，要承担相应的行政责任。然而，该合同并不是当然无效的。设立中的公司，参与经营活动，公司登记机关可以罚款。公司登记成立后，对未成立之前的经营行为进行了追认，合同就应当有效。

近些年，与涉嫌诈骗、合同诈骗、票据诈骗、集资诈骗、非法吸收公众存款等犯罪有关的民商事案件的数量有所增加，出现了一些新情况和新问题。对于刑民交叉中的合同效力，一直存在两种观点："有效说"和"无效说"。人民法院应当结合犯罪主体是一方当事人还是双方当事人、合同内容与犯罪行为的关系、当事人意思表示是否真实等因素，依据《民法典》的有关规定认定合同效力。在审理涉罪民刑交叉案件时，应当以"法秩序的统一"为原理来探究合同效力。由于刑法和民法的目的具有十分大的差异，两者的法律评价就必然存在一定程度的疏离，有时甚至是相反的结果。在法秩序统一原理的指引下，在处理刑民关系的案件时，要看某一行为在民事上是否合法，如果在民事上是合法的，便可以排除犯罪的存在。① 刑法上不能将行政法或者民法上认为合法的行为，认定为犯罪行为；民法性或者公法性的许可能够排除行为的违法性。② 无论是民事违法、行政违法或是刑事违法，作为其上位的违法性的判断应当是统一的，但是在保护法益这一根本目的同一的前提下，仍应当承认不同的法律部门有其不同的功能、不同的政策考量。③ 不同部门法对同一行为的法律评价不同，对同一概念的解释技术不同，因此在认定刑民交叉案件的合同效力时，应当采纳"违法相对论"的观点，树立整体主义的法治观。

---

① 陈兴良：《刑民交叉案件的刑法适用》，载《法律科学》2019年第2期。

② 周光权：《非法倒卖转让土地使用权罪研究》，载《法学论坛》2014年第5期。

③ 童伟华：《日本刑法中违法性判断的一元论与相对论述评》，载《河北法学》2019年第11期。

通过刑事责任可以实现强制性规定的立法目的，可以通过两个案例予以说明。在“中国中轻国际控股公司、中国远大集团有限责任公司进出口代理合同纠纷再审审查与审判监督案”中，法院认为：刑事责任和民事责任在保护法益、证明标准、归责原则、责任形式等方面均存在不同。刑事判决认定的事实在民商事领域的法律效力，应根据民商事法律规定进行认定。尽管签订案涉代理协议等行为被认定为诈骗行为，构成合同诈骗罪，但在民商事领域，并不当然导致合同无效。案涉代理协议在效力上应认定为可撤销合同。在撤销权人中轻公司不行使撤销权的情形下，该合同应认定有效。刑事责任的承担并不能否定民事责任的承担，刑事案件没有执行终结也并不影响民事案件的受理和审理。为避免双重受偿，可在执行中对于刑事追赃与民事责任，依据实体责任的认定进行综合处理。① 在“黄某辉、王某栋民间借贷纠纷案”，法院认为：黄某辉作为担保人在借条上签名，亦应当清楚其可能产生的法律后果和应当承担责任。虽然诉争借款汇入陈某峰系列诈骗所使用的账户，并且陈某峰已经因刑事诈骗犯罪被追究刑事责任，但尚无证据证明本案民间借贷法律关系的各方当事人涉嫌参与陈某峰刑事诈骗犯罪，本案借款虽涉及诈骗犯罪，而当事人之间所签订的民间借贷合同及保证合同系当事人的真实意思表示，不违反法律法规的强制性规定，应认定为合法有效。②

（2）强制性规定不导致合同无效的主要类型。

合同虽然违反法律、行政法规的强制性规定，但如果认定合同无效将导致案件处理严重不公平不正义，就应当适用《民法典》第 153 条第 1 款关于“该强制性规定不导致该民事法律行为无效的除外”，进而认定合同不因违反强制性规定而无效。根据《民法典合同编通则司法解释》第 16 条的规定，符合以下五种情形，行为人承担行政责任或者刑事责任，能够实现强制性规定的立法目的的，合同不因违反强制性规定而无效。

第一，强制性规定虽然旨在维护社会公共秩序，但是合同的实际履行对社会公共秩序造成的影响显著轻微，认定合同无效将导致案件处理结果有失

① 参见最高人民法院（2017）最高法民申 1914 号民事裁定书。

② 参见福建省高级人民法院（2016）闽民终 679 号民事判决书和最高人民法院（2019）最高法民申 2442 号民事裁定书。

公平公正。这是比例原则在民法上的适用，也与《刑法》第 13 条关于“情节显著轻微危害不大的，不认为是犯罪”的规定具有内在的一致性。如在“台安县黄沙坨镇三界泡村第三村民组与刘某、张某芬等确认合同无效纠纷案”中，第三村民组主张案涉两份延包合同未履行民主议定程序擅自延长合同期限。法院认为，两份延包合同虽欠缺民主议定程序，但结合当年现实和历史因素，不属于违反法律、行政法规的效力性强制性规定，不宜因此认定延包合同无效。① 再如，在“四川鸿程消防工程有限公司与成都兴露合能置业有限公司建设工程施工合同纠纷案”中，法院认为，《质保金管理办法》第 7 条规定：“发包人应按照合同约定方式预留保证金，保证金总预留比例不得高于工程价款结算总额的 3%。”但《质保金管理办法》是住房和城乡建设部与财政部共同制定的，性质上属于部门规章，不能作为认定合同效力的依据，故原告主张超过 3% 的工程质量保证金无效不符合司法解释的规定，不予支持。但被告预留超过结算金 3% 的工程质量保证金的行为，违反了《质保金管理办法》第 7 条，原告可向相关行政部门举报，追究其行政责任。②

第二，强制性规定旨在维护政府的税收、土地出让金等国家利益或者其他民事主体的合法利益而非合同当事人的民事权益，认定合同有效不会影响该规范目的的实现。例如，开发商违反《城市房地产管理法》第 39 条第 1 款规定未按照出让合同约定已经支付全部土地使用权出让金即签订转让土地使用权的协议。该规定并非为了保护当事人的民事权益而是为了维护政府的土地出让金利益，且即使认定合同有效，通常也不会影响这一规范目的的实现。《城市房地产管理法》第 39 条第 1 款规定：“以出让方式取得土地使用权的，转让房地产时，应当符合下列条件：（一）按照出让合同约定已经支付全部土地使用权出让金，并取得土地使用权证书；（二）按照出让合同约定进行投资开发，属于房屋建设工程的，完成开发投资总额的百分之二十五以上，属于成片开发土地的，形成工业用地或者其他建设用地条件。”《第

① 参见辽宁省鞍山市中级人民法院（2023）辽 03 民终 2206 号民事判决书。
② 参见四川天府新区成都片区人民法院（2020）川 0192 民初 654 号民事判决书。

八次全国法院民事商事审判工作会议（民事部分）纪要》第 13 条规定："城市房地产管理法第三十九条第一款第二项规定并非效力性强制性规定，当事人仅以转让国有土地使用权未达到该项规定条件为由，请求确认转让合同无效的，不予支持。"

第三，强制性规定旨在要求当事人一方加强风险控制、内部管理等，对方无能力或者无义务审查合同是否违反强制性规定，认定合同无效将使其承担不利后果。例如，银行违反《商业银行法》第 39 条规定的资产负债比例发放贷款，因该规定旨在要求银行加强内部管理和风险控制，借款人无从获知银行是否违反该规定，自然不应仅因银行违反该规定就认定合同无效，否则借款人的交易安全将无法获得有效保障。商业银行违反《商业银行法》第 39 条，构成行政违法，但签订的借贷合同并不当然无效。《最高人民法院关于信用社违反商业银行法有关规定所签借款合同是否有效的答复》（法经〔2000〕27 号函）中明确，《商业银行法》第 39 条是关于商业银行资产负债比例管理方面的规定，它体现中国人民银行更有效地强化对商业银行（包括信用社）的审慎监管。商业银行（包括信用社）应当依据该条规定对自身的资产负债比例进行内部控制，以实现营利性、安全性和流动性的经营原则。商业银行（包括信用社）所进行的民事活动如违反该条规定的，人民银行应按照《商业银行法》的规定进行处罚，但不影响其从事民事活动的主体资格，也不影响其所签订的借款合同的效力。

第四，当事人一方虽然在订立合同时违反强制性规定，但是在合同订立后其已经具备补正违反强制性规定的条件却违背诚信原则不予补正。例如，开发商未取得预售许可证明即签订商品房买卖合同，但在合同订立后，其已经具备申请预售许可证明的条件却违背诚信原则不向行政管理部门提交申请，而是因房价上涨受利益的驱动主张合同无效，就不应获得支持。未取得商品房预售许可证明，开发商销售房屋，要受到房产管理部门的行政处罚，但签订的预售合同，并不当然无效。《城市房地产管理法》第 45 条第 1 款规定："商品房预售，应当符合下列条件：……（四）向县级以上人民政府房产管理部门办理预售登记，取得商品房预售许可证明。"第 68 条规定："违反本法第四十五条第一款的规定预售商品房的，由县级以上人民政府房产管理部门责令停止预售活动，没收违法所得，可以并处罚款。”根据上述两条规定，开发商没有商品房预售许可证明，预售房屋的，属于行政违法行为，要进行行政处罚。《商品房买卖合同纠纷司法解释》第2条规定：“出卖人未取得商品房预售许可证明，与买受人订立的商品房预售合同，应当认定无效，但是在起诉前取得商品房预售许可证明的，可以认定有效。”从文义解释看，开发商没有商品房预售许可证明，合同是无效的。然而，任何法律条文的文义解释，都存在一些局限性。在“西安开发商为牟利‘自我举报’无证卖房案”中，西安市中级人民法院认为，闻天公司在自身合同目的已经实现的情形下，非但不积极履行合同义务，面对房地产市场出现价格大幅上涨，反而主张合同无效的做法，显然违背诚实信用原则。闻天公司签约时未取得商品房预售许可证，虽然违反了有关“商品房预售应当取得商品房预售许可证明”的规定，但是并不必然导致其签订购房合同的民事法律行为无效。闻天公司以自身原因造成的违法事实为由提起诉讼，“真正目的在于获取超出合同预期的更大利益”，对此种行为不应予以支持。[①] 该案是人民法院大力弘扬社会主义核心价值观十大典型民事案例之一，明确强调对于恶意抗辩不予支持，对类似案件具有较大的参照意义。在“李某序等与北京银行股份有限公司新源支行案外人执行异议之诉案”中，法院同样认为，开发商在商品房预售许可证过期后销售商品房，虽然违反了行政管理性规定，但不影响民事合同的效力。[②]《建设工程施工合同司法解释（一）》第3条第2款规定：“当事人以发包人未取得建设工程规划许可证等规划审批手续为由，请求确认建设工程施工合同无效的，人民法院应予支持，但发包人在起诉前取得建设工程规划许可证等规划审批手续的除外。发包人能够办理审批手续而未办理，并以未办理审批手续为由请求确认建设工程施工合同无效的，人民法院不予支持。”法理依据是附条件的民事法律行为。《民法典》第159条规定，“附条件的民事法律行为，当事人为自己的利益不正当地阻止条件成就的，视为条件已经成就”。

---

① 参见陕西省西安市中级人民法院（2018）陕01民终8145号民事判决书。

② 参见北京市高级人民法院（2021）京民终676号民事判决书。

第五，法律、司法解释规定的其他情形。这是司法解释的兜底性规定。如合同违反法律、行政法规关于合同须经批准的规定，不当然导致合同无效。根据《民法典》第 502 条的规定，该类合同属于未生效的合同。赁合同未依法办理备案登记手续，根据《民法典》第 706 条的规定，合同效力不受影响。

3. 旨在规制合同订立后履行行为的强制性规范

《民法典合同编通则司法解释》第 16 条第 2 款规定："法律、行政法规的强制性规定旨在规制合同订立后的履行行为，当事人以合同违反强制性规定为由请求认定合同无效的，人民法院不予支持。但是，合同履行必然导致违反强制性规定或者法律、司法解释另有规定的除外。"

如果法律、行政法规的强制性规定针对的是合同的履行行为，而非合同内容，则当事人即使违反该强制性规定，原则上也不应影响合同效力。例如，关于货车不得超载的规定是法律、行政法规的强制性规定，如果双方在货物运输合同中约定的内容就是托运人可以要求承运人超载运输，则该约定因违反强制性规定而应被认定无效。如果双方签订的是一份正常的货物运输合同，只不过承运人在履行该合同时违反了不得超载的强制性规定，则不应认定货物运输合同无效，因为该强制性规定针对的是合同履行行为，原则上不应影响合同效力。虽然法律、行政法规的强制性针对的是合同的履行行为，但当事人在订立合同时知道或者应当知道合同的履行必然会违反强制性规定，则应认定合同无效。例如，如果当事人在订立合同时就知道或者应当知道承运人只能通过违反不得超载的规定才能履行货物运输合同，则该货物运输合同也应被认定无效。①

行政主管部门审批是矿业权转让合同的履行行为。矿业权转让合同的效力，与矿业权变动的效力，要进行区分。矿业权转让，需要行政主管部门审批，未经审批不影响合同的效力。《矿业权纠纷司法解释》第 2 条规定："县级以上人民政府自然资源主管部门作为出让人与受让人签订的矿业权出

① 参见吴光荣：《违反强制性规定的合同效力——以〈民法典合同编通则解释〉的相关规定为中心》，载《法律适用》2023 年第 12 期。

让合同，除法律、行政法规另有规定的情形外，当事人请求确认自依法成立之日起生效的，人民法院应予支持。”第 6 条第 2 款规定：“当事人仅以矿业权转让申请未经自然资源主管部门批准为由请求确认转让合同无效的，人民法院不予支持。”第 14 条第 2 款规定：“当事人仅以未经主管部门批准或者登记、备案为由请求确认抵押合同无效的，人民法院不予支持。”

金融机构 5% 以上的股权转让合同的效力，要与矿业权转让合同进行区分。这类合同没有审批，属于未生效的合同。根据《九民纪要》第 37 条和第 38 条，根据《民法典》第 502 条，法律、行政法规规定某类合同应当办理批准手续生效的，如商业银行法、证券法、保险法等法律规定购买商业银行、证券公司、保险公司 5% 以上股权须经相关主管部门批准，批准是合同的法定生效条件，未经批准的合同因欠缺法律规定的特别生效条件而未生效。未生效合同不是无效的合同，而是已具备合同的有效要件，对双方具有一定的拘束力，任何一方不得擅自撤回、解除、变更。因欠缺法律、行政法规规定或当事人约定的特别生效条件，在该生效条件成就前，不能产生请求对方履行合同主要权利义务的法律效力。

4. 违法行为未经处理时法院的职责

《民法典合同编通则司法解释》第 16 条第 3 款规定：“依据前两款认定合同有效，但是当事人的违法行为未经处理的，人民法院应当向有关行政管理部门提出司法建议。当事人的行为涉嫌犯罪的，应当将案件线索移送刑事侦查机关；属于刑事自诉案件的，应当告知当事人可以向有管辖权的人民法院另行提起诉讼。”《民法典合同编通则司法解释》第 24 条第 3 款规定：“合同不成立、无效、被撤销或者确定不发生效力，当事人的行为涉嫌违法且未经处理，可能导致一方或者双方通过违法行为获得不当利益的，人民法院应当向有关行政管理部门提出司法建议。当事人的行为涉嫌犯罪的，应当将案件线索移送刑事侦查机关；属于刑事自诉案件的，应当告知当事人可以向有管辖权的人民法院另行提起诉讼。”在司法活动中，法官不是法律的“自动售货机”，是法律实际形态的塑造者。要切实发挥司法裁判在国家治理、社会治理中的作用，协调民事诉讼与行政监管、刑事犯罪的关系。之前的很多司法解释，也对民事诉诉法中发现的行政违法行为或者涉嫌犯罪行为作出了规范。如《矿业权纠纷司法解释》第 22 条规定："人民法院在审理案件中，发现无证勘查开采，勘查资质、地质资料造假，或者勘查开采未履行生态环境修复义务等违法情形的，可以向有关行政主管部门提出司法建议，由其依法处理；涉嫌犯罪的，依法移送侦查机关处理。"

法律、行政法规中的强制性规定，是国家意志的重要体现。法院即使认定违反强制性的合同是有效，也不能对当事人的行为不管不问，而应当建议行政主管部门予以处理。2012 年 3 月，最高人民法院印发《关于加强司法建议工作的意见》（法〔2012〕74 号），就司法建议的制发程序、管理考核、文书规范等作出了规定，对全国法院开展司法建议工作发挥了指导作用。2023 年 11 月 15 日，最高人民法院发布了《关于综合治理类司法建议工作若干问题的规定》（法释〔2023〕11 号）。如原《建设工程施工合同司法解释》第 4 条规定："承包人非法转包、违法分包建设工程或者没有资质的实际施工人借用有资质的建筑施工企业名义与他人签订建设工程施工合同的行为无效。人民法院可以根据民法通则第一百三十四条规定，收缴当事人已经取得的非法所得。"修改后的《建设工程施工合同司法解释（一）》删除了该条的规定。主要的原因是《民法典》第 179 条删除了民事制裁的相关规定。这符合司法权与行政权分工的国家权力配置理念。法院在处理民事纠纷时，着重于维护当事人之间公平正义的同时，还应当提出司法建议。建设工程领域普遍存在"黑白合同"的问题，由于产生原因不同，表现形式也是多样的。"黑白合同"本质上属于民法理论中的通谋虚伪意思表示，存在行政监管和私法自由的冲突。民事司法裁判文书不宜采用具有行政监管色彩的"黑白合同"的表达，而是要根据《民法典》第 146 条"通谋虚伪意思表示"条款，采用"真假合同"的表达。根据《民法典》第 179 条的规定，法院不能收缴非法所得或进行处罚，但应向政府有关部门提出司法建议。

当事人的行为涉嫌犯罪的，法院应当将案件线索移送刑事侦查机关；属于刑事自诉案件的，应当告知当事人可以向有管辖权的人民法院另行提起诉讼。《经济纠纷犯罪嫌疑规定》第 12 条规定："人民法院已立案审理的经济纠纷案件，公安机关或检察机关认为有经济犯罪嫌疑，并说明理由附有关材料函告受理该案的人民法院的，有关人民法院应当认真审查。经过审查，认为确有经济犯罪嫌疑的，应当将案件移送公安机关或检察机关，并书面通知当事人，退还案件受理费；如认为确属经济纠纷案件的，应当依法继续审理，并将结果函告有关公安机关或检察机关。”

适用难点

1. 违反地方性法规、行政规章的合同效力

《民法典合同编通则司法解释》（征求意见稿）第 19 条规定：“合同违反地方性法规、行政规章的强制性规定，经审查，地方性法规、行政规章的强制性规定系为了实施法律、行政法规的强制性规定而制定的具体规定，人民法院应当依据民法典第一百五十三条第一款规定认定合同效力。除前款规定的情形外，当事人以合同违反地方性法规、行政规章的强制性规定为由主张合同无效的，人民法院不予支持。但是，合同违反地方性法规、行政规章的强制性规定导致违背公序良俗的，人民法院应当依据民法典第一百五十三条第二款规定认定合同无效。”该条没有形成足够的共识，最终没有成为正式的司法解释条文。合同违反何种类型的地方性法规、规章，才能认定无效，学术界有多种观点，包括“社会公共利益”说、“公序良俗”说、“比例原则”说、“社会公共利益” + “比例原则”说、“比例原则” + “公序良俗”说等。《民法典》没有采用《合同法》第 52 条“损害社会公共利益”，而是采用了“违背公序良俗”的表达。因此，从逻辑上裁判说理的落脚点，应当是以是否违反了公序良俗为标准。在具体说理过程中，“比例原则”说突出各种权益的平衡，突出公共利益与私人利益的权衡，也具有重要参考意义。《民法典》第 6 条规定：“民事主体从事民事活动，应当遵循公平原则，合理确定各方的权利和义务。”虽然该条规定的是公平原则，但是可以解释为比例原则的上位原则，具有司法裁判的方法论意义。

违反地方性法规或部门规章中的强制性规定，构成违反公序良俗，合同被认定无效的情形，可以通过案例予以说明。其一，2001 年建设部制定的《商品房销售管理办法》第 11 条规定：“房地产开发企业不得采取返本销售

或者变相返本销售的方式销售商品房。”在“刘某与原阳县公园世纪大酒店有限公司房屋买卖合同纠纷案”① 中，法院认为，本案原告与被告原阳世纪酒店公司签订的清竹苑商业街商铺销售转让协议中“五年返本”的约定应认定无效。《商品房销售管理办法》虽然属于规章，但其第 11 条内容涉及市场秩序、国家宏观政策等公序良俗。其二，2010 年住房城乡建设部《商品房屋租赁管理办法》第 6 条规定：“有下列情形之一的房屋不得出租：(一）属于违法建筑的；(二）不符合安全、防灾等工程建设强制性标准的；(三）违反规定改变房屋使用性质的；（四）法律、法规规定禁止出租的其他情形。”在“饶某礼、江西省监狱管理局物资供应站房屋租赁合同纠纷再审案”② 中，法院认为，《商品房屋租赁管理办法》虽然属于部门规章，但其第 6 条规定体现的是对社会公共安全的保护以及对公序良俗的维护。结合本案事实，在案涉房屋已被确定属于存在严重结构隐患、或将造成重大安全事故、应当尽快拆除 D 级危房的情形下，双方当事人仍签订租赁合同，约定将该房屋出租用于经营可能危及不特定公众人身及财产安全的商务酒店，明显损害了社会公共利益、违背了公序良俗。从维护公共安全及社会价值导向的角度出发，确认案涉《租赁合同》无效。其三，《个人外汇管理办法》第 16 条规定：“境内个人对外直接投资符合有关规定的，经外汇局核准可以购汇或以自有外汇汇出，并应当办理境外投资外汇登记。”在“张某龙与百汇公司外汇买卖委托合同案”③ 中，双方签订外汇买卖委托管理合同。张某龙为中国境内公民，百汇公司为住所地在外国的受托人。法院认为，涉案外汇买卖合同违反了《个人外汇管理办法》的规定以及中国现行外汇管理制度，因此外汇买卖行为严重扰乱了我国市场经济管理秩序，损害了国家利益。根据《合同法》第 52 条第 4 项的规定，认定合同无效。

违反地方性法规或部门规章的强制性规定，有时并不违背公序良俗，合同被认定有效的情形，可以通过案例予以说明。其一，2006 年司法部颁布的《律师服务收费管理办法》第 12 条规定：“禁止刑事诉讼案件、行政诉

① 参见河南省原阳县人民法院（2020）豫 0725 民初 934 号民事判决书。

② 参见最高人民法院（2019）最高法民再 97 号民事判决书。

③ 参见上海市高级人民法院（2009）沪高民四（商）终字第 34 号民事判决书。

讼案件、国家赔偿案件以及群体性诉讼案件实行风险代理收费。”在“辽宁才宇律师事务所、于某臣委托合同纠纷案”① 中，法院认为，2006 年颁布的《律师服务收费管理办法》的法律位阶是行政规章。律师事务所是否风险代理收取费用，只影响合同当事人的权益，不存在侵害不特定多数主体的利益，不属于“损害社会公共利益”的情形，因此不支持合同无效的上诉请求。其二，2007 年中国人民银行、中国银行业监督管理委员会制定的《关于加强商业性房地产信贷管理的通知》第 1 条规定：“商业银行对房地产开发企业发放的贷款只能通过房地产开发贷款科目发放，严禁以房地产开发流动资金贷款或其他贷款科目发放。”在“鞍山中联置业有限公司、鞍山中大房地产开发有限公司债权转让合同纠纷再审纠纷案”② 中，法院认为，不能简单地将违反部门规章或国家政策等行为等同于损害社会公共利益。案涉委托贷款借款合同及补充协议有效，是综合考量本案具体案情后针对此个案作出的判断。这并不意味对营口银行鞍山分行的经营行为是否符合监管部门的监管要求作出了司法确认。营口银行鞍山分行的经营行为是否合规，应由行政监管部门另行处理。其三，交通运输部制定的《道路危险货物运输管理规定》第12 条第1 款、第2 款规定：“设区的市级道路运输管理机构应当按照《中华人民共和国道路运输条例》和《交通行政许可实施程序规定》，以及本规定所明确的程序和时限实施道路危险货物运输行政许可，并进行实地核查。决定准予许可的，应当向被许可人出具《道路危险货物运输行政许可决定书》，注明许可事项，具体内容应当包括运输危险货物的范围（类别、项别或品名，如果为剧毒化学品应当标注‘剧毒’），专用车辆数量、要求以及运输性质，并在 10 日内向道路危险货物运输经营申请人发放《道路运输经营许可证》，向非经营性道路危险货物运输申请人发放《道路危险货物运输许可证》。”在“资阳市陆柒柒物流有限公司与达州市汇鑫能源有限公司运输合同纠纷案”③ 中，2007 年 3 月资阳市交通公路运输管理处向陆柒柒公司颁发了《道路危险货物运输许可证》，表明陆柒柒公司具备运输危

① 参见辽宁省沈阳市中级人民法院（2020）辽 01 民终 10530 号民事判决书。

② 参见最高人民法院（2018）最高法民再 467 号民事判决书。

③ 参见最高人民法院最高法（2016）执监 442 号执行裁定书。

险货物的能力和资格。陆柒柒公司与汇鑫公司于 2007 年 4 月 6 日签订了《液化天然气运输合同》，合同有效期为 10 年。合同签订后因汇鑫公司未履行，陆柒柒公司要求汇鑫公司承担违约责任。法院认为，无论陆柒柒公司是否取得《道路运输经营许可证》，均不影响其可以运输危险货物，因此诉争合同系合法有效的。

2. 合同效力与行政备案、行政审批

合同效力与行政备案的关系，需要予以明确。行政备案不是行政许可，也不是行政确认。行准备案的目的在于信息收集和存档备查，行政备案行为本身并不创设资格或权利。没有进行行政备案的合同，不影响合同的效力。《城市房地产管理法》第 45 条第 2 款规定："商品房预售人应当按照国家有关规定将预售合同报县级以上人民政府房产管理部门和土地管理部门登记备案。"第 54 条规定："房屋租赁，出租人和承租人应当签订书面租赁合同，约定租赁期限、租赁用途、租赁价格、修缮责任等条款，以及双方的其他权利和义务，并向房产管理部门登记备案。"商品房预售合同登记备案和房屋租赁合同登记备案，是国家为加强房地产市场管理，采取的必要性监管手段。《民法典》第 706 条规定："当事人未依照法律、行政法规规定办理租赁合同登记备案手续的，不影响合同的效力。"该条吸收了《城镇房屋租赁合同纠纷司法解释》第 4 条的规定。从立法技术看，《民法典》第 706 条只规定了租赁合同登记备案，而没有规定其他合同的登记备案，存在立法的漏洞。《民法典》合同编通则部分对未经备案合同的效力作出统一规定，从立法技术上看更合适。《商品房买卖合同纠纷司法解释》第 6 条规定："当事人以商品房预售合同未按照法律、行政法规规定办理登记备案手续为由，请求确认合同无效的，不予支持。当事人约定以办理登记备案手续为商品房预售合同生效条件的，从其约定，但当事人一方已经履行主要义务，对方接受的除外。"该条对没有办理备案手续的商品房预售合同效力作出了规定。根据《农村土地承包法》，土地承包经营权互换合同、土地经营权流转合同、土地经营权再流转合同等，都需要备案。根据《民法典》第 706 条的类推解释和《民法典》第 153 条第 1 款的目的解释，这些合同没有备案，也不影响其效力。

法律、行政法规中的“审批”具有多种含义，应当根据立法目的，区分不同情形予以判定。第一种情况是，未办理批准等手续，不影响合同的生效。如根据《民法典担保制度司法解释》第50条，抵押人以划拨建设用地上的建筑物抵押，当事人以该建设用地使用权不能抵押或者未办理批准手续为由主张抵押合同无效或者不生效的，人民法院不予支持；当事人以划拨方式取得的建设用地使用权抵押，抵押人以未办理批准手续为由主张抵押合同无效或者不生效的，人民法院不予支持。《矿业权纠纷司法解释》第6条第2款规定：“当事人仅以矿业权转让申请未经自然资源主管部门批准为由请求确认转让合同无效的，人民法院不予支持。”第二种情况是，未办理审批手续，合同是无效的。如《商品房买卖合同纠纷司法解释》第2条规定：“出卖人未取得商品房预售许可证明，与买受人订立的商品房预售合同，应当认定无效，但是在起诉前取得商品房预售许可证明的，可以认定有效。”《城镇房屋租赁合同纠纷司法解释》第3条第1款规定：“出租人就未经批准或者未按照批准内容建设的临时建筑，与承租人订立的租赁合同无效。但在一审法庭辩论终结前经主管部门批准建设的，人民法院应当认定有效。”第三种情况是，未办理批准等手续，影响合同的生效，不是无效，而是未生效。根据《民法典》第502条，在此种情况下合同整体上未生效，但合同中履行报批等义务条款以及相关条款已经生效。《民法典合同编通则司法解释》第12条予以进一步的规定。根据《保险法》第84条，对于保险公司，变更出资额占有限责任公司资本总额5%以上的股东，或者变更持有股份有限公司股份5%以上的股东，应当经保险监督管理机构批准。根据《九民纪要》第37条，法律、行政法规规定某类合同应当办理批准手续生效的，如商业银行法、证券法、保险法等法律规定购买商业银行、证券公司、保险公司5%以上股权须经相关主管部门批准，批准是合同的法定生效条件，未经批准的合同因欠缺法律规定的特别生效条件而未生效。

3. 借款人涉嫌非法吸收公共存款罪、集资诈骗罪时的担保人责任

实践中，借款人涉嫌或被刑事裁判认定为集资诈骗罪时，很多法院裁判借款合同和担保合同均为有效。如在“吴某军诉陈某富、王某祥及德清县中建房地产开发有限公司民间借贷、担保合同纠纷案”[1] 中，法院认为，从维护诚信原则和公平原则的法理上分析，将与非法吸收公众存款罪交叉的民间借贷合同认定为无效会造成实质意义上的不公，造成担保人以无效为由抗辩其担保责任，即把自己的担保错误作为自己不承担责任的抗辩理由，这更不利于保护不知情的债权人。涉嫌非法吸收公众存款的犯罪嫌疑人（或被告人、罪犯）进行民间借贷时，往往由第三者提供担保，且多为连带保证担保。债权人要求债务人提供担保人，这是降低贷款风险的一种办法。保证人同意提供担保，应当推定为充分了解行为的后果。若因债务人涉嫌非法吸收公众存款而认定借贷合同无效，主合同无效前提下的担保合同也应当无效，保证人可以免除担保责任。债权人旨在降低贷款风险的努力没有产生任何效果，造成事实上的不公。因此，对于王某祥和中建公司的抗辩理由，法院不予支持。

实践中，也有不少的案例，裁判非法吸收公众存款罪涉及的借款合同和担保合同均定性为无效。如在“沙某远与高某军、陈某民民间借贷纠纷案”[2] 中，法院认为，在刑民交叉时，对于涉及非法吸收公众存款等犯罪，原审法院认定本案借贷关系中所涉主合同无效符合相关法律规定，法院予以支持。担保人的过错责任是体现在对出借人的责任承担上的减轻，其承担的是对出借人损失的部分赔偿义务，因此，上诉人高某军、陈某民在担保合同上的签字行为，即应视为其承担赔偿义务的过错情形，故法院对上诉人认为其在担保过程中无过错的上诉主张不予支持。在“王某中、阜阳市华骏汽车销售服务有限公司保证合同纠纷案”[3] 中，法院认为，诉争的借款已被生效刑事判决认定为李某非法吸收公众存款犯罪事实的构成部分，相应借款合同应为无效。涉案担保合同作为借款合同的从合同，亦属无效。华骏公司作为企业法人、程某宽作为企业经营者，在与李某经济往来中，参与购买承兑汇票，对李某买卖承兑汇票、募集资金行为的违法性亦应知晓，但仍为李某向王某中借款提供担保，对借款合同、担保合同的无效具有过错，应对案涉

---

① 参见《最高人民法院公报》2011 年第 11 期。

② 参见江苏省连云港市中级人民法院（2015）连民终字第 02712 号民事判决书。

③ 参见安徽省高级人民法院（2016）皖民终 675 号民事判决书。

债务在李某不能清偿部分的 1/3 范围内承担民事责任。

风险防范

律师要树立整体主义思维，妥当处理民事责任、行政责任和刑事责任的关系，为当事人提供优质的法律服务。在进行合同审查时，要引导当事人尽量防范刑事法律风险，科学管控承担行政责任的法律风险，合理评估民商事法律风险。合同违反法律、行政法规的强制性规定，可能引起刑事责任，律师要如实向当事人全面说明。比如，证券公司不能承诺保本付息，杜绝各种刚性兑付，应该严格恪守其受托人的地位。如果承诺保本付息，就突破了受托人的角色。不仅保底协议无效，而且还可能涉嫌非法吸收公众存款罪。如中富证券有限责任公司等被判非法吸收公众存款案，2003 年 9 月至 2004 年 4 月，中富证券以承诺保本和支付 4.5% ~13% 利息的方法分别与 20 家单位和 62 名个人签订委托理财合同，吸收资金共计 7.9 亿余元。法院判定相关责任人和单位非法吸收公众存款罪成立。

通过公司股权转让的方式，实现房地产项目的全部或部分转让，是目前市场上的一种常见形式。和直接的土地使用权转让、在建工程转让等相比，这种方式成本较低且手续方便。法院在实践中认定，股权转让合同是有效的。在股权转让协议中，受让方需要防范以下风险：一是目标公司或有负债，包括未披露的对外担保、潜在的合同违约、其他到期或未到期的一般性债务等；二是因房地产项目尚未取得四证或四证不全的，或是尚在申报中的预期项目，均存在不可避免的政策风险；三是前期规划和前期施工的瑕疵风险等；四是股权转让协议的履行风险。当事人的股权转让，应当缴纳相关税费而未缴纳，属于行政处罚调整的范围，并不导致转让协议的无效。需要提醒的是，股权转让合同有效，并不能完全消除非法转让、倒卖土地使用权的刑事法律风险。

《刑法》第 228 条规定："以牟利为目的，违反土地管理法规，非法转让、倒卖土地使用权，情节严重的，处三年以下有期徒刑或者拘役，并处或者单处非法转让、倒卖土地使用权价额百分之五以上百分之二十以下罚金；

情节特别严重的，处三年以上七年以下有期徒刑，并处非法转让、倒卖土地使用权价额百分之五以上百分之二十以下罚金。”股权转让合同效力问题与非法转让、倒卖土地使用权罪属于不同的法律问题。民事法律风险要根据民法相关规定进行分析，刑事法律风险要根据刑法进行分析。

类案指引

1. 沙某婕等与大连市世纪晓教育培训学校有限公司（以下简称世纪晓公司）合同纠纷案[①]

裁判要旨：在工商行政管理部门登记的经营性民办培训机构，不适用《民办教育促进法》。培训机构人员没有教师资格证，并不当然导致培训协议无效。

法院认为：以公益性为目的民办学校由民政部门登记，用《民办教育促进法》等法律；而经营性的民办培训机构在工商行政管理部门登记注册，受《公司法》等法律的调整。具体到本案，世纪晓公司是登记于大连市甘井子区市场监督管理局的经营性培训机构，不属于《民办教育促进法》调整范畴。沙某婕提供的证据不足以证明案涉合同违反了法律、法规强制性、效力性规定，故案涉合同应确定有效。《关于规范校外培训机构发展的意见》中明确规定：从事语文、数学、英语及物理、化学、生物等学科知识类培训的教师应具有相应教师资格。取得教师资格证的老师教学应相对于未取得教师资格证的人教学具有一定的专业性，其上课的方式、与学生沟通的角度、体察学生的心理等应更合理，利于学生接受。因此酌情认定世纪晓公司应当退还原告学费总额的1/3。

2. 王某华与崔某清项目转让合同纠纷案[②]

裁判要旨：没有登记注册的民办幼儿园转让，合同并不当然无效。

法院认为：《幼儿园管理条例》第11条规定：“国家实行幼儿园登

---

① 参见辽宁省大连市中级人民法院（2022）辽02民终4393号民事判决书。

② 参见山东省枣庄市中级人民法院（2020）鲁04民终3419号民事判决书。

记注册制度，未经登记注册，任何单位和个人不得举办幼儿园。”该条强制性规定，旨在维护和规范民办教育事业发展，保护受教育者的合法权益，应认定为管理性强制性规定。该条系单纯限制的主体行为资格，并非针对行为本身，以案涉转让幼儿园无许可证而否定民商事法律行为，进而否认该合同法律效力，于立法本身初衷不符，故该转让协议依法应认定为有效合同。

3. 黄某稳与蔡某红等合同纠纷案①

裁判要旨：违反《烟草专卖法》，买卖烟草专卖零售许可证的合同无效。

法院认为：《烟草专卖法》第3条规定，国家对烟草专卖品的生产、销售、进出口依法实行专卖管理，并实行烟草专卖许可证制度。《行政许可法》第9条规定，依法取得的行政许可，除法律、法规规定依照法定条件和程序可以转让的外，不得转让。因此烟草专卖零售许可证不得转让，违法转让的，依法无效。蔡某红将营业执照、烟草专卖零售许可证等行政许可证照转让给黄某稳的行为违反了法律强制性规定，依法无效。转让合同中关于超市内设备、物品及装修等转让的约定，不违反法律规定，对当事人具有法律约束力。虽然转让协议中对268,000元转让款没有明确具体的组成，但其中应当含有烟草专卖零售许可证的价值，对于该部分，蔡某红依法应当返还。至于具体的返还金额，法院结合案件实际情况，酌定返还金额为50,000万元。因此，扣除黄某稳尚未支付的20,000元，蔡某红尚需返还给黄某稳30,000元。

4. 傅某芝与贵州中进大宗商品交易中心有限公司（以下简称中进公司）合同纠纷案②

裁判要旨：期货交易应当在期货交易所进行，否则无效。

法院认为：根据《期货交易管理条例》第4条“期货交易应当在依照本条例第六条第一款规定设立的期货交易所、国务院批准的或者国务

① 参见浙江省丽水市中级人民法院（2022）浙11民终779号民事判决书。

② 参见贵州省遵义市中级人民法院（2021）黔03民终10129号民事判决书。

院期货监督管理机构批准的其他期货交易场所进行。禁止在前款规定的期货交易场所之外进行期货交易”等规定，在中进公司未能举证证明其已获得国务院批准或者国务院期货监督管理机构批准的情况下，其与傅某芝在交易平台上发生的交易行为，违反了前述《期货交易管理条例》的相关规定，应认定为无效。因双方交易行为无效，故中进公司因此取得的625,000元应当返还给傅某芝。

5. 张某营与王某龙民间委托理财合同纠纷案①

裁判要旨：不具有从事外汇交易业务资格的人员，签订的合同无效。

法院认为：《外汇管理条例》第17条规定：“境内机构、境内个人向境外直接投资或者从事境外有价证券、衍生产品发行、交易，应当按照国务院外汇管理部门的规定办理登记。国家规定需要事先经有关主管部门批准或者备案的，应当在外汇登记前办理批准或者备案手续。”该规定体现了我国外汇交易管理的严格性，属法律强制性规定。张某营委托不具备相应业务资格的王某龙进行外汇按金交易，违反了我国现行外汇管理制度，故张某营委托王某龙进行外汇投资交易的行为无效。双方依此达成的还本付息的约定，亦应认定为无效行为。

相关条文

《民法典》

第一百五十三条　违反法律、行政法规的强制性规定的民事法律行为无效。但是，该强制性规定不导致该民事法律行为无效的除外。

违背公序良俗的民事法律行为无效。

第五百零五条　当事人超越经营范围订立的合同的效力，应当依照本法第一编第六章第三节和本编的有关规定确定，不得仅以超越经营范围确认合同无效。

第八百五十条　非法垄断技术或者侵害他人技术成果的技术合同无效。

---

① 参见河北省衡水市中级人民法院（2019）冀11民终2677号民事判决书。

《民间借贷规定》

第十三条 具有下列情形之一的，人民法院应当认定民间借贷合同无效：

（一）套取金融机构贷款转贷的；

（二）以向其他营利法人借贷、向本单位职工集资，或者以向公众非法吸收存款等方式取得的资金转贷的；

（三）未依法取得放贷资格的出借人，以营利为目的向社会不特定对象提供借款的；

（四）出借人事先知道或者应当知道借款人借款用于违法犯罪活动仍然提供借款的；

（五）违反法律、行政法规强制性规定的；

（六）违背公序良俗的。

《民法典担保制度司法解释》

第四十九条 以违法的建筑物抵押的，抵押合同无效，但是一审法庭辩论终结前已经办理合法手续的除外。抵押合同无效的法律后果，依照本解释第十七条的有关规定处理。

当事人以建设用地使用权依法设立抵押，抵押人以土地上存在违法的建筑物为由主张抵押合同无效的，人民法院不予支持。

《建设工程施工合同司法解释（一）》

第一条 建设工程施工合同具有下列情形之一的，应当依据民法典第一百五十三条第一款的规定，认定无效：

（一）承包人未取得建筑业企业资质或者超越资质等级的；

（二）没有资质的实际施工人借用有资质的建筑施工企业名义的；

（三）建设工程必须进行招标而未招标或者中标无效的。

承包人因转包、违法分包建设工程与他人签订的建设工程施工合同，应当依据民法典第一百五十三条第一款及第七百九十一条第二款、第三款的规定，认定无效。

第三条 当事人以发包人未取得建设工程规划许可证等规划审批手续为由，请求确认建设工程施工合同无效的，人民法院应予支持，但发包人在起诉前取得建设工程规划许可证等规划审批手续的除外。

发包人能够办理审批手续而未办理，并以未办理审批手续为由请求确认建设工程施工合同无效的，人民法院不予支持。

《商品房买卖合同纠纷司法解释》

第二条　出卖人未取得商品房预售许可证明，与买受人订立的商品房预售合同，应当认定无效，但是在起诉前取得商品房预售许可证明的，可以认定有效。

《城镇房屋租赁合同纠纷司法解释》

第二条　出租人就未取得建设工程规划许可证或者未按照建设工程规划许可证的规定建设的房屋，与承租人订立的租赁合同无效。但在一审法庭辩论终结前取得建设工程规划许可证或者经主管部门批准建设的，人民法院应当认定有效。

第三条　出租人就未经批准或者未按照批准内容建设的临时建筑，与承租人订立的租赁合同无效。但在一审法庭辩论终结前经主管部门批准建设的，人民法院应当认定有效。

租赁期限超过临时建筑的使用期限，超过部分无效。但在一审法庭辩论终结前经主管部门批准延长使用期限的，人民法院应当认定延长使用期限内的租赁期间有效。

《矿业权纠纷司法解释》

第五条　未取得矿产资源勘查许可证、采矿许可证，签订合同将矿产资源交由他人勘查开采的，人民法院应依法认定合同无效。

第六条　矿业权转让合同自依法成立之日起具有法律约束力。矿业权转让申请未经自然资源主管部门批准，受让人请求转让人办理矿业权变更登记手续的，人民法院不予支持。

当事人仅以矿业权转让申请未经自然资源主管部门批准为由请求确认转让合同无效的，人民法院不予支持。

《期货纠纷规定》

第十三条　有下列情形之一的，应当认定期货经纪合同无效：

（一）没有从事期货经纪业务的主体资格而从事期货经纪业务的；

（二）不具备从事期货交易主体资格的客户从事期货交易的；

（三）违反法律、行政法规的强制性规定的。

《九民纪要》

30.【强制性规定的识别】……人民法院在审理合同纠纷案件时，要依据《民法总则》第153条第1款和合同法司法解释（二）第14条的规定慎重判断“强制性规定”的性质，特别是要在考量强制性规定所保护的法益类型、违法行为的法律后果以及交易安全保护等因素的基础上认定其性质，并在裁判文书中充分说明理由。下列强制性规定，应当认定为“效力性强制性规定”：强制性规定涉及金融安全、市场秩序、国家宏观政策等公序良俗的；交易标的禁止买卖的，如禁止人体器官、毒品、枪支等买卖；违反特许经营规定的，如场外配资合同；交易方式严重违法的，如违反招投标等竞争性缔约方式订立的合同；交易场所违法的，如在批准的交易场所之外进行期货交易。关于经营范围、交易时间、交易数量等行政管理性质的强制性规定，一般应当认定为“管理性强制性规定”。

二、违反公序良俗合同无效的认定

释义条文

《民法典合同编通则司法解释》

第十七条 合同虽然不违反法律、行政法规的强制性规定，但是有下列情形之一，人民法院应当依据民法典第一百五十三条第二款的规定认定合同无效：

（一）合同影响政治安全、经济安全、军事安全等国家安全的；

（二）合同影响社会稳定、公平竞争秩序或者损害社会公共利益等违背社会公共秩序的；

（三）合同背离社会公德、家庭伦理或者有损人格尊严等违背善良风俗的。

人民法院在认定合同是否违背公序良俗时，应当以社会主义核心价值观为导向，综合考虑当事人的主观动机和交易目的、政府部门的监管强度、一定期限内当事人从事类似交易的频次、行为的社会后果等因素，并在裁判文书中充分说理。当事人确因生活需要进行交易，未给社会公共秩序造成重大影响，且不影响国家安全，也不违背善良风俗的，人民法院不应当认定合同无效。

规范解读

1. 公序良俗的类型

公序良俗原则是民法中的一项基本原则，最早出现在罗马法中。《民法典》总则编使用了4次公序良俗的概念，分别是：（1）第8条规定民事活动应遵守公序良俗原则。（2）第10条规定处理民事纠纷可以适用不违背公序良俗的习惯。（3）第143条规定民事法律行为以不违背公序良俗作为有效要件。（4）第153条第2款规定违背公序良俗的民事法律行为无效。将公序良俗作为法律原则纳入《民法典》，为弘扬社会主义核心价值观，推进法治社会建设、道德建设，引领社会风尚，惩处违反社会公德、不讲诚实信用的行为提供了依据。但公序良俗的内涵和类型没有得到法律的进一步明确，具有高度抽象性、不确定性等特点。

通常认为，公序良俗包括公共秩序和善良风俗两个方面。公共秩序包括国家秩序、社会秩序和生活秩序。善良风俗指全体社会成员共同认可、遵守的风俗习惯和道德准则。我国学者梁慧星认为，违反公序良俗的行为可以分为10类，具体包括：（1）危害国家公序型，比如以从事犯罪或帮助犯罪行为为内容的合同。（2）危害家庭关系型，比如约定父母子女别居的协议、约定夫妻别居的协议、约定断绝亲子关系的协议等。（3）违反性道德型，比如妓馆之开设、转让合同；为开设妓馆而购买或承租房屋等契约；对婚外同居人所作之赠与或遗赠；以同居为条件的财产转移等。（4）射幸行为型，比如赌博、买空卖空、彩票、巨奖销售等，但经政府特许者除外。（5）违反人权和人格尊重行为型，比如过分限制人身自由的劳动合同；以债务人人身为抵押的约款等。（6）限制经济自由型，比如分割市场、封锁市场的协议；限制原材料输出或者商品进入的协议等。（7）违反公正竞争型，比如拍卖或招标中的围标行为；以贿赂方式诱使对方的雇员或代理人与自己订立合同等。（8）违反消费者保护型，主要表现为利用欺诈性的交易方式、不当劝诱方法、虚假广告等方法与消费者发生的交易行为。（9）违反劳动者保护型，比如“工伤概不负责”条款、“单身条款”等。（10）暴利行为型。包括“乘人之危”和“显失公平”两种类型。[①]

2. 合同违反公序良俗无效的具体适用

作为一般道德原则，如何更加准确地适应《民法典》第153条的公序良俗条款，更好守护“公序良俗原则”，无异于对司法机关提出了一项全新的任务和要求。因此，在司法解释制定过程中，新增了本条规定，对违反公序良俗的行为类型进行罗列，以便于为当事人从事民事活动和法官裁判案件提供指引。

（1）危害国家公序的行为。

国家公序，主要内容包括政治、经济、军事等各方面的秩序。根据《民法典合同编通则司法解释》第17条第1款第1项，合同影响政治安全、经济安全、军事安全等国家安全的，人民法院应当认定为合同无效。随着社会的发展，国家基于调整日趋复杂的社会关系的需要，在确保私法自治的前提下也需加强对私法领域的干预，以平衡个人利益、社会利益与国家利益。当私法行为超出自身范围而损害国家经济利益、政治利益和军事利益，危及到政治安全、经济安全、军事安全等国家安全，就需要国家通过公权力对权利的行使进行干涉，应当认定行为无效。如在邯郸市肉鸡场、北京中京合创投资有限责任公司确认合同无效纠纷一案中，法院认为，长城资产河北分公司未按《资产处置公告管理办法》的规定公告及通知的行为，是导致涉案债权最终由一人竞价购买的原因，对依照公开、公平和竞争、择优原则处置不良资产造成实质影响。《资产处置管理办法》《资产处置公告管理办法》虽为部门规章，但因长城资产河北分公司与中京合创公司签订的《债权转

① 参见梁慧星：《市场经济与公序良俗原则》，载《中国社会科学院研究生院学报》1993年第6期。

让协议》违反该规章的内容涉及国家经济安全等公序良俗，依法应认定无效。[①]

（2）违背社会公共秩序的行为。

社会公共秩序包括社会生活秩序、公平竞争秩序。根据《民法典合同编通则司法解释》第 17 条第 1 款第 2 项，合同影响社会稳定、公平竞争秩序或者损害社会公共利益等违背社会公共秩序的，人民法院应当认定为合同无效。市场经济提倡公平竞争，涉及金融安全、市场秩序的违规行为破坏正当的市场竞争秩序，可能会对整个行业产生不利影响，造成严重的社会后果，应为法律所禁止。在最高人民法院公布的“弘扬社会主义核心价值观典型案例”之“‘暗刷流量’合同无效案——常某某诉许某网络服务合同纠纷案”，[②] 是一个因违反社会公共秩序认定合同无效的典型案例。该案中，法院认为双方当事人在进行具有明显欺诈性质的“暗刷流量”的磋商交易时，均表示不关注或不必要知晓流量对应的被访问网站或产品，仅关注与己相关的利益获取，双方的交易行为置市场公平竞争环境和网络用户利益于不顾，谋取不当利益，违反商业道德底线，违背公序良俗。同时，双方“暗刷流量”的行为，一方面使同业竞争者的诚实劳动价值被减损，破坏正当的市场竞争秩序，侵害了不特定市场竞争者的利益；另一方面会欺骗、误导网络用户选择与其预期不相符的网络产品，长此以往将造成网络市场“劣币驱逐良币”的不良后果，最终减损广大网络用户的福祉，属于侵害广大不特定网络用户利益的行为。因此，本案原被告之间“暗刷流量”的交易最终损害了社会公共利益，双方订立的合同以“暗刷流量”交易为内容，损害社会公共利益、违背公序良俗，应属绝对无效。

（3）违背善良风俗的行为。

公共秩序强调国家和社会层面的价值理念，善良风俗则突出民间的道德观念。根据《民法典合同编通则司法解释》第 17 条第 1 款第 3 项，合同背离社会公德、家庭伦理或者有损人格尊严等违背善良风俗的，人民法院应当

---

① 参见河北省高级人民法院（2019）冀民终 1122 号民事判决书，最高人民法院（2020）最高法民申 2756 号民事裁定书。

② 参见北京互联网法院（2019）京 0491 民初 2547 号民事判决书。

认定为合同无效。在具有中国特色的民法典时代，公序良俗把道德引入法律层面，成为公民从事民事活动最起码的行为要求、最起码的道德底线、最起码的现实期待。[①] 出于弘扬社会道德、稳定社会秩序之目的，有必要对私法自治进行必要的限制，对违背社会公德、家庭伦理或者有损人格尊严的行为认定无效。如为了维系与婚外情人的不正当男女关系，婚姻关系存续期间，一方通过微信向情人长期、多次、持续转账的行为属于民事主体间的赠与行为。该赠与行为违反夫妻应当互相忠实的道德约束，违背公序良俗，应属无效民事法律行为。[②]

3. 合同违反公序良俗无效的裁判说理

《民法典合同编通则司法解释》第 17 条第 2 款规定："人民法院在认定合同是否违背公序良俗时，应当以社会主义核心价值观为导向，综合考虑当事人的主观动机和交易目的、政府部门的监管强度、一定期限内当事人从事类似交易的频次、行为的社会后果等因素，并在裁判文书中充分说理。当事人确因生活需要进行交易，未给社会公共秩序造成重大影响，且不影响国家安全，也不违背善良风俗的，人民法院不应当认定合同无效。"

（1）利用社会主义核心价值观进行说理。

当然，也应当认识到，公序良俗原则涵盖的并非所有社会道德，只是将一部分构成社会基础的一般道德纳入法律范畴。公序良俗也并非一成不变，而是可能随着时间的推移、特定人群和社会认知的变化而变化，具有不确定性的特点。故应当谨慎适用背俗无效原则，防止法官滥用自由裁量权。社会主义核心价值观是在经济体制深刻变革，引发社会结构、利益格局、就业方式、生活方式，乃至人们的思想观念和思维方式的深刻变化的背景下提出的，是社会主义意识形态的本质体现，反映最大多数人的价值取向和价值共识的价值观，具有很强的示范价值、鲜明的引领作用。《关于深入推进社会主义核心价值观融入裁判文书释法说理的指导意见》第 2 条规定："各级人

---

① 参见宋才发：《民法典对公序良俗的确认、吸纳与适用》，载《河南师范大学学报（哲学社会科学版）》2022 年第 4 期

② 参见《男子婚内向情人转账 20 余万，法院判决：赠与无效》，载《人民法院报》2021 年 6 月 9 日，第 3 版。

民法院应当深入推进社会主义核心价值观融入裁判文书释法说理，将社会主义核心价值观作为理解立法目的和法律原则的重要指引，作为检验自由裁量权是否合理行使的重要标准，确保准确认定事实，正确适用法律。对于裁判结果有价值引领导向、行为规范意义的案件，法官应当强化运用社会主义核心价值观释法说理，切实发挥司法裁判在国家治理、社会治理中的规范、评价、教育、引领等功能，以公正裁判树立行为规则，培育和弘扬社会主义核心价值观。”涉及公序良俗认定，诉讼各方存在较大争议且可能引发社会广泛关注的案件，人民法院应当充分利用社会主义核心价值观进行说理。裁判考量的因素包括当事人的主观动机和交易目的、政府部门的监管强度、一定期限内当事人从事类似交易的频次、行为的社会后果等。如在刘某聪与梁某华赠与合同纠纷一案中，二审法院认为，刘某聪在与案外人冯某红夫妻关系存续期间向梁某华转账支付款项行为其目的系维持双方之间的婚外关系，严重违反社会主义核心价值观、公序良俗及家庭伦理道德，刘某聪的转账给付行为构成不法原因的给付，一旦给付，即视为完成。因不法原因而产生的债权，属于非法的民事利益，不受法律保护，故刘某聪其无权请求梁某华返还相应款项。本案不仅应对刘某聪婚后转账给付行为给予否定性评价，对刘某聪诉讼请求梁某华返还相应款项的权利亦应予以否定性评价。①

（2）不违背公序良俗的情形。

对民事法律行为是否违反公序良俗，应以社会主义核心价值观为导向，结合当事人行为在客观上是否有不法性，主观上是否可谴责，违反内容上是否可以通过处罚达到规范效果，结果上是否具有严重性等因素进行个案从严把握，并充分说理。当事人确因生活需要进行交易，未给社会公共秩序造成重大影响，且不影响国家安全，也不违背善良风俗的，人民法院不应当认定合同无效。在非同一集体经济组织的成员买卖农村房屋纠纷一案中，法院认为，从维护诚实信用原则、维护合同稳定、维护公平正义的角度看，买卖合同应当有效。因房屋面临拆迁，卖房人悔约追逐个人利益，不仅严重违反诚信，而且也违反公序良俗的基本道德准则。买房人已经稳定居住 13 年，合

① 参见广东省江门市中级人民法院（2021）粤 07 民终 7153 号民事判决书。

同的无效将导致出现极不公平的现象产生。[①]

适用难点

1. 违法无效和违背公序良俗无效的优先顺序

违法无效是违反法律、法规的强制性规定无效，而违背公序良俗无效是将法律、法规之外的社会道德引入合同效力的判断之中，相较于违法无效更具不确定性。为避免向更抽象的一般条款逃逸，在考察合同无效时，应注意违法无效和违背公序良俗无效的区分，只有在不存在法律、行政法规的强制性规范时，才能适用违背公序良俗无效规则。[②] 另外，准确把握公序良俗与其他社会道德观念的区分，以及在时空变化中结合社会主义核心价值观、结合个案实际情况具体分析，避免泛化的公序良俗认定过度干预意思自治。

2. 地方性法规、行政规章的强制性规定，是否构成公序良俗的权衡因素

《九民纪要》第 31 条规定："违反规章一般情况下不影响合同效力，但该规章的内容涉及金融安全、市场秩序、国家宏观政策等公序良俗的，应当认定合同无效。人民法院在认定规章是否涉及公序良俗时，要在考察规范对象基础上，兼顾监管强度、交易安全保护以及社会影响等方面进行慎重考量，并在裁判文书中进行说理。"对于该条，应当作如下理解：

第一，要考虑规范对象。即考察规章规范的对象究竟是交易行为本身，还是市场主体的准入条件，抑或对监管对象进行合规性监管。如《金融企业国有资产转让管理办法》规范的对象则是金融企业的国有资产转让行为，是交易本身；而《金融许可证管理办法》则是有关金融机构市场准入的规定。有的则纯粹是对监管对象在某一具体事务上进行规范，如《商业银行资本管理办法（试行）》有关资本充足率的要求，《商业银行杠杆率管理办

① 参见山西省太原市中级人民法院（2014）民终字第 1034 号民事判决书和山西省高级人民法院（2015）晋民申字第 384 号民事裁定书。

② 参见最高人民法院民法典贯彻实施工作领导小组编著：《中华人民共和国民法典总则编理解与适用》（下），人民法院出版社 2020 年版，第 764 页。

法》有关杠杆率的要求，规范对象均是银行经营行为的合规性。一般来说，只有当规章的规范对象是交易行为本身，或者是市场主体的准入条件时，才可能影响合同效力。对监管对象的合规性要求，一般不影响合同效力。另一方面，也要考察规章规范的对象是一方的行为还是双方的行为。如果仅是规范监管对象一方的行为，就需要优先考虑交易相对人保护的问题，不应轻易否定合同效力。

第二，要考察交易安全保护因素。主要是考察规章规范的是一方的行为还是双方的行为。如果仅是规范一方的行为，在确定合同效力时，就要考虑交易相对人保护的问题。

第三，要考察监管强度。即考察规章中有无刑事犯罪的规定。如果违反规章的后果仅仅是导致行政处罚的，说明监管强度较弱，一般不宜以违反规章为由否定合同效力。但是违反规章的行为可能构成犯罪的，表明监管强度较强，在认定合同效力时就要予以考虑。

第四，要考察社会影响。只有当违反规章的行为可能造成严重的社会后果，如导致系统性金融风险时，才可以违背善良风俗为由认定合同无效。在考察社会后果是否严重时，要看某类违规现象是否普遍，肯定或者否定某一类交易行为的效力对整个行业有何影响。①

该条虽然是针对部门规章，但对地方法规也有参考意义。

3. 违反政策是否构成违背公序良俗

政策有不同的类型，如党中央的政策、国家的政策、部门的政策等。《民法通则》第6条规定："民事活动必须遵守法律，法律没有规定的，应当遵守国家政策。"《民法典》并没有将"政策"作为正式的法渊，但政策对民事审判的影响不能低估。各种政策原则上不能影响合同的效力，只有在特殊情形，经过严格论证才能构成公序良俗，才会导致合同无效。对此，进行举例说明。如"限购令"是各地根据《国务院关于坚决遏制部分城市房价过快上涨的通知》（国发〔2010〕10号）而制定的政策。"限购令"属于

① 参见最高人民法院民事审判第二庭编著：《〈全国法院民商事审判工作会议纪要〉理解与适用》，人民法院出版社2019年版，第256－257页。

管理性强制性规范，而非效力性强制性规范，违反该政策规定并不导致房屋买卖合同无效。根据《北京市高级人民法院民一庭关于妥善处理涉及住房限购政策的房屋买卖合同纠纷案件若干问题的会议纪要》，违反限购令的房屋买卖合同是有效的，只是不能要求实际履行。借名人为规避国家房屋限购政策而借名买房，有违公序良俗原则，因此，借名买房合同应认定为无效。在"再审申请人辽宁中集哈深冷气体液化设备有限公司因与被申请人徐某欣、一审第三人曾某外案外人执行异议之诉案"① 中，最高人民法院认为：徐某欣在当时已有两套住房的情况下仍借曾某外之名另行买房，目的在于规避国务院和北京市的限购政策，通过投机性购房获取额外不当利益。司法对于此种行为如不加限制而任其泛滥，则无异于纵容不合理住房需求和投机性购房快速增长，鼓励不诚信的当事人通过规避国家政策红线获取不当利益，不但与司法维护社会诚信和公平正义的职责不符，而且势必导致国家房地产宏观调控政策落空，阻碍国家宏观经济政策落实，影响经济社会协调发展，损害社会公共利益和社会秩序。故徐某欣与曾某外为规避国家限购政策签订的房产代持协议因违背公序良俗而应认定无效，徐某欣依据规避国家限购政策的借名买房合同关系，不能排除对案涉房屋的执行。

风险防范

《民法典》第157条规定："民事法律行为无效、被撤销或者确定不发生效力后，行为人因该行为取得的财产，应当予以返还；不能返还或者没有必要返还的，应当折价补偿。有过错的一方应当赔偿对方由此所受到的损失；各方都有过错的，应当各自承担相应的责任。法律另有规定的，依照其规定。"因此，合同无效的法律后果为恢复到合同缔约前的状态。需要注意的是，这是合同无效、被撤销或者确定不发生效力后的一般处理原则。违背公序良俗，损害国家利益、社会利益或善良风俗导致合同无效，当事人签订合同的目的不但无法实现，还可能面临法律不予救济，无法恢复原状的法律

① 参见最高人民法院（2020）最高法民再328号民事判决书。

后果。如花钱找关系解决就业的合同，当要求对方返还合同价款时，人民法院将不予支持。这就要求当事人在订立合同时，自觉遵守社会主义核心价值观，首先要考虑到影响合同效力的各方面因素，对其合同内容是否违背公序良俗进行审查，对法律后果进行预判。

律师在合同审查业务中，应当全面检索相关的法律、法规、规章以及各种政策性文件，对合同合法性进行全面的审查。法律、行政法规中的强制性规定，可能导致合同无效。部门规章、地方性法规、自治条例、单行条例及地方政府规章，可能是细化了上位法的强制性规定，或者涉及社会公共利益，构成公序良俗，同样可能导致合同无效。即使不构成公序良俗，也往往要承担行政责任。如《山东省食品小作坊小餐饮和食品摊点管理条例》第27条第1款规定："乡镇人民政府、街道办事处或者城市管理部门应当依据县（市、区）人民政府确定的职责，按照科学规划、合理布局、方便公众的原则，划定食品摊点经营区域、经营时段，确定幼儿园、中小学校周边禁止食品摊点经营的区域，并向社会公布。"第41条第1款规定："违反本条例规定，食品小作坊、小餐饮未取得登记证从事食品生产经营的，由县（市、区）人民政府食品药品监督管理部门责令限期改正；逾期不改正的，没收违法所得和违法生产经营的食品、食品添加剂，并处二千元以上二万元以下罚款；情节严重的，没收用于违法生产经营的工具、设备、原料等物品。"因此，律师在办案中应当高度重视行政规章、地方性法规等规范性文件。

类案指引

1. 饶某礼、江西省监狱管理局物资供应站房屋租赁合同纠纷案①

裁判要旨： 违反行政规章一般不影响合同效力，但违反行政规章签订租赁合同，约定将经鉴定机构鉴定存在严重结构隐患，或将造成重大安全事故的应当尽快拆除的危房出租用于经营酒店，危及不特定公众人

① 参见最高人民法院（2019）最高法民再97号再审民事判决书；张爱珍、石磊：《〈饶国礼诉某物资供应站等房屋租赁合同纠纷案〉的理解与参照——出租应予拆除的危房用于经营酒店违背公序良俗》，载《人民司法》2022年第8期。

身及财产安全的，属于损害社会公共利益、违背公序良俗的行为，应当依法认定租赁合同无效，按照合同双方的过错大小确定各自应当承担的法律责任。

法院认为：在案涉房屋已被确定属于存在严重结构隐患的情形下，双方当事人仍签订《租赁合同》，约定将该房屋出租用于经营可能危及不特定公众人身及财产安全的商务酒店，明显损害了社会公共利益、违背了公序良俗。从维护公共安全及确立正确的社会价值导向的角度出发，对本案情形下合同效力的认定应从严把握，司法不应支持、鼓励这种为追求经济利益而忽视公共安全的有违社会公共利益和公序良俗的行为。故依照《民法总则》第153条第2款关于违背公序良俗的民事法律行为无效的规定，以及《合同法》第52条第4项关于损害社会公共利益的合同无效的规定，确认《租赁合同》无效。

2. 南京高科新浚成长一期股权投资合伙企业（有限合伙）诉房某某、梁某某等上市公司股份回购合同纠纷案①

裁判要旨：目标公司上市后对赌协议的效力和履行，不仅涉及公司内部关系的调整，还涉及证券监管要求以及证券市场交易秩序和金融安全等问题。当事人隐瞒未披露的对赌条款，属于上市审核规则明确必须在上市前予以清理的对赌条款的，对其效力认定应充分考察审核规则所体现的公共法益、监管对象是针对交易行为还是市场准入资格、对金融安全及社会影响等方面内容。与股票市值直接挂钩的回购条款，存在投资人为追求自身投资利益而故意在行权期内操纵二级市场股票交易价格的潜在风险，应认定为无效条款。

法院认为：法院一审认为，案涉上市后回售权的约定违反金融监管秩序，判决驳回高科新浚、高科新创全部诉讼请求。二审认为，案涉《修订合伙人协议》系绍兴闰康的合伙人之间签订，但房某某、梁某某系江苏硕世的实际控制人，高科新浚、高科新创借合伙形式，实质上与

① 参见上海市高级人民法院（2021）沪民终745号民事判决书；俞佳、胡晓萌：《与股票市值挂钩的对赌条款无效》，载《人民司法》2023年第5期。

上市公司股东、实际控制人签订了直接与二级市场短期内股票交易市值挂钩的回购条款，不仅变相架空了禁售期的限制规定，更是对二级市场投资人的不公平对待，有操纵股票价格的风险，扰乱证券市场秩序，属于《民法典》第153条违反公序良俗之情形，应认定无效，故驳回上诉，维持原判。

3. 王某帅与北京百车行汽车科技有限公司（以下简称百车行公司）车辆租赁合同纠纷案①

裁判要旨：公序良俗包括公共秩序和善良风俗，公共秩序包括社会生活秩序和公平竞争秩序。城市道路交通秩序既涉及公共管理秩序，也关乎社会生活秩序，属于公序良俗之一种。合同约定内容违反城市道路交通秩序违背公序良俗，损害公共利益，应当认定合同无效。

法院认为：根据王某帅与百车行公司签订的《北京市汽车租赁合同》及《补充协议》内容可见，双方名义上虽为租赁车辆，实际却有买断车辆及车牌号之嫌，该行为违反了北京市关于小客车指标需要摇号确定的政策规定，违背了北京市对小客车指标进行调控的公共管理秩序，应为无效。

4. 陆某与陈某、沈某等股权转让纠纷案②

裁判要旨：如股份隐名代持协议涉及上市公司兼并重组过程中的股份权属，协议效力认定应根据关于民事法律行为效力的法律法规规定以及相关部门规章的有关规定，考量协议是否触及效力性强制性规定，包括是否涉及金融安全、市场秩序、公序良俗等，并结合股东持股比例、对上市公司影响大小等因素进行审慎判断。如代持协议认定无效，相关投资收益归属、损失分担应结合公平原则、过错程度等因素予以综合判断。

法院认为：明匠公司被上市公司兼并重组前，陈某代陆某持有股份，

---

① 参见北京市高级人民法院（2021）京民申5984号民事裁定书。

② 参见上海市高级人民法院（2019）沪民终295号民事判决书。该案是上海市高级人民法院参考性案例第117号。

以自身名义参与黄河旋风公司通过发行股份并募集配套资金的方式收购明匠公司股权，成为上市公司股东，隐瞒了实际投资人的真实身份。且陈某作为上市公司前十大股东，对上市公司的运营和广大证券市场的投资者产生重要影响。我国2014年《证券法》第63条规定，发行人、上市公司依法披露的信息，必须真实、准确、完整，不得有虚假记载、误导性陈述或者重大遗漏。《上市公司重大资产重组管理办法》第43条第1款第4项规定，上市公司发行股份购买资产，应当充分说明并披露上市公司发行股份所购买的资产为权属清晰的经营性资产，并能在约定期限内办理完毕权属转移手续。陆某和陈某双方的行为构成了上市公司定向增发股份的隐名代持，违反了证券市场的公共秩序，损害了证券市场的公共利益，故依据《民法总则》第143条、第153条第2款和《合同法》第52条第4项的规定，系争股权代持协议书应无效。

相关条文

《民法典》

第一百五十三条 违反法律、行政法规的强制性规定的民事法律行为无效。但是，该强制性规定不导致该民事法律行为无效的除外。

违背公序良俗的民事法律行为无效。

《民间借贷规定》

第十三条 具有下列情形之一的，人民法院应当认定民间借贷合同无效：

（一）套取金融机构贷款转贷的；

（二）以向其他营利法人借贷、向本单位职工集资，或者以向公众非法吸收存款等方式取得的资金转贷的；

（三）未依法取得放贷资格的出借人，以营利为目的向社会不特定对象提供借款的；

（四）出借人事先知道或者应当知道借款人借款用于违法犯罪活动仍然提供借款的；

（五）违反法律、行政法规强制性规定的；

（六）违背公序良俗的。

《最高人民法院关于深入推进社会主义核心价值观融入裁判文书释法说理的指导意见》

四、下列案件的裁判文书，应当强化运用社会主义核心价值观释法说理：

（一）涉及国家利益、重大公共利益，社会广泛关注的案件；

（二）涉及疫情防控、抢险救灾、英烈保护、见义勇为、正当防卫、紧急避险、助人为乐等，可能引发社会道德评价的案件；

（三）涉及老年人、妇女、儿童、残疾人等弱势群体以及特殊群体保护，诉讼各方存在较大争议且可能引发社会广泛关注的案件；

（四）涉及公序良俗、风俗习惯、权利平等、民族宗教等，诉讼各方存在较大争议且可能引发社会广泛关注的案件；

（五）涉及新情况、新问题，需要对法律规定、司法政策等进行深入阐释，引领社会风尚、树立价值导向的案件；

（六）其他应当强化运用社会主义核心价值观释法说理的案件。

三、限权型强制性规定和赋权型强制性规定

释义条文

《民法典合同编通则司法解释》

第十八条　法律、行政法规的规定虽然有“应当”“必须”或者“不得”等表述，但是该规定旨在限制或者赋予民事权利，行为人违反该规定将构成无权处分、无权代理、越权代表等，或者导致合同相对人、第三人因此获得撤销权、解除权等民事权利的，人民法院应当依据法律、行政法规规定的关于违反该规定的民事法律后果认定合同效力。

规范解读

《民法典》第153条第1款规定：“违反法律、行政法规的强制性规定的民事法律行为无效。但是，该强制性规定不导致该民事法律行为无效的除外。”旨在限制或者赋予民事权利的限权型强制性规定和赋权型强制性规

定，属不属于《民法典》第153条第1款中的“强制性规定”，长期存在一些争议。《民法典合同编通则司法解释》第18条对此予以明确，有利于法律适用的统一。《民法典》第153条第1款中的“强制性规定”，仅指公法上的“强制性规定”，不包括限权型强制性规定和赋权型强制性规定。

1. 强制性规范与“应当”“必须”“不得”等情态动词

强制性规范通常采用“应当”“必须”“不得”等情态动词，提醒当事人必须严格遵守而不得随意以协议交易改变。然而，由于文字表义的局限性，立法者在制定法律法规条文时，其所使用的文字常常背离其立法意旨。法律条文中的“应当”“必须”“不得”等情态动词，需要对此进行科学分析，不能一概视为强制性规定。一些法律、行政法规的强制性规定虽然也采用了“应当”“必须”或者“不得”等表述，但其规范目的不是要求行为人实施特定行为或者禁止行为人实施特定行为，而是限制或者赋予某种民事权利，行为人违反该规定，可能会构成无权处分、无权代理、越权代表，也可能会导致合同相对人、第三人会据此获得撤销权、解除权等民事权利。

情态是说话人对句子命题的真值或事件的现实性状态的主观态度，情态动词是情态表达的最主要载体。[①] 情态动词是展示民法理念的工具，是民法规范设计的核心词。“应”类情态动词包括“应”“应当”“应该”等。在日常语体中，“须”比“应当”的语气更加强硬。在法律语体中，“须”和“应当”在表达法律的强制性方面是一样的。“得”类情态动词，包括“得”和“不得”。“可”类情态动词，主要包括“可”和“可以”。“能”类情态动词包括“能”“能够”“不能”等。从哲学的角度，目前民法学界更多聚焦民法本体论，而较少聚焦民法语言论。民法学研究往往以民事立法为中心，以中国社会转型中的问题为出发点，较多关注民法制度设计，较少关注民法规范表达。学术界和实务界均要高度重视民法中的情态动词，让情态动词成为开启民法世界的一把钥匙。

强制性规范一般采用“应当”“必须”“不得”等情态动词。任意性规范一般采用“可”“可以”“能”“能够”等情态动词。由于语言具有多义

---

① 彭利贞：《现代汉语情态研究》，中国社会科学出版社2007年版，第4页。

性，同样的情态动词在不同的语境下具有不同的含义。法律规范中有“应当”“必须”“不得”等情态动词，有时不能认定为强制性规范，更不能认定为效力性强制性规范。有时，一些法律规范中的“可”或“可以”，随着社会的发展，出现了强制化的趋势。如2003年最高人民法院发布的《人身损害赔偿司法解释》，明确城乡区分的人身损害赔偿标准。也就是说，在同一起人身损害赔偿事件中，受到伤害的人可能因户籍身份的不同而得到的赔偿有较大差别。《民法典》第1180条规定：“因同一侵权行为造成多人死亡的，可以以相同数额确定死亡赔偿金。”2022年修改后的《人身损害赔偿司法解释》采取了城乡统一的人身损害赔偿标准，其中第15条规定：“死亡赔偿金按照受诉法院所在地上一年度城镇居民人均可支配收入标准，按二十年计算。但六十周岁以上的，年龄每增加一岁减少一年；七十五周岁以上的，按五年计算。”《民法典》第1180条中的“可以”，从文义解释看，也包括了“不可以”的意思。然而，从立法目的解释，从城乡一体化的趋势看，该条中的“可以”，应当理解为“应当”。

从具体含义看，“应当”包括强制性规定的“应当”、推定性规定的“应当”和倡导性规定的“应当”。第一，强制性规定的“应当”。立法者有时为了实现特定的目标，采用了“应当”的表述方式。《民法典》第502条规定，“依照法律、行政法规的规定，合同应当办理批准等手续的，依照其规定”。该条中的“应当”，就属于强制性规定的“应当”。如《民法典》第30条规定，“协议确定监护人应当尊重被监护人的真实意愿”。第二，推定性规定的“应当”。如《民法典》第166条规定，“数人为同一代理事项的代理人的，应当共同行使代理权”。该条不是强制性规范，而是推定性规范，通过该条后半句“当事人另有约定的除外”予以说明。第169条第1款规定，“代理人需要转委托第三人代理的，应当取得被代理人的同意或者追认”。该条虽然没有采取“当事人另有约定的除外”但书条款，但根据立法目的，也属于推定性规范。推定性规范的“应当”，可以转化为“推定”“可以”等表述方式。第三，倡导性规定的“应当”。如《民法典》第165条规定，“授权委托书应当载明代理人的姓名或者名称、代理事项、权限和期限”。该条是倡导性规范，没有载明相关事项，只是不产生约定的法律效果。比如，根据《民法典》第 510 条和第 511 条的规定，当事人可以对代理事项重新达成协议，也可以通过相关条款予以解释。再如《民法典》第 707 条规定："租赁期限六个月以上的，应当采用书面形式。当事人未采用书面形式，无法确定租赁期限的，视为不定期租赁。""应当采用书面形式"，也是一种倡导性规定。如果没有书面形式，合同并不是无效的，而是视为不定期租赁。

由于法律、行政法规中的"应当""必须""不得"等情态动词具有多元含义，在法律适用时，就不能只进行文义解释，还需要根据具体情况，进行体系解释、目的解释和历史解释等。不能仅以条文中出现"应当""必须""不得"等，就认定该条属于强制性规定。条文中出现"应当""必须""不得"，有时旨在赋予或者限制民事权利，行为人违反该规定将构成无权处分、无权代理、越权代表等，或者导致合同相对人、第三人因此获得撤销权、解除权等民事权利。因此，违反"应当""必须""不得"相关条款的合同，并不当然是无效的。《最高人民法院关于深入推进社会主义核心价值观融入裁判文书释法说理的指导意见》第 9 条规定："深入推进社会主义核心价值观融入裁判文书释法说理应当正确运用解释方法：（一）运用文义解释的方法，准确解读法律规定所蕴含的社会主义核心价值观的精神内涵，充分说明社会主义核心价值观在个案中的内在要求和具体语境。（二）运用体系解释的方法，将法律规定与中国特色社会主义法律体系、社会主义核心价值体系联系起来，全面系统分析法律规定的内涵，正确理解和适用法律。（三）运用目的解释的方法，以社会发展方向及立法目的为出发点，发挥目的解释的价值作用，使释法说理与立法目的、法律精神保持一致。（四）运用历史解释的方法，结合现阶段社会发展水平，合理判断、有效平衡司法裁判的政治效果、法律效果和社会效果，推动社会稳定、可持续发展。"《全国法院贯彻实施民法典工作会议纪要》第 20 条规定："要牢固树立法典化思维，确立以民法典为中心的民事实体法律适用理念。准确把握民法典各编之间关系，充分认识'总则与分则''原则与规则''一般与特殊'的逻辑体系，综合运用文义解释、体系解释和目的解释等方法，全面、准确理解民法典核心要义，避免断章取义。"该条条款对于妥当解释法律规范中情态动词的具体含义，确定是否属于强制性规范，具有重要的参考意义。从《民法典合同编通则司法解释》第 18 条看，无权处分、无权代理、越权代表等限权性规范，以及合同相对人、第三人撤销权、解除权等赋权性规范，在法律适用上要优先于《民法典》第 153 条第 1 款。

2. 无权处分、无权代理、越权代表等限权性规范的适用

合同的效力可以区分为有效、无效、效力待定、可撤销、未生效等五种类型。合同无效是对当事人意思自治的彻底否定，导致了当事人合同利益的落空。合同无效是最严重的合同瑕疵，自始没有法律约束力。因此在分析强制性规范时，首先要考虑其是否赋予或者限制民事权利，是否构成无权处分、无权代理、越权代表。

第一，无权处分。根据《民法典》相关规定和学术界的通说，无权处分的合同是有效的。《民法典》第 597 条第 1 款规定："因出卖人未取得处分权致使标的物所有权不能转移的，买受人可以解除合同并请求出卖人承担违约责任。"从该条的规范表达看，立法明确区分物权与债权，区分物权变动与债权变动，区分合同的有效与合同的履行。《民法典》第 399 条规定，"下列财产不得抵押：……（四）所有权、使用权不明或者有争议的财产；（五）依法被查封、扣押、监管的财产；（六）法律、行政法规规定不得抵押的其他财产"。该条虽然采用了"不得"的表述，但违反了"不得"，合同并不是无效。该条款的"不得"，只是限制了处分人的处分权，影响了合同的履行，只是影响了物权变动，并不影响合同的效力。《民法典担保制度司法解释》第 37 条规定："当事人以所有权、使用权不明或者有争议的财产抵押，经审查构成无权处分的，人民法院应当依照民法典第三百一十一条的规定处理。当事人以依法被查封或者扣押的财产抵押，抵押权人请求行使抵押权，经审查查封或者扣押措施已经解除的，人民法院应予支持。抵押人以抵押权设立时财产被查封或者扣押为由主张抵押合同无效的，人民法院不予支持。以依法被监管的财产抵押的，适用前款规定。"该司法解释明确将《民法典》第 399 条中的"不得"进行了合理的解释，具有较强的科学性，契合交易当事人合理的信赖与期待。《民法典合同编通则司法解释》第 19 条第 1 款规定："以转让或者设定财产权利为目的订立的合同，当事人或者真正权利人仅以让与人在订立合同时对标的物没有所有权或者处分权为由主张合同无效的，人民法院不予支持；因未取得真正权利人事后同意或者让与人事后未取得处分权导致合同不能履行，受让人主张解除合同并请求让与人承担违反合同的赔偿责任的，人民法院依法予以支持。”

第二，无权代理。根据《民法典》相关规定和学术界的通说，无权代理的合同原则是效力待定，构成表见代理的合同有效。《民法典》第164条规定：“代理人不履行或者不完全履行职责，造成被代理人损害的，应当承担民事责任。”该条虽然采用了“应当”，但不能理解为效力性强制性规定。作为法律语言，民事责任是违反民事义务的法律后果。立法者用“应当”的情态动词，表达“责任承担”的含义。该条中的“应当”旨在限制民事权利，没有代理权、超越代理权或者代理权终止后签订的合同，不能因此无效。根据《民法典》第171条第1款，无权代理的合同原则是效力待定，被代理人不追认的，对被代理人不发生效力。根据《民法典》第172条，行为人虽然没有代理权，但相对人有理由相信行为人有代理权的，代理行为有效。《民法典总则编司法解释》第28条规定：“同时符合下列条件的，人民法院可以认定为民法典第一百七十二条规定的相对人有理由相信行为人有代理权：（一）存在代理权的外观；（二）相对人不知道行为人行为时没有代理权，且无过失。因是否构成表见代理发生争议的，相对人应当就无权代理符合前款第一项规定的条件承担举证责任；被代理人应当就相对人不符合前款第二项规定的条件承担举证责任。”

第三，越权代表。越权代表的合同是否有效，要根据第三人是否善意。《民法典》第504条规定：“法人的法定代表人或者非法人组织的负责人超越权限订立的合同，除相对人知道或者应当知道其超越权限外，该代表行为有效，订立的合同对法人或者非法人组织发生效力。”《公司法》第15条第1款规定：“公司向其他企业投资或者为他人提供担保，按照公司章程的规定，由董事会或者股东会决议；公司章程对投资或者担保的总额及单项投资或者担保的数额有限额规定的，不得超过规定的限额。”该条中的“不得”，旨在限制公司法定代表人的代表权限。违反该“不得”，并不当然导致合同无效。《民法典担保制度司法解释》第7条第1款规定：“公司的法定代表人违反公司法关于公司对外担保决议程序的规定，超越权限代表公司与相对人订立担保合同，人民法院应当依照民法典第六十一条和第五百零四条等规定处理：（一）相对人善意的，担保合同对公司发生效力；相对人请求公司承担担保责任的，人民法院应予支持。（二）相对人非善意的，担保合同对公司不发生效力；相对人请求公司承担赔偿责任的，参照适用本解释第十七条的有关规定。”

3. 合同相对人、第三人撤销权、解除权等赋权性规范的适用

导致合同相对人、第三人因此获得撤销权、解除权等民事权利的强制性规范，与无权处分、无权代理、越权代表的强制性规范一样，都要优先于《民法典》第 153 条第 1 款民事法律行为无效规范予以适用。所不同的是，前者更多的是赋权性强制性规范，后者更多的是限权性强制性规范。赋权性的强制性规范主要包括以下类型：

第一，合同相对人的撤销权。对于可撤销的合同，合同相对人具有撤销权，包括受欺诈、受胁迫的合同，显失公平的合同，重大误解的合同等，合同相对人具有撤销权。《民法典》第 148 条和第 149 条对受合同一方的欺诈、胁迫，以及受第三人的欺诈、胁迫，作出了具体的规定。撤销权属于形成权，适用除斥期间的规定。《民法典》第 152 条规定：“有下列情形之一的，撤销权消灭：（一）当事人自知道或者应当知道撤销事由之日起一年内、重大误解的当事人自知道或者应当知道撤销事由之日起九十日内没有行使撤销权；（二）当事人受胁迫，自胁迫行为终止之日起一年内没有行使撤销权；（三）当事人知道撤销事由后明确表示或者以自己的行为表明放弃撤销权。当事人自民事法律行为发生之日起五年内没有行使撤销权的，撤销权消灭。”

第二，善意相对人的撤销权。根据《民法典》第 145 条的规定，限制民事行为能力人不能独立实施民事法律行为，需要法定代理人追认；民事法律行为被追认前，善意相对人有撤销的权利。根据《民法典》第 171 条的规定，无权代理的行为，需要被代理人追认；行为人实施的行为被追认前，善意相对人有撤销的权利。

第三，合同保全制度中债权人的撤销权。根据《民法典》第 538 条和

第 539 条的规定，债务人以放弃其债权、放弃债权担保、无偿转让财产，或者以明显不合理的低价转让财产、以明显不合理的高价受让他人财产或者为他人的债务提供担保，影响债权人的债权实现的，债权人可以请求人民法院撤销债务人的行为。

第四，捐助人等利害关系人或者主管机关，农村集体经济组织成员，以及业主等特殊群体的撤销权。根据《民法典》第 94 条第 2 款的规定，捐助法人的决策机构、执行机构或者法定代表人作出决定的程序违反法律、行政法规、法人章程，或者决定内容违反法人章程的，捐助人等利害关系人或者主管机关可以请求人民法院撤销该决定。《民法典》第 265 条第 2 款规定："农村集体经济组织、村民委员会或者其负责人作出的决定侵害集体成员合法权益的，受侵害的集体成员可以请求人民法院予以撤销。"《民法典》第 280 条第 2 款规定："业主大会或者业主委员会作出的决定侵害业主合法权益的，受侵害的业主可以请求人民法院予以撤销。"

第五，《民法典》和特别法上的合同解除权。如《民法典》第 564 条规定："法律规定或者当事人约定解除权行使期限，期限届满当事人不行使的，该权利消灭。法律没有规定或者当事人没有约定解除权行使期限，自解除权人知道或者应当知道解除事由之日起一年内不行使，或者经对方催告后在合理期限内不行使的，该权利消灭。"《消费者权益保护法》第 24 条规定："经营者提供的商品或者服务不符合质量要求的，消费者可以依照国家规定、当事人约定退货，或者要求经营者履行更换、修理等义务。没有国家规定和当事人约定的，消费者可以自收到商品之日起七日内退货；七日后符合法定解除合同条件的，消费者可以及时退货，不符合法定解除合同条件的，可以要求经营者履行更换、修理等义务。依照前款规定进行退货、更换、修理的，经营者应当承担运输等必要费用。"

适用难点

1. 要正确处理合同无效与效力待定、可撤销的优先顺序

合同是市场化配置资源的主要方式，合同纠纷也是民商事纠纷的主要类

型。人民法院在审理合同纠纷案件时，要坚持鼓励交易原则，尽可能尊重当事人的意思自治。

第一，从历史演变看，合同无效的范围越来越小。根据《民法通则》第58条的规定，限制民事行为能力人依法不能独立实施的行为，或者一方以欺诈、胁迫的手段或者乘人之危，使对方在违背真实意思的情况下所为的行为，都是无效的。根据《合同法》第52条的规定，一方以欺诈、胁迫手段订立的合同，损害国家利益，是无效的。根据《民法典》第148～151条的规定，受欺诈、受胁迫的民事法律行为，都是可撤销的。从制度变迁看，对于有瑕疵的合同，立法逐步尊重当事人的意思，尽可能给当事人自由选择的空间。

第二，从司法政策看，合同能有效的，就尽量让其有效。《民法典时间效力规定》第8条规定："民法典施行前成立的合同，适用当时的法律、司法解释的规定合同无效而适用民法典的规定合同有效的，适用民法典的相关规定。"《民法典合同编通则司法解释》第1条第3款规定，"对合同条款有两种以上解释，可能影响该条款效力的，人民法院应当选择有利于该条款有效的解释"。

第三，法规规范适用的顺序。出现无权处分、无权代理、越权代表等情形，或者出现合同相对人、第三人具有撤销权、解除权情形，要用合同效力待定制度或合同可撤销制度予以解决，而不能适用合同无效制度，给当事人意思自治的空间。被代理人或者公司予以追认，或者合同相对人、第三人不行使撤销权、解除权，合同就是有效的。合同被撤销或者没有被追认，确定不发生效力后，才产生与合同无效类似的法律后果。

2. 合同违反法律、行政法规强制性规定，并不当然无效

当事人仅以合同违反法律、行政法规的强制性规定为由主张无效的，人民法院不予支持。《民法典》第153条第1款规定，"该强制性规定不导致该民事法律行为无效的除外"。该"强制性规定"主要是公法上的强制性规定，不包括私法上的限权型强制性规定和赋权型强制性规定。《民法典合同编通则司法解释》第16条没有采取管理性强制性规范或者效力性强制性规范的二分法，强调运用比例原则在个案中判定违反强制性规定的效力。比如，《公司法》第15条第1款关于公司对外担保的规定，属于强制性规范。该强制性规定属于限权型的强制性规范，不能简单归入管理性强制性规范或者效力性强制性规范。公司的法定代表人违反《公司法》关于公司对外担保决议程序的规定，超越权限代表公司与相对人订立担保合同，应根据《民法典》第61条和第504条等法定代表人越权订立合同的相关规定，认定违反此类规定的法律后果，并据此认定合同效力，而不能通过适用《民法典》第153条第1款的规定认定合同效力。违反该规定对外担保，合同是否有效，要考虑合同相对是否善意，以及担保的类型等。相对人是善意的，担保合同对公司发生效力。相对人非善意的，担保合同对公司不发生效力。金融机构开立保函或者担保公司提供担保，或者公司为其全资子公司开展经营活动提供担保，或者担保合同系由单独或者共同持有公司2/3以上对担保事项有表决权的股东签字同意，公司以其未依照《公司法》关于公司对外担保的规定作出决议为由主张不承担担保责任的，人民法院不予支持。

风险防范

律师承办合同审查业务，不仅要关注合同无效的法律风险，还要关注无权处分、无权代理、越权代表的法律风险，关于合同相对人、第三人撤销合同或者解除合同的撤销、没有被追认等法律风险。中华全国律师协会《律师承办合同审查业务指引》第6.2条规定：“［对内容合法性的审查］审查合同的合法性应当根据国家法律、国务院行政法规、地方性法规、各类规章、相关国际条约（如有）的规定，其中审查合同是否可能无效只能依据国家法律及国务院行政法规。此类审查工作主要包括：（1）审查合同条款及签订合同的过程中，是否涉嫌存在合同法中所规定的合同无效、免责条款无效、可申请变更或撤销的情况；（2）合同中的约定是否违反法律、行政法规的强制性规定；（3）审查合同中所用的法律术语、技术术语是否规范；（4）审查交易标的物的质量标准是否符合法律的明确规定；（5）审查合同名称与合同内容、属性是否一致，特别是有名合同的名称与合同内容是否存在冲突。对于一些合同，必须结合合同主体资格的审查，判断其是否违法或无效。”

类案指引

1. 游某成等与陈某珍、文某萍确认合同无效纠纷案[①]

裁判要旨：未经占份额2/3以上的按份共有人或者全体共同共有人同意，签订的共有物买卖合同，属于无权处分，不影响合同效力。

法院认为：“处分共有不动产应当经占份额三分之二以上的按份共有人同意”，本身并非对民事法律行为效力的强制性规定。因此，陈某珍对案涉房屋是否具有所有权或处分权，不影响其与文某萍之间的房屋买卖行为的效力。

2. 云南航路交通工程有限公司与昆明兆新城房地产开发有限公司确认合同效力纠纷案[②]

裁判要旨：处分被法院查封房产不影响合同效力。

法院认为：人民法院对案涉房屋的查封属于一定时间内限制房屋所有权变动的保全措施，其法律后果是被查封的房屋所有权在办理变更登记时受到限制，但不应据此否定案涉合同的效力。司法机关对案涉拟抵房源的查封并不影响《抵房协议》的成立、生效，且该协议仅能约束协议双方，不能约束协议之外的第三人。

相关条文

《民法典》

第三百一十一条　无处分权人将不动产或者动产转让给受让人的，所有权人有权追回；除法律另有规定外，符合下列情形的，受让人取得该不动产或者动产的所有权：

（一）受让人受让该不动产或者动产时是善意；

（二）以合理的价格转让；

---

① 参见贵州省贵阳市中级人民法院（2018）黔01民终7511号民事判决书。

② 参见云南省昆明市中级人民法院（2021）云01民终7271号民事判决书。

（三）转让的不动产或者动产依照法律规定应当登记的已经登记，不需要登记的已经交付给受让人。

受让人依据前款规定取得不动产或者动产的所有权的，原所有权人有权向无处分权人请求损害赔偿。

当事人善意取得其他物权的，参照适用前两款规定。

第三百九十九条 下列财产不得抵押：

（一）土地所有权；

（二）宅基地、自留地、自留山等集体所有土地的使用权，但是法律规定可以抵押的除外；

（三）学校、幼儿园、医疗机构等为公益目的成立的非营利法人的教育设施、医疗卫生设施和其他公益设施；

（四）所有权、使用权不明或者有争议的财产；

（五）依法被查封、扣押、监管的财产；

（六）法律、行政法规规定不得抵押的其他财产。

第五百零三条 无权代理人以被代理人的名义订立合同，被代理人已经开始履行合同义务或者接受相对人履行的，视为对合同的追认。

第五百零四条 法人的法定代表人或者非法人组织的负责人超越权限订立的合同，除相对人知道或者应当知道其超越权限外，该代表行为有效，订立的合同对法人或者非法人组织发生效力。

第五百九十七条 因出卖人未取得处分权致使标的物所有权不能转移的，买受人可以解除合同并请求出卖人承担违约责任。

法律、行政法规禁止或者限制转让的标的物，依照其规定。

《公司法》

第十五条 公司向其他企业投资或者为他人提供担保，按照公司章程的规定，由董事会或者股东会决议；公司章程对投资或者担保的总额及单项投资或者担保的数额有限额规定的，不得超过规定的限额。

公司为公司股东或者实际控制人提供担保的，应当经股东会决议。

前款规定的股东或者受前款规定的实际控制人支配的股东，不得参加前款规定事项的表决。该项表决由出席会议的其他股东所持表决权的过半数通过。

《民法典担保制度司法解释》

第七条　公司的法定代表人违反公司法关于公司对外担保决议程序的规定，超越权限代表公司与相对人订立担保合同，人民法院应当依照民法典第六十一条和第五百零四条等规定处理：

（一）相对人善意的，担保合同对公司发生效力；相对人请求公司承担担保责任的，人民法院应予支持。

（二）相对人非善意的，担保合同对公司不发生效力；相对人请求公司承担赔偿责任的，参照适用本解释第十七条的有关规定。

法定代表人超越权限提供担保造成公司损失，公司请求法定代表人承担赔偿责任的，人民法院应予支持。

第一款所称善意，是指相对人在订立担保合同时不知道且不应当知道法定代表人超越权限。相对人有证据证明已对公司决议进行了合理审查，人民法院应当认定其构成善意，但是公司有证据证明相对人知道或者应当知道决议系伪造、变造的除外。

第三十七条　当事人以所有权、使用权不明或者有争议的财产抵押，经审查构成无权处分的，人民法院应当依照民法典第三百一十一条的规定处理。

当事人以依法被查封或者扣押的财产抵押，抵押权人请求行使抵押权，经审查查封或者扣押措施已经解除的，人民法院应予支持。抵押人以抵押权设立时财产被查封或者扣押为由主张抵押合同无效的，人民法院不予支持。

以依法被监管的财产抵押的，适用前款规定。

第五节　无权处分的效力

释义条文

《民法典合同编通则司法解释》

第十九条　以转让或者设定财产权利为目的订立的合同，当事人或者真正权利人仅以让与人在订立合同时对标的物没有所有权或者处分权为由主张合同无效的，人民法院不予支持；因未取得真正权利人事后同意或者让与人事后未取得处分权导致合同不能履行，受让人主张解除合同并请求让与人承担违反合同的赔偿责任的，人民法院依法予以支持。

前款规定的合同被认定有效，且让与人已经将财产交付或者移转登记至受让人，真正权利人请求认定财产权利未发生变动或者请求返还财产的，人民法院应予支持。但是，受让人依据民法典第三百一十一条等规定善意取得财产权利的除外。

新旧变化

《合同法》第51条规定："无处分权的人处分他人财产，经权利人追认或者无处分权的人订立合同后取得处分权的，该合同有效。"该条文只规定了经追认或取得处分权后的合同效力，而对于无权处分合同本身的效力未予明确。《合同法司法解释（一）》第9条规定："依照合同法第四十四条第二款的规定，法律、行政法规规定合同应当办理批准手续，或者办理批准、登记等手续才生效，在一审法庭辩论终结前当事人仍未办理批准手续的，或者仍未办理批准、登记等手续的，人民法院应当认定该合同未生效；法律、行政法规规定合同应当办理登记手续，但未规定登记后生效的，当事人未办理登记手续不影响合同的效力，合同标的物所有权及其他物权不能转移。合同法第七十七条第二款、第八十七条、第九十六第二款所列合同变更、转让、解除等情形，依照前款规定处理。"《物权法》第15条规定："当事人之间订立有关设立、变更、转让和消灭不动产物权的合同，除法律另有规定或者合同另有约定外，自合同成立时生效；未办理物权登记的，不影响合同效力。"该规定明确了不动产物权效力的有无，不影响合同的效力。《合同法司法解释（二）》第15条规定："出卖人就同一标的物订立多重买卖合同，合同均不具有合同法第五十二条规定的无效情形，买受人因不能按照合同约定取得标的物所有权，请求追究出卖人违约责任的，人民法院应予支持。"该司法解释的规定意味着对合同上的效力与物权变动本身进行了区分，在司法实践层面认可了当事人无处分权不影响合同效力。[1] 由于违约责任是以存在有效合同为前提，该条规定实际上已经承认出卖他人之物的合同有效性，亦即承认了买卖等合同的效力不受处分权有无之影响。《买卖合同纠纷司法解释》第 3 条第 1 款规定："当事人一方以出卖人在缔约时对标的物没有所有权或者处分权为由主张合同无效的，人民法院不予支持。"继《合同法司法解释（一）》第 9 条将合同效力与合同标的物所有权转移区别开之后，《物权法》第 15 条在法律上正式确立了区分原则。根据该原则，《买卖合同纠纷司法解释》第 3 条对于《合同法》第 51 条与第 132 条之间的关系进一步梳理，从司法审判实践角度对第 132 条作出了反面解释，无权处分情形下合同效力以及出卖人责任有了基本一致的认定。故，买卖合同的效力自不因出卖人欠缺处分权而受影响，在无权处分导致标的物所有权不能转移的情况下，买受人可以追究出卖人的违约责任，同时保护了善意买受人的权益。

《民法典》将《合同法》第 51 条从总则部分移至本章加以规定，由本条所使用的"违约责任"一词可以明确得出买卖合同不因出卖人无权处分而无效的结论。《民法典合同编通则司法解释》第 20 条第 1 款在《买卖合同纠纷司法解释》规定的基础上，增加了第 2 款，规定真正权利人的权利维护以及对善意受让人的保护，同时进行具体化，明确了未取得真正权利人事后同意或者让与人事后未取得处分导致合同不能履行的，受让人有权主张解除合同并请求让与人承担违反合同的赔偿责任。

规范解读

买卖合同是出卖人转移买卖标的物所有权于买受人，买受人支付价款的合同。但是在现实生活中，经常会出现出卖人对标的物不享有所有权而进行交易的情形，由此导致合同效力产生争议。本条是在吸收了《合同法司法解释（一）》将合同效力与合同标的物所有权转移区别开的精神和《买卖合同纠纷司法解释》第 3 条规定，即无权处分情形下买卖合同的效力以及违

---

① 参见黄薇主编：《中华人民共和国民法典释义》（中），法律出版社 2020 年版，第 1162 页。

约救济的规定的基础上，结合《民法典》及《民法典担保制度司法解释》的相关规定，明确当事人不能以出卖人无处分权为由主张合同无效。

1. 物权变动与合同效力的区分

没有达到物权变动效果的买卖合同的效力，涉及物权变动模式的立法规定问题。大陆法系国家比较有代表性的物权变动模式有以下三种：一是以《法国民法典》为代表的债权意思主义的物权变动模式。所谓债权意思主义，是指仅凭当事人的债权意思（如当事人达成合意），就发生物权变动的效力，不需以登记或交付为其成立或者生效要件。① 二是以《德国民法典》为代表的物权形式主义的物权变动模式。所谓物权形式主义，是指物权变动法律效果的发生，除了债权意思外，还必须有物权变动的意思表示，并履行登记或交付的法定方式。② 三是以《奥地利民法典》为代表的债权形式主义的物权变动模式。所谓债权形式主义，是指物权变动法律效果的发生，除了债权意思外，还必须履行登记或交付的法定方式，但是不需要作出物权变动的意思表示。③ 通说认为，根据《民法通则》第72条、《合同法》第133条、《物权法》第9条和第23条的规定，我国现行法律关于物权变动模式采取的是债权形式主义的物权变动模式。④ 即物权发生变动时，除了当事人之间签订债权合同之外，还需要履行登记或者交付的法定方式，也就是物权变动与其原因关系相区分的原则。⑤

2. 无权处分与善意取得的适用

买卖当事人订立的合同只要不违反法律、行政法规的强制性规定以及不违背公序良俗，原则上均属有效。但需要注意的是，买卖合同有效不意味着买受人在完成交付或者登记等公示方式后必然可以取得标的物的所有权，买

---

① 参见谢哲胜：《财产法专题研究》，清华大学出版社2005年版，第83页。转引自王利明：《物权法研究》，中国人民大学出版社2007年版，第254页。

② 参见谢哲胜：《财产法专题研究》，清华大学出版社2005年版，第84页。转引自王利明：《物权法研究》，中国人民大学出版社2007年版，第255页。

③ 参见谢哲胜：《财产法专题研究》，清华大学出版社2005年版，第85页。转引自王利明：《物权法研究》，中国人民大学出版社2007年版，第255页。

④ 参见王利明：《关于债权合同与物权及合同无效与撤销权的关系》，载最高人民法院《人民司法》编辑部主办：《判解研究》（总第6辑），人民法院出版社2002年版。

⑤ 参见黄薇主编：《中华人民共和国民法典释义》（上），法律出版社2020年版，第421页。

受人能否取得标的物的所有权，仍取决于是否满足善意取得的条件，也就是说，处分权的欠缺虽然不影响合同效力，但会影响物权的变动，否则善意取得制度就会失去价值和意义。

为保护善意买受人的利益，应当认定处分他人之物所订立的合同有效，从而有利于交易的安全。就善意的受让人角度而言，认定合同有效，其可以依据《民法典》第597条第1款的规定追究相对人的违约责任，特别是当出卖人因无权处分如未取得真正权利人事后同意或者让与人事后未取得处分权，而无法履行买卖合同或一物多卖导致合同不能履行时，应承担违约损害赔偿责任，受让人可以主张解除合同并请求让与人承担违反合同的赔偿责任。毕竟在一物多卖时，只能有一个合同的当事人取得合同标的物的所有权。但是，如果真正权利人对此予以追认或者出卖人事后取得处分权，受让人也可以主张继续履行合同。无论是《买卖合同纠纷司法解释》还是《民法典》，都只针对无权处分订立的买卖合同作了规定，未对无权处分所订其他合同作出规定。《民法典》第646条规定："法律对其他有偿合同有规定的，依照其规定；没有规定的，参照适用买卖合同的有关规定。"买卖合同准用于其他有偿合同，基于此，亦有必要将无权处分所订买卖合同的规则类推适用到无权处分所订其他合同的场合，如抵押合同、质押合同等。

无权处分有效规则的理论基础在于合同效力区别于合同标的物所有权的变动，不同于《合同法》第51条的理念，删除了第51条所要求的合同有效的前提条件——经权利人追认或者无处分权的人订立合同后取得处分权，修正了理论上将无权处分合同视为效力待定合同的观点。[①] 但这种修正并不等于鼓励无权处分，支持出卖他人财产。

3. 无权处分与连环买卖

在债权形式主义物权变动模式之下，当出卖人与第一买受人订立买卖合同后，如标的物未交付（动产）或未办理过户登记手续（不动产），标的物的所有权就不发生转移。在此种情形下，出卖人再与后续买受人订立买卖合

① 参见许中缘、夏沁：《〈合同法〉修改：从合同法典回归民法典合同法编》，载《晋阳学刊》2017年第3期。

同，由于出卖人此时出卖的仍为其享有所有权的标的物，只要不具有《合同法》第 52 条规定的无效情形，出卖人此后所订立的数个买卖合同应为有效的买卖合同。

债权合同效力的发生并不直接引起物权变动的法律效果。《民法典》物权编第 215 条规定："当事人之间订立有关设立、变更、转让和消灭不动产物权的合同，除法律另有规定或者当事人另有约定外，自合同成立时生效；未办理物权登记的，不影响合同效力。"由此观之，出卖人对合同标的物没有所有权或者处分权时所订立的合同，仍是自成立时生效。物权变动法律效果的发生，须以生效的债权合同与交付或登记行为作为前提。反过来，没有登记或交付行为，只是不产生物权变动的法律效果，并不影响债权合同的效力。买卖合同中，标的物所有权能否发生移转，是出卖人能否依约履行合同的问题，不能因为出卖人无法履行合同义务，就否认出卖人与后续买受人间订立的买卖合同的效力。

适用难点

合同标的物存在动产和不动产的区别，相应的物权变动规则也会不同。出卖人在一物多卖时，由于办理登记或交付的时间顺序方面的不同，也直接影响买受人对标的物的所有权取得方面的千差万别。在该条的适用情形上，针对出卖未取得处分权的物，买卖合同的标的物既可以是现实存在之物，又可以是将来产生之物。实际经济生活中存在大量的期货买卖和以将来财产为标的物之买卖合同，这意味着买卖合同缔约时，标的物尚不存在，只要履行交付义务时能够生产出来就不影响买受人的利益，这种情形并非无权处分。对于无处分权的人处分他人财产，凡未经权利人追认或者无处分权的人订立合同后仍未取得处分权的，人民法院可以依照《民法典》总则编第 3 条和物权编关于民事主体的财产权利不得侵犯的规定，根据权利人的请求认定无权出卖行为无效、无权占有人返还财产。至于合同效力如有争议，则依照《民法典》合同编关于合同效力的规定加以考量。在买受人不能依据善意取得制度取得标的物所有权的，原权利人则依法取回标的物所有权，买受人可以根据实际情况，因履行不能无法达到合同目的，可以请求解除买卖合同，进而要求无权处分人承担违约责任，或者直接要求无权处分人承担违约责任。①

风险防范

按照合同自由的原则，合同的救济方式由非违约方自主选择行使。在多重买卖情形下，只能有一个买受人取得标的物的所有权，其他不能取得该标的物所有权的买受人可以援用《民法典》物权编、合同编有关救济的规定来维护自身合法权益。在合同有效的前提下，不能取得该标的物所有权的买受人可以追究出卖人的违约责任或者要求解除合同并主张损害赔偿；或可以依据《民法典》总则编有关规定请求变更或撤销合同，甚至在符合债的保全情形下，行使《民法典》合同编规定的撤销权。

类案指引

1. 罗某会诉毕某娟船舶买卖合同纠纷案②

裁判要旨：当事人一方以出卖人在缔约时对标的物没有所有权或处分权为由主张合同无效的，人民法院不予支持。

法院认为：本案"荣远渔168"号渔船买卖合同经买卖双方姜某与罗某会签字，合同成立。罗某会不是"荣远渔168"号渔船的登记所有人，在与姜某订立买卖合同时，不论其对案涉船舶是否享有处分权，均不影响对合同效力的认定，姜某与罗某会签订的渔船买卖合同有效，原审法院予以确认。

2. 杨某、叶某诉李某、牟某房屋买卖合同纠纷上诉案③

裁判要旨：夫妻双方共有之房屋登记在一方名下，登记一方与买受

---

① 参见黄薇主编：《中华人民共和国民法典释义》（中），法律出版社2020年版，第1163页。

② 参见辽宁省高级人民法院（2018）辽民终156号民事判决书。

③ 参见上海市第一中级人民法院（2016）沪01民终8502号民事判决书。

方订立房屋买卖合同，已成立之合同若无恶意串通等导致合同无效的情形，应认定为有效，当事人以无权处分为由请求认定合同无效的，法院不予支持。但合同有效并不意味着其可以履行，合同能否履行取决于其效力是否及于未登记一方。若出售方拒绝或无法履行合同，善意买受方在不同情形下可以选择的救济途径有善意取得、继续履行与违约赔偿。

法院认为：系争房屋属于杨某与叶某的夫妻共同财产，本案中并无证据证明叶某出售系争房屋时取得了杨某的授权或同意，故叶某擅自将系争房屋出卖给李某、牟某的行为属于无权处分。系争房屋买卖合同系叶某与李某、牟某的真实意思表示，内容并未违反法律或行政法规的强制性规定，亦无证据证明李某、牟某与叶某具有恶意串通损害杨某合法权益的情形，故系争房屋买卖合同合法有效。

3. 云南弥勒农村商业银行股份有限公司（以下简称弥勒农商行）诉云南中浩房地产开发有限公司（以下简称中浩公司）、弥勒市宏业建筑安装有限责任公司、苟某某、何某某、罗某某金融借款合同纠纷案①

裁判要旨：抵押人以不属于自己有处分权的财产设定抵押的，构成无权处分，但若抵押权人取得抵押登记时主观上构成善意无过失的，基于保护其从公示的物权人处所取得的权利的目的，该抵押权的设立及相关抵押合同应为合法有效。

法院认为：不动产物权以登记为公示方法。物权公示具有公信力，依法定登记方式进行公示的物权，具有使社会一般人信赖其正确的效力，即使公示的物权状况与真实的权利状态不符，法律推定登记簿上记载的人是不动产的权利人，对信赖公示的善意第三人从公示的物权人处所取得的权利仍予以保护。抵押人以不属于自己有处分权的财产设定抵押的，构成无权处分，但是如果抵押权人取得抵押权登记时构成善意的，抵押合同及抵押权设立合法有效。《物权法司法解释（一）》第15条、第16条规定构成“重大过失”的判断标准是“真实权利人有证据证明不动产抵押权人应当知道抵押人无处分权”。依据中浩公司名下的《国有土地

① 参见云南省高级人民法院（2021）云民再29号民事判决书。

使用证》和《房屋所有权证》，弥勒农商行办理抵押登记前，已对案涉房屋土地权属登记情况进行了调查，登记簿所记载的内容系由国家行政机关以法定程序审查后作出确认，具有物权公示公信的效力。在不动产登记簿上没有明确记载权利障碍或瑕疵之前提下，中铁五公司也没有证据证明银行办理抵押登记时知晓另案生效判决的情况下，银行在办理抵押登记时没有对标的物实际占有情况进行实地勘察，不足以认定弥勒农商行构成“重大过失”。综上四点分析，在设立抵押权时，弥勒农商行不知道中浩公司系无权处分且无重大过失，可以认定弥勒农商行在2014年9月3日抵押权设立的时间点是善意的，符合不动产抵押权善意取得的四个要件。弥勒农商行合法设立抵押权登记取得了《房屋他项权证书》，本案的抵押合同及登记的抵押权应当有效。

相关条文

《民法典》

第二百一十五条 当事人之间订立有关设立、变更、转让和消灭不动产物权的合同，除法律另有规定或者当事人另有约定外，自合同成立时生效；未办理物权登记的，不影响合同效力。

第五百九十七条 因出卖人未取得处分权致使标的物所有权不能转移的，买受人可以解除合同并请求出卖人承担违约责任。

法律、行政法规禁止或者限制转让的标的物，依照其规定。

《民法典担保制度司法解释》

第三十七条 当事人以所有权、使用权不明或者有争议的财产抵押，经审查构成无权处分的，人民法院应当依照民法典第三百一十一条的规定处理。

当事人以依法被查封或者扣押的财产抵押，抵押权人请求行使抵押权，经审查查封或者扣押措施已经解除的，人民法院应予支持。抵押人以抵押权设立时财产被查封或者扣押为由主张抵押合同无效的，人民法院不予支持。

以依法被监管的财产抵押的，适用前款规定。

第四十三条 当事人约定禁止或者限制转让抵押财产但是未将约定登记，抵押人违反约定转让抵押财产，抵押权人请求确认转让合同无效的，人民法院不予支持；抵押财产已经交付或者登记，抵押权人请求确认转让不发生物权效力的，人民法院不予支持，但是抵押权人有证据证明受让人知道的除外；抵押权人请求抵押人承担违约责任的，人民法院依法予以支持。

当事人约定禁止或者限制转让抵押财产且已经将约定登记，抵押人违反约定转让抵押财产，抵押权人请求确认转让合同无效的，人民法院不予支持；抵押财产已经交付或者登记，抵押权人主张转让不发生物权效力的，人民法院应予支持，但是因受让人代替债务人清偿债务导致抵押权消灭的除外。

第六节 越权代表与职务代理

一、越权代表的合同效力

释义条文

《民法典合同编通则司法解释》

第二十条 法律、行政法规为限制法人的法定代表人或者非法人组织的负责人的代表权，规定合同所涉事项应当由法人、非法人组织的权力机构或者决策机构决议，或者应当由法人、非法人组织的执行机构决定，法定代表人、负责人未取得授权而以法人、非法人组织的名义订立合同，未尽到合理审查义务的相对人主张该合同对法人、非法人组织发生效力并由其承担违约责任的，人民法院不予支持，但是法人、非法人组织有过错的，可以参照民法典第一百五十七条的规定判决其承担相应的赔偿责任。相对人已尽到合理审查义务，构成表见代表的，人民法院应当依据民法典第五百零四条的规定处理。

合同所涉事项未超越法律、行政法规规定的法定代表人或者负责人的代表权限，但是超越法人、非法人组织的章程或者权力机构等对代表权的限制，相对人主张该合同对法人、非法人组织发生效力并由其承担违约责任的，人民法院依法予以支持。但是，法人、非法人组织举证证明相对人知道或者应当知道该限制的除外。

法人、非法人组织承担民事责任后，向有过错的法定代表人、负责人追偿因越权代表行为造成的损失的，人民法院依法予以支持。法律、司法解释对法定代表人、负责人的民事责任另有规定的，依照其规定。

新旧变化

《民法典》第 504 条旨在规范表见代表合同的法律效力，以保护善意相对人的合理信赖，该条是在《合同法》第 50 条基础上修改而来，即增加了“合同对法人或者非法人组织发生效力”的规定，由此更进一步明确了法人的法定代表人或者非法人组织的负责人超越职权范围订立合同的法律效果归属问题，这样的修改同时也与《民法典》总则编增设非法人组织的规定相一致。

规范解读

1. 越权代表行为的法律构造

法人和非法人组织虽然具有缔约能力，但受其自然属性的限制，法人和非法人组织缔约能力的行使必须假借自然人为代表，因此有必要对代表法人和非法人组织所订立的合同的效力归属问题进行规制。《民法典》第 61 条规定，法定代表人以法人名义从事的民事活动，其法律后果由法人承受，以及法人组织内部对法定代表人职权范围的限制不得对抗善意相对人。《民法典》第 504 条则规定了表见代表制度，其立法目的在于抑制组织的内部拘束力对组织的对外关系的制约，从而使代表权成为一种不受限制的权力，以最大限度地保护交易安全。《民法典》第 504 条的规定与《民法典》总则编第 61 条的规定是相互关联的，《民法典》第 61 条的规定是第 504 条规定的逻辑前提，第 504 条的规定是第 61 条规定的逻辑结果。相较而言，《民法典》第 504 条规定的法定代表人超越权限的范围更为广泛，不限于超越法人章程、法人权力机构对法定代表人职权的限制，还包括超越法律对法定代表人职权的限制，并且该条款的规定还涉及非法人组织的负责人超越权限问题。①

表见代表行为中的代表人或者负责人是法人或者非法人组织有机体的组成部分，其本身不具有独立的人格，因此，代表行为反映的是组织的内部关系，代表人或者负责人与组织之间有一定的职权基础，交易相对人出于对其职务的信赖，对代表人或者负责人的代表权限一般没有查验义务，要求交易相对人详细查验代表人或者负责人的代表权限也不切实际。在司法实践中，亦有法院指出，“有限责任公司的公司章程作为公司内部决议的书面载体，它的公开行为不构成第三人应当知道的证据。强加给第三人对公司章程的审查义务不具有可操作性和合理性，第三人对公司章程不负有审查义务。第三人的善意是由法律所推定的，第三人无须举证自己善意；如果公司主张第三人恶意，应对此负举证责任。因此，不能仅凭公司章程的记载和备案就认定第三人应当知道公司的法定代表人超越权限，进而断定第三人恶意”。② 从交易秩序与个体利益保护利益平衡的角度考量，为了保护交易安全，法人和非法人组织作为社会组织应当承担选择代表人或负责人的风险，法律不应把这种风险转移给交易相对人。③ 根据《民法典》第 504 条的规定，相对人只要证明与其订立合同的人是法人的法定代表人或非法人组织的负责人，该合同对这些组织而言就具有拘束力，即相对人已经被推定为善意。

《民法典》第 504 条规定了表见代表制度，对越权代表的其他问题则付之阙如，从而产生了制定法上的漏洞。《民法典担保制度司法解释》第 7 条在一定程度上填补了这一漏洞，但因仅针对公司对外提供担保而作规定，在

① 参见黄薇主编：《中华人民共和国民法典合同编解读》（上册），中国法制出版社 2020 年版，第 150 页。《民法典》编纂虽未就非法人组织负责人对外代表行为的效力归属规则进行直接规定，但根据《民法典》第 108 条关于非法人组织参照适用总则编第 3 章第 1 节的有关规定，非法人组织负责人对外代表非法人组织所为的代表行为之效果可以参照适用《民法典》第 61 条第 2 款有关法定代表人代表行为的效力归属规则。非法人组织的负责人以非法人组织名义进行的民事活动，其后果应由非法人组织承受。

② 参见浙江省高级人民法院（2014）浙商终字第 57 号民事判决书。

③ 参见李建华、许中缘：《表见代表及其适用——兼评〈合同法〉第 50 条》，载《法律科学（西北政法学院学报）》2000 年第 6 期。

适用范围上受到限制。因此，《民法典合同编通则司法解释》第 20 条对越权代表问题作出了一般性的解释。根据该条第 1 款规定，法律、行政法规为限制法人的法定代表人或者非法人组织的负责人的代表权，规定合同所涉事项应该由法人、非法人组织的权力机构或者决策机构决议，或者应当由法人、非法人组织的执行机构决定，未尽到合理审查义务的相对人不能主张未取得授权的法定代表人、负责人以法人或者非法人组织名义订立的合同对法人或者非法人组织发生效力并要求其承担违约责任。是否尽到合理审查义务的举证责任由相对人承担，如果不能证明自己已经尽到了合理审查义务则需要承担上述法律后果，由此说明了构成越权代表的具体情形。但是，法人或者非法人组织有过错的应该依据《民法典》第 157 条的规定承担相应的赔偿责任。这里的赔偿责任的性质为缔约过失责任，在赔偿范围上通常不包括履行利益且存在过失相抵的问题。该条第 2 款规定，合同所涉事项虽然未超越法定代表人或者负责人的代表权限，但是超越法人、非法人组织的章程或者权力机构等对代表权的限制，此时由法人或者非法人组织承担相对人知道或者应当知道该限制的证明责任，如果法人或者非法人机构未能履行证明责任，则人民法院应当认定合同对法人、非法人组织发生效力，由此给法人或者非法人组织实现对其代表人或者负责人代表权的意定限制提供了适当的法律途径。

2. 越权代表中超越代表权的内涵

《民法典合同编通则司法解释》第 20 条对代表权的法定限制与意定限制分别进行了规定。这是因为法定限制与意定限制在公示方面具有差别，特别是在意定限制的情况下，对法定代表人、负责人代表权的限制来源于组织体内部，相对人存在知晓的困难。所谓法定限制，是指法律、行政法规在法人机构分权的基础上对业务执行权的限制。比如，根据《公司法》第 15 条第 2 款、第 59 条、第 135 条、第 151 条、第 202 条的规定，涉及公司为其股东或者实际控制人提供担保，公司增减资本，发行债券，发行新股，购买或者出售重大资产，分立、合并、解散、清算或变更公司组织形式等事项，应当由股东会决议；同时《公司法》第 172 条规定，国有独资公司由履行出资人职责的机构行使股东会职权，国有独资公司合并、分立、解散、申请破产的，应当由履行出资人职责的机构决定。根据《公司法》第 15 条第 1 款，第 182 条的规定，公司向其他企业投资或者为他人提供担保，董事、监事、高级管理人员与公司订立合同或交易的，均须经董事会或者股东会的决议通过。根据《合伙企业法》第 31 条的规定，除合伙协议另有约定外，处分合伙企业的不动产、转让或者处分合伙企业的知识产权和其他财产权利、以合伙企业名义为他人提供担保等行为应当经全体合伙人一致同意。所谓意定限制，是指法人章程、董事会决议、股东会或股东大会决议对代表权所作的限制。[①] 比如，公司章程对代表权事先所作的一般性限制，以及股东会、股东大会等公司权力机构对代表权所作的个别限制；再如，合伙协议或者具体的内部决议对其负责人的限制。另外，超越经营范围订立合同的效力由《民法典》第 505 条专门规定，因此，超越经营范围不属于本条款适用的超越代表权的情形。

3. 越权代表中相对人善意的认定

根据《民法典合同编通则司法解释》第 20 条第 1 款的规定，在法定限制代表权的情形下，相对人需要证明其已尽到合理的审查义务。这是因为法律、行政法规一经公布，推定所有人都应当知晓并遵守，相对人不能以不知道该法定限制为由主张其属于善意而构成表见代表。代表权限制的事项属于法律、行政法规的明确规定，相对人负有审查法定代表人是否取得公司机关决议的义务，如果相对人没有证据证明其履行了该项审查义务，之后发现存在越权代表行为，则推定相对人并非善意。例如，法定代表人违反《公司法》第 15 条的规定，未经公司决议擅自对外提供担保的，既意味着构成越权代表，也意味着相对人并非善意，不存在根据表见代表规则让公司承担担保责任的问题。[②] 由于相对人并非法人或者非法人组织的内部成员，对其的审查义务不应过分苛求，虽然《民法典合同编通则司法解释》第 20 条第 1 款要求相对人承担合理审查义务的证明责任，但这并不意味着是对相对人证明责任的加重，而是放宽了法官的自由裁量权，本条款规定的合理审查义务

---

① 参见朱广新：《法定代表人的代表越权行为》，载《中外法学》2012 年第 3 期。

② 参见最高人民法院民法典贯彻实施工作领导小组主编：《中华人民共和国民法典合同编理解与适用（一）》，人民法院出版社 2020 年版，第 316 页。

原则上指的是形式审查义务。在“成都鑫钰昕建材有限公司、四川省佳宇建设集团有限公司等债权转让合同纠纷案”[①] 中，法院认为，“担保人兴汇欣公司所签署的付款担保协议仅盖有兴汇欣公司公章，并无《民法典担保制度司法解释》第 8 条第 1 款第 3 项中所规定的持有公司 2/3 以上对担保事项有表决权的股东签字或其他授权人员签字。故鑫钰昕公司应当对兴汇欣公司的董事会或股东（大）会决议进行必要审查。诉讼中鑫钰昕公司并未提交证据证明其进行了必要审查，故不构成善意”。

根据《民法典合同编通则司法解释》第 20 条第 2 款的规定，在意定限制代表权的情形下，法人或者非法人组织需要证明相对人知道或者应当知道该限制。这是因为，对法定代表人、负责人代表权的限制来源于组织体内部，不能对抗善意的相对人。法人的法定代表人或者非法人组织的负责人以法人或者非法人组织的名义与相对人订立合同的，相对人一般认为法定代表人或者非法人组织的负责人就是代表法人或者非法人组织，相对人往往难以知道法定代表人或者非法人组织的负责人的代表权限到底有多大，法人或者非法人组织的内部管理规定也不应对合同的相对人形成约束力。[②] 如果法人或非法人组织没有证据能够证明相对人知道或应当知道意定限制代表权情形下存在越权代表的行为，就应该推定相对人为善意。在“广西盛丰建设集团有限公司等与周某华等民间借贷纠纷案”[③] 中，法院认为，肖某卿并非梧州分公司内部人员，其在签订合同时并不了解盛丰公司对梧州分公司内部授权的范围。吴某生时任梧州分公司的负责人，掌握公章；梧州分公司在梧州当地亦有较为频繁的经营活动。作为相对人，肖某卿有充分理由相信梧州分公司有相应的借款需求，且吴某生有权代表梧州分公司作出意思表示。两份案涉借款合同订立时，借款人处均盖有梧州分公司公章，并有吴某生签名捺指印确认。吴某生代表梧州分公司与肖某卿签订案涉借款合同，即使超出其内部授权的范围，亦构成表见代表。

---

① 参见四川省成都市郫都区人民法院（2022）川 0117 民初 5173 号民事判决书。

② 参见黄薇主编：《中华人民共和国民法典合同编解读》（上册），中国法制出版社 2020 年版，第 148 – 149 页。

③ 参见最高人民法院（2018）最高法民终 1290 号民事判决书。

4. 越权代表的责任承担

《民法典合同编通则司法解释》第20条第3款规定了越权代表成立后，各方当事人的责任承担问题。为了维护法人、非法人组织的合法权益，有必要明确在法定代表人、负责人越权代表的情况下，在法人、非法人组织承担民事责任后，有权向有过错的法定代表人、负责人追偿因越权代表行为造成的损失。由于代表人或者负责人往往供职于决策或者执行机构，通常其对法人或者非法人组织需要承担忠实勤勉义务，在实施代表行为时应该履行较高的注意义务。因此，本条款中规定的“有过错”，既包括故意也包括过失，其范围应该大于第21条第4款规定的职务代理人承担损害赔偿责任的过错范畴。当然，法人、非法人组织可以放弃对有过错的法定代表人、负责人的追偿权。

适用难点

1. 相对人合理审查义务的内涵

公司对外提供担保的合同效力问题在司法实践中属于疑难问题，对此，最高人民法院发布了一些司法性文件，其中就有涉及相对人审查义务标准的规定。《九民纪要》第18条规定，“债权人对公司机关决议内容的审查一般限于形式审查，只要求尽到必要的注意义务即可”，[①] 换言之，在法定代表人越权对外提供担保的案件中，相对人只需要承担形式的审查义务，如股东或者董事的身份是否属实，在关联担保的情况下应当回避表决的股东是否参与了表决。至于相对人对法定代表人是否伪造或者变造决议、决议程序是否违法、签章（名）是否属实、担保金额是否超过法定限额等事实则不承担审查的义务。所谓“必要的注意义务”，是指作为理性商人的相对人，须无重大过失。只要相对人能够证明其按照上述要求对公司的相关决议履行了形

---

① 《九民纪要》第18条第2款规定：“债权人对公司机关决议内容的审查一般限于形式审查，只要求尽到必要的注意义务即可，标准不宜太过严苛。公司以机关决议系法定代表人伪造或者变造、决议程序违法、签章（名）不实、担保金额超过法定限额等事由抗辩债权人非善意的，人民法院一般不予支持。但是，公司有证据证明债权人明知决议系伪造或者变造的除外。”

式审查的义务，人民法院即可认定相对人在与法定代表人订立合同时为善意。①

《民法典担保制度司法解释》第 7 条对法定代表人越权担保的效力问题进行了规定，该条将《公司法》第 15 条的规定认定为一种“代表权限制规范”，认为其属于《公司法》所规定的组织规范，限制的是法定代表人的权限，而且是对代表人权限的法定限制，这实现了与《民法典合同编通则司法解释》第 20 条第 1 款规定的相互协调。正因为《公司法》第 15 条是对代表人权限的法定限制，因此，是由相对人来证明其对公司决议履行了合理审查的义务。对于相对人的审查义务，《民法典担保制度司法解释》与《民法典合同编通则司法解释》规定中的表述均为合理审查，而非《九民纪要》规定所表述的形式审查。相对而言，合理审查的规定更具有弹性，赋予了人民法院更大的自由裁量权。《民法典合同编通则司法解释》第 20 条第 1 款规定的合理审查标准主要指的就是形式审查，即仅对材料的形式要件进行审查，审查材料是否齐全、是否符合法定形式，对于材料的真实性、有效性则不作审查。在越权代表案件中，形式审查能够在相对人和被代理人利益的保护之间作出平衡。当然，在个别特殊案件中，采用形式审查标准可能会使一些恶性巨大的投机行为得以蒙混过关。将审查标准界定为合理审查，赋予了法官更大的自由裁量权，在个案审查中，法官应在形式审查的基础上，综合考虑个案的特殊性，确定符合个案正义的审查范围。②

2. 相对人知道或应当知道的认定

根据《民法典合同编通则司法解释》第 20 条第 2 款的规定，法人或者非法人组织需要证明相对人知道或者应当知道其对代表权的意定限制。知道，包括事实上的知道与推定的知道。事实上的知道，是指相对人实际了解或认识到了法定代表人或非法人组织的负责人在订立合同时超越了权限，或者认识到法定代表人的这种交易未依法或章程的规定取得股东会或股东大会、董事会的批准。在“青海善邦商贸有限公司、青海山荣工贸有限公司

---

① 参见朱广新、谢鸿飞：《民法典评注合同编通则（1）》，中国法制出版社 2020 年版，第 335 页。

② 参见申惠文主编：《民法典担保制度司法解释适用指南》，法律出版社 2021 年版，第 53 页。

等买卖合同纠纷案”[①] 中，山荣公司（被代理人）组建微信群的目的系方便商户交流并实时向商户公布油价，同时特别提示“请于当天价格与业务人员商谈数量并转款确定”，善邦公司（相对人）作为山荣公司组建微信群中的商户之一，其对山荣公司每天向微信群中公布的油价应当知情，且在知晓山荣公司在微信群中所发消息“请于当天价格与业务人员商谈数量并转款确定”的情况下，仍然以明显低于山荣公司公布的油价与李某梅（代表人）达成协议，其行为明显存在过错。推定的知道，是指依据商事登记簿关于代表权范围的记载，推定相对人在订立合同时知道代表人的代表权受限。笔者认为，不宜将推定知道解释在知道的范畴内。为了保护交易的便捷和安全，不应强制相对人去查阅法人或非法人组织的登记簿，且即使其查阅了登记簿，也可能因理解的不同而遭受不测损失。[②] 应当知道的判断，一方面，需要明确相对人对法定代表人或者非法人组织的负责人是否超越权限不负调查义务；另一方面，只有在相对人存在重大过失的情况下才宜判断是否构成应当知道。

风险防范

法定代表人或者非法人组织的负责人实施越权代表行为，在意定限制代表权的情形下，法人或者非法人组织原则上要承受所订立合同的法律效果，除非其能够证明相对人知道或者应当知道该限制。因此，法人或非法人组织应当做好事先防范，审慎选择合适的法定代表人或者负责人，并在公司章程、合伙协议等文件中对法定代表人或者负责人的职权予以明确规定。在法定限制代表权的情形下，相对人需要承担履行合理审查义务的证明责任，以防止合同对法人、非法人组织发生效力的意愿落空。相对人与法定代表人或者非法人组织的负责人订立合同时，可以要求其提供公司的内部决策文件、最新的公司章程等。对内部决策文件，至少应当审查决策文件上的签名是否为有权签署人的签名、决议程序是否符合公司章程的规定。如果相对人能够取得法人或非法人组织的其他文件的，可进一步比对在其他文件中使用过的

① 参见青海省西宁市中级人民法院（2021）青01民终3255号民事判决书。

② 参见朱广新：《法定代表人的代表越权行为》，载《中外法学》2012年第3期。

印章、签名，以便确认内部决策文件中签名的有效性，从而降低合同对法人或者非法人组织不发生效力的风险。

类案指引

1. 中国华融资产管理股份有限公司河南省分公司与中国建设银行股份有限公司珠海丽景支行（以下简称丽景支行）票据回购纠纷案[①]

裁判要旨：法定代表人或负责人超越权限订立合同，其在任职期间以法人的名义对外签订合同、开立账户等行为，足以使相对人相信其是代表法人履行职务，合同的法律效果由法人承受。

法院认为：回购合同签订之时，黄某良系丽景支行行长，也系丽景支行营业执照记载的企业负责人，其在任职期间以丽景支行名义签订回购合同、出具贴现凭证（代申请书）、开立账户等行为，足以使华信支行相信系其代表丽景支行行使的职务行为，因此黄某良以丽景支行名义与华信支行签订履行回购合同的行为构成《合同法》第50条规定的代表行为。虽然华信支行在票据转贴现过程中存在未尽到合理审查义务等过错行为，但不能据此否认华信支行对于黄某良系以丽景支行行长身份代表丽景支行履行职务的判断。丽景支行上诉提出因黄某良未参与8000万元的票据诈骗行为，因此不应对8000万元回购合同的损失承担责任，但两份回购合同密不可分，华信支行均系基于黄某良系丽景支行行长职务的信赖而签订及履行合同，而黄某良也在该8000万元回购合同上签字，因此丽景支行该上诉主张理据不足，法院不予支持。根据《民法通则》第43条关于“企业法人对它的法定代表人和其他工作人员的经营行为，承担民事责任”以及《民通意见》第58条关于“企业法人的法定代表人和其他工作人员，以法人名义从事的经营活动，给他人造成经济损失的，企业法人应当承担民事责任”的规定，丽景支行应当对黄某良从事上述行为的法律后果依法承担相应的民事责任。一审判决认定黄

① 参见最高人民法院（2017）最高法民终313号民事判决书。

某良在办理转贴现业务中的行为系职务行为，并无不当，法院予以维持，但认定黄某良的行为构成表见代理，系对《合同法》第49条规定的表见代理与第50条规定的表见代表两种制度的混淆，法院予以纠正。另外，依据《最高人民法院关于在审理经济纠纷案件中涉及经济犯罪嫌疑若干问题的规定》第3条关于“单位直接负责的主管人员和其他直接责任人员，以该单位的名义对外签订经济合同，将取得的财物部分或全部占为己有构成犯罪的，除依法追究行为人的刑事责任外，该单位对行为人因签订、履行经济合同造成的后果，依法应当承担民事责任”的规定，追究黄某良的刑事责任并不能免除其单位即丽景支行依法应当承担的民事责任。因此，丽景支行上诉提出一审判决认定黄某良之行为属于代表行为错误、因黄某良构成犯罪故而丽景支行不应承担民事责任的主张，理据不足，法院不予支持。

2. 杭州馨华园房地产开发有限公司（以下简称馨华园公司）诉陈某奎等民间借贷纠纷案①

裁判要旨：合同所涉事项超越法人的章程或者权力机构等对法定代表人、负责人的代表权进行的限制，法人不能证明相对人知道或者应当知道该限制的，应当认定合同对法人发生效力。

法院认为：馨华园公司主张陈某奎未审查公司章程及股东决议，明知或应知周某出具保函的行为越权，非善意交易相对人，案涉保函对其不发生法律效力。2018年《公司法》第16条第1款规定：“公司向其他企业投资或者为他人提供担保，依照公司章程的规定，由董事会或者股东会、股东大会决议；公司章程对投资或者担保的总额及单项投资或者担保的数额有限额规定的，不得超过规定的限额。”该条第2款规定：“公司为公司股东或者实际控制人提供担保的，必须经股东会或者股东大会决议。”第一，该条款并未明确规定公司违反上述规定对外提供担保导致担保合同无效；第二，公司内部决议程序，不得约束第三人；第三，该条款并非效力性强制性的规定；第四，依据该条款认定担保合同

① 参见浙江省高级人民法院（2014）浙商终字第57号民事判决书。

无效，不利于维护合同的稳定和交易的安全。因此，公司违反前述条款的规定，与他人订立担保合同的，不能简单认定合同无效。此外，根据我国《合同法》第50条关于“法人或者其他组织的法定代表人、负责人超越权限订立的合同，除相对人知道或者应当知道其超越权限的以外，该代表行为有效”以及《担保法解释》第11条关于“法人或者其他组织的法定代表人、负责人超越权限订立的担保合同，除相对人知道或者应当知道其超越权限的以外，该代表行为有效”的规定，公司的法定代表人违反公司章程的规定对外提供担保应认定为有效。可见，对于公司法定代表人越权对外提供担保的情形，公司对外仍应对善意第三人承担民事责任，故本案馨华园公司的担保责任不能免除。

相关条文

《民法典》

第六十一条　依照法律或者法人章程的规定，代表法人从事民事活动的负责人，为法人的法定代表人。

法定代表人以法人名义从事的民事活动，其法律后果由法人承受。

法人章程或者法人权力机构对法定代表人代表权的限制，不得对抗善意相对人。

第一百零八条　非法人组织除适用本章规定外，参照适用本编第三章第一节的有关规定。

第一百五十七条　民事法律行为无效、被撤销或者确定不发生效力后，行为人因该行为取得的财产，应当予以返还；不能返还或者没有必要返还的，应当折价补偿。有过错的一方应当赔偿对方由此所受到的损失；各方都有过错的，应当各自承担相应的责任。法律另有规定的，依照其规定。

第五百零四条　法人的法定代表人或者非法人组织的负责人超越权限订立的合同，除相对人知道或者应当知道其超越权限外，该代表行为有效，订立的合同对法人或者非法人组织发生效力。

《公司法》

第十五条 公司向其他企业投资或者为他人提供担保，按照公司章程的规定，由董事会或者股东会决议；公司章程对投资或者担保的总额及单项投资或者担保的数额有限额规定的，不得超过规定的限额。

公司为公司股东或者实际控制人提供担保的，应当经股东会决议。

前款规定的股东或者受前款规定的实际控制人支配的股东，不得参加前款规定事项的表决。该项表决由出席会议的其他股东所持表决权的过半数通过。

《民法典担保制度司法解释》

第七条 公司的法定代表人违反公司法关于公司对外担保决议程序的规定，超越权限代表公司与相对人订立担保合同，人民法院应当依照民法典第六十一条和第五百零四条等规定处理：

（一）相对人善意的，担保合同对公司发生效力；相对人请求公司承担担保责任的，人民法院应予支持。

（二）相对人非善意的，担保合同对公司不发生效力；相对人请求公司承担赔偿责任的，参照适用本解释第十七条的有关规定。

法定代表人超越权限提供担保造成公司损失，公司请求法定代表人承担赔偿责任的，人民法院应予支持。

第一款所称善意，是指相对人在订立担保合同时不知道且不应当知道法定代表人超越权限。相对人有证据证明已对公司决议进行了合理审查，人民法院应当认定其构成善意，但是公司有证据证明相对人知道或者应当知道决议系伪造、变造的除外。

二、职务代理与合同的效力

释义条文

《民法典合同编通则司法解释》

第二十一条 法人、非法人组织的工作人员就超越其职权范围的事项以法人、非法人组织的名义订立合同，相对人主张该合同对法人、非法人组织发生效力并由其承担违约责任的，人民法院不予支持。但是，法人、非法人组织有过错的，人民法院可以参照民法典第一百五十七条的规定判决其承担相应的赔偿责任。前述情形，构成表见代理的，人民法院应当依据民法典第一百七十二条的规定处理。

合同所涉事项有下列情形之一的，人民法院应当认定法人、非法人组织的工作人员在订立合同时超越其职权范围：

（一）依法应当由法人、非法人组织的权力机构或者决策机构决议的事项；

（二）依法应当由法人、非法人组织的执行机构决定的事项；

（三）依法应当由法定代表人、负责人代表法人、非法人组织实施的事项；

（四）不属于通常情形下依其职权可以处理的事项。

合同所涉事项未超越依据前款确定的职权范围，但是超越法人、非法人组织对工作人员职权范围的限制，相对人主张该合同对法人、非法人组织发生效力并由其承担违约责任的，人民法院应予支持。但是，法人、非法人组织举证证明相对人知道或者应当知道该限制的除外。

法人、非法人组织承担民事责任后，向故意或者有重大过失的工作人员追偿的，人民法院依法予以支持。

新旧变化

《民法典》第170条是关于职务代理的新增规定，该条款的历史渊源可以追溯到《民法通则》第43条和《民通意见》第58条的规定，上述两个条文并列规定了企业法人的法定代表人和其他工作人员从事经营活动的法律效果归属于法人；《侵权责任法》第34条则对用人单位的责任和劳务派遣及劳务用工单位的责任作了规定。上述条文与职务代理行为具有一定的关联性，但并非对于职务代理行为的直接规定。法人或者非法人组织授权自己的工作人员对外实施民事法律行为时，可能通过内部决议的方式对各类工作人员的职权范围进行确定，或者通过公司章程中对各类工作人员的职权范围进行列举和限定，因此与一般意定代理进行外部授权有所差别。《民法典》第170条将职务代理作为委托代理的一种具体情形予以规定，从而将职务的授予理解为概括的授权行为，其规范目的在于解决职务代理行为的效力和职务代理权限制的效力问题。

规范解读

1. 职务代理行为的法律构造

在现代社会中，由于经济主体规模巨大、交易频繁，法定代表人不可能代表法人实施所有的交易活动。因此，职务代理制度应运而生，以弥补法定代表人制度的不足，在满足法人对外交易需求的同时，也能够增强交易结果的确定性和可预见性，使交易相对人能够迅速、准确地判断代理人是否有代理权，提高交易效率、维护交易秩序。在职务代理中，代理人对职权范围内的事项以被代理人名义实施的民事法律行为，对被代理人发生效力。在传统大陆法系国家，职务代理通常作为商事代理制度的下位概念出现，与代理商代理一同构成商事代理制度的完整体系。根据《民法典》第170条的规定，职务代理在性质上属于委托代理，“由于委托代理本质上是指基于被代理人的意思而产生的代理，这种意思既可以体现于被代理人的授权行为，也可以体现于被代理人基于其与代理人之间的雇佣、劳动关系而对代理人的默示授权”。①

《民法典》第170条第1款分别从职务代理的行为主体、权限和方式三个方面规定了职务代理的构成要件。

首先，职务代理中的代理人须是法人或者非法人组织的工作人员。职务代理中的被代理人是法人或者非法人组织，在对它们进行界定时要适用《民法典》的有关规定。由于职务代理来源于商事代理，能够适用职务代理的法人或者非法人组织应该具备商事属性，由此符合提升商业效率的法政策目标。营利法人、特别法人中的城乡合作经济组织法人和非法人组织基本上

---

① 黄薇主编：《中华人民共和国民法典总则编解读》，中国法制出版社2020年版，第551－552页。

都属于商事组织，可以适用职务代理制度。在“纳雍县寨乐镇益农种养殖农民专业合作社、黄某楠买卖合同纠纷案”[①] 中，法院认为，合作社成立至今，均由当事人管理，当事人的行为为职务行为，其行为效力应当约束合作社。然而，机关法人、农村集体经济组织法人和基层群众性自治组织法人，主要承担的是行政管理职能，无法进行大规模的商业交易活动，无须适用职务代理制度。非营利法人中的事业单位法人是由国家出资举办的基本公共服务提供者，代表人制度和意定代理制度即可完全满足其私法活动的需求。[②] 至于个体工商户经营活动中的工作人员实施的行为是否属于职务代理的问题，最高人民法院认为，“按照职务代理制度的基本内涵，其本质在于依据其职务或者职权而以被代理人名义实施民事法律行为，因此，本条规定的职务代理及有关法律后果对于个体工商户作为被代理人的情形可以类推适用”。[③] 职务代理中的代理人既包括基于劳动、雇佣关系而产生的法人或者非法人组织的工作人员，如工厂采购员、商店售货员等；也包括其他执行法人或者非法人组织工作任务的人员，如劳务派遣单位派到用工单位的工作人员。根据学界通说与司法实践，独立从业的律师、经纪人或分包商不能成为职务代理人。[④] 如果代理人未与作为被代理人的法人或者非法人组织建立劳动关系或雇佣关系，说明欠缺取得职务代理权的基础，其按照被代理人的授权从事代理行为，属于一般的委托代理。

其次，职务代理中的代理人须以法人或者非法人组织的名义实施法律行为。这一要件同时也是判断是否可能构成表见代理的必备要件。如果执行法人或者非法人组织工作任务的人员并没有以法人或者非法人组织的名义实施民事法律行为，则会构成无权处分或者侵权行为，应该分别适用不同的法律

---

① 参见贵州省毕节市人民法院（2021）黔05民终2938号民事判决书。

② 参见迟颖：《职务代理权的类型化研究——〈民法典〉第170条解释论》，载《法商研究》2023年第1期。

③ 参见最高人民法院民法典贯彻实施工作领导小组主编：《中华人民共和国民法典总则编理解与适用》（下），人民法院出版社2020年版，第851页。

④ 参见山东省青岛市中级人民法院（2020）鲁02民终9352号民事判决书，四川省德阳市中级人民法院（2020）川06民再13号民事裁定书，山东省青岛市中级人民法院（2020）鲁02民终6426号民事判决书。

规则。[①] 在司法实践中，亦有人民法院认为，行为人未以法人或者非法人组织的名义实施民事法律行为不构成职务代理。[②] 在特定情况下，根据代理行为发生的具体场合，或者代理行为的性质，代理人虽然没有表明被代理人的身份，但是并不影响代理行为的效力归属。比如，代理行为发生在法人或者非法人组织的日常经营场所且明显不是代理人的私人事务，可以认为代理行为与法人或者非法人组织的生产经营相关，属于职务代理行为。[③]

最后，职务代理中的代理人须实施其职权范围内的事项。法人或者非法人组织对执行其工作任务人员的授权通常是通过劳动合同、职务任命进行的，为了维护交易安全，此种概括授权存在于日常交易的情形；对于非日常的重大交易，执行法人或者非法人组织工作任务的人员以法人或者非法人组织的名义订立合同仍应取得法人或者非法人组织的特别授权，否则，就是超越其职权范围的行为。有时法人章程或者一些内部规定会对代理权进行一定限制，相对人对于职务代理人的权限，特别是法人或者非法人组织内部对代理人职权范围的意定限制往往难以知晓。[④] 在代理人超越其职权范围，以被代理人的名义实施民事法律行为的情形下，出于保护相对人的合理信赖以及整个社会的交易安全的目的，《民法典》第 170 条第 2 款作出了规定，如果法人或者非法人组织对执行其工作任务的人员职权范围进行了限制且法人或者非法人组织有证据证明相对人对此知情或者应当知情的，也应认为执行法人或者非法人组织工作任务的人员以法人或者非法人组织的名义订立合同的行为构成超越职权范围。此时，相对人不能主张该合同对法人或者非法人组织发生效力并要求其承担违约责任，但是，法人或者非法人组织有过错的应该依据《民法典》第 157 条的规定承担相应的赔偿责任。这里的赔偿责任的性质为缔约过失责任，在赔偿范围上通常不包括履行利益且存在过失相抵

---

① 参见最高人民法院民法典贯彻实施工作领导小组主编：《中华人民共和国民法典总则编理解与适用》（下），人民法院出版社 2020 年版，第 850 页。

② 参见浙江省绍兴市中级人民法院（2022）浙 06 民终 1734 号民事判决书，福建省漳州市中级人民法院（2022）闽 06 民终 1180 号民事判决书。

③ 参见迟颖：《职务代理权的类型化研究——〈民法典〉第 170 条解释论》，载《法商研究》2023 年第 1 期。

④ 参见张鸣起：《民法总则专题讲义》，法律出版社 2019 年版，第 491－492 页。

的问题。另外，职务代理中的代理人超越代理权，有可能构成表见代理，例如执行法人或者非法人组织工作任务的人员伪造权力机构的决议或者执行机构的决定，就非日常的重大交易订立合同，如果相对人有理由相信其已取得特别授权，则应依据《民法典》第 172 条认定合同对法人或者非法人组织发生效力。为此，本条第 1 款特作出明确规定。

2. 职务代理中代理人职权范围的法定限制

法人或者非法人组织工作人员的职权范围，一般没有特定事项的限制，但可以依据法律、行政法规或者部门规章的规定、交易习惯、相对人知悉的法人章程或合伙协议以及法人或非法人组织的规定来确定。① 职务代理中代理人的职权范围法定能够维护交易安全，以便相对人可以确切知道职务代理人的职权范围。《民法典合同编通则司法解释》第 21 条第 2 款第 4 项规定的“不属于通常情形下依其职权应当处理的事项”，可以通过综合考察代理人的职位、被代理人惯常的经营活动范畴、被代理人所属行业的惯例、合同的标的、合同订立的地点、劳动分工、交易的经济效益和财务影响、是否与企业规模相符以及对企业的约束等因素，判断代理人实施的民事法律行为是否属于通常情形下依其职权应当处理的事项。② 比如，代理人先前行为主要是验货等，其在通常情形下没有对外借款的职权。在“何某荣、中石化长江燃料有限公司等合同纠纷案”③ 中，法院认为，“相关交易行为不符合日常生活经验。在何某荣的涉案五笔交易中，第一笔交易的款项付给了案外人施必荣，另四笔付给了刘某飘……在实践中，收条是对实收款项的确认，法人或非法人组织出具的收条应由收款单位盖章或公司负责签名。而刘某飘出具的该收条完全不符合通常做法。对于剩余三笔交易，付款与供油并非同时进行，而是付款之后数天才供油，但何某荣未举证证明存在相应的收款收据”。

《民法典合同编通则司法解释》第 21 条第 2 款前三项的规定属于代理

① 参见王利明：《民法总则研究》，中国人民大学出版社 2012 年版，第 629 页。

② 参见迟颖：《职务代理权的类型化研究——〈民法典〉第 170 条解释论》，载《法商研究》2023 年第 1 期。

③ 参见武汉海事法院（2021）鄂 72 民初 741 号民事判决书。

人职权范围的特殊法定限制，该条款中的“依法”，应该解释为法律、行政法规及部门规章，具体职权范围需要结合代理人的具体职务进一步分析。根据《民法典》的规定，法人既包括营利性法人，也包括非营利法人和特别法人；非法人组织包括个人独资企业、合伙企业、不具有法人资格的专业服务机构等。营利法人的权力机构，是法人内部生成意思表示的机构和最高权力机构，法律选择对社员的利害关系有重大影响的事项作为权力机构的职权范围。[1] 不同种类的营利法人，其权力机构的设置有所不同。根据《公司法》第 58 条以及第 111 条的规定，公司制法人的权力机构通常为股东会。根据《公司法》第 172 条的规定，国有独资公司不设股东会，由履行出资人职责的机构行使股东会职权或由其授权董事会行使股东会的部分职权。我国目前的非公司制营利法人主要包括乡镇企业、集体企业、非公司制外商投资企业和国有企业。部分非公司制法人也设有权力机构，只是彼此之间差异较大，由商事单行法分别规定。例如，农民专业合作社的成员大会，为法人权力机关和意思机关。国有非公司企业法人实行厂长（经理）负责制，厂长（经理）既是法人的权力机关和意思机关，又是法人的执行机关。[2] 关于营利法人执行机构的职权范围，《民法典》第 80 条第 2 款作出了概括性的规定，而《公司法》第 59 条则作出了更加细致的规定。营利法人的执行机构，是负责执行法人决议，进行日常管理的机构，其具有独立的职权，在法律和法人章程规定的范围内对法人的经营管理行使决策权力。有限责任公司和股份有限公司中的董事会是常见的营利法人的执行机构。关于营利法人执行机构的职权范围，《民法典》第 81 条第 2 款作出了概括性的规定，而《公司法》第 67 条则作出了更加细致的规定。《合伙企业法》第 31 条对合伙事务执行中原则上应当经全体合伙人一致同意的事项进行了规定，合伙企业的工作人员实施上述事项就属于超越职权范围的行为。

通过对相关规定的梳理可以看出，法律、行政法规或规章规定的要求权力机构、决策机构或者执行机构实施的行为主要分为两类。第一，涉及法人

---

① 参见最高人民法院民法典贯彻实施工作领导小组主编：《中华人民共和国民法典总则编理解与适用》（上），人民法院出版社 2020 年版，第 408 页。

② 参见梁慧星：《民法总论》，法律出版社 2017 年版，第 139 页。

或者非法人组织成员根本利益的行为，比如，公司对外提供担保，以合伙名义为他人提供担保，处分合伙企业的不动产，转让、处分合伙企业的知识产权和其他财产权利等。第二，涉及法人或者非法人组织私人事务或具有高度人身性质的行为，比如，法人或非法人组织的创设、组织形式和商号的确定或变更、章程的修订、增资、减资、解散、指定清算人、合并、分立以及特定资产的出让等。执行法人或者非法人组织工作任务的人员实施上述行为往往属于超越职权范围的行为。

3. 职务代理中代理人超越职权范围的意定限制

职务代理中代理人的职权范围除了有法定限制，还存在意定限制。法人或者非法人组织在委派其工作人员对外进行民事法律行为时，法人工作人员的职权范围可以根据公司章程或者具体的内部决议行为进行判断；非法人组织工作人员的职权范围可以根据合伙协议或者具体的内部决议行为进行判断。在代理人职权范围存在意定限制的情形下，相对人难以知道代理人具体的职权范围，只能依据公开信息或者交易习惯进行判断。出于保护善意相对人合理信赖以及维护交易安全的考虑，在法人内部意思形成过程存在瑕疵的情况下，只要对外的意思表示行为不存在无效的情形，法人或者非法人组织就应受其表示行为的制约。① 在代理人职权范围存在意定限制的情形下，《民法典合同编通则司法解释》第 21 条第 3 款将相对人是否善意的举证责任划分给法人或者非法人组织的规定，实际上是对法人或非法人组织决议效力内外有别的一种强调，不是直接等同于代理行为有效，需要结合商事表见代理的规则予以解决。②

《民法典合同编通则司法解释》第 21 条第 3 款适用的前提是职务代理中代理人与相对人订立合同所涉及的事项未超越本条第 2 款的规定，但是超越法人或者非法人组织对执行其工作任务的人员职权范围的限制。法人或者非法人组织不能证明相对人知道或者应当知道该限制，此时无权代理发生与有权代理发生相同的法律效果，即人民法院应当认定合同对法人或非法人组

---

① 参见黄薇主编：《中华人民共和国民法典总则编解读》，中国法制出版社 2020 年版，第 256 页。

② 参见冉克平、瞿燕妮：《论我国的商事职务代理制度及其完善——兼析〈民法总则〉第 170 条》，载《湖北警官学院学报》2019 年第 4 期。

织发生效力。在“江苏国美永乐家用电器有限公司、无锡市奥松美电器有限公司买卖合同纠纷案”[①] 中，法院指出，国美公司张贴于店堂的警示内容不能证明已向奥松美公司明确告知，且国美公司可通过自身的内部管理制度杜绝工作人员与顾客私下交易等行为的发生，国美公司以对其工作人员职权范围的限制，要求奥松美公司自担风险的诉请意见，属于转嫁公司经营风险。职务代理中代理人的职权范围超越意定限制与相对人订立的合同效力是否受到影响，主要是考察相对人是否为善意。如果相对人在与代理人订立合同时不知道或者不应当知道公司章程、具体的内部决议等对代理人职权范围的限制，则成为善意相对人，其与代理人订立的合同效力不受影响；如果相对人在与代理人订立合同时知道或者应当知道公司章程、具体的内部决议等对代理人职权范围的限制，则不能成为善意相对人，无权主张相应的利益。[②]

4. 法人或者非法人组织可以向有过错的工作人员追偿

《合同法司法解释（二）》第 13 条规定了表见代理中被代理人损害赔偿请求权。[③] 被代理人向行为人主张损害赔偿请求权的基础在于有效代理关系，即将行为人的无权代理视为有权代理，行为人视为代理人，行为人应当向被代理人负责，承担法律责任。《民法典》总则编“代理”一章并没有就职务代理中法人或者非法人组织是否有权对有过错的工作人员进行追偿的问题进行规定，然而，《民法典》第 1191 条中规定：“用人单位承担侵权责任后，可以向有故意或者重大过失的工作人员追偿。”《民法典合同编通则司法解释》第 21 条第 4 款规定了法人或者非法人组织有对故意或者重大过失工作人员进行追偿的权利，这一规定实现了与《民法典》第 1191 条规定的衔接。需要注意的是，追偿权作为一种权利，法人或非法人组织既可以行使，也可以放弃。

职务代理的法律效果原则上归属于法人或者非法人组织，在对外关系上，法人或者非法人组织是唯一的责任主体，因此法人或者非法人组织在承

---

① 参见江苏省无锡市中级人民法院（2022）苏 02 民终 6898 号民事判决书。

② 参见黄薇主编：《中华人民共和国民法典总则编解读》，中国法制出版社 2020 年版，第 257 页。

③ 《合同法司法解释（二）》第 13 条规定：“被代理人依照合同法第四十九条的规定承担有效代理行为所产生的责任后，可以向无权代理人追偿因代理行为而遭受的损失。”

担民事责任后，享有对有故意或者重大过失的工作人员的追偿权。以故意或重大过失作为责任承担与否的分界线，可以体现出内部求偿关系中的过错原则。从侵权责任出发，应当限于直接损失，不包括间接损失且该损失属于财产性损失。限制法人或者非法人组织对其工作人员的追偿权是比较法上的通行做法，原则上法人或者非法人组织的追偿数额以其对外承担的赔偿数额为限，但是，如果追偿数额危及工作人员的正常生活，则应该允许人民法院酌情调减。法人或者非法人组织的工作人员经济实力薄弱，也没有分散风险的手段可用，这与法人或者非法人组织完全不同，如果不区分情况一味地允许法人或者非法人组织全额追偿，无异于将风险和负担最终转嫁给其工作人员，有违工作人员权益的保障以及公平正义的要求。与此同时，法人或者非法人组织与其工作人员在劳动合同或其他合同对追偿问题另有特别约定且不违反法律、行政法规的规定以及公序良俗的，应当依照其约定行使追偿权。

5. 举证责任

法人或者非法人组织主张其执行职务的工作人员与交易相对人订立的合同对其不发生效力，则其应该证明其执行职务的工作人员超越职权范围的事实。相对人可以通过证明职务代理中，执行法人或者非法人组织工作任务人员的行为构成了表见代理，要求法人或者非法人组织承受职务代理过程中所订立的合同的法律后果。但是，在对法人或者非法人组织工作人员职权范围意定限制的情形下，法人或者非法人组织不愿承受其工作人员超越职权范围与相对人订立合同的法律后果，其需要证明相对人为恶意，即相对人知道或者应当知道该意定限制。

法人或者非法人组织欲向有过错的工作人员行使追偿权，应该就该工作人员的行为构成侵权责任以及其已向相对人承担民事责任的诸要件承担举证责任，其中过错要件为故意或者重大过失。

适用难点

1. 职务代理与表见代理的适用关系

关于《民法典》第 170 条第 2 款与第 172 条规定之间的适用关系问题，

目前存在两种观点：一种观点认为，《民法典》第170条第2款是表见代理的特别规定，第172条是表见代理的一般规定，适用时前者优于后者；[①] 另一种观点认为，上述两个条款的规定之间构成了请求权竞合。[②] 由于表见代理的构成要件包含了“被代理人的可归责性”这一核心要件，而这一要件在《民法典》第170条第2款的规定中并没有体现，因此，上述两个条款之间不会发生请求权竞合。《民法典》第170条第2款的规定具有特殊意义与独特价值，是一项独立的请求权基础。[③]《民法典》第170条第2款规定了职务代理中代理人职权范围限制的对外效力。职务代理中代理人越权代理且相对人非善意时构成无权代理应当适用《民法典》第171条的规定。[④]《民法典合同编通则司法解释》第21条第1款与第3款对职务代理中代理人越权代理的法律效果，以代理人超越职权范围属于法定限制还是意定限制进行区分规定。代理人超越职权范围法定限制订立的合同非经被代理人追认不产生效力，相对人是否善意在所不问，但是，构成表见代理的则属于例外情形，此时，相对人需承担证明自己善意的举证责任。简言之，法人或者非法人组织的工作人员所实施的职务代理行为，如果不符合《民法典》第170条所规定的构成要件，原则上属于无权代理问题，但是应考虑构成表见代理的可能性。代理人超越职权范围意定限制订立的合同原则上对法人或者非法人组织发生效力，仅在相对人为恶意时构成无权代理，效力待定。此时法人或者非法人组织需要承担相对人知道或者应当知道存在对代理人职权范围意定限制的举证责任。在“广东捷成工机械有限公司与佛山市三水雄金机械有限公司定作合同纠纷案”[⑤] 中，法院认为，捷成工公司未能证明该司已向雄金公司明确完整披露龚寒芬职权和职责范围，而雄金公司作为交易相对人，难以得知捷成工公司各个对接工作人员的具体职权范围，捷成工公司对

---

① 参见王利明：《中华人民共和国民法总则详解》，中国法制出版社2017年版，第765页。

② 参见最高人民法院民法典贯彻实施工作领导小组主编：《中华人民共和国民法典总则编理解与适用》（下），人民法院出版社2020年版，第852页。

③ 参见杨秋宇：《融贯民商：职务代理的构造逻辑与规范表达——〈民法总则〉第170条释评》，载《法律科学（西北政法大学学报）》2020年第1期。

④ 参见陈甦主编：《民法总则评注》（下册），法律出版社2017年版，第1211页。

⑤ 参见广东省佛山市中级人民法院（2021）粤06民终16636号民事判决书。

执行其工作任务的人员职权范围的限制，不得对抗善意相对人雄金公司。

2. 相对人对表见代理权利外观的证明

根据《民法典合同编通则司法解释》第21条第1款的规定，相对人可以通过证明在订立合同的过程中职务代理人的行为构成了表见代理，而要求合同对法人或者非法人组织发生效力。在司法实践中，如何证明订立合同过程中产生具有代理权的表象这一事实存在疑难。上海市高级人民法院发布的《商事合同案件适用表见代理要件指引（试行）》曾就代理权外观列举了九项考量因素，包括：合同是否以被代理人名义订立；行为人的身份、职务是否与被代理人有关联；被代理人对行为人是否存在可合理推断的授权关系；合同等对外文件材料上是否加盖与被代理人有关的、可正常对外使用的有效印章；合同关系的建立方式是否与双方以往的交易方式相符；合同订立过程、交易环境和周围情势等是否与被代理人有关；被代理人是否存在能够使人相信其参与合同履行的行为；标的物的用途、交付方式与交付地点等是否与被代理人有关，被代理人是否取得履行合同的利益；其他具有代理权客观表象的情形。① 上述因素虽为不完全列举，但由此规定即可看出对于表见代

① 上海市高级人民法院《商事合同案件适用表见代理要件指引（试行）》："六、关于权利外观的主要考量因素对权利外观的考量应当结合合同订立与履行过程中的各种因素，综合判断行为人的行为能否产生具有代理权的表象。主要考量因素包括：（一）合同是否以被代理人名义订立。若签订合同未使用被代理人名义，合同文本没有任何与被代理人有关联的文字表述，须慎重认定表见代理。（二）行为人的身份、职务是否与被代理人有关联。如行为人在被代理人处任职职务越高、与从事业务关联度越强，或者与被代理人之间的其他身份联系越密切，对表见代理的证明力就越强；反之则越弱。（三）被代理人对行为人是否存在可合理推断的授权关系。如，行为人原有代理权已被终止但被代理人未对外告知等情形。（四）合同等对外文件材料上是否加盖与被代理人有关的、可正常对外使用的有效印章。如合同上加盖的被代理人项目部真实印章按常理可对外授权使用的，可作为考量因素；若按常理应当属于单位内部使用印章的，须慎重认定。（五）合同关系的建立方式是否与双方以往的交易方式相符。如以往交易长期由某部门负责人实际操作进行且被代理人从无异议并正常结算认可的，此次有争议交易也采相同方式的，可参考以往交易行为判断。（六）合同订立过程、交易环境和周围情势等是否与被代理人有关。如行为人签约前曾陪同合同相对人参观考察被代理人的施工现场；签约地在被代理人营业地或办公场所的，可以作为判断因素。（七）被代理人是否存在能够使人相信其参与合同履行的行为。如被代理人实际支付过合同价款；被代理人与合同相对人就履约问题进行过交涉等，可作为考量因素。（八）标的物的用途、交付方式与交付地点等是否与被代理人有关，被代理人是否取得履行合同的利益。如合同标的物交付至被代理人营业场所或负责管领的其他场所；标的物被应用于被代理人本身或者直接从事的业务所需的，可以作为考量因素。（九）其他具有代理权客观表象的情形。行为人在交易过程中存在其他行为，足以使一般商人合理推断该行为系基于被代理人合法授权的，可以作为认定的考量因素。"

理制度中代理权表象证明素材的多样性。

风险防范

法人或者非法人组织对其工作人员应该加强培训，使其正确认识自己的职权范围，并增强其忠实履行代理权的意识。对于在职务代理过程中可能发生的追偿行为，法人或者非法人组织与其工作人员可以提前进行约定，进行风险的合理划分，同时也能提升工作人员实施职务代理行为的忠诚度。在进行职务代理的过程中，交易相对人一方面需要对法律、行政法规以及规章关于法人或者非法人组织各个机构以及法定代表人、负责人的职权范围有所了解；另一方面在职务代理过程中注意审查代理权的表象证明材料，使自己成为善意的相对人。

类案指引

1. 窦某刚、潘某兵建设工程分包合同纠纷案[①]

裁判要旨：在没有法人或者非法人组织签章的情形下，相对人需要证明法人或者非法人组织的工作人员签订合同的行为构成职务代理或者表见代理，否则该合同对法人或者非法人组织不发生效力。

法院认为：窦某刚据以主张权利的结算单系窦某刚与潘某兵签订，茂盛劳务公司并未在该结算单上签章。根据合同相对性原则，原则上应由潘某兵向窦某刚承担该结算单上的付款责任。若潘某兵欲免此责，应承担潘某兵系茂盛劳务公司职务代理人或委托代理人的举证责任。若窦某刚要求茂盛劳务公司承担付款责任，应承担潘某兵系茂盛劳务公司职务代理人或委托代理人，或潘某兵构成表见代理的举证责任。首先，窦某刚称潘某兵系茂盛劳务公司的项目负责人，茂盛劳务公司对此不予认可，潘某兵虽对此予以认可，但因其作为被告与本案有直接利害关系，

---

① 参见山东省青岛市中级人民法院（2020）鲁 02 民终 9352 号民事判决书。

其是否茂盛劳务公司项目负责人的事实决定其是否承担付款责任，故仅凭其自认不能认定该事实。加之潘某兵与茂盛劳务公司之间并不存在劳动关系，故，应认定二者之间不存在职务代理关系。其次，潘某兵、窦某刚均未提交充分有效证据证实潘某兵与茂盛劳务公司之间存在委托代理关系。且，潘某兵与窦某刚签订的结算单中载明“现因总承包原因，潘某兵与窦某刚结算……已从总包支出工程款110000”，可见二者在该结算单中明确将“总承包”、潘某兵、窦某刚作为独立的三方主体予以表述、分清责任，应视为窦某刚对本案三方当事人为独立承担责任的主体的事实系明知，不能认定窦某刚善意无过失地相信潘某兵有权代理茂盛劳务公司与之结算，故不存在构成表见代理的基础。综上，现有证据不能认定潘某兵与窦某刚的结算行为，系基于对茂盛劳务公司的职务代理或受托代理，窦某刚要求茂盛劳务公司按照其与潘某兵的结算数额向其承担付款责任，潘某兵要求免除对窦某刚的该付款责任而由茂盛劳务公司承担，依据均不足，法院不予支持。

2. 四川汇泽建设工程集团有限公司（以下简称汇泽公司）、蔡某红民间借贷纠纷案①

裁判要旨：法人或者非法人组织已经通过书面等方式明示了其工作人员的职权范围，法人或者非法人组织的工作人员超越授权范围实施的事项，即使加盖了法人或者非法人组织的公章，亦不能构成表见代理，法律后果不由法人或者非法人组织承受。

法院认为：未经授权，项目部印章的使用范围不包括对外借款，只能用于工程报告、计量、变更、决算或与工程承建相关的材料供应、劳务费等事宜。借条上加盖项目部印章，实际施工人又系借款行为人时，授权明确构成有权代理或借款行为人无代理权、代理权终止、超越代理权但构成表见代理时，借款行为人对外借款的法律后果应由设立项目部的单位承担，否则，应由借款行为人个人承担责任。何某蓉持有的《法人授权委托书》原件记载的受权方是甲方中石油青海分公司而非何某蓉，

① 参见四川省南充市中级人民法院（2018）川13民终2436号民事判决书。

且授权范围明确仅限于工程质量、进度等施工管理工作，何某蓉持有的《工程项目施工管理内部责任书》每页均加盖了的汇泽公司的声明内容，明示寇某红不得对外借款、融资、担保、收取保证金等。寇某红对外借款没有取得汇泽公司的书面授权，其借用汇泽公司资质承建工程，作为实际承包人，可以代表汇泽公司签订与工程建设有关的合同并组织施工，但对于借款这一特殊、重要行为，在没有明确授权的情况下，其并不当然具有以汇泽公司名义对外借款的职务范围或代理行为，故其向何某蓉借款的行为属于无权代理。寇某红的借款行为不具有享有代理权的表象。寇某红向何某蓉出具加盖了汇泽公司青海油田项目部印章的行为不能适用表见代理的法律规定。该借款行为的后果不及于汇泽公司，汇泽公司不应在本案中承担偿还借款本息的责任。

相关条文

《民法典》

第一百五十七条 民事法律行为无效、被撤销或者确定不发生效力后，行为人因该行为取得的财产，应当予以返还；不能返还或者没有必要返还的，应当折价补偿。有过错的一方应当赔偿对方由此所受到的损失；各方都有过错的，应当各自承担相应的责任。法律另有规定的，依照其规定。

第一百七十条 执行法人或者非法人组织工作任务的人员，就其职权范围内的事项，以法人或者非法人组织的名义实施的民事法律行为，对法人或者非法人组织发生效力。

法人或者非法人组织对执行其工作任务的人员职权范围的限制，不得对抗善意相对人。

第一百七十二条 行为人没有代理权、超越代理权或者代理权终止后，仍然实施代理行为，相对人有理由相信行为人有代理权的，代理行为有效。

《公司法》

第五十九条 股东会行使下列职权：

（一）选举和更换董事、监事，决定有关董事、监事的报酬事项；

（二）审议批准董事会的报告；

（三）审议批准监事会的报告；

（四）审议批准公司的利润分配方案和弥补亏损方案；

（五）对公司增加或者减少注册资本作出决议；

（六）对发行公司债券作出决议；

（七）对公司合并、分立、解散、清算或者变更公司形式作出决议；

（八）修改公司章程；

（九）公司章程规定的其他职权。

股东会可以授权董事会对发行公司债券作出决议。

对本条第一款所列事项股东以书面形式一致表示同意的，可以不召开股东会会议，直接作出决定，并由全体股东在决定文件上签名或者盖章。

第六十七条　有限责任公司设董事会，本法第七十五条另有规定的除外。

董事会行使下列职权：

（一）召集股东会会议，并向股东会报告工作；

（二）执行股东会的决议；

（三）决定公司的经营计划和投资方案；

（四）制订公司的利润分配方案和弥补亏损方案；

（五）制订公司增加或者减少注册资本以及发行公司债券的方案；

（六）制订公司合并、分立、解散或者变更公司形式的方案；

（七）决定公司内部管理机构的设置；

（八）决定聘任或者解聘公司经理及其报酬事项，并根据经理的提名决定聘任或者解聘公司副经理、财务负责人及其报酬事项；

（九）制定公司的基本管理制度；

（十）公司章程规定或者股东会授予的其他职权。

公司章程对董事会职权的限制不得对抗善意相对人。

《合伙企业法》

第三十一条　除合伙协议另有约定外，合伙企业的下列事项应当经全体合伙人一致同意：

（一）改变合伙企业的名称；

（二）改变合伙企业的经营范围、主要经营场所的地点；

（三）处分合伙企业的不动产；

（四）转让或者处分合伙企业的知识产权和其他财产权利；

（五）以合伙企业名义为他人提供担保；

（六）聘任合伙人以外的人担任合伙企业的经营管理人员。

三、印章与合同的效力

释义条文

《民法典合同编通则司法解释》

第二十二条 法定代表人、负责人或者工作人员以法人、非法人组织的名义订立合同且未超越权限，法人、非法人组织仅以合同加盖的印章不是备案印章或者系伪造的印章为由主张该合同对其不发生效力的，人民法院不予支持。

合同系以法人、非法人组织的名义订立，但是仅有法定代表人、负责人或者工作人员签名或者按指印而未加盖法人、非法人组织的印章，相对人能够证明法定代表人、负责人或者工作人员在订立合同时未超越权限的，人民法院应当认定合同对法人、非法人组织发生效力。但是，当事人约定以加盖印章作为合同成立条件的除外。

合同仅加盖法人、非法人组织的印章而无人员签名或者按指印，相对人能够证明合同系法定代表人、负责人或者工作人员在其权限范围内订立的，人民法院应当认定该合同对法人、非法人组织发生效力。

在前三款规定的情形下，法定代表人、负责人或者工作人员在订立合同时虽然超越代表或者代理权限，但是依据民法典第五百零四条的规定构成表见代表，或者依据民法典第一百七十二条的规定构成表见代理的，人民法院应当认定合同对法人、非法人组织发生效力。

新旧变化

有代表权或者有代理权的法定代表人、非法人组织的负责人或者执行法人、非法人组织工作任务的人员在加盖“假公章”的情形下，如何认定合同效力，是司法审判中的难题。《民法典合同编通则司法解释》第22条在结合《民法典》的规定并吸收司法审判经验的基础上对职务行为中加盖“假公章”合同效力的认定问题作出了规定。在此基础上，该条第2款和第3款新增了关于实践中常见的“有人无章”以及“有章无人”情形的规定。总体上，该条规定依然采用了“看人不看章”的裁判思路，但并未将代表人与代理人作出区分，而是进行了统一规定，即职务代表人或代理人未超越权限与相对人订立的合同，法人或非法人组织不能仅以合同加盖的公章不是备案公章或者系伪造的公章为由主张合同对其不发生效力。

规范解读

1. “有人无章”以及“有章无人”情形中合同效果的认定

《民法典》第490条第1款中规定：“当事人采用合同书形式订立合同的，自当事人均签名、盖章或者按指印时合同成立。”其中，按指印为《民法典》新增的方式，在司法实践中存在书写困难的人，按指印是替代签名的较好方式。根据该条规定，签名、盖章或者按指印三种方式之间具备同等的效力。在当事人没有约定或者约定的表述与本条规定表述一致的情形下，三种方式有其一即可。在合同书上签名、盖章或者按指印主要具有以下法律意义：第一，各方当事人对合同书的内容表示同意，即各方意思表示一致；第二，决定了合同成立的时间；第三，作为识别合同当事人的标识。在司法实践中，签名、盖章或者按指印具有重要的证据功能，同时，人民法院越来越务实地将签名、盖章或者按指印当作书面形式的构成要件。①

在司法实践中，经常出现合同书上仅有法定代表人、负责人或者工作人员签名或者按指印而未加盖法人、非法人组织的印章的情形，即所谓“有

---

① 参见朱广新：《书面形式与合同的成立》，载《法学研究》2019年第2期。

人无章”。对此，《民法典合同编通则司法解释》第22条第2款规定，合同系以法人或者非法人组织的名义订立，但是仅有法定代表人、负责人或者其工作人员的签名或者按指印而没有加盖印章，相对人能够证明法定代表人、负责人或者工作人员在订立合同时未超越代表权限或者职权范围的，人民法院应当认定合同对法人或者非法人组织发生效力。该条款适用的前提是合同书是以法人或者非法人组织的名义订立，根据签字或者按指印等同于盖章的规则，加之盖章问题的本质在于是否有代表权或代理权，因此，相对人只要有证据证明法定代表人、负责人或者其工作人员有相应的权限，就应认定为法人或者非法人组织的行为，由其承担法律后果。与此同时，根据合同领域约定优先的规则，该条款规定了但书，即当事人约定以加盖印章作为合同成立条件的除外。在“浙江顺风交通集团有限公司与深圳发展银行宁波分行借款合同纠纷上诉案”① 中，最高人民法院认为，双方当事人签订的协议中所表述的“签字、盖章”中的顿号，是并列词语之间的停顿，其前面的“签字”与后面的“盖章”系并列词组，它表示签字与盖章是并列关系，只有在签字与盖章均具备的条件下，该协议方可生效。双方当事人该项约定意思表示清楚、真实，应认定为有效。另从双方当事人签订的还款协议内容看，其专门设定了双方加盖公章与负责人签字栏目，在该协议中宁波分行既签署了负责人姓名也加盖了单位印章，而顺风公司仅有法定代表人签名未加盖单位印章。由于顺风公司未在还款协议上加盖单位印章，不具备双方约定的生效条件，因此，宁波分行依据该协议主张权利，事实依据不足，二审法院不予支持。

在司法实践中，还存在一种情形，即合同仅加盖法人、非法人组织的印章而无人员签名或者按指印，即“有章无人”，对此，《民法典合同编通则司法解释》第22条第3款作出了规定。由于印章本身就是法人或者非法人组织重要的权利凭证，因此，相对人只要能够证明合同系法定代表人、负责人或者工作人员在其权限范围内签订的，人民法院应当认定该合同对法人、非法人组织发生效力。在这一种情形中还存在一种特殊的情形，即先在空白

① 参见最高人民法院（2005）民一终字第116号民事判决书。

合同书上加盖公章，后确定合同内容的，此时法人或者非法人组织是否需要承受合同的效果。对于这一情形，考察的重点仍然在于加盖公章的空白合同持有人与法人或者非法人组织之间是否具有代表或者代理关系，来综合认定合同效力是否及于法人或者非法人组织。空白合同持有人确实具有相应的权限，或足以使相对人相信其具有代理权的，在空白合同上添加的合同条款效力及于法人或者非法人组织。反之，仅仅根据持有盖章的空白合同这一事实，尚不足以认定其具有相应的权限，应按无权代理规则处理。[①]

2. 加盖“假公章”情形中合同效果的认定

法人或者非法人组织属于组织体，需要通过特定自然人的签名、盖章或者按指印才能实现其意志。而该自然人本身同时也是独立的法律主体，仅签名或者按指印不能体现出某一行为是个人行为还是法人或者非法人组织的行为，因此，加盖公章具有了特殊的功能，即表明该自然人的行为是职务行为而非个人行为，应由法人或非法人组织承担法律后果。[②] 在司法实践中，有的法院指出，“为了保证法定代表人签字时是代表公司的职务行为，在我国，在法定代表人签字的同时，往往要求公司加盖公司印章，以保证二者的统一，防止法定代表人在公司不知情的情况下代表公司做出意思表示”。[③] 行为人合法管领法人或者非法人组织的重要权利凭证（公章等），通常表明行为人被置于从事对外交易的重要职位，由此可以形成相应的职务外观。如果法人或者非法人组织中具有特定职务的工作人员通过伪造、盗窃企业的代理权凭证而实施法律行为，而且形成足以令交易第三人信赖的权利外观，法人或者非法人组织应因经营和组织风险而承受企业职务表见授权之责。换言之，法人或者法人的工作人员伪造公章与相对人签订合同，此时不能一概认定不成立表见代理，代理权外观属于企业经营者经营组织管理的范畴，法人或者非法人组织对其工作人员的风险防范处在更加有利的地位。企业如果对其工作人员伪造代理权外观熟视无睹，本身即可推定企业在组织管理上有一

---

① 参见最高人民法院民事审判第二庭编著：《〈全国法院民商事审判工作会议纪要〉理解与适用》，人民法院出版社2019年版，第291页。

② 参见最高人民法院民事审判第二庭编著：《〈全国法院民商事审判工作会议纪要〉理解与适用》，人民法院出版社2019年版，第289－290页。

③ 参见最高人民法院（2018）最高法民再161号民事判决书。

定缺失。[①]

盖章行为与合同效力问题的本质在于该自然人是否有代表权或代理权。有代表权或代理权的人盖章确认的合同，自然对公司具有约束力。而无代表权或代理权人加盖的公章，即便是真公章，也不能产生合同有效的预期效果。对合同相对人来说，合同书加盖公章的情况下，其可以信赖公章显示的主体为合同当事人，并推定合同记载的条款系该主体作出的意思表示。至于该意思表示是否自愿真实，盖章之人有无代表权或代理权等问题，均不能通过盖章行为本身直接得到确认。盖章之人没有或者超越代表权或者代理权的，即便加盖的是真的公章，该合同仍然可能会因为无权代表或无权代理而对法人或者非法人组织不发生效力。[②]《民法典合同编通则司法解释》第 22 条适用的前提是订立合同时，法人的法定代表人、非法人组织的负责人或者执行法人、非法人组织工作任务的人员未超越其职权范围。一方面，强调行为主体的身份，说明上述自然人实施的是职务行为；另一方面，强调未超越其职权范围，说明上述自然人实施的是有权代理。在“湖南东富集团醴陵建设有限公司、刘某南等民间借贷纠纷案”[③] 中，法院指出，虽然经鉴定借条上加盖的印章与东富集团的备案印章不一致，但被告王某新作为东富集团公司的时任法定代表人，其持东富集团公司印章在东富集团公司办公室以东富集团公司名义出具借条，足以令交易相对人的原告相信其行为代表东富集团公司，并基于对其身份的信任相信其加盖的东富集团公司印章的真实性。

在判断法定代表人或者负责人是否享有代表权时，不仅应审查法定代表人或者负责人是否超越权限，还应审查是否构成表见代表；在判断代理人是否享有代理权时，不仅应审查是否存在无权代理的情形，还应审查是否构成表见代理。《民法典合同编通则司法解释》第 22 条第 4 款对此进行了规定。根据《民法典》第 61 条第 2 款有关“法定代表人以法人名义从事的民事活动，其后果由法人承受”的规定，法定代表人无须另行授权，就可以一般性

---

① 参见冉克平：《论伪造、盗窃代理权凭证实施法律行为的私法效果》，载《清华法学》2018 年第 6 期。

② 参见最高人民法院民事审判第二庭编著：《〈全国法院民商事审判工作会议纪要〉理解与适用》，人民法院出版社 2019 年版，第 290 页。

③ 参见湖南省株洲市中级人民法院（2021）湘 02 民终 1254 号民事判决书。

地代表公司从事民事活动。因此，《民法典》第504条仅有越权代表的规定，而没有无权代表的规定。而《民法典》第172条则是关于表见代理的规定，除了越权代理外，没有代理权以及代理权终止的情形下可能构成表见代理。在司法实践中，应该注意区分不同的情形，适用相应的法律规定。

适用难点

1. 订立合同时加盖非备案公章的法律效果

《民法典合同编通则司法解释》第22条列举的不能成为法人或者非法人组织抗辩其工作人员对外订立合同对其不发生效力的一种情形是订立合同时加盖的是非备案公章。根据公安部治安管理局发布的《印章治安管理办法（草案)》第13条的规定，单位只能申请刻制一枚法定名称章。公章的备案，既有在公安机关的备案，也有在工商管理部门的备案，只要印章在工商机关进行了备案，不论该印章是否与公安机关备案印章一致，都能发生印章具有的公信力。只要能证明是单位使用的印章，不论其是否备案，都能发生印章具有的订立合同效力。[①] 如果单位不对公章进行备案而径行使用，也不影响订立合同的效力。在涉及职务行为的案件中，相对人需要尽到的是合理审查的义务，因此相对人不应负有审核某一公章是否为备案公章的义务，这同时也是交易便捷原则的要求。与此同时，如果相对人能够证明公司使用的备案公章以外的其他公章，曾在此前的交易中或者在与其他的交易中使用过等事实，可以说明该枚公章就是公司的公章。[②]

与订立合同时加盖非备案公章的情形类似，在司法实践中，还存在公章的种类与文件的种类并不匹配的案件。公章种类很多，常见的有公章、财务章、合同专用章、发票专用章等。比如，有的法院指出，“未经授权，项目部印章的使用范围不包括对外借款，只能用于工程报告、计量、变更、决算或与工程承建相关的材料供应、劳务费等事宜”。[③] 对于法人或者非法人组

---

① 参见周清林：《伪造印章下的表见代理构造》，载《法商研究》2020年第2期。

② 参见最高人民法院民事审判第二庭编著：《〈全国法院民商事审判工作会议纪要〉理解与适用》，人民法院出版社2019年版，第292页。

③ 参见四川省南充市中级人民法院（2018）川13民终2436号民事判决书。

织而言，一般应在合同书上加盖备案公章或者合同专用章，若在合同书上加盖其他类型的印章，则相对人须证明盖章之人有签署合同之代表权或代理权，否则不能将合同效果归属于该法人或非法人组织。公章的种类与文件的种类要相匹配，最高人民法院曾在一则案件中指出，当事人在借款合同上加盖具有特定用途的公司项目资料专用章，超越了该公章的使用范围，在未经公司追认的情况下，不能认定借款合同是公司的意思表示。[①] 超出公章特定用途的盖章行为的效力，实际上反映出的是盖章之人缺乏代理权。因此，超出公章特定用途的盖章行为法律效果的认定，不适用《民法典合同编通则司法解释》第22条的规定。在司法实践中，针对该类案件需要考虑交易习惯，尽可能地保护相对人的合理信赖。借款合同加盖公司项目资料专用章固然不太符合交易习惯，但如加盖的是财务章，似乎亦在情理之中。故在匹配度的认定上，还要根据通常的交易观念从宽予以认定。[②] 如果盖章之人确有代理权的，即便超出公章的使用范围，亦不能认定合同不对法人或非法人组织发生效力。

2. 订立合同时加盖伪造的公章的法律效果

《民法典合同编通则司法解释》第22条列举的不能成为法人或者非法人组织抗辩其工作人员对外订立合同对其不发生效力的另一种情形是订立合同时加盖的是伪造的公章。根据《关于国家行政机关和企业、事业单位印章的规定》第22条和第25条的规定，国家行政机关和企业事业单位、社会团体的其他专用印章（包括经济合同章、财务专用章等），虽然在名称、式样上应与单位正式印章有所区别，但经本单位领导批准后可以刻制、使用。换言之，单位正常使用或默许刻制，则印章使用便属经单位同意刻制而来的使用，能够代表单位的真实意思。在司法实践中，有的法院指出，实际施工人对外订立合同时加盖无证据证明经建筑单位同意刻制的相关印章，相对人能举证证明该印章在工程施工中正常使用或者建筑单位知道或应当知道实际施工人利用该印章从事相关行为的，应认定实际施工人的行为客观上形成具

---

① 参见最高人民法院（2014）民申字第1号民事裁定书。

② 参见最高人民法院民事审判第二庭编著：《〈全国法院民商事审判工作会议纪要〉理解与适用》，人民法院出版社2019年版，第292页。

有代理权的表象。[1] 与此同时，在司法实践中，有的当事人要求对印章进行送检鉴定其真实性。如果不能锁定样本与检材的同一性，且有证据证明检材并非样本，则只能说明送检印章与样本之间并非同一枚印章，不能证明送检印章伪造。至于印章鉴定意见上的不一致，不能作为直接证据证成印章的伪造性。[2]

在加盖真实印章下，印章本身展示的外观与印章名义人的真实意思相联系，尽管这一真实意思联系也是推定的，但这一推定乃是基于印章本身的公信力，受到法律保护。但是，不能反推出只要使用的印章并非伪造即认定所订立的合同对法人或者非法人组织发生效力。最高人民法院认为，协议形成行为与印章加盖行为具有相对独立性，协议形成行为是双方合意行为的反映形式，而印章加盖行为是双方确认双方合意即协议的行为，二者相互关联又相互独立，在证据意义上，印章真实一般即可推定合意形成、行为真实，但在有证据否定或怀疑合意形成行为真实性的情况下，即不能根据印章的真实性直接推定协议的真实性。印章在证明协议真实性上尚属初步证据，人民法院认定协议的真实性需综合考虑其他证据及事实。[3] 伪造的公章是指未征得印章名义人同意刻制而使用的印章，其不具备展示与印章名义人的真实意思相联系的推定性，即不能仅凭此证明行为人得到授权，因此其代表或者代理行为可能构成没有授权下的无权代表或者无权代理行为。相对人判断行为人行为是否构成权利外观，既有可能从印章本身进行，也有可能结合其他外观。[4] 比如，合同是在法人或者非法人组织的经营场所签订的；重要的代理权凭证被多次使用，而法人或者非法人组织并未否认代理权凭证的效力；法人或者非法人组织的工作人员经过公示而形成的外观。特别是在表见代表的情形下，法定代表人无须另行授权，就可以一般性地代表公司从

---

① 江苏省南通市中级人民法院《关于建设工程实际施工人对外从事商事行为引发纠纷责任认定问题指导意见（试行）》（以下简称《南通中院意见》）第15条第2项规定，实际施工人对外订立合同时加盖无证据证明经建筑单位同意刻制的相关印章，相对人能举证证明该印章在工程施工中正常使用或者建筑单位知道或应当知道实际施工人利用该印章从事相关行为的，应认定实际施工人的行为客观上形成具有代理权的表象。

② 参见周清林：《伪造印章下的表见代理构造》，载《法商研究》2020年第2期。

③ 参见最高人民法院（2014）民提字第178号民事判决书。

④ 参见周清林：《伪造印章下的表见代理构造》，载《法商研究》2020年第2期。

事民事活动，因此，职务代表行为不存在无权代表的可能。若是数个权利外观形态同时存在，表征力的强度形成叠加效应，数个代理权外观可以形成合力。①

与此同时，《民法典合同编通则司法解释》第 22 条并没有对相对人的善意与恶意作出区分，这是因为相对人虽然对涉及印章的权利外观的认定存在恶意，但对其他权利外观的认定方面是善意的，伪造印章的恶意不会波及对其他外观的认定。《民法典合同编通则司法解释》第 22 条的适用前提是非越权代表或者非越权代理，如果法人、非法人组织订立合同是基于有权代表或者代理，即使加盖的是伪造印章亦为有权代理。在司法实践中，有的法院直接根据行为人的签字权，而不考虑印章真实性的存疑，认定合同有效。② 还有的法院直接拒绝当事人申请鉴定印章真伪请求，因为其认为即使印章伪造也不会影响合同效力。③

3. 举证责任

在“有名无章”的情形下，如果法人或者非法人组织否认法定代表人、负责人或者工作人员有权以其名义在合同书上签名或者按指印，合同因此不能拘束法人或非法人组织，那么相对人负有举证责任，须证明该法定代表人、负责人或者工作人员具有以法人或者非法人组织名义签署合同的代表权、委托代理权或者职务代理权，或者构成表见代表或表见代理。在加盖“假公章”的情形下，由于法人或者非法人组织不能仅以加盖在合同书上的某一枚公章不是备案公章或者系伪造的公章为由提出合同不成立或无效的抗辩，因此，合同相对人可通过举证证明盖章之人有代表权、代理权或其有合理理由相信盖章之人有代表权或代理权等事实，从而主张根据相关规则认定合同对法人或者非法人组织发生效力。

---

① 参见叶金强：《表见代理中信赖合理性的判断模式》，载《比较法研究》2014 年第 1 期。

② 参见最高人民法院（2016）民申字第 206 号民事裁定书，最高人民法院（2013）民提字第 140 号民事判决书。

③ 参见最高人民法院（2016）民终字第 227 号民事判决书，最高人民法院（2014）民申字第 1987 号民事裁定书。

风险防范

在当事人使用签名的方式订立合同书时，对于自然人私章的使用应该注意防范，因为私章并无登记备案，在私章所代表的一方否认该私章为其所有、盖章行为是其所为时，其真伪的验证更为困难。在当事人使用按指印的方式订立合同书时，需要注意指印的识别问题，尽量避免由于印油或印泥的质量问题或者按指印的方法不规范，导致所按指印纹路不清晰，无法进行鉴定的情形。在当事人使用盖章的方式订立合同书时，应该注意盖章的位置。针对多页的合同，可以通过加盖骑缝章等方式，保持合同的完整性，防范合同页被替换、增减的风险。另外，法人或者非法人组织应该妥善管理其各类印章，制定责权明确的关于各类印章使用的规章制度。与此同时，尽量减少先在空白合同书上加盖公章后确定合同内容的情形，避免后期承担不必要的法律责任。对于交易相对人而言，在签订合同时应当要求法人或者非法人组织加盖公章。如果没有加盖公章，那么应当想方设法要求对方加盖，否则，宁愿相信签名是个人行为，不能代表法人或者非法人组织，因为这样的结果极易引发纠纷，而且在诉讼中处于很不利的地位。

类案指引

1. 天津置信投资发展有限公司（以下简称置信公司）与新疆保利天然投资有限公司（以下简称保利天然公司）等合资、合作开发房地产合同纠纷再审案①

裁判要旨：涉案合同仅有法定代表人的签字，而无公司加盖的公章，因此交易相对方需要举证证明法定代表人签字时是履行公司的法定代表人职务的行为，而非个人行为，否则合同对法人不发生效力。

法院认为：由于回购股权通知上仅有蓝某的签字，而没有保利天然公司加盖的公章，因此，置信公司就要举证证明蓝某签字时是履行保利

① 参见最高人民法院（2018）最高法民再161号民事判决书。

天然公司的法定代表人职务的行为，而不是蓝某的私下行为。置信公司的举证没有达到让法院确信蓝某在回购股权通知上的签字就是其履行保利天然公司的法定代表人职务的行为，而不是蓝某的私下行为的程度，其举证责任没有完成，故应当认定回购股权通知没有送达到保利天然公司，对保利天然公司不发生法律效力。既然置信公司举证证明自己选择的是第二种投资回报方式的关键证据不能达到其证明目的，那么置信公司的该主张就不能得到法院的支持。

2. 中铁九局集团成都工程有限公司（以下简称中铁九局成都工程公司）、中诚信托有限责任公司（以下简称中诚信托公司）执行异议之诉案[①]

裁判要旨：合同相对人能够明确法定代表人在订立合同时未超越权限，合同上加盖印章的真实性不影响该合同对法人发生效力。

法院认为：合同是否为当事人的真实意思表示，应综合签约人在签约之时是否具有代表权、合同相对人对签约人的代表权是否进行了谨慎审查等情形进行判断；合同上公章的真假并非判断当事人真实意思表示的唯一依据。根据原审判决查明事实，《借款合同》订立时，刘某伟系中铁九局成都工程公司的法定代表人，中诚信托公司审查了该公司的工商登记资料以及《中铁九局集团成都工程有限公司股东会决议》，已经尽到了其合理注意义务。原审判决认定中铁九局成都工程公司未提交证据证明中诚信托公司为非善意相对人、刘某伟的行为系履职行为其行为后果应当由中铁九局成都工程公司承担，有事实依据和法律依据。中铁九局成都工程公司关于原审法院未查明《借款合同》上公章的真假、依据伪造证据认定案件事实以及未准予其调取证据的申请违反法律规定等主张，均不能成立。

3. 广西桂资拍卖有限公司（以下简称桂资公司）与广西三益拍卖有限责任公司（以下简称三益公司）合作合同纠纷案[②]

裁判要旨：在构成表见代理的情形下，无代理权的人使用印章的真

---

① 参见最高人民法院（2021）最高法民申3680号民事裁定书。

② 参见最高人民法院（2013）民提字第140号民事判决书。

假，不影响合同效力的认定。

法院认为：由于涂某宁是桂资公司的股东，代表桂资公司在联合拍卖协议书上签字，并曾以三益公司名义与烨达公司订立协议以促使烨达公司代缴本应由桂资公司代三益公司缴纳的840万元保证金，后又与桂资公司共同向三益公司出具承诺书表示对二者以三益公司名义对外承诺的行为共同承担责任，因此三益公司有理由相信涂某宁在补充条款上签字系经桂资公司授权所为。基于此，且三益公司对补充条款内容予以承认，故尽管补充条款上加盖的双方印章印文均在真实性上存疑、三益公司法定代表人万某好签字亦系伪造，合同形式存在瑕疵，但根据《合同法》第49条之规定，仍应当认定补充条款系双方当事人真实意思表示。

相关条文

《民法典》

第六十一条 依照法律或者法人章程的规定，代表法人从事民事活动的负责人，为法人的法定代表人。

法定代表人以法人名义从事的民事活动，其法律后果由法人承受。

法人章程或者法人权力机构对法定代表人代表权的限制，不得对抗善意相对人。

第四百九十条 当事人采用合同书形式订立合同的，自当事人均签名、盖章或者按指印时合同成立。在签名、盖章或者按指印之前，当事人一方已经履行主要义务，对方接受时，该合同成立。

法律、行政法规规定或者当事人约定合同应当采用书面形式订立，当事人未采用书面形式但是一方已经履行主要义务，对方接受时，该合同成立。

《九民纪要》

41.【盖章行为的法律效力】司法实践中，有些公司有意刻制两套甚至多套公章，有的法定代表人或者代理人甚至私刻公章，订立合同时恶意加盖非备案的公章或者假公章，发生纠纷后法人以加盖的是假公章为由否定合同效力的情形并不鲜见。人民法院在审理案件时，应当主要审查签约人于盖章之时有无代表权或者代理权，从而根据代表或者代理的相关规则来确定合同的效力。

法定代表人或者其授权之人在合同上加盖法人公章的行为，表明其是以法人名义签订合同，除《公司法》第16条等法律对其职权有特别规定的情形外，应当由法人承担相应的法律后果。法人以法定代表人事后已无代表权、加盖的是假章、所盖之章与备案公章不一致等为由否定合同效力的，人民法院不予支持。

代理人以被代理人名义签订合同，要取得合法授权。代理人取得合法授权后，以被代理人名义签订的合同，应当由被代理人承担责任。被代理人以代理人事后已无代理权、加盖的是假章、所盖之章与备案公章不一致等为由否定合同效力的，人民法院不予支持。

四、代表人或者代理人与相对人恶意串通的合同效力

释义条文

《民法典合同编通则司法解释》

第二十三条 法定代表人、负责人或者代理人与相对人恶意串通，以法人、非法人组织的名义订立合同，损害法人、非法人组织的合法权益，法人、非法人组织主张不承担民事责任的，人民法院应予支持。

法人、非法人组织请求法定代表人、负责人或者代理人与相对人对因此受到的损失承担连带赔偿责任的，人民法院应予支持。

根据法人、非法人组织的举证，综合考虑当事人之间的交易习惯、合同在订立时是否显失公平、相关人员是否获取了不正当利益、合同的履行情况等因素，人民法院能够认定法定代表人、负责人或者代理人与相对人存在恶意串通的高度可能性的，可以要求前述人员就合同订立、履行的过程等相关事实作出陈述或者提供相应的证据。其无正当理由拒绝作出陈述，或者所作陈述不具合理性又不能提供相应证据的，人民法院可以认定恶意串通的事实成立。

规范解读

在代表人或者代理人与相对人恶意串通，损害法人或者非法人组织合法权益的案件中，《民法典》现有条文的规定在构成要件与法律效果层面上存在疑难。《民法典》第164条第2款是关于代理人和相对人恶意串通的民事责任的规定，但是，该条款仅规定了代理人与相对人的连带责任，并没有就恶意串通的合同效力问题作出明确规定，属于法律漏洞需要进一步填补。《民法典》第154条规定了恶意串通损害他人合法权益的民事法律行为无效。但因法定代表人或者负责人系以法人或者非法人组织的名义订立合同，且损害的是法人或者非法人组织的利益，而非“他人”利益，导致人民法院想要直接援引《民法典》第154条的规定来判断恶意串通法律行为的效力存在障碍。实际上，代表人或者代理人与相对人的恶意串通行为，并不属于典型的恶意串通，因为在代理人和相对人的合同中，被代理人和相对人处于相对方的关系，即代理人与相对人之间的串通，是一方当事人（被代理人）的代理人与另一方当事人的恶意串通，损害的是一方当事人（被代理人）的合法权益。为此，《民法典合同编通则司法解释》第23条规定：“法定代表人、负责人或者代理人与相对人恶意串通，以法人、非法人组织的名义订立合同，损害法人、非法人组织的合法权益，法人、非法人组织主张不承担民事责任的，人民法院应予支持。法人、非法人组织请求法定代表人、负责人或者代理人与相对人对因此受到的损失承担连带赔偿责任的，人民法院应予支持。”

代理人作为被代理人意思自治的扩张与补充，应该以被代理人的利益为出发点，以善良管理人的注意义务标准忠实履行代理职责，否则就要承担相应的民事责任。[①] 代理人与相对人恶意串通而为的代理行为，是代理权滥用的情形之一。代理权滥用与自己代理、双方代理（《民法典》第168条规定）同属于对代理权的限制，代理权滥用包括代理人与相对人恶意串通损

---

① 参见黄薇主编：《中华人民共和国民法典总则编解读》，中国法制出版社2020年版，第134页。

害被代理人利益的情形以及相对人知道代理人实施有损被代理人利益的情形。[①] 恶意串通型的代理权滥用属于最为严重的代理权滥用情形，为了避免相对人从不法行为中获益，应该对法人、非法人组织的法定代表人或者负责人、代理人与相对人恶意串通，以法人、非法人组织的名义订立合同的效力问题作出明确规定。根据《民法典合同编通则司法解释》第 23 条的规定，针对恶意串通型的代理权滥用，法人、非法人组织主张不承担民事责任的，人民法院应予支持。换言之，代理人滥用代理权实施的代理行为是否对被代理人生效，由被代理人自己决定，被代理人拒绝行为，会导致行为确定不生效力。[②] 这样的规定，能够更好地保护被代理人利益，毕竟被代理人是自己利益的最合适的判断者，应该让被代理人自己决定行为的效力。[③] 如果直接适用《民法典》第 154 条的规定，则无须被代理人特别主张，行为当然无效，被代理人也不能事后恢复行为效力。综上，在解释论上，《民法典合同编通则司法解释》第 23 条的规范前提为，代表或者代理行为因被代理人拒绝追认而无效，其规范内容包括代表人、代理人与相对人承担连带责任。

适用难点

1. 代表人或者代理人与相对人恶意串通的构成要件

对于《民法典合同编通则司法解释》第 23 条规定的代理人责任的构成要件可以从两个方面理解。

第一，须有代表人或者代理人与相对人之间的恶意串通。所谓“恶意”，是指代表人或者代理人与相对人双方不仅明知相关的客观事实，而且在实施行为时主观上有侵害被代理人的故意。此种恶意侧重于代表人或者代理人与相对人在主观意志上应受谴责性，是承担连带责任的前提。所谓“串通”，是指代表人或者代理人与相对人双方在主观上有共同的意思联络或者沟通，在客观上相互配合或者共同实施了某种行为来损害被代理人的合

① 参见迟颖：《德国法上的禁止代理权滥用理论及其对我国代理法的启示——兼评〈民法典〉第 164 条》，载《河北法学》2020 年第 11 期。

② 参见殷秋实：《论代理人和相对人恶意串通》，载《法商研究》2020 年第 3 期。

③ 参见殷秋实：《论代理人和相对人恶意串通》，载《法商研究》2020 年第 3 期。

法权益。“串通”的典型样态既包括代表人或者代理人与相对人之间积极联络的作为，也包括代表人或者代理人与相对人一方作出表示、对方明知该表示的目的不法，仍然默示接受的情形。[①] 如果代表人或者代理人与相对人中的一方当事人不知道且不应该知道其行为的损害后果，就不构成本条款中的恶意串通，应当根据各自的行为来承担相应的民事责任。[②] 本条款中代理人是否在代理权限内进行相应的代理事务在所不问，主要是考察代表人或者代理人与相对人之间的恶意串通。代表人或者代理人与相对人实施恶意串通行为，是违反代表或者代理关系中忠实义务的具体表现。

第二，被代理人合法权益存在损害。这里既包括损害事实要件也包括因果关系要件，并且在对象上只能是损害被代理人利益。有观点认为，在损害方面只要有导致损害的现实可能性即可，不需要已实际导致损害。笔者认为，本条款在适用上要求客观上造成了被代理人的损害。一方面，无论是《民法典》第 164 条第 2 款还是《民法典合同编通则司法解释》第 23 条均规定的是损害法人或者非法人组织的合法权益，将其理解为“损害法人或者非法人组织合法权益的可能”显然超出文义解释的范围；另一方面，其他法律行为效力瑕疵制度也存在损害他人合法权益的可能性，但法律并没有将行为损害合法权益作为单独要件进行规定。既然单独规定了代表人或者代理人与相对人恶意串通的损害要件，即说明损害后果须客观存在，而非预测或推断。[③]《民法典》第 164 条第 2 款以及《民法典合同编通则司法解释》第 23 条所规定的连带责任，即要求严格认定被代理人的损害。与此同时，由于《民法典》并未像《侵权责任法》一样对提供保护的民事权益进行列举，利益合法性的判断较为弹性，需要根据个案情景进行综合判断。在司法实践中，被代理人遭受的损害很多时候表现为纯粹经济损失，并不一定是某一特定财产损害发生的后果。并且代表人或者代理人与相对人之间的主观状态为故意，其即使造成的是纯粹经济损失也应该得到赔偿。

---

① 参见茅少伟：《论恶意串通》，载《中外法学》2017 年第 1 期。

② 参见黄薇主编：《中华人民共和国民法典总则编解读》，中国法制出版社 2020 年版，第 136 页。

③ 参见高郦梅：《恶意串通的功能定位与规范释义》，载《中国应用法学》2020 年第 5 期。

2. 代表人或者代理人与相对人恶意串通的责任后果

根据《民法典》第164条第2款以及《民法典合同编通则司法解释》第23条的规定，代表人或者代理人与相对人因恶意串通行为对被代理人的损失承担连带责任。连带责任的承担，通常情况下是针对损害赔偿这一责任承担方式，承担此种连带责任的原因在于，代表人或者代理人因参与串通而与相对人一同损害被代理人利益，故应就赔偿损失向被代理人承担连带责任。代表人或者代理人与相对人恶意串通构成代理权滥用，二者承担的连带责任属于滥用代理权性质的法定连带之债。在此意义上，恶意串通型滥用代理权的间接后果为，在订立合同的行为因被代理人拒绝追认而无效时，代表人或代理人与相对人就赔偿损失向被代理人承担连带责任。

3. 被代理人应承担的证明责任

在代表人、代理人与相对人恶意串通损害被代理人的合法权益的案件中，被代理人需要承担关于恶意串通的举证责任。被代理人不仅要证明当事人之间主观上具有损害自己利益的意图，而且要证明双方必须有相互串通的行为，这对被代理人举证来说非常不利。在司法实践中，除了恶意串通的合同文本以外，如果有代表人或者代理人与相对人之间相互沟通损害受害人利益的函件，那是证明力最强的直接证据，但这种证据往往不在被代理人手中，所以被代理人很难举出这方面的证据。关于“恶意串通”的证明标准问题，《民事诉讼法司法解释》第109条规定：“当事人对欺诈、胁迫、恶意串通事实的证明，以及对口头遗嘱或者赠与事实的证明，人民法院确信该待证事实存在的可能性能够排除合理怀疑的，应当认定该事实存在。”因此，对恶意串通的证明标准为排除合理怀疑。在司法实践中，被代理人经常因为无法完成证明责任而不得不承担败诉的风险。对此，《民法典合同编通则司法解释》第23条第2款作了相应的规定。根据该条款的规定，关于恶意串通的举证责任被划分为客观证明责任和主观证明责任，在负有客观证明责任的被代理人提出初步证据，能够使裁判者认为恶意串通的事实存在高度可能性后，即可将主观证明责任转移至对方，由法定代表人、负责人或者相对人就订立、履行合同的过程等相关事实作出陈述或者提供其持有的相关证据。其无正当理由拒绝作出陈述或者所作陈述不具有合理性又拒绝提交相关证据的，人民法院可以认定恶意串通的事实成立。

类案指引

广州市煤建有限公司建材贸易分公司（以下简称建材贸易分公司）、刘某强租赁合同纠纷案[①]

裁判要旨：法定代表人与相对人恶意串通，以法人名义与相对人订立合同，损害法人的合法权益，该合同无效。

法院认为：结合（2014）穗黄法刑初字第425号刑事判决书认定刘某强（本案被告）通过向程某佳（原告的法定代表人）行贿得以顺利承租广州市煤建公司名下涉案物业即荔湾区河沙路1号、荔湾区西湾路3号、海珠区小港路130号等物业以及承接广州市煤建公司的6宗煤炭业务，并获取非法利益的事实，（2014）穗中法刑二初字第117号刑事判决书也查明了程某佳受贿后指使下属公司将广州市荔湾区河沙路1号、荔湾区西湾路3号、海珠区小港130号等物业租赁给刘某强经营谋利的事实。以及结合二审期间腾业公司对涉案物业从2006年1月1日至2015年5月31日的市场租金评估价格合计为人民币11,144,972元，而建材贸易分公司（本案原告）与刘某强就涉案场地所签订的租赁合同约定的同一时间点的租金合计为人民币4,800,190元，建材贸易分公司在此期间的租金损失为6,344,782元，涉案合同所约定的租金价格仅为同时期市场价格的43%，而建材贸易分公司自行委托的评估公司所评估出该司租金损失为5,568,532元，仅为同时期市场价格的46%，均明显低于仅为同时期市场价格的事实，可以认定刘某强通过恶意串通程某佳并以向程某佳行贿的非法手段，排挤其他竞争对手，以明显低于市场租金的价格承租了涉案物业，严重损害了建材贸易分公司的合法利益，建材贸易分公司要求确认其与刘某强于2005年7月25日签订的《租赁合同》、2006年12月6日签订的《补充协议（1）》、2006年12月28日签订的

① 参见广东省广州市中级人民法院（2017）粤01民终1612号民事判决书。

《补充协议（2）》无效的主张，符合《民法总则》第154条“行为人与相对人恶意串通，损害他人合法权益的民事法律行为无效”的相关规定以及《合同法》第52条第2款“恶意串通，损害国家、集体或者第三人利益”所规定的情形，上述当属无效。建材贸易分公司要求解除涉案租赁合同，刘某强返还涉案场地并赔偿相应损失的诉请符合《合同法》第58条的相关规定，法院予以支持。

相关条文

《民法典》

第一百五十四条 行为人与相对人恶意串通，损害他人合法权益的民事法律行为无效。

第一百六十四条 代理人不履行或者不完全履行职责，造成被代理人损害的，应当承担民事责任。

代理人和相对人恶意串通，损害被代理人合法权益的，代理人和相对人应当承担连带责任。

第七节 合同不成立、无效、被撤销或者确定不发生效力的法律后果

一、合同不成立、无效、被撤销或者确定不发生效力的财产返还

释义条文

《民法典合同编通则司法解释》

第二十四条 合同不成立、无效、被撤销或者确定不发生效力，当事人请求返还财产，经审查财产能够返还的，人民法院应当根据案件具体情况，单独或者合并适用返还占有的标的物、更正登记簿册记载等方式；经审查财产不能返还或者没有必要返还的，人民法院应当以认定合同不成立、无效、

被撤销或者确定不发生效力之日该财产的市场价值或者以其他合理方式计算的价值为基准判决折价补偿。

除前款规定的情形外，当事人还请求赔偿损失的，人民法院应当结合财产返还或者折价补偿的情况，综合考虑财产增值收益和贬值损失、交易成本的支出等事实，按照双方当事人的过错程度及原因力大小，根据诚信原则和公平原则，合理确定损失赔偿额。

合同不成立、无效、被撤销或者确定不发生效力，当事人的行为涉嫌违法且未经处理，可能导致一方或者双方通过违法行为获得不当利益的，人民法院应当向有关行政管理部门提出司法建议。当事人的行为涉嫌犯罪的，应当将案件线索移送刑事侦查机关；属于刑事自诉案件的，应当告知当事人可以向有管辖权的人民法院另行提起诉讼。

规范解读

《民法典》第 157 条就合同无效、被撤销或确定不生效的法律后果作了规定。此外，根据《民法典总则编司法解释》第 23 条的规定，关于合同不成立的法律后果，应参照适用《民法典》第 157 条的规定。《民法典合同编通则司法解释》第 24 条对合同不成立、合同无效、合同被撤销或者确定不发生效力的财产返还问题，作出了进一步明确规定。

1. “确定不发生效力”解读

法律行为“确定不发生效力”，与“不生效”或“未生效”概念，并不等同。其一，批准生效的民事法律行为，被有权批准机关不予批准。而在法定的行政复议或行政诉讼期间内，当事人针对该不批准的行政行为申请行政复议或者提起行政诉讼；或者经终局的行政复议决定或行政诉讼确定判决，维持不予批准的决定。其二，批准生效的民事法律行为，报批义务因当事人死亡、拒绝履行等原因而履行不能，致使合同已不可能被批准。报请备案义务履行不能的，同理。报批义务人拒绝履行报批义务，理论上尚不构成民事法律行为确定不发生效力。依据《民法典合同编通则司法解释》第 12 条的规定，相对人可以请求法院判决相对人自己办理批准手续。故而，如法院判决相对人自己办理批准手续，仍有办结批准手续而使合同生效的可能性。其实相对人单方办理批准手续，事实上很难成功，因为相对人获得必须的报批材料难度极大，往往难以成功。其三，法律规定以行政机关不提出异议为法律生效要件的，行政机关在法定期间内提出异议。比如《劳动合同法》第54条第1款规定，“集体合同订立后，应当报送劳动行政部门；劳动行政部门自收到集体合同文本之日起十五日内未提出异议的，集体合同即行生效”。劳动行政部门提出异议，必因该集体合同有内容不合法之处，如当事人欲使之生效，则于劳动行政部门提出异议后，应按照劳动行政部门意见进行变更或重订，然后重新报送，使之可能生效。其四，附条件民事法律行为，条件确定不能成就。其五，效力待定法律行为，追认权人拒绝追认，或视为拒绝追认。①

2. 合同不成立、无效、被撤销或者确定不发生效力的财产返还

第一，根据《民法典》第157条的规定，合同被认定不成立、无效、被撤销或者确定不生效，当事人首先应当返还财产或折价补偿。如果一方当事人不愿返还或折价补偿，另一方当事人诉讼的请求权依据则是不当得利请求权或物权返还请求权。该不当得利返还请求权受制于公序良俗原则和不得违反法定禁止性原则，例如甲乙双方签订房屋租赁合同，出租人明知或应当知道承租人将该房屋作为卖淫嫖娼窝点，那么该房屋租赁合同被判定无效后，承租人对已付租金不得请求返还，出租人对未付租金不享有请求权，因为双方租赁行为违反法定禁止规定。如果一方当事人并不知道对方当事人从事违反法定禁止性事项或违背公序良俗原则的情势，当然可以请求返还。②另外，合同被认定部分无效，在此情况下是否有权部分返还要区分处理。例如在民间借贷纠纷中，当事人约定高于法定利息或罚息的情况较为普遍，法律适用上并非“一刀切”判定无效，而是区分处理：过分高于法定利息的部分无效，认定法定利息部分有效；另明确过去分时段确定相关利息的适用规则，尽可能使相关法律行为有效，本着有效原则促进市场稳定可期。

---

① 李宇：《民法总则要义：规范释论与判解集注》，法律出版社2017年版，第738页。

② ［德］海因·克茨：《德国合同法》，叶玮昱、张焕然译，中国人民大学出版社2022年版，第69页。

第二，民事法律行为无效或被撤销后发生的返还请求权。如应返还为原物的，其性质为物权请求权，即返还原物请求权；如应返还者为物以外的利益的，其性质为不当得利请求权。因我国立法不承认物权行为无因性，民事法律行为无效或被撤销的，自始无效。受领原物的一方当事人，自始不能取得物的所有权，并变为无权占有，应依照《民法典》关于返还原物请求权的规定返还原物。当事人依据法律行为所为给付，丧失法律依据，受领给付的一方当事人，按照不当得利规定，返还该利益。依照不当得利规则，返还利益时还应当一并返还孳息。在应当返还利益为金钱时，还应该按照银行同期存款利率返还利息，也有判决认定参照银行同期贷款利率支付孳息。[①] 一般认为，返还财产既包括标的物占有的返还，也包括不动产登记簿册的更正等；在财产不能返还或者没有必要返还时，应当以认定合同不成立、无效、被撤销或者确定不发生效力之日该财产的市场价值或者以其他合理方式计算的价值为基准判决折价补偿。返还财产是指有体物的返还，还包括权利的回归、利益的补偿，以及孳息的返还等。一般来说，合同对象是种类物，或者是常见市场交易的物品或服务，是较为容易确定市场价，或以第三方评估价、司法鉴定来确定价格。特定物或者具有特殊情感意义或历史意义的物品返还问题较为复杂，可以司法鉴定类似物品或服务作为价格基础，再加上精神抚慰的补充价格，综合考虑各类因素得出相应的价值依据。如果鉴定不能，则应以当地普通社会人的经验或常识再附之以合理的社会判断相应补偿价格，不得违背诚信原则和公序良俗原则。

第三，实践中当事人在按照上述规则返还财产或者折价补偿后，可能会有损失，例如财产发生增值或者贬值，一方当事人就可能认为因此遭受了损失。如果当事人一方在返还财产或者折价补偿后，请求对方赔偿损失，则人民法院应当结合财产返还或者折价补偿的情况，综合考虑财产增值收益和贬值损失、交易成本的支出等事实，按照双方当事人的过错程度及原因力大小，根据诚信原则和公平原则，合理确定损失赔偿额。赔偿损失的范围，应以恢复受损方在法律行为成立前的利益状态为标准，即赔偿固有利益的损

① 参见山东省高级人民法院（2015）鲁商终字第409号民事判决书。

害。一般来说，法律行为为合同的，合同无效或被撤销的，无期待利益可言。在固有利益与履行利益之外，没有所谓信赖利益损失所能确定的标准，也就是说恢复原有利益不能无限扩展，原有利益是明确和有标准的。此外，由于《民法典》未再要求人民法院收缴违法所得，上述规则可能导致当事人通过违法行为获得不当利益的现象大量存在。因此，如果当事人的违法行为未经有关行政管理部门处理，人民法院认为有必要，自应向有关行政管理部门发出司法建议；涉嫌犯罪的，应当将犯罪线索移送刑事侦查机关。

第四，合同不成立、合同无效、合同被撤销涉及第三人时，合同双方不得对所涉财物的第三人进行追偿或追及，因为不能突破合同相对性原则。如果合同不成立、合同无效、合同被撤销影响第三人利益，第三人利益受损的有权向导致其受损方进行追偿。比如合同双方约定对农村耕地平整之后用作水泥搅拌站经营，该约定违反《土地管理法》的禁止性规定，该合同被依法撤销或确定无效后，一方当事人支付给另一方当事人的预付款应予以退回。那么村民对该耕地被平整后需要恢复耕地状态，可以向该合同双方请求损害赔偿，坚守第三人利益保护原则。这里可能涉及一种程序性权利，即法院依职权对合同效力进行审查后，是否必须告知各方当事人，特别是可能实际利益受损的第三人。合同效力审查，特别是当事人未对合同效力提出请求的时候，人民法院的审查权体现的是合同牵连的第三人利益、社会利益或国家利益的司法关注，私权利和公共利益的平衡关照。

第五，合同不成立、合同无效、合同被撤销后合同双方过错问题的处置。双方或多方互有过错导致合同被确认无效或撤销，人民法院或仲裁机构应该根据过错大小区分责任承担比例，如果无法区分过错大小，双方均不负损害赔偿责任，但是要对合同履行情况进行回转，返还原物、返还款项等。如果过错大小可以区分，返还义务完成后，过错较小一方当事人有赔偿损失请求权。还需注意的是，如果返还财物存在瑕疵，接收方可以享有瑕疵赔偿或补偿请求权，如车辆出租造成车辆折旧、维修等损失的，亦可请求予以一定赔偿或补偿。法律行为各方当事人均有过错时，适用过错相抵原则，即受损方自己也有过错的，应减轻对方的损害赔偿责任。在违法无效的情形下，如法律、法规的强制性规定主要是针对一方当事人而设的，则该方当事人应承担主要责任有点类似于“知晓过错”责任，即对双方都有明知的强制性或禁止性规定，不能以不知道有这样法律、法规而免责。

适用难点

合同不成立、合同无效、合同被撤销后的法律回转处理往往和违约责任法律效果处置交织在一起，两者需要区别对待。民事法律行为无效，损失一方当事人有权请求有过错一方当事人赔偿，必须把无效后的返还请求权与赔偿请求权结合起来处理，不能顾此失彼，也就是说在处理具体纠纷时要把握全面，完整保护各方当事人的权利。在合同部分有效、部分无效的情况下，无效部分应该回复到合同初始状态，有效部分应当继续履行或进行肯定性评判，与此同时，还应明确区分违约责任。特别需要指出，某些合同的无效往往是违反法律禁止性规定，违背公序良俗，损害国家、集体或第三人利益，那么当事人不仅承担一般的弥补性赔偿责任，还有可能承担惩罚性赔偿责任，如存在欺诈消费者、保险诈骗等行为。与此同时，我们需要进一步关照在特定条件下将无效法律行为作有效法律行为解释，旨在尊重当事人真意，尽可能挽救法律行为的效力。典型如建筑工程合同领域的“违法转包无效，但工程合格等条件满足后可以请求工程款”。把此项无效合同或无效条款向有效合同或有效条款解释，也就是尽量挽救合同效力使之能回归当事人本意，也为了避免合同无效导致更大损失，特别是对社会、国家、第三人的损失。

风险防范

合同虽是当事人意思自治的结果，其制约因素是多方面的，包括法律禁止性规定、公序良俗、不可抗力等，但合同客观上仍存在效力认定的法律风险，这就要求当事人在订立合同时，首先要考虑到影响合同效力的各方面因素，对合同进行合规审查以及法律风险与商业风险的预判。其次在发生合同不成立、无效、被撤销或者确定不发生效力时，要根据行为人相应的过错程度确定责任比例，需要返还财产的，应当及时返还或折价补偿。不足以弥补损失的，要综合考虑财产增值收益和贬值损失、交易成本的支出等事实确定责任，精准明确权利义务。

类案指引

1. 连云港市坤和房地产有限公司（以下简称坤和公司）与赵某房屋买卖合同纠纷案①

裁判要旨：合同被撤销后，标的物返还与价款返还互为对待给付，双方应当同时返还，包括标的物的占有使用费和资金占用费，在确定财产返还时要充分考虑财产增值或者贬值的因素。

法院认为：就坤和公司是否应当赔偿房屋增值差价的问题，根据赵某和坤和公司各自的诉讼请求，人民法院已经分别判令坤和公司向赵某支付利息损失，赵某向坤和公司支付房屋占有使用费，现赵某提起本案诉讼主张的房屋增值差价随着时间成本的付出在市场因素下已经客观存在，故法院判令坤和公司承担房屋增值差价损失，并无不当。

2. 延吉园艺有限公司（以下简称园艺公司）与吉林瑞元集团有限公司（以下简称瑞元公司）国有土地使用权转让合同纠纷案②

裁判要旨：合同不成立、无效或者被撤销时，仅返还财产或者折价补偿不足以弥补损失，一方还可以向有过错的另一方请求损害赔偿。在确定损害赔偿范围时，还要根据当事人的过错程度等因素合理确定责任。

法院认为：双方签订的土地使用权转让合同因未经有批准权的人民政府批准而无效，双方对此均有过错，应按各自的过错程度承担相应责任。鉴于双方签订案涉土地使用权转让合同之前，已通过相同方式签订过两个批次的土地使用权转让合同，且均已实际履行完毕。而双方本次合同未能被促成的原因，主要是园艺公司在已签约将案涉土地使用权转让给瑞元公司并收取部分价款的情况下，为获取更多的利益又将该土地

① 参见江苏省高级人民法院（2019）苏民申5290号民事裁定书。
② 参见吉林省高级人民法院（2020）吉民终367号民事判决书。

使用权另行转让给他人，故园艺公司应对合同无效的后果承担主要责任。瑞元公司作为房地产开发企业，在签订案涉土地使用权转让合同时，应当知道未经批准会导致合同无效，且在合同签订后，瑞元公司支付的总计款项虽超过约定的数额，但存在未依约定时间及时支付50%价款的情况，亦应对合同无效的后果承担次要责任。综合上述情况，根据公平原则和诚实信用原则判决园艺公司与瑞元公司分别对合同无效的后果承担70%和30%的责任。

相关条文

《民法典》

第一百五十七条　民事法律行为无效、被撤销或者确定不发生效力后，行为人因该行为取得的财产，应当予以返还；不能返还或者没有必要返还的，应当折价补偿。有过错的一方应当赔偿对方由此所受到的损失；各方都有过错的，应当各自承担相应的责任。法律另有规定的，依照其规定。

《建设工程施工合同司法解释（一）》

第六条　建设工程施工合同无效，一方当事人请求对方赔偿损失的，应当就对方过错、损失大小、过错与损失之间的因果关系承担举证责任。

损失大小无法确定，一方当事人请求参照合同约定的质量标准、建设工期、工程价款支付时间等内容确定损失大小的，人民法院可以结合双方过错程度、过错与损失之间的因果关系等因素作出裁判。

《外商投资企业纠纷司法解释》

第十九条　实际投资者与外商投资企业名义股东之间的合同被认定无效，名义股东持有的股权价值低于实际投资额，实际投资者请求名义股东向其返还现有股权的等值价款的，人民法院应予支持；外商投资企业名义股东明确表示放弃股权或者拒绝继续持有股权的，人民法院可以判令以拍卖、变卖名义股东持有的外商投资企业股权所得向实际投资者返还投资款。

实际投资者请求名义股东赔偿损失的，人民法院应当根据名义股东对合同无效是否存在过错及过错大小认定其是否承担赔偿责任及具体赔偿数额。

《期货纠纷规定》

第十四条 因期货经纪合同无效给客户造成经济损失的，应当根据无效行为与损失之间的因果关系确定责任的承担。一方的损失系对方行为所致，应当由对方赔偿损失；双方有过错的，根据过错大小各自承担相应的民事责任。

《保险法司法解释（二）》

第二条 人身保险中，因投保人对被保险人不具有保险利益导致保险合同无效，投保人主张保险人退还扣减相应手续费后的保险费的，人民法院应予支持。

《九民纪要》

32.【合同不成立、无效或者被撤销的法律后果】《合同法》第58条就合同无效或者被撤销时的财产返还责任和损害赔偿责任作了规定，但未规定合同不成立的法律后果。考虑到合同不成立时也可能发生财产返还和损害赔偿责任问题，故应当参照适用该条的规定。

在确定合同不成立、无效或者被撤销后财产返还或者折价补偿范围时，要根据诚实信用原则的要求，在当事人之间合理分配，不能使不诚信的当事人因合同不成立、无效或者被撤销而获益。合同不成立、无效或者被撤销情况下，当事人所承担的缔约过失责任不应超过合同履行利益。比如，依据《最高人民法院关于审理建设工程施工合同纠纷案件适用法律问题的解释》第2条规定，建设工程施工合同无效，在建设工程经竣工验收合格情况下，可以参照合同约定支付工程款，但除非增加了合同约定之外新的工程项目，一般不应超出合同约定支付工程款。

33.【财产返还与折价补偿】合同不成立、无效或者被撤销后，在确定财产返还时，要充分考虑财产增值或者贬值的因素。双务合同不成立、无效或者被撤销后，双方因该合同取得财产的，应当相互返还。应予返还的股权、房屋等财产相对于合同约定价款出现增值或者贬值的，人民法院要综合考虑市场因素、受让人的经营或者添附等行为与财产增值或者贬值之间的关联性，在当事人之间合理分配或者分担，避免一方因合同不成立、无效或者被撤销而获益。在标的物已经灭失、转售他人或者其他无法返还的情况下，当事人主张返还原物的，人民法院不予支持，但其主张折价补偿的，人民法院依法予以支持。折价时，应当以当事人交易时约定的价款为基础，同时考虑当事人在标的物灭失或者转售时的获益情况综合确定补偿标准。标的物灭失时当事人获得的保险金或者其他赔偿金，转售时取得的对价，均属于当事人因标的物而获得的利益。对获益高于或者低于价款的部分，也应当在当事人之间合理分配或者分担。

二、合同不成立、无效、被撤销或者确定不发生效力的价款返还及其利息计算

释义条文

《民法典合同编通则司法解释》

第二十五条　合同不成立、无效、被撤销或者确定不发生效力，有权请求返还价款或者报酬的当事人一方请求对方支付资金占用费的，人民法院应当在当事人请求的范围内按照中国人民银行授权全国银行间同业拆借中心公布的一年期贷款市场报价利率（LPR）计算。但是，占用资金的当事人对于合同不成立、无效、被撤销或者确定不发生效力没有过错的，应当以中国人民银行公布的同期同类存款基准利率计算。

双方互负返还义务，当事人主张同时履行的，人民法院应予支持；占有标的物的一方对标的物存在使用或者依法可以使用的情形，对方请求将其应支付的资金占用费与应收取的标的物使用费相互抵销的，人民法院应予支持，但是法律另有规定的除外。

规范解读

按照不当得利的一般原理，在合同被认定不成立、无效、被撤销或者确定不发生效力时，如果一方占有对方的资金，则在返还该资金时，还应支付资金占用费。一般认为，该资金占有费的计算标准应区分不同情况予以确定：如果占有资金一方对合同不成立、无效、被撤销或者确定不发生效力有

过错，应当按照中国人民银行授权全国银行间同业拆借中心公布的同期贷款市场报价利率（LPR）计算；如果占用资金的当事人对于合同不成立、无效、被撤销或者确定不发生效力没有过错，则应当以中国人民银行公布的同期同类存款基准利率计算。此外，在双方互负返还义务的情况下，当事人之间的返还义务构成对待履行，因此双方可以主张同时履行；占有标的物的一方对标的物存在使用或者可以使用的情形，如果对方请求将其应支付的资金占用费与应收取的标的物使用费进行抵销，人民法院应当依法予以支持，但是法律另有规定的除外。涉及价款返还和利息，应当参照《民法典》借款合同方面的专门规定，特别是《民法典》第667条、第668条、第680条的规定，主要立法精神是保护合法，限制过高利息，取缔超高利息，维护金融秩序，保障一般人民群众的借款需求和非经营性适当利息权利。那么此条是对返还价款和适当利息的肯定，故而权利人在请求返还价款和利息时就应当遵循《民法典》合同编借款合同章的规定，当事人提出过高利息请求，人民法院不应支持。

适用难点

一方当事人有过错的，按照另一方当事人请求的范围内按照中国人民银行授权全国银行间同业拆借中心公布的同期贷款市场报价利率（LPR）计算；无过错的以中国人民银行公布的同期同类存款基准利率计算，用此计算标准是指近年来《民间借贷规定》（2020年版）颁布后用（LPR）作为资金占用费来实施的。如果涉及远期的租赁合同、远期的民间借贷合同，需要用《民间借贷规定》（2015年版）的时候，可分段计算当事人资金占用费的计算标准，即远期的用2015年司法解释，近期持续至今的用2020年司法解释。

风险防范

合同不成立、无效、被撤销或者确定不发生效力，有权请求返还价款或者报酬的一方请求对方支付资金占用费的，人民法院应当在当事人请求的范围内按照中国人民银行授权全国银行间同业拆借中心公布的同期贷款市场报价利率（LPR）计算。注意当事人在签订合同时，可以对合同不成立、无效、被撤销或者确定不发生效力情况作出当事人的意思自治的约定高于同期贷款市场报价利率（LPR），但是不得超过同期贷款市场报价利率（LPR）4倍，即不能过高资金占用费。

类案指引

1. 司徒某才等与江门市永昌典当行有限公司（以下简称永昌典当行）等民间借贷纠纷案①

裁判要旨： 借款合同因借款人原因导致无效的，根据合同无效后的返还原则，借款人应当返还借款本金，出借人同时要求按同期全国银行间同业拆借中心公布的贷款市场报价利率计算资金占用费的，应予支持。

法院认为： 案涉借款合同因永昌典当行为职业放贷人而无效，龙某珍应向永昌典当行返还的是该笔借款实际出借的本金。借款合同虽然无效，但龙某珍仍实际占用了资金，因此其仍应支付资金占用期间的费用，二审法院确认案涉借款的资金占用费自协议对账的次日即2015年3月21日起算，按中国人民银行同期同类贷款基准利率计付至2019年8月19日，自2019年8月20日起按同期全国银行间同业拆借中心公布的贷款市场报价利率（LPR）计付至实际清偿之日止并无不当，依法予以维持。

2. 中国广电甘肃网络股份有限公司（以下简称广电公司）、兰州银晟房地产开发有限公司（以下简称银晟公司）等买卖合同纠纷案②

裁判要旨： 双务合同不成立、无效或者被撤销时，标的物返还与价款返还互为对待给付，双方应当同时返还。在费用或利息返还中符合相互抵销条件的，可以抵销后的费用作为返还标的。

① 参见广东省高级人民法院（2021）粤民再153号民事判决书。

② 参见最高人民法院（2021）最高法民再345号民事判决书。

法院认为： 广电公司于2012年8月22日至2013年1月9日分四次向银晟公司通过银行转账支付购房款共计33,469,021.53元。2012年10月，案涉房屋交付广电公司使用至今，未办理变更登记至广电公司名下。银晟公司应当返还广电公司购房款及利息，广电公司应当返还案涉房屋给银晟公司并支付使用费。参照《九民纪要》第34条的规定，本案银晟公司应当支付的购房款利息可与广电公司应当支付的案涉房屋使用费相互抵销，抵销后银晟公司负有返还购房款33,469,021.53元的义务，广电公司负有返还案涉位于城关区××路××号××商住楼××层商铺（面积为××平方米）和地下一层的商铺（面积为998.21平方米）的义务。

相关条文

《民间借贷规定》

第二十八条第二款 未约定逾期利率或者约定不明的，人民法院可以区分不同情况处理：

（一）既未约定借期内利率，也未约定逾期利率，出借人主张借款人自逾期还款之日起参照当时一年期贷款市场报价利率标准计算的利息承担逾期还款违约责任的，人民法院应予支持；

（二）约定了借期内利率但是未约定逾期利率，出借人主张借款人自逾期还款之日起按照借期内利率支付资金占用期间利息的，人民法院应予支持。

《商品房买卖合同纠纷司法解释》

第二十一条 以担保贷款为付款方式的商品房买卖合同的当事人一方请求确认商品房买卖合同无效或者撤销、解除合同的，如果担保权人作为有独立请求权第三人提出诉讼请求，应当与商品房担保贷款合同纠纷合并审理；未提出诉讼请求的，仅处理商品房买卖合同纠纷。担保权人就商品房担保贷款合同纠纷另行起诉的，可以与商品房买卖合同纠纷合并审理。

商品房买卖合同被确认无效或者被撤销、解除后，商品房担保贷款合同也被解除的，出卖人应当将收受的购房贷款和购房款的本金及利息分别返还担保权人和买受人。

《最高人民法院关于审理劳动争议案件适用法律问题的解释（一）》

第四十一条　劳动合同被确认为无效，劳动者已付出劳动的，用人单位应当按照劳动合同法第二十八条、第四十六条、第四十七条的规定向劳动者支付劳动报酬和经济补偿。

由于用人单位原因订立无效劳动合同，给劳动者造成损害的，用人单位应当赔偿劳动者因合同无效所造成的经济损失。

《城镇房屋租赁合同纠纷司法解释》

第四条第一款　房屋租赁合同无效，当事人请求参照合同约定的租金标准支付房屋占有使用费的，人民法院一般应予支持。

第十三条　房屋租赁合同无效、履行期限届满或者解除，出租人请求负有腾房义务的次承租人支付逾期腾房占有使用费的，人民法院应予支持。

《九民纪要》

34.【价款返还】双务合同不成立、无效或者被撤销时，标的物返还与价款返还互为对待给付，双方应当同时返还。关于应否支付利息问题，只要一方对标的物有使用情形的，一般应当支付使用费，该费用可与占有价款一方应当支付的资金占用费相互抵销，故在一方返还原物前，另一方仅须支付本金，而无须支付利息。

35.【损害赔偿】合同不成立、无效或者被撤销时，仅返还财产或者折价补偿不足以弥补损失，一方还可以向有过错的另一方请求损害赔偿。在确定损害赔偿范围时，既要根据当事人的过错程度合理确定责任，又要考虑在确定财产返还范围时已经考虑过的财产增值或者贬值因素，避免双重获利或者双重受损的现象发生。

专题四

合同的履行

第一节　从给付债务的履行与救济

释义条文

《民法典合同编通则司法解释》

第二十六条　当事人一方未根据法律规定或者合同约定履行开具发票、提供证明文件等非主要债务，对方请求继续履行该债务并赔偿因怠于履行该债务造成的损失的，人民法院依法予以支持；对方请求解除合同的，人民法院不予支持，但是不履行该债务致使不能实现合同目的或者当事人另有约定的除外。

规范解读

1. 从给付债务的内涵

合同“义务群”包括前合同义务、合同义务。而合同义务分为给付义务和附随义务。“给付，指债之关系上特定人之间得请求的特定行为”，包括主给付义务和从给付义务。主给付义务，是指债的关系中所固有的、必备的，并决定债的类型的基本义务，例如，买卖合同中卖方交付标的物及所有权，买方支付价款的义务。从给付义务，是指不具有独立性，补助主给付义务以确保债权人利益能获得最大的满足，例如交付标的物时随同交付的技术资料、证明文件等义务。附随义务是指基于诚实信用原则而产生的义务，包括通知、协助、保密义务等。附随义务是基于诚实信用原则而产生的，因此，任何一个合同均存在附随义务。

2. 从给付义务与相似合同义务的区分

从给付义务与主合同义务的区分有以下几方面意义：第一，主合同义务可以决定合同的类型，从合同义务在于确保债务人正确恰当地履行债务，给债权人带来的利益能够获得最大满足，不具有独立的意义，不能决定合同的类型。第二，当事人一方违反主合同义务，另一方可行使法定解除权，若一方仅违反从合同义务，则另一方一般不享有合同解除权。第三，当事人一方已经履行主合同义务，对方接受时，合同成立。第四，当事人一方违反主合同义务，另一方享有同时履行或后履行抗辩权；当事人一方违反从给付义务，另一方一般不享有抗辩权。

从给付义务还易与附随义务相混淆。附随义务是合同关系在发展过程中以诚实信用原则为依据而逐渐发生的。附随义务起源于德国，德国通说认为"应以得否独立以诉请履行为判断标准，其得独立以诉请求的，为从给付义务，其不得以独立以诉请求的，则为附随义务"。例如，甲出卖某机械设备于乙，甲交付设备并转移所有权为主给付义务，移交设备图纸、技术资料等为从给付义务，告知设备使用中的特殊危险或需要的特殊审批制度，为附随义务。附随义务存在的价值主要是确保当事人的固有利益不受损害，更多的是一种保护性义务，体现法律的公平正义。我国并没有在《民法典》中明确合同附随义务的概念。通说认为，《民法典》第 509 条第 2 款规定的通知、协助、保密义务就是关于合同附随义务的规定。另外，《民法典》合同编中也规定了具体类型合同附随义务的内容。例如，第 785 条规定了承揽人按照定作人要求保守技术秘密的义务；第 853 条规定了委托开发合同的开发人的协助义务。违反合同附随义务与违反给付义务法律后果不同，违反附随义务承担的是损害赔偿责任。债务人违反附随义务的，债权人不能诉请要求债务人履行该义务，附随义务本身不能成为诉讼请求之客体，同时附随义务不产生双务合同上的对待给付，不产生同时履行抗辩权，当未履行附随义务给债权人造成损害时，债权人可诉请损害赔偿。损害赔偿的范围亦有差异，违反附随义务所应赔偿的原则上是固有利益的损害，而违反给付义务，则发生履行利益之赔偿问题。

3. 从合同义务违反的法律后果

主给付义务的特征在于双务合同中，就主给付义务的履行，因构成对待给付关系，一方违反主给付义务，相对方可直接援引抗辩权的规定而拒绝履行其主给付义务。如出卖人未履行合同主给付义务，买受人则可拒绝支付合同价款。违反主给付义务亦可引发损害赔偿义务，包括因给付不能、给付延迟或不完全给付而产生的损害赔偿义务。若上述行为导致合同目的不能实现，则产生合同解除权。

与违反主给付义务不同，违反从给付义务会产生以下法律后果：（1）一方违反从给付义务，对方不享有同时履行抗辩权。买卖合同中买方不能基于卖方违反从给付义务而拒绝履行给付货款的主给付义务，二者之间并不形成对待给付。如果一方当事人违反从给付义务，相对方可向其主张违约责任，但不能以此不履行其应承担的主给付义务，比如买方支付货款。（2）违反从给付义务一方应承担违约责任。《民法典》第 577 条规定："当事人一方不履行合同义务或者履行合同义务不符合约定的，应当承担继续履行、采取补救措施或者赔偿损失等违约责任。"该条是违反合同义务而承担违约责任的规定。本条所称合同义务是否包含从给付义务与附随义务，即合同从给付义务的违反也应当适用违约责任。（3）违反从给付义务，对方一般不享有合同解除权。（4）只有在违反从给付义务导致合同目的不能实现时，对方才享有解除合同权。《民法典》第 563 条规定，"有下列情形之一的，当事人可以解除合同：……（四）当事人一方迟延履行债务或者有其他违约行为致使不能实现合同目的"。虽然从给付义务是为债权人利益最大化的辅助性义务，但如果卖方不履行从给付义务，致使合同目的不能实现的，则构成根本违约，买方有权解除合同。

4. 违反从给付义务的救济

合同一方违反从合同义务，对方一般情况下享有违约责任请求权，在一些特殊情况下，守约方还享有同时履行抗辩权和合同解除权。而承担违约责任的形式包括继续履行、给付违约金及赔偿损失等。总体归纳，违反从给付义务，对方享有的救济有：（1）继续履行请求权。该请求权的基础是《民法典》第577条规定。从给付义务的继续履行请求权在审判中一般均能得到承认。（2）损害赔偿请求权。一方违反合同从给付义务时，对方可以请求就一方怠于履行该义务给自己造成的损失进行损害赔偿，对此，学术界与实务界均采认可的观点。（3）同时履行抗辩权。《民法典》第525条规定了同时履行抗辩权。同时履行抗辩权的法律基础在于双务合同双方的给付与对待给付之间具有牵连性，一般仅适用于双方的主给付义务之间。从给付义务与附随义务都不属于对待给付的范畴，在合同一方当事人违反从给付义务或附随义务时，相对方不具有履行抗辩权。但在一些特殊情况下，例如，当事人在合同中约定违反从给付义务时，对方当事人可以不履行对待给付，这种约定在一些情况下是得到认可的。但仅约定从给付义务是对待给付的前提，这种约定能否使一方享有合同同时履行抗辩权，我国司法态度并不统一。（4）合同解除权。合同解除可以分为约定解除与法定解除。在双方明确约定从给付义务违反时，债权人可以行使解除权的情况下，应当尊重当事人的意思自治，允许合同解除。在双方无约定情形下，违反从给付义务时，合同是否可以解除的问题。《民法典》第563条第1款第4项的规定为违反从给付义务时合同的解除留下了依据。

适用难点

1. 开具发票义务能否成为独立的诉请

以买卖合同为例，合同双方往往有这样的约定：一方付款前，另一方应当开具等额有效的发票。当对方未开具有效发票时，开具发票义务能否成为独立诉请？关于开具发票义务的性质，实践中有以下三种观点：第一种观点认为开具发票系行政争议，不能作为民事诉讼请求；第二种观点认为开具发票是从给付义务；第三种观点认为开具发票为附随合同义务。结合上述条文分析，开具当票虽属纳税人税法上的义务，具有公权力属性，但同时，其又具有民事义务属性，开具发票的诉讼请求可以作为民事案件审理的。合同是双方的真实意思表示，既然当事人约定了一方的开票义务，开具发票当然就属于民事合同义务范围。由此，可将开具发票义务认定为从合同义务，违反该义务，对方可将开具发票作为独立诉讼请求提出。

2. 对于未开具发票的，对方是否享有不履行主合同义务的抗辩权

实践中存在以下裁判观点：开具发票是附随（从）义务，卖方已经履行了基本义务（交货），就有权获得款项，买方不得以未开票为由不履行付款义务。例如，在（2019）粤民再 267 号案中，法院认为，“在当事人明确约定开具发票是支付价款前提条件的情况下，开具发票与付款义务处于对等的给付地位。如一方未按约定先开具发票，另一方可以根据《合同法》第 67 条的规定行使履行抗辩权”。但也有法院持完全否定的态度。例如，在（2018）最高法民申 4246 号案中，法院认为：“双方虽然约定，承包人必须出具真实、有效的建设工程发票，如发票存在问题，发包方拒绝支付工程款的约定，但按照公平原则，承包人开具发票仅为其合同附随义务，当事人履行附随义务虽然有瑕疵，但不应以此免除相对方主要合同义务。”

经过多个实践中案例探讨，结合本条解释规定，以下为本书倾向性观点：开具发票是从合同义务，该合同义务与支付货款等主合同义务相比，二者不具有对等关系。主合同义务与从合同义务之间没有牵连性，以从合同义务对抗付款的主要义务，有失公平。一般情况下，以未及时开具发票作为拒绝支付工程款的抗辩理由不能成立。如合同当事人仅在合同中约定一方开具发票后对方付款，而未明确约定开票是付款的前提条件的，则作为从合同义务的开票义务不能对抗合同主合同义务的履行。但如存在以下情形的，也可以支持合同对方的抗辩：一是双方合同明确约定开票义务是对方付款义务的前提条件，出卖方不履行开票义务，则对方享有拒绝付款的权利。当双方合同对此作出明确约定，双方当事人对开票合同义务的重要性均应有清楚认识。二是未履行开票义务已直接影响合同目的实现，即开票义务的不履行或者不完全履行，已构成根本违约，导致合同订立时的合同目的不能实现，另一方当事人享有法定解除权。

风险防范

第一，订立合同过程中，务必确认各项条款的内容，力求合同表述精准，避免理解产生歧义。买卖合同买受方需出卖方提交保险单、保修单、普通发票、增值税专用发票、产品合格证、质量保证书、质量鉴定书、品质检验证书、产品进出口检疫书、原产地证明书、使用说明书、装箱单等资料的，应在合同权利义务条款中明确约定。

第二，增值税发票的开具可以用于抵扣税款，因此尤其要引起重视。买卖合同中因销售方未给付增值税发票导致购货方无法抵扣进项税款、无法进行税款抵扣，购货方有权以此为损失请求销售方赔偿。建议双方合同明确出卖人开具增值税发票的时间节点，以免超过增值税抵扣期无法抵扣，引起买卖合同双方更多的争议与纠纷。

第三，合同中未明确约定一方未提交上述资料、对方有权拒绝履行主合同义务的，人民法院一般不会支持对方拒绝履行主合同义务抗辩。因此对未提供上述资料的后果，建议双方根据对合同目的实现的影响大小，决定从合同义务是否作为对方主合同义务履行的抗辩条件，或者对解除合同的理由作出明确约定。如认为从合同义务履行非常重要，可在合同中约定从合同义务履行是对方主合同义务履行的前提条件，如一方不履行某从合同义务，对方有权拒绝履行主合同义务。

类案指引

东方电气集团东方汽轮机有限公司（以下简称东方汽轮机公司）与大庆高新技术产业开发区大丰建筑安装有限公司（以下简称大丰建安公司）、大庆大丰能源技术服务有限公司买卖合同纠纷案

裁判要旨：交付技术材料是卖方负有的从给付义务，卖方违反该义务，买方可以主张相应的违约责任。卖方违反从给付义务但并未影响买方对所买货物正常使用，不影响合同目的实现的，买方不能基于卖方违反从给付义务而拒绝履行给付货款的主给付义务。

法院认为： 最高人民法院经审理认为，关于东方汽轮机公司是否依约履行完毕交货义务的争议。案涉33台风机交货时已经进行了验货，其后完成了预验收，货物早已交付业主方新龙顺德公司并投入使用，至双方货款讼争产生时已长达4年多，大丰建安公司未提供证据证明其或业主方新龙顺德公司曾经对东方汽轮机公司未交付风机的技术资料提出过异议，风机亦未出现因缺少技术资料而无法运行或者其他不能实现合同目的的情况。相反，大丰建安公司在2016年7月17日签署的《付款担保协议》第1项中明确认可“大安分公司的供货义务已经履行完毕”。从性质上看，交付技术材料是卖方负有的从给付义务，卖方违反该从给付义务，买方可以主张相应的违约责任。除非卖方违反该从给付义务导致买方对所买货物无法正常使用，影响合同目的实现，否则买方不能基于从给付义务的不履行而拒绝履行给付货款的主给付义务。故即使东方汽轮机公司确未交付风机的技术资料，大丰建安公司也不能仅凭此理由而拒付货款。

相关条文

《民法典》

第五百九十九条 出卖人应当按照约定或者交易习惯向买受人交付提取标的物单证以外的有关单证和资料。

《买卖合同纠纷司法解释》

第四条 民法典第五百九十九条规定的“提取标的物单证以外的有关单证和资料”，主要应当包括保险单、保修单、普通发票、增值税专用发票、产品合格证、质量保证书、质量鉴定书、品质检验证书、产品进出口检疫书、原产地证明书、使用说明书、装箱单等。

第十九条 出卖人没有履行或者不当履行从给付义务，致使买受人不能实现合同目的的，买受人主张解除合同的，人民法院应当根据民法典第五百六十三条第一款第四项的规定，予以支持。

第二节　以物抵债的法律适用

释义条文

《民法典合同编通则司法解释》

第二十七条　债务人或者第三人与债权人在债务履行期限届满后达成以物抵债协议，不存在影响合同效力情形的，人民法院应当认定该协议自当事人意思表示一致时生效。

债务人或者第三人履行以物抵债协议后，人民法院应当认定相应的原债务同时消灭；债务人或者第三人未按照约定履行以物抵债协议，经催告后在合理期限内仍不履行，债权人选择请求履行原债务或者以物抵债协议的，人民法院应予支持，但是法律另有规定或者当事人另有约定的除外。

前款规定的以物抵债协议经人民法院确认或者人民法院根据当事人达成的以物抵债协议制作成调解书，债权人主张财产权利自确认书、调解书生效时发生变动或者具有对抗善意第三人效力的，人民法院不予支持。

债务人或者第三人以自己不享有所有权或者处分权的财产权利订立以物抵债协议的，依据本解释第十九条的规定处理。

第二十八条　债务人或者第三人与债权人在债务履行期限届满前达成以物抵债协议的，人民法院应当在审理债权债务关系的基础上认定该协议的效力。

当事人约定债务人到期没有清偿债务，债权人可以对抵债财产拍卖、变卖、折价以实现债权的，人民法院应当认定该约定有效。当事人约定债务人到期没有清偿债务，抵债财产归债权人所有的，人民法院应当认定该约定无效，但是不影响其他部分的效力；债权人请求对抵债财产拍卖、变卖、折价以实现债权的，人民法院应予支持。

当事人订立前款规定的以物抵债协议后，债务人或者第三人未将财产权利转移至债权人名下，债权人主张优先受偿的，人民法院不予支持；债务人或者第三人已将财产权利转移至债权人名下的，依据《最高人民法院关于适用〈中华人民共和国民法典〉有关担保制度的解释》第六十八条的规定处理。

规范解读

1. 履行期届满后达成的以物抵债协议性质

（1）债的更改抑或新债清偿。

有观点将以物抵债的性质从“债的更改”或“新债清偿”不同维度描述。

债的更改，是指债权人受领他种给付而使合同关系消灭的法律行为。《德国民法典》、《日本民法典》、我国台湾地区“民法”都有关于代物清偿的规定。成立代物清偿必须满足四个要件：一是需存在基础债权债务关系；二是需要双方有代物清偿的合意；三是需为他种给付；四是需要债权人实际受领。当事人于债务清偿期届满后达成的以物抵债协议，可能构成债的更改，即成立新债务，同时消灭旧债务。

新债清偿，是指为清偿旧债务而成立新债务。新债清偿需满足三个要件：一是需有旧债务存在；二是需有新债清偿协议；三是需以负担新债履行旧债的方法。新债清偿合同成立，新债务成为旧债务履行的方法。因此，新债务成立时旧债务不消灭，旧债之从权利依旧存在即成立新债务，与旧债务并存。

本书认为，当事人于债务清偿期届满后达成的以物抵债协议，可能构成债务更改，即成立新债务，同时消灭旧债务；也可能属于新债清偿，同时存在新旧两债。

从常理来看，债权到期后，债权人能够接受额外增加一种新的清偿方式，但是以一个不确定的新的债权替代原到期债权，具有较大风险，债权人通常不会同意。另外，债务更新彻底消灭旧债，附属于旧债的担保也随之消灭，对债权人非常不利。因此，基于保护债权的理念，债的更改一般需有当事人明确消灭旧债的合意，需要当事人有明确的约定。当事人之间若未对债的变更进行特别约定，当事人于债务清偿期届满后达成的以物抵债协议，性质一般应为新债清偿。

在新债清偿情形下，旧债务于新债务履行之前不消灭，旧债务和新债务处于衔接并存的状态；在新债务合法有效并得以履行完毕后，因完成了债务清偿义务，旧债务才归于消灭。在债权人与债务人达成以物抵债协议、新债务与旧债务并存时，确定债权是否得以实现，应以债务人是否按照约定全面履行自己义务为依据。在新债清偿中，新债作为履行旧债的方法，债权人原则上应当请求履行新债。若新债务届期不履行，经催告后在合理期限内仍不履行，此债权此时便为选择之债，债权人可选择原债务人继续履行，或者新债债务清偿人来履行代物清偿协议。债权人选择请求债务人履行旧债务的，该请求权的行使，并不以以物抵债协议无效、被撤销或者被解除为前提。若与保证责任作同类比，连带责任保证需要当事人特别明确约定，否则一般应认为一般保证。

（2）以物抵债协议是实践性合同还是诺成性合同？

关于以物抵债合同的性质，理论界和实务界一直存在其为诺成性合同还是实践性合同的争议。实践性合同观点认为，以物抵债属于实践性法律行为，其成立不仅需要当事人的合意，还必须履行物权转移手续，否则以物抵债协议并不成立，对合同当事人也不产生相应的法律效力。诺成性合同观点认为，以物抵债协议作为民事合同，系债权人与债务人对双方民事权利义务的安排，确定协议的效力应以当事人意思自治为基本原则。只要以物抵债协议是双方当事人的真实意思表示，则以物抵债协议成立。在认定以物抵债协议的成立时应充分尊重当事人的意愿。

明确以物抵债合同的性质，对于判断合同在何时成立以及一方不履行合同时，另一方起诉请求交付抵债物，人民法院是否予以支持有着重要意义。根据《民法典》第 483 条的规定，承诺生效时合同成立，但是法律另有规定或当事人另有约定的除外。以物抵债协议并不是法律明文规定的实践性合同，原则上应属诺成性合同。在当事人未特别约定以债权人实际受领抵债物作为合同成立要件的情况下，以物抵债协议自双方达成合意时成立。《九民纪要》采取了诺成性合同的观点，自此裁判尺度得到了统一。

2. 债务履行期届满前达成的以物抵债协议性质

债务人或第三人与债权人在债务履行期届满前达成的以物抵债协议，往往是为了担保债权债务关系而订立。《民法典》第388条第1款规定："设立担保物权，应当依照本法和其他法律的规定订立担保合同。担保合同包括抵押合同、质押合同和其他具有担保功能的合同。担保合同是主债权债务合同的从合同。主债权债务合同无效的，担保合同无效，但是法律另有规定的除外。"《民法典》将其他具有担保功能的合同均纳入广义担保合同范围，大大拓宽了担保合同的范围。债务履行期届满前达成的以物抵债协议也含有债务人或第三人以其财产抵偿未来到期债务的意思表示，故均可纳入广义的担保合同范围。又因标的物是否已给付以物抵债合同的法律性质又作如下区分。

情形一：如抵债标的物已经完成动产交付或不动产权属变更登记，则此时应将以物抵债视为已形成让与担保效力，依据《民法典担保制度司法解释》第68条的规定处理。让与担保是指债务人或第三人为担保债务人的债务，将担保标的物的财产权（常为所有权但不限于所有权）转移于担保权人，而使担保权人在不超过担保目的的范围内取得担保标的物的财产权。在债务受清偿后，标的物返还债权人或者第三人，在债务不履行时担保权人就该标的物受偿的制度。该条因其完成了物权公示手续，应认为债权人有权对财产折价或者以拍卖、变卖该财产所得价款优先受偿。

情形二：如抵债标的物已经完成动产交付或不动产权属登记变更，当事人有明确抛弃期限利益的意思表示，由应认为当事人约定将债务履行期提前至以物抵债时，此时应视为债务履行期届满后达成的以物抵债合同进行性质判断。

情形三：如抵债财产并未实际完成动产交付或不动产权属变更登记，此时可以参照《民间借贷规定》第23条，将以物抵债协议视为当事人对主债权债务合同的担保。此时的以物抵债协议视为一种广义的担保，而并非让担保。

3. 债务履行期届满后达成以物抵债协议的效力认定

（1）符合合同三要素的以物以债协议原则上有效。既已确定了以物抵债协议的诺成性，则协议成立即发生效力。对以物抵债协议的效力、履行等问题的认定，应以尊重当事人的意思自治为基本原则。以物抵债协议生效应满足合同生效的一般要件是：当事人应有相应的行为能力，双方当事人的意思表示真实，合同内容不违反法律、行政法规的强制性规定。以物抵债协议并不以债权人现实地受领抵债物，或取得抵债物所有权、使用权等财产权利，为成立或生效要件。此处合同主体既可以是债务人，也可以是第三人。当债务人不能就原债权债务关系的标的履行时，既可以提供自己所有的其他财产代替原债中的给付，也可以基于与第三人之间的其他债权债务关系通过提供第三人的财产或权益作为抵债物。新债的债务人既可以是原债务人，也可以是第三人。

一般而言，除当事人有明确约定外，当事人于债务清偿期届满后签订的以物抵债协议，往往是在原有债务无法履行情况下达成，用于替代清偿。此时以物抵债的债权数额和抵债物的价值是确定的，当事人之间达成以物抵债协议，一般不会存在显失公平问题。如不存在合同无效或未生效情形的，则应尊重当事人的意思自治，认定以物抵债协议有效。

（2）债务履行期届期后达成的以物抵债协议可能存在无效、被撤销情形。以物抵债通常是指当事人相互之间存在金钱债务，约定以特定物替代原金钱债务的清偿。一般情形下，当事人设定以物抵债的目的是及时清偿债务。但有的以物抵债则是为了恶意逃避债务等其他不合法目的。以物抵债的协议内容也可能存在其他无效或未生效的情形。《民法典》第153条规定合同违反法律、行政法规的强制性规定或违背公序良俗的，自应无效；如存在《民法典》第502条第2款规定的情形，则合同属未生效。因此，要严格区分当事人约定以物抵债的真实目的，防止借以物抵债损害第三人合法权益。如以物抵债协议是双方当事人恶意串通达成，损害了第三人合法权益的，第三人可以依法撤销该合同。

4. 债务履行期届满后以物抵债的法律后果

（1）以物抵债协议有效成立并不当然发生抵债物物权变动的法律效果。以物抵债协议订立后，是否发生物权变动，取决于当事人是否实际履行以物抵债协议，完备了抵债物的物权变动条件。债务履行期届满后以物抵债合同可以成为所有权变动原因。抵债财产是否发生物权变动效果要视是否已实际完成动产交付或不动产权属变更登记。债务履行期届满后，如已实际完成动产交付或不动产权属变更登记的，抵债协议已得到完全履行，如不存在第三人撤销或无效情形，债权人直接享有抵债物的所有权。

（2）如该抵债物为债务人或第三人以自己不享有所有权或处分权的财产权利订立，则以物抵债协议属于无权处分合同。当事人或真正权利人仅以债务人或第三人在订立合同时对抵债物没有所有权或处分权为由主张以物抵债协议无效的，人民法院不予支持。如债务人或第三人已根据以物抵债协议已经将抵债的动产交付给债权人，或者将不动产转移登记至债权人名下，因未取得真正权利人同意取得处分权导致以物抵债协议无法履行的，真正的权利人可以请求抵债物的权利未发生变动或请求返还财产。债权人可以主张选择履行旧债或选择解除以物抵债协议，并请求债务人、第三人承担违反合同的赔偿责任。但当抵债物已交付或转移登记，债权人符合第三人善意取得法律要件的，真正权利人请求认定财产权利未发生变动或请求返还财产的，人民法院不予支持。善意取得应符合《民法典》第 311 条规定条件，即债权人善意，并不知道债务人或第三人对抵债物不享有所有权或处分权；债权人为取得抵债物付出了合理对价；动产抵债物已交付或不动产抵债物已变更所有权登记。第三人可以向侵害其权益的债务人主张赔偿权利。

（3）如未完成动产交付或不动产权属变更登记的，债务履行期届满后以物抵债协议有效成立不能使债权人当然取得物权，债权人享有的仍是合同项下债权履行请求权。债务履行期届满后以物抵债协议生效后直至履行前，旧债务和新债务处于衔接并存的状态。直到履行前，新债与旧债并存。如债务人或第三人履行了以物抵债协议，因债务人或第三人向债权人履行了替代给付义务，新债履行完毕。与此同时，旧债消灭。

当以物抵债协议不履行或瑕疵履行时，债权人取得合同履行选择权，既可以选择继续履行以物抵债协议，也可以选择原债务人继续履行原合同债务。《民法典》第 515 条第 2 款规定，享有选择权的当事人在约定期限内或者履行期限届满未作选择，经催告后在合理期限内仍未选择的，选择权转移至对方。考虑到选择权的行使直接关系到对履行标的的确定，对当事人利益影响重大，本条对债权人行使选择权之前设置了催告程序。同时，为了防止抵债物价值发生变动情况下，债权人为了达到恢复履行原债的目的而随意行使选择权，本条规定债务履行期届满后，新债存在迟延履行情况下，债权人也要先进行催告，催告合理期届满后仍未履行时，债权人才可以选择原债务人继续履行。因为新债作为履行旧债的方法是各方之前协议内容，从诚信角度出发，债权人原则上应先请求履行新债，或者新债债务清偿人来履行代物清偿协议。

5. 债务履行期届满前达成以物抵债协议的效力认定和法律后果

《民法典》虽总体上采用了以物抵债概念，但现实中以物抵债协议却可能以债务顶抵、抵债等多种名词形式出现。对债务履行期届满前达成的以物抵债协议，认定协议效力及法律后果时应根据是否完成抵债物交付或办理权属变更登记分别作出判断。总体而言，按抵债物是否已完成物权变动公示，我们将债务履行期届满前达成以物抵债协议效力分为两类：

（1）如抵债物已完成交付债权人或办理权属变更登记。从外观形式上看，债务人或者第三人已将财产权利转移至债权人名下的，当事人之间形成让与担保法律关系，各方权利义务关系依据《民法典担保制度司法解释》第 68 条的规定配置。具体而言：

其一，当事人约定债务人到期没有清偿债务，抵债财产归债权人所有的，人民法院应当认定该约定无效，但是不影响其他部分的效力。《民法典》第 401 条规定，抵押权人在债务履行期限届满前，与抵押人约定债务人不履行到期债务时抵押财产归债权人所有的，只能依法就抵押财产优先受偿。第 428 条对质押也作了类似规定。即《民法典》规定改变了原立法对流质契约本身的绝对否定态度。流质契约，是指质权人在债务履行期届满前，与出质人约定债务人不履行到期债务时质押财产归债权人所有。流质契约需要满足三个要件：一是需有担保法律关系；二是需有债务不履行，质物归债权人所有的约定；三是约定需在债务不履行前达成。流质契约为我国传统民法理论及《民法典》之前的立法所禁止，其目的是平等保护债务人及其他普通债权人的利益。《民法典》并未完全承认流质契约的效力。如果双方当事人在履行期届满前，约定债务人到期未清偿债务，抵债财产归债权人所有的，那当债务到期而抵债财产的价值远高于债权额的情况下，如债权人直接依据以物抵债协议主张继续执行抵债约定，由债务人或第三人即时交付抵债物的，可能使债权数额与抵债物的价值存在较大差距，仍履行财产所有权的变更就会使债务人对差额财产价值被债权人占有，有损于债务人的利益，造成双方利益失衡。为了相对更公平的保护债务人及其他普通债权人，应当认定此种情形下达成的抵债财产归债权人所有的约定无效。对债权人此时依以物抵债协议请求交付抵债物的，人民法院不予支持，应根据民事诉讼法相关规定向当事人进行释明，要求其变更诉讼请求。当事人根据法庭审理情况变更诉讼请求的，人民法院可以准许。

其二，当事人约定债务人到期没有清偿债务，债权人可以对抵债财产折价或者以拍卖、变卖该财产所得的价款优先受偿的，该约定有效。随着《民法典担保制度司法解释》颁布施行，其68条已对让与担保作出明确规定，认可让与担保合同的效力符合物权法定原则。让与担保具有物权效力的前提是当事人已根据合同的约定完成了财产权利变动的公示方法，形式上已将财产转移至债权人名下。当事人在抵债协议中明确约定债权人在债务到期后可以对抵债财产拍卖、变卖、折价以实现债权的，因双方当事人之间不仅达成了有效的以物抵债协议，还进行了抵债物的交付或所有权变更登记，具备了让与担保物权的法律要件，对第三人形成公示和对抗效力。因符合《民法典担保制度司法解释》让与担保的法律要件，债权人请求参照民法典关于担保物权的规定对财产折价或者以拍卖、变卖该财产所得的价款优先受偿的，人民法院应予支持。即债权人可以对抵债财产享有优先受偿权。如合同中未明确约定债务不能清偿时具体的清算办法时，债权人也可基于《民法典》第401条、第428条规定请求对抵债财产拍卖、变卖、折价以实现其债权。

其三，当事人约定债务人到期没有清偿债务，债权人可以对抵债财产拍卖、变卖、折价以实现债权的，人民法院应当认定该约定有效。根据上条分析，债权人可以享有抵债财产的优先受偿权，那债权人的权利范围当然涵盖对抵债财产的受偿权。

（2）如抵债物未完成交付或办理权属变更登记，抵债财产并不具备权利变动的外观要件，根据以物抵债协议具体内容，可认为：

其一，当事人约定债务人到期没有清偿债务，抵债财产归债权人所有的，人民法院应当认定该约定无效。对此合同的整体效力，人民法院应按原债权债务关系审理。合同整体效力取决于原债权债务合同效力。

其二，当事人约定债务人到期没有清偿债务，债权人可以对抵债财产折价或者以拍卖、变卖该财产所得的价款优先受偿的。当事人之间尚未形成让与担保法律关系。因缺乏物权变动和对抗第三人要素，因此债权人就对抵债财产不享有优先受偿权。债权人要求确认对物享有所有权或享有优先受偿权的，不予支持。此时作为履行依据的仍然是原债，以物抵债协议只能作为债权性质的担保，债权人并无优先受偿权力。债权人依据该条款主张就抵债财产享有变价优先受偿权的，人民法院不予支持。

其三，当事人约定当债务人到期没有清偿债务时，债权人可以对财产拍卖、变卖、折价以实现债权的。该约定本身有效。双方约定以物抵债的真实意图更多是为了担保未来到期债务的实现。这是从法律后果上明确债权人对相关财产仅有受偿权而并无所有权。当双方约定的债务履行期已届满，债权人依据原债权债务合同关系主张债权，人民法院作出债权偿还判决的，此时双方达成的以物抵债协议属于广义的担保合同。抵债财产可以是债务人财产，也可以是第三人享有所有权的财产。当抵债财产为债务人所有时，债务人未履行原合同项下债务，其所有财产均构成对债权人债权实现的担保，债权人可以对包括抵债物在内的财产请求拍卖、变卖、折价以实现其债权。当抵债财产为第三人所有时，债务人未履行原合同项下债务，而第三人在以物抵债协议中明确表示愿以其特定财产拍卖、变卖、折价以抵偿债权的，该约定有效。在债务履行期届至后，债务人未履行原债务，第三人也违反该约定的，债权人可依据该条款请求第三人在其抵债物拍卖、变卖、折价范围内受偿，以履行第三人事先作出的担保承诺。

适用难点

1. 调解书是否具有发生物权变动的效力

实践中有些当事人在达成以物抵债协议后，请求人民法院出具司法确认书或者调解书，再依据《民法典》第 229 条主张债权人在法律文书生效时即取得抵债财产的所有权，其目的是排除第三人对标的物的强制执行或者在其他诉讼中主张优先保护。根据《民法典》第 229 条的规定，因法律文书或征收决定等导致物权变动的，则物权变动自该文书或征收决定等生效时发生效力。但该条并未指出何种法律文书能够引起物权变动。那么人民法院是否应制作调解书？作出的以物抵债调解书能否发生物权变动的效力？

在债权债务案件诉讼过程中，当事人自愿达成以物抵债协议，并要求法院制作调解书的，人民法院应建议当事人申请撤诉，如当事人坚持确认调解的，人民法院出具调解书不具有物权变动效力。《第八次全国法院民事商事审判工作会议（民事部分）纪要》第 16 条提到，当事人达成以房抵债协议，并要求制作调解书的，人民法院应当严格审查协议是否在平等自愿的基础上达成；对存在重大误解或显失公平的，应当予以释明；对利用协议损害其他债权人利益或者规避公共管理政策的，不能制作调解书。当事人双方持人民调解组织主持达成的以物抵债调解协议，向人民法院申请司法确认的，经审查，当事人尚未完成物权转移手续的，人民法院应裁定驳回申请。《九民纪要》第 44 条第 2 款规定，当事人在一审程序中因达成以物抵债协议申请撤回起诉的，人民法院可予准许。当事人在二审程序中申请撤回上诉的，人民法院应当告知其申请撤回起诉。当事人申请撤回起诉，经审查不损害国家利益、社会公共利益、他人合法权益的，人民法院可予准许。当事人不申请撤回起诉，请求人民法院出具调解书对以物抵债协议予以确认的，因债务人完全可以立即履行该协议，没有必要由人民法院出具调解书，故人民法院不应准许，同时应当继续对原债权债务关系进行审理。上述规定从防范虚假诉讼角度限制人民法院就当事人达成的以物抵债协议出具调解书。

《民法典》第 229 条规定中的法律文书上应是指判决书和具有相应法律效力的裁定书。无论是人民法院出具的司法确认书还是调解书，均是对以物抵债协议的确认，不能直接引起物权的变动。因此，即使人民法院根据当事人之间达成的以物抵债协议出具了调解书，该调解书有效，但该调解书只是对当事人间协议效力的确认，不能引起物权变动，这样当事人通过虚假诉讼谋取非法目的的计划就无法实现，虚假诉讼产生的土壤也就不复存在。

2. 以物抵债能否排除其他债权人执行

（1）以物抵债能否排除一般债权人执行。

关于以物低债能否排除一般债权人执行，实践中有两种观点：

肯定性观点认为，以物抵债协议即代物清偿协议，是由债权人与债务人约定，以他种给付替代原来给付，因其意在消灭原债权债务关系，具有类似于清偿的效果。以物抵债协议成立后，不管是否实际受领，可以主张排除对抵债物的强制执行。

否定性观点认为，以物抵债协议属于诺成合同，达成以物抵债协议只是以物抵债协议成立生效，未履行物的交付，抵债物的所有权不发生变动，不能产生对抵债物排除强制执行的效力。现行法律虽然允许通过以物抵债实现债权、消灭债务，但以物抵债只是债务履行方式的一种变通，受让人系出让人的普通金钱债权人的地位未变，只是履行方式上以物的交付代替了金钱的给付，以物抵债协议成立不能当然排除强制执行。

本书认为，如果以物抵债协议已实际履行，抵债物的权属已经发生变动，受领人主张排除对抵债物的强制执行，应予以支持。以物抵债协议成立后未实际受领的，不能作为对抗强制执行的正当理由。以物抵债所涉金钱之债为普通债权，以物抵债的目的是消灭债权人与债务人之间的金钱之债，根据债的平等性原则，不应优于另外一个具有法定优先权的金钱债权的实现。故以物抵债的受让人在完成不动产权属变更登记前或动产交付前，仅享有普通债权，原则上不应享有物权期待利益，并不形成优于其他债权的利益，不能排除强制执行。（2019）最高法民终286号案中，法院认为双方的真实意思表示为以房抵债，即签订该合同的目的并非购买案涉不动产，而是实现债务的清偿。基于债的平等性，该债权并不较所涉执行债权更具有优先实现的价值利益。

（2）以物抵债债权人能否适用《执行异议和复议规定》第28条及第29条规定排除一般债权人执行？

以物抵债债权人是否享有《执行异议和复议规定》第28条及第29条购房人相同的权利呢？换句话说，以物抵债能否等同于买卖合同？这一问题在理论及实践中均争议很大。赞同者认为，以房抵债协议与买卖合同只是在房款支付方式上存在不同，以房抵债是以到期债权作为房款对价，而买卖合同中则多为以现金方式支付，两者在房屋买卖达成一致意见的问题上并无本质区别。以房抵债项下的债权人符合《执行异议和复议规定》第28条的构成要件，能够排除金钱债权的强制执行。如在（2021）最高法民终667号“长城新盛信托有限责任公司、楼某涛案”中，最高人民法院认为，中银公司因拖欠楼某涛的水电等安装工程款，与楼某涛协议约定将中银公司名下涉案房产作为工程款抵给楼某涛，并签订了《商品房买卖合同》，系当事人真实的意思表示，不违反法律强制性规定，应当认定有效。同时，楼某涛、楼松某符合《执行异议和复议规定》第28条规定情形，可以排除强制执行。

否定者认为，以房抵债项下债权人与债务人系因借款合同、买卖合同等存在债权债务关系，双方签订以房抵债协议的目的在于清偿债务，债权人并非为了生活、居住需要购买房屋，而房屋买卖合同属于双务有偿合同，出卖人以转让房屋所有权取得转让对价，买受人的目的则在于购买房屋满足生活所需，以房抵债协议和房屋买卖合同的签订在内容和目的上存在本质区别。如在（2021）最高法民终969号“王某鹏、长青建设集团有限公司案”中，法院认为，《执行异议和复议规定》第29条规定所要保护的是商品房消费者的居住权，而本案所涉以物抵债的目的是消灭王某鹏与周某强之间的金钱之债，并不是为了居住而购买房屋，王某鹏并不属于《执行异议和复议规定》第29条要保护的商品房消费者，根据债的平等性原则，所涉金钱之债不应优于另一个具有法定优先权的金钱债权的实现。

最高人民法院目前倾向性认为以物抵债没有优先于其他金钱债务的权利，没有物权期待权，不能排除执行。《执行异议和复议规定》第28条的立法目的是保护无过错不动产买受人的物权期待权。第28条规定了无过错不动产买受人可以排除金钱债权人执行的四个条件，只要有一个要件不符合则不能排除金钱债权的强制执行。《执行异议和复议规定》第29条的立法目的是保护商品房消费者的物权期待权。第29条基于生存权至上的价值理念，消费者购房人物权期待权的对抗效力高于一般房屋买受人的物权期待权。最高人民法院第二巡回法庭2021年第15次法官会议纪要中提出，履行期限届满前达成的以物抵债，因债务人能否履行到期债务处于不确定状态，债务的具体数额也不能确定，性质上属于担保，其性质迥异于买卖合同，当事人并不以取得标的物所有权为目的，也不存在以无过错买受人身份排除执行的问题。履行期届满后当事人达成以物抵债协议，且债权人已取得抵债财产所有权的，此时债权人已享有抵债财产所有权，自然可以排除金钱债权人的执行，不存在以无过错买受人身份排除执行的问题。那能否适用《执行异议和复议规定》第28条和第29条的以物抵债，主要是指履行期届满后当事人达成的尚未完成物权变动的以物抵债协议。从案外人执行异议之诉的目的看，其要解决的是案外人是否有权排除对执行标的的强制执行的问题。这其中隐含了针对执行标的物，要判断案外人的权益还是执行债权人的权利更为优先，凸显的是权利对抗思维。而对此种情形下的以物抵债，以消灭协议当事人之间存在的金钱债务为目的。不动产的交付仅系以物抵债的履行方式，并不能改变所谓的“买受人”在本质上系出卖人的普通金钱债权人的地位。这与以购买不动产为目的的签订买卖合同在当事人之间形成买受人对出卖人交付及权属变动这一非金钱债权迥然不同。如果认为此种情况下的所谓“买受人”可以排除出卖人的其他金钱债权人对抵债物的强制执行，则无异该“买受人”通过以物抵债的方式即获得了优先于出卖人的其他普通金钱债权的法律地位，使本应处于平等受偿地位的普通债权仅因以物抵债协议就产生了优先与劣后之别。这一方面将导致对民法上普通金钱债权领域中债权平等基本原则的严重冲击；另一方面也无疑会在某种程度“暗示”普通债权人通过这种方式获得优先受偿的地位，将会助长对抗强制执行的不诚信乃至违法行为。因此，仅依据以物抵债协议，并不足以将其等同于买卖合同排除另一个金钱债权的执行。

3. 执行程序中的以物抵债

执行中的以物抵债，是指以被执行人的财物折价抵偿申请执行人的债务。

（1）执行中以物抵债的基本分类。

执行中的以物抵债分为自愿性以物抵债和强制性以物抵债。自愿性以物抵债的法律依据在于：《最高人民法院关于执行和解若干问题的规定》第6条规定，当事人达成以物抵债执行和解协议的，人民法院不得依据该协议作出以物抵债裁定。第 9 条规定，被执行人一方不履行执行和解协议的，申请执行人可以申请恢复执行原生效法律文书，也可以就履行执行和解协议向执行法院提起诉讼。根据《民事诉讼法司法解释》第 489 条的规定，经申请执行人和被执行人同意，且不损害其他债权人合法权益和社会公共利益的，人民法院可以不经拍卖、变卖，直接将被执行人的财产作价后交付申请执行人抵偿债务。强制性以物抵债的依据在于：根据《民事诉讼法司法解释》第 490 条的规定，被执行人的财产无法拍卖或者变卖的，经申请执行人同意，且不损害其他债权人合法权益和社会公共利益的，人民法院可以将该项财产作价后交付申请执行人抵偿债务。

由上述法条可知，执行程序中的以物抵债，可以分为执行中达成以物抵债和解协议，以及执行中法院依职权作出的以物抵债裁定。也有观点称，执行程序中以物抵债，可分为未经拍卖的以物抵债和流拍后的以物抵债。执行中的以物抵债有以下几个特征：一是有生效判决确定的债权；二是不损害其他债权人合法权益和社会公共利益的；三是在执行程序中。

（2）执行中以物抵债的性质及效力认定。

执行程序中，双方当事人协商抵债是一种私法行为，属于执行和解的一种形式。成立的前提是要有双方当事人的真实意思表示，公权力并未介入对当事人的权利归属进行界定。执行和解协议关于以物抵债的条款成立后，如果双方当事人按照协议现实履行以物抵债，才能产生消灭原债务的法律效力。人民法院不宜出具执行裁定予以确认，以防止当事人恶意串通损害第三人利益或者通过执行裁定来规避行政审查等情形发生。即使执行法院在执行过程中根据双方和解出具了裁定，也不能直接裁定该标的物所有权归债权人所有。该裁定仅发生确定债务人应当履行将涉案标的物过户或交付给债权人的交付义务，在性质上属于仅具有执行效力的法律文书，而不具有直接变更物权关系的法律效果，债权人仍需在债务人履行完交付义务并办理过户登记完成物权变动公示后，才能依法取得所有权。

在依法履行强制执行拍卖程序流拍后的情形下，申请执行人或其他执行债权人同意以物抵债时，依照《最高人民法院关于人民法院民事执行中拍卖、变卖财产的规定》第 26 条“不动产、动产或者其他财产权拍卖成交或者抵债后，该不动产、动产的所有权、其他财产权自拍卖成交或者抵债裁定送达买受人或者承受人时起转移”的规定，人民法院可以作出以物抵债的裁定。该类以物抵债裁定在性质上属于形成裁定，能够导致物权变动。

（3）错误的救济。

上述两种情形因未履行强制执行公示程序，因此均要求法院审查不存有损害其他债权人合法权益和社会公共利益的的行为。若审查存在疏漏，造成以物抵债裁定出现错误时，是通过执行复议程序还是提起执行异议之诉进行救济？最高人民法院第二巡回法庭 2021 年第 15 次法官会议纪要倾向认为，以物抵债裁定有别于一般的执行措施，错误的以物抵债裁定，原则上应当通过执行监督程序救济，但在一定情况下也可以通过提起执行异议之诉进行救济。在通过执行异议之诉救济的情况下，应当对案外人的权利进行确认，并在判项中作出撤销以物抵债裁定中直接导致物权变动的内容。此外，可以通过法院内部的沟通协调，促成执行法院自行撤销以物抵债裁定。

4. 破产中以物抵债

（1）破产管理人是否有以物抵债协议解除权。

破产管理人能否对已达成的以物抵债协议予以解除？根据《企业破产法》第 18 条的规定，只有对破产申请受理前成立而双方均未履行完毕的合同，管理人才有决定继续履行合同或者解除合同的权力。在以物抵债协议中，债权人的义务常表现为支付价款，在债务履行期届满时，债权人债权已形成，债权人该义务通常已经履行完毕，因此，管理人并不能据此解除抵债协议。且《民法典》合同编也并未赋予违约方合同解除权。因此，管理人不享有依约解除权。

（2）以物抵债协议能否继续履行。

在签订以物抵债协议的债务人企业破产的情况下，管理人不能解除合同，但并不意味着债权人就有权请求继续履行合同。根据《最高人民法院关于执行案件移送破产审查若干问题的指导意见》第 8 条的规定，执行法院作出移送决定后，应当书面通知所有已知执行法院，执行法院均应中止对被执行人的执行程序。即在被执行人进入破产程序后，通过以物抵债的方式清偿个别债务的；属于个别清偿行为，应属无效。同时，该意见第 17 条规定，执行法院收到受移送法院受理裁定时，通过以物抵债偿还债务且抵债裁定已送达债权人的抵债财产，因财产所有权已经发生变动，不属于被执行人的财产，不再移交。在（2021）最高法民申 2462 号案中，法院认为，以房抵债协议的成立不当然消灭原有的债权债务关系，只是双方当事人设立了一项新债。以房抵债协议首先以消灭金钱债务为目的，而房产的交付仅系以房抵债的实际履行方式。在法院已经受理公司破产申请的情况下，如当事人不解除以物抵债协议，继续履行并使债权人基于合同的履行享有物权，则无异于使该债权人享有了物权性质的权利，使作为一般债权人的抵债债权人事实上取得了所有权，对其他债权人不公。就此而言，此时人民法院判令解除以物抵债合同符合破产法公平清偿债务、避免个别清偿的精神。即便债权人请求继续履行合同，人民法院也要将其请求转化为金钱之债，进而通过破产程序公平受偿。以房抵债协议解除后，如果以物抵债人对破产公司享有债权，可根据原来的债权债务关系向破产管理人申报债权。上述判例也印证了以物抵债协议在破产申请受理时未完成物权变动的，不应继续履行；但已完成物权变动的，该抵债物已不属于破产财产，以物抵债协议不存在无效及可撤销理由的，应当认定为有效。

风险防范

（1）在签订以物抵债协议时，应当核查债务履行期限是否届满，是否已完成结算。必要时需要先签订一份结算协议，对债务到期时间、履行金额、支付时间进行确定，再签订以物抵债协议。相对而言，签一份履行期届满但不能保证交付的以物抵债协议比签一份债务履行期届满，且能交付的以物抵债协议风险大，但又比一份履行期尚未届满的以物抵债协议风险小。

（2）当事人签订以物抵债协议时，要根据客观情况订立利于自身的合同条款。作为债权人，在合同有约定或无明确约定放弃原合同项下债权时，当债务人拒绝履行或未完全履行以物抵债协议时，债权人有权要求债务人继续履行以物抵债协议；或扣除已履行部分回到原协议履行剩余部分。对此，原债务人不能拒绝履行。债权人要注意原则上不放弃原合同项下权利。作为债务人，则要争取最大化有利于自身的条款，争取约定免除自己在原合同项下的债务。有时在签订以物抵债协议后，原债务人又对外转让了部分债权债务，当以物抵债协议到期未如约履行新债时，债权人可以请求履行原债权债务合同，此时让债务受让人再承担原以物抵债协议下债务，会额外增加其债务受让，应谨防此类风险。

（3）债权人如约定以房屋抵顶债务时，为了避免不必要的损失，应当及时要求债务人办理房屋所有权变更登记。因为房屋的交付以所有权变更登记为依据。如债权人只是实际占有并使用该房屋，而未对房屋所有权变更登记的，房屋仍视为未完成交付，房屋抵债协议未完成产权变动效果。对于只是取得预售许可尚未取得所有权证的房屋，要关注《民法典》第 221 条的规定，及时办理预告登记后，并自能够办理不动产过户登记之日起 90 日内办理登记。

（4）执行中，如存在多个债权人参与分配时，对其中一位债权人申请以物抵债，人民法院是否应允许并作出裁定？原则上，存在多个执行债权，其中只有一位或部分执行债权人接受流拍财产抵债，可以允许以物抵债。但此时以物抵债后顺位的抵债债权人不能损害在前顺位债权人的利益。存在同一顺位债权人或在先顺位债权的，申请抵债的债权人应当补交其应受清偿债权额与抵债财产价额之间存在的价差。该执行债权人应受清偿的债权额，是指其在存在多个执行债权情况下依法应受清偿的债权金额，并非指生效裁判确定的债权金额或其本身的执行债权金额。未接受流拍财产抵债的执行债权人，并不因此丧失对流拍财产变价所得的受偿权利，包括优先受偿权。也就是说，前一顺位债权人未申请以物抵债，后一顺位债权人申请以物抵债的，应当先在抵债标的物价值范围内先补足前一顺位债权人应受偿金额。故要提醒在前顺位债权人注意保护自身合法权益，同时也要提醒在后顺位债权人，在同意以物抵债时可能遇到要提供现金的风险。

类案指引

1. 通州建总集团有限公司（以下简称通州建总）与内蒙古兴华房地产有限责任公司（以下简称兴华公司）建设工程施工合同纠纷案

裁判要旨：对以物抵债协议的效力、履行等问题的认定，应以尊重当事人的意思自治为基本原则。一般而言，除当事人有明确约定外，当事人于债务清偿期届满后签订的以物抵债协议，并不以债权人现实地受领抵债物，或取得抵债物所有权、使用权等财产权利，为成立或生效要件。只要双方当事人的意思表示真实，合同内容不违反法律、行政法规的强制性规定，合同即为有效。基于保护债权的理念，债的更改一般需有当事人明确消灭旧债的合意，否则，当事人于债务清偿期届满后达成的以物抵债协议，性质一般应为新债清偿。在新债清偿情形下，旧债务于新债务履行之前不消灭，旧债务和新债务处于衔接并存的状态；在新债务合法有效并得以履行完毕后，因完成了债务清偿义务，旧债务才归于消灭。在债权人与债务人达成以物抵债协议、新债务与旧债务并存时，确定债权是否得以实现，应以债务人是否按照约定全面履行自己义务为依据。若新债务届期不履行，致使以物抵债协议目的不能实现的，债权人有权请求债务人履行旧债务，且该请求权的行使，并不以以物抵债协议无效、被撤销或者被解除为前提。

法院认为：首先，以物抵债系债务清偿的方式之一。只要双方当事人的意思表示真实，合同内容不违反法律、行政法规的强制性规定，合同即为有效。本案中，双方当事人签订了《房屋抵顶工程款协议书》性质上应属于新债清偿协议。若债务人未实际履行以物抵债协议，则债权人与债务人之间的旧债务并未消灭。《房屋抵顶工程款协议书》签订后，供水财富大厦A座9层房屋的所有权并未登记在通州建总名下，不能认定供水财富大厦A座9层房屋实际交付给了通州建总。兴华公司并未履行《房屋抵顶工程款协议书》约定的义务，故通州建总相应工程款债权并未消灭。双方协议签订之日至今已4年多，兴华公司的工程款债务早已届清偿期，兴华公司却仍未向通州建总交付该协议书所约定的房屋，亦无法为其办理房屋所有权登记。通州建总签订《房屋抵顶工程款协议书》的目的无法实现。通州建总有权请求兴华公司直接给付工程欠款。

2. 姚某义与鸿运来公司借款合同纠纷案①

裁判要旨：并非所有的生效法律文书均可以引起物权变动。只有直接为当事人创设或者变动物权的法律文书，才属于《物权法》第28条规定的导致物权变动的法律文书。

法院认为：案涉民事调解书是对鸿运来公司与姚某义达成的以物抵债调解协议的确认，而以物抵债调解协议的本质属于债的范畴，只能表明鸿运来公司与姚某义达成以土地使用权抵偿债务的利益安排，产生的直接后果是姚某义取得要求鸿运来公司转移案涉土地使用权的请求权。此时创设物权仍要按照法律规定的物权变动规则进行，即办理过户登记，方可发生物权变动之效果。

3. 四川省国基建筑工程有限公司与禹某某、银川博冠房地产开发有限公司执行异议之诉纠纷案②

裁判要旨：以房抵债的购房人原则上不能视为一般不动产买受人，但是在特殊情况下，如果当事人不存在规避执行或逃避债务等情形，经审慎认定，可参照《执行异议和复议规定》第28条的规定予以支持。

法院认为：以房抵债的目的并非购买案涉不动产，而是实现债务的清偿，故原则上不能视为一般不动产买受人。但是在特殊情况下，如果当事人在债务履行期限届满后达成合法有效的以房抵债协议，旧债清算完毕变更为新债，不存在规避执行或逃避债务等情形，应当尊重当事人因社会经济生活的复杂性对其交易内容所进行的合意变更，符合上述规定的，并经审慎认定，可参照本条规定予以支持。本案中，禹某某提交开发商出具的案涉房屋的房款收据，并不能证明其与开发商在法院查封

① 参见最高人民法院（2021）最高法民申1460号民事裁定书。

② 参见最高人民法院（2021）最高法民终345号民事判决书。

之前，就案涉房屋已签订合法有效的书面买卖合同，且禹某某认可至今未占有案涉房屋。因此，禹某某并不符合上述规定，对案涉房屋不享有排除强制执行的民事权益。

4. 瑞丽市宝佳房地产开发经营有限公司（以下简称宝佳公司）与云南天景房地产开发有限公司（以下简称天景公司）、昆明富达发展实业（集团）有限公司合同纠纷案

裁判要旨：当事人在债务履行期限届满后达成以物抵债协议，抵债物未交付债权人，债权人请求债务人交付的，经审查不存在恶意损害第三人合法权益等虚假诉讼情形，且无其他无效事由的，依法应予以支持。上述以物抵债协议如未约定消灭原有的金钱给付债务，应认定系双方当事人另行增加一种清偿债务的方式，与旧债务并存，债权人既可以根据新债主张继续履行、违约责任，也可以恢复旧债的履行。

法院认为：天景公司与宝佳公司之间的债权债务关系真实存在，双方签订以物抵债协议的原因是宝佳公司无法偿还借款，双方并无以合同为名损害第三人合法权益的恶意。宝佳公司在一审、二审中均未提出前述协议损害第三人合法权益的主张。双方在履行过程中对补充签订的61份《商品房购销合同》均办理了备案登记予以公示。依据现有证据判断，前述以物抵债协议不存在恶意损害第三人合法权益的情形。前述协议也不存在其他无效事由。双方达成的以物抵债协议在性质上应属于新债清偿协议，系双方当事人另行增加一种清偿债务的方式，天景公司有权选择请求宝佳公司交付案涉61套房屋并承担违约责任。

相关条文

《民法典》

第四百零一条　抵押权人在债务履行期限届满前，与抵押人约定债务人不履行到期债务时抵押财产归债权人所有的，只能依法就抵押财产优先受偿。

第四百一十条　债务人不履行到期债务或者发生当事人约定的实现抵押

权的情形，抵押权人可以与抵押人协议以抵押财产折价或者以拍卖、变卖该抵押财产所得的价款优先受偿。协议损害其他债权人利益的，其他债权人可以请求人民法院撤销该协议。

抵押权人与抵押人未就抵押权实现方式达成协议的，抵押权人可以请求人民法院拍卖、变卖抵押财产。

抵押财产折价或者变卖的，应当参照市场价格。

第四百二十八条　质权人在债务履行期限届满前，与出质人约定债务人不履行到期债务时质押财产归债权人所有的，只能依法就质押财产优先受偿。

第四百三十六条　债务人履行债务或者出质人提前清偿所担保的债权的，质权人应当返还质押财产。

债务人不履行到期债务或者发生当事人约定的实现质权的情形，质权人可以与出质人协议以质押财产折价，也可以就拍卖、变卖质押财产所得的价款优先受偿。

质押财产折价或者变卖的，应当参照市场价格。

《民法典担保制度司法解释》

第六十八条　债务人或者第三人与债权人约定将财产形式上转移至债权人名下，债务人不履行到期债务，债权人有权对财产折价或者以拍卖、变卖该财产所得价款偿还债务的，人民法院应当认定该约定有效。当事人已经完成财产权利变动的公示，债务人不履行到期债务，债权人请求参照民法典关于担保物权的有关规定就该财产优先受偿的，人民法院应予支持。

债务人或者第三人与债权人约定将财产形式上转移至债权人名下，债务人不履行到期债务，财产归债权人所有的，人民法院应当认定该约定无效，但是不影响当事人有关提供担保的意思表示的效力。当事人已经完成财产权利变动的公示，债务人不履行到期债务，债权人请求对该财产享有所有权的，人民法院不予支持；债权人请求参照民法典关于担保物权的规定对财产折价或者以拍卖、变卖该财产所得的价款优先受偿的，人民法院应予支持；债务人履行债务后请求返还财产，或者请求对财产折价或者以拍卖、变卖所得的价款清偿债务的，人民法院应予支持。

债务人与债权人约定将财产转移至债权人名下，在一定期间后再由债务人或者其指定的第三人以交易本金加上溢价款回购，债务人到期不履行回购义务，财产归债权人所有的，人民法院应当参照第二款规定处理。回购对象自始不存在的，人民法院应当依照民法典第一百四十六条第二款的规定，按照其实际构成的法律关系处理。

《民间借贷规定》

第二十三条 当事人以订立买卖合同作为民间借贷合同的担保，借款到期后借款人不能还款，出借人请求履行买卖合同的，人民法院应当按照民间借贷法律关系审理。当事人根据法庭审理情况变更诉讼请求的，人民法院应当准许。

按照民间借贷法律关系审理作出的判决生效后，借款人不履行生效判决确定的金钱债务，出借人可以申请拍卖买卖合同标的物，以偿还债务。就拍卖所得的价款与应偿还借款本息之间的差额，借款人或者出借人有权主张返还或者补偿。

《民事诉讼法司法解释》

第四百八十九条 经申请执行人和被执行人同意，且不损害其他债权人合法权益和社会公共利益的，人民法院可以不经拍卖、变卖，直接将被执行人的财产作价交申请执行人抵偿债务。对剩余债务，被执行人应当继续清偿。

第四百九十条 被执行人的财产无法拍卖或者变卖的，经申请执行人同意，且不损害其他债权人合法权益和社会公共利益的，人民法院可以将该项财产作价后交付申请执行人抵偿债务，或者交付申请执行人管理；申请执行人拒绝接收或者管理的，退回被执行人。

《最高人民法院关于人民法院民事执行中查封、扣押、冻结财产的规定》

第十五条 被执行人将其所有的需要办理过户登记的财产出卖给第三人，第三人已经支付部分或者全部价款并实际占有该财产，但尚未办理产权过户登记手续的，人民法院可以查封、扣押、冻结；第三人已经支付全部价款并实际占有，但未办理过户登记手续的，如果第三人对此没有过错，人民法院不得查封、扣押、冻结。

《九民纪要》

44.【履行期届满后达成的以物抵债协议】当事人在债务履行期限届满后达成以物抵债协议，抵债物尚未交付债权人，债权人请求债务人交付的，人民法院要着重审查以物抵债协议是否存在恶意损害第三人合法权益等情形，避免虚假诉讼的发生。经审查，不存在以上情况，且无其他无效事由的，人民法院依法予以支持。

当事人在一审程序中因达成以物抵债协议申请撤回起诉的，人民法院可予准许。当事人在二审程序中申请撤回上诉的，人民法院应当告知其申请撤回起诉。当事人申请撤回起诉，经审查不损害国家利益、社会公共利益、他人合法权益的，人民法院可予准许。当事人不申请撤回起诉，请求人民法院出具调解书对以物抵债协议予以确认的，因债务人完全可以立即履行该协议，没有必要由人民法院出具调解书，故人民法院不应准许，同时应当继续对原债权债务关系进行审理。

45.【履行期届满前达成的以物抵债协议】当事人在债务履行期届满前达成以物抵债协议，抵债物尚未交付债权人，债权人请求债务人交付的，因此种情况不同于本纪要第71条规定的让与担保，人民法院应当向其释明，其应当根据原债权债务关系提起诉讼。经释明后当事人仍拒绝变更诉讼请求的，应当驳回其诉讼请求，但不影响其根据原债权债务关系另行提起诉讼。

第三节　向第三人履行与第三人代为清偿

一、向第三人履行的合同

释义条文

《民法典合同编通则司法解释》

第二十九条　民法典第五百二十二条第二款规定的第三人请求债务人向自己履行债务的，人民法院应予支持；请求行使撤销权、解除权等民事权利的，人民法院不予支持，但是法律另有规定的除外。

合同依法被撤销或者被解除，债务人请求债权人返还财产的，人民法院应予支持。

债务人按照约定向第三人履行债务，第三人拒绝受领，债权人请求债务人向自己履行债务的，人民法院应予支持，但是债务人已经采取提存等方式消灭债务的除外。第三人拒绝受领或者受领迟延，债务人请求债权人赔偿因此造成的损失的，人民法院依法予以支持。

新旧变化

《民法典》第 522 条是关于利益第三人合同的规定。《合同法》第 64 条[①]规定了不真正利益第三人合同，《民法典》第 522 条第 1 款沿用了该规定，并在其基础上新增第 2 款内容对真正利益第三人合同进行了补充。不真正利益第三人合同和真正利益第三人合同的主要区别在于，第三人是否享有直接要求债务人履行债务的权利。真正利益第三人合同中的第三人有权直接要求债务人履行债务；反之在不真正利益第三人合同中，第三人无权直接要求债务人履行债务。

针对真正利益第三人合同，《民法典》第 522 条第 2 款既规定了第三人享有对债务人的履行请求权，同时也明确了债务人对第三人享有抗辩权。《民法典合同编通则司法解释》第 29 条则在其基础上对相关内容进一步作出了具化，明确了真正利益第三人合同中第三人享有的权利范围，细化了第三人履行请求、债务人返还财产请求权、债权人履行请求权、债务人损失赔偿权的行使条件和行使方式等内容。

规范解读

1. 真正利益第三人合同中第三人的权利范围

首先，第三人享有对债务人的履行请求权。《民法典合同编通则司法解

① 《合同法》第 64 条规定，当事人约定由债务人向第三人履行债务的，债务人未向第三人履行债务或者履行债务不符合约定，应当向债权人承担违约责任。

释》第 29 条在《民法典》第 522 条的基础上进一步肯定了在真正利益第三人合同中，第三人可以直接请求债务人履行债务，债务人也负有向该第三人履行的义务。但由于第三人履行请求权来源于法律规定或者当事人的约定，因此第三人履行请求权的范围限于法律规定或者当事人的约定，其请求内容不能够超出真正利益第三人合同为第三人设定的权益范围。同时，基于第三人对债务人的履行请求权，当债务人未履行债务或者履行债务不符合约定时，第三人可以向债务人主张违约责任，如要求债务人继续履行或者采取补救措施等。

其次，除法律另有规定第三人不享有撤销权和解除权等合同当事人的权利。之所以规定第三人不享有撤销权和解除权等权利，根本原因在于：在真正利益第三人合同中，第三人同债权人的法律地位不同，其享有的法律权益也有所不同。第三人并非合同的直接签订主体，基于合同相对性原理，其不能够享有合同当事人的权利。根据《民法典》第 562 条等的规定，撤销权、解除权等均是基于合同本身衍生出来的权利，与合同当事人这一身份紧密联系，作为合同当事人以外的第三人不能行使该权利。此外，行使撤销权、解除权等权利的法律后果直接关系到合同目的与合同效力，对于债权人和债务人的影响甚大，考虑到第三人在合同关系中的法律地位和权利义务关系，除法律另有规定第三人不享有撤销权和解除权等权利更能体现公平原则、诚信原则，更符合当事人之间的真实意思表示。

2. 真正利益第三人合同中债权人对债务人的履行请求权

在真正利益第三人合同中，第三人有权拒绝受领债务人的履行。第三人拒绝受领债务人的履行，一方面可能是第三人自始就拒绝加入“真正利益第三人合同”这一法律关系中，真正利益第三人合同的成立、生效、履行、解除等均与第三人无任何法律关系；另一方面可能由于债务人的履行存在瑕疵，例如数量或者质量不符合合同约定，从而导致第三人因此拒绝受领债务人的履行。而在第三人拒绝受领债务人的履行之后，债权人是否直接享有履行请求权则应当根据第三人拒绝受领债务人履行的不同原因进行分别讨论。在前一种情况下，第三人自始未取得权利，这同第三人拒绝加入“真正利益第三人合同”的真实意思表示一致，除不符合当事人意思或合同目的外，债权人可以请求债务人向自己履行债务即债权人直接享有履行请求权。在后一种情况下，如果第三人拒绝受领是由于债务人的履行不适当造成的，此时讨论的重点围绕履行是否符合合同约定而展开：如果债务人的履行始终不能达到合同约定，第三人可以就债务人的不适当履行主张违约责任，合同当事人也可以基于合同目的落空对合同进行解除，但是若合同解除，债权人自然不再享有履行请求权；如果债务人的履行不适当，但履行最终能达到合同约定，此时第三人可以就债务人的不适当履行主张违约责任，若第三人拒绝受领债务人的履行，债权人可以行使对债务人的履行请求权。

但同时应注意的是，债权人行使对债务人的履行请求权的重要前提不仅包括第三人拒绝受领，还包括债务仍存在。若债务人已采取提存等方式消灭债务，债权人不再享有履行请求权。根据《民法典》第 557 条的规定，提存作为债权债务关系消灭的一种情形，当出现这种情形时，相关债权债务已经履行完毕，即债务人已经按照合同约定履行了其相应的义务，此时基于诚信原则、公平原则，债权人无权再次要求债务人向其履行债务。

3. 真正利益第三人合同中债务人的返还财产请求权损失赔偿请求权

（1）债务人的财产返还请求权。

当真正利益第三人的合同依法被撤销或者被解除后，债务人可以依据《民法典合同编通则司法解释》第 29 条第 2 款请求债权人返还财产。

此条适用的前提为合同被依法撤销或者被解除。首先，基于重大误解、欺诈、胁迫、显失公平、限制民事行为能力人、无权代理人以被代理人名义等情形订立的合同可能会被依法撤销。其次，合同解除的原因可能基于约定解除，也可能基于法定解除。

探究合同被撤销和被解除后的效果。根据《民法典》第 157 条，合同被撤销后行为人因该行为取得的财产，应当予以返还；不能返还或者没必要返还的，应当折价补偿。《民法典》第 566 条规定合同解除后，尚未履行的，终止履行；已经履行的，根据履行情况和合同性质，当事人可以请求恢复原状或采取其他补救措施，并有权请求赔偿损失。故无论是合同被撤销还是被解除，《民法典》都有相应的返还财产适用依据。

由于真正利益第三人的合同中债务人是向第三人履行债务，当合同依法被撤销或解除后，债务人应当向第三人还是债权人请求返还财产呢？对此，返还财产请求权的权利主体应当是债务人，请求对象是债权人而不是第三人。首先，基于合同相对性原则，真正利益第三人的合同双方当事人是债权人与债务人，故当合同被撤销或被解除时，债务人自然应当向债权人请求返还财产。其次，尽管债务人是向第三人履行债务，但该履行方式是由法律规定或债权人与债务人的提前约定，尽管第三人享有直接请求债务人履行债务的权利，也是基于前述法律规定或当事人约定，第三人的权利是次生于债权人的，故债务人应当向债权人请求返还财产。

（2）债务人的损失赔偿请求权。

在真正利益第三人合同中，若因第三人拒绝受领或者受领迟延造成债务人损失的，债务人仍可向债权人主张损失赔偿。

在这里特别强调的是，损失造成的原因是第三人拒绝受领或者受领迟延的行为，不包括第三人的其他行为。换言之，若因第三人其他行为造成债务人损失的，债务人不能依据《民法典合同编通则司法解释》第 29 条或者《民法典》第 522 条向债权人主张损失赔偿。例如，第三人接受债务人履行的债务后负担附随义务，此种情况下若第三人违背了附随义务造成债务人损失的，债务人应当向有过错的第三人主张损失赔偿，而第三人应当根据实际情况向债务人承担赔偿责任。

之所以债权人需要向债务人赔偿因第三人拒绝受领或者受领迟延造成的损失，是因为在真正利益第三人合同中，涉及第三人的主要权利义务围绕受领债务人的履行展开。在第三人未进入利益第三人合同之前，履行请求权的主张由债权人提出，若债权人通过与债务人约定的方式赋予了第三人履行请求权，其应当预见到第三人拒绝受领或者受领迟延的后果。若债权人与第三人之间就损失赔偿有约定的，二者可以依据其约定就损失赔偿的分担另外进行处理，但由于合同关系的相对性，仍应当以债权人作为债务人损失赔偿请求权的请求对象。

适用难点

第三人享有对债务人的履行请求权，因而当债务人未履行债务或者履行债务不符合约定时，第三人可以向债务人主张违约责任。根据《民法典》第 577 条的规定，承担违约责任的具体形式包括继续履行、采取补救措施、赔偿损失等。

1. 继续履行与采取补救措施

在真正利益第三人合同中，第三人有权基于债务人的债务未履行或者债务履行存在瑕疵，要求债务人承担继续履行或者采取补救措施的违约责任。

一方面，若债务人未履行债务，第三人有权要求债务人依据合同的约定继续履行合同义务。若债务人未履行金钱债务，第三人有权要求债务人继续支付；若债务人未履行非金钱债务，第三人可以请求其履行，但应符合《民法典》第 580 条的规定。另一方面，若债务人履行债务不符合合同约定，第三人可以要求债务人采取补救措施，如要求债务人修理、重作、更换等。

2. 赔偿损失

赔偿损失，又称“损害赔偿”，是指因合同一方当事人的违约行为给对方造成损失，由违约方向对方当事人赔偿所受损失的责任形式。其中损害赔偿又分为“法定损害赔偿”和“约定损害赔偿”。在真正利益第三人合同中，若因债务人未履行债务或者履行债务不符合合同约定造成第三人损失，针对第三人能否主张债务人承担赔偿损失责任这一问题，需要根据不同的情形作出不同判断。

第一，《民法典》第 584 条规定了法定损害赔偿，强调确定损害赔偿范围时应当遵循全部赔偿原则、可预见规则等。若因债务人未履行债务或者履行债务不符合约定造成第三人损失的，第三人有权依据《民法典》第 584 条要求债务人承担法定损害赔偿责任。

第二，《民法典》第 585 条允许当事人约定损害赔偿，即违约金。在真正利益第三人合同中，可能就违约金的问题出现以下情形：

一是债权人和债务人明确约定了违约金的数额或者违约金的计算方式，

并且明确第三人可以主张违约金。在这种情况下，基于当事人之间的真实意思表示，应当认可第三人可以基于债务人的违约行为向债务人主张违约金。例如，在“加加食品集团股份有限公司与优选资本管理有限公司合同纠纷案”中，由于案涉合同约定“如优选公司违反此项承诺，加加公司有权要求优选公司承担赔偿责任，每延迟一日，赔偿金额按照首笔清偿款金额每日万分之五的标准计算……”最终法院判决优选公司于判决生效后10内向加加公司支付违约金，以1.8亿元为基数，自2020年7月4日起至2021年7月17日止，按照日万分之五的利率标准计算。①

二是债权人和债务人没有约定违约金或者债权人与债务人约定了违约金，但并未明确第三人是否有权主张违约金，在这种情况下，第三人是否有权要求债务人给付违约金成了亟待解决的问题。

当债权人和债务人没有约定违约金时，原则上债权人和第三人不能根据合同约定主张违约金，但在例外情况下，例如，针对买卖合同，根据《买卖合同纠纷司法解释》第18条第4款的规定，买卖合同没有约定逾期付款违约金或者该违约金的计算方法，出卖人以买受人违约为由主张赔偿逾期付款损失的，仍可以根据违约行为发生的不同时间、根据不同的违约金计算标准计算违约金②。换言之，如果合同没有约定违约金，在债权人不享有违约金请求权的情况下，基于债务人事先并不存在支付违约金的预期心理，应当认为第三人也不享有违约金请求权较为合理。

当债权人和债务人约定了违约金，但并未明确是否有权主张，根据诸如上述法律规定或者合同约定，结合司法实践和学界对此问题的讨论，违约金的目的和功能是确定第三人能否向债务人主张违约金这一问题的主要考虑因素。违约金的一般功能在于确保合同的履行，而在违约损害赔偿之外，纯粹

---

① 参见北京市第二中级人民法院（2021）京02民初173号民事判决书。

② 《买卖合同纠纷司法解释》第18条第4款规定：“买卖合同没有约定逾期付款违约金或者该违约金的计算方法，出卖人以买受人违约为由主张赔偿逾期付款损失，违约行为发生在2019年8月19日之前的，人民法院可以中国人民银行同期同类人民币贷款基准利率为基础，参照逾期罚息利率标准计算；违约行为发生在2019年8月20日之后的，人民法院可以违约行为发生时中国人民银行授权全国银行间同业拆借中心公布的一年期贷款市场报价利率（LPR）标准为基础，加计30－50%计算逾期付款损失。”

对违约行为进行惩罚而预先约定一定数额的违约金，属于惩罚性违约金。一般情况下，对于债权人提前约定的惩罚性赔偿金，如果允许第三人主张会使其获得除履行之外的利益，因此在这种不确定的情形下，更适合的做法是不允许第三人主张惩罚性赔偿。[①] 相对于惩罚性违约金来说，补偿性违约金是当事人为了避免将来损害计算的烦琐而预先估计的损害赔偿总额。基于补偿性违约金此种便捷特征，第三人主张补偿性违约金符合当事人设定真正利益第三人合同的初衷。因此对于补偿性违约金，第三人可以依照自身的损失选择是否引用合同违约金条款请求赔偿；若第三人认可此种计算结果，则可以直接主张；若第三人拒绝接受合同违约金条款，则该违约金条款仅在债权人与债务人之间适用。

除此之外，在确定第三人能否向债务人主张违约金时要充分考虑真正利益第三人合同的性质和目的，不能仅仅因为第三人并非合同当事人，就否定第三人的违约金请求权。真正利益第三人合同本身就是对合同相对性的突破，在考虑相关当事人的权利义务时不能够局限于合同相对性。同时，真正利益第三人合同设立本身有效率意识的考量，在符合法律规定和当事人约定的情况下，第三人因债务人的不履行行为或履行瑕疵行为直接主张违约金，更符合经济原则，既方便了债权人和第三人维护自身的合法权益，也有利于节约社会资源。

风险防范

在涉及向第三人履行的合同时，对于第三人而言，首先，要明确其是否为真正利益第三人，即考察是否存在法律规定或者当事人之间是否明确约定第三人可以直接请求债务人向其履行债务，如果不存在法律规定或者当事人的约定，则第三人不享有履行请求权等权利。此时应当适用《民法典》第522 条第 1 款的规定，不能够适用《民法典》第 522 条第 2 款和《民法典合同编通则司法解释》第 29 条的规定。其次，若确定该合同为真正利益第三

① 石佳友、李晶晶：《论真正利益第三人合同中的第三人权利》，载《湖南科技大学学报（社会科学版）》2022 年第 5 期。

人合同之后，第三人行使权利时既需要以法律规定或者当事人之间的约定为限，同时也需要注意，基于合同相对性原则，除法律另有规定，第三人不能享有合同撤销权、解除权等合同当事人的权利。最后，在真正利益第三人合同中，债务人未向第三人履行债务或者履行债务不符合约定的，第三人可以请求债务人承担违约责任，承担违约责任的形式包括但不限于继续履行、采取补救措施、主张法定损害赔偿等，以维护自己的合法权益。

在真正利益第三人合同中，对于债务人而言，一方面要注意履行对象，应当按照法律规定或者合同约定向第三人履行义务；另一方面要注意当出现由于第三人的拒绝受领或者受领迟延造成债务人损失的，债务人的损害赔偿请求权的对象基于合同相对性原理为债权人而非第三人。当合同被依法撤销或者被解除时，债务人也是基于合同相对性原则有权请求债权人返还财产而非第三人。对于债权人而言，需要注意在第三人拒绝受领债务人履行的债务时，债权人可以请求债务人向自己履行，以实现合同目的，从而更好地保障债权的实现。出现债务人提存等导致债权债务关系消灭的事由时，债权人也应及时通过与第三人沟通联系的方式协商债务履行问题，以维护自身的合法权益。

类案指引

1. 加加食品集团股份有限公司（以下简称加加公司）与优选资本管理有限公司（以下简称优选公司）合同纠纷案①

裁判要旨：第三人虽然不是案涉合同的签约方，但在案涉合同明确约定第三人有权要求债务人承担赔偿责任的情况下，第三人有权向人民法院主张要求债务人承担违约责任。

法院认为：本案纠纷源于（2018）京01民初796号案审理过程中，优选公司、卓越公司、杨某、肖某平签订涉案《和解协议》约定，卓越公司在2020年6月30日前向优选公司清偿债务本金不低于1.8亿元，

① 参见北京市第二中级人民法院（2021）京02民初173号民事判决书。

优选公司承诺在收到上述款项后5个工作日，向有管辖权法院申请撤回对加加公司的起诉，并向法院申请解除对加加公司采取的保全措施，如优选公司违反此项承诺，加加公司有权要求优选公司承担赔偿责任，现加加公司以优选公司违反上述约定为由主张优选公司承担赔偿责任。加加公司并非涉案《和解协议》的签约方，其是否有权依据该《和解协议》向优选公司主张赔偿责任，《和解协议》签订当时的法律、司法解释对此没有明确规定，依据上述司法解释的规定可以适用《民法典》的相关规定。《民法典》第522条第2款规定，法律规定或者当事人约定第三人可以直接请求债务人向其履行债务，第三人未在合理期限内明确拒绝，债务人未向第三人履行债务或者履行债务不符合约定的，第三人可以请求债务人承担违约责任；债务人对债权人的抗辩，可以向第三人主张。本案中，涉案《和解协议》明确约定加加公司有权要求优选公司承担赔偿，依据上述《民法典》规定，加加公司有权依据《和解协议》约定请求优选公司承担违约责任，即提起本案之诉。

同时在本案中，涉案《和解协议》第1.3条明确约定，优选公司在收到首笔清偿款后，加加公司对优选公司不再负任何责任和义务，在收到首笔清偿款的5个工作日内，向人民法院申请解除对加加公司所采取的财产保全措施，如优选公司违反此项承诺，加加公司有权要求优选公司承担赔偿责任，每延迟1日，赔偿金额按照首笔清偿款金额每日万分之五的标准计算，计算至人民法院收到其撤诉/解除保全措施申请之日；第1.4条再次明确约定：各方进一步确定，如优选公司在2020年6月30日前收到首笔清偿款，加加公司对优选公司不再负任何义务与责任。因此，法院认为优选公司因违约行为应向加加公司支付的违约金，数额计算方式为以1.8亿元为基数，自2020年7月4日起至2021年7月17日止，按日万分之五的利率标准计算。

2. 青岛碧湾海产有限公司（以下简称碧湾公司）、法国达飞海运集团（以下简称达飞集团）海上、通海水域货物运输合同纠纷案[1]

裁判要旨：海运单是运输合同的证明，其中海运单记载的托运人系债权人，收货人系第三人，承运人系债务人，承运人如果未能按照海运单记载的货物信息将货物完好交付收货人，应当向收货人承担违约责任。

法院认为：碧湾公司有权向承运人提起货损索赔之诉。达飞集团认为碧湾公司作为退运海运单记载的收货人，因为海运单的不可转让性，导致碧湾公司无法成为运输合同的一方，无权向承运人提起货损索赔之诉。一审法院认为，诚然，海运单不是提单，海运单持有人无法成为运输合同的当事人，但是，海运单也是运输合同的证明。根据《合同法》第64条的规定，本案中的退运运输合同属于《合同法》第64条规定的关于向第三人履行的合同，其中，海运单记载的托运人系债权人，收货人系第三人，承运人系债务人。根据合同相对性原则，承运人未能按照海运单记载的信息在目的港向收货人交付货物或者交付货物存在瑕疵情况下，承运人应当向托运人承担违约责任。

然而，2021年1月1日生效的《民法典》第522条第2款规定："法律规定或者当事人约定第三人可以直接请求债务人向其履行债务，第三人未在合理期间内明确拒绝，债务人未向第三人履行债务或者履行债务不符合约定的，第三人可以请求债务人承担违约责任；债务人对债权人的抗辩，可以向第三人主张。"该条在《合同法》第64条的基础上，增补规定赋予第三人直接履行请求权及对债务人的违约责任请求权，将合同效力扩张至非当事人的第三人。本案中，达飞集团作为承运人，如果未能按照海运单记载的货物信息将货物完好交付收货人，应当向收货人承担违约责任。综上，碧湾公司有权向达飞集团提起货损索赔之诉。

---

① 参见山东省高级人民法院（2021）鲁民终964号民事判决书。

相关条文

《民法典》

第五百二十二条 当事人约定由债务人向第三人履行债务，债务人未向第三人履行债务或者履行债务不符合约定的，应当向债权人承担违约责任。

法律规定或者当事人约定第三人可以直接请求债务人向其履行债务，第三人未在合理期限内明确拒绝，债务人未向第三人履行债务或者履行债务不符合约定的，第三人可以请求债务人承担违约责任；债务人对债权人的抗辩，可以向第三人主张。

二、第三人代为清偿规则的适用

释义条文

《民法典合同编通则司法解释》

第三十条 下列民事主体，人民法院可以认定为民法典第五百二十四条第一款规定的对履行债务具有合法利益的第三人：

（一）保证人或者提供物的担保的第三人；

（二）担保财产的受让人、用益物权人、合法占有人；

（三）担保财产上的后顺位担保权人；

（四）对债务人的财产享有合法权益且该权益将因财产被强制执行而丧失的第三人；

（五）债务人为法人或者非法人组织的，其出资人或者设立人；

（六）债务人为自然人的，其近亲属；

（七）其他对履行债务具有合法利益的第三人。

第三人在其已经代为履行的范围内取得对债务人的债权，但是不得损害债权人的利益。

担保人代为履行债务取得债权后，向其他担保人主张担保权利的，依据《最高人民法院关于适用〈中华人民共和国民法典〉有关担保制度的解释》第十三条、第十四条、第十八条第二款等规定处理。

新旧变化

为解决司法实践中普遍出现的第三人代为清偿的纠纷，本着提高交易效率、促进债权实现的目的，《民法典》新增了第三人单方自愿代为履行的法律规范。《民法典合同编通则司法解释》第 30 条，在《民法典》新增条款第 524 条的基础上，一方面类型化地列举了“对履行债务具有合法利益的第三人”，并设置了兜底条款；另一方面明确了第三人履行债务后代为行使债权以及担保权利的一般规则。

规范解读

1. 第三人对债务履行具有合法利益

有权利主动履行债务的第三人必须对主要债权债务有合法利益。自古罗马时期就存在“债为法锁”的理念，其强调了债对于当事人相对性身份的严格限制，一般情况下债只发生在债权人与债务人之间，只有特殊情况下才允许第三人例外地突破这种相对性，而第三人代为履行的债务中的特殊因素即为“合法利益”。

“合法利益”要求代为履行的第三人对于债务清偿具有事实上或法律上的利害关系，即第三人若不清偿，则将受有法律上的不利益，如第三人因债务人未清偿债务导致权利丧失或者占有丧失，例如《民法典合同编通则司法解释》第 30 条第 1 款第 2 项所规定的“担保财产的受让人、用益物权人、合法占有人”可以视作对履行该债务具有合法利益的第三人。

另外，代为履行债务的第三人对清偿行为应当具有“合法利益”，还要求第三人清偿的目的应当合法、正当、合理。只要第三人代为履行该债务目的合法或不违反法律法规和规章的禁止性规定，即可认定第三人对履行该债务具有合法利益，反之则不具有。例如，第三人为了达到行贿目的，代公职人员向开发商支付购房款，此时第三人代为履行的目的不具有合法性，其行为不构成第三人自愿代履行，不产生第三人代为履行的法律后果。[①]

依照《民法典合同编通则司法解释》第 30 条的规定，下列民事主体当然属于对债务履行具有合法利益的第三人：保证人或者提供物的担保的第三人；担保财产的受让人、用益物权人、合法占有人；担保财产上的后顺位担保权人；对债务人的财产享有合法权益且该权益将因财产被强制执行而丧失的第三人；债务人为法人或非法人组织的，其出资人或设立人；债务人为自然人的，其近亲属以及其他对履行债务具有合法利益的第三人。

2. 债务人不履行债务

具有合法利益而代位清偿的第三人实施履行行为的前提条件为债务人不履行债务。而对于“债务人不履行债务”的内涵应当作广义理解，包括以下四种情形：一是债务人已明确作出拒绝履行债务的意思表示；二是债务人虽未明确表示拒绝履行，但在约定的债务履行期限内或未约定履行期限时，在合理的期限内无实际履行行为；三是债务人明显丧失履行能力，如经营状况严重恶化等；四是债务人亲自履行或委托他人履行已不具有可能性，如债务人在最后履行期限临近前因病昏迷或被逮捕等。[②]

因此，第三人主动履行债务的必要前提条件为债务人明确表示不履行债务或以外在行为表明无法履行债务，在债务人作出以上表示或行为前，基于合同相对性的考虑，第三人不得主动履行债务。

3. 第三人代为履行的债务范围

第三人对债务的履行具有合法利益的，债权人不得拒绝其履行。正如前文所述，“具有合法利益”是债权人接受第三人代为履行的特别要件，如果不属于《民法典合同编通则司法解释》第 30 条第 1 款所规定列举的对债务履行有合法利益的第三人，则债权人有权拒绝第三人的清偿。此外，依照《民法典》第 524 条的规定，根据债务性质、按照当事人约定或者依照法律规定只能由债务人履行的债务不得适用第三人代为清偿的规则。

---

① 最高人民法院民法典贯彻实施工作领导小组主编：《中华人民共和国民法典合同编理解与适用》(一)，人民法院出版社 2020 年版，第 422 页。

② 最高人民法院民法典贯彻实施工作领导小组主编：《中华人民共和国民法典合同编理解与适用》(一)，人民法院出版社 2020 年版，第 422 页。

首先，具有人身专属性的债务通常不能由第三人代为清偿，具体而言：即债权人因债务人特有的资质、能力或因对债务人本人的信赖等，而与特定债务人成立债权债务关系，此时若由第三人履行则可能会导致合同内容发生变更或影响合同目的的实现。例如，在指定演员表演的演出合同、指定画家绘画的、创作合同中，该指定演员、指定画家对债权人所负的表演、绘画创作义务，就不能由第三人代为履行。其次，按照当事人约定不得由第三人代为履行的，第三人代偿也不成立。若当事人之间约定该债务仅由债务人亲自履行，则此种情况下当事人达成的合意约定排斥第三人履行的效力，即使拥有合法利益的第三人也不得主动代为履行。最后，在特定情形下，法律会对债的履行主体进行一定的限制。如《民法典》第 791 条规定，“建设工程主体结构的施工必须由承包人自行完成”，因为承包人在建造工程方面的资质直接关系到建设工程的质量，为保证建设工程的质量，法律规定建设工程的主体结构不得转包他人，必须由承包方自行完成，此即为依照法律规定不得由第三人清偿的情形。

4. 代为清偿的法律效果

第三人代为履行后首先会发生法定的债权转移效果。《民法典》第 524 条第 2 款规定，“债权人接受第三人履行后，其对债务人的债权转让给第三人，但是债务人和第三人另有约定的除外”。由此可见，债权人接受第三人履行后，债权发生法定转移，无须第三人与债权人作出任何意思表示，而与原债权有关之从权利也一并转移①，进而债务人的抗辩也可以向第三人主张②。这是第三人代为履行后债权法定转移的一般规则。

但是《民法典》《民法典合同编通则司法解释》等条文中，均对第三人取得转移债权的行为作出了但书规定。其一，债务人和第三人另行约定排除法定的债权转移，此种情况下第三人不能够受让债权人的债权，而只能依该约定向债务人求偿，通常出现在第三人与债务人之间有委托合同或赠与合同

① 《民法典》第 547 条第 1 款规定：“债权人转让债权的，受让人取得与债权有关的从权利，但是该从权利专属于债权人自身的除外。”

② 《民法典》第 548 条规定：“债务人接到债权转让通知后，债务人对让与人的抗辩，可以向受让人主张。”

等情形中。其二，《民法典合同编通则司法解释》第 30 条第 2 款也规定了代为清偿的一般法律效果为“第三人在其已经代为履行的范围内取得对债务人的债权，但是不得损害债权人的利益”，即第三人如果已经作出了全部履行，则可以要求债务人向其进行全部清偿，如果第三人只作出了部分履行，则第三人只能在其履行的范围内向债务人请求清偿，同时基于“不得损害债权人利益”的原则，债权人剩余部分的债权优先于第三人因清偿部分债务所取得的债权实现。若第三人的主动代偿行为属于瑕疵履行或者加害履行，对债权人的合法权益造成了损害，则债权人有权利拒绝受领并且可以根据法律规定请求第三人承担责任。

适用难点

1. 第三人代为清偿意思的判断

在实际的案件处理过程中首先要注意区别第三人身份是否符合《民法典合同编通则司法解释》的要求，即是否对债务履行具有“合法利益”，同时要考察第三人的清偿意思是基于债务人的指示还是为了自己的利益和按照自己的意愿履行债务和介入债的关系。如果第三人是按照债务人的意愿履行债务，则其应当被视为债务人的履行辅助人，其履行行为也应当视为债务人的履行行为，不成立第三人代为清偿。

而对于第三人是否具有代为清偿意思，可以从第三人的内心认识及外部行为两方面加以判断。一方面，在内心认识上，第三人需认识到所清偿债务非为自己债务，若第三人主观上误以为是自己债务而进行清偿，并没有使债务人与债权人之间债务消灭的意思，则属于非债清偿，因为其缺乏对他人债务清偿的意思，不成立第三人代为清偿。另一方面，在清偿时需以自己的名义为之。正如前文所述，若第三人是债务人的代理人或履行辅助人，以债务人的名义进行清偿也不成立代为清偿。

2. 第三人不得违背债务人意思代为履行

虽然《民法典》第 524 条明确规定，根据债务性质、按照当事人约定或者依照法律规定只能由债务人履行的，第三人不得主动要求代为履行。但是此种除外规定不意味着债务人对于符合法律规定的第三人代偿行为没有异议权利。在实践中出于种种考虑，对于债务人来说，即使第三人对履行债务有合法利益，债务人也未必情愿第三人代为履行。此时虽然依照法律的规定债权人无权拒绝受领，但如果允许第三人无视债务人的意思强行代为履行，则有违债务人自己履行的意思表示，也会对债的相对性造成冲击。在这种情况下，应当赋予债务人对于第三人单方自愿履行行为提出异议和拒绝的权利，如果第三人违背债务人的意思强行代为履行，则不发生债权转让的效力。

3. 第三人承担其对债务履行具有合法利益的举证责任

在证明责任分配上，是否具有合法利益应当由第三人举证证明。如果其不能对此举证，债权人有权拒绝第三人的履行。反之，只要第三人举证证明其对履行债务具有合法利益且不违反法律的规定，且不违背债务人的意思就可以由第三人代为清偿，债权人不能拒绝第三人的履行行为。一般来说，第三人可以通过提供近亲属身份证明、股东名册记录、租赁合同、买卖合同等证据证明其对履行债务具有合法利益。

4. 第三人加害履行的法律后果

如果符合要求的第三人在代为履行的过程中因自身原因履行不当造成债权人损失，需要对债权人承担损害赔偿责任，但赔偿责任的分担不应绝对，应当在个案中综合考虑第三人代为履行是否善意、有无明显或重大过错、债务人是否反对、违约责任与损失大小等因素，在债务人和第三人之间酌情分配赔偿责任。如此，有利于在实践中平衡各方权益，防止第三人恶意代履行而对债权人造成不应有的损害。

5. 担保人履行债务后的法律效果

《民法典合同编通则司法解释》第 30 条第 1 款规定的“保证人或者提供物的担保的第三人”和“担保财产上的后顺位担保人”可以认定为《民法典》第 524 条第 1 款规定的对履行债务具有合法利益的第三人。而对于担保人代为履行债务的性质与法律后果，适用《民法典担保制度司法解释》第 13 条、第 14 条和第 18 条第 2 款的规定，即将担保人代为履行债务的行为视为承担担保责任，而一般的第三人取得债权后的求偿行为在担保关系中适用担保人承担担保责任后向债务人追偿、向其他连带担保人追偿的规则。因此，在适用第三人代位清偿制度前应当尤其注意具有合法利益的第三人之具体身份，从而有针对性地在实践中对法条加以适用。

6. 债权人有权拒绝代为清偿

第三人根据《民法典合同编通则司法解释》第30条的规定进行代为清偿的，债权人应当接受第三人的代为清偿。如果债权人无正当理由而拒绝受领代为清偿时，应负受领迟延责任。如果债权人具有正当理由，如代为清偿有违公序良俗或诚实信用，对债权人、债务人或社会有不利影响，或代为清偿违背其他强制性规定时，债权人有权拒绝受领代为清偿，债务人也有权提出异议，不发生清偿的效力。

7. 债权人与第三人的通知义务

在第三人代为履行后，为保护债务人的利益，使债务人知晓“真实”债权人，一方面第三人负有通知债务人的义务，另一方面第三人与债权人之间基于第三人代为清偿事实发生法定债权转移的法律效力，根据《民法典》第546条的规定，债权人转让债权未通知债务人的，该转让对债务人不发生效力。总而言之，第三人与债权人都有义务向债务人发出通知，以避免债务的重复履行。[①] 若第三人或者债权人怠于通知，导致债务人为二重清偿时，第三人或者债权人应负有赔偿责任。

风险防范

在第三人代为清偿的法律实践中，首先要注意代偿第三人是否符合《民法典》第524条的资格要求，严守合同相对性原则判断第三人身份，特别注意代偿第三人需对债务履行有合法利益。对合法利益的判断可以依照《民法典合同编通则司法解释》第30条第1款进行。若第三人在债务人履行债务前主动代为清偿，或者在债务人无法履行债务时违背债务人的意思强行代为清偿则不发生第三人代偿的法律效果。此外，在司法实践中也应当注

---

① 王利明：《论第三人代为履行——以〈民法典〉第524条为中心》，载《法学杂志》2021年第8期。

意《民法典》第 524 条及《民法典合同编通则司法解释》第 30 条的但书规定中对第三人代为履行债务的限制，即所代偿的债务需根据其性质、按照当事人约定或者依照法律规定可以由第三人代为履行，且第三人代为履行的过程中不得损害债权人的合法权益，否则债权人有权拒绝受领债权。

另外，根据《民法典合同编通则司法解释》第 30 条第 3 款的规定，担保人代为履行债务可视为承担保证责任，得在承担的范围内根据《民法典担保制度司法解释》向债务人或其他连带共同担保人追偿。对于此类纠纷，在实践中应当结合个案厘清第三人代为履行债务与债务承担、担保责任承担等的区别，以便更准确地适用法律规范对案件作出裁判，合理维护各方合法权益。

类案指引

1. 韩某臣、时某福追偿权纠纷案[①]

裁判要旨：民间借贷中第三人对于债务履行因具有承担类似担保责任等的合法利益，并主动代债务人履行债务的，债权人接受第三人履行后，其对债务人的债权转让给第三人，债务人应当向第三人偿还代偿款。

法院认为：债权人李某显是代偿第三人韩某臣的岳母。1997 年 6 月 21 日，时某福向李某显借款 3 万元，约定月息 4 分，并出具了借据，韩某臣以"中人"身份在借据上签字。而后，第三人韩某臣作为"中人"主动偿还了民间借贷中债务人时某福与债权人李某显之间债务后，要求债务人时某福向其偿还代还款项。韩某臣在时某福初次出具的借据上以"中人"身份签字，虽然不能认定其为担保人，但李某显证明韩某臣已经代偿欠款。《民法典》第 524 条规定："债务人不履行债务，第三人对履行该债务具有合法利益的，第三人有权向债权人代为履行；但是，根据债务性质、按照当事人约定或者依照法律规定只能由债务人履行的除外。债权人接受第三人履行后，其对债务人的债权转让给第三人，但是

① 参见河北省衡水市中级人民法院（2021）冀 11 民终 597 号民事判决书。

债务人和第三人另有约定的除外。”本案时某福对李某显所负的债务并非专属于其本人，韩某臣代时某福履行债务后，取得对时某福的债权。同时，基于李某显是韩某臣的岳母以及李某显已经去世的事实，时某福应当承担向韩某臣偿还代偿款的民事责任。

2. 胡某海与江苏润道路桥工程有限公司（以下简称润道路桥公司）、何某棠追偿权纠纷案①

裁判要旨：因受到行政部门责令要求等原因先行垫付款项、代偿债务的第三人，在代偿债务范围内依法取得债权，有权要求债务人偿还其代为履行的款项。

法院认为：2017 年 9 月，润道路桥公司（甲方）与胡某海（乙方）签订《淮安市快速路一期工程 6 标挡墙施工合同》1 份，载明：淮安市快速路一期工程 6 标段挡墙工程项目由润道路桥公司中标承建，并负责组织工程实施。甲方与乙方协商一致决定在完全履行总承包单位与业主签订的工程承包合同的前提下，就上述项目合作施工，签订本协议。乙方完成合同工程量后，甲方在考虑项目资金平衡的前提下向乙方支付全部工程计量结算款。双方在合同下方签字盖章确认。胡某海安排工人进行上述工程施工，润道路桥公司亦陆续支付工程款项。2019 年 2 月 19 日，胡某海向工地工人谈某林、王某龙、王某翔、刘某林支付工资共计 8000 元，并向四人分别出具欠条各 1 份。2019 年 6 月 17 日，胡某海向润道路桥公司出具证明 1 份，载明：截至 2019 年 6 月 17 日与润道路桥公司的工程项目结算已完，累计收到工程款 829, 518 元，其中付到胡某海账户 460, 000 元，付到何某棠账户 34 万元（系本人委托），代付工资款 29, 518 元（系本人委托）。本案中，法院认为，胡某海向工人出具工资欠条，虽载明以对工工日为准据实发放，但后一直未与工人对工，工人因索要工资至淮安市人力资源和社会保障局劳动保障监察部门，由润道路桥公司代胡某海向工人发放工资，故润道路桥公司依法可要求胡某海偿还，法院对润道路桥公司要求胡某海偿还垫付的农民工工资 48, 786

① 参见江苏省淮安市中级人民法院（2021）苏 08 民终 88 号民事判决书。

元的诉讼请求依法予以支持。胡某海迟延给付，确给润道路桥公司造成利息损失，故对自起诉之日即2020年5月20日至实际给付之日按同期全国银行间同业拆借中心公布的贷款市场报价利率计算的利息部分依法予以支持。

相关条文

《民法典》

第五百二十四条　债务人不履行债务，第三人对履行该债务具有合法利益的，第三人有权向债权人代为履行；但是，根据债务性质、按照当事人约定或者依照法律规定只能由债务人履行的除外。

债权人接受第三人履行后，其对债务人的债权转让给第三人，但是债务人和第三人另有约定的除外。

《民法典担保制度司法解释》

第十三条　同一债务有两个以上第三人提供担保，担保人之间约定相互追偿及分担份额，承担了担保责任的担保人请求其他担保人按照约定分担份额的，人民法院应予支持；担保人之间约定承担连带共同担保，或者约定相互追偿但是未约定分担份额的，各担保人按照比例分担向债务人不能追偿的部分。

同一债务有两个以上第三人提供担保，担保人之间未对相互追偿作出约定且未约定承担连带共同担保，但是各担保人在同一份合同书上签字、盖章或者按指印，承担了担保责任的担保人请求其他担保人按照比例分担向债务人不能追偿部分的，人民法院应予支持。

除前两款规定的情形外，承担了担保责任的担保人请求其他担保人分担向债务人不能追偿部分的，人民法院不予支持。

第十四条　同一债务有两个以上第三人提供担保，担保人受让债权的，人民法院应当认定该行为系承担担保责任。受让债权的担保人作为债权人请求其他担保人承担担保责任的，人民法院不予支持；该担保人请求其他担保人分担相应份额的，依照本解释第十三条的规定处理。

第十八条第二款 同一债权既有债务人自己提供的物的担保，又有第三人提供的担保，承担了担保责任或者赔偿责任的第三人，主张行使债权人对债务人享有的担保物权的，人民法院应予支持。

第四节　同时履行抗辩权与先履行抗辩权

释义条文

《民法典合同编通则司法解释》

第三十一条 当事人互负债务，一方以对方没有履行非主要债务为由拒绝履行自己的主要债务的，人民法院不予支持。但是，对方不履行非主要债务致使不能实现合同目的或者当事人另有约定的除外。

当事人一方起诉请求对方履行债务，被告依据民法典第五百二十五条的规定主张双方同时履行的抗辩且抗辩成立，被告未提起反诉的，人民法院应当判决被告在原告履行债务的同时履行自己的债务，并在判项中明确原告申请强制执行的，人民法院应当在原告履行自己的债务后对被告采取执行行为；被告提起反诉的，人民法院应当判决双方同时履行自己的债务，并在判项中明确任何一方申请强制执行的，人民法院应当在该当事人履行自己的债务后对对方采取执行行为。

当事人一方起诉请求对方履行债务，被告依据民法典第五百二十六条的规定主张原告应先履行的抗辩且抗辩成立的，人民法院应当驳回原告的诉讼请求，但是不影响原告履行债务后另行提起诉讼。

新旧变化

在实体法层面，《民法典》第525条、第526条的规定相较于《合同法》第67条、第68条[①]而言没有实质变化。但在程序法层面，过去的《合同法司法解释（二)》并未对同时履行抗辩权和先履行抗辩权成立所产生的程序法效果作出规定，这就导致司法实务中出现“同案不同判”、纠纷化解效率较低、当事人利益失衡等问题。例如，对于原告请求被告履行合同，被告主张同时履行抗辩权成立的，有法院判决驳回原告诉讼请求，也有法院判决原被告同时履行合同义务。如今，本条司法解释首次明确了同时履行抗辩权和先履行抗辩权成立的程序法构造。在充分实现民事实体法和程序法相衔接的意旨下，有效解决司法实务现存问题。

规范解读

同时履行抗辩权，是指无先后顺序的双务合同当事人，一方在他方没有作出对待给付之前，有权拒绝自己的给付的权利。同时履行抗辩权具备“避免授予信用”和“增施履行激励”的制度功能，可以有效避免己方履行给付后得不到对方给付的风险。同时能够鼓励一方当事人先迈出一步，履行其给付义务，推动交易进行。当然，实体法上权利与义务的贯彻落实，必须借助民事诉讼程序和非讼程序的技术性、辅助性规定，才能从应然转化为实然。故有必要对同时履行抗辩权的程序法构造进行完善。

1. 同时履行抗辩权的构成要件

同时履行抗辩权的构成要件基本上为学界所共识。

第一，双方当事人须在同一双务合同中互负债务。同时履行抗辩权的理论基础是双务合同的牵连性，因此该权利只适用于双务合同。同时，双方所负债权债务必须是基于同一合同。对于本要件中的“互负债务”，学界通说认为，债务需要具备对价或牵连关系。此次《民法典合同编通则司法解释》

① 《合同法》第67条规定：“当事人互负债务，有先后履行顺序，先履行一方未履行的，后履行一方有权拒绝其履行要求。先履行一方履行债务不符合约定的，后履行一方有权拒绝其相应的履行要求。”第68条规定：“应当先履行债务的当事人，有确切证据证明对方有下列情形之一的，可以中止履行：（一）经营状况严重恶化；（二）转移财产、抽逃资金，以逃避债务；（三）丧失商业信誉；（四）有丧失或者可能丧失履行债务能力的其他情形。当事人没有确切证据中止履行的，应当承担违约责任。”

第 31 条第 1 款便是对价及牵连关系的体现。通说认为，一般情形下主要债务与非主要债务之间没有对价牵连关系，一方当事人以对方没有履行非主要债务为由拒绝履行自己的主要债务的，人民法院不予支持。但并非所有的"非主要债务"都不产生同时履行抗辩权，近年来有学说主张在从给付义务的履行与合同目的的实现具有密切关系时，从给付义务和主给付义务之间具有牵连性和对价关系，产生同时履行抗辩权。[①] 即对对价关系的认定不应当追求财产价值客观上的完全相等，而应当充分尊重当事人的共同意志，同时结合公平原则、诚实信用原则，在具体个案中分析"主要债务"及"非主要债务"具体为何，以防止利益失衡。还需注意，"互负债务"不仅包括合同正常状态下的对待给付义务，在瑕疵担保、部分履行、迟延交付等具有实质牵连及对价关系的情形中，同样适用。

第二，双方当事人互负债务没有先后履行顺序且债务均已届清偿期。首先，要求当事人互负债务没有先后履行顺序。具体而言，是指双方当事人事先并未约定谁先履行，或事先约定双方债务同时届期。其次，要求债务均已届清偿期，若一方当事人的债务未届履行期，则双方均无法主张同时履行抗辩权。例如，被告的债务履行期限未届满，被告仍然可以拒绝履行，但此时其抗辩理由是不存在到期债务，而非同时履行抗辩权。

第三，对方未履行债务或履行债务不符合约定。当事人一方向相对方请求履行债务时，若请求方对自己所负有对价关系的债务未履行，相对方可据此主张同时履行抗辩而拒绝履行。若对方虽然作出了履行，但构成迟延履行、部分履行、瑕疵履行等违约行为时，当事人可以行使相应范围内的同时履行抗辩权。此外，若在双务合同中权利人受领迟延，其原有的同时履行抗辩权是否因此而消灭，学界存在争议。主流观点认为，受领迟延不必然导致同时履行抗辩权的消灭，因为受领迟延并没有改变同时履行抗辩权行使的条件，只是免除债务人因债权人受领迟延而产生的费用承担责任，不会导致债务的必然消灭。例如，债务人做出部分履行后，债权人受领迟延，债务人在

---

① 参见崔建远、陈进：《债法总论》，法律出版社 2021 年版，第 92 页。

此情况下要求债权人履行，则债权人仍有权行使同时履行抗辩权[①]，但债权人主张同时履行抗辩权不影响债务人主张违约责任。

第四，对方的对待履行是可能的。法律设立同时履行抗辩权的目的，在于促使双务合同当事人能够对待给付，促进交易继续进行，因此必须以债务能够履行为前提。若对方所负担之债务已经丧失履行可能性，则应当依据法律关于合同解除之规定，径行解除合同。例如，在一物数卖情形中，出卖方已经将标的物所有权转移至第三人，使出卖方的给付义务再无实现可能，此时若出卖方要求买受人继续履行债务，买受人也不必再主张同时履行抗辩权，而可以直接以对方根本违约为由拒绝履行，并请求对方承担违约责任。

2. 先履行抗辩权的构成要件

先履行抗辩权，也有学者称其为“后履行抗辩权”，是指在有先后履行顺序的双务合同中，先履行一方当事人未履行债务或履行债务不符合约定的，后履行债务的一方当事人得以拒绝其履行要求的权利。

先履行抗辩权成立需要满足以下构成要件。

第一，双方当事人需在同一双务合同中互负债务。先履行抗辩权与同时履行抗辩权一样，依赖于双务合同的牵连性。在双务合同中，当事人互负对待给付义务，当事人一方先履行义务是为了换取对方的对待给付。

第二，当事人的债务有先后履行顺序。这也是先履行抗辩权与同时履行抗辩权的最大区别。先后履行顺序可以由双方约定，也可以由法律规定或依照习惯确定。

第三，先履行一方到期未履行债务或履行债务不符合约定。“到期未履行债务或履行债务不符合约定”的内涵与同时履行抗辩权的构成要件相同，在此不再赘述。对于行使先履行抗辩权是否要求双方债务均已届期，《民法典》和《民法典合同编通则司法解释》虽未明确规定，但与同时履行抗辩权同理，若后履行债务未届期，则后给付义务人无须援引先履行抗辩权排斥迟延履行，而应当直接以“不存在到期债务”为由更恰当地保障期限利益。[②]

---

① 王利明：《违约责任论》（修订版），中国政法大学出版社 2000 年版，第 270 页。

② 参见李建星：《先履行抗辩权之解构》，载《法学家》2018 年第 5 期。

3. 同时履行判决的概念及正当性

所谓同时履行判决，是指判处债务人在获得全部对待给付的同时履行自己负担给付的判决，也称对待给付判决或交付给付判决。依照《民法典合同编通则司法解释》第 31 条第 2 款的规定，一般在判决结果中可表述为“被告应在原告履行债务的同时履行自己的债务”。

第一，同时履行判决符合同时履行抗辩权的法理基础。依据通说，双务合同的牵连性是同时履行抗辩权的法理基础。在被告主张同时履行抗辩权的诉讼中，法院既不能仅凭被告抗辩而单方面判决原告履行义务，也不能仅凭原告诉请单方面判决被告履行。唯有判决双方同时履行，才能最好地体现双务合同牵连性这一法理基础。

第二，符合同时履行抗辩权的制度功能。同时履行判决既为敢于突破合同僵局的一方当事人提供保障，赋予判决强制执行力以实现原告的诉讼目的，从而实现“增施履行激励”的制度功能；同时也对原告实现其诉求进行一定限制，依据相对方的抗辩保护其利益，降低其履行风险，体现“避免授予信用”的制度功能。

第三，不违反不告不理原则和处分原则，不构成诉外裁判。首先，在同时履行判决中，原告的诉讼请求是请求对方对待给付，而法院作出的判决实质上支持了原告的诉讼请求，只是附加了该判决执行的限制条件，不影响原告胜诉的结果。其次，这一限制条件也是法院认可被告在诉讼中提出的同时履行抗辩权的体现，是由同时履行抗辩权的效力所决定的。最后，若被告没有提出反诉，法院便不能将其作为诉讼标的进行审理，从而未赋予被告申请强制执行的权利。否则便违反《民事诉讼法》中的处分原则，构成诉外裁判。因此，司法解释所规定的同时履行判决及其既判力、执行力范围均未超出原被告双方主张的事实和声明范围，不违反不告不理原则和处分原则。

第四，符合一次性解决纠纷的诉讼理念。在被告主张同时履行抗辩权的诉讼中，同时履行抗辩权一旦成立，就意味着同时承认了原告的债权请求权和被告的对待给付请求权。换言之，同时履行抗辩权的“信息量”较大，如果一味地采取驳回原告诉讼请求的处理方式，由原告在履行其给付义务后再进行二次诉讼，是对司法资源的极大浪费。而同时履行判决正是提高效率化解纠纷、防止程序空转、实现一次性解决纠纷诉讼理念的体现。

4. 同时履行判决与先履行判决的效力

《民法典合同编通则司法解释》第31条第2款和第3款主要规定了同时履行判决与先履行判决的既判力和执行力问题。

第一，判决的既判力和执行力是否及于被告这一问题，《民法典合同编通则司法解释》第31条第2款有明确规定。具体而言，在被告没有提出反诉的情形下，同时履行判决的既判力与执行力不及于被告，被告如需行使其请求权，必须另行提起反诉。这一结论与同时履行判决结果并不矛盾，理由在于：抗辩权在诉讼中仅是防御方法，并非诉讼标的，被告如果没有通过诉的方式提出请求，法院的判决不应当对其具有既判力和执行力，否则将违反民事诉讼法的处分原则。此外，且被告的同时履行抗辩权包含了要求原告为对待给付的意思，这是原告欲获得被告给付的条件，法院不能将条件作为判决主文赋予其既判力与抵抗力。若对未提起反诉的被告赋予既判力及执行力，则不利于保护敢于打破合同僵局的原告的利益。

第二，关于判决在实务中如何具体执行的问题。本书认为，依据《民法典合同编通则司法解释》第31条第2款、第3款以及《民事强制执行法》（草案）第42条的规定，债权人已为给付或至少提出对待给付是判决执行的条件，因此债权人申请强制执行时需证明其已为给付或提出对待给付。依据《民事强制执行法》（草案）第39条第4项、第40条的规定，执行申请符合“权利人有证据证明所附的条件已经成就”这一条件的，人民法院应当场予以立案；不符合的，裁定不予受理。在法院执行立案后，执行法院应对债务人发出执行通知，执行通知应一并载明债务人是否对债权人已为给付存在异议，债务人如存在异议，则应当向执行法院提出书面意见。若债务人认可债权人已为给付，则可对债务人开始强制执行；若债务人不认可债权人已为给付或已提出给付，则可在执行程序终结前，以申请执行人为被告，向执行法院提起诉讼，请求不予执行。

适用难点

1. 同时履行抗辩权的提出

对于同时履行抗辩权，被告在诉讼中既可以抗辩的方式提出，也可以反诉的方式提出。即使诉讼外曾主张过同时履行抗辩权，诉讼上仍应主张，法院始得斟酌。我国台湾地区学者认为：被告的同时履行抗辩权并非必须以反诉的方式提出，但若被告想获得执行依据，则其必须提出反诉。因为若被告仅提出同时履行抗辩，但法院在判决主文中对双方对待给付义务的履行时间和顺序进行确定，则有违处分权主义。我国大陆与台湾地区的立法例相同，没有实行强制反诉制度，由被告自由决定是否提起。但当被告对是否提起反诉的意思并不明朗时，则应由法院对其进行释明。换言之，在被告未以反诉的方式提出诉讼请求时，法院却在判决主文中判决原告承担义务，有违诉讼不告不理原则，构成诉外裁判。此外，通说认为，被告应在一审辩论终结前行使同时履行抗辩权，否则将产生失权的法律后果。

2. 法院的释明与审查

当被告对提起反诉还是提起同时履行抗辩的意思不明朗时，法院应进行释明。需注意的是，法官释明不是诱导当事人行使权利，更不是代替当事人行使权利。法官对同时履行抗辩权的相关法律含义进行释明后，是否行使同时履行抗辩权仍由当事人自行决定。虽然此次司法解释对此并未明确规定，但《九民纪要》第36条规定了同时履行抗辩权的释明问题。总体来看，主要存在以下两种情况需要法官释明。

第一，在双务合同中，原告起诉请求确认合同有效并要求被告继续履行合同，被告辩称合同无效。此时法院有义务对被告释明其是否行使同时履行抗辩权。第二，在原告起诉请求确认合同无效并返还财产，而被告辩称合同有效的情况下，法院应该对被告释明其是否行使同时履行抗辩权。否则在原告的诉请得到支持的情况下，被告只能通过另行提起诉讼的方式维护其权益，这将违反纠纷一次性解决的意旨。

但在实务中，与同时履行抗辩权相关的释明主要是澄清性质的释明，即当债权人主张债务人应为给付，债务人辩称“债权人也未进行对待给付”

时，法院应该对其是否具有“主张同时履行抗辩权”的意思进行释明。因为缺乏法律常识的当事人对“债权人未为对待给付”的陈述往往是一种事实陈述。如果该种事实陈述足以上升到“权利抗辩”，本着纠纷一次性解决、节约司法资源的目的，法院应当对此进行释明。

3. 同时履行判决制度

同时履行判决制度是同时履行抗辩权的延伸，在性质上仅系限制原告请求被告给付所附加的条件，实质上是一种附条件的判决，即原告申请强制执行须以先提出自己的对待履行为前提条件：同时履行判决中，原告需先为给付才能对被告申请强制执行。这是因为，一方面，从主动起诉可以看出原告更具有从纠纷中摆脱出来的现实积极性，判决由原告先行履行义务，同时赋予其申请强制执行的权利可以保障其实体权利的实现。另一方面，如此判决可以使原告避免落入被申请强制执行的困境之中，更能为原告所接受，从而提高判决的认可度。

4. 同时履行判决的执行

不同于德国或日本将同时履行抗辩权的实体法效果与程序法效果予以明文规定，我国《民法典》第 525 条并未对同时履行抗辩权的程序法构造以及执行法规定进行延伸。在此背景下，《民法典合同编通则司法解释》第 31 条第 2 款对同时履行判决的程序法构造进行了规定。

根据《民法典合同编通则司法解释》第 31 条第 2 款的规定，同时履行判决执行开始的要件为“债权人的履行或提出给付”。在执行法的意义上，要求债权人先为给付或提出给付的目的不在于消灭债务人的抗辩权或使其对待给付请求权得到清偿，而在于为执行机构实施执行行为提供合法性要求。只有满足“债权人已履行或提出给付”的要件，执行机构才可以具体实施执行行为。因此，在债权人向执行机构申请对债务人进行强制执行时，执行机构应该依职权审查债权人是否满足上述要件。但是，基于审执分离原则，执行机构不能对案件的实质争议进行裁判。故执行机构不能仅仅根据执行依据上对给付义务的记载而对实体法上当事人之间的对待给付关系进行判断。

当债权人已为履行或者口头提出履行后，若债务人表示将不受领给付或者其履行出现瑕疵时，需对债权人权益进行保护。具体而言，首先，在债务人向债权人表示将不受领给付或者给付的提出需要债务人为一定行为的情形下，可以允许债权人口头提出给付、提存、通过执行机构转交对待给付或以公文书或公证书证明对待给付已经履行或债务人迟延。其次，在债务人的财产不能清偿债权人全部债权的情况下，不能要求执行机构将债权人的对待给付从执行机构处予以返还，否则将有代债权人行使同时履行抗辩权之嫌。对于债权人而言，在其履行对待给付之后无法获得债务人给付的风险属于交易风险，应当自行承担。①

举证责任

首先，应当由被告对同时履行抗辩权的构成要件事实承担证明责任。同时履行抗辩权是一种权利障碍规定，当事实处于真伪不明的状态时应该由债务人承担不利后果。此外，被告对“请求履行方未履行自己的义务或履行不适当”的构成要件之证明应当明确具体。

其次，在被告作出援用同时履行抗辩权的意思后，原告应该对自己已为的对待给付义务承担证明责任。当法院作出的同时履行判决生效之后，若原告欲申请强制执行，则须证明自己的对待给付义务已经履行完毕。

风险防范

就当事人的角度而言，首先，在订立合同时，可以通过明确规定双方履行合同义务的时间来避免对方以合同没有规定义务履行期限为由主张同时履行抗辩权。其次，当事人主张同时履行抗辩权或先履行抗辩权时，尽管法律没有规定相应的通知义务，但为保险起见，主张方仍应通知对方相关事项。最后，同时履行抗辩权具有一定的行使期间，且行使期间与对方迟延履行的期限有关，故在实务中当事人应结合证据加以确认抗辩权的起始时间，避免过急地中止履行而构成违约。

---

① 肖建国、张苏平：《附对待给付义务的诉讼表达与执行法构造》，载《北方法学》2023年第1期。

就法院以及执行机构的角度而言，“债权人的履行或提出给付”是同时履行判决的开始要件，也是执行机构实施执行行为的合法性要求。根据《民法典合同编通则司法解释》第31条第2款的规定，原告申请强制执行的，人民法院应当在原告履行自己的债务后对被告采取执行行为。故当债权人对同时履行判决申请强制执行时，执行机构应该审查债权人是否通过口头提出给付、提存、通过执行机构转交对待给付或以公文书或公证书证明等形式证明对待给付已经履行。

类案指引

1. 广东飞购科技有限公司（以下简称飞购公司）、上海典泛智能科技有限公司（以下简称典泛公司）技术服务合同纠纷案①

裁判要旨：违约金是一种民事责任的承担方式，是当事人对违反合同义务可能造成的损害赔偿的预先约定，并非当事人之间的原合同债务，不属于双务合同中双方当事人互负债务的“债务”范畴，亦不属于可行使抵销权的已届清偿期的“债务”，因此，当事人不能基于“违约金的请求”主张同时履行抗辩权和法定抵销权。

法院认为：本案中，飞购公司以技术服务费、可分配收益、违约金主张同时履行抗辩权和法定抵销权。对此，法院认为，首先，关于飞购公司能否以技术服务费主张同时履行抗辩权和法定抵销权。涉案合同对于货款的支付期限有明确约定，而技术服务费则在合同履行过程中附条件地予以取消，虽然因取消条件不成就，原审法院判决典泛公司仍应当支付技术服务费，双方当事人均未对此提出上诉，但飞购公司应付的货款和典泛公司应付的技术服务费不属于没有先后履行顺序且均已届履行期的债务，且飞购公司在合同履行中也未就技术服务费行使抵销权，故飞购公司不能据此主张同时履行抗辩权、抵销权并以此免除迟延支付货款的违约责任。当事人应支付的货款和技术服务费可在履行本案生效判

① 参见最高人民法院（2022）最高法知民终108号民事判决书。

决时予以抵扣。其次，关于飞购公司能否以违约金主张同时履行抗辩权和法定抵销权。法院认为，违约金是一种民事责任的承担方式，是当事人对违反合同义务可能造成的损害赔偿的预先约定，并非当事人之间的原合同债务，不属于双务合同中双方当事人互负债务的“债务”范畴，亦不属于可行使抵销权的已届清偿期的“债务”，且飞购公司关于100万元违约金的诉讼请求不能成立，典泛公司并不负担违约之债，因此，飞购公司不能基于其在本案中的违约金请求主张同时履行抗辩权和法定抵销权。最后，关于飞购公司能否以可分配收益主张同时履行抗辩权和法定抵销权。如前所述，飞购公司并未提交充分的证据证明存在可分配收益，其要求典泛公司支付130,946.15元收益的诉讼请求不能得到支持，因此，飞购公司行使同时履行抗辩权和法定抵销权的事实基础并不存在。综上，飞购公司关于其享有同时履行抗辩权和法定抵销权的上诉理由缺乏事实依据和法律依据，法院不予支持。

2. 大庆高新技术产业开发区大丰建筑安装有限公司（以下简称大丰建安公司）、东方电气集团东方汽轮机有限公司（以下简称东方汽车轮机公司）买卖合同纠纷案①

裁判要旨：买卖的货物交付后，买受人已经使用标的物且未在约定的质量保证期内提出质量异议，当出卖人要求买受人支付欠付贷款、退还质保金时，买受人以货物存在质量问题为由主张行使先履行抗辩权拒绝付款的，不予支持。

法院认为：自2011年《买卖合同》签订后东方汽轮机公司开始供货至2018年，大丰建安公司从未正式提出质量异议。在2017年10月东方汽轮机公司提起货款追索诉讼后，大丰建安公司才于2018年另案提起了质量异议之诉，主张东方汽轮机公司的供货存在质量问题并要求损害赔偿。因质量问题已经另案处理，大丰建安公司的权益可以另案寻求救济，故原审法院对货物质量争议不予处理并无不当，对大丰建安公司提出的因质量问题而享有先履行抗辩权的主张法院不予支持。

① 参见最高人民法院（2019）最高法民终185号民事判决书。

相关条文

《民法典》

第五百二十五条　当事人互负债务，没有先后履行顺序的，应当同时履行。一方在对方履行之前有权拒绝其履行请求。一方在对方履行债务不符合约定时，有权拒绝其相应的履行请求。

第五百二十六条　当事人互负债务，有先后履行顺序，应当先履行债务一方未履行的，后履行一方有权拒绝其履行请求。先履行一方履行债务不符合约定的，后履行一方有权拒绝其相应的履行请求。

《九民纪要》

36.【合同无效时的释明问题】在双务合同中，原告起诉请求确认合同有效并请求继续履行合同，被告主张合同无效的，或者原告起诉请求确认合同无效并返还财产，而被告主张合同有效的，都要防止机械适用“不告不理”原则，仅就当事人的诉讼请求进行审理，而应向原告释明变更或者增加诉讼请求，或者向被告释明提出同时履行抗辩，尽可能一次性解决纠纷……

第五节　情势变更制度的适用

释义条文

《民法典合同编通则司法解释》

第三十二条　合同成立后，因政策调整或者市场供求关系异常变动等原因导致价格发生当事人在订立合同时无法预见的、不属于商业风险的涨跌，继续履行合同对于当事人一方明显不公平的，人民法院应当认定合同的基础条件发生了民法典第五百三十三条第一款规定的“重大变化”。但是，合同涉及市场属性活跃、长期以来价格波动较大的大宗商品以及股票、期货等风险投资型金融产品的除外。

合同的基础条件发生了民法典第五百三十三条第一款规定的重大变化，

当事人请求变更合同的，人民法院不得解除合同；当事人一方请求变更合同，对方请求解除合同的，或者当事人一方请求解除合同，对方请求变更合同的，人民法院应当结合案件的实际情况，根据公平原则判决变更或者解除合同。

人民法院依据民法典第五百三十三条的规定判决变更或者解除合同的，应当综合考虑合同基础条件发生重大变化的时间、当事人重新协商的情况以及因合同变更或者解除给当事人造成的损失等因素，在判项中明确合同变更或者解除的时间。

当事人事先约定排除民法典第五百三十三条适用的，人民法院应当认定该约定无效。

新旧变化

我国《合同法》本身未规定情势变更制度。为了适应司法实践的发展需求，《合同法司法解释（二）》第 26 条对情势变更制度进行了规定，本条是在此基础上进行规定并予以具体化。《合同法司法解释（二）》第 26 条规定："合同成立以后客观情况发生了当事人在订立合同时无法预见的，非不可抗力造成的不属于商业风险的重大变化，继续履行合同对于一方当事人明显不公平或不能实现合同目的，当事人请求人民法院变更或解除合同的，人民法院应当根据公平原则，并结合案件的实际情况确定是否变更或者解除。"但需要注意的是，《民法典》在总结司法实践经验的基础上增加规定了情势变更制度，《民法典》的该规定与《合同法司法解释（二）》第 26 条的规定主要存在以下四点不同：一是不再将不可抗力排除在情势变更事由之外；二是将适用情势变更制度的情形由《合同法司法解释（二）》规定的"对于一方当事人明显不公平或不能实现合同目的"变更为"继续履行合同对于当事人一方明显不公平"，也就是更着眼于合同的履行基础；三是增加规定了再交涉义务；四是增加仲裁机构为裁决机构。

《民法典》及《民法典合同编通则司法解释》的规定在《合同法》中并未涉及，而是源于《合同法司法解释（二）》第 26 条，只是文字上仍有差异，删除了“非不可抗力”和“不能实现合同目的”，增加了继续协商谈判义务。在同一案件中就同一事实，适用不可抗力，一般不再适用情势变更——继续履行对于一方显失公平条件下的合同变更或者解除事由，反之亦然。并非如有的学者所理解的合同变更全部排除不可抗力规则的适用。《民法典》不写“非不可抗力”，也并非二者难以区分，而是由司法实践予以具体掌握，为法官公正裁判留下了自由裁量空间。[①]

规范解读

（一）情势变更的含义

情势变更，即客观事实的异常变动，是指合同有效成立后，因不可归责于双方当事人的事由发生重大变化而使合同的基础动摇或者丧失，若继续维持合同会显失公平，因此允许变更合同内容或解除合同的原则。

总体来说，如果合同订立的时候是公平的，在合同生效后由于社会环境发生重大变化，使一方当事人遭受重大的损害，造成双方当事人显失公平，这种情况下应该适用情势变更原则。情势变更原则实际上就是借助法院或仲裁机构来变更合同的内容或者解除合同，以此来平衡由于社会的异常变动所引起的当事人双方的利益失衡，实质上就是在法律的框架下，由双方当事人来分担由于异常损害所造成的风险，这是符合法律的公平原则。

1. 关于“情势”

所谓“情势”，泛指作为法律行为成立基础或环境的一切客观事实。[②]情势变更制度中的客观事实的异常变动，是指作为合同成立基础或环境的客观事实，发生了重大或实质性的变动，出现了合同成立后出现的不可预见的情况。例如，战争、经济危机、政策调整等。该概念的重点在“与合同有关”这个限制上。客观事实的发生与合同无关或对合同的影响甚微，就不属于“情势”之列。

---

① 中国审判理论研究会民事审判理论专业委员会编著：《民法典合同编条文理解与司法适用》，法律出版社2020年版，第124页。

② 王家福主编：《民法债权》，法律出版社1991年版，第399页。

关于情势的类型，经过多年司法实践，德国法上总结得较为完整，其类型化可资借鉴。在德国法上“情势”主要被总结为以下几类：（1）货币贬值。（2）法律变动与行政行为。法律变动通常为当事人所不能预见，往往会构成履行不能或情势变更。主要有以下几种情况：其一，征收。其二，税法的变动。其三，两德统一后的法律变动。其四，经济管理法律的变动。（3）灾难。天灾人祸大多不能预见、不能避免、不能克服。但是，能否成为“情势”，还要看其与合同的关联程度。另外，在战争和其他灾难后，国家会特别制定一些法律加以处理。所以，总体来说，在德国，基于灾难而适用情势变更原则的情况不多。就中国而言，在出现灾难的情况下，可以直接通过适用《民法典》第180条的不可抗力条款加以解决。（4）其他经济因素的变化。这里的经济环境，包括影响民事主体生产和经营的各种客观因素。其一，成本增加。但只是在特别的情况下，外界因素导致成本异乎寻常地增高，才有适用情势变更的余地。其二，技术发展。技术的发展也可以导致合同标的贬值。以上是德国法上关于情势的类型的举例，也只是不完全地列举一些类型，以作为参考。上述第2类和第4类值得关注，对于司法实践具有一定的参考意义。

2. 关于“变更”

所谓“变更”，是指“合同赖以成立的环境或基础发生异常之变动”。①这也是所谓在订立合同时无法预见的、不属于商业风险的重大变化。这种合同成立的基础或环境的客观基础的变动有可能导致合同当事人预期的权利义务严重不对等，从而使原先的合同失去其本来的意义。

（二）情势变更原则的适用条件、效力及适用范围

1. 情势变更原则的适用条件

情势变更原则的适用有以下几项条件：（1）应有情势变更的事实，也就是合同赖以存在的合同基础条件确实发生变化。这里应严格把握对“情

---

① 彭诚信：《“情事变更原则”的探讨》，载《法学》1993年第3期；曹守晔：《最高人民法院〈关于适用《中华人民共和国合同法》若干问题的解释（二）〉之情势变更问题的理解与适用》，载《法律适用》2009年第8期；王轶：《新冠肺炎疫情、不可抗力与情势变更》，载《法学》2020年第3期。

势”“变更”等概念的理解。(2)情势变更须为当事人所不能预见。如果当事人在订立合同时能够预见到相关的情势变更，即表明其知道相关情势变更所产生的风险，并自愿承担，在这种情况下情势变更原则就不适用。如果当事人应当预见将要发生的情势变更而未能预见，则应认为该当事人主观上具有过错，也不应主张适用情势变更。① (3)情势变更必须不可归责于双方当事人。如果可归责于当事人，则应由其承担风险或违约责任，而不适用情势变更原则。(4)情势变更的事实发生于合同成立之后，履行完毕之前。如果在订立合同时就已经发生情势变更，就表明相关当事人已经认识到合同的基础发生了变化，且对这个变化自愿承担风险。如果在履行终止以后发生情势变更，因合同关系已经消灭，则不适用情势变更原则。(5)继续履行合同对于一方当事人明显不公平，即坚守合同对于当事人而言不再具有可期待性。当然，显失公平的出现必须是因情势变更产生的，而不是因其他原因造成的。需要指出的是，判断是否构成“显失公平”，要考察情势变更是否造成了当事人之间的利益不均衡，一定要严格区分属于正常价格变动的商业风险和真正的情势变更。②

2. 情势变更原则的效力

根据《民法典合同编通则司法解释》第32条第3款的规定，适用情势变更原则对于当事人来讲主要有三个效力：(1)继续谈判的义务。该款虽然在文字上并未对当事人继续谈判的义务作出规定，但根据其判决变更或解除合同应当考虑的因素可知，该原则是从鼓励交易、最大限度地维护合同关系稳定出发，明文鼓励当事人继续谈判，这种行为本身是一种诚实信用原则的体现。③ 但我们不应要求当事人一定要达成新的合同或者达到某一特定的结果，即不能够将它理解为一种“结果义务”，而只能够理解为“行为义务”，只要当事人符合诚信地再交涉即符合要求。④ 另外，这种谈判也非强制性的，能否重新缔结合同也是不确定的，这完全依靠双方的充分协商和谈

---

① 姚辉:《情事变更重述》，载《中州学刊》2008年第5期。

② 王利明:《合同法研究》(第2卷)，中国人民大学出版社2015年版，第318页。

③ 有学者认为该义务是依据诚信原则所产生的附随义务。[德]英格博格·施文策尔:《国际货物销售合同中的不可抗力和艰难情势》，杨娟译，载《清华法学》2010年第3期。

④ 韩世远:《情事变更原则研究》，载《中外法学》2000年第4期。

判。（2）变更合同。变更合同可以使合同双方的权利义务重新达到平衡，使合同的履行变得公正合理。（3）解除合同。根据案件的具体情况并结合适用情势变更原则的具体规定，如果变更合同尚不能消除双方显失公平的结果，就可以进行解除合同。

（三）情势变更与商业变化的区分

情势变更原则的规定符合国际上合同法律制度的发展趋势，但在实践中一定要慎重适用，毕竟信守合同是大原则、大前提。由于对情势变更的认定较为复杂，为了避免在执行中对情势变更的理解不一而出现影响合同履行的情况，情势需要加以类型化，才能在具体的判断中得以适用。物价飞涨和价格的波动既不能都认定为商业风险，也不能简单地认为是情势变更。正常的价格变动虽然是商业风险，但因政策变动或者供求关系的异常变动导致价格发生当事人在订立合同时难以合理预见的涨跌，按照原定价格履行合同将带来显失公平的结果，则应当认定发生了情势变更。当然，合同涉及市场属性活跃、长期以来价格波动较大的大宗商品以及股票、期货等风险投资型金融产品的除外。最后，情势变更原则体现了国家通过司法权对合同自由进行干预，因此，当事人事先作出的排除情势变更原则适用的约定应被认定无效。不同的案件中作为法律适用根据的事实不同，“不可抗力”不包括“情势变更”，从而当事人约定排除“不可抗力”的条款，其效力不能及于“情势变更”。[①] 如前文所述，德国法上的情势的类型化可资借鉴。总体来说，情势变更原则主要针对经济形势、经济政策的巨大变化，与国家对经济生活的干预有直接关系，如价格调整、经济危机、通货膨胀等。但现实生活中的情势是复杂多变的，相应地，司法实践应根据具体个案作出合法合理的判断。一般而言，下列情形可以认定为情势变更：（1）物价飞涨（需要量化）；（2）合同基础丧失；（3）汇率大幅度变化；（4）国家经济贸易政策变化。当然，上述只是列举了可能适用情势变更原则的几种情形，具体还应结合个

① 中国审判理论研究会民事审判理论专业委员会编著：《民法典合同编条文理解与司法适用》，法律出版社2020年版，第124页。

案。情势的类型化应当在案件审判的过程中不断得到丰富和总结。[①]

适用难点

本条的适用一般以受不利影响的一方当事人申请为前提。在具体的司法实践中，判断是否构成情势变更，应以是否导致合同基础丧失，是否造成对价关系障碍，作为判断标准。应认定这种情势的变化是重大的，也就是作为合同的基础条件不仅发生了变化，而且这种变化对合同的履行有重大影响。例如，国际市场需求大的变化，价格大的起伏，国内政策法律重大调整等。若只是一般变化，对合同的成立和履行没有重大影响，则不认为是情势变更，如价格正常变化，货源相对减少等。应严格按照本条款规定的条件，认定合同订立的前后变化是否构成情势变更，严格与其他情况相区别，按照公平和诚实信用的原则，灵活运用，审慎适用，以达到良好的效果。[②]

当事人行使合同解除权，可以直接通知对方解除，通知到达对方时，合同解除；当事人依法提起诉讼主张解除合同的，法院判决解除合同是对当事人本身所享有的合同解除权的确认，系确认之诉。情势变更制度是对当事人权利义务显著失衡状态所做的必要调整，当事人本身并不享有实体法意义上的合同解除权或者变更权，当事人仅在程序上可以向法院或者仲裁机构提出请求，仅是对变更或者解除合同存有一种可能性，最终是否变更或者解除合同、是否有必要对当事人的权利义务进行调整及如何调整，由人民法院或者仲裁机构审酌判定。[③] 需要注意的是，当事人请求变更合同，人民法院绝对不可以越俎代庖判决解除合同，从鼓励交易、促进交易的角度出发，也不应当随意解除，而是尊重当事人的意思自治优先。按照合同严守的原则，法律优先考虑在最大限度范围内维持原有的合同关系。因此，如果合同有变更的可能，应该首先变更合同，如果变更合同还不能消除双方显失公平的结果，

---

① 最高人民法院研究室编著：《最高人民法院关于合同法司法解释（二）理解与适用》，人民法院出版社2009年版，第191－194页。

② 最高人民法院研究室编著：《最高人民法院关于合同法司法解释（二）理解与适用》，人民法院出版社2009年版，第189－191页。

③ 黄薇主编：《中华人民共和国民法典合同编释义》，法律出版社2020年版，第161－162页。

则考虑解除合同。如果当事人坚持解除合同，而该合同达到《民法典合同编通则司法解释》第 32 条认定的“继续履行合同对于当事人一方明显不公平的”，法院可以认定直接解除合同。同时，由于外界的变化导致合同的基础发生重大变更后，当事人进行协商以期根据新的情况重新缔结合同。

类案指引

新疆甲能源有限责任公司（以下简称甲公司）诉郑某平股权转让纠纷案[①]

裁判要旨：情势变更属于合同成立的基础环境发生了异常的变动，所造成的风险属于意外的风险。而这种异常变动是在合同订立时不可预见的。如果在订立合同时，已知有情势有变更的可能，就表明相关当事人已经认识到合同的基础可能会发生变化，且对这个变化自愿承担风险。

法院认为：本案中，甲公司作为矿产企业，在《股权转让协议》签订时对于案涉矿区位于风景名胜区内应当知晓，即使如甲公司所称当地环保政策宽松，甲公司在行政法规有明确的规定下，其对政策的走向应当有预见，之后当地政策逐步收紧导致探矿权不能延续对于甲公司而言不属于意外风险。甲公司明知行政法规禁止在风景名胜区采矿，而甘愿冒风险通过签订《股权转让协议》成为乙公司股东享有矿业权所带来的利益，此种风险属于商业风险，不适用《合同法司法解释（二）》第 26 条的规定。

相关条文

《民法典》

第一百八十条 因不可抗力不能履行民事义务的，不承担民事责任。法律另有规定的，依照其规定。

---

① 参见最高人民法院（2019）最高法民终 827 号民事判决书。

不可抗力是不能预见、不能避免且不能克服的客观情况。

第五百三十三条　合同成立后，合同的基础条件发生了当事人在订立合同时无法预见的、不属于商业风险的重大变化，继续履行合同对于当事人一方明显不公平的，受不利影响的当事人可以与对方重新协商；在合理期限内协商不成的，当事人可以请求人民法院或者仲裁机构变更或者解除合同。

人民法院或者仲裁机构应当结合案件的实际情况，根据公平原则变更或者解除合同。

《最高人民法院关于依法妥善审理涉新冠肺炎疫情民事案件若干问题的指导意见（二）》

2. 买卖合同能够继续履行，但疫情或者疫情防控措施导致人工、原材料、物流等履约成本显著增加，或者导致产品大幅降价，继续履行合同对一方当事人明显不公平，受不利影响的当事人请求调整价款的，人民法院应当结合案件的实际情况，根据公平原则调整价款。疫情或者疫情防控措施导致出卖人不能按照约定的期限交货，或者导致买受人不能按照约定的期限付款，当事人请求变更履行期限的，人民法院应当结合案件的实际情况，根据公平原则变更履行期限。

已经通过调整价款、变更履行期限等方式变更合同，当事人请求对方承担违约责任的，人民法院不予支持。

专题五

合同的保全

第一节　债权人的代位权

一、怠于行使权利影响到期债权实现的认定

释义条文

《民法典合同编通则司法解释》

第三十三条　债务人不履行其对债权人的到期债务，又不以诉讼或者仲裁方式向相对人主张其享有的债权或者与该债权有关的从权利，致使债权人的到期债权未能实现的，人民法院可以认定为民法典第五百三十五条规定的“债务人怠于行使其债权或者与该债权有关的从权利，影响债权人的到期债权实现”。

新旧变化

《合同法司法解释（一）》第13条规定：“合同法第七十三条规定的‘债务人怠于行使其到期债权，对债权人造成损害的’，是指债务人不履行其对债权人的到期债务，又不以诉讼方式或者仲裁方式向其债务人主张其享有的具有金钱给付内容的到期债权，致使债权人的到期债权未能实现。次债务人（债务人的债务人）不认为债务人有怠于行使其到期债权情况的，应当承担举证责任。”相较而言，《民法典合同编通则司法解释》第33条除了

用语更准确外，继续坚持“不以诉讼或者仲裁方式向相对人主张”为标准来认定债务人“怠于行使权利”的立场。主要的变动有以下两个方面：

一是扩展了债务人对相对人的权利范围。具体表现为：第一，《民法典合同编通则司法解释》第 33 条将债务人对相对人享有的债权不再限定为具有金钱给付内容的债权。《合同法司法解释（一）》第 13 条将代位权的行使客体限于具有金钱给付内容的到期债权，范围过于狭窄，导致代位权制度难以发挥应有的效能，因此，审判实践中许多法院自行扩展了代位权的客体范围。一般认为，代位权的行使客体应当是以财产给付为内容的权利。而以财产给付为内容的权利不限于金钱债权，还包括其他具有财产性质的权利。对于债务人享有的不作为债权、以劳务为标的的债权、技能债权等，债权人不得行使代位权。只有当其因债务不履行变为损害赔偿之债时，债权人方可行使代位权。第二，《民法典合同编通则司法解释》第 33 条将债权人代位权的行使客体扩展至与该债权有关的从权利。与该债权有关的从权利是附属于主债权的权利，如担保物权、保证债权以及附属于主债权的利息、建设工程价款优先受偿权等。[①] 第三，将债权保全的必要性判断标准由“对债权人造成损害”变更为“影响债权人的到期债权实现”，不再要求债务人怠于行使权利给债权人的债权造成实质损害，弱化了保全必要性的触发条件，使债权人的维权节点更靠前。

二是删除了相对人的抗辩举证责任。《合同法司法解释（一）》第 13 条第 2 款规定，如果次债务人不认为债务人有怠于行使其到期债权情况的，应当承担举证责任，而《民法典合同编通则司法解释》第 33 条删除了这一款规定。债权人行使代位权，应就代位权的成立要件承担举证责任。一方面，债权人应当举证证明自己对债务人享有债权，且该债权已届清偿期，债务人已构成给付迟延而致债权未能实现；另一方面，还应证明债务人对相对人享有债权或与该债权有关的从权利，债务人的债权已届清偿期且未受清偿。为了避免债务人与相对人串通阻碍债权人行使代位权，债务人怠于行使权利的

---

① 最高人民法院民法典贯彻实施工作领导小组主编：《中华人民共和国民法典合同编理解与适用》（一），人民法院出版社 2020 年版，第 502 页。

证明应当继续实行证明责任倒置。[①] 即如果相对人不能举证证明债务人已经起诉或申请仲裁向其主张到期债权或与该债权相关的从权利，一般认为债务人有怠于行使权利的情形。如果债务人参与了代位权诉讼，也可以举证证明其拥有履行债务的等值或者更高价值的责任财产，具有清偿债权人债权的能力，以此对抗债权人的代位权。

规范解读

1. 债权人的债权要求

根据《民法典》第535条、《民法典合同编通则司法解释》第33条的规定，代位权成立的首要条件就是债权人对债务人存在合法有效的到期债权。该债权需要具备以下三个要件：

第一，债权应当合法有效。债权应当是既存的债权，已经消灭或者尚未发生的债权，不得行使代位权。债权人的债权是否合法有效，属于法院受理代位权诉讼后进行实体审理的范围。如果提起代位权诉讼的债权已经判决书、裁定书、支付令、调解书等生效法律文书确认，在代位权诉讼中只需要进行形式审查；如果债权未经生效法律文书确认，当事人质疑债权的合法有效性的，在代位权诉讼中人民法院需要对此债权是否合法有效以及具体数额等进行审理认定。

第二，债权应当确定。在代位权诉讼中，人民法院需要对债权人的债权数额进行审理认定。如果债务人对债权人债权的存在及内容没有异议，或者该债权已经生效法律文书确认，即为确定的债权。在“杨某诉海南太阳系房地产开发公司等代位权诉讼案”中，法院认为，债权人对债务人享有的债权应当是明确的，若债权人不能举证证明其与债务人之间存在合法且明确的债权债务关系，即便债务人存在怠于行使其对次债务人到期债权的事实，债权人也无权向次债务人行使代位权。[②]

① 中国审判理论研究会民事审判理论专业委员会编著：《民法典合同编条文理解与司法适用》，法律出版社2020年版，第135页。

② 参见海南省海口市中级人民法院（2011）海中法经终字第71号民事裁定书。

第三，债权应当已届履行期。《民法典》第535条第2款规定代位权的行使范围以债权人到期债权为限，这既有时间限制，也有数额限制。[①] 除《民法典》第536条规定的保存行为外，如果法院支持债权人就未届履行期的债权行使代位权，会剥夺债务人的期限利益。

债权人的债权应当是效力齐备的债权，由此产生的疑问是，已经罹于时效的债权是否也应包括在内？从解释上看，诉讼时效已届满之债权并未当然消灭，只是成为自然债权，债权人仍然可以要求债务人履行。如果允许债权人代位，尤其是获得胜诉结果，对债务人也更为有利。因此，宜认为债权人对于已经罹于时效的债权仍可行使代位权。当然，相对人可在代位权诉讼中主张债务人享有的时效抗辩权。

代位权诉讼成功的后果是相对人向债权人履行债务人的债务，那么既要对债权人对债务人的债权进行认定，也要对债务人对相对人的权利进行判断。无论债权人将次债务人或其他相对人单独还是一并提起代位权诉讼，均要求债务人对相对人享有非专属于债务人自身的现实权利。在“兴宁市华侨住宅建设有限公司与广州嘉儒华房地产开发有限公司等代位权纠纷案”中，最高人民法院认为，债权人行使代位权应以债务人对次债务人享有到期债权为前提，在债务人对次债务人享有的债权因双方抵扣而归于消灭的情况下，债权人向次债务人主张行使代位权的诉请应予驳回。[②] 如果确定了债务人对次债务人享有到期债权，该债权的具体数额是否确定不应影响债权人对该权利行使代位权。被代位债权是否已经生效裁判确认，不是债权人提起代位权之诉的前置条件。[③] 在“中国农业银行哈尔滨市汇金支行诉江苏省张家港市涤纶长丝厂代位权纠纷案”中，法院认为次债务人可通过抗辩在诉讼中查清被代位的债权事实，不损害当事人的利益。[④]

---

① 最高人民法院民法典贯彻实施工作领导小组主编：《中华人民共和国民法典合同编理解与适用》（一），人民法院出版社2020年版，第499－500页。

② 参见最高人民法院（2012）民提字第29号民事判决书。

③ 参见广东省高级人民法院（2004）粤高法民二终字第376号民事判决书。

④ 参见江苏省高级人民法院（2001）苏民二终字第299号民事判决书，载《最高人民法院公报》2004年第4期。

2. “怠于行使权利”的判断标准

债权人以债务人的相对人为对象提起代位权诉讼，突破了债的相对性原则，那么应当从严认定债务人“怠于行使权利”的行为，需结合具体案情从主观和客观方面分析“怠于行使”的内涵。怠于行使是指应行使且能行使而不行使。“应行使”意味着此时不行使，债权或者与该债权有关的从权利可能丧失或不受法律保护，比如诉讼时效届满。“能行使”则指债权或者与该债权有关的从权利具备行使的条件，非客观不能。“不行使”则指债务人消极的不作为或迟延作为，不考究消极行为的原因及主观过错。为防止债务人与其相对人串通阻碍债权人行使代位权，债务人不能简单地声称向其相对人主张过权利，要从债务人是否以诉讼或仲裁方式向相对人主张权利来判断其是否怠于行使权利。例如，债务人在其债权到期后，没有以诉讼或者仲裁方式向相对人主张债权，而是与相对人签订协议延长履行债务期限，损害债权人债权的，构成怠于行使其到期债权的行为，债权人可以代位行使其债权。[①]

如果债务人未诉讼或未仲裁，在合理期限经过后其权利未能实现，即可推定债务人怠于行使权利。如果债务人已经进行了诉讼或仲裁，在无客观因素制约的情况下，权利能够实现而未实现，也可认定为债务人怠于行使权利。例如，债务人虽然对相对人提起了诉讼，但在诉讼中，双方自行达成和解协议而向法院申请撤诉，不能仅仅因债务人已经起诉就认为其未怠于行使权利，而应从和解撤诉后相对人是否履行义务的结果因素来考察。再如债务人对相对人的债权已经生效法律文书确定，但债务人不向法院申请执行，则应从债权无客观障碍能够实现但未能实现的结果状态来考察认定债务人怠于行使权利。[②] 在“上海中祥（集团）有限公司与上海市闸北区经济委员会等代位权纠纷案”中，债务人虽已起诉次债务人，并最终进入执行阶段，但债务人与次债务人签订执行和解协议后长达数年时间里，该和解协议并未按约履行，债务人的行为客观上对债权人的债权造成损害，故法院认为债权人

---

① 参见江苏省高级人民法院（2001）苏民二终字第299号民事判决书，载《最高人民法院公报》2004年第4期。

② 参见上海市高级人民法院（2009）沪高民一（民）终字第21号民事判决书。

提起代位权诉讼的理由成立。[①] 债务人起诉后又撤诉，相当于其并未达到向相对人主张权利的效果，仍可视为怠于行使权利，否则也很容易架空债权人的代位权。

以债务人是否提起诉讼或仲裁方式向相对人主张权利来判定债务人是否“怠于行使权利”的原因，在于诉讼或仲裁方式具有强烈的公示性，可避免债务人与相对人串通对抗债权人，而且可以产生强制执行的效果。从这个角度来说，督促程序、确认调解协议、实现担保物权程序等特别程序也具有诉讼或仲裁方式的上述功能，而且特别程序可以克服诉讼程序冗长的弊端，降低诉讼成本。如果债务人只有通过诉讼或仲裁向相对人主张权利，才不会被认为“怠于行使权利”，则无异于迫使债务人弃特别程序而不用，徒增讼累。因此，如果债务人已经通过特别程序向相对人主张权利，则同样不构成债务人怠于行使权利。

一般认为，“怠于行使权利”的主体应该是债务人本人，但是在特殊情形下，债务人的继承人也可能成为该主体。在“法库县市场监督管理局、姜某等债权人代位权纠纷案”中，法院认为不应狭隘地把“怠于行使权利”的主体限定为债务人本人，从立法目的来看，代位权的设立目的在于提供一条可行的法律路径救济和保护债权人的债权，当债务人的继承人放弃继承，债务人享有的对次债务人的不当得利债权无人主张，就出现了怠于主张债权的情形，当然会对债权人享有的债权造成损害。[②]

3. “影响债权人的到期债权实现”的认定

代位权的实质要件在于债务人怠于行使其债权或与该债权有关的从权利客观上已经对债权人的到期债权造成了影响，即债务人怠于行使权利的行为与债权人的债权不能实现之间具有因果关系。在认定债务人怠于行使权利的行为是否影响债权人的到期债权实现时，要结合债权人的债权情况、债务人的责任财产状况等因素在个案中进行具体判断，既要防止对债务人行为的不

---

① 参见上海市第二中级人民法院（2008）沪二中民二（民）初字第14号民事判决书。

② 参见辽宁省沈阳市中级人民法院（2021）辽01民终18800号民事判决书，辽宁省沈阳市中级人民法院（2021）辽01民终19270号民事判决书，辽宁省沈阳市中级人民法院（2022）辽01民再168号民事判决书。

当、过分干预，也要防止设定过于严苛的条件损害代位权的正常行使。如果债权人的债权已有足额的抵押、质押等担保，债务人怠于行使权利对债权人的债权实现并无影响，债权人不得代位行使债务人对相对人的权利，否则侵犯债务人的权利处分自由。

《合同法》第 73 条和《合同法司法解释（一）》第 13 条将债权保全的必要性判断标准规定为“对债权人造成损害”，由此产生了对债权人造成何等程度的损害才有保全必要的争议。目前大致可分为两种观点：

一种观点认为，只要债权人主观上认识到其债权由于债务人怠于行使权利而有不能受偿的危险，即可行使代位权而不管债务人事实上有无资力。法院在审查是否受理代位权诉讼时，对于“债务人怠于行使其到期债权，对债权人造成损害”这一要件，仅进行形式意义上的审查，即存在对债权人造成损害的可能性，人民法院就应当予以受理。对于该损害是否现实的发生，应待在实体审理中查明，并根据事实作出裁判。[①] 在“浙江省浙商资产管理有限公司、威远县商务和经济合作局等债权人代位权纠纷案”中，法院认为，在债权人提起代位权诉讼时，债务人仍未向次债务人主张支付租金，债务人已构成怠于行使其债权，债权人有权代位要求次债务人向其直接支付尚欠的租金。[②] 在该案中，法院未考究债务人是否因怠于行使权利而陷入“无资力”的状态，只要债务人迟延履行债务，且怠于行使其权利，就认为对债权人造成了损害，代位权因而成立。

另一种观点支持“无资力说”和“特定物债权说”并存模式，认为在不特定物债权或金钱债权的场合，对债权有无保全必要的判断，宜采“无资力说”；在特定物债权或其他与资产能力无关的债权的情况下，宜采用“特定物债权说”来判断债权有无保全的必要。[③] 在“国航财务公司诉永盈公司、华诚财务公司代位权纠纷案”中，法院认为，债权人代位权的设定是以增加债务人的财产从而增强债务人的责任能力为目的的，如果债务人有

---

① 参见最高人民法院（2012）民二终字第 3 号民事裁定书。

② 参见四川省内江市中级人民法院（2022）川 10 民终 1245 号民事判决书。

③ 参见中国审判理论研究会民事审判理论专业委员会编著：《民法典合同编条文理解与司法适用》，法律出版社 2020 年版，第 134 页；邱聪智：《新订民法债编通则》（下册），中国人民大学出版社 2004 年版，第 307 页；崔建远：《债权人代位权的新解说》，载《法学》2011 年第 7 期。

足够的财产清偿其债务，不会危及债权人债权的实现，即便债务人怠于行使到期债权，债权人也不得行使代位权。但如果债务人本身没有足够的财产清偿其债务，其应增加而未增加财产的行为就是对责任财产的损害，也就是对债权人债权的损害，此时，债权人就享有代位权。①

目前第二种观点为多数人支持的观点。但是，在交易日益广泛和复杂化的社会环境下，债权人很难完成债务人“无资力”这一证明责任。因此，在很多代位权纠纷案中，原告（债权人）虽然未能证明债务人因怠于行使权利而陷入“无资力”，法院仍然根据债务人陷入迟延且怠于行使权利的事实，进而认定债权人有保全债权的必要。但是，为了避免过分干预债务人的经济活动，也不能完全不考虑债务人的资力状况，如果债务人的其他财产充足，足以清偿对债权人所负的债务，那么即便债务人怠于行使权利，债权人也不得代位行使债务人的权利。②

关于债务人“无资力”的判断，一般认为，将债务人怠于行使权利后的资力状况与所负债务的总额进行比较，如果明显有支付不能的情形，即为无资力。“支付不能”是在债务超过的前提下，考虑强制执行的效果，但不以实际经过强制执行为必要，如果存在即使强制执行也难获满足的事实即可认定“支付不能”。如停止支付，银行账户余额不足，其他债权人已为强制执行而不能满足等，均可证明支付不能。③

适用难点

1. 债权人代位权的客体范围

债权人代位权的客体范围一直颇受争议，尤其是《合同法司法解释（一）》第13条将债权人代位权行使的对象限缩为具有金钱给付内容的到期

---

① 参见北京市高级人民法院（2001）高经终字第86号民事裁定书，载国家法官学院、中国人民大学法学院编：《中国审判案例要览·2002年民事审判案例卷》，中国人民大学出版社2003年版，第76页。

② 参见黄薇主编：《中华人民共和国民法典合同编释义》，法律出版社2020年版，第168页。

③ 最高人民法院研究室编著：《最高人民法院关于合同法司法解释（二）理解与适用》，人民法院出版社2009年版，第142页。

债权，审判实践中不少案件突破了这一限制。在《民法典》第535条的制定过程中，出于防范滥权、避免对债务人的经济活动干预太多、司法实践中不好把握等方面的考虑，立法机关倾向于限缩代位权的客体，并最终将代位权的客体规定为债务人的债权或者与该债权有关的从权利。与该债权有关的从权利主要是指担保权利，包括担保物权和保证。①

特定物债权能否作为债权人代位权的客体？在《民法典》施行前，虽然学界普遍支持应将特定物债权纳入代位权的客体，但是审判实践却持不同意见。有些法院支持原告直接向被告代位行使交付房屋并协助办理过户手续的诉讼请求，实质上是支持原告向被告代位行使特定物债权请求权。② 但有些法院却否定了债权人就债务人的物上请求权等非金钱给付债权行使代位权。③《民法典》第535条及《民法典合同编通则司法解释》第33条不再将代位权的客体限定为“金钱债权”，特定物债权可以成为代位权的客体。

公法上的债权能否成为债权人代位权的客体？以税收债权为例，有观点认为，税收债权属于法定之债，是公法上的债权范畴，原则上不能适用民法上的债权人代位权制度，否则将打破公法与私法的制度区分而影响私法体系的稳定性。这种观点高估了公法和私法之间的区隔，私法公法化、公法私法化早已不是秘密。《民法典》第535条没有对债权人的范围进行限定，而且税收债权实质上是一种广义上的金钱债权，允许税务机关对税收债权提起代位权诉讼，有利于国家税收的征缴。④ 因此，《税收征收管理法》第50条规定：“欠缴税款的纳税人因怠于行使到期债权，或者放弃到期债权，或者无偿转让财产，或者以明显不合理的低价转让财产而受让人知道该情形，对国

---

① 黄薇主编：《中华人民共和国民法典合同编释义》，法律出版社2020年版，第167页。

② 参见内蒙古自治区土默特左旗人民法院（2018）内0121民初1206号民事判决书，三台县人民法院（2014）三民初字第692号民事判决书。类似案件还有江苏省高级人民法院（2020）苏民申6696号民事裁定书，河北省唐山市曹妃甸区人民法院（2021）冀0209民初130号民事判决书，江苏省苏州市中级人民法院（2020）苏05民终5907号民事判决书。

③ 最高人民法院（2012）民申字第604号民事裁定书。同类案件参见重庆市綦江区人民法院（2015）綦民初字第02007号民事判决书，浙江省嘉兴市南湖区人民法院（2011）嘉南商初字第1312号民事判决书。

④ 最高人民法院民法典贯彻实施工作领导小组主编：《中华人民共和国民法典合同编理解与适用》（一），人民法院出版社2020年版，第508页。

家税收造成损害的，税务机关可以依照合同法第七十三条、第七十四条的规定行使代位权、撤销权。”

形成权能否成为债权人代位权的客体？“与该债权有关的从权利”是否包括债务人享有的合同解除权、因意思表示瑕疵所产生的合同撤销权等权利，目前没有共识。虽然有很多的学者主张应当将合同解除权、撤销权等形成权纳入债权人代位权的客体范围，但是债权人代位权制度毕竟突破了债的相对性，会对债务人的经济活动进行干涉，对债权人的保护应当是有限度的。合同解除权、撤销权等形成权，一旦行使，就会变更债务人和相对人之间的利益关系。究竟是解除或撤销合同对债务人的整体责任财产更为有利，还是不解除或不撤销合同更为有利，情况比较复杂，债权人不宜直接取代债务人作出决定，因而不宜将合同解除权、撤销权等形成权纳入代位权的客体，防止过度干涉债务人的行为。①

2. 债务人对相对人的权利应否到期的判定

关于债务人对相对人的权利应否到期的问题，《民法典》第 535 条没有明确规定。一般认为，“债务人怠于行使其债权”已包含该债权到期的意思，因此，债务人对相对人的债权通常情况下应当到期。在“世纪证券有限责任公司、南昌市人民政府与中房集团南昌房地产开发总公司欠款代位权纠纷案”中，由于债务人对次债务人是否享有到期债权尚不确定，故法院认为债权人对次债务人提起的代位权诉讼不能成立。② 但是，也有例外。相对人预期违约，债务人无须等到债务履行期限届满即可要求相对人承担违约责任，此时债权人提起代位权诉讼也无须等到该债权到期。相对人提前清偿，如果不损害债务人利益，债务人不得拒绝，债权人可就该可获提前清偿的债权主张代位权。再如，如果债务人对相对人的债权享有抵押权，则当相对人不履行到期债务或发生当事人约定的实现抵押权的情形，债务人有权就该财产优先受偿。根据《民法典》第 419 条的规定，在债务人对相对人的债权诉讼时效期间内，如果债务人怠于行使该抵押权，在满足其他代位权成

① 参见黄薇主编：《中华人民共和国民法典合同编释义》，法律出版社 2020 年版，第 167 页。

② 参见最高人民法院（2006）民二终字第 188 号民事判决书，类似案件参见广东省佛山市中级人民法院（2022）粤 06 民终 191 号民事判决书。

立条件的前提下，债权人即可对抵押人提起代位权诉讼。

3. 实际施工人能否就建设工程价款优先受偿权进行代位

《建设工程施工合同司法解释（一）》第44条规定："实际施工人依据民法典第五百三十五条规定，以转包人或者违法分包人怠于向发包人行使到期债权或者与该债权有关的从权利，影响其到期债权实现，提起代位权诉讼的，人民法院应予支持。"该规定确定了实际施工人的债权人代位权。在转包人或违法分包人为建筑施工企业的情况下，转包人或违法分包人对发包人的债权均不属于专属于其自身的债权，实际施工人均可代位行使。[①] 建设工程价款优先受偿权是工程款债权的从权利，且不是专属于承包人自身的权利，[②] 那么实际施工人能否主张代位行使建设工程价款优先受偿权呢？最高人民法院认为，实际施工人可以代位行使的"与该债权有关的从权利"不应当包括建设工程价款优先受偿权，否则会致使围绕建设工程建立的一系列法律关系处于不稳定之中，不仅损害交易安全和其他相关方的利益，也会对建设工程的使用、转让等造成不良影响，而且对发包人明显不公平。[③]

4. 债权人能否代位行使债务人客观上无法行使的债权或者与该债权有关的从权利

根据传统观点，债务人"怠于行使权利"的认定局限于债务人主观不愿行使权利的情形，无法涵盖债务人客观不能主张权利的情形。但是，在某些债务人客观无法主张权利的特殊情形下，也有债权人代位权的适用空间。在"福建医科大学附属协和医院与福州闽运公共交通有限责任公司医疗服务合同纠纷案"中，被告的雇员违反道路交通安全法律法规，违法驾车通行，碰撞无名氏致其受伤。被告应承担侵权责任，无名氏对被告享有请求全

---

① 最高人民法院民事审判第一庭编著：《最高人民法院新建设工程施工合同司法解释（一）理解与适用》，人民法院出版社2021年版，第455页。

② 参见《深圳市中级人民法院关于建设工程施工合同纠纷案件的裁判指引》第24条，《江苏省高级人民法院关于审理建设工程施工合同纠纷案件若干问题的解答》第5条，《浙江省高级人民法院民事审判第一庭关于审理建设工程施工合同纠纷案件若干疑难问题的解答》，《广东省高级人民法院关于在审判工作中如何适用〈合同法〉第286条的指导意见》第2条，最高人民法院（2007）民一终字第10号和（2019）最高法民终519号民事判决书。

③ 最高人民法院民事审判第一庭编著：《最高人民法院新建设工程施工合同司法解释（一）理解与适用》，人民法院出版社2021年版，第456－457页。

额赔偿医疗费等损害之债权，该债权合法，且已实际产生，被告应当予以赔付。无名氏因长期处于植物人状态后死亡，客观上无法向被告追索医疗费等损失。根据上述情况，法院认为，如准许原告直接向被告追索无名氏应当支付的医疗费，对无名氏而言，没有侵害其合法权益，客观上有利于保障其生命健康权，从而体现了文明社会对一个人的生命健康权的尊重；对作为医疗机构的原告而言，准许其及时向赔偿义务人追回垫付的医疗费，符合民法公平原则，且有利于其发扬救死扶伤的工作宗旨；对被告而言，也没有损害其合法权益。原告追索上述医疗费等费用，可参照最相类似的《合同法》第73条（债权人的代位权）的规定来行使权利。[①]

类案指引

1. 安徽国华新材料有限公司（以下简称国华公司）与华电国际电力股份有限公司（以下简称华电公司）债权人代位权纠纷上诉案[②]

裁判要旨：债务人不履行其对债权人的到期债务，又不以诉讼或者仲裁方式向相对人主张其享有的权利，致使债权人的到期债权未能实现，应当认定债务人怠于行使权利，影响债权人的到期债权实现。

法院认为：因华电公司对华麟公司享有主张金钱返还的权利、华麟公司对国华公司享有诚意金退还之权利，在华麟公司未主动起诉要求国华公司退还时，作为债权人的华电公司请求国华公司返还其尚未退还的4000万元诚意金，于法有据。

2. 成都市国土资源局武侯分局（以下简称武侯国土局）与招商（蛇口）成都房地产开发有限责任公司（以下简称招商房地产公司）、成都港招实业开发有限责任公司（以下简称成都港招公司）等债权人代位权纠纷案[③]

裁判要旨：债务人与相对人约定以代物清偿方式清偿债务的，因代

① 参见福建省福州市台江区人民法院（2014）台民初字第240号民事判决书。类似案件参见浙江省绍兴市中级人民法院（2009）浙绍民终字第293号民事判决书。

② 参见最高人民法院（2015）民二终字第238号民事判决书。

③ 参见最高人民法院（2011）民提字第210号民事判决书。

物清偿协议系实践性合同，故若相对人未实际履行代物清偿协议，则债务人与相对人之间的原金钱债务并未消灭，债权人仍有权代位行使债务人的债权。

法院认为：招商局公司实际未将土地使用权转移过户至成都港招公司名下，清算协议未得到实际履行，协议双方的债权债务仍然存在。招商局公司对成都港招公司负有债务，且为金钱债务。此时，武侯国土局可以招商局公司为次债务人，依法行使代位权。但是招商局公司已注销，招商房地产公司未承受招商局公司对成都港招公司所负的债务，因此，武侯国土局要求招商房地产公司清偿该债务的请求不予支持。再审法院认为：成都港招公司是武侯国土局的债务人，武侯国土局对成都港招公司的债权合法且已确定。成都港招公司与招商局公司双方协议以土地作价清偿的约定构成了代物清偿法律关系。依据民法基本原理，代物清偿作为清偿债务的方法之一，是以他种给付代替原定给付的清偿，以债权人等有受领权的人现实地受领给付为生效条件，在新债务未履行前，原债务并不消灭，当新债务履行后，原债务同时消灭。成都港招公司与招商局公司虽然约定"以地抵债"的代物清偿方式了结双方债务，但由于该代物清偿协议并未实际履行，因此双方原来的金钱债务并未消灭，招商局公司仍对成都港招公司负有金钱债务。据此，招商局公司是成都港招公司的债务人，进而是武侯国土局的次债务人。因为成都港招公司既未向武侯国土局承担注册资金不实的赔偿责任，又未以诉讼或者仲裁方式向招商局公司主张已到期债权，致使债权人武侯国土局的债权未能实现，已经构成"债务人怠于行使其到期债权，对债权人造成损害"，因此，武侯国土局有权代位行使成都港招公司对招商局公司享有的合法金钱债权。招商房地产公司是由招商局公司改制而来，应负责偿还改制前的招商局公司的债务。故武侯国土局将招商房地产公司作为次债务人，要求其承担原招商局公司所欠成都港招公司的债务，符合债权人代位权的相关法律规定，应予支持。

3. 中国银行股份有限公司汕头分行（以下简称中行汕头分行）与广东发展银行股份有限公司韶关分行（以下简称广发行韶关分行）、第三人珠海经济特区安然实业（集团）公司（以下简称安然公司）代位权纠纷案①

裁判要旨：在债务人无法主张权利的情况下，债权人可诉请要求确认债务人与相对人所签合同无效，并对合同无效后的金钱给付债权行使代位权。

法院认为：

一审法院认为，安然公司对广发行韶关分行是否享有怠于行使的到期债权的事实未确定，因此，中行汕头分行以自己的名义代位行使安然公司对广发行韶关分行的债权，不符合法律规定的代位权条件。

二审法院认为，广发行曲江支行（被注销，其债权债务由广发行韶关分行承担）与安然公司签订的《合作权转让协议》应认定无效。中行汕头分行作为利害关系人，有权以提起诉讼的方式请求人民法院确认该协议无效。广发行曲江支行应将安然公司支付的购地款以及在占用该款项期间产生的相应利息返还给安然公司。安然公司对广发行韶关分行的上述债权为金钱债权，不属于专属于安然公司自身的债权。安然公司怠于行使对广发行韶关分行的到期债权，损害了中行汕头分行的利益，符合代位权的成立条件，应予改判。

再审法院认为，有关该《合作权转让协议》的效力认定问题，不仅关系到安然公司与广发行曲江支行之间债权债务关系的确认，而且在安然公司无法主张该权利的情况下，与作为安然公司合法债权人的中行汕头分行亦存在直接的利害关系，直接影响中行汕头分行所主张的代位权诉讼中的次债务是否真实存在。故中行汕头分行作为本案原告提起诉讼，请求依法确认《合作权转让协议》无效，并判令广发行韶关分行返还安然公司支付的购地款本息等，符合《民事诉讼法》规定的立案受理条件和《合同法》第73条的规定。

① 参见最高人民法院（2011）民提字第7号民事判决书。

4. 中国农业银行汇金支行诉张家港涤纶厂代位权纠纷案①

裁判要旨： 债务人在债务到期后，没有以诉讼或者仲裁方式向相对人主张债权，而是与相对人签订协议延长履行债务期限，损害债权人债权的，属于怠于行使到期债权的行为，债权人可以以自己的名义代位行使债务人的债权。债务人与相对人之间的具体债务数额是否确定，不影响债权人行使代位权。

法院认为： 债务人既未积极向债权人履行到期债务，又未通过诉讼或者仲裁方式主张其对次债务人的到期债权，而在其债权到期后，通过签订延期还款协议，将还款时间延长8年之久，明显损害了债权人的合法权益。债务人的上述行为，导致债权人的债权不能实现，属于《合同法》第73条规定的债务人怠于行使债权。债务人与次债务人之间的具体债务数额是否确定，并不影响债权人对代位权的行使。因为在诉讼中，次债务人完全有权向债权人行使抗辩，本案中债务人也已作为第三人参加诉讼，涉及债务人与次债务人之间的债权债务关系的事实可以在案件中一并查清并加以确认，并不损害次债务人的利益。

5. 孙某与沈阳沈铁房地产开发集团有限公司（以下简称沈铁开发公司）代位权纠纷案②

裁判要旨： 拆迁安置补偿协议中交付调换产权房的非金钱债权可以成为代位权的客体。

法院认为： 案外人李某作为诉争房屋的非处分权人处分了孙某所有的房屋，对孙某的财产权利构成了侵害，双方产生了财产损害赔偿之债，孙某享有对李某请求赔偿的权利。依照李某与沈铁开发公司签订的拆迁补偿安置协议约定，沈铁开发公司未依约将符合国家有关规范、标准的产权调换房屋交付李某。由此，债务人李某享有请求次债务人沈铁开发公司履行协议，为其安置房屋的到期债权，该债权亦不是专属于债务人自身的债权。至今，债务人李某并未积极向沈铁开发公司主张其享有的

---

① 参见江苏省高级人民法院（2001）苏民二终字第299号民事判决书。

② 参见辽宁省沈阳市中级人民法院（2010）沈中民二终字第1736号民事判决书。

到期债权，致使债权人孙某的到期债权未能实现。孙某的诉讼请求符合合同法关于代位权的制度规定，孙某依该规定享有代位取得要求沈铁开发公司履行拆迁补偿安置协议为其安置房屋的权利，沈铁开发公司负有直接向孙某继续履行协议的义务。

相关条文

《民法典》

第五百三十五条　因债务人怠于行使其债权或者与该债权有关的从权利，影响债权人的到期债权实现的，债权人可以向人民法院请求以自己的名义代位行使债务人对相对人的权利，但是该权利专属于债务人自身的除外。

代位权的行使范围以债权人的到期债权为限。债权人行使代位权的必要费用，由债务人负担。

相对人对债务人的抗辩，可以向债权人主张。

第五百三十六条　债权人的债权到期前，债务人的债权或者与该债权有关的从权利存在诉讼时效期间即将届满或者未及时申报破产债权等情形，影响债权人的债权实现的，债权人可以代位向债务人的相对人请求其向债务人履行、向破产管理人申报或者作出其他必要的行为。

二、专属于债务人自身的权利

释义条文

《民法典合同编通则司法解释》

第三十四条　下列权利，人民法院可以认定为民法典第五百三十五条第一款规定的专属于债务人自身的权利：

（一）抚养费、赡养费或者扶养费请求权；

（二）人身损害赔偿请求权；

（三）劳动报酬请求权，但是超过债务人及其所扶养家属的生活必需费用的部分除外；

（四）请求支付基本养老保险金、失业保险金、最低生活保障金等保障当事人基本生活的权利；

（五）其他专属于债务人自身的权利。

新旧变化

《合同法司法解释（一）》第12条规定："合同法第七十三条第一款规定的专属于债务人自身的债权，是指基于扶养关系、抚养关系、赡养关系、继承关系产生的给付请求权和劳动报酬、退休金、养老金、抚恤金、安置费、人寿保险、人身伤害赔偿请求权等权利。"相较而言，《民法典合同编通则司法解释》第34条的规定层次更分明，条理更清晰，而且内容有增有减。保留抚养费、赡养费或者扶养费请求权、人身伤害赔偿请求权（人身损害赔偿请求权）等。删除了基于继承关系产生的给付请求权和安置费，将"退休金、养老金、人寿保险"的权利修改为"请求支付基本养老保险金、失业保险金、最低生活保障金等保障当事人基本生活的权利"，将"劳动报酬"调整限缩为"劳动报酬请求权，但是超过债务人及其所扶养家属的生活必需费用的部分除外"，并以"其他专属于债务人自身的权利"作为兜底，保持体系上的开放性和前瞻性。

规范解读

所谓专属于债务人自身的权利，包括依照法律规定或者权利性质不得让与的权利、不得强制执行的权利及其他应由债务人本人行使的权利。[①]

1. 抚养费、赡养费或者扶养费请求权

抚养费、赡养费、扶养费请求权，是建立在亲属身份关系基础之上的权利。为了保障弱势群体的生存利益，满足公序良俗原则的要求，彰显保护人

① 梁慧星：《中国民法典草案建议稿附理由：债权总则编》，法律出版社2013年版，第201页。

权原则等需要，[1] 抚养费、赡养费和扶养费请求权属于专属于债务人自身的权利，债权人不得代位行使。《民法典》第1118条中规定，因养子女成年后虐待、遗弃养父母而解除收养关系的，养父母可以要求养子女补偿收养期间支出的抚养费。生父母要求解除收养关系的，养父母可以要求生父母适当补偿收养期间支出的抚养费。由于收养关系的解除，可能致使养父母陷入老无所依的困难境地，通过主张该情形下的抚养费补偿请求权，能够增强养父母的经济能力，因此该抚养费补偿请求权属于基于抚养关系产生的给付请求权，债权人不得代位行使。交通事故中的伤残或者死亡者的被扶养人可向责任人或保险公司主张的被扶养人生活费请求权也具有专属性。原因在于，这里的被扶养人是受害人依法应当承担扶养义务的未成年人或者丧失劳动能力又无其他生活来源的成年近亲属。为了在受害人丧失劳动能力期间或死亡后，保障被扶养人的生存权，责任人或保险公司应当赔偿被扶养人生活费，因此，被扶养人生活费请求权也是专属于债务人自身的权利。抚养费、赡养费、扶养费的认定，依据法定标准进行。实践中常见的情形包括：医疗费、每年支付固定数额的"伙食费"、不构成重大支出的子女特长培训费、子女生活费、教育费等费用。[2]

2. 人身损害赔偿请求权

根据《民法典》第1179条、第1183条及《人身损害赔偿司法解释》的相关规定，侵害他人造成人身损害的，应当赔偿医疗费、护理费、交通费、营养费、住院伙食补助费等为治疗和康复支出的合理费用，以及因误工减少的收入；造成残疾的，还应当赔偿辅助器具费和残疾赔偿金；造成死亡的，还应当赔偿丧葬费和死亡赔偿金；侵害自然人人身权益造成严重精神损害的，应当支付精神损害赔偿金。生命权、健康权、身体权是自然人最基本的人身权。当该权利受到不当损害时，会对受害人及其近亲属造成财产上的损失，如医疗费、护理费、交通费、营养费、住院伙食补助费、误工费、丧

---

① 参见黄薇主编：《中华人民共和国民法典总则编释义》，法律出版社2020年版，第531－532页。

② 参见杨巍：《〈民法典〉第196条（不适用诉讼时效的请求权）评注》，载《南大法学》2022年第2期。

葬费、被扶养人生活费等已支出或能获得的财产损失；也会因损害受害人的身体而致其感受到万分痛苦甚至死亡，死者的近亲属会因丧失亲人而遭受精神痛苦和打击进而产生精神上的创伤，需要通过精神损害赔偿进行必要的抚慰。人身损害赔偿请求权关涉受害人的生命权、健康权、身体权等人身权，与其生存利益息息相关。因此，人身损害赔偿请求权是专属于债务人自身的权利，不得由债权人代位行使。

3. 劳动报酬请求权，但是超过债务人及其所扶养家属的生活必需费用的部分除外

劳动报酬有广义和狭义之分。最广义的劳动报酬泛指人们从事各种劳动而获得的所有形式的报酬，包括货币收入、各种实物收入、社会保险金、职工福利费等。最狭义的劳动报酬是指在劳动合同关系下，用人单位提供给劳动者的货币报酬，即工资。由于劳动报酬是维持受雇人生存的最主要经济来源，因此法律规定了劳动报酬请求权具有优先于普通债权的特殊保障机制，但是不意味着要赋予所有的劳动报酬请求权以专属性。实践中部分企业高管、从事专门工作的有关人员的高额报酬如不允许代位行使，会导致对债权人严重不公的结果。因此，不应一概将劳动报酬请求权认定为专属于债务人自身的权利，而应充分考虑劳动报酬的生活保障及经济交往的不同功能，将“超过债务人及其所扶养家属的生活必需费用的劳动报酬请求权”纳入代位权行使的范围。①

4. 请求支付基本养老保险金、失业保险金、最低生活保障金等保障当事人基本生活的权利

基本养老保险金、失业保险金、最低生活保障金等制度是保障当事人基本生活的社会保障制度。其中，基本养老保险金的发放目的是保障老年人的基本生活需要，为其提供稳定可靠的生活来源。《社会保险法》第17条规定：“参加基本养老保险的个人，因病或者非因工死亡的，其遗属可以领取丧葬补助金和抚恤金；在未达到法定退休年龄时因病或者非因工致残完全丧失劳动能力的，可以领取病残津贴。所需资金从基本养老保险基金中支

---

① 参见陈龙业：《代位权规则的细化完善与司法适用》，载《法律适用》2023年第12期。

付。”该条规定的丧葬补助金、抚恤金以及病残津贴，与基本养老保险金一样，都具有人身专属性，也应排除在代位权行使的对象之外。[①] 失业保险金可以保障失业人员失业期间的基本生活，促进其再就业。最低生活保障金制度是政府为保障低保群体的基本生活水平，改善家庭贫困状况而建立的社会救助制度，是维护低保群体最基本生存权利的最后一道安全网。自然人的存活依赖于基本生活需求的满足，请求支付基本养老保险金、失业保险金、最低生活保障金等保障当事人基本生活的权利可以满足自然人的基本生活需求，维持自然人的生命体延续和保持发展，具有人身专属性。因此，其他的具体权利类型如果是与请求支付基本养老保险金、失业保险金、最低生活保障金等权利一样具有保障当事人基本生活需求的，也应当排除在代位权行使对象之外。

5. 其他专属于债务人自身的权利

其他专属于债务人自身的权利包括人身损害补偿请求权、离婚损害赔偿请求权、离婚经济补偿请求权、离婚经济帮助请求权、工伤保险金支付请求权等权利，主要以是否涉及债务人的人身权益或是否系债务人的基本生活保障为判定标准。

适用难点

1. 人身损害赔偿请求权在特殊情形下可被代位行使

《民法典合同编通则司法解释》第 34 条第 2 项规定“人身损害赔偿请求权”是“专属于债务人自身的权利”，是否行使以及如何行使该请求权由债务人自己决定。但是，如果受害人被他人侵权身亡且无权利承受人，客观上无法行使人身损害赔偿请求权，如若受限于法律救济途经的缺乏，为其垫付医疗费用的权利人不能直接向人身损害赔偿义务人追偿行使，会导致其垫付的医疗费用不能追回，而人身损害赔偿义务人却不用承担赔偿责任，这种结果显然不符合公平原则，也不利于弘扬救死扶伤的人道主义精神，因此，

① 陈龙业：《代位权规则的细化完善与司法适用》，载《法律适用》2023 年第 12 期。

已垫付医疗费用的权利人有权依代位权起诉人身损害赔偿义务人。[①]

2. 基于继承关系产生的给付请求权是否属于专属于债务人自身的权利

考虑继承人怠于继承的情形相对较少，且继承权本身能否代位的问题存在一定争议，目前不宜明确将基于继承关系产生的给付请求权规定为专属于债务人自身的权利，须结合具体情形予以判断。如果涉及是否放弃继承权，由于继承权是专属于继承人的权利，债权人不得代替债务人作出决定。但是，审判实践中也出现了例外。在“孙某诉余某因放弃继承致偿债不能代位权纠纷案”中，法院认为，债务人在尚有到期债务没有偿还的情况下，放弃继承遗产，侵害了债权人的权利，该行为应认定无效，应支持债权人代位要求确认债务人在遗产中所享有的份额的诉讼请求。[②] 如果债务人没有明确放弃继承，就可以请求被继承人的债务人清偿债务，所得财产除了用于清偿被继承人的债务，超出部分构成债务人的责任财产。这种基于继承关系产生的给付请求权不涉及人身权益，不具有专属性，债权人可以代位行使。

3. 精神损害赔偿请求权是否属于专属于债务人自身的权利

根据《最高人民法院关于确定民事侵权精神损害赔偿责任若干问题的解释》第2条、第3条的规定，严重损害监护关系或侵害死者的姓名、肖像、名誉、荣誉、隐私、遗体、遗骨等的，监护人或死者的近亲属可主张精神损害赔偿。《民法典》第996条规定：“因当事人一方的违约行为，损害对方人格权并造成严重精神损害的，受损害方可请求精神损害赔偿。”第1183条规定：“侵害自然人人身权益造成严重精神损害的，被侵权人有权请求精神损害赔偿。因故意或者重大过失侵害自然人具有人身意义的特定物造成严重精神损害的，被侵权人有权请求精神损害赔偿。”在审判活动中，“具有人身意义的特定物”主要包括与死者相关的特定纪念物品（如遗像、墓碑、骨灰盒、遗物等）、与结婚等人生重大事件相关的纪念物品（如相关的录像、照片等）、与家族祖先相关的特定纪念物品（如祖坟、祠堂等）

---

① 参见浙江省绍兴市中级人民法院（2009）浙绍民终字第293号民事判决书。类似案件参见福建省福州市中级人民法院（2013）榕民终字第1563号民事判决书，福建省福州市台江区人民法院（2014）台民初字第240号民事判决书等。

② 参见江苏省宿迁市宿城区人民法院（2011）宿城民初字第1088号民事判决书。

等，保护这类物品主要是为了保护其上承载的“人身权益”。[1]

精神损害赔偿请求权的设立目的，在于利用这种责任方式抚慰受害人精神上遭受的痛苦，保护受害人的人身权益，该权利具有人身专属性。而且《民法典合同编通则司法解释》第 34 条第 2 项明确规定人身损害赔偿请求权属于专属于债务人自身的权利，而人身损害赔偿的内容包括精神损害赔偿，这就相当于认可精神损害赔偿请求权也属于专属于债务人自身的权利。

4. 安置费请求权是否属于专属于债务人自身的权利

安置费请求权是与企业解除劳动关系的在职职工、破产企业职工、房屋或土地被征收的被征收人等人员请求企业或征收人支付一次性安置费、临时安置费或安置补助费等费用的债权，是对以劳动报酬、房屋、土地等为生产资料、生活来源的人员所给予的生产费用或生活补助费用，可有效缓解这些人员失业、失房、失地等特殊时期的生活困难。因此，《合同法司法解释（一）》第 12 条将安置费请求权纳入专属于债务人自身的债权。但是，安置费请求权并不总是与债务人的人身权益、基本生活保障等必然相关，对债权人不公平。

因此，如果安置费请求权涉及债务人的人身权益或系债务人的基本生活保障，则具有专属性，否则即构成债务人的责任财产，从而允许债权人代位行使。

5. 基于人寿保险产生的请求权是否属于专属于债务人自身的权利

《合同法司法解释（一）》第 12 条明确规定基于人寿保险产生的请求权属于专属于债务人自身的债权。这里的债务人在保险法律关系中是被保险人。根据《保险法》的规定和人寿保险原理，这当然是正确的，在审判实践中，各地法院坚持了这一立场，认可人寿保险具有人身专属性，在涉及执行时排除强制执行。[2] 但随着 20 多年来金融保险体制改革和保险产品的不断创新，也有法院认为，虽然人寿保险产品是以人的生命和身体为保险标的，但保险单本身具有储蓄性和有价性，该储蓄性和有价性体现在投保人可

---

① 参见石冠彬：《民法典精神损害赔偿制度的规范构造与价值定位》，载《学术月刊》2022 年第 4 期。

② 参见浙江省温州市中级人民法院（2014）浙温执复字第 36 号执行裁定书。

通过解除保险合同提取保险单的现金价值。现金价值作为投保人所享有的财产权益，构成投保人的责任财产，在法律性质上并不具有人身依附性和专属性。[①] 在（2020）最高法执复71号中，最高人民法院认为，人身保险产品虽然具有一定的人身保障功能，但其根本目的和功能是经济补偿，其本质上属于一项财产性权益，具有一定的储蓄性和有价性；人身保险的保单现金价值与保险事故发生后支付的保险金不同，不具有人身依附性的专属性，在保险金给付之前，投保人对该保险现金价值享有确定的物权所有权，可以冻结并强制扣划保单的现金价值。

《民法典合同编通则司法解释》第34条吸收了审判实践的上述观点，不再明确规定基于人寿保险产生的请求权属于专属于债务人自身的权利。对于确有人身专属性的人寿保险给付请求权，可纳入请求支付基本养老保险金等保障当事人基本生活的权利或兜底条款进行处理。

类案指引

1. 杭州市萧山区第二人民医院诉天安保险股份有限公司绍兴县支公司、徐某代位权案[②]

裁判要旨：交通事故的受害人在医院抢救无效死亡，医院在无法找到受害人家属的情况下，有权就所拖欠的医疗费向交通事故中负有责任的另一方当事人提起代位追偿请求。

法院认为：原审被告将受害人无名氏撞伤，双方之间形成人身损害赔偿债权债务关系，受害人无名氏享有要求原审被告赔偿包括医疗费、死亡赔偿金等在内的损失的请求权，但因其身亡，导致无法找到其继承人依法向侵权人主张权利，无名氏的法定权利客观存在但无法行使。被上诉人作为救死扶伤的机构，其自身亦是自负盈亏的经营实体，在无人

① 参见山东省枣庄市中级人民法院（2022）鲁04执复8号执行裁定书。
② 参见浙江省绍兴市中级人民法院（2009）浙绍民终字第293号民事判决书。

支付医疗费用的情况下，对受害者及时进行抢救治疗，其行为应予肯定。被上诉人与无名氏之间形成医疗服务合同关系，医院当然有权向无名氏要求支付医疗费用，对无名氏享有债权。现无名氏死亡，继承人找不到，无法通过诉讼或仲裁方式向其债务人即原审被告来主张权利，客观上已经具备了“怠于行使”之要件，医院当然可以代位取得其债权请求权。人身伤害赔偿请求权是“专属于债务人自身的债权”，此规定的目的是保障债务人的自主选择权，即是否行使以及如何行使该请求权由债务人自己决定。但现在的问题是受害人无名氏客观上无法行使此种权利，如受困于法律救济途经的缺乏，医院不能直接向交通事故肇事责任方行使追偿权，形成的必然结果是医院垫付的医疗费用不能追回，而肇事的责任方及其投保的保险公司却不用承担赔偿责任，这种结果显然不符合公平原则，不利于救死扶伤人道主义精神的弘扬。在保护债务人意思自治与保护社会公平交易秩序存在价值冲突时，在法律价值的取舍上，应以后者为重，因此，债务人权利的性质不应影响对社会公平价值追求的保护，被上诉人有权依代位权起诉原审被告。由于原审被告肇事车辆向上诉人投保了第三者责任险，故可由保险公司在保险限额范围内直接承担赔付责任。

2. 王瑞某、王学某等借款合同纠纷执行监督案①

裁判要旨：人寿保险兼具人生保障和投资理财功能，但保险单本身具有储蓄性和有价性，其储蓄性和有价性体现在投保人可通过解除保险合同、退保等方式提取保单的现金价值，该现金价值属于投保人享有的一种确定的投资性权益，构成投保人的责任财产，且在法律性质上不具有人身依附性和专属性。

法院认为：人身保险是以人的寿命和身体为保险标的的保险，保险单具有现金价值。其中人寿保险更是具有较为典型的储蓄性和有价性，已经成为一种较为普遍的投资理财方式。这种储蓄性和有价性，不仅体

① 参见最高人民法院（2021）最高法执监35号执行裁定书。

现在保险合同存续期间，投保人可以获取利息等红利收入，而且体现在投保人可以以保险单现金价值为限进行质押贷款，更体现在保险期间内投保人可以随时单方无条件解除保险合同，以提取保险单的现金价值。因此，案涉9份保险单的现金价值具有明显的财产属性。根据《保险法》第47条及《最高人民法院关于适用〈中华人民共和国保险法〉若干问题的解释（三）》第16条第1款的规定，保险合同解除后，保险单的现金价值一般应归属于投保人。因此，案涉保险单的现金价值作为财产权益分别归属于投保人即被执行人王瑞某、王学某，可以成为本案的执行标的。

3. 雷某与毕某等债权人代位权纠纷案①

裁判要旨：债务人基于继承关系而对相对人享有返还应付房屋差价款的请求权，却怠于行使该权利，影响其债权人的到期债权实现，债权人可对该房屋差价款返还请求权行使代位权。

法院认为：次债务人处分案涉房屋，未能向雷某的继承人返还应付房屋差价款，双方之间形成债权债务关系。由于债务人作为雷某唯一的第一顺位继承人，在生效民事判决判令其在继承被继承人雷某遗产范围内偿还债权人借款本金的情况下，怠于行使针对次债务人的债权，造成债权人的权益不能得到维护，债权人可行使代位权向次债务人主张债权。

相关条文

《民法典》

第五百三十五条　因债务人怠于行使其债权或者与该债权有关的从权利，影响债权人的到期债权实现的，债权人可以向人民法院请求以自己的名义代位行使债务人对相对人的权利，但是该权利专属于债务人自身的除外。

代位权的行使范围以债权人的到期债权为限。债权人行使代位权的必要费用，由债务人负担。

---

① 参见辽宁省沈阳市中级人民法院（2022）辽01民终9193号民事判决书。

相对人对债务人的抗辩，可以向债权人主张。

第九百九十六条 因当事人一方的违约行为，损害对方人格权并造成严重精神损害，受损害方选择请求其承担违约责任的，不影响受损害方请求精神损害赔偿。

第一千一百七十九条 侵害他人造成人身损害的，应当赔偿医疗费、护理费、交通费、营养费、住院伙食补助费等为治疗和康复支出的合理费用，以及因误工减少的收入。造成残疾的，还应当赔偿辅助器具费和残疾赔偿金；造成死亡的，还应当赔偿丧葬费和死亡赔偿金。

第一千一百八十三条 侵害自然人人身权益造成严重精神损害的，被侵权人有权请求精神损害赔偿。

因故意或者重大过失侵害自然人具有人身意义的特定物造成严重精神损害的，被侵权人有权请求精神损害赔偿。

《民事诉讼法》

第二百五十四条 被执行人未按执行通知履行法律文书确定的义务，人民法院有权扣留、提取被执行人应当履行义务部分的收入。但应当保留被执行人及其所扶养家属的生活必需费用。

人民法院扣留、提取收入时，应当作出裁定，并发出协助执行通知书，被执行人所在单位、银行、信用合作社和其他有储蓄业务的单位必须办理。

三、代位权诉讼的管辖

释义条文

《民法典合同编通则司法解释》

第三十五条 债权人依据民法典第五百三十五条的规定对债务人的相对人提起代位权诉讼的，由被告住所地人民法院管辖，但是依法应当适用专属管辖规定的除外。

债务人或者相对人以双方之间的债权债务关系订有管辖协议为由提出异议的，人民法院不予支持。

新旧变化

《合同法司法解释（一）》第 14 条规定："债权人依照合同法第七十三条的规定提起代位权诉讼的，由被告住所地人民法院管辖。"《民法典合同编通则司法解释》第 35 条依然坚持债权人代位权诉讼由被告住所地人民法院管辖的一般原则，同时肯定了专属管辖的优先适用性，债权人代位权之诉的法院管辖不应受到债务人与其相对人之间协议管辖条款的约束。

规范解读

1. 一般原则

《民法典合同编通则司法解释》第 35 条规定债权人代位权诉讼由被告住所地人民法院管辖。根据《民法典》第 535 条的规定，次债务人、其他相对人均可作为被告，此时应优先根据作为被告的次债务人住所地确定地域管辖；如果仅以其他相对人作为被告，则应以其他相对人住所地确定地域管辖。[①]"被告住所地"可根据《民法典》关于自然人、法人、非法人组织住所地之相关规定来确定。

2. 与专属管辖的关系

如果被告住所地管辖与专属管辖不一致，因专属管辖具有适用的优先性，应按照专属管辖确定代位权诉讼的管辖法院。根据《民事诉讼法》第 34 条的规定，因不动产纠纷提起的诉讼，由不动产所在地人民法院管辖；因港口作业中发生纠纷提起的诉讼，由港口所在地人民法院管辖；因继承遗产纠纷提起的诉讼，由被继承人死亡时住所地或者主要遗产所在地人民法院管辖。以建设工程施工合同纠纷为例，实际施工人对发包人提起的代位权诉讼涉及建设工程价款债权的，应由建设工程所在地人民法院管辖，不涉及建设工程价款债权的，应由发包人住所地人民法院管辖。[②]

---

① 最高人民法院民法典贯彻实施工作领导小组主编：《中华人民共和国民法典合同编理解与适用》（一），人民法院出版社 2020 年版，第 504 页。

② 最高人民法院民事审判第一庭编著：《最高人民法院新建设工程施工合同司法解释（一）理解与适用》，人民法院出版社 2021 年版，第 460 页。

3. 与协议管辖的关系

当债务人与相对人约定了管辖协议时，被告能否以该约定对抗其住所地人民法院的管辖？对此情形，审判实践中存在以下两种不同观点：一种观点认为，债权人代位权纠纷诉的依据是法律的明确规定，具有优先性，既排除了其他法院的管辖，也排除了债务人与相对人之间的协议管辖；而且管辖协议具有相对性，只能约束合同当事人，因此，即使债务人与相对人之间存在管辖协议，也不能据此对抗被告住所地人民法院对代位权诉讼的管辖。[①] 相反的观点认为，考虑到债权人代位债务人向相对人主张权利，二者处于同等位置，债权人应遵守债务人管辖协议的约定，而且从相对人的抗辩角度出发，相对人对债务人的抗辩可以向债权人主张，这种抗辩应同时包括程序上的抗辩，因此，债务人与相对人之间的管辖协议有效，可以对抗债权人代位权诉讼的管辖规定。[②]《民法典合同编通则司法解释》第 35 条第 2 款支持了前一种观点。在确定债权人代位权之诉的管辖法院时，不宜过度保护债务人的相对人，特别是在债务人的相对人没有履行其债务的情况下，其本身已经具有明显的可责难性，而且由被告住所地法院管辖通常也就是由债务人的相对人的住所地法院管辖，已有利于相对人。[③] 因此，债权人代位权之诉的法院管辖不应受到债务人与其相对人之间协议管辖条款的约束。

适用难点

未及时提起管辖权异议的后果

《民事诉讼法》第 130 条规定："人民法院受理案件后，当事人对管辖权有异议的，应当在提交答辩状期间提出。人民法院对当事人提出的异议，应当审查。异议成立的，裁定将案件移送有管辖权的人民法院；异议不成立的，裁定驳回。当事人未提出管辖异议，并应诉答辩的，视为受诉人民法院

① 持此观点的案件，参见广东省高级人民法院（2019）粤民辖终 207 号民事裁定书，广东省佛山市中级人民法院（2019）粤 06 民终 11871 号民事裁定书，辽宁省营口市中级人民法院（2022）辽 08 民辖终 125 号民事裁定书等。

② 持此观点的案件，参见山东省高级人民法院（2019）鲁民终 597 号民事裁定书。

③ 参见陈龙业：《代位权规则的细化完善与司法适用》，载《法律适用》2023 年第 12 期。

有管辖权，但违反级别管辖和专属管辖规定的除外。”第 128 条规定：“人民法院应当在立案之日起五日内将起诉状副本发送被告，被告应当在收到之日起十五日内提出答辩状……”根据上述规定，管辖权异议应当在提交答辩状期间提出，即为被告收到起诉状副本之日起 15 日内。因此，在债权人代位权诉讼中，如果被告在此期间未提出管辖异议，并应诉答辩的，视为受诉人民法院有管辖权，除非违反级别管辖和专属管辖。在“中国中化集团公司与北京三元金安大酒店等代位权纠纷上诉案”中，最高人民法院认为，提出管辖权异议的期间属于除斥期间的性质，当事人如未在该除斥期间内行使其形成权，则其提出异议的权利丧失。一审中被告未在提交答辩状期间内明确向原审法院提出管辖权异议，故对其关于原审法院对本案无管辖权的上诉请求，法院不予审理。①

类案指引

1. 刘某与上海建工（集团）总公司（以下简称上海建工集团）、上海建工七建集团有限公司天津分公司、天津恒益建筑装饰工程有限公司（以下简称恒益公司）债权人代位权纠纷案②

裁判要旨：法院在审理债权人代位权诉讼中，需对债务人与相对人之间的实体法律关系进行审理查明，因此应优先适用专属管辖的规定。

法院认为：虽然根据相关法律规定，债权人代位权纠纷案件由被告住所地人民法院管辖，但法院在审理该代位权诉讼中，仍需对债务人和次债务人之间的实体法律关系进行审理查明，因本案中，恒益公司与上海建工集团之间约定的工程项目地点位于天津市河西区，根据《民事诉讼法》第 33 条的规定“下列案件，由本条规定的人民法院专属管辖：（一）因不动产纠纷提起的诉讼，由不动产所在地人民法院管辖……”以及《民事诉讼法司法解释》第 28 条第 2 款的规定“农村土地承包经

① 参见最高人民法院（2004）民二终字第 53 号民事判决书。

② 参见天津市第二中级人民法院（2021）津 02 民辖终 280 号民事裁定书。

营合同纠纷、房屋租赁合同纠纷、建设工程施工合同纠纷、政策性房屋买卖合同纠纷，按照不动产纠纷确定管辖”，本案应优先适用专属管辖的规定，由工程项目所在地人民法院管辖。①

2. 上海城开集团合肥置业有限公司（以下简称城开集团）与珠海华润银行股份有限公司（以下简称华润银行）债权人代位权纠纷管辖权异议案 ②

裁判要旨：债权人代位权之诉的法院管辖是由司法解释规定的一种特殊地域管辖，其效力高于当事人间的约定；债务人与相对人之间的约定管辖条款不能作为债权人提起代位权诉讼的管辖依据。

法院认为：关于债权人代位权之诉的法院管辖是由司法解释规定的一种特殊地域管辖，其效力高于当事人之间的约定。本案中，城开集团主张华润银行行使代位权应该受振戎能源公司与城开集团等之间《还款及债务加入协议》第5条的约定管辖条款约束与《合同法司法解释（一）》第14条规定相冲突，《还款及债务加入协议》第5条不能作为债权人华润银行对振戎能源公司等次债务人提起代位权诉讼的管辖依据，因此，原审法院认为本案管辖法院应为城开集团的住所地法院有法律依据。原审法院裁定驳回城开集团对管辖权提出的异议适用法律正确，法院予以维持。③

相关条文

《民事诉讼法》

第二十四条　因合同纠纷提起的诉讼，由被告住所地或者合同履行地人

① 类似案件参见上海市浦东新区人民法院（2021）沪0115民初3387号民事裁定书，吉林省通化市中级人民法院（2022）吉05民辖终50号民事裁定书，天津自由贸易试验区人民法院（2021）津0319民初13760号民事裁定书，北京市第二中级人民法院（2022）京02民辖12号民事裁定书等。

② 最高人民法院（2018）最高法民辖终107号民事裁定书。

③ 类似案件参见最高人民法院（2019）最高法民辖终73号民事裁定书，福建省高级人民法院（2019）闽民终1823号民事裁定书。

民法院管辖。

第三十四条 下列案件，由本条规定的人民法院专属管辖：

（一）因不动产纠纷提起的诉讼，由不动产所在地人民法院管辖；

（二）因港口作业中发生纠纷提起的诉讼，由港口所在地人民法院管辖；

（三）因继承遗产纠纷提起的诉讼，由被继承人死亡时住所地或者主要遗产所在地人民法院管辖。

第三十五条 合同或者其他财产权益纠纷的当事人可以书面协议选择被告住所地、合同履行地、合同签订地、原告住所地、标的物所在地等与争议有实际联系的地点的人民法院管辖，但不得违反本法对级别管辖和专属管辖的规定。

第一百五十三条 有下列情形之一的，中止诉讼：

（一）一方当事人死亡，需要等待继承人表明是否参加诉讼的；

（二）一方当事人丧失诉讼行为能力，尚未确定法定代理人的；

（三）作为一方当事人的法人或者其他组织终止，尚未确定权利义务承受人的；

（四）一方当事人因不可抗拒的事由，不能参加诉讼的；

（五）本案必须以另一案的审理结果为依据，而另一案尚未审结的；

（六）其他应当中止诉讼的情形。

中止诉讼的原因消除后，恢复诉讼。

第二百七十六条 因涉外民事纠纷，对在中华人民共和国领域内没有住所的被告提起除身份关系以外的诉讼，如果合同签订地、合同履行地、诉讼标的物所在地、可供扣押财产所在地、侵权行为地、代表机构住所地位于中华人民共和国领域内的，可以由合同签订地、合同履行地、诉讼标的物所在地、可供扣押财产所在地、侵权行为地、代表机构住所地人民法院管辖。

除前款规定外，涉外民事纠纷与中华人民共和国存在其他适当联系的，可以由人民法院管辖。

《民事诉讼法司法解释》

第二十八条 民事诉讼法第三十四条第一项规定的不动产纠纷是指因不

动产的权利确认、分割、相邻关系等引起的物权纠纷。

农村土地承包经营合同纠纷、房屋租赁合同纠纷、建设工程施工合同纠纷、政策性房屋买卖合同纠纷，按照不动产纠纷确定管辖。

不动产已登记的，以不动产登记簿记载的所在地为不动产所在地；不动产未登记的，以不动产实际所在地为不动产所在地。

第五百二十九条　涉外合同或者其他财产权益纠纷的当事人，可以书面协议选择被告住所地、合同履行地、合同签订地、原告住所地、标的物所在地、侵权行为地等与争议有实际联系地点的外国法院管辖。

根据民事诉讼法第三十四条和第二百七十三条规定，属于中华人民共和国法院专属管辖的案件，当事人不得协议选择外国法院管辖，但协议选择仲裁的除外。

四、代位权诉讼与仲裁协议

释义条文

《民法典合同编通则司法解释》

第三十六条　债权人提起代位权诉讼后，债务人或者相对人以双方之间的债权债务关系订有仲裁协议为由对法院主管提出异议的，人民法院不予支持。但是，债务人或者相对人在首次开庭前就债务人与相对人之间的债权债务关系申请仲裁的，人民法院可以依法中止代位权诉讼。

规范解读

本条是关于代位权诉讼中债务人与相对人之间存在仲裁协议时如何处理的规定。民事纠纷是由人民法院受理还是由仲裁机构审理属于民事案件的主管问题。债权人与相对人本没有债权债务关系，不存在订有仲裁协议的情形。然而，代位权诉讼涉及债权人与债务人之间、债务人与相对人之间两方面债权债务关系，在债务人与相对人的债权债务关系中如果债务人与相对人约定了仲裁协议，债权人提起代位权诉讼时是否要受此约束呢？在《民法典合同编通则司法解释》出台以前，理论界对此问题争议颇多，审判实践中也做法不一。认为债权人应当受债务人与相对人之间的仲裁协议约束的主要理由是，代位权诉讼中债权人代位行使的是本与债权人不相关的另一个债权债务关系中债务人对相对人的权利，债权人所代位行使的权利不应大于债务人对相对人可以主张的权利范围，同时要受债务人与相对人之间就实体或程序事项的约定之束缚；《民法典》规定，相对人对债务人的抗辩，可以向债权人主张，此处的抗辩既包括实体抗辩，也包括程序抗辩。在《民法典合同编通则司法解释（草案）》学术研讨会上，有学者还指出，“如果行使代位权可以不受债务人与相对人之间仲裁条款的影响，会产生很多问题，例如在涉外诉讼中可能不被国外法院所认可并执行。”[①] 否定的观点认为，代位权属于法定权利，债权人既不是另一债权债务关系的当事人一方，也不是权利义务的受让人，债权人是根据法律规定以自己的名义行使债务人对相对人的权利，不应受债务人与相对人之间仲裁协议的约束；根据《民法典》的规定，债权人只能向人民法院请求行使代位权，我国也没有代位仲裁制度，仲裁协议的效力扩及协议外的第三人存在法律障碍。

《民法典合同编通则司法解释》采取了折中的方案。一方面，原则上不支持仅以存在仲裁协议为由进行抗辩，规定债权人提起代位权诉讼后，债务人或者相对人以其与债务人之间的债权债务关系约定了仲裁协议为由提出异议的，人民法院对该异议不予支持。另一方面，基于尊重当事人意思自治原则的考量，规定债务人或者相对人在首次开庭前就债务人与相对人之间的债权债务关系申请仲裁的，人民法院可以中止代位权诉讼。《民法典合同编通则司法解释》第 36 条实质上是赋予了债务人、相对人程序的选择权，避免代位权制度过度侵蚀债的相对性以及意思自治原则。诚如最高人民法院民二庭、研究室负责人就该司法解释答记者问时所指出的，“这一规定既有利于统一裁判尺度，又能满足债权人保护的需求，最大限度尊重仲裁协议，兼顾各方利益”。关于本条所规定的债务人或者相对人申请仲裁与代位权诉讼中止，要正确理解和把握以下几点：

---

① 石佳友、刘欢、曾佳：《〈民法典〉合同编司法解释规则的优化与完善——“〈民法典合同编司法解释（草案）〉学术研讨会”综述》，载《法律适用》2022 年第 12 期。

第一，债务人或者相对人需在首次开庭前申请仲裁。将首次开庭作为时间节点，一方面，考虑到《仲裁法》第 26 条之规定，该条规定，“当事人达成仲裁协议，一方向人民法院起诉未声明有仲裁协议，人民法院受理后，另一方在首次开庭前提交仲裁协议的，人民法院应当驳回起诉，但仲裁协议无效的除外；另一方在首次开庭前未对人民法院受理该案提出异议的，视为放弃仲裁协议，人民法院应当继续审理”。另一方面，与意见稿将一审法庭辩论终结作为时间节点相比，要求债务人或者相对人在首次开庭前申请仲裁，更好地兼顾了公平与效率，有利于减轻当事人讼累，避免程序空转，减少司法资源的浪费。

第二，债务人或者相对人需向仲裁机构申请仲裁。债务人或者相对人单纯以双方之间的债权债务关系订有仲裁协议为由，向受理代位权诉讼的人民法院提出异议，不会引起代位权诉讼中止的法律后果，债务人或者相对人要有申请仲裁的实际行为。但需要注意的是，只要债务人或者相对人有证据证明向仲裁机构提出了申请，人民法院就可以依法中止代位权诉讼，仲裁机构是否受理了申请在所不问。

第三，债务人或者相对人申请仲裁的法律后果。债务人或者相对人在首次开庭前就债务人与相对人之间的债权债务关系申请仲裁的，人民法院可以依法中止代位权诉讼。对此规定可以从两方面理解。首先，根据《民事诉讼法》第 153 条第 1 款第 5 项之规定，本案必须以另一案的审理结果为依据，而另一案尚未审结的，中止诉讼。但前已述及，债务人或者相对人提出代位权诉讼中止的主张时，仲裁机构可能尚未受理仲裁申请，所谓的“另一案”从法律上讲并不存在。而且，“另一案”是否包含仲裁案也存在争议，此时宜适用《民事诉讼法》第 153 条第 1 款第 6 项“其他应当中止诉讼的情形”。在司法实践中，从申请仲裁到仲裁机构受理通常间隔时间较短，此时审理代位权诉讼的人民法院可以选择暂缓作出中止诉讼的裁定，待仲裁机构受理仲裁申请后再作决断。其次，本条规定人民法院“可以”而不是“应当”依法中止代位权诉讼，也就是说即使债务人或者相对人已经申请了仲裁，人民法院也可以继续审理代位权诉讼案件，之所以赋予人民法院以是否中止诉讼的裁量权，主要是考虑到司法实践中案件复杂多样，代位权诉讼涉及的不仅是债务人与相对人之间的债权债务关系，人民法院还要审理债权人与债务人之间的债权债务关系以及债权人行使代位权的条件是否成立等，在有些情况下继续审理可能更有利于案件的处理以及当事人权利的保障。

第四，虽然代位权诉讼本即因债务人怠于行使权利而产生，根据《民法典合同编通则司法解释》第33条之规定，《民法典》第535条规定的“债务人怠于行使其债权或者与该债权有关的从权利，影响债权人的到期债权实现”包含债务人不履行其对债权人的到期债务、又不以仲裁方式向相对人主张其享有的债权或者与该债权有关的从权利、致使债权人的到期债权未能实现的情形，但本条规定债务人与相对人均可以就其与相对人之间的债权债务关系申请仲裁。债务人一旦与相对人达成了仲裁协议，即享有了申请仲裁的权利，除非宪法或者法律明确规定，不能剥夺债务人申请仲裁的权利。

另外，关于债务人与相对人就双方之间的债权债务关系订有管辖协议的情形，《民法典合同编通则司法解释》采取了与仲裁协议不同的立场，规定债务人或者相对人以双方之间的债权债务关系订有管辖协议为由提出异议的，人民法院不予支持。一方面，这是基于管辖协议与仲裁协议的性质不同，前者属于法院内容管辖问题，后者属于民事纠纷的主管问题。另一方面，对于债务人而言，代位权诉讼因其怠于行使包括诉权在内的权利而产生；对于相对人而言，其没有履行债务具有可责难性，而且规定由被告住所地法院管辖一般来说对相对人也是有利的。

适用难点

1. 债务人与相对人达成仲裁协议的时间

《民法典合同编通则司法解释》没有区分债务人与相对人是在债权人提起代位权诉讼之前还是之后约定仲裁协议。如果在案证据显示仲裁协议系在债权人提起代位权诉讼后约定，能否适用《民法典合同编通则司法解释》第36条之规定？根据《仲裁法》的规定，仲裁协议包括合同中订立的仲裁条款和以其他书面方式在纠纷发生前或者纠纷发生后达成的请求仲裁的协议，因此，在《民法典合同编通则司法解释》没有明确限定时间的情形下，不宜作限缩理解。

2. 代位权诉讼案件的裁判

在代位权诉讼案件审理过程中，债务人或者相对人申请仲裁，人民法院根据当事人申请或依职权中止代位权诉讼后，如果仲裁申请没有被受理，代位权诉讼恢复审理，受理代位权诉讼的法院就债权人与债务人之间的法律关系及债务人与相对人之间的法律关系进行审理并作出裁判。反之，既然人民法院根据案中的具体情况依法中止了代位权诉讼，则要等仲裁审理的结果。仲裁机构就债务人与相对人之间的债权债务关系作出实体处理结论后，基于一裁终局制度以及生效裁判的既判力，受理代位权诉讼的人民法院要在仲裁裁决的基础上作出裁判。如果仲裁裁决、另案诉讼的结果是不支持债务人对相对人的债权，判决驳回诉讼请求。如果债务人对相对人的债权被全部或部分支持，而且经过受理代位权诉讼的人民法院审理，其他代位权行使条件也满足，意味着债权人的代位权成立，根据《民法典》第537条之规定，代位权成立的，由债务人的相对人对债权人履行义务，债权人接受履行后，债权人与债务人、债务人与相对人之间相应的权利义务终止。但是仲裁裁决不可能判定由相对人向没有参与仲裁的债权人为给付义务。在这种情况下，受理代位权诉讼的人民法院不能以仲裁裁决对案件作出实体审理结果为由驳回债权人的诉讼请求，这种做法与《民法典》的规定不符，将损害债权人行使代位权的积极性，进而导致代位权制度的虚化。受理代位权诉讼的人民法院应当根据《民法典》的规定，判决相对人向债权人履行仲裁裁决确定的给付义务。司法实践中，此类案件裁判文书具体应如何表述，在执行过程中如何解决就同一执行标的存在两个甚至多个可执行生效法律文书的问题，有待进一步探讨。

类案指引

1. 某控股株式会社与某利公司等债权人代位权纠纷案

裁判要旨：在代位权诉讼中，相对人以其与债务人之间的债权债务关系约定了仲裁条款为由，主张案件不属于人民法院受理案件范围的，人民法院不予支持。

法院认为： 虽然案涉合同中约定了仲裁条款，但仲裁条款只约束签订合同的各方当事人，对合同之外的当事人不具有约束力。本案并非债权转让引起的诉讼，某控股株式会社既非《贷款协议》的当事人，亦非该协议权利义务的受让人，一审法院认为某控股株式会社行使代位权时应受某利公司与某利国际公司之间仲裁条款的约束缺乏依据。

2. 某风能有限公司、某新材料科技有限公司债权人代位权纠纷案①

裁判要旨： 代位权人既非仲裁条款所涉合同的一方当事人，亦非该仲裁条款所涉合同权利义务的受让人，且约定管辖与《合同法司法解释（一）》债权人代位权诉讼特殊地域管辖规定相冲突，故代位权人不受仲裁条款约束。

法院认为： 根据《合同法司法解释（一）》第 14 条的规定，债权人依照《合同法》第 73 条的规定提起代位权诉讼的，由被告所在地人民法院管辖。本案系债权人某新材料科技有限公司以债务人某泰公司怠于行使其对次债务人某风能有限公司的到期债权，以自己的名义代位行使某泰公司对某风能有限公司的债权而引起的诉讼，并非因债权转让而引起的诉讼。虽然某风能有限公司主张与某泰公司所签订的合同明确约定了仲裁条款，但由于某新材料科技有限公司既非该仲裁条款所涉合同的一方当事人，亦非该仲裁条款所涉合同权利义务的受让人，且该约定管辖与《合同法司法解释（一）》第 14 条规定的债权人代位权诉讼特殊地域管辖规定相冲突，故某新材料科技有限公司不受该仲裁条款的约束，本案应由被告住所地人民法院管辖。

3. 中铁十五局集团第二工程有限公司与中铁十五局集团第二工程有限公司昆明分公司、林某晖债权人代位权纠纷案②

裁判要旨： 代位权诉讼地域管辖规定的效力高于管辖协议和仲裁协议。

① 参见最高人民法院（2019）最高法民辖终 73 号民事裁定书。

② 参见上海市第二中级人民法院（2018）沪 02 民辖终 617 号民事裁定书。

法院认为：根据《合同法司法解释（一）》第14条的规定，代位权诉讼的管辖只能由次债务人所在地法院管辖，这是规定代位权诉讼一般地域管辖，排除了其他法院的管辖，也排除了债权人与债务人之间、债务人与次债务人之间的管辖协议和仲裁协议。本案中次债务人中铁十五局集团第二工程有限公司的住所地位于上海市青浦区朱家角镇沪青平公路×××号，上海市青浦区人民法院对本案具有管辖权。

相关条文

最高人民法院（2013）民二他字第19号答复

债权人提起的代位权诉讼与债务人、次债务人之间的合同纠纷属于不同的法律关系，债务人和次债务人之间事先订有仲裁条款的，债务人或次债务人有权依据仲裁条款就双方之间的合同争议申请仲裁，债权人并非该合同法律关系的一方当事人，无权对此提出异议。审理代位权诉讼的人民法院可依照民事诉讼法的相关规定中止代位权诉讼，待仲裁裁决发生法律效力后再恢复审理。

五、代位权诉讼中债务人、相对人的诉讼地位及合并审理

释义条文

《民法典合同编通则司法解释》

第三十七条 债权人以债务人的相对人为被告向人民法院提起代位权诉讼，未将债务人列为第三人的，人民法院应当追加债务人为第三人。

两个以上债权人以债务人的同一相对人为被告提起代位权诉讼的，人民法院可以合并审理。债务人对相对人享有的债权不足以清偿其对两个以上债权人负担的债务的，人民法院应当按照债权人享有的债权比例确定相对人的履行份额，但是法律另有规定的除外。

规范解读

1. 代位权诉讼中债务人的诉讼地位

代位权诉讼涉及债权人、债务人和相对人三方主体，需要审查债权人与债务人之间、债务人与相对人之间这两方面的债权债务关系。债务人系代位权诉讼中债权人与相对人之间的联结纽带。债务人参与代位权诉讼，对于查清案件事实、确认债权人的代位权是否成立具有重要意义。关于债务人在代位权诉讼中的地位，《合同法司法解释（一）》第 16 条第 1 款规定，债权人以次债务人为被告向人民法院提起代位权诉讼，未将债务人列为第三人的，人民法院可以追加债务人为第三人。结合《民事诉讼法》有关第三人的规定，债务人在代位权诉讼中属于无独立请求权第三人。对于债务人如何参与诉讼，《合同法司法解释（一）》基于尊重当事人处分权以及与《民事诉讼法》相协调的考量，规定人民法院“可以”而不是“应当”追加债务人为第三人。对此，理论界及实务界颇有争议。考虑到债务人不同于一般的无独立请求权第三人，《民法典合同编通则司法解释》将“可以”改为“应当”。一方面，虽然债务人对相对人的实体权利以及进行诉讼的权利被债权人取代，但其系代位权诉讼所涉及的两方面法律关系事实上的当事人，代位权诉讼的结果也将直接对其权利义务产生影响。债务人参与代位权诉讼，不仅有利于查明案件事实，而且可以维护自身合法权益。另一方面，2012 年《民事诉讼法》修改时增加了第三人撤销之诉，以弥补第三人参加诉讼制度不能有效保障第三人合法权益的不足。第三人撤销之诉可以防止通过恶意串通、虚假自认等方式损害第三人利益的情况，同时也可能被第三人利用而造成诉讼拖延，在代位权诉讼中要求人民法院应当追究债务人为第三人，有利于提高诉讼效率，减轻当事人讼累，有效发挥代位权制度的价值。实际上，在过去的司法实践中，如果债务人没有参加，人民法院通常均会追加债务人作为第三人参与代位权诉讼。

2. 代位权诉讼的合并审理

《合同法司法解释（一）》第 16 条第 2 款规定，两个或者两个以上债权人以同一次债务人为被告提起代位权诉讼的，人民法院可以合并审理。《民法典合同编通则司法解释》在《合同法司法解释（一）》上述规定的基础上，主要有两点变化：一是将“以同一次债务人为被告”改为“以债务人的同一相对人为被告”；二是增加“债务人对相对人享有的债权不足以清偿其对两个以上债权人负担的债务的，人民法院应当按照债权人享有的债权比例确定相对人的履行份额，但是法律另有规定的除外”。

第一，关于代位权诉讼的合并审理。根据《民事诉讼法》的规定，合并审理的情形主要包括，原告增加诉讼请求，被告人提出反诉，第三人提出与本案有关的诉讼请求以及共同诉讼。从两个以上的诉相互之间的关系角度看，代位权诉讼的合并审理更类似于普通的共同诉讼，但又有所不同。普通共同诉讼中，共同进行诉讼的当事人之间没有共同的利害关系，而共同进行代位权诉讼的债权人可能存在共同的利害关系。例如，甲与乙基于同一债权债务关系对债务人丙享有债权，因丙怠于行使其对相对人丁的权利，均以丁为被告向人民法院提起代位权诉讼。另外，根据《民事诉讼法》的规定，普通的共同诉讼需经当事人同意人民法院方能合并审理，《民法典合同编通则司法解释》对此没有要求。

第二，关于债务人对相对人享有的债权不足以清偿其对债权人所负担债务的情形。对于代位权的行使效果，《民法典》采纳了《合同法司法解释（一）》的“直接受偿原则”，规定人民法院认定代位权成立的，由债务人的相对人向债权人履行义务。如果只有一个债权人提起代位权诉讼，债务人的相对人只需在其对债务人的相应义务范围内向债权人履行义务，无论债务人对相对人享有的债权是否足以清偿其对债权人所负担的债务，均不会存在确定履行份额的问题。如果存在两个以上债权人对债务人的同一相对人提起代位权诉讼，而债务人对相对人享有的债权不足以清偿时，基于债权平等性的原则，按债权比例确定履行份额。这里需要特别注意以下三点：第一，“两个以上债权人”不限于经人民法院合并审理的案件当事人，虽然司法实践中通常是合并审理的代位权诉讼案件会遇到此类问题，但理论上也不排除存在同一法院认为不合并审理更合适而分开审理的情形，抑或存在两个以上代位权诉讼案件因诉讼标的的不同，由同一辖区内不同层级的法院审理。第二，本条旨在解决债务人对相对人享有的债权不足以清偿的情况下如何确定相对人履行份额的问题。如果债务人对相对人享有的债权足以清偿，但相对人财产不足以清偿，根据债权平等性原则，提起代位权诉讼的两个以上债权人也应是按照债权比例受偿。第三，本条只是原则性规定，司法实践中的情况可能更为复杂，因此增加了但书的内容。

适用难点

1. 债务人在代位权诉讼中的诉讼权利义务

前已述及，根据《民事诉讼法》关于第三人制度的相关规定，债务人在代位权诉讼中属于无独立请求权第三人。无独立请求权第三人无权提出管辖异议，无权放弃、变更诉讼请求或者申请撤诉，被判决承担民事责任的，有当事人的诉讼权利义务，有权提起上诉。那么，如果人民法院认定代位权成立，判定由债务人的相对人向债权人履行义务，能否认为债务人属于被判决承担民事责任的第三人呢？对此理论界和实务部门一般持否认的观点，认为在代位权诉讼中，虽然从实质上看，债务人是两方面法律关系的当事人，但因其怠于行使权利，法律将其相应的实体权利和进行诉讼的权利赋予债权人，人民法院判定代位权成立后，是相对人向债权人履行义务。因此，在代位权诉讼中，债务人的实际地位虽然很重要，但诉讼地位相对较低，所以实践中债务人拒不出庭的情况并不鲜见。尤其是《民法典合同编通则司法解释》规定人民法院应当追加债务人为第三人后，债务人通过第三人撤销之诉进行权利救济的途径也将被堵上。也就是说，因为怠于行使权利，债务人不仅在两方面法律关系中以当事人身份进行诉讼的权利全部被剥夺，而且失去了通过上诉、申请再审等进行权利救济的机会。在《民法典合同编通则司法解释》对债务人参与诉讼的方式进行修改后，《民事诉讼法》是否有必要对代位权诉讼中债务人的地位、诉讼权利义务进行调整值得深入研究。

2. 代位权诉讼合并审理的条件

《合同法司法解释（一）》第 16 条第 2 款关于代位权诉讼合并审理的规定在“同一次债务人”前没有“债务人”这一限定，造成语义上的模糊，《民法典合同编通则司法解释》明确表述为债务人的同一相对人，解决了之前规定容易引起歧义的问题。首先，司法实践中，代位权诉讼合并审理的情形通常是两个以上债权人按照代位权诉讼管辖规定向相对人住所地人民法院起诉，有关人民法院视案件情况合并审理。但有可能出现两个或者两个以上代位权诉讼归相对人住所地不同级别法院管辖的问题，此时如果合并审理，要根据《民事诉讼法》第 39 条之规定进行移转管辖。又根据《民事诉讼法司法解释》第 42 条的规定，人民法院交下级人民法院审理前，应当报请其上级人民法院批准。上级人民法院批准后，人民法院应当裁定将案件交下级人民法院审理。从当事人审级利益角度以及程序的烦琐性考量，宜统一由级别高的法院合并审理。其次，一个代位权诉讼涉及两个法律关系，两个以上代位权诉讼就必然涉及多个法律关系，代位权诉讼所涉及的法律关系相似与否，两个以上债权人之间是否存在关联，也是人民法院决定合并审理的考虑因素。最后，两个以上债权人提起代位权诉讼的时间可能并不相同，如果一个刚立案，另一个已经开庭审理完毕，一般也不宜合并审理，实践中可以以开庭前作为时间节点。

3. 代位权“直接受偿原则”与债权平等性原则

就代位权的行使效果而言，《民法典》采纳了“直接受偿原则”，《民法典》第 537 条规定，人民法院认定代位权成立的，由债务人的相对人向债权人履行义务，债权人接受履行后，债权人与债务人、债务人与相对人之间相应的权利义务终止。需要注意的是，直接受偿不代表优先受偿，直接主要指的是债权人可以越过债务人径行接受相对人的给付行为。作为法律规定的一种特殊的债权实现途径，代位权诉讼与直接起诉债务人的普通诉讼相比，通常能更快实现债权，而且人民法院通过代位权诉讼可以解决两个以上纠纷，故而法律赋予代位权直接受偿的行使效果。但就债权性质而言，通过代位权实现的债权与其他没有类似担保物权、建设工程价款优先受偿权的债权一样都是属于普通债权。“直接受偿原则”与债权的平等性并不矛盾。例如，债权人提起代位权诉讼，并不影响债务人的其他债权人直接起诉债务人，其他债权人可以依法对债务人的债权直接采取保全措施，提起代位权诉讼的债权人与其他直接起诉债务人的债权人在执行程序中平等对待。故而，《民法典》第 537 条同时规定，债务人对相对人的债权或者与该债权有关的从权利被采取保全、执行措施，或者债务人破产的，依照相关法律的规定处理。同理，两个以上债权人对债务人的同一相对人提起代位权诉讼的，通常在顺序上会有先后之分，但如果出现债务人对相对人享有的债权不足以清偿，根据债权平等性原则，按照债权人享有的债权比例确定相对人的履行份额。

类案指引

1. 张某燕与某投资股份有限公司债权人代位权纠纷案①

裁判要旨：在主债务不明且债务人未申请参加代位权诉讼的情况下，人民法院应通知债务人以无独立请求权第三人的身份参加代位权诉讼。

法院认为：根据代位权制度的立法目的，以及《合同法司法解释（一）》第22条第1款关于“债务人在代位权诉讼中，对超过债权人代位请求数额的债权部分起诉次债务人的，人民法院应当告知其向有管辖权的人民法院另行起诉”的规定，债权人提起代位权诉讼后，虽然债务人不得再就主债务关系和债权人代位请求数额内的次债权部分单独提起诉讼，但代位权诉讼的裁判结果将直接影响债务人的权益。根据《民事诉讼法》第56条第2款“对当事人双方的诉讼标的，第三人虽然没有独立请求权，但案件处理结果同他有法律上的利害关系的，可以申请参加诉讼，或者由人民法院通知他参加诉讼”的规定，结合《民事诉讼法》第56条第3款关于无独立请求权第三人有权提起第三人撤销之诉的规定，为平等保护代位权法律关系中各方主体的利益、避免当事人讼累且节省司法资源，在主债务不明且债务人未申请参加代位权诉讼的情况下，人民法院应通知债务人以无独立请求权第三人的身份参加代位权诉讼，以查明主债务这一代位权诉讼的基本事实。

① 参见广东省高级人民法院（2017）粤民终1872号民事判决书。

2. 贵州某建业工程有限责任公司（以下简称某建业公司）、陈某光债权人代位权纠纷案[①]

裁判要旨：在债务人资不抵债时，应当将代位权的实现与参与分配制度、破产制度予以衔接，以实现代位权人与债务人的其他债权人的平衡保护。法院指出，除本案外，还有其他取得生效判决的代位权人申请强制执行次债务人某建业公司和某岭公司，另有债务人宋某平的其他债权人在执行程序中也未获足额清偿。再审诉讼中，某建业公司与某岭公司均提出，申请执行人的总债权额大于其欠宋某平的工程款。

法院认为：《合同法司法解释（一）》第20条“债权人向次债务人提起的代位权诉讼经人民法院审理后认定代位权成立的，由次债务人向债权人履行清偿义务，债权人与债务人、债务人与次债务人之间相应的债权债务关系即予消灭”，规定了一次清偿同时消灭两个债务关系的一般规则，简化了程序，有利于纠纷的一次性解决。但是在债务人资不抵债时，如果不管债务人其他债权人的利益，直接由次债务人向债权人清偿，可能破坏债权平等原则，也与无代位权介入时对债务人适用参与分配制度、破产制度的法律效果迥异。该问题在理论上的反映是代位权诉讼中应否采取“入库”原则争论，在立法上引发了将于2021年1月1日施行的《民法典》对代位权制度的完善。《民法典》第537条规定，“人民法院认定代位权成立的，由债务人的相对人向债权人履行义务，债权人接受履行后，债权人与债务人、债务人与相对人之间相应的权利义务终止。债务人对相对人的债权或者与该债权有关的从权利被采取保全、执行措施，或者债务人破产的，依照相关法律的规定处理”。根据《民法典》第537条规定体现出的兼顾代位权人保护与债权平等的思想，在债务人资不抵债时，应当将代位权的实现与参与分配制度、破产制度予以衔接，以实现代位权人与债务人的其他债权人的平衡保护。本案债务人宋某平为自然人，不具备破产资格，但是当其财产不足以偿付全部债权时，有类似于破产程序的参与分配制度来保障债权的公平受偿。对于

① 参见最高人民法院（2020）最高法民再231号民事判决书。

某岭公司负有向陈某光支付钱款的义务，根据现行法律的规定在判决主文中表述为某岭公司直接向陈某光支付，但在已查明宋某平的财产不足以清偿全部债务的情况下，执行程序中应当根据《民法典》第537条蕴含的法理，将该款项作为宋某平的责任财产，按照参与分配制度的相关规定处理，以兼顾建筑工人工资、代位权人、宋某平的其他债权人等各类权利主体的利益，其中亦需要考虑代位权人通过代位权诉讼实现对债务人债权的保全效果而作出的贡献。

相关条文

《民事诉讼法》

第五十五条 当事人一方或者双方为二人以上，其诉讼标的是共同的，或者诉讼标的是同一种类、人民法院认为可以合并审理并经当事人同意的，为共同诉讼。

共同诉讼的一方当事人对诉讼标的有共同权利义务的，其中一人的诉讼行为经其他共同诉讼人承认，对其他共同诉讼人发生效力；对诉讼标的没有共同权利义务的，其中一个人的诉讼行为对其他共同诉讼人不发生效力。

第五十九条 对当事人双方的诉讼标的，第三人认为有独立请求权的，有权提起诉讼。

对当事人双方的诉讼标的，第三人虽没有独立请求权，但案件处理结果同他有法律上的利害关系的，可以申请参加诉讼，或者由人民法院通知他参加诉讼。人民法院判决承担民事责任的第三人，有当事人的诉讼权利义务。

前两款规定的第三人，因不能归责于本人的事由未参加诉讼，但有证据证明发生法律效力的判决、裁定、调解书的部分或者全部内容错误，损害其民事权益的，可以自知道或者应当知道其民事权益受到损害之日起六个月内，向作出该判决、裁定、调解书的人民法院提起诉讼。人民法院经审理，诉讼请求成立的，应当改变或者撤销原判决、裁定、调解书；诉讼请求不成立的，驳回诉讼请求。

《民事诉讼法司法解释》

第八十一条　根据民事诉讼法第五十九条的规定，有独立请求权的第三人有权向人民法院提出诉讼请求和事实、理由，成为当事人；无独立请求权的第三人，可以申请或者由人民法院通知参加诉讼。

第一审程序中未参加诉讼的第三人，申请参加第二审程序的，人民法院可以准许。

第八十二条　在一审诉讼中，无独立请求权的第三人无权提出管辖异议，无权放弃、变更诉讼请求或者申请撤诉，被判决承担民事责任的，有权提起上诉。

六、起诉债务人后又提起代位权诉讼

释义条文

《民法典合同编通则司法解释》

第三十八条　债权人向人民法院起诉债务人后，又向同一人民法院对债务人的相对人提起代位权诉讼，属于该人民法院管辖的，可以合并审理。不属于该人民法院管辖的，应当告知其向有管辖权的人民法院另行起诉；在起诉债务人的诉讼终结前，代位权诉讼应当中止。

新旧变化

该规定由《合同法司法解释（一）》第15条修改而来。《合同法司法解释（一）》第15条规定："债权人向人民法院起诉债务人以后，又向同一人民法院对次债务人提起代位权诉讼，符合本解释第十四条的规定和《中华人民共和国民事诉讼法》第一百零八条规定的起诉条件的，应当立案受理；不符合本解释第十四条规定的，告知债权人向次债务人住所地人民法院另行起诉。受理代位权诉讼的人民法院在债权人起诉债务人的诉讼裁决发生法律效力以前，应当依照《中华人民共和国民事诉讼法》第一百三十六条第（五）项的规定中止代位权诉讼。"相较而言，《民法典合同编通则司法解释》第38条用语更准确，而且肯定了对两案都有管辖权的人民法院可以合并审理。

规范解读

根据《民法典合同编通则司法解释》第38条的规定，债权人先起诉债务人后，又向同一人民法院对债务人的相对人提起代位权诉讼的，如果符合代位权起诉条件，人民法院应当立案受理。这说明代位权诉讼的受理不以债权人诉债务人案件已经审结作为前提条件，因为代位权是债权人享有的一种法定权利，且债权人诉债务人案件审结也非代位权行使的构成要件，特别是在债权人诉债务人案件尚未获得生效裁判支持的情况下，法院立案受理代位权诉讼有助于及时保护债权人的利益。当然，债权人提起代位权诉讼应当遵守本解释第35条的管辖规定，要求债权人诉债务人案件的受理法院同时具有受理债权人代位权诉讼的管辖权。

《民事诉讼法司法解释》第221条规定："基于同一事实发生的纠纷，当事人分别向同一人民法院起诉的，人民法院可以合并审理。"根据该规定，债权人对债务人提起的诉讼与其对债务人的相对人提起的代位权诉讼是基于同一事实发生的纠纷，如果这两个诉讼由同一人民法院受理，人民法院可以合并审理。这既有助于节约司法资源，降低当事人诉累，也可以有效避免相互矛盾的裁判出现。

根据《民事诉讼法》第153条的规定，"本案必须以另一案的审理结果为依据，而另一案尚未审结的"，应当中止诉讼。由于代位权诉讼案必须以债权人诉债务人案的审理结果为依据，当两个案件非属于同一人民法院管辖时，在债权人诉债务人案审结前，代位权诉讼应当依法中止审理，待债权人诉债务人案裁决生效后再恢复审理。

如果代位权诉讼虽然是在债权人诉债务人案审结前立案，但在立案后不久，法院即审结债权人诉债务人案，此时已不存在中止代位权诉讼的事由则代位权诉讼无须中止审理。[①]

适用难点

《民法典合同编通则司法解释》第35条与第38条的适用关系

在《民法典》施行前，审判实践中出现了一种观点，认为《合同法司法解释（一）》第14条（对应《民法典合同编通则司法解释》第35条）的规定属于代位权诉讼管辖的一般规定，第15条（对应《民法典合同编通则司法解释》第38条）则属于特别规定。根据法律适用的基本规则，针对同一事项，特别规定与一般规定不一致的，应当适用特别规定。因此，在债权人向法院起诉债务人后，又向同一人民法院对债务人的相对人提起代位权诉讼的特定情形下，不考虑代位权诉讼的管辖规定，该法院有权受理代位权诉讼。[②] 这种做法欠妥，某一人民法院不会因事先受理了债权人诉债务人案件就当然地具有债权人代位权诉讼案件的管辖权。

根据《民法典合同编通则司法解释》第38条的规定，债权人向人民法院起诉债务人后，又向同一人民法院对债务人的相对人提起代位权诉讼的，应根据本解释第35条来确定代位权诉讼案件的管辖法院。具体而言，受理了债权人诉债务人案的人民法院能否同时立案受理债权人提起的代位权诉讼，要看其是否属于本解释第35条规定的有管辖权的人民法院。如果是，则可将两案合并审理；如果不是，应告知债权人向有管辖权的人民法院另行起诉。立案受理了债权人诉债务人案，并不当然就能立案受理债权人提起的代位权诉讼，两者之间没有吸收与被吸收关系。

---

① 参见北京市高级人民法院（2001）高经终字第86号民事裁定书，见《国航财务公司诉永盈公司、华诚财务公司案（代位权）》，载《中国审判案例要览·2002年民事审判案例卷》，第76页。

② 参见四川省内江市中级人民法院（2001）内立民终字第18号民事裁定书；北京市大兴区（县）人民法院（2016）京0115民初16188号民事判决书，“北京大兴法院判决鑫兴通达公司诉苏中建设公司等债权人代位权纠纷案——债权人代位权诉讼管辖的特殊情形认定”，载《人民法院报》2017年11月23日，第6版。

类案指引

北京大唐燃料有限公司（以下简称大唐公司）诉山东百富物流有限公司（以下简称百富公司）买卖合同纠纷案①

裁判要旨：在代位权诉讼执行中，因相对人无可供执行的财产而被终结本次执行程序，债权人就未实际获得清偿的债权另行向债务人主张权利的，不构成重复诉讼，而且人民法院应予支持。

法院认为：第一，根据《合同法司法解释（一）》第20条的规定，认定债权人与债务人之间相应债权债务关系消灭的前提是次债务人已经向债权人实际履行相应清偿义务。因未执行到次债务人的财产，法院终结代位权诉讼执行，大唐公司与百富公司之间的债权债务关系并未消灭，大唐公司有权向百富公司另行主张。第二，代位权诉讼属于债的保全制度，该制度是为防止债务人财产不当减少或者应当增加而未增加，给债权人实现债权造成障碍，而非要求债权人在债务人与次债务人之间择一作为履行义务的主体。如果要求债权人择一选择，无异于要求债权人在提起代位权诉讼前，需要对次债务人的偿债能力作充分调查，否则应当由其自行承担债务不得清偿的风险，这不仅加大了债权人提起代位权诉讼的经济成本，还会严重挫伤债权人提起代位权诉讼的积极性，与代位权诉讼制度的设立目的相悖。第三，本案不违反"一事不再理"原则。根据《民事诉讼法司法解释》第247条的规定，判断是否构成重复起诉的主要条件是当事人、诉讼标的、诉讼请求是否相同，或者后诉的诉讼请求是否实质上否定前诉裁判结果等。代位权诉讼与对债务人的诉讼并不相同，从当事人角度看，代位权诉讼以债权人为原告、次债务人为被告，而对债务人的诉讼则以债权人为原告、债务人为被告，两者被告身份不具有同一性。从诉讼标的及诉讼请求上看，代位权诉讼虽然要求次债务人直接向债权人履行清偿义务，但针对的是债务人与次债务人之间

① 参见最高人民法院发布167号指导案例的通知及最高人民法院（2019）最高法民终6号民事判决书。

的债权债务，而对债务人的诉讼则是要求债务人向债权人履行清偿义务，针对的是债权人与债务人之间的债权债务，两者在标的范围、法律关系等方面亦不相同。从起诉要件上看，与对债务人诉讼不同的是，代位权诉讼不仅要求具备民事诉讼法规定的起诉条件，同时还应当具备《合同法司法解释（一）》第11条规定的诉讼条件。基于上述不同，代位权诉讼与对债务人的诉讼并非同一事由，两者仅具有法律上的关联性，故大唐公司提起本案诉讼并不构成重复起诉。

相关条文

《民事诉讼法》

第一百二十二条　起诉必须符合下列条件：

（一）原告是与本案有直接利害关系的公民、法人和其他组织；

（二）有明确的被告；

（三）有具体的诉讼请求和事实、理由；

（四）属于人民法院受理民事诉讼的范围和受诉人民法院管辖。

第一百五十三条　有下列情形之一的，中止诉讼：

（一）一方当事人死亡，需要等待继承人表明是否参加诉讼的；

（二）一方当事人丧失诉讼行为能力，尚未确定法定代理人的；

（三）作为一方当事人的法人或者其他组织终止，尚未确定权利义务承受人的；

（四）一方当事人因不可抗拒的事由，不能参加诉讼的；

（五）本案必须以另一案的审理结果为依据，而另一案尚未审结的；

（六）其他应当中止诉讼的情形。

中止诉讼的原因消除后，恢复诉讼。

七、代位权诉讼中债务人起诉相对人

释义条文

《民法典合同编通则司法解释》

第三十九条 在代位权诉讼中，债务人对超过债权人代位请求数额的债权部分起诉相对人，属于同一人民法院管辖的，可以合并审理。不属于同一人民法院管辖的，应当告知其向有管辖权的人民法院另行起诉；在代位权诉讼终结前，债务人对相对人的诉讼应当中止。

规范解读

本条是关于代位权诉讼中债务人起诉相对人的规定。一般来说，债权人以自己的名义对债务人的相对人提起代位权诉讼后，因债务人对相对人的债权请求权已由债权人代位行使，债务人自然就不能就同一诉讼标的另行向法院起诉。但是，如果债权人对债务人享有的债权小于债务人对相对人享有的债权，因为在相对人向债权人履行义务后，只是产生债权人与债务人之间、债务人与相对人之间相应的权利义务终止的法律后果，超出部分的债权债务关系仍然存在，因此债务人对超过债权人代位请求数额的部分可以向有管辖权的人民法院起诉相对人。对本条规定可以从以下几方面进行理解和把握：

第一，从起诉的时间上看，本条针对的是在代位权诉讼过程中债务人起诉相对人的情况；否则，不会产生代位权诉讼与债务人起诉相对人竞合的问题。该情况通常发生在代位权诉讼一审程序中，但也包括二审、审判监督程序。

第二，从诉讼请求内容看，债务人只能对超过债权人代位请求数额的债权部分起诉。需要注意的是，本条用的“超过债权人代位请求数额的债权部分”的提法，而不是“超过债权人对债务人的债权部分”。债权人请求数额可能大于也可能小于债权人对债务人的实际债权数额，然而通常来说，只有在代位权诉讼终结时才能确定债务人对债权人负担的债务，以债权人请求数额作为债务人起诉时的判断标准符合诉讼规律。

第三，从债务人起诉相对人之诉的管辖法院看，债务人应当按照《民事诉讼法》关于案件管辖的有关规定向有管辖权的法院起诉。如果债务人向受理代位权诉讼的人民法院起诉，该法院又依法具有管辖权，那么该法院可以依法合并审理。否则，该人民法院有告知债务人向有管辖权的法院另行起诉的义务。只要符合《民事诉讼法》有关起诉条件的法律规定，接受债务人起诉的相关人民法院应当受理，不能以就同一诉讼标的存在代位权诉讼为由不予受理或者受理后驳回起诉。

第四，从代位权诉讼与债务人起诉相对人之诉的关系看，因为代位权诉讼案件的裁判结果决定了债权人与债务人之间、债务人与相对人之间权利义务终止的范围，只有在代位权诉讼终结后才能确定未因代位权诉讼而消灭的债权数额，因此受理起诉的人民法院在代位权诉讼终结前，对债务人起诉相对人的案件应当中止审理。

适用难点

1. 新旧变化

与《合同法司法解释（一）》第22条相比，本条除了从立法技术角度出发将“次债务人”修改为“相对人”、将“依法中止”进一步明确为“依法中止审理”外，主要变化是《合同法司法解释（一）》规定在代位权诉讼裁决发生法律效力以前应当依法中止，本条修改为在代位权诉讼终结前应当依法中止审理。应当如何理解本条中的诉讼终结呢？首先，这里的诉讼终结不同于《民事诉讼法》第154条所规定的终结诉讼，后者是人民法院对于诉讼过程中出现使诉讼无法继续进行或者没有必要继续进行的法定事由时，裁定结束诉讼程序的行为。其次，诉讼终结应该也不同于诉讼裁决发生效力，诉讼裁决发生法律效力从表述上讲已经足够明确，如果只是换一种表达方式，似没有必要进行修改。本书认为，本条的诉讼终结是指代位权诉讼案件中具体某一诉讼程序的结束。例如，人民法院作出一审判决并送达当事人后，虽然一审程序已经终结，但是由于上诉期还没有过，并不属于诉讼裁决发生效力。之所以将诉讼裁决发生效力改为诉讼终结，是为了防止另一诉讼的过分拖延。当然，在司法实践中，如果代位权诉讼一审程序终结后进入了二审程序，而债务人对相对人提起的诉讼因一审程序终结而恢复审理，为了避免出现同案不同判问题，一般还是要等待代位权诉讼二审终结作出生效裁判。尽管如此，较之可能要等到二审终结后才能开展相关诉讼活动，尽早恢复债务人对相对人所提起诉讼的审理，对于提高诉讼效率、减轻当事人讼累仍然具有很重要的意义。

2. 超过债权人代位请求数额的债权部分的诉讼时效的中断问题

根据《最高人民法院关于审理民事案件适用诉讼时效制度若干问题的规定》（以下简称《诉讼时效制度规定》）第 16 条之规定，债权人提起代位权诉讼的，应当认定对债权人的债权和债务人的债权均发生诉讼时效中断的效力。上述规定中债务人的债权是否以债权人的请求数额为限呢？本书认为，当债权人对债务人的债权数额大于债务人对相对人的债权数额时，债权人的诉讼请求涵盖全部债务人对相对人的债权，诉讼时效中断的效力自然及于全部债务人债权。如果债权人债权数额小于债务人的债权数额，债权人提起的代位权诉讼对于超过债权人请求数额的债权部分亦应产生诉讼时效中断的效力。理由是，在债权人债权数额小于债务人债权数额时，虽然债权人受限于其对债务人享有的债权数额，只能就债务人对相对人的部分债权数额主张相对人履行义务，但债务人与相对人之间的债权债务关系是作为一个整体出现在代位权诉讼中，人民法院对债务人与相对人之间的债权债务关系整体进行审理。经过代位权诉讼，之前因债务人怠于行使权利而导致的债务人与相对人之间权利义务不确定的状态得以重新确定。因此，超过债权人请求数额的债权部分的诉讼时效也应因代位权诉讼而中断。

类案指引

1. 黄某平、怀宁县某建筑工程有限责任公司（以下简称某建筑公司）债权人代位权纠纷案①

裁判要旨： 债务人不得就同一债权再另行向相对人提起代位权人已经主张过的诉讼，只能对超过债权人代位请求数额的债权部分起诉相对人。

法院认为：《合同法》第73条赋予了债权人在代位权诉讼中作为当事人的正当性根据。据此，在债权人对次债务人提起代位权诉讼后，债务人另行对次债务人提起诉讼的情形中，由于债务人之诉的诉讼标的与债权人代位权之诉的诉讼标的相同，债务人的债权请求权已为债权人所代替行使，债务人不得就同一债权再另行向次债务人提起代位权人已经主张过的诉讼。债务人只能对超过债权人代位请求数额的债权部分起诉次债务人。就本案而言，第三人吴某荣、黄某华是基于受让汪某民对被告某建筑公司工程款债权取得的权利，根据《合同法》第81条之规定，债权人转让权利的，受让人取得与债权有关的从权利。吴某荣、黄某华在原告黄某平提起代位权诉讼后，只能对超过黄某平债权人代位请求数额的债权部分起诉被告某建筑公司。吴某荣、黄某华另诉需以本案审理结果为依据，故本案无须中止审理。

2. 陆某进诉江门市新会区某工业开发公司（以下简称开发公司）代位权纠纷案②

裁判要旨： 代位权的行使应以债权人的债权为限，债务人对超过债权人代位请求数额的债权部分可以另案提起诉讼。

---

① 参见安徽省高级人民法院（2020）皖民申1896号民事裁定书，安徽省安庆市中级人民法院（2019）皖08民终1941号民事判决书，安徽省安庆市大观区人民法院（2019）皖0803民初109号民事判决书。本案经过再审，最终驳回了原告行使代位权的诉讼请求。在案件审理过程中涉及债权转让，债权受让人作为实际上的债务人另案起诉相对人，一审法院判决被二审撤销，但其裁判理由中涉及对《合同法司法解释（一）》第22条的阐释具有一定的参考价值。

② 参见广东省江门市中级人民法院（2003）江中法房初字第15号民事判决书。

法院认为：原告陆某进提起本案的代位权诉讼符合法定的全部要件，代位权成立。债权人陆某进请求次债务人开发公司直接向其清偿债务，法院依法予以支持。但代位权的行使应以债权人陆某进的债权为限。如今开发公司尚欠第三人汤某个人的工程款367,790元，欠汤某和第三人梁某稳两人的工程款523,978元，汤某个人尚欠陆某进工程款1,651,162.10元，汤某和梁某稳两人尚欠陆某进工程款423,529.27元，因此陆某进请求开发公司清偿其对汤某、梁某稳两人的债务，应在423,529.27元之内。陆某进请求开发公司清偿债务791,319.27元，法院予以支持；但其请求中超过开发公司对汤某、梁某稳所负债务额的部分款项100,448.73元，法院不予支持，该部分债务开发公司仍应向汤某、梁某稳清偿。在开发公司向陆某进直接清偿791，319.27元后，陆某进与债务人汤某和梁某稳之间的债务关系即予消灭；陆某进与汤某之间在367,790元范围内的债务关系消灭，即汤某仍欠陆某进的债务为1,283,372.10元；汤某个人与开发公司之间的债务关系消灭；汤某、梁某稳与开发公司之间在423,529.27元范围内的债务关系消灭，即开发公司仍欠汤某、梁某稳两人的债务为100,448.73元，汤某、梁某稳两人可以另案提起诉讼向开发公司追偿。

3. 某泰投资集团有限公司与褚某强、熊某琳民间借贷纠纷案①

裁判要旨：债务人对超过债权人代位请求数额的债权部分另行起诉相对人的，人民法院应当受理。

法院认为：合法的借贷关系受国家法律保护。根据《合同法司法解释（一）》第22条“债务人在代位权诉讼中，对超过债权人代位请求数额的债权部分起诉次债务人的，人民法院应当告知其向有管辖权的人民法院另行起诉。债务人的起诉符合法定条件的，人民法院应当受理”的规定，原告在某某公司行使代位权后就超过某某公司代位请求数额的债权部分对被告褚某强、熊某琳另行起诉，有事实和法律依据，法院依法予以受理。

① 参见江西省南昌市中级人民法院（2019）赣01民初185号民事判决书。

相关条文

《民法典》

第五百三十七条　人民法院认定代位权成立的，由债权人的相对人向债权人履行义务，债权人接受履行后，债权人与债务人、债务人与相对人之间相应的权利义务终止。……

《民事诉讼法》

第一百二十七条　人民法院对下列起诉，分别情形，予以处理：

（一）依照行政诉讼法的规定，属于行政诉讼受案范围的，告知原告提起行政诉讼；

（二）依照法律规定，双方当事人达成书面仲裁协议申请仲裁、不得向人民法院起诉的，告知原告向仲裁机构申请仲裁；

（三）依照法律规定，应当由其他机关处理的争议，告知原告向有关机关申请解决；

（四）对不属于本院管辖的案件，告知原告向有管辖权的人民法院起诉；

（五）对判决、裁定、调解书已经发生法律效力的案件，当事人又起诉的，告知原告申请再审，但人民法院准许撤诉的裁定除外；

（六）依照法律规定，在一定期限内不得起诉的案件，在不得起诉的期限内起诉的，不予受理；

（七）判决不准离婚和调解和好的离婚案件，判决、调解维持收养关系的案件，没有新情况、新理由，原告在六个月内又起诉的，不予受理。

第一百五十三条　有下列情形之一的，中止诉讼：

（一）一方当事人死亡，需要等待继承人表明是否参加诉讼的；

（二）一方当事人丧失诉讼行为能力，尚未确定法定代理人的；

（三）作为一方当事人的法人或者其他组织终止，尚未确定权利义务承受人的；

（四）一方当事人因不可抗拒的事由，不能参加诉讼的；

（五）本案必须以另一案的审理结果为依据，而另一案尚未审结的；

（六）其他应当中止诉讼的情形。

中止诉讼的原因消除后，恢复诉讼。

《民事诉讼法司法解释》

第二百一十一条 对本院没有管辖权的案件，告知原告向有管辖权的人民法院起诉；原告坚持起诉的，裁定不予受理；立案后发现本院没有管辖权的，应当将案件移送有管辖权的人民法院。

八、代位权不成立的处理

释义条文

《民法典合同编通则司法解释》

第四十条 代位权诉讼中，人民法院经审理认为债权人的主张不符合代位权行使条件的，应当驳回诉讼请求，但是不影响债权人根据新的事实再次起诉。

债务人的相对人仅以债权人提起代位权诉讼时债权人与债务人之间的债权债务关系未经生效法律文书确认为由，主张债权人提起的诉讼不符合代位权行使条件的，人民法院不予支持。

规范解读

1. 民事诉讼中的驳回起诉与驳回诉讼请求

在民事诉讼中，诉讼要件可以分为程序要件和实体要件，分别对应当事人程序意义上的诉权和实体意义上的诉权。前者指当事人将案件提交人民法院进行审理需符合的条件，后者指当事人请求人民法院支持其基于实体法提出的诉讼请求要满足的条件。根据《民事诉讼法》的规定，如果当事人没有程序意义上的诉权，欠缺程序要件即不符合起诉条件，法院裁定不予受理或者驳回起诉；如果当事人没有胜诉权，欠缺实体要件即诉讼请求不能成立，法院通过判决的形式驳回诉讼请求。

2. 代位权行使条件属于代位权诉讼实体问题

由于代位权诉讼既涉及两个以上债权债务关系的审理，又涉及立足于前述基础法律关系但同时又具有相对独立性的代位权成立与否的审理，相对一般的民事案件更为复杂，加之在过去立案审查制背景下，存在程序问题与实体问题混淆的问题，故而，理论界和实务界对于代位权行使条件属于实体问题还是程序问题、是全部属于实体问题还是部分属于程序问题、用驳回起诉还是驳回诉讼请求存在争议。例如，《合同法司法解释（一）》（已失效）第18条第2款曾规定，债务人在代位权诉讼中对债权人的债权提出异议，经审查异议成立的，人民法院应当裁定驳回债权人的起诉。

根据《民法典》第535条的规定，代位权行使条件包括：债务人享有对外合法债权；债务人存在怠于行使其债权或者与该债权有关从权利的情况；因为债务人怠于行使自己权利，影响债权人到期债权的实现；债务人对债权人的债务履行期限已经届满，债务已陷于迟延履行；债权人代位主张的权利不是专属于债务人的权利。代位权是法律为了保障债权的实现而赋予债权人在符合一定条件的前提下行使的一项实体权利，代位权行使条件是关涉债权人能够实现债权的实体问题而非程序事项，人民法院只有经过实体审理才能确定债权人的主张是否符合代位权行使条件，因此对于不符合《民法典》规定的代位权行使条件的，应驳回诉讼请求而不是驳回起诉。

3. 代位权诉讼案件的重新起诉

《民事诉讼法》第127条第5项规定，对判决、裁定、调解书已经发生法律效力的案件，当事人又起诉的，告知原告申请再审，但人民法院准许撤诉的裁定除外，一般认为，上述规定在我国法律上确立了一事不再理原则。《民事诉讼法司法解释》第247条则对是否属于“一事”明确了判断标准。作为一事不再理原则的例外。《民事诉讼法司法解释》第248条明确，发生新的事实当事人可以再次提起诉讼。就代位权诉讼而言，一般而言，前后两个代位权诉讼从形式上看符合当事人相同、诉讼标的相同、诉讼请求也相同的重复起诉的构成要件，但是在前代位权诉讼中人民法院因债权人的主张不符合《民法典》第535条规定的代位权行使条件而驳回诉讼请求，该裁判只是对当时债权人是否符合代位权行使条件作出的判断，如果裁判发生法律效力后又发生新的事实，当事人基于新的事实认为符合了代位权行使条件，因新的事实并未被之前的生效判决所确认，不应受前一裁判既判力的拘束。

4. 债权人与债务人之间的债权债务关系未经生效法律文书确认不影响代位权的行使

代位权诉讼既涉及债权人与债务人之间的债权债务关系，又涉及债务人与相对人之间的债权债务关系。在债权人代位权诉讼中，人民法院通常首先对债权人的债权进行合法性和确定性判断，如果不符合《民法典》第 535 条所规定的代位权行使条件的要求，自然就没有必要再对债务人的债权进行审理。但是，债权人的债权是否合法有效属于案件实体审理的范围，并非在立案时审查的内容，受理代位权诉讼的人民法院对债权人的债权进行审理是代位权诉讼的应然要求，代位权诉讼不以债权人的债权经生效法律文书确认为前提，债务人对此持异议，不影响债权人行使代位权。

适用难点

1. 再次提起代位权诉讼时如何认定是否存在新的事实

根据《民事诉讼法司法解释》第 248 条之规定，以裁判发生效力为时间节点，裁判发生效力后发生的事实属于新的事实。裁判发生效力前当事人应当主张而未主张的事实，不属于新的事实。问题是，非因归咎于当事人的事由在裁判发生效力前未主张而在裁判发生效力后新发现的事实是否属于新的事实？对此，《民事诉讼法司法解释》第 248 条明确规定是“发生新的事实”而非“发现新的事实”。但是，本书认为，为了充分发挥代位权制度的功能，《民法典合同编通则司法解释》第 40 条所规定的“新的事实”应当既包括新发生的事实，也包括新发现的事实。

2. 代位权诉讼裁判的既判力

代位权诉讼不仅要对债权人能否行使代位权作出裁判，还要对债权人与债务人之间、债务人与相对人之间的债权债务关系进行审理，人民法院认定代位权成立的，债权人接受相对人履行义务后，债权人与债务人、债务人与相对人之间相应的权利义务终止。这就产生了人民法院就代位权诉讼所作裁判的既判力问题。具体可以分为两种情况：一是人民法院以债权人的主张不符合代位权行使条件为由驳回诉讼请求。在这种情况下，要分析驳回诉讼请求的理由，如果人民法院经审理，因债务人无法证明债务人有消极行使权利行为而驳回诉讼请求，没有对债权人与债务人、债务人与相对人之间的债权债务关系作出实体认定，不影响债权人向债务人、债务人向相对人另外提起诉讼主张权利。反之，则会对当事人能否通过其他途径主张权利产生影响。二是人民法院认定代位权成立，因为人民法院对基础的债权债务关系作出了认定，债权人接受履行后，债权人与债务人、债务人与相对人之间相应的权利义务关系终止，此时，代位权诉讼裁判结果效力及于债务人与债务人、债务人与相对人之间的债权债务关系，但是，债权人就债务人对相对人享有的债权不足以清偿的部分，以及债务人对超过债权人代位请求数额的债权部分可以向有管辖权的人民法院另行起诉。不过由于代位权诉讼中已经对债权人与债务人之间、债务人与相对人之间的债权债务关系整体进行了审理和认定，新提起的诉讼自然要受代位权诉讼裁判结果的约束。

类案指引

1. 南京银行股份有限公司南通分行（以下简称南京银行南通分行）与海门市某地产开发服务有限公司（以下简称某地产开发公司）债权人代位权纠纷案①

裁判要旨：债务人不存在怠于行使到期债权的情形，代位权行使缺乏实质要件，驳回债权人行使代位权的诉讼请求。

法院认为：《合同法司法解释（一）》第 13 条规定，《合同法》第 73 条规定的“债务人怠于行使其到期债权且对债权人造成损害的”，是指债务人不履行其对债权人的到期债务，又不以诉讼方式或者仲裁方式向其债务人主张其享有的具有金钱给付内容的到期债权，致使债权人的到期债权未能实现。本案中，债权人南京银行南通分行于 2018 年 5 月 20 日诉讼至一审法院，要求行使代位权，彼时，相关工程并未竣工验收，

① 参见江苏省高级人民法院（2020）苏民申 4608 号民事裁定书，江苏省南通市中级人民法院（2019）苏 06 民终 3473 号民事判决书。

未达到工程款支付的时间节点，也就是说，南京银行南通分行起诉时债务人某建公司在某地产开发公司并无到期债权，并不存在某建公司怠于行使权利的情况；截至目前，仅首次支付部分工程款的时间节点已届满，案涉工程至今未审计，按预估价需支付1.35亿元的工程款，该金额小于次债务人某地产开发公司向某建公司出借款项及代为支付农民工工资的数额，而某地产开发公司代为发放农民工工资的行为系政府协调后所要求，并非擅自发放，且实际已支付，故该时间节点没有可支付的工程款，即某建公司不享有对某地产开发公司的到期债权，谈不上怠于行使权利之说。自2017年7月起，某建公司在地产开发公司的工程款已被多家法院冻结、协助冻结，总金额在3.5亿元左右，某建公司亦无权自行收取工程款。故某建公司不存在怠于行使到期债权的情形，本案代位权行使缺乏实质要件，驳回南京银行南通分行的诉讼请求。

2. 某有线网络有限公司（以下简称某有线公司）与上海某信息科技有限公司（以下简称某信息公司）债权人代位权纠纷案①

裁判要旨：债权人提起代位权诉讼时，相对人对债务人承担债务的前提条件尚未成就，债权人提起代位权诉讼的条件并未满足，债权人主张代位权不符合法定构成要件，驳回其诉讼请求。

法院认为：某有线公司诉请的系债权人代位权诉讼，从该诉讼的构成要件分析，须债权人与债务人之间的债务、债务人与次债务人之间的债务均到期且次债务陷入迟延履行，且债务人怠于行使自己的权利影响债权人的到期债权实现。本案中，债务人某华公司与次债务人某信息公司约定凡是牵涉“东方星天地”中关于双方合作的视频服务业务所引起的一切法律诉讼的处理事宜（包括诉讼、纠纷、调解等）以及涉及的费用，均应由某信息公司负责并全部承担。但直至某有线公司起诉，某华公司是否应对外负有履行义务及履行义务的范围均尚未明确确定，即此时欣广公司对某华公司承担债务的前提条件尚未成就。由此更无法认定

① 参见上海市第二中级人民法院（2021）沪02民终10348号民事判决书。

上述次债务已经陷入迟延履行的状态。故某有线公司提起债权人代位权诉讼的条件并未满足，某有线公司主张债权人代位权不符合法定构成要件，驳回其诉讼请求。

相关条文

《民事诉讼法》

第一百二十二条　起诉必须符合下列条件：

（一）原告是与本案有直接利害关系的公民、法人和其他组织；

（二）有明确的被告；

（三）有具体的诉讼请求和事实、理由；

（四）属于人民法院受理民事诉讼的范围和受诉人民法院管辖。

第一百二十七条　人民法院对下列起诉，分别情形，予以处理：

（一）依照行政诉讼法的规定，属于行政诉讼受案范围的，告知原告提起行政诉讼；

（二）依照法律规定，双方当事人达成书面仲裁协议申请仲裁、不得向人民法院起诉的，告知原告向仲裁机构申请仲裁；

（三）依照法律规定，应当由其他机关处理的争议，告知原告向有关机关申请解决；

（四）对不属于本院管辖的案件，告知原告向有管辖权的人民法院起诉；

（五）对判决、裁定、调解书已经发生法律效力的案件，当事人又起诉的，告知原告申请再审，但人民法院准许撤诉的裁定除外；

（六）依照法律规定，在一定期限内不得起诉的案件，在不得起诉的期限内起诉的，不予受理；

（七）判决不准离婚和调解和好的离婚案件，判决、调解维持收养关系的案件，没有新情况、新理由，原告在六个月内又起诉的，不予受理。

《民事诉讼法司法解释》

第二百零八条　人民法院接到当事人提交的民事起诉状时，对符合民事诉讼法第一百二十二条的规定，且不属于第一百二十七条规定情形的，应当登记立案；对当场不能判定是否符合起诉条件的，应当接收起诉材料，并出具注明收到日期的书面凭证。

需要补充必要相关材料的，人民法院应当及时告知当事人。在补齐相关材料后，应当在七日内决定是否立案。

立案后发现不符合起诉条件或者属于民事诉讼法第一百二十七条规定情形的，裁定驳回起诉。

第二百四十七条 当事人就已经提起诉讼的事项在诉讼过程中或者裁判生效后再次起诉，同时符合下列条件的，构成重复起诉：

（一）后诉与前诉的当事人相同；

（二）后诉与前诉的诉讼标的相同；

（三）后诉与前诉的诉讼请求相同，或者后诉的诉讼请求实际上否定前诉裁判结果。

当事人重复起诉的，裁定不予受理；已经受理的，裁定驳回起诉，但法律、司法解释另有规定的除外。

第二百四十八条 裁判发生法律效力后，发生新的事实，当事人再次起诉的，人民法院应当受理。

九、代位权诉讼中债务人处分行为的限制

释义条文

《民法典合同编通则司法解释》

第四十一条 债权人提起代位权诉讼后，债务人无正当理由减免相对人的债务或者延长相对人的履行期限，相对人以此向债权人抗辩的，人民法院不予支持。

新旧变化

虽然《合同法司法解释（一）》和《合同法司法解释（二）》已经废止，但《民法典合同编通则司法解释》第 41 条与其原代位权规则具有承接性和延展性，但更加凸显了民事规范的创新性和便利性，使合同保全体系更

加完善、系统和规范。《合同法司法解释（二）》第 18 条“债务人放弃未到期的债权或者放弃债权担保，或者恶意延长到期债权的履行期，对债权人造成损害，债权人依照合同法第七十四条的规定提起撤销权诉讼的，人民法院应当支持”，原司法解释针对该情况发生时当事人仅能以撤销权进行债权保全，而本条司法解释认为债务人延长履行期等行为造成债权人损害的可以代位权进行诉讼，不必非得以撤销权进行诉讼，扩展了债权人保护权利的方式。故《民法典合同编通则司法解释》第 41 条延续了《合同法司法解释（一）》和《合同法司法解释（二）》撤销权的规范传统，但新规则具有创新性，便民有效性，使得代位权规则更为细化和完善。

规范解读

《民法典合同编通则司法解释》第 41 条规定，“债权人提起代位权诉讼后，债务人无正当理由减免相对人的债务或者延长相对人的履行期限，相对人以此向债权人抗辩的，人民法院不予支持”是中国代位权制度体系完善的重要一块“拼图”，遵循原则可以认为是复杂问题简明化，保障方式多元化，实体权利便利化等几个方面。代位权指债务人怠于行使权利，债权人为保全债权，以自己名义代位行使债务人对相对人的权利。代位权虽有代位诉权、间接诉权之称，但仍属于债权人的实体权利。《民法典合同编通则司法解释》第五章“合同的保全”完善了债权人代位权制度，强化了对债权人的保护。该规范紧扣了民法典的立法精神，在传承《合同法司法解释（一）》《合同法司法解释（二）》既有规则基础上对合同保全制度进行了配套、补充和细化，本条就是有益补充，是一种可操作性的创新规范。

一是贯彻产权保护政策精神，为债权人合法权益提供完整、可行的和便利的保护。本条“ 债权人提起代位权诉讼后，债务人无正当理由减免相对人的债务或者延长相对人的履行期限，相对人以此向债权人抗辩的，人民法院不予支持”有利于进一步织密防止债务人“逃废债”规范，《合同法司法解释（一）》《合同法司法解释（二）》相关规则要求债权人以撤销之诉针对本条的行为，但是撤销之诉操作程序较为复杂，并且还存在一个撤销后效力状态的节点问题，增加了解决问题的难度，现债权人直接提起代位权之诉，并且直接否定债务人对相对人债权的处分性，增加了债权人行使权能的范围，更加便捷保护债权人权益。二是贯彻实质化解决纠纷的精神，为审判活动提供精准规范。为了解决债权人在诉讼活动中参与时间过长，程序空转过多的问题，司法解释的规范应当具有很强的司法审判思路的指引性和规导性，不宜将“审理”战线拉得太长太久，故本条认为只要“债权人提起代位权诉讼后”，那么所涉债权就已经纳入“法定”保护范围，债务人及其债务人的相对人都应受到限制，形成“行为受限”“处分无效”的状况，该条解释拟定“债权人提起代位权诉讼后”债务人及其相对人任何对债权的处分行为均有“恶意”，其相关债权处分行为需进行“正当理由”举证，否则视为“无正当理由”，如此一来就能扼制绝大多数债务人的滥用处分行为，在保障债权人债权的同时也为司法机关连贯性、终局性提供了一体化的法律依据，具有十分重要的公正导向和规范价值。三是有效解决理论纷争，重新奠定代位权制度的司法体系。对于债权人提起代位权诉讼后，债务人对代位权标的的处分权应否受到限制的问题，理论和实务上也有不同意见。“肯定说”主张，为防止债权人代位权制度目的的落空，一旦代位权人行使代位权，债务人的处分权能将因此受到限制。“否定说”则认为，代位权之行使，并非强制执行，在法律未作明文规定时，不宜片面考虑债权人的利益而剥夺债务人对财产的处分权。如果债务人在债权人行使代位权时，将其债权出让或和解的，债权人可依据撤销权，撤销债务人的行为。鉴于这一问题在审判实践中具有一定普遍性，《民法典合同编通则司法解释》第 41 条对此作了明确，原则采纳“肯定说”的意见，同时结合审判实践中的典型情形，就债务人处分权的限制问题明确规定：“债权人提起代位权诉讼后，债务人无正当理由减免相对人的债务或者延长相对人的履行期限，相对人以此向债权人抗辩的，人民法院不予支持。”此规定需重点把握“无正当理由”的判断问题。对此需要考量债务人是否具有损害债权人利益的恶意，此减免行为是否属于交易中的正常行为以及是否存在合理的对价来进行综合判断。至于“减免相对人的债务”，则既包括放弃全部债权，也包括减少部分债权，更包括无正当理由的延长债务到期时间。也就是说，此放弃或者减少的既可以是到期的债权，也可以是未到期的债权。至于“延长相对人的履行期限”也需要受前面“无正当理由”的限制。此延长履行期限的债权也包括未到期债权的情形，因为债务人恶意延长其对相对人未到期债权的履行期限，使其超过了债权人债权清偿的期限，也会影响债权人债权的实现。

适用难点

《民法典合同编通则司法解释》重新建构了合同保全的司法规则体系，将原来较单一的代位权制度与撤销权制度进行了重新整合，本条就是合同保全制度的创新规则，适应中国社会经济的新发展，能为复杂商事交易提供规则供给。适用难点就是债权人何种情况下以代位权起诉，何种情况下以撤销权起诉，抑或两者均可？代位权与撤销权的区别如下。一是设立目的不同。代位权解决债务人消极行使对外权利的问题，撤销权解决债务人不当积极行使对外权利问题。二是行使效果不同。代位权是由相对人向债权人履行清偿责任；撤销权则是恢复债务人的责任财产，撤销权人并不享有直接或优先该责任财产受偿的权利。三是行使要件不同。代位权则为：（1）债权人对债务人的债权合法；（2）债务人的债权已到期；（3）债务人怠于行使其到期的债权，对债权人造成损害；（4）债务人的债权不是专属于债务人自身的债权；（5）以债权人到期债权和债务人所享有的债权为限。撤销权则为：（1）债务人存在积极减损财产或恶意延长履行期限的行为；（2）债务人行为侵害债权人的债权；（3）以债权人全部债权限额为限。四是行使程序不同。代位权中相对人为被告，债务人为第三人；撤销权中债务人为被告，获益人或受让人为第三人。

类案指引

1. 徐州鸿成房产开发有限公司（以下简称鸿成公司）与中国银行股份有限公司徐州铜山支行（以下简称中行铜山支行）债权人代位权纠纷再审案①

裁判要旨：在债权人提起的代位权诉讼中，若查明债务人与案外第三人进行虚假的债权转让以逃避债务人对债权人的负债，属恶意串通损害债权人利益情形，可以在债权人提起的代位权诉讼中直接认定该虚假债权转让行为无效，而无须另行提起确认之诉确认该虚假债权转让行为无效。

法院认为：关于中行铜山支行是否可以对鸿成公司行使代位权问题。兴达公司、鸿成公司以及作为鸿成公司实际控制人的中铁煤焦公司，在明知中行铜山支行基于其对兴达公司享有到期债权，而兴达公司对鸿成公司享有债权，提起本案诉讼，要求鸿成公司对兴达公司债务承担责任的情况下，仍然进行债权转让、受让，将兴达公司对鸿成公司享有的全部债权转让给中铁煤焦公司，意图使中行铜山支行的诉求落空。该转让、受让债权行为损害了中行铜山支行的合法权益，根据《民法通则》第58条规定，应认定为无效。因此，二审法院综合本案具体情况，对鸿成公司提供的《债权转让协议书》不予采信，认定中行铜山支行可以就兴达公司对鸿成公司享有的到期债权行使代位权，并无不当。

2. 中国农业银行汇金支行诉张家港涤纶厂代位权纠纷案②

裁判要旨：债务人在债务到期后，没有以诉讼或者仲裁方式向次债务人主张债权，而是与次债务人签订协议延长履行债务期限，损害债权人债权的，属于怠于行使到期债权的行为，债权人可以以自己的名义代位行使债务人的债权。债务人与次债务人之间的具体债务数额是否确定，不影响债权人行使代位权。

① 参见最高人民法院（2017）最高法民申3572号民事判决书。

② 载《最高人民法院公报》2004年第4期。

法院认为：（1）债务人工艺品公司既未积极向债权人履行到期债务，又未通过诉讼或仲裁方式主张其对次债务人到期债权，而在其债权到期后，通过签订延期还款协议方式，将还款时间延长8年之久，明显损害了债权人合法权益，属《合同法》第73条规定的债务人怠于行使债权行为，该延期还款协议应认定无效。（2）债务人与次债务人间具体债务数额是否确定，并不影响债权人对代位权行使，因在诉讼中，次债务人完全有权向债权人行使抗辩。工艺品公司虽在二审中承认违约，但因其在代位权诉讼中处于第三人地位，其是否违约，应由法院认定。从本案事实看，工艺品公司在协议履行过程中并不构成违约。一审判决后涤纶厂与工艺品公司达成的以资产抵债协议无效，不能产生导致本案终结法律后果，因进入代位权诉讼程序后，债务人即丧失了主动处分其对次债务人债权权利，代位权行使后果直接归属于债权人，次债务人如履行义务，只能向代位权人履行，不能向债务人履行。工艺品公司在诉讼中主动清结债权债务，存在逃避诉讼、规避法律故意，判决涤纶厂给付银行垫付款。

相关条文

《民法典》

第一百五十九条 附条件的民事法律行为，当事人为自己的利益不正当地阻止条件成就的，视为条件已经成就；不正当地促成条件成就的，视为条件不成就。

《继承编司法解释（一）》

第二十九条 附义务的遗嘱继承或者遗赠，如义务能够履行，而继承人、受遗赠人无正当理由不履行，经受益人或者其他继承人请求，人民法院可以取消其接受附义务部分遗产的权利，由提出请求的继承人或者受益人负责按遗嘱人的意愿履行义务，接受遗产。

第四十条 继承人以外的组织或者个人与自然人签订遗赠扶养协议后，无正当理由不履行，导致协议解除的，不能享有受遗赠的权利，其支付的供养费用一般不予补偿；遗赠人无正当理由不履行，导致协议解除的，则应当偿还继承人以外的组织或者个人已支付的供养费用。

《商品房买卖合同纠纷司法解释》

第八条 对房屋的转移占有，视为房屋的交付使用，但当事人另有约定的除外。

房屋毁损、灭失的风险，在交付使用前由出卖人承担，交付使用后由买受人承担；买受人接到出卖人的书面交房通知，无正当理由拒绝接收的，房屋毁损、灭失的风险自书面交房通知确定的交付使用之日起由买受人承担，但法律另有规定或者当事人另有约定的除外。

第二节 债权人的撤销权

一、债权人撤销权诉讼中明显不合理低价或者高价的认定

释义条文

《民法典合同编通则司法解释》

第四十二条 对于民法典第五百三十九条规定的“明显不合理”的低价或者高价，人民法院应当按照交易当地一般经营者的判断，并参考交易时交易地的市场交易价或者物价部门指导价予以认定。

转让价格未达到交易时交易地的市场交易价或者指导价百分之七十的，一般可以认定为“明显不合理的低价”；受让价格高于交易时交易地的市场交易价或者指导价百分之三十的，一般可以认定为“明显不合理的高价”。

债务人与相对人存在亲属关系、关联关系的，不受前款规定的百分之七十、百分之三十的限制。

新旧变化

本条由《合同法司法解释（二）》第19条沿袭而来。《合同法司法解释（二）》第19条第1款规定："对于合同法第七十四条规定的'明显不合理的低价'，人民法院应当以交易当地一般经营者的判断，并参考交易当时交易地的物价部门指导价或者市场交易价，结合其他相关因素综合考虑予以确认。"第2款规定："转让价格达不到交易时交易地的指导价或者市场交易价百分之七十的，一般可以视为明显不合理的低价；对转让价格高于当地指导价或者市场交易价百分之三十的，一般可以视为明显不合理的高价。"第3款规定："债务人以明显不合理的高价收购他人财产，人民法院可以根据债权人的申请，参照合同法第七十四条的规定予以撤销。"

本条沿袭了《合同法司法解释（二）》第19条前两款的规定，两者主要内容相同；删除了《合同法司法解释（二）》第19条第3款，因该款规定的债务人以明显不合理高价受让财产的问题，已被《民法典》第539条吸收；本条新增第3款，明确债务人与其相对人存在亲属关系、关联关系，为逃废债务实施《民法典》第539条规定的行为的，不受70%、30%规定的限制。主要考虑是，当前恶意损害债权的行为标的额十分巨大，即使超过70%或者未高于30%，涉及金额也很巨大，而实践中存在债务人与相对人利用亲属关系或者关联关系逃避债务，恶意损害债权人的情形，违法成本却比较低，因此有必要对70%、30%标准的例外情形予以明确。本条第2款中的"一般可以认定"也为第3款规定例外情形留出了制度空间。在征求意见过程中有意见认为应当明确"关联关系"或"关联交易"的认定标准，将之一概认定为"可撤销交易"，即关联交易会损害债权人的利益缺乏合理性。关联关系在民法上一般用于形容组织体之间的关系，是一个泛化的概念，容易滋生误解。经研究，对这些意见予以采纳，参考德国法等比较法上的立法例，本条第3款对关联关系作了具体的列举规定，同时增加了自然人之间存在亲属关系的例外规定，删除了征求意见稿中"等情形"兜底条款，将例外情形明确限定为亲属关系与关联关系。

规范解读

本条是债权人撤销权诉讼中明显不合理的低价或高价的认定规则。

撤销权，又称废罢诉权，是指债权人在债务人与他人实施处分其财产或权利的行为损害债权的实现时，可以请求法院予以撤销的权利。本条是对《民法典》第539条关于债权人撤销权制度中有偿行为类型的目的扩张性解释及具体判断基准。认定债权人享有撤销权的重要条件之一是债务人或相对人具有主观恶意。无偿转让财产、无偿处分财产权益或恶意延长到期债权的履行期限的行为，客观上必然损害债权人的利益，撤销上述没有支付对价的行为不会损害债务人的相对人之利益，故不需要审查相对人是否具有主观恶意，《民法典》第538条直接明确规定债权人可以请求法院予以撤销。在有偿转让或受让财产情况下，如何正确理解和准确把握《民法典》第539条规定的明显不合理低价或者高价，则需要赋予从事司法审判工作的审判人员自由裁量权。为确保相应司法自由裁量权行使的正当性，保证司法尺度和裁量标准的统一性，本条解释旨在确定判断的具体依据和标准。

适用难点

1. 判断“明显不合理低价或者高价”的时空依据

本条从时间和空间两个维度进行了具体明确：

（1）在时间基准上，要求系“交易时”，即实施交易行为时，可以理解为债务人与相对人之间的合同订立时。结合《民法典》关于合同成立的相关规定，应以承诺生效的时间作为合同成立的时间，法律另有规定或者当事人另有约定的除外。当事人采用信件、数据电文等形式订立合同要求签订确认书的，以签订确认书的时间认定为合同成立的时间。当事人一方通过互联网、App等发布的商品或者服务信息符合要约条件的，对方选择该商品或者服务并提交订单成功时合同成立。

需要注意的是，在判断不合理交易行为是否影响债权人的债权实现时，需要区分交易行为时和撤销权行使时的市场交易价格，应将债务人和相对人之间的实际交易价格与交易行为时的市场价格进行比对，而非撤销权行使时的市场交易价格。

（2）在空间基准上，要求系“交易地”，即交易行为地。结合《民法典》的相关规定，包括合同签订地、合同履行地。对于合同签订地的确定，首先，合同内容中对该合同的成立地点有明确约定的，依照合同约定。其次，合同没有明确约定成立地点的，对于以书面形式订立合同，存在多个当事人且在合同上签名、盖章的地点不一致的，依照《民法典》第493条的规定，最后签名、盖章或者捺指印的地点为合同成立的地点，当事人另有约定的除外。

对于交易行为地的行政区划范围应解释为发生交易行为的哪一级行政区划所在地，本条未进一步明确。一般理解为如地级市、县级市行政区域内有此类产品交易，首先以较小行政区划地或税收监管地，如保税区、自贸区等为参考对象；如果没有同类产品交易，则依次类推到较大的市、省级行政区域等。

实务中需根据转让财产的性质、种类等，综合考虑市场流通、交易惯例、关税区域等因素予以判定，如土地、房屋等不动产，无论是否办理过户登记手续，交易地均应为不动产所在地；船舶、航空器、机动车等特殊动产，已办理过户登记手续的，应以办理登记手续地作为交易地。

2. 判断“明显不合理低价或者高价”的数额标准

（1）交易当地一般经营者的判断。如何理解一般经营者，从正面理解，应为同类型产品、经营规模接近的经营者；从反向排除法，应排除个别性、偶然从事经营的主体，排除违反常识、市场行情和公众认知的非常态判断。

（2）参考交易时、交易地的市场交易价或者物价部门的指导价。对于普通物品的交易价格，按照“谁主张，谁举证”的证据规则，应由债权人提供市场交易价或物价部门的指导价依据。债务人或相对人可以提供相反证据。对于证据存疑且当事人无法进一步提供的，可以在举证期限届满前书面申请法院调查收集。

对股权转让价格是否明显低于市场价格或受让股权是否明显高于市场价格，需要结合企业在转让股权年度的审计报告、评估报告等，认定股权转让价格是否符合市场行情。股权协议转让、股权回购等作为企业之间资本运作形式，已成为企业之间常见的融资方式。如果并非以长期牟利为目的，而是出于短期融资需要，其合法性应予以承认，关于双方名为股权转让实为融资借贷应认定无效的理由将不能成立。

在涉及房产转让行为中，税务机关评估的房屋计税价格也可以作为重要的参考标准。依照《税收征收管理法》第35条第6项规定，纳税人申报的计税依据明显偏低，又无正当理由的，税务机关有权核定其应纳税额。税务机关估价一般采用市场法中的间接比较法，即根据交易实例价格确定标准价格，再由标准价格推算评估对象的计税价格，然后根据计税价格核定其应纳税额。税务机关评估的房屋计税价格能较准确地反映市场行情，正常情况下不会高于同期同类房屋的市场交易价格，因此参考税务机关评估的房屋计税价格作为诉争房屋成交价格是否属于明显不合理的低价或高价的衡量标准也是合理的。

在司法实务中，对诉争房屋或财产转让时按照交易地的市场价进行评估，以评估价作为基准认定是否属于不合理低价或高价也较为常见。以此种方式确定市场价的优点是具有较高的科学性和确定性；缺点是估价成本过高，高额的鉴定费成为当事人的额外负担，且对于一些特殊房屋，估价方法中市场比较法所选取的可比交易实例容易产生争议。建议由双方各自从具有较大影响力、能够反映真实成交情况的房屋交易 App 对同时期、同小区、同地段房屋交易价格查找较为接近的成交实例，供法院参考，同时通过向房产部门等函询涉税评估价等方式，结合具体案情酌定合理的市场交易价，以降低监事人的诉讼成本。

（3）以前述价格为基准，以未达到前述价格的70%或超过前述价格的30%作为是否明显超出合理范围的认定。在司法实践中，债务人以不合理低价转让或以不合理高价受让非全新产品，如二手物品交易价格的合理性认定就存在较大的争议。需结合具体案件中交易对象的使用期限、已使用情况等按照正常使用预计寿命进行折旧核算。

本条作为统一司法裁量尺度的指导性意见，明确上述判断标准为“一般”与“可以”。“一般”意在排除特殊情形，“可以”是指不作刚性要求，在个案评判时需结合具体案情具体分析。对丁时令果蔬、水产海鲜等保质期短、季节性强的产品，需结合交易产品的具体品质，综合考虑市场销售情况进行认定，对于季节性产品和易腐烂变质的蔬菜瓜果等在临近换季或保质期即将届满，再不及时处理将损失更大的情况下，为回笼资金进行的甩卖，其交易价格应从宽掌握，不受上述比例的严格限制。

3. 判断"明显不合理低价或者高价"的主体依据

（1）债务人的相对人具有主观恶意。《民法典》第539条规定，债务人的相对人对交易属明显不合理低价或高价情形系"知道或者应当知道"，即相对人主观系恶意。在无偿处分财产行为中，债务人的相对人是纯获益方，债权人行使撤销权通常不会损害相对人的合法利益，故不要求相对人是否具有主观恶意。而在有偿处分财产行为中，债权人撤销权的行使及认定需以债务人的相对人具有主观恶意为要件，这是基于维护正常交易的稳定性和保护债权人合法利益之间的平衡而设置的。避免因法律规定债权人享有撤销权而使正常的交易相对人对交易产生额外的顾虑和恐慌，增加交易成本或不便利性，亦可能让债务人减少甚至丧失正常的交易机会。

关于债务人主观是否恶意一节，目前存在观念主义和意思主义两种立法例。按照观念主义，债务人的恶意是指债务人对其行为可能造成自身偿债能力下降，从而有害于债权的后果具有认识，采用观念主义的国家或地区有法国、日本和我国台湾地区等。按照意思主义，债务人的恶意不仅要求债务人认识到其行为有损害债权的后果，在主观上还要有损害债权人的故意或重大过失，采用意思主义的国家或地区有德国、瑞士、奥地利等。两相比较，意思主义对于债权人的举证要求过苛，因为债务人内心是否有损害意思较难证明。相较之下，观念主义的可操作性更强，只要债务人知道处分财产的行为将导致其偿债能力降低或丧失偿债能力，损害债权人的债权，却仍然实施该行为，即推定债务人具有主观恶意，而不必要求债务人内心是否有损害的意思，既有利于保护债权人的利益，也降低了该制度实际运作的成本。

我国《民法典》对于债务人行为时的主观状态没有明确要求，即客观上只要债务人存在"明显不合理的低价或高价"交易行为，影响债权人的债权实现，债务人的相对人知道或者应当知道该情形的，就认定债权人享有撤销权。司法实践中随之而来的问题是，相对人的主观意识状态相对复杂，债权人很难收集到足够充分的证据证明受让人知道不合理低价转让或不合理高价受让行为对债权人造成损害。为了应对该难题，司法实务中采取了降低债权人证明责任和恶意推定的办法加以变通解决，即只要债权人举证证明相对人知道债务人是以明显的不合理低价转让或明确不合理的高价受让且对债务人对外存在其他债务，一般推定相对人知道或应当知道债务人的该转让行为对债权人造成损害。除非相对人与债务人之间具有一定的亲属关系或关联关系，或者相对人与债务人之间相当熟悉，了解其真实状况，否则即使相对人认识到债务人的行为可能损害债权人的债权，但这种认识仅是相对人的主观判断或猜测，至于客观上是否真正会损害债权较难把握。由于现代社会是以陌生人交往为主的社会，受益人难以完全了解债务人的对外欠债情况，也很难确切了解债权人与债务人的债权债务状况，除非债务人将这些情况主动告知相对人。故相对人与债务人系“陌生人”的情况下，此节证明标准主要看是否存在明显不合理价格转让。

（2）债务人与相对人之间存在亲属关系、关联关系。与债务人存在直接或间接控制关系或重大影响关系的企业，称为关联企业；与债务人存在关联关系的自然人，则指与债务人具有一定亲属关系或其他利害关系的个人。此处明确债务人与相对人之间存在亲属关系的，不受前款规定的比例限制，是对实践中出现大量亲属之间通过低价转让财产以逃避债务现象的司法回应，有利于规制此种明显不公平却经常被当事人采用的恶意操作。

如果相对人与债务人具有一定身份上或经济上的关联关系，比如家庭成员之间、其他亲属之间、债务人与关联企业之间以明显不合理的低价处分财产的，在受让人主观状态是否恶意方面，应直接适用推定恶意和举证责任倒置。即只要债权人举证证明相对人于交易时知道债务人是以明显不合理的低价转让或明显不合理的高价受让，就推定相对人知道债务人的该转让行为对债权人造成损害，除非相对人能够证明其确实不知道或不应当知道。此处仅提到亲属关系，并不要求近亲属，包括家庭成员在内的亲属之间（父母子女、夫妻、兄弟姐妹、表亲或堂亲之间等）处分财产的交易行为，其特殊的身份或亲密关系本身就具有推定相对人知道或应当知道的效果，除非相对人能够证明其“不知道”，否则推定相对人具有恶意。

风险防范

（1）债权人证明自己享有合法债权，并非要以其已经取得生效判决或仲裁裁决确认为前提。因为债权人撤销权的除斥期间为一年，而债权人通过诉讼取得生效法律文书的时间往往可能超过一年，故债权人一旦知晓债务人与相对人之间可能存在损害债权的不当行为时，应及时主张行使撤销权。

（2）关于债务人与相对人之间是否存在恶意串通，规避法院执行，损害债权人利益而导致合同无效的问题。恶意串通，是指行为人双方均存在恶意，合谋串通，实施某种行为，故意损害国家利益、社会公共利益或者他人合法权益。在实务中，债权人主张债务人与相对人存在恶意串通情形的，需分别论述债务人、相对人主观是否存在恶意且合谋串通。通常情况下，相对人主观恶意之证明较为困难，由于相对人的恶意与债务人的主观恶意相伴而生，在论证相对人主观是否恶意时，一般需结合债务人是否具有主观恶意进行分析。

（3）债务人将房屋、土地转让给相对人用于抵偿贷款及解决职工安置等问题，转让价格在合理范围内，主观上不存在故意逃避债务及规避执行的恶意，不宜直接认定其存在故意损害其他债权人利益的主观恶意。抵押权人以抵偿贷款与支付现金的方式支付了房地产对价转变为受让人的，因其本身属于有优先受偿权的债权人，其他普通债权人应无权请求撤销。

类案指引

1. 杨某、程某与孙某、郭某债权人撤销权纠纷案

裁判要旨：债权人行使撤销权时需证明自己是债权人，对债务人享有明确具体的债权。

法院认为：权利主体行使债权人撤销权的前提条件是其对特定的债务人享有明确具体的债权。本案中，虽然谢某购买案涉房屋的款项系由其母亲杨某向恒邦公司转账支付，但杨某、程某并未举证证明由杨某向恒邦公司支付的房款系对谢某的借款，谢某在购买案涉房屋之后与杨某签订的居住权房屋协议的内容中亦未体现案涉房款的性质系借款，谢某需要偿还。鉴于谢某与杨某、程某之间的特殊关系（杨某系谢某的母亲、程某是谢某的继父，谢某已去世），法院无法排他性地认定杨某、程某系谢某的债权人，故不予支持。

2. 赵某与梁某1、梁某2债权人撤销权纠纷案

裁判要旨：债务人与相对人之间具有亲属关系，交易价格明显不合理时，债权人的举证责任已经完成。债务人与相对人无证据证明双方存在真实的买卖关系，亦不能证明已支付合理的房屋对价时，债权人有权请求撤销。

法院认为：梁某1系森中润公司的股东，且自2014年3月14日至2017年10月19日担任森中润公司的法定代表人，在梁某1担任法定代表人期间森中润公司向赵某借款，至今仍有61万元本息未还。漯河市召陵区人民法院（2020）豫1104民初1435号民事判决书认定梁某1与森中润公司存在财产混同，所以梁某1在未清偿赵某借款的情况下，将自己位于××路的一套房产，面积为317.42平方米，于2018年12月14日以200元的价格转让给其女儿梁某2，致使赵某债权不能实现，梁某1将自己的房产以200元的价格转让给梁某2的行为，给赵某造成了损害。在重新订立借款合同数日后，梁某1即将案涉房产以200元价格转让，一审、二审中梁某1、梁某2均无证据证明双方存在真实的房屋买卖关系，亦不能证明已支付合理的房屋对价，赵某要求撤销房屋买卖合同的请求，法院予以支持。

相关条文

《民法典》

第五百三十八条　债务人以放弃其债权、放弃债权担保、无偿转让财产等方式无偿处分财产权益，或者恶意延长其到期债权的履行期限，影响债权人的债权实现的，债权人可以请求人民法院撤销债务人的行为。

第五百三十九条　债务人以明显不合理的低价转让财产、以明显不合理的高价受让他人财产或者为他人的债务提供担保，影响债权人的债权实现，债务人的相对人知道或者应当知道该情形的，债权人可以请求人民法院撤销债务人的行为。

二、其他不合理交易行为的认定

释义条文

《民法典合同编通则司法解释》

第四十三条　债务人以明显不合理的价格，实施互易财产、以物抵债、出租或者承租财产、知识产权许可使用等行为，影响债权人的债权实现，债务人的相对人知道或者应当知道该情形，债权人请求撤销债务人的行为的，人民法院应当依据民法典第五百三十九条的规定予以支持。

新旧变化

《最高人民法院关于当前商事审判工作中的若干具体问题》第 9 条“关于以物抵债合同纠纷案件的审理问题”中指出，如果抵债物已交付给债权人，债务人反悔的，不予支持。但为防止一方当事人利用以物抵债协议损害对方的合法权益，当存在《合同法》第 54 条规定的情形时，债权人、债务人均可请求变更或撤销以物抵债行为。对当事人利用以物抵债恶意逃债，第三人既可依据《合同法》第 52 条的规定主张抵债行为无效，也可依据《合同法》第 74 条的规定行使撤销权。

规范解读

《民法典》第 539 条以列举方式明确了可撤销的有偿处分行为有以下三种：（1）债务人以明显不合理的低价转让财产；（2）债务人以明显不合理的高价受让他人财产；（3）为他人的债务提供担保。该列举方式为完全列举，一般不应再将其他有偿处分行为纳入，但在司法实践中，客观上存在债务人通过将原有价值明显更高的财产与相对人明显低廉的财产进行互易，以明显低于市场价格的租金标准将财产长期出租给相对人，承运人以明显不合理低价承运相对人的货物等。在以上情形中，债务人与相对人的行为也属于明显不合理的处分行为，损害了债权人债权的实现。但由于上述行为并不符合通常意义上《民法典》第539条列举的三种行为外观，需要审判人员通过对债务人以明显不合理低价转让财产的行为进行扩大解释，才能类推援引适用，而本条明确扩展至互易财产、以物抵债、出租或者承租财产、知识产权许可使用等行为。解决了司法实践中此类非典型有偿处分行为无明确规定可依，当事人就此产生较大争议，需由审判人员自行裁量、可能发生裁量标准不一致的问题。

1. 互易财产

（1）互易与买卖。在历史上出现货币前，当商品处于物物交换的阶段时，物的交换是一种最古老的买卖，一方的购买即为另一方的出卖。随着货币出现以后，商品交换从原来的“商品—商品”，分裂为“商品—货币”“货币—商品”，买与卖在时空上都分离开了。现代语境下的互易财产明显不同于买卖，二者的根本区别在于有无货币充当交换的媒介。互易合同不同于销售合同，前者的目的是通过转移物之所有权而取得对价。互易为双务、诺成合同，即使一方当事人对互易的标的，如土地等，并无处分权，互易合同仍为有效。

（2）互易的标的。有意见认为，互易的标的只能是民法上的财物，把货币排除在外；有意见认为，一方将所持甲国货币按一定的汇率与另一方所持乙国货币进行互易，只要货币不是以媒介的身份出现，而是双方互换的标的时，货币也可以作为互易的标的。① 此外，还有以背书形式互易汇票等有价证券，服务、智力成果等。

（3）互易转让的权利。通常理解为物之所有权的转移，包括转移动产的所有权和不动产的所有权。《民法典》第647条规定：“当事人约定易货交易，转移标的物的所有权的，参照适用买卖合同的有关规定。”除了所有权外，其他不具有人身性的可移转的权利均可得成为互易的标的。总体而言，互易是较为复杂的交易模式，当事人完全可根据自身的条件和利益需要，达成合意后，即可用相同或不同的权利进行互易。

① 参见嬴舜尧：《互易的几个法律问题探析》，载《理论与实践》2002年第6期。

合同债权债务的概括转移。对合同债权，除依法定、约定及债权的性质不得转让者外，只要当事人达成互相转让的合意，履行了对债务人的通知义务，即可以互易方式转让。对合同债务，除了不具有可转让性的债务外，只要当事人就转让债务协商一致，经债权人同意，就可以互易方式转让。经各方当事人协商一致，合同的债权债务可以一并予以转让。

（4）不合理低价或高价互易的认定。互易既然是没有货币作为媒介的物物交换，是否存在不合理低价转让或高价受让，就涉及对债务人之物与相对人之物的合理价格的评估。评估的具体方法与《民法典合同编通则司法解释》第42条规定是一致的，应当分别以交易当地一般经营者的判断，并参考交易时交易地的市场交易价或者物价部门指导价予以认定。当相对人之物的价格未到债务人之物价格的70%的，一般可以认定为明显不合理的低价；当债务人之物的价格高于相对人之物价格的30%的，一般可以认定为明显不合理的高价。债务人与相对人存在亲属关系、关联关系的，不受上述比例的限制。

2. 以物抵债

以物抵债作为债务清偿的方式，只要双方当事人意思表示真实，内容不违反法律、行政法规的强制性规定，即为有效。按照约定的时间先后，可分为预约型和事后型，前者指事前预先约定以物抵债，后者指当事人在债务清偿期届满后达成的以物抵债协议。按照债务与抵偿物的主体不同，可以分为以债务人的财产抵偿欠相对人的债务，以及接受相对人的财产抵偿其欠债务人的债务。

以物抵债协议与互易合同一样，均属于无名合同。关于以物抵债协议的性质，存在诺成性合同、要物性（实践性）合同、处分行为等争议。诺成说主张，当事人达成以物抵债协议即成立，为诺成合同，即使没有现实交付物的行为，也不影响以物抵债协议的成立与生效。要物（实践）说主张，只要尚未履行物权移转手续，以物抵债协议即不成立，动产需转移占有、不动产需办理过户登记等。现最高人民法院对此采用诺成说。

在债权人撤销权诉讼中，债权人仅举证证明债务人与相对人达成了以物抵债协议，但债务人与相对人尚未履行物的交付时，是否准许债权人行使撤销权，则存在一定的争议。一种意见认为，既然债务人与相对人尚未完成物的交付，客观上债务人尚不存在以明显不合理低价或高价实施以物抵债，即债务人的财产客观上并未减少，债权人的债权未受到损害，债权人不得预先行使撤销权。另一种意见认为，只要债务人与相对人达成了以物抵债协议，是否客观真实履行仅涉及履行问题，相对人有权依据协议要求债务人随时履行，必然影响债权人的债权实现，债权人有权请求撤销。本书认为，第二种意见更具有可操作性。处分行为说主张，法律行为可分为负担行为与处分行为，虽然都是基于债之关系产生的财产权利变动，但两者的区别在于前者乃是义务的创设，后者是指义务的履行；前者是权利的期待，后者是权利的实现。① 只要债权人提供证据证明债务人与相对人之间存在明显不合理的以物抵债协议，影响债权人的债权实现，即使尚未履行，也应准许债权人请求撤销该以物抵债协议。与撤销已经转移物之交付的以物抵债协议相比，此节的区别在于无须回复转移物至债务人处。

一般情况下，当事人以物抵债是为了及时还清债务，但客观上确实存在诸多通过以物抵债恶意逃避债务，损害债权人合法利益的情况。在债权人撤销权诉讼中，审查债务人与相对人之间以物抵债协议是否侵害债权人的债权实现，主要从以下方面开展：第一，以物抵债之债的真实性，即该债务是否客观真实存在，如果债务虚假，相当于债务人与相对人恶意通谋非法转移债务人的财产，当然得以撤销。第二，如果债务真实，但债务与抵项物的价格相差悬殊，相对人用以抵债之物的价格未达到欠债务人债务的70%的，或者债务人用以抵债之物的价格超过欠相对人债务的30%的，一般可以认定为明显不合理低价或高价。债务人与相对人存在亲属关系、关联关系的，不受上述比例的限制。

对于附有物的担保的债权，就担保物以相当份额作价抵债用于清偿，一般不能认为构成不合理交易行为。这是由于该债权人原本即拥有优先受偿权，债务人的附有担保权的财产已不属于一般财产（责任财产），以该财产抵债清偿并不会造成债务人责任财产的减少，故不应成为其他债权人行使撤

---

① 参见陈永强：《以物抵债之处分行为论》，载《法学》2014年第11期。

销权的标的。

3. 出租或者承租财产

债务人以不合理低价出租自己的财产或以不合理高价承租相对人的财产，影响债权人的债权实现的，债权人有权请求法院予以撤销。例如在租赁合同中，债务人将自己的车辆等财产以超低廉的价格出租给第三人。如果能够证明租金价格远远不足以弥补承租人对车辆等财产的消耗，则应允许债权人类推适用《民法典》第 539 条规定对债务人的不合理低价出租行为予以撤销。

4. 知识产权的许可使用

关于商标权、专利权、著作权等知识产权的许可使用与转让，若债务人以明显不合理的低价许可他人使用或转让自己拥有的知识产权，将导致知识产权价值的不当贬损。对于该项知识产权价值及交易价格的合理性需结合未来利益等进行综合评估，各方争议较大时需引入专业资产评估机构。

5. 其他不合理交易行为

《民法典合同编通则司法解释》第 43 条采用了“等”字兜底条款，表明并非完全列举，包括但不限于上述形式，对于其他损害债权的行为，如以不合理对价为他人的债务提供担保等，只要债权人能够举证证明符合第 43 条规定的条件，也可以请求法院予以撤销。如货物运输服务，其转让可依照当事人的约定，没有明确约定的，可依照当事人之间的交易习惯、行业习惯或商业惯例。另外，保理合同是应收账款债权人将现有的或者将有的应收账款转让给保理人，保理人提供资金融通、应收账款管理或者催收、应收账款债务人付款担保等服务。上述具有金钱价值的财产或权利均可得成为债权人行使撤销权的标的。

在征求意见稿不合理交易行为的列举中还提到用益物权，虽然正式意见此条删除了“设定用益物权”，但由于此条采用了“等”字兜底条款，表明可以包括用益物权的设定行为。鉴于用益物权的适用前景广阔，虽然现解释中删除了此节，但作为可能涵盖的内容亦有必要对此进行研究。

用益物权是指用益物权人对他人所有的不动产或者动产，依法享有占有、使用和收益的权利。其中，不动产用益物权，如建设用地使用权、建筑物使用权等；动产用益物权，如机器设备的使用权等；特殊动产用益物权，如船舶、航空器和机动车的使用权等。《民法典》在原有法律体系的基础上，完善了土地承包经营权、建设用地使用权、宅基地使用权、地役权等制度，增设了居住权。虽然居住权制度的构建较为审慎，给未来尚留有较大发展空间，但上述用益物权体系已经基本构建成型。

适用难点

（一）债权人行使撤销权标的之排除

以下行为不得为债权人行使撤销权的标的：（1）事实行为，如物的毁灭投弃，此时债权人没有救济方法，无从撤销。（2）非以财产权为标的之行为，从债权人撤销权制度的目的出发，可构成撤销对象的行为应当是以财产权为目的的行为。只要是以财产权为标的之行为，财产权的种类在所不问，非以财产权为标的之行为，撤销与否并不能恢复债务人的偿债能力，对于债权人而言没有行使撤销权的意义。（3）身份行为，如结婚、离婚、子女收养、终止收养关系、非婚生子女之认领、继承之放弃或承认等，即使因此间接的对于债务人之财产发生不利影响，债权人也不得请求撤销。夫妻通过离婚将财产全部转移给另一方的，债权人有权撤销的只是该离婚协议中关于财产处分的部分，而不是离婚关系本身。因为如果允许对身份行为撤销，则会对债务人的人格自由构成不当侵害。（4）以不作为债务的发生为目的之法律行为，即使发生可得利益的丧失，债权人除就其原来债权标的请求给付外，并非可强制债务人之行为，故不得撤销。（5）债务人订立的劳务契约（如委托、雇佣），债权人不能强制债务人履行的劳动关系。（6）财产上利得之拒绝，如赠与要约的拒绝、第三人债务承担的拒绝、继承或遗赠的放弃，债权人不得撤销。因为撤销权的目的仅在于保全债务人的责任财产，并非以增加债务人的清偿能力为目的。（7）公司设立行为，能否成为撤销权之标的，存在争议。债务人为逃避债务清偿，以财产出资设立有限公司、两合公司时，请求撤销出资协议或出资行为时，应准许撤销出资行为，是否可以请求撤销公司设立行为则需进一步审查，目标是恢复债务人的偿债能力，并非为了撤销而撤销。（8）以不得扣押的财产权为标的之行为，包括处理个人及所扶养家属的生活必需物品、用于身体缺陷必须的辅助医疗工具、未公开的发明或著作、个人所得荣誉表彰物品等行为。理由是按照执行规定，上述保障被执行人及所扶养家属生活必需的物品及专属其个人的辅助工具等不得成为执行标的物，故债权人亦无法申请执行上述物品，也就没有行使撤销权的必要。

（二）债权人的举证义务

1. 债权人需举证证明其对债务人享有合法债权

债权人对债务人享有合法有效的债权是撤销权行使的前提要件，包括：第一，债权必须在债务人处分财产的行为发生前已经有效存在。换言之，债务人的行为存在于债权发生前的，一般不得予以撤销。但是，如果债权发生的可能性较高，债务人为逃避将来发生之债务的履行，预先处分自己的财产，依然可以构成不合理交易行为。如果在债务人的行为成立后还需要进行核准登记才能生效的，则债权人无须等待登记手续完成即可行使撤销权。第二，当债权人行使撤销权时，债权人的债权仍然有效存在。无效的债权、已经被消灭的债权，自然不能产生债权人的撤销权。对于已超过诉讼时效的债权，经对方当事人提出时效抗辩，法院经审查属实的，对债权人的撤销请求应不予支持。债权人对债务人的债权是否已到清偿期，不影响债权人撤销权的行使。撤销权不同于代位权，债权人行使撤销权的目的在于保全将来的债务履行，仅应注重有无偿债能力，不论是否已界清偿期，该债权人均有撤销权。债权人的债权是否必须以判决或仲裁裁决等方式确定，则不是债权人行使撤销权的必备要件。据此，债权人行使撤销权是否超过诉讼时效不能以其已经知道或应当知道撤销事由之日起一年内尚未取得生效判决或仲裁裁决确认债权为由进行抗辩。

2. 债务人实施了损害债权的行为，债务人的行为在债权人行使撤销权时继续存在

债务人实施了处分其财产的行为，此处指法律上的处分，并非事实处分行为。从是否需要行为相对方合意的角度，处分行为可分为合同行为与单方处分行为。为他人债务提供担保的行为属于债务负担，依目的性扩张解释规则，均为撤销权的标的。

依《民法典》合同编的规定，作为撤销权标的之处分行为表现为如下形式：（1）无偿处分行为，包括：①放弃其债权；②放弃债权担保；③以无偿转让财产等方式无偿处分财产权益；④恶意延长其到期债权的履行期限。（2）有偿处分行为，包括：①以明显不合理的低价转让财产；②以明显不合理的高价受让他人财产。（3）为他人的债务提供担保，既包括为他人的债务担任保证人，也包括为他人债务以自己的财产设定抵押、质押等。虽然为他人债务提供担保行为规定在《民法典》第 539 条中，而该条一般认为系有偿但交易价格不合理时债权人的撤销权规定，但为他人债务提供担保的行为本身并不一定有对价给付，不排除免费为他人债务提供担保的情况，具体需要看债务人与相对人之间的约定。

3. 债务人的行为影响债权人的债权实现

所谓“影响债权人的债权实现”，是指由于债务人的行为，已经或将要减少债务人的责任财产，致使债权人的债权难以实现或根本不可能实现，表现为减少积极财产或增加消极债务。关于如何认定影响债权人的债权实现，通说将债务人财产状态“无资力”作为对债权人债权实现有影响的重要判定标准。① 如果债务人实施处分行为后，其仍有足够的财产清偿债权人的债权或者自己虽无足够的财产但债权人的债权已由第三人提供可靠担保的，则债权人不得行使撤销权。《葡萄牙民法典》第 611 条规定，债务金额，由债权人举证；就债务人拥有等值或更高价值之可查封财产，则由债务人或对维持有关行为有利害关系之第三人举证。我国澳门特别行政区“民法典”第 606 条亦有相近规定，第 607 条要求有偿行为中债务人及第三人须为恶意，该条第 2 款规定，明知作出有关行为将有损债权人者，即视为恶意。

按照“谁主张，谁举证”的规则，债权受到侵害的举证责任应由债权人承担。应认为，债权人撤销权诉讼并不等同于债权人与债务人之间基于债权本身产生的诉讼，在撤销权诉讼中债权人仅需提供相应证据，证明其对债务人享有相应债权，通过案件执行中反映债务人的财务状况等证明债务人没

---

① 参见崔建远：《论债权人撤销权的构成》，载《清华法学》2020 年第 3 期。

有其他偿债能力。对于尚未进入执行程序的，由于债权人难以确切地了解债务人的履约能力、现有资产状况等，则债权人在提供了充分证据证明债务人与相对人存在无偿处分或不合理低价转让或高价受让行为及其债权受到损害的情形后，应由债务人或其相对人提供充分相反证据证明债务人有足够财产或能力清偿而不存在已经损害或潜在危害债权的事实。

一般情况下，债权人为了其债权得以顺利实现，不会主动申请撤销有益于增加债务人资产的交易行为，但在实务中，确有债权人以其债权可能受到侵害为由，请求撤销其认为属于关联关系主体之间的交易，所以需明确交易行为的不合理性。债权人需提供必要证据证明交易行为较大程度上即将或已经损害债权人利益。正常情况下，债权人对于公平合理的交易行为并没有提起撤销权之诉的利益，但该项结论需经审理后才能作出，所以对于经审理查明该交易行为并没有影响债权人债权实现的，存在两种处理方式：一是判决驳回债权人的诉讼请求；二是以没有诉的利益为由，裁定驳回债权人的起诉。本书认为债权人是否有诉的利益相当于其是否为适格原告，而债权人撤销权诉讼的原告仅需证明其对债务人享有合法债权即为适格，撤销权的成立与否，其要件之一即为债权受到损害，如经审理未受到损害或不存在损害风险，则宜判决驳回债权人关于撤销的诉请。同理对于经审理债权人并不享有合法债权的情形，应判决驳回债权人的诉讼请求。

4. 实施互易财产、以物抵债、出租或者承租财产、知识产权许可使用等有偿处分和为他人债务提供担保时，还需举证证明债务人的相对人主观存在恶意，即知道或应当知道债务人实施的行为损害债权人的债权

在债务人的无偿处分行为中，不论相对人主观是否恶意，债权人均可以请求撤销，在有偿交易中要求相对人主观恶意，是指相对人知道或应当知道债务人以明显不合理的低价转让财产或不合理高价受让财产，对债权人造成损害。相对人的“知道或应当知道”，仅指其对于不合理低价或高价转让等行为及该行为影响了债权实现这两项事实的主观认知，并不是要求证明相对人是否具有故意损害债权人的意图，或相对人是否与债务人恶意串通。相对人受到利益与债务人的行为时点不一致的，只要相对人在受益时知道或应当知道，则不论债务人行为时为善意或恶意，均应当认定为恶意。债权人能够证明依当时的具体情事，债务人有害于债权的事实应为相对人所知者，即可推定相对人为恶意。①

关于证明标准，应当从理性经济人的角度审视，达到民事诉讼的高度盖然性标准即可。依照《民事诉讼法司法解释》第 108 条的规定，对负有举证证明责任的当事人提供的证据，人民法院经审查并结合相关事实，确信待证事实的存在具有高度可能性的，应当认定该事实存在。对一方当事人为反驳负有举证证明责任的当事人所主张事实而提供的证据，人民法院经审查并结合相关事实，认为待证事实真伪不明的，应当认定该事实不存在。

（三）几类特殊或存在争议的行为之撤销权行使问题

1. 虚假的意思表示

《民法典》规定，行为人与相对人以虚假的意思表示实施的民事法律行为无效。以虚假的意思表示隐藏的民事法律行为的效力，依照有关法律规定处理。当事人以虚构租赁物方式订立的融资租赁合同无效。一般情况下，无效行为没有撤销的必要，不能成为撤销的标的，但债务人与他人共谋假装抵押权之设定而进行登记时，债权人既可以该行为有效而行使撤销权，撤销抵押权设定及登记行为，也可以该行为无效而请求撤销该登记行为，或代位债务人行使登记涂销请求权。债务人通过背书于商业提单进行让与，其让与意思表示虚假时，债权人既可以不合理交易行为为由行使撤销权，也可以该虚假的意思表示无效而代位债务人行使涂销背书请求权。

2. 不合理交易行为

不合理交易行为所涉协议已经解除，债务人与相对人之间已经恢复原状，不合理交易事实已经消灭的，债权人当然不得再请求撤销原协议；如未恢复原状，债权人有权行使代位权，代位债务人向相对人主张恢复原状；如债权人仍主张行使撤销权，基于撤销解除的意思表示而请求撤销原协议，同时依据《民法典》第 157 条规定请求相对人向债务人承担民事责任，对债权人更有利的，应允许债权人提起撤销权之诉。

---

① 参见张广兴：《债法总论》，法律出版社 1997 年版，第 210 页。

3. 一物多卖

通说认为，在以交付特定物为标的之债权中，如果债务人一物二卖甚至一物多卖将该特定物的所有权移转给第三人的，债权人不得以此种移转将导致其债权不能实现为由请求撤销债务人的行为。因为撤销权设定的目的在于恢复债务人的责任财产，而不在于保障债务人能否交付特定物。因此，只有在债务人移转特定物导致其责任财产减少并害及债权的情况下，债权人才可以行使撤销权。

4. 债务人向部分债权人所为的清偿行为

一般情况下，其他债权人不得主张撤销。因为该类清偿虽然使债务人的积极财产减少，但同时亦使其消极债务减少，债务人总体的责任财产未发生变化；清偿本系债务人应当履行的义务。对于债务人抛弃期限利益的提前清偿行为，其他债权人可以申请撤销；债务人以物抵债方式向他人清偿债务危害到有优先受偿权的债权人之债权时，该债权人可以请求撤销。

风险防范

夫妻离婚协议中约定房屋的居住权归未成年子女，或在房屋上为年迈无其他居所的父母设立居住权等，系《民法典》施行后产生的新型债权人撤销权诉讼标的，虽然居住权是在债务人住宅上无偿设立的，但债权人能否撤销需结合具体案情分析。对于债权产生于居住权设立并登记之后的，居住权已经公示，债权人知道或应当知道该居住权设立情况，应认为债权人无权行使撤销权；对于债权产生于居住权设立约定后但居住权未予登记或以其他方式公示，无据认定债权人知道或应当知道该居住权设立情形的，则存在一定争议，本书认为债权人可以请求撤销，此节与夫妻内部财产约定不具有对外公示效力的法理一致；对于债权产生后，债务人在其住宅上设立居住权，影响债权人的债权实现的，无论是否办理登记，债权人均可以依据《民法典》第 538 条请求撤销。从风险提示的角度，债权人有必要对债务人的房产进行居住权设立情况的调查和询证。

类案指引

1. 南京雅德某有限公司（以下简称雅德公司）与江苏省某饮食服务公司（以下简称饮服公司）、江苏某农村商业银行股份有限公司债权人撤销权纠纷案

裁判要旨：法规规章关于国有资产转让应当进行评估的规定非效力性强制性规定，不能否认以房抵债协议的效力。国有房产转让虽未单独办理审批、评估等手续，并不直接导致协议无效。

法院认为：首先，根据一、二审法院以及再审查明的事实，饮服公司与信用社之间转让涉案房产系处于饮服公司改制过程中，系在其主管单位国资公司的主导及参与下进行的，房产交易行为存在其特殊背景，并非普通的市场交易行为。其次，根据饮服公司与信用社签订的合同约定，“乙方（饮服公司）自愿用东方娱乐城房地产来偿还丙方下属企业所欠甲方（信用社）贷款本金及利息”，该合同系房地产整体转让合同，不能将房屋与土地割裂开来判断合同的效力。根据我国房屋、土地不得分离转让的原则，土地使用权转让时地上建筑物一并转让。涉案房屋所占用的土地使用权在办理转让手续时，经过了评估、审批手续，该土地使用权转让行为合法有效，且信用社已于2002年12月27日依法取得国有土地使用权证书。最后，国有资产在转让时要求进行评估、审批的规定，系为了防止国有资产无偿转让或以不合理低价转让，导致国有资产流失，从而损害国家、社会公共利益。本案中，信用社以抵偿700余万元贷款本息及支付124万元现金的形式，支付了房屋及土地的对价，不存在无偿转让或者明显不合理低价转让房产的情形，故本案房产转让虽未单独办理审批、评估等手续，但该情形并不影响合同的效力。雅德公司据此主张合同无效，法院不予支持。

2. 陈某与吴某1及程某、第三人吴某2、黄某债权人撤销权纠纷案

裁判要旨：债权形成于设立所有权、居住权的约定后，待子女成年后过户的行为不认为系侵害债权人债权的行为。

法院认为：吴某1、黄某于2006年3月11日签订《夫妻财产约定协议》，约定“若夫妻关系不存在，双方同意将涉案房产所有权、居住权留给女儿吴某2”。2006年4月吴某1离家与黄某分居，2006年5月黄某诉请离婚，法院判决准许离婚，并查明双方签订上述《夫妻财产约定协议》的事实。该协议将涉案房产“留给女儿吴某2”实际是对离婚时夫妻共同财产处分的约定，后双方经法院判决离婚，该约定条件已然成就。此时吴某2尚未成年，吴某1待2016年5月11日吴某2成年后将涉案房产予以过户，符合常理。虽然讼争房产直到2016年5月11日才办理过户登记，但该转让行为系吴某1对2006年《夫妻财产约定协议》的履行。而陈某对吴某1的借款最早一笔形成于2007年1月20日，吴某1与黄某约定处分涉案房产时，陈某并不享有债权，不存在吴某1为逃避债务转移财产，侵害陈某利益的情形。陈某主张吴某1转让涉案房产损害其利益，诉请撤销转让行为，缺乏事实和法律依据。

相关条文

《民法典》

第三百一十一条　无处分权人将不动产或者动产转让给受让人的，所有权人有权追回；除法律另有规定外，符合下列情形的，受让人取得该不动产或者动产的所有权：

（一）受让人受让该不动产或者动产时是善意；

（二）以合理的价格转让；

（三）转让的不动产或者动产依照法律规定应当登记的已经登记，不需要登记的已经交付给受让人。

受让人依据前款规定取得不动产或者动产的所有权的，原所有权人有权向无处分权人请求损害赔偿。

当事人善意取得其他物权的，参照适用前两款规定。

第三百一十三条　善意受让人取得动产后，该动产上的原有权利消灭。但是，善意受让人在受让时知道或者应当知道该权利的除外。

第三百三十五条 土地承包经营权互换、转让的，当事人可以向登记机构申请登记；未经登记，不得对抗善意第三人。

第六百四十七条 当事人约定易货交易，转移标的物的所有权的，参照适用买卖合同的有关规定。

三、债权人撤销权诉讼的当事人、管辖和合并审理

释义条文

《民法典合同编通则司法解释》

第四十四条 债权人依据民法典第五百三十八条、第五百三十九条的规定提起撤销权诉讼的，应当以债务人和债务人的相对人为共同被告，由债务人或者相对人的住所地人民法院管辖，但是依法应当适用专属管辖规定的除外。

两个以上债权人就债务人的同一行为提起撤销权诉讼的，人民法院可以合并审理。

新旧变化

《合同法司法解释（一）》第 23 条规定："债权人依照合同法第七十四条的规定提起撤销权诉讼的，由被告住所地人民法院管辖。"第 24 条规定："债权人依照合同法第七十四条的规定提起撤销权诉讼时只以债务人为被告，未将受益人或者受让人列为第三人的，人民法院可以追加该受益人或者受让人为第三人。"第 25 条规定："债权人依照合同法第七十四条的规定提起撤销权诉讼，请求人民法院撤销债务人放弃债权或转让财产的行为，人民法院应当就债权人主张的部分进行审理，依法撤销的，该行为自始无效。两个或者两个以上债权人以同一债务人为被告，就同一标的提起撤销权诉讼的，人民法院可以合并审理。"

本条承继了《合同法司法解释（一）》第 23 条和第 25 条关于管辖和合并审理的规定，与《合同法司法解释（一）》第 24 条相比，本解释改变了将受益人或受让人列为第三人的规定，明确债权人撤销权诉讼以债务人和债

务人的相对人为共同被告，由债务人或者相对人的住所地人民法院管辖，但是依法应当适用专属管辖规定的除外。

规范解读

本条是关于债权人撤销权诉讼中债务人及其相对人的诉讼地位、管辖及合并审理的规定。

1. 债权人撤销权诉讼的当事人——债务人与其相对人均为被告

在撤销权诉讼中，按照《合同法司法解释（一）》第24条的规定，将债务人确定为被告，未将受益人或者受让人列为第三人的，法院可以追加其为第三人。实务中对受益人或受让人诉讼地位的理解存在一定的争议。债权人提起撤销权诉讼时，是否可以将受益人或受让人列为共同被告，还是仅能将其列为第三人。从《合同法司法解释（一）》第24条内容看，应理解为债权人将受益人或者受让人可以列为第三人。根据《民事诉讼法司法解释》第298条规定，在第三人撤销之诉中，应将生效判决、裁定、调解书的当事人列为被告，二者背后的法理是相通的。在涉及双方行为的撤销权诉讼中，往往还需要作为第三人的受益人返还财产。在这种情况下，将债务人和受益人列为共同被告显然更为合理。[①] 实践中亦存在债权人坚持将受让人列为共同被告的情况，本解释顺应实践需求并回应债权人撤销权诉讼性质之理论发展，明确将债务人和债务人的相对人列为共同被告。《日本民法典》第424-7条关于被告及诉讼告知中亦明确受益人、转得人均为被告。[②]

同为债的保全制度，本解释在被告的确定方面显示了撤销权诉讼与代位权诉讼的区别，《民法典合同编通则司法解释》第37条表明在代位权诉讼中，将债务人的相对人列为被告，以债务人为第三人。此种变化和区分体现

---

① 参见朱广新、谢鸿飞主编：《民法典评注合同编通则》，中国法制出版社2020年版，第46页。

② 参见《日本民法典》第424-7条　被告及诉讼告知的规定：（1）诈害行为撤销请求之诉，依下列各项的区分，分别以各项规定的人为被告：a对受益人提起的诈害行为撤销请求之诉，受益人；b对转得人提起的诈害行为撤销请求之诉，作为该诈害行为撤销请求的相对人的转得人；（2）债权人提起诈害行为撤销请求之诉时，须毫不迟延地对债务人进行诉讼告知。

了撤销权诉讼与代位权诉讼的功能设置不同，将债务人及其相对人列为共同被告，体现了撤销权诉讼更接近侵权之诉的本意。即债务人与其相对人之间的不合理低价或高价的交易行为侵害了债权人的合法利益，本质上属于侵权行为，债务人及其相对人作为共同侵权主体当然应是共同被告。从撤销权诉讼的性质分析，撤销权诉讼并非单纯的形成之诉，还包含给付之诉，可以提出返还财产、折价补偿、继续履行、损害赔偿等诉请，具体将在后文详述。

2. 债权人撤销权诉讼的管辖法院——专属管辖前提下的债务人或者其相对人的住所地人民法院

撤销权诉讼的管辖原则与代位权诉讼相同，即依照原告就被告的原则确定，由被告住所地人民法院管辖。由于本解释与《合同法司法解释（一）》第24条相比有所变化，明确受益人或受让人不再是第三人，而是共同被告，就意味着可能存在多个被告住所地。债务人、相对人是公民的，由其住所地人民法院管辖；住所地与经常居住地不一致的，由经常居住地人民法院管辖。债务人、相对人为法人或者其他组织的，由其住所地人民法院管辖。同一诉讼的债务人、相对人的住所地、经常居住地在两个以上人民法院辖区的，各该人民法院都有管辖权。债务人、相对人为法人或者其他组织，应登记而未登记，行为人以该法人或者其他组织名义进行民事活动的，或者作为债务人、相对人的法人或者其他组织依法终止后，行为人仍以其名义进行民事活动的，以行为人所在地为债务人所在地。①

由于撤销权的标的是债务人与相对人的处分行为，行使撤销权的同时一般涉及相关财产的恢复，意味着可能涉及不动产。不动产纠纷实行专属管辖，《民事诉讼法司法解释》第28条规定，实行不动产专属管辖的不动产纠纷是指因不动产的权利确认、分割、相邻关系等引起的物权纠纷，有意见认为撤销权并不属于上述物权纠纷，故由债务人或相对人的住所地法院管辖即可。在征求意见稿中此条并没有规定需适用专属管辖，但在最终公布的解释中特别增加了但书条款，表明仍需依法适用专属管辖规定。同理，行使撤销权涉及农村土地承包经营合同、房屋租赁合同、建设工程施工合同、政策

---

① 参见《民事诉讼法司法解释》第62条。

性房屋买卖合同等，需适用专属管辖的相关规定确定管辖法院。

3. 多个债权人撤销权诉讼的合并审理

诉讼由主观要素和客观要素两方面构成，诉的合并包括诉的主观合并、诉的客观合并、混合合并等多种情形。

（1）诉的主观合并也称为共同诉讼，或广义的诉的合并，是指两个以上原告或两个以上被告共同起诉、应诉。诉的主观合并分为普通共同诉讼和必要共同诉讼，案件的诉讼标的属于同一种类，诉讼标的之间不存在共同的权利义务关系的，属于普通共同诉讼。必要共同诉讼，当事人必须一同起诉或应诉，未一同起诉或应诉的，应当予以追加，人民法院也必须合并审理与裁判。根据诉讼标的之间牵连性的差异，必要共同诉讼可以分为固有必要共同诉讼和类似必要共同诉讼。法院经审查认为数人必须共同起诉或被诉，且法院的裁判对数人必须合一确定的，属于固有必要共同诉讼。无须多个当事人共同起诉或应诉，但法院的裁判对数人有合一确定必要的，为类似必要共同诉讼。

债权人撤销权诉讼具有其独特性，两个或两个以上债权人就债务人的同一行为提起撤销权诉讼，属于诉的主观合并，既包括普通共同诉讼，也包括必要共同诉讼。对于存在两个以上债权人作为原告的情形，属于普通共同诉讼。此条解释亦明确两个以上债权人就债务人的同一行为提起撤销权诉讼的，人民法院可以合并审理。此处表述为“可以”，并非必须。实践中还存在债务人可能为多人，以及本条规定以债务人和债务人的相对人为共同被告，上述情形下的债权人撤销权诉讼则属于必要共同诉讼。所以在审理债权人撤销权诉讼时，在审查原告方面，可以合并审理，且决定合并审理时需征得当事人的同意；而在审查被告方面，需向作为原告的债权人释明，应将债务人、相对人作为共同被告，否则法院需依职权主动追加。

（2）诉的客观合并，又称诉讼请求的合并或狭义的诉的合并，是指同一原告对同一被告提出两个以上的诉讼请求，或者本案被告对本案原告提出的反诉请求予以合并审理。在存在诉的客观合并的诉讼中，形式上虽然是单一的诉讼，实质上却包含若干个独立的诉讼标的，即包含着若干个诉。司法实践中，构成诉的客观合并需满足几项诉讼请求由同一原告或同一被告在同一诉讼程序中提出，受诉法院对几个合并的诉其中之一有管辖权、合并的若干个诉属于同一个诉讼程序，不违反专属管辖与级别管辖等条件。

（3）诉的主、客观合并，是指在诉的合并审理中既有主体合并的内容，又有客体合并的内容，典型的如有独立请求权第三人参加诉讼。债权人在依据本解释第46条第1、2款规定提起的撤销权诉讼中，诉的标的除了债务人与相对人之间的交易关系外，还包括债权人与债务人之间的债权债务关系；除了请求撤销债务人与相对人之间的不当处分行为外，还包括直接请求相对人向债务人承担行为被撤销后的民事责任，包括请求相对人向债务人返还财产、折价补偿、履行到期债务等。此情形中撤销权诉讼并非单纯的诉的主观或客观合并，而是较为复杂的合并之诉。

数名债权人提出的撤销权合并之诉，在对债务人与相对人之间不当处分行为的评价上是一致的，利益是共同的，符合合并审理的特征。对于各债权人后续提出的继续履行或其他诉请，则需区别对待，逐项审查。多名债权人在同一案件中提起撤销权诉讼对法院的审理工作必定增加一定的复杂度，但其优势在于整体上节约诉讼资源，且有利于保持类案裁判尺度的统一、预防裁判冲突等。在经初步审查明显可能存在10人以上债权人的案件中，建议法院按照集团诉讼的做法，发出登记公告，指引债权人及时维护合法权益。

适用难点

（1）对于债权人可能存在10人以上的集团诉讼，《民事诉讼法》第57条规定，“诉讼标的是同一种类、当事人一方人数众多在起诉时人数尚未确定的，人民法院可以发出公告，说明案件情况和诉讼请求，通知权利人在一定期间向人民法院登记”。在实务中，对于债权人已经有多人但尚未达到10人以上，经债务人自认或初步审查，发现可能存在10人以上债权人的，按照上述规定，法院可以发出公告，通知债权人在一定期间向人民法院登记。对于撤销债务人与相对人之间不当处分的行为，无论债权人是否登记参加诉讼，均可受惠于撤销及恢复的法律效果，但后续关于债权的继续履行及损害赔偿等的诉讼既判力仅及于参加诉讼的债权人。

（2）《民法典合同编通则司法解释》第46条第2款规定："债权人请求受理撤销权诉讼的人民法院一并审理其与债务人之间的债权债务关系，属于该人民法院管辖的，可以合并审理。不属于该人民法院管辖的，应当告知其向有管辖权的人民法院另行起诉。"该款规定作为债权人撤销权诉讼的管辖规则之一，宜与本条管辖规则一并考虑适用。本条已经明确规定，债权人撤销权诉讼的管辖法院为债务人或其相对人住所地的人民法院，且专属管辖优先，当债权人请求一并审理其与债务人之间的债权债务关系时，一般情况下债权人撤销权诉讼的管辖法院有管辖权，可以合并审理。此处规定表述为"可以"合并审理，表明由受理法院决定是否同意合并审理。此规定对撤销权诉讼和债权人与债务人之间债权债务关系合并审理的问题作出了指引，能够有力地回应审判实践中债务人或其相对人抗辩债权人的债权金额尚未确定、债权人的债权是否受到损害、债权人提起撤销权诉讼的主体资格存疑等情形下，债权人可以增加诉请，也可以单独请求法院一并审理其与债务人之间的债权债务关系。但在债务人怠于行使诉讼权利和举证义务时，为保证债权人与债务人之间债权债务关系审查及裁判结果的准确性，除受理法院对债权人与债务人之间债权债务关系没有管辖权的以外，亦应慎重决定是否合并审理。

类案指引

周某与江某、高某债权人撤销权纠纷案①

裁判要旨：债权人提起撤销权诉讼的，应以债务人和债务人的相对人为共同被告。无偿处分财产情形下的债权人享有的撤销权并不以债务人和受益人之间存在恶意串通为条件，只要债务人存在无偿处分财产权益的情形并影响债务实现的，债权人便享有撤销债务人行为的权利。

法院认为：高某主张按照《合同法司法解释（一）》第24条的规定，高某的身份应当为第三人而非被告。对此法院认为，上述司法解释

① 参见山东省青岛市中级人民法院（2022）鲁02民终14126号民事判决书。

是在债权人并没有起诉受益人或者受让人的情况下，人民法院可以依职权追加受益人或者受让人作为第三人参加诉讼的情形，本案周某作为债权人提起诉讼时已经将债务人和受让人作为共同被告，故本案不适用上述司法解释的规定。一审对高某被告身份的认定并无不当。高某与江某之间的债权债务关系已经法院生效判决所认定，根据生效判决，周某对江某享有210,173.21元的债权，经周某申请强制执行，江某就上述债务并未清偿完毕。高某主张二人之间不存在恶意串通，财产处分行为并未侵害周某合法权益。法院认为，依据《民法典》第538条的规定，无偿处分财产情形下的债权人享有的撤销权并不以债务人和受益人之间存在恶意串通为条件，只要债务人存在无偿处分财产权益的情形并影响债务实现的，债权人便享有撤销债务人行为的权利，故高某主张因双方不存在恶意串通，周某不享有撤销权的上诉理由不成立。江某将涉案房屋无偿转让给高某，导致江某名下并无财产可供强制执行，影响了周某对江某债权的实现，该转让行为存在损害周某合法权益的情形。

相关条文

《民事诉讼法》

第五十五条 当事人一方或者双方为二人以上，其诉讼标的是共同的，或者诉讼标的是同一种类、人民法院认为可以合并审理并经当事人同意的，为共同诉讼。

共同诉讼的一方当事人对诉讼标的有共同权利义务的，其中一人的诉讼行为经其他共同诉讼人承认，对其他共同诉讼人发生效力；对诉讼标的没有共同权利义务的，其中一人的诉讼行为对其他共同诉讼人不发生效力。

第五十九条 对当事人双方的诉讼标的，第三人认为有独立请求权的，有权提起诉讼。

对当事人双方的诉讼标的，第三人虽然没有独立请求权，但案件处理结果同他有法律上的利害关系的，可以申请参加诉讼，或者由人民法院通知他参加诉讼。人民法院判决承担民事责任的第三人，有当事人的诉讼权利义务。

前两款规定的第三人，因不能归责于本人的事由未参加诉讼，但有证据证明发生法律效力的判决、裁定、调解书的部分或者全部内容错误，损害其民事权益的，可以自知道或者应当知道其民事权益受到损害之日起六个月内，向作出该判决、裁定、调解书的人民法院提起诉讼。人民法院经审理，诉讼请求成立的，应当改变或者撤销原判决、裁定、调解书；诉讼请求不成立的，驳回诉讼请求。

四、债权人撤销权行使的效力范围及“必要费用”的认定

释义条文

《民法典合同编通则司法解释》

第四十五条　在债权人撤销权诉讼中，被撤销行为的标的可分，当事人主张在受影响的债权范围内撤销债务人的行为的，人民法院应予支持；被撤销行为的标的不可分，债权人主张将债务人的行为全部撤销的，人民法院应予支持。

债权人行使撤销权所支付的合理的律师代理费、差旅费等费用，可以认定为民法典第五百四十条规定的“必要费用”。

规范解读

本条是关于债权人撤销权的效力范围及“必要费用”认定的规定。

（一）债权人撤销权的效力范围

《民法典》第540条规定，撤销权的行使范围以债权人的债权为限，实践中被撤销行为的标的大于债权人的债权数额时如何处理是难点问题。实践中早就提出以被撤销行为的标的是否可分为标准来判断撤销权的效力范围，《合同法司法解释（一）》第25条规定有类似立法精神。本条延续了这一精神，并进一步明确了标的是否可分不同情形下撤销权效力范围的区别。关于必要费用的规则在沿袭《合同法司法解释（一）》第26条的基础上，增加了费用的合理性审查要求。

通说认为，标的是指债务人实施的特定行为，亦称给付，属抽象概念。

本条所指的标的，与《民法典》第 470 条所规定的具体概念的标的不同。本处的标的，应是作为债权债务关系的客体，是抽象的给付。标的不同于标的物，标的物是指债务人的行为所及于的物，指给付的对象，只有对于交付财产、支付金钱的债，才有标的物的存在。在债务不涉及标的物，但涉及某种与标的物类似的其他无体物时，标的指该种无体物，如技术、知识产权等。

1. 债权人撤销权诉讼的标的

（1）不当处分行为。按照是否有偿，可将上述不当处分行为分为：①无偿处分，包括放弃其债权、放弃债权担保、无偿转让财产等方式无偿处分财产权益，或者恶意延长其到期债权的履行期限；②不合理低价转让或高价受让财产的行为；③为他人的债务提供担保。

（2）不当处分行为涉及的财产。除了上述不当处分行为外，债权人撤销权诉讼的标的还包括前述不当处分行为涉及的财产，具体包括：①放弃的债权、放弃债权的担保、无偿转让的财产等；②债务人恶意延长履行期限的到期债权；③债务人以不合理低价转让或不合理高价受让的财产，互易、以物抵债、出租或承租财产、知识产权许可使用等行为指向的财产；④为他人债务提供担保的财产。

财产通常指有金钱价值的一切物与权利，包括有体物与无形财产权：第一，有体物。依其可否移动又可以分为动产和不动产。不动产包括：①土地使用权；②房屋，包括地上建筑物、构筑物、地下室、仓库、停车场、桥梁、水坝、水塔、供暖锅炉房、烟囱等；③林木等。动产包括：①船舶、航空器、机动车等特殊动产；②有价证券，如股票、股权、存单、凭证式国库券等；③其他动产。第二，无形财产权。其是指债务人独立享有的、具有金钱价值和可转让性的财产权利，包括：①存款、债券、股票、基金份额等；②农村土地承包经营权；③建设用地使用权；④宅基地使用权；⑤居住权；⑥地役权；⑦海域使用权；⑧探矿权、采矿权；⑨取水权；⑩海域使用权；⑪使用水域、滩涂从事养殖、捕捞的权利；⑫森林或林木采伐权；⑬著作权；⑭专利权；⑮注册商标专用权；⑯股权（公司股权或投资权益、独资企业投资权益）；⑰公路运营及其他权利在内的财产权。

（3）限于债务人的行为。针对实践中可能出现的连环转让行为的撤销权行使问题，征求意见稿尝试进行规范，但正式意见删除了连环转让的撤销权行使的规定。此款解释明确规定债权人撤销权纠纷的标的限于债务人的行为。无论是基于连环转让行为的复杂性和相应规则的可操作性考虑，还是严守合同的相对性原则，因为债权不同于物权，物权属于绝对权，有追及效力，不论辗转几手，物权人都可以依法向物的不法占有人请求返还，但债权是相对权，没有追及效力，所以本解释暂未赋予债权人对连环转让的最终受让人享有撤销权。债务人的相对人可能由此产生钻立法和司法解释空白的嫌疑，再次恶意无偿或以明显不合理低价转让财产。针对债务人无偿或者以明显不合理低价转让财产后，又被相对人无偿或者以明显不合理低价转给第三人的情形，日本民法和我国台湾地区“民法”上的债权人撤销权制度设有转得人规则。所谓转得人（间接受让人、间接受益人），是指自受益人（债务人的相对人）处取得权利的人。根据我国《民法典》第 538 条、第 539 条的文义表述，目前《民法典》债权人撤销权制度中尚无转得人规则，可能会造成实践中适用的争议。一种意见认为债权人可以一并撤销相对人与转得人的行为；另一种意见认为债权人撤销权之诉原则上只能及于受让人，而不应及于转得人，债权人行使撤销权时不得向转得人提出请求。对此问题适用何种法律规则加以解决，一种思路是认定《民法典》设置的债权人撤销权制度存在法律漏洞，需借鉴有关立法例及其理论，填补该漏洞；另一种思路是通过法律行为无效和善意取得等规定处理。就立法技术而言，规定转得人规则优点更多。

由于正式解释删除了连环转让的撤销权行使规定，在实践中遇到此类问题时究竟如何处理，可能产生一定的争议。本书认为应依照此解释驳回债权人对连环转让中最终受让人的诉讼请求，如债权人主张债务人的相对人再行无偿转让或不合理低价转让造成的损失，则援引《民法典》第 157 条及本解释第 46 条规定向债权人释明可以主张相对人向债务人承担损失赔偿责任。

2. 被撤销行为的标的可分情形下的撤销范围限于受影响的债权

债的标的为债务人的给付，如果债务人的给付可分，则意味着债权人无权超出其债权范围对债务人行使撤销权与请求权。如果债务人对某一债权人的履行超出该债权范围，则该债权人就超出部分对债务人负有不当得利的返还义务。

3. 被撤销行为的标的不可分情形下的撤销范围及于债务人的全部行为

如果债务人的给付不可分，则意味着债务人只能就全部给付一次性不分份额地向一个或数个债权人作出，某一债权人无法按份额单独主张或受领该给付。债权人主张将债务人的行为全部撤销的，人民法院应予支持。该债权人就超出债权范围部分对债务人负有不当得利的返还义务。

（二）债权人行使撤销权的必要费用

《民法典》第540条规定："撤销权的行使范围以债权人的债权为限。债权人行使撤销权的必要费用，由债务人负担。"对于必要费用的范围在司法实践中存在较大争议，尤其是律师代理费、差旅费等，各地区实践对此掌握的尺度并不统一。关于"必要费用"的认定，《民事诉讼法》第77条规定证人履行出庭作证义务而支出的交通、住宿、就餐等必要费用以及误工损失，由败诉一方当事人负担。《民事诉讼法司法解释》第118条进一步明确，该项交通、住宿、就餐等必要费用，按照机关事业单位工作人员差旅费用和补贴标准计算。由于该规定仅限于证人履行出庭作证义务范围，并不能类推适用所有的诉讼成本。各项诉讼成本中争议最大的是律师代理费，本条沿袭了《合同法司法解释（一）》第26条规定，明确了债权人撤销权诉讼中必要费用的范围和认定规则，明确规定合理的律师代理费、差旅费可以认定为"必要费用"，解决了认识上的争议。《合同法司法解释（一）》第26条还规定对于上述必要费用，第三人有过错的，应当适当分担。而《民法典》第540条明确将必要费用的负担主体限定为债务人，故按照新规，并不涉及第三人的过错分担责任。另外，由于此处表述为"可以"，并非必须认定，所以相应的裁量权仍交由各地法院具体把握。

此条在律师代理费、差旅费等费用前增加了两个限定词：一是"债权人行使撤销权所支付的"，此限定条件与《合同法司法解释（一）》第26条一致，表明须为已经实际支付的费用，即对于律师代理费需审查律师服务收费规定、委托代理合同、支付凭证，差旅费等费用需提供相应的票据，并考察费用是否与行使撤销权诉讼有关联性；二是"合理的"费用，系新增要求，即法院需结合具体案情审查律师代理费、差旅费等费用的真实性、合理性与必要性，不应保护债权人恶意扩大行使撤销权的维权成本。

关于债权人行使撤销权产生的差旅费，虽然此条未进一步明确具体的费用项目，参考《民事诉讼法》及其司法解释关于证人履行出庭作证义务产生必要费用的范围，应认为系交通、住宿、就餐等必要费用，按照机关事业单位工作人员差旅费用和补贴标准计算。

其他必要费用。自2013年4月15日起施行的《最高人民法院关于审理专利纠纷案件适用法律问题的若干规定》第22条规定："人民法院根据权利人的请求以及具体案情，可以将权利人因调查、制止侵权所支付的合理费用计算在赔偿数额范围之内。"《最高人民法院关于审理商标民事纠纷案件适用法律若干问题的解释》第17条规定："商标法第六十三条第一款规定的制止侵权行为所支付的合理开支，包括权利人或者委托代理人对侵权行为进行调查、取证的合理费用。人民法院根据当事人的诉讼请求和案件具体情况，可以将符合国家有关部门规定的律师费用计算在赔偿范围内。"《最高人民法院关于审理著作权民事纠纷案件适用法律若干问题的解释》第26条亦有类似规定。1999年4月12日公布施行的《最高人民法院、司法部关于民事法律援助工作若干问题的联合通知》第7条规定："法律援助人员办理法律援助案件所需差旅费、文印费、交通通讯费、调查取证费等办案必要开支，受援方列入诉讼请求的，人民法院可根据具体情况判由非受援的败诉方承担。法律援助人员办案费用的计算办法为：差旅费按法律援助机构所在地财政部门规定的公务人员差旅费标准计算，文印费、交通通讯费等开支一般不超过500元；鉴定费、调查取证费和证人出庭费由人民法院根据国家的有关规定和实际情况决定。"按照上述规定，债权人撤销权诉讼中的必要费用还可以包括合理的调查取证费用、文印费、交通通讯费等。

适用难点

1. 债权人撤销权诉讼标的的可分与不可分

债权人撤销权诉讼标的是否可分，是指债务人的给付是否可分。给付的内容决定了给付是否可分，同时还需要考虑给付的价值。按照以下三种类型分别进行分析：

（1）当债务人的给付为转移权利时，通常是可分的。大多数学者认为权利是可以分割的，所有权、用益权等是按份构成的，可以分割，但是这种可分性是法律上和观念上的可分性，也就是权利的可分性，该种权利往往是支配性的权利。给付如果是转移地役权，则为不可分，因为其客体即供役地无法分割。

（2）如果债务人的给付内容是作为时，则可以依照该行为的价值效果决定是否可分。如果将该行为进行分割，并不减损其部分与整体的价值，则可以认定该行为是可分的；如果将该行为进行分割，其各部分的作用之和不再等于该行为的整体作用，就应认定该行为是不可分的。服务行为一般认定是不可分的；对同一不动产享有共同所有权，但该不动产在内部结构上不可分割，故债权人有权请求撤销该房屋的转让行为，但撤销权的行使范围应以其对债务人享有的债权金额为限。

（3）当债务人的给付是不作为时，一般是不可分的，但债务人恶意延长其到期债权的履行期限的，如该到期债权是金钱债权，则是可分的。在确定债务人的给付是否可分时，需结合给付内容的现实情况、价值效果和利益衡量等多方面因素确定。

2. 债权人请求撤销的行为无效

债权人主张撤销债务人与相对人之间的行为时，债务人或相对人抗辩该行为或双方签订的合同无效时，当事人关于无效的事由成立的，人民法院应当认定无效。当事人主张行为或合同无效的理由不成立，而可撤销的事由成立的，因无效和可撤销的后果相同，人民法院可以结合当事人的诉讼请求，直接判决撤销该行为或合同。

类案指引

1. 林某与黄某、第三人阮某、宁德龙威某有限公司（以下简称龙威公司）债权人撤销权纠纷案

裁判要旨：《承包合同转让协议书》项下的权利义务属于不可分标的。

法院认为：一审法院认为，撤销权的行使范围以债权人的债权为限，但当债务人转让的财产权益不可分时，可就转让行为整体主张撤销。撤销后债权人应当仅在其债权范围内请求第三人返还价值相当的财产利益，或赔偿损失。本案黄某转让龙威经贸广场项目承包经营权的处分行为不可分，即使该处分行为所涉及的财产权益大于林某的债权范围，林某仍可主张整体撤销。林某在起诉时虽主张在其享有的3000万元债权范围内，部分撤销《承包合同转让协议书》，但鉴于该合同不可分，部分撤销已无可能，且林某在庭审中亦表示应概括性全部撤销黄某的无偿转让行为，因此林某可以在其享有的债权范围内请求全部撤销《承包合同转让协议书》。二审法院认为，林某于一审审理过程中变更诉讼请求为在其享有的3000万元债权范围部分撤销《承包合同转让协议书》，符合法律规定。本案中，黄某转让给阮某的系其享有的《承包合同转让协议书》项下的权利义务，本案各方当事人对于该权利义务属于不可分的事实均无异议，在被撤销行为的标的不可分的情况下，为了实现撤销权制度的目的，保护债权人的债权，应当认定被撤销行为全部无效。一审法院认为黄某的转让行为不可部分撤销，判决转让行为整体无效，不属于判非所诉。

2. 王某都与王某珍、赵某债权人撤销权纠纷案①

裁判要旨：夫妻内部的财产分配或财产处分对外不能对抗善意第三人，夫妻一方（债务人）将其50%份额过户登记至另一方名下对外不能产生该房屋系另一方个人财产的法律效果。另一方将涉案房屋整体出卖给他人却无支付对价证据的行为损害了债权人债权的实现。

法院认为：第一，王某都对赵某福享有债权，已经（2020）鲁0211民初6685号生效民事判决书予以确认，且该债权发生于2000年12月7日，早于涉案房屋买卖合同的签订时间，王某都有权主张撤销涉案房屋买卖合同。第二，王某都已就（2020）鲁0211民初6685号生效民事判决书申请强制执行，但被执行人并未提供可供执行的财产，王某都未通

① 参见山东省青岛市中级人民法院（2022）鲁02民终516号民事判决书。

过执行程序或者其他方式实现其债权。王某珍虽然提供证据证明王某都在案外公司享有股权，但并未举证证明王某珍已继承该股权，亦未举证证明王某都能够通过该股权实现其债权。正因如此，王某都在就（2020）鲁0211民初6685号生效民事判决书申请强制执行且查实被执行人无可供执行的财产之前，无法知道其债权实现受到影响，无法知道本案撤销事由成立，故王某都提起本案诉讼未超过行使撤销权的除斥期间。第三，赵某虽主张其取得涉案房屋系因赵某福、王某珍以该房屋向其抵债，但赵某并未举证证明其对赵某福、王某珍享有真实有效的债权，即使涉案房屋买卖合同约定的2万元价款，赵某也未举证证明其实际向王某珍支付过该2万元，应视为赵某无偿受让涉案房屋。第四，王某珍提供的2019年2月1日通话录音可以证明，赵某福在2019年2月1日已经处于偿还债务受困的状况下，仍然将其享有的50%房屋份额赠与王某珍，该行为会对王某都的债权实现造成损害，有恶意逃避债务之嫌。而且，赵某福与王某珍系夫妻关系，其夫妻内部的财产分配或财产处分对外不能对抗善意第三人，赵某福将其50%份额过户登记至王某珍名下对外不能产生该房屋系王某珍个人财产的法律效果，王某都主张王某珍将涉案房屋整体出卖给赵某的行为损害其对赵某福债权的实现，理由成立。赵某明知其受让涉案房屋的行为存有争议，明知一审法院已经判决撤销涉案房屋买卖合同并判令其协助将涉案房屋过户登记回王某珍名下，在二审法院多次向其释明法律后果后，仍然将涉案房屋继续抵押给案外人，赵某的行为显属恶意，违反《民法典》第7条规定的民事活动诚实信用原则和《民事诉讼法》第13条规定的诚信诉讼原则。①

① 需特别说明的是，该案二审判决以案涉房屋被抵押给案外人，过户登记至王某珍名下不具备客观条件为由，认为王某都请求赵某向王某珍返还涉案房屋并将涉案房屋过户至王某珍名下，法院暂无法支持，并据此撤销一审判决关于赵某协助王某珍将房屋过户至王某珍名下的判项，本书认为《民法典担保制度司法解释》出台后，允许带押过户，故存在抵押已非房屋过户的障碍。

相关条文

《民法典》

第五百一十七条　债权人为二人以上，标的可分，按照份额各自享有债权的，为按份债权；债务人为二人以上，标的可分，按照份额各自负担债务的，为按份债务。

第五百四十条　撤销权的行使范围以债权人的债权为限。债权人行使撤销权的必要费用，由债务人负担。

五、撤销权行使的法律效果

释义条文

《民法典合同编通则司法解释》

第四十六条　债权人在撤销权诉讼中同时请求债务人的相对人向债务人承担返还财产、折价补偿、履行到期债务等法律后果的，人民法院依法予以支持。

债权人请求受理撤销权诉讼的人民法院一并审理其与债务人之间的债权债务关系，属于该人民法院管辖的，可以合并审理。不属于该人民法院管辖的，应当告知其向有管辖权的人民法院另行起诉。

债权人依据其与债务人的诉讼、撤销权诉讼产生的生效法律文书申请强制执行的，人民法院可以就债务人对相对人享有的权利采取强制执行措施以实现债权人的债权。债权人在撤销权诉讼中，申请对相对人的财产采取保全措施的，人民法院依法予以准许。

新旧变化

《合同法司法解释（一）》第 25 条第 1 款规定，债权人依照《合同法》第 74 条的规定提起撤销权诉讼，请求人民法院撤销债务人放弃债权或转让财产的行为，人民法院应当就债权人主张的部分进行审理，依法撤销的，该行为自始无效。该条关于依法撤销的行为自始无效的规定，已被《民法典》

第 542 条规定吸收。与《民法典》第 542 条相比，本条新增对债权人在撤销权诉讼胜诉、债务人的行为被撤销后，如何实现其债权的后续指引性规定。

债权人提起撤销权诉讼的基础在于其债权受到了不当侵害，那么在债务人和相对人之间的无偿处分、不合理低价或高价交易行为、关联交易等行为被撤销后，法律后果是恢复原状，在此情况下，债权人债权实现的障碍已经被消除，但对于债权人如何实现其债权又产生了新的争议。如何平衡所有债权人的利益与保护提起撤销权之诉债权人的积极性问题，及在对后续债权人如何实现其债权的路径上在实践中存在诸多乱象，如何进行统一规范就成为关注的重点，本条即旨在解决相关认识和实践操作上的困惑。

规范解读

本条是关于债权人撤销权行使的法律效果的规定。

本条解释表明撤销权诉讼与代位权诉讼的区别在于，代位权诉讼中，债权人是以自己的名义向相对人主张权利，而此条解释相当于多个诉的合并审理。债权人并非有权直接请求相对人向债权人返还财产或履行金钱债务，其仅能请求相对人向债务人进行返还，同时，债权人可以依据合同相对性请求债务人履行到期债务。如前分析，撤销权诉讼将债务人与相对人作为共同被告，所基于的法理是撤销权诉讼的性质更接近于侵权之诉，但此条关于债务人继续履行的规定，相当于突破了《民事诉讼法》规定的同一个诉讼中对于侵权之债和违约之债仅能择一而选的规则，两者之间是否存在矛盾就意味着需要对撤销权及撤销权之诉的性质进行深入探讨和明确。

1. 撤销权与撤销权之诉的性质之争

关于撤销权及撤销权之诉的性质，存在较大争议：（1）请求权说（债权说），此说认为撤销权是基于侵权行为的请求权，并认为撤销权之诉为给付之诉。债务人存在损害债权人的意思表示，相对人知道该损害的事实而与债务人行为时，该行为构成侵权，债权人有权请求撤销。但并不认为侵权行为无效，而是仅认为有权撤销债务人与第三人间的行为。债权人行使撤销权的目的在于在恢复债务人的责任财产，而非以债权人所受损害赔偿为目的。《德国撤销法》中规定的债权人撤销权并非形成权而是撤销请求权，债权人就撤销请求权起诉，胜诉判决将直接判令相对人对债权人为给付，属于给付判决。

（2）撤销权说，又称形成权说或物权说，认为债权人撤销权是依债权人的意思表示而使债务人与第三人之间法律行为的效力溯及地消灭（绝对的效力），是一种形成权，撤销权之诉为形成之诉。

（3）折中说，主张债权人撤销权兼有否认债务人与第三人间法律行为及取回债务人财产的效力，既有撤销不合理交易行为，又有请求返还被债务人脱离之财产的权利。对于撤销行为与返还财产之间在撤销权诉讼中的占比，具体又有以下意见：①撤销权、请求权同等说，认为债权人可以同时请求撤销不合理交易行为并请求脱离财产的返还，判决主文应同时判决撤销不合理交易行为及返还财产；也可以仅请求撤销不合理交易行为，且向受益人或转得人请求财产返还的范围限于债权数额。②以请求权为主、撤销权为从说，认为撤销是财产返还请求之诉的前提，不承认仅以撤销为目的之诉，撤销权的行使，判决主文无须撤销（形成之诉），仅应为给付或确认判决。③以撤销权为主、请求权为从说，认为以撤销法律行为为主，于必要时债权人亦得请求返还给债务人或请求向债权人给付；损害行为之撤销，对于行为当事人之间溯及地消灭其效力，一般以作出损害行为的当事人为被告。上述主张各有其合理之处。日本通说认为，“债权人撤销权不仅在于撤销，而且在于伴随着因欺诈损害行为目的的财产或所获利益的返还请求”，修改后的日本民法中直接规定了债权人的原物返还请求权或原物返还困难时的价额返还请求权，因此无须代位。我国台湾地区学者认为，债权人撤销权之诉中，债权人仅请求撤销者，为形成之诉；同时请求撤销及财产返还者，为形成之诉与给付之诉的结合。

我国《民法典》关于债权人撤销权的数个条文中仅规定了债权人有请求撤销的权利，并没有规定后续请求相对人返还财产等，如果仅从该撤销的功能而言，认定债权人撤销权之诉的性质为形成之诉并无争议，但从本条解释的内容看，本条解释实际上采用的是折中说，且属于撤销权为主、请求权为从说，指出债权人在请求撤销法律行为的同时，可以请求相对人向债务人承担该行为被撤销后的民事责任，包括返还财产、折价补偿、履行到期债务等，后者包括请求给付的内容，属于给付之诉的标的。在前述折中说的基础上，本条还有进一步的突破，即规定债权人同时可以请求债务人向其履行到期债务。从上述关于撤销权及撤销权之诉性质的争议分析再来回顾本条解释，就能理解本条为何如此规定。即债权人撤销权诉讼并非纯粹的形成之诉，为了节约司法资源、提高效率，通过诉的合并准许债权人在撤销权诉讼中提出多项诉请，达到行使撤销权的最终效果即恢复债务人的责任财产，到期债务可以直接请求继续履行的目的，本条规定表明我国债权人撤销权诉讼包含形成之诉与给付之诉。

因行使撤销权提起的诉讼案件是否于财产案件，各地对此未予统一，有地方法院按照财产案件收取；有地方法院按照非财产案件收取，但涉及财产给付内容的除外，如《北京市高级人民法院关于规范有关案件受理费工作的几点意见（试行）》（京高法发〔2006〕49 号）第 2 条第 3 款第 3 项规定，因行使代位权、撤销权引发的案件，按照“其他非财产案件”的标准收取案件受理费，但涉及财产给付内容的除外。2021 年 1 月 27 日，最高人民法院作出《关于〈债权人撤销权之诉案件性质、诉讼费用咨询〉的回复意见》，该意见是针对债权人撤销权之诉究竟按财产案件还是按非财产案件收费作出的回复，虽然该意见并未给出确定性结论，但从该意见内容看，两种观点均肯定债权人撤销之诉案件的性质属于形成之诉，即权利人请求人民法院以判决改变或者消灭既存法律关系的诉。撤销权系形成权，须通过向人民法院提起撤销权之诉行使该项权利。形成之诉不同于给付之诉，不以请求相对方履行给付义务为诉讼标的。撤销权之诉的诉讼请求对应一定的财产价值。但如前分析，本条规定表明我国债权人撤销权之诉并非单纯的形成之诉，实质上包含了形成之诉与给付之诉，如果债权人仅请求撤销，那么应按照非财产案件收费；如果还有给付请求，那么按照财产案件收费也就不存在相应争议了。

2. 债权人请求相对人向债务人承担行为被撤销后的民事责任

债权人除了有权请求撤销债务人与相对人之间的不合理交易行为外，还可以请求相对人向债务人承担该行为被撤销后的民事责任。关于民事责任的方式，《民法典》第 179 条明确主要有以下几种：（1）停止侵害；（2）排除妨碍；（3）消除危险；（4）返还财产；（5）恢复原状；（6）修理、重作、更换；（7）继续履行；（8）赔偿损失；（9）支付违约金；（10）消除影响、恢复名誉；（11）赔礼道歉。法律规定惩罚性赔偿的，依照其规定。上述承担民事责任的方式，可以单独适用，也可以合并适用。本解释征求意见稿明确债权人请求相对人向债务人承担的民事责任依据为《民法典》第 157 条，该条规定："民事法律行为无效、被撤销或者确定不发生效力后，行为人因该行为取得的财产，应当予以返还；不能返还或者没有必要返还的，应当折价补偿。有过错的一方应当赔偿对方由此所受到的损失；各方都有过错的，应当各自承担相应的责任。法律另有规定的，依照其规定。"在公布的正式意见中删除了请求依据，直接规定相对人承担民事责任的范围为返还财产、折价补偿、履行到期债务等。该法律后果与《民法典》第 157 条规定是一致的，由于此款规定存在"等"字兜底条款，应认为还可以包括《民法典》第 157 条规定的过错方的损失赔偿责任。上述规定表明，债权人撤销权诉讼中相对人承担民事责任的目的在于填补受害人损失，并非增加获利机会。

对于债务人的相对人如何承担损失赔偿责任，在实践中存在一定的争议，本书认为系财产在相对人处占有使用期间发生毁损产生的折价补偿责任。相对人与债务人对于该损失的造成均有过错的，应按照各自的过错比例担责。债权人在依据《民法典》第 157 条请求相对人向债务人承担行为被撤销后的损失赔偿责任时，相对人有权对其过错责任比例提出抗辩并提供相应证据予以证明。在实务中，需综合考虑债务人与相对人的主观过错程度，确定各自的责任比例。

债务人无偿处分或者以不合理低价转让、高价受让财产的行为被撤销后，债务人的相对人仍对债务人负有债务，对于未超出债权人债权金额的部分，债务人尚未给付的，不得再向相对人给付，相对人也不再享有请求债务人给付的权利；判决确定相对人向债务人履行到期债务的，相对人需向债务人继续履行给付义务；债务人已经向相对人给付或者已经互相给付的，债务人与相对人负有相互返还财产、恢复原状的义务，不能返还的应当折价补偿，并承担过错方的损失赔偿责任。债务人为他人债务提供担保的行为被撤销后，债务人不再负有担保责任；债务人已经承担担保责任的，担保权人对债务人负有返还义务。

3. 撤销权诉讼和债权人与债务人之间债权债务关系之诉的合并审理

实践中，债权人提起撤销权诉讼主要有两种情形：一是债权人先起诉债务人，胜诉后发现债务人无财产可执行，但有转移财产的行为，故再次提起撤销权诉讼；二是债权人未起诉债务人，但发现债务人有不当转移财产的行为且预测该行为会影响其债权实现，故直接提起撤销权诉讼。第二种情形下，又包括债权人的债权已经确定且到期、债权人的债权尚未到期或尚未最终确定等情况。从债权人行使撤销权的诉讼请求给予指引的角度看，本条第 2 款规定，债权人请求受理撤销权诉讼的人民法院一并审理其与债务人之间的债权债务关系，属于该人民法院管辖的，可以合并审理。不属于该人民法院管辖的，应当告知其向有管辖权的人民法院另行起诉。此规定有利于针对债务人或其相对人提出债权人的债权金额尚未确定、债权人的债权未受到损害、债权人无权提出撤销权诉讼或无权请求撤销等抗辩时，债权人可以通过增加诉请或仅请求受理法院一并审理其与债务人之间的债权债务关系解决。

本条第 2 款规定，债权人请求受理撤销权诉讼的人民法院一并审理其与债务人之间的债权债务关系，属于该人民法院管辖的，可以合并审理。相比征求意见稿中关于“债权人同时请求债务人向其履行到期债务的，人民法院依法予以支持”的规定，正式意见规定债权人得以请求事项的范围更大。此规定表明债权人可以在提起撤销权诉讼时一并请求法院审理债权人与债务人之间的债权债务关系，当然有权针对到期债权请求债务人向其履行；如在起诉时尚未到期，在法庭辩论终结前，债权人的债权到期的，债权人可以增加诉请，请求债务人向其履行。即使在法庭辩论终结前其债权仍未到期，并非必须提出履行诉讼请求的情况下，债权人亦可以按照此规定请求法院一并审理并确认其与债务人之间的债权债务关系。在债权人撤销权纠纷审理过程中，法院首先需依职权审查债权人的债权情况、是否受到不合理交易行为的损害，该审查一般认为属于形式审查。因为单纯的债权人撤销权诉讼本身并非债权人与债务人之间债权债务关系的诉讼，在债权人没有提出相应诉请的情况下，法院并非必须进行实质审查。而此款规定将审查债权人与债务人之间债权债务关系作为债权人可请求的事项明确下来，应理解为即使债权人对债务人没有履行到期债务的诉请时，也可以请求法院审理查明双方之间的债权债务关系。

从债权人撤销权诉讼管辖的规则角度看，如前所述，此规则作为合并审理与管辖的规则之一，应与本解释第 44 条统一考虑。一般情况下，本解释第 44 条关于债权人撤销权诉讼的合并审理与管辖已经能够涵盖管辖与合并审理的全部情形，即专属管辖前提下的债务人或其相对人住所地人民法院，而此处再次提出可能存在不属于受诉法院管辖的情形，应是基于前瞻性应对可能存在的特殊管辖异议的考虑，具体适用情况待实践考证。

4. 债权人的胜诉权益通过申请保全和执行程序实现

撤销权与代位权在本质上同为债的保全制度。按照传统民法中代位权的“入库规则”，代位权的诉讼效力只能及于债务人与次债务人，不能及于债权人，即债权人行使代位权，不得请求次债务人直接向自己履行债务，行使代位权所得利益应加入全体债权人的共同担保财产，由行使代位权的债权人和其他债权人平等受偿。《合同法司法解释（一）》针对实务中企业之间存在的“三角债”“连环债”等老大难问题，对“入库规则”进行了变通，使债权人有权直接接受通过代位权诉讼取得财产。该解释第 20 条规定：“债权人向次债务人提起的代位诉讼经人民法院审理后认定代位权成立的，由次债务人向债权人履行清偿义务，债权人与债务人、债务人与次债务人之间的债权债务关系即予消灭。”同样地，想要解决现实中的讨债难问题，防止债务人实施各种不当行为逃避债务，在撤销权制度的设计上需制定可操作性更强的法律规范，为债权人行使权利提供相应的便利。

当债权人行使撤销权胜诉后，按照合同的相对性原则，债务人的相对人应向债务人履行，债务人应向债权人履行，形成连环给付关系。故在撤销权诉讼中赋予债权人对相对人的财产申请保全的权利，在执行程序中赋予债权人对债务人的相对人申请强制执行的权利，用于实现自己的债权，从而确保债权人胜诉权益的实现，并免去了代位权诉讼与撤销权诉讼合并提起的复杂制度设计。值得注意的是，征求意见稿中尝试明确“入库规则”的适用，即在债务人有多个申请执行人，且相对人应当返还的财产不足以偿还时，按照法律、司法解释的规定处理，但正式意见删除了此表述。应认为，在依照本解释第 44 条第 2 款规定，对于两个以上债权人就债务人的同一行为提起撤销权诉讼的，人民法院决定合并审理的情形下，必然涉及“入库规则”的适用问题，虽然正式解释对此予以删除，但应理解为此情形当然需按照法律、司法解释的规定处理，对于具体适用何规定、如何处理不明确的情况下，删除此形同虚设的表述并无不当，只是在执行过程中需特别注意避免产生认为债权人享有优先受偿权的误解。

依照本条第 3 款规定，在申请强制执行程序中，债权人依据其与债务人的诉讼、撤销权诉讼产生的生效法律文书申请强制执行的，人民法院可以就债务人对相对人享有的权利采取强制执行措施以实现债权人的债权。债权人在撤销权诉讼中，有权申请对债务人之相对人的财产采取保全措施。对于债权人在撤销权诉讼中申请保全相对人的财产范围，结合此款规定的上下文理解，对于债权人撤销权诉讼中存在标的物的，该标的物应为保全的对象；债权人撤销权诉讼中不存在标的物，撤销的标的为行为或金钱给付的，可以保全债务人之相对人的账户或其他财产。

本款规定旨在鼓励债权人通过行使撤销权诉讼方式矫正债务人的不当处分行为，及时进行诉讼保全，积极保障债权人合法权益。强制执行措施涉及的范围限于债务人对相对人享有的权利。该权利包括前述无偿转让、不合理低价转让或高价受让、互易、以物抵债、出租或承租财产、知识产权的许可使用等财产权利。对于标的可分的，强制执行措施限于生效法律文书确定的金额；对于标的不可分的，强制执行措施范围应及于权利的全部。同时为了保证债权的平等性，债务人的其他申请执行人也能得到相应的清偿，建议对债务人的申请执行人情况进行必要的审查，这就要求执行部门在进行强制执行前，需依职权主动筛查本辖区系统内的债务人案件的执行情况。从风险防范的角度，债务人的其他申请执行人或债权人亦需积极关注涉债务人的撤销权诉讼及执行情况。

适用难点

关于撤销权与代位权应否一并提起的问题。在《民法典》合同编起草过程中，对此出现过较大的争议，持肯定意见者提出，如果对于行使撤销权后的法律效果仅是规定债务人的行为自始没有法律约束力，并不能解决因债务人的行为被撤销后债务人的相对人返还财产的问题，建议规定债权人在提起撤销权诉讼的同时可以一并提起代位权诉讼，允许债权人在债务人的行为被撤销的同时，直接请求债务人的相对人返还财产，这样有利于减少债权人的权利实现成本，促进债权实现。《民法典》合同编草案一审稿和二审稿均规定“债权人请求人民法院撤销债务人行为的，可同时依法以自己的名义代位行使债务人在其行为被撤销后对相对人所享有的权利”。

持否定意见的主要理由有：(1) 撤销权与代位权的行使要件并不相同，可能无法一并行使。行使撤销权要求债务人的相对人在主观上存在恶意，而行使代位权并不作此要求；代位权的行使要求债权人的债权已经到期，而撤销权并不要求债权人的债权是否到期。如果债权人的债权未到期，亦因不符合代位权的行使要件而无法一并行使。(2) 存在混淆物权请求权与债权请求权之嫌，在债务人将自己的动产或不动产以无偿处分、不合理低价或高价转让给相对人的行为被撤销后，该财产的所有权自动回复至债务人，债务人对相对人享有的是物权请求权，而债权人提起代位权诉讼仅能主张债权请求权。(3) 过度保护提起撤销权诉讼的债权人。如果允许撤销权和代位权一并行使，意味着债权人可以直接接受债务人的相对人向自己返还财产，意味着可以直接实现自己的债权，对行使撤销权的债权人保护过度，对其他债权人过于不公平。还有意见提出，应由法院结合案件的实际情况进行判断，如果均符合撤销权和代位权的成立要件，且适宜合并审理，法院可以准许，但不宜在《民法典》中对此进行概括规定。经认真研究，反复权衡，合同编总则部分最终删去了草案一审稿和二审稿关于撤销权之诉和代位权之诉可以一并提起的规定。

本条解释涉及撤销权行使的延伸效力，虽没有明确指出，但应系撤销权和代位权可以一并提起的规定。本条第 1 款规定债权人可以请求相对人向债务人承担该行为被撤销后的民事责任，包括返还财产、折价补偿、履行到期债务等。本条并非规定债权人在起诉行使撤销权的同时可以请求对标的物直接受偿。按照《合同法司法解释（一）》第25条第1款规定，撤销权之诉成立，债务人所实施的放弃到期债权、无偿转让财产或者低价转让财产等行为被撤销，自始不具有法律效力，即免除债务的，视为未免除；转让财产的，视为未转移，以此达到充实债务人责任财产以保全债权的目的，但债权人不能受领因撤销而由受益人和受让人返还给债务人的财产。故行使撤销权的债权人对因撤销债务人的行为而返还给债务人的财产或利益要求直接受偿的，不予支持。基于合并审理与提高诉讼效率考虑，准许债权人同案主张有过错的相对人按照过错比例赔偿债权人因此所受到的损失，该损失赔偿诉请并不是准许债权人在请求撤销的同时，可以直接请求受领或受让被撤销返还的财产，或以被撤销的财产直接受偿，而是相当于代位债务人向相对人主张损失赔偿。

根据债权的平等性，一个债权人行使撤销权时，其保全的债务人的财产应当加入债务人的总财产，作为全体债权人债权的总担保，而不得从中优先受偿。换言之，撤销的财产或利益应归属于全体债权人，各个债权人对这些财产或利益都有权要求受偿。所以，行使撤销权的债权人的优先受偿权不能由于其行使撤销权而自动取得，必须是法律明确地赋予其优先受偿权。故如果债权人在起诉行使撤销权的同时请求对该财产优先受偿的，不予支持。在诉请的提出方面，本解释仍然严守合同的相对性和债权的平等性，但此条第3款规定表明债权人可以通过撤销权诉讼的保全和执行程序有效保障其债权的实现，尤其在暂未知其他债权人的情况下，行使撤销权的债权人的债权可能会得到先予清偿的效果，所以此规定有利于鼓励债权人积极行使撤销权诉讼。

类案指引

1. 吴某与方某1、方某2债权人撤销权纠纷案

裁判要旨：在债权人撤销权诉讼中，债权人请求撤销债务人与相对人的行为并主张相对人向债务人返还财产的，人民法院依法予以支持。合理的律师费用系为实现债权支出的必要和合理费用，亦予以支持。

法院认为：已知的五个执行案件加上（2023）粤01民终14937号案确定的吴某的债权，合计执行金额接近700万元，且基本上均因无财产可供执行而终结本次执行。方某1（担保人）主张方某3（借款人）有能力执行上述案件确定的债务，但未提交证据予以证明。现有证据足以证明方某3已丧失履行能力，其财产已远远不足以实现对全部债权的执行。在此情形下，方某1将自己50%的产权份额无偿转让给女儿方某2，未举证证明存在合理事由，难以排除故意逃避承担担保责任的嫌疑。根据《民法典》第538条，债权人吴某请求撤销方某1对方某2无偿转让房产份额的行为，方某2应将50%产权份额回转登记至方某1名下，法院予以支持并判决方某2应于判决送达之日起10日内将该房屋50%的产权份额登记至方某1名下，相关税费由方某1负担。根据《民法典》第540条，关于吴某主张的律师费30，000元，系其为实现债权支出的必要和合理费用，法院亦予以支持。

2. 东北电气发展股份有限公司（以下简称东北电气）与国家开发银行股份有限公司（以下简称国开行）、沈阳高压开关有限责任公司（以下简称高开公司）等执行复议案

裁判要旨：（1）债权人撤销权诉讼的生效判决撤销了债务人与受让人的财产转让合同，并判令受让人向债务人返还财产，受让人未履行返还义务的，债权人可以债务人、受让人为被执行人申请强制执行。（2）受让人未通知债权人，自行向债务人返还财产，债务人将返还的财产立即转移，致使债权人丧失申请法院采取查封、冻结等措施的机会，撤销权诉讼目的无法实现的，不能认定生效判决已经得到有效履行。债权人申请对受让人执行生效判决确定的财产返还义务的，人民法院应予支持。

法院认为：本案诉讼案由是借款合同、撤销权纠纷，法院经审理，判决支持了国开行的请求，判令东北电气偿还借款，并撤销了东北电气与高开公司股权置换的行为，判令东北电气和高开公司之间相互返还股权，东北电气如不能返还股权，则承担相应的赔偿责任。相互返还这一判决结果不是基于东北电气与高开公司双方之间的争议，而是基于国开行的诉讼请求。东北电气向高开公司返还股权，不仅是对高开公司的义务，而且实质上主要是对胜诉债权人国开行的义务。故国开行完全有权利向人民法院申请强制有关义务人履行该判决确定的义务。

相关条文

《民法典》

第一百五十五条 无效的或者被撤销的民事法律行为自始没有法律约束力。

第一百五十七条 民事法律行为无效、被撤销或者确定不发生效力后，行为人因该行为取得的财产，应当予以返还；不能返还或者没有必要返还的，应当折价补偿。有过错的一方应当赔偿对方由此所受到的损失；各方都有过错的，应当各自承担相应的责任。法律另有规定的，依照其规定。

第五百四十二条 债务人影响债权人的债权实现的行为被撤销的，自始没有法律约束力。

专题六

合同的变更和转让

第一节 债 权 转 让

一、债权债务转让纠纷的诉讼第三人

释义条文

《民法典合同编通则司法解释》

第四十七条 债权转让后，债务人向受让人主张其对让与人的抗辩的，人民法院可以追加让与人为第三人。

债务转移后，新债务人主张原债务人对债权人的抗辩的，人民法院可以追加原债务人为第三人。

当事人一方将合同权利义务一并转让后，对方就合同权利义务向受让人主张抗辩或者受让人就合同权利义务向对方主张抗辩的，人民法院可以追加让与人为第三人。

规范解读

本条解释区分了债权转让、债务转移和合同权利义务一并转让时，基于合同同一性的抗辩权适用。

1. 债权转让中债务人对债权人的抗辩主张

债权发生转让，受让人取得债权，无须债务人的同意，受让人应享有让

与人曾经拥有的权利，处于与让与人同样的法律地位。因此，债务人对债权所享有的抗辩可以向受让人主张。

（1）抗辩发生的时间点。一是债务人可以主张抗辩的时间点。债权转让发生，债务人对受让人的抗辩何时可以主张呢？《民法典》第548条规定，“债务人接到债权转让通知后，债务人对让与人的抗辩，可以向受让人主张”。债务人接到债权转让通知，债权转让对其产生效力，债务人与受让人成立债权债务关系。依据债的同一性原理，债务人对让与人的抗辩此时也转移至受让人。可以说，债务人接到债权转让通知后，即可向受让人主张对让与人的抗辩。二是债务人抗辩产生的时间点。债权转让通知到达债务人之后，产生的对让与人的抗辩，债务人是否可以继续主张？理论上存在分歧，一种观点认为，只有在债权转让通知达到债务人之前或到达时，债务人对让与人的抗辩才可以向受让人主张。[①] 另一种观点认为，基于基础合同或由构成相同交易一部分的任何其他合同产生的债权转让，即使抗辩产生于债务人接到转让通知之后，债务人均可向受让人主张。[②] 近年来，采第一种观点的国家或地区的学者和法院均对立法进行扩张解释，认为债务人的抗辩无须在债务人接到转让通知时已经存在，即使抗辩在债务人接到转让通知后才发生，但只要在此之前已经存在抗辩发生的法律基础或者依据，换言之，只要该抗辩根据存在于债务人和让与人之间原来的债务关系中，债务人就可以向受让人主张该抗辩。[③] 我国《民法典》并未区分抗辩产生的时间点，采第二种观点。

（2）抗辩的范畴。本条解释所涉及的抗辩是由于债权转让，债务人对让与人的抗辩转移到受让人的，因此排除债务人对受让人自身的抗辩。按照抗辩的属性，可以区分为实体抗辩和程序抗辩。一般来说，实体抗辩包括同时履行抗辩权、后履行抗辩权、不安抗辩权等。程序抗辩包括先诉抗辩权、时效消灭抗辩、管辖或仲裁抗辩等。

---

① 参见《德国民法典》第404条、《瑞士债法》第169条第1款、《日本民法典》第468条、我国台湾地区“民法”第299条第1项。

② 参见《应收账款转让公约》第8条第1款、UCC第9－404条（a）。

③ 朱虎：《债权转让中对债务人的延续性保护》，载《中国法学》2020年第5期。

（3）抗辩的阻断。债务人抗辩的阻断，一般发生在债务人对抗辩的放弃。这种放弃可以表现为债务人明确的意思表示，也可以表现在债务人明知抗辩的存在而不主张。明示的方式可以是通过债务人与受让人的双方协议、债务人与让与人和受让人之间的三方协议抑或债务人单方做出放弃的意思表示。债务人通过确认等方式使受让人合理相信债务人对让与人不存在某一抗辩和抵销，受让人对该事项的审查程度会大幅降低，基于保护善意受让人利益且债务人具有可归责性的考量，债务人之后也不得对受让人提出这一抗辩和抵销。[①] 实践中，债务人与让与人恶意串谋，虚构债权，受让人向债务人发送债权转让通知或向债务人主张债权时，债务人未提出基础合同不真实的抗辩，则视为确认了基础合同存在的真实性，那么此抗辩即被视为放弃。受让人发现基础合同为虚假的事实后，可以选择向让与人主张解除转让合同，并承担违约赔偿责任，也可以选择向债务人主张履行债务。

2. 债务转移中，新债务人对债权人的抗辩

新债务人、原债务人和债权人三方可以约定债务转移。原债务人对债权人的抗辩依据债的同一性转移到新债务人。

（1）抗辩发生的时间点。债务转移必须经过债权人的同意。债权人的同意意味着转移协议的达成，此时债务转移生效，原债务人对债权人的抗辩也随之转移至新债权人。不同于债权转让，债务转移中新债务人对债权人抗辩发生的时间点为转移协议生效的时间。

（2）抗辩的范畴。债务转移与债权转让中的抗辩范畴大体相似，包括实体和程序两个方面。原债务人对债权人的抗辩一并转移至新债务人。但是，《民法典》第553条规定，“原债务人对债权人享有债权的，新债务人不得向债权人主张抵销”。这是一个除外规则，债权具有相对性，原债务人对债权人所享有的债权，不能基于债的同一性发生转移。

（3）抗辩的阻断。原债务人、新债务人和债权人在债务转移达成协议时，原债务人放弃对债权人的抗辩，新债务人明示同意的，即发生抗辩阻断。若新债务人对原债务人的放弃不知情，那么原债务人对抗辩的放弃对新

① 朱虎：《债权转让中对债务人的延续性保护》，载《中国法学》2020年第5期。

债务人不发生效力，新债务人仍有权向债权人主张抗辩。值得注意的是，如果新债务人对原债务人的放弃是知情的，但却没有提出异议，此时应推定新债务人放弃了抗辩。

合同权利义务一并转让的情形参照上述债权转让和债务转移的相关论述，此处不再赘述。

适用难点

1. 债务人是否可以主张债权转让无效或可撤销的抗辩

在债权转让关系中，债务人是游离于转让合同之外的。只有在接到债权转让通知后，转让才对其发生效力。转让合同是否存在瑕疵，存在无效或可撤销的可能，对债务人并无法律上的意义。债务人仅需依据债权转让通知，向受让人履行即可消灭债务。然而，在此情况下，债务人向受让人履行，让与人只能依据不当得利向受让人主张返还利益，不利于对受让人合法权益的保护。因此，债务人可以主张债权转让无效或可撤销，但不是通过主张抗辩的方式。司法实践中，根据《最高人民法院关于审理涉及金融不良债权转让案件工作座谈会纪要》（法发〔2009〕19 号）第 5 条的规定，国有企业债务人可以提出不良债权转让合同无效抗辩，但必须另行提起合同无效的诉讼，而不能直接提出抗辩。《最高人民法院关于如何理解最高人民法院法发〔2009〕19 号〈会议纪要〉若干问题的请示之答复》中明确，涉及非国有企业债务人的金融不良债权转让纠纷案件，亦应参照适用该纪要的规定。债务人未对不良债权转让合同的效力提出异议，但案件的事实和相关证据情况能够引发人民法院对不良债权转让合同效力产生合理怀疑的，人民法院可以依职权主动审查不良债权转让合同的效力。

2. 债务人主张程序抗辩的保护

《仲裁法司法解释》第 9 条和《民事诉讼法司法解释》第 33 条，都规定了债权转让的，仲裁协议或者管辖协议都对受让人有效。同时，这两个司法解释都规定了例外，“但当事人另有约定、在受让债权债务时受让人明确反对或者不知有单独仲裁协议的除外”和“转让时受让人不知道有管辖协议，或者转让协议另有约定且原合同相对人同意的除外”。这两条例外体现了对受让人的保护，受让人反对、不知情或与让与人另行约定，都构成受让人不受基础合同中仲裁或管辖协议约束的法律效果。然而这样规定忽视了债务人的合法利益，确有值得商榷之处。司法实践中，一些审判机关对此也有所修正。如2016年的深圳前海合作区人民法院《关于审理前海蛇口自贸区内保理合同纠纷案件的裁判指引（试行）》第5条第1项规定的例外情形为“转让协议另有约定且债务人同意的”，加入了债务人的意愿，考虑到了对债务人程序抗辩的保护。

风险防范

当事人应注意在票据法律关系中，基于票据的无因性，打破合同同一性原则，规定了债务人抗辩的阻断。票据债务人不得以自己与出票人或持票人的前手之间的抗辩事由，对抗持票人，持票人明知的情况除外。① 实践中，在“中国有色金属建设股份有限公司、恒丰银行股份有限公司宁波分行信用证开证纠纷、追偿权纠纷案”② 中，法院认为，所谓票据抗辩切断，通常是指票据债务人不得以自己与出票人或持票人的前手之间的抗辩事由，对抗持票人。我国《票据法》第13条第1款、第2款规定，票据债务人不得以自己与出票人或者与持票人的前手之间的抗辩事由，对抗持票人。但是，持票人明知存在抗辩事由而取得票据的除外。票据债务人可以对不履行约定义务的与自己有直接债权债务关系的持票人，进行抗辩。

---

① 《票据法》第13条规定：“票据债务人不得以自己与出票人或者与持票人的前手之间的抗辩事由，对抗持票人。但是，持票人明知存在抗辩事由而取得票据的除外。票据债务人可以对不履行约定义务的与自己有直接债权债务关系的持票人，进行抗辩。本法所称抗辩，是指票据债务人根据本法规定对票据债权人拒绝履行义务的行为。”

② 参见浙江省高级人民法院（2018）浙民终223号民事判决书。

类案指引

1. 南昌律赢企业管理有限公司重庆渝北区分公司（以下简称南昌律赢重庆渝北分公司）、黄某追偿权纠纷案[①]

裁判要旨：在南昌律赢重庆渝北分公司未主张受让案涉权利时不知道有管辖协议或者转让协议另有约定且原合同相对人同意情形下，案涉《金融信息服务居间协议》关于“纠纷由原告所在地人民法院管辖”的约定，对南昌律赢重庆渝北分公司有效。

法院认为：《民事诉讼法》第35条规定，“合同或者其他财产权益纠纷的当事人可以书面协议选择被告住所地、合同履行地、合同签订地、原告住所地、标的物所在地等与争议有实际联系的地点的人民法院管辖，但不得违反本法对级别管辖和专属管辖的规定”。本案中，即科金融公司与黄某签订的《金融信息服务居间协议》关于“纠纷由原告所在地人民法院管辖”的约定，系当事人真实意思表示，并不违反法律对级别管辖和专属管辖的规定，应当认定为合法有效。其中，《金融信息服务居间协议》签订时，“原告”虽无法具体确定，但能够明确的是，此处的“原告”应为合同签订主体即科金融公司、黄某。南昌律赢重庆渝北分公司作为即科金融公司对黄某债权的受让人，起诉的实质是行使即科金融公司对黄某的请求权，因即科金融公司住所地位于上海市杨浦区，上海市杨浦区人民法院是本案的管辖法院。重庆市渝北区人民法院将本案移送太原市小店区人民法院处理不当，法院予以纠正。

2. 原告王某林与被告湖北恒生源电子股份有限公司债务转移合同纠纷案[②]

裁判要旨：新债务人抗辩原告与原债务人即中域投资公司之间的债务为非法债务，经审查原告通过银行两次转款给中域投资公司，中域投资公司出具了借条，之后制订还款计划并偿还部分借款，双方形成合法

① 参见最高人民法院（2022）最高法民辖136号民事指定管辖管辖裁定书。

② 参见湖北省荆门市东宝区人民法院（2017）鄂0802民初2004号民事判决书。

有效的民间借贷关系，被告的抗辩缺乏事实及法律依据。

法院认为：原、被告及第三人中域投资公司签订《债权转让协议》，将中域投资公司对原告的债务转移由被告承担，该协议实为债务转移合同，协议经三方充分协商达成，应视为各方真实意思表示，合法有效，被告应遵照协议约定履行义务，其至今未偿还原告债务，应承担继续履行并赔偿损失的违约责任。被告作为新债务人抗辩原告与原债务人即中域投资公司之间的债务为非法债务，经审查原告通过银行两次转款给中域投资公司，中域投资公司出具了借条，之后制订还款计划并偿还部分借款，双方形成合法有效的民间借贷关系，被告的抗辩缺乏事实及法律依据，法院不予支持。

相关条文

《民法典》

第五百四十八条　债务人接到债权转让通知后，债务人对让与人的抗辩，可以向受让人主张。

第五百四十九条　有下列情形之一的，债务人可以向受让人主张抵销：

（一）债务人接到债权转让通知时，债务人对让与人享有债权，且债务人的债权先于转让的债权到期或者同时到期；

（二）债务人的债权与转让的债权是基于同一合同产生。

第五百五十三条　债务人转移债务的，新债务人可以主张原债务人对债权人的抗辩；原债务人对债权人享有债权的，新债务人不得向债权人主张抵销。

二、债权转让通知

释义条文

《民法典合同编通则司法解释》

第四十八条　债务人在接到债权转让通知前已经向让与人履行，受让人请求债务人履行的，人民法院不予支持；债务人接到债权转让通知后仍然向让与人履行，受让人请求债务人履行的，人民法院应予支持。

让与人未通知债务人，受让人直接起诉债务人请求履行债务，人民法院经审理确认债权转让事实的，应当认定债权转让自起诉状副本送达时对债务人发生效力。债务人主张因未通知而给其增加的费用或者造成的损失从认定的债权数额中扣除的，人民法院依法予以支持。

规范解读

1. 债权转让通知的发出主体

《民法典》第546条第1款规定，债权人转让债权，未通知债务人的，该转让对债务人不发生效力，明确了原债权人，即转让中的让与人的通知义务，由此可知，让与人可以作为债权转让通知的发出主体。那么，受让人是否能够成为债权转让通知的发出主体，在本条解释中并未明确，只是特别规定了在让与人没有履行通知义务的情况下，受让人可以在诉讼中，经人民法院确认债权转让事实的情形下，可以认定债权转让自起诉状副本送达时对债务人发生效力，产生债权转让通知的法律后果。谨慎言之，此规定不能理解为受让人可以作为债权转让通知的发出主体。与之相反，我国学界通说认为不宜将让与人作为债权让与通知之唯一主体，而是应该通过目的性扩张的解释方法对其予以填补，允许受让人作为让与通知的主体，以期更能有利于灵活地解决实践中的问题。[①]本条征求意见稿中采取通说，在第50条明确让与人未通知债务人，受让人通知债务人并提供确认债权转让事实的生效法律文书、经公证的债权转让合同等能够确认债权转让事实的证据的，人民法院应当认定受让人的通知发生法律效力。正式稿中删去了此项内容，可见对受让人是否可以作为债权转让通知的发出主体保持了沉默。实践中，可以认为，除了直接起诉之外，受让人发出的通知若经让与人确认也应具有让与人发出通知同等效力。

① 参见崔建远主编：《合同法》，法律出版社2016年版，第178页。

2. 债权转让通知的形式

对债权转让通知形式的要求各个国家和地区有不同的立法例。泰国民商法典要求必须为书面形式；法国和意大利民法典要求具备一定的形式要件。我国《民法典》和《民法典合同编通则司法解释》对债权转让通知的形式未作特殊要求，可以理解为只要债务人接收到了债权转让的意思表示，则无论是何形式，都对其产生效力。从理论上讲，债权转让通知采取书面或口头均可。此立法方式虽然有利于加速债权流转，但口头通知方式易引发纠纷，且增加债务人举证负担。因此建议实务中以书面形式为宜。值得注意的是，本条第 3 款规定了以诉讼形式作出债权转让通知的特殊形式。转让主体为受让人的情况下，无证据表明债权转让对债务人发生效力，则起诉状副本送达时即产生债权转让通知的效力。实务中也早有先例，2007 年发布的《北京市高级人民法院审理民商事案件若干问题的解答之五（试行）》中对此特殊形式予以了肯定。①

3. 债权转让通知的内容

各国家和地区未在立法中明确规定债权转让通知的内容要求。只有美国判例法对通知提出三个条件：一是债权已被转让的指示；二是债务应向受让人履行的明确指示；三是权利转移的合理证明。② 可以理解为债权转让通知内容并非要式的，内容中包含了债权转让给受让人，并要求向受让人履行的意思表示即可。让与人为债权转让通知的发出主体，内容应包括债权已转让给受让人、债权转让的范围（部分或全部）、债务人向受让人履行的指示。

4. 债权转让通知的效力

债权转让是债权人处理自身权利的自治行为，债权让与人与债权受让人达成一致，债权转让即发生效力。由于债权的转让涉及债务人的履行，债权转让的效力是否对债务人发生效力存在不同的立法例。一是德国模式，采自由说。《德国民法典》第 398 条规定，债权人可以通过与他人订立的合同而

---

① 《北京市高级人民法院审理民商事案件若干问题的解答之五（试行）》第 20 条规定："债权转让没有通知债务人，受让债权人直接起诉债务人的，视为'通知'。法院应该在满足债务人举证期限后直接进行审理，而不应驳回受让债权人的起诉。"

② 刘浩：《债权转让通知研究》，载《暨南学报（哲学社会科学版）》2014 年第 2 期。

将债权转让给他人（债权让与）。合同订立时，新债权人代替原债权人。债权让与人与受让人达成转让协议，则发生债权转让的效力，无须经过债务人的同意，更不必通知债务人。二是法国模式，采通知说。《法国民法典》第1690条规定，受让人，仅依其向（转让的权利的）债务人送达权利转移的通知，始对第三人发生占有权利的效力；但是受让人也可依债务人用公证文书接受权力转移而占有其受让的权利。债权让与人与受让人达成的转让协议生效，并不当然对债务人产生效力。只有债务人收到债权转让通知，才对债务人发生债权转移的效力。采自由说，固然有利于加速社会经济的发展，提升经济交往的效率，但是忽视了对债权人利益的保护，法律保障失衡会产生纠纷产生，反而阻碍经济稳定发展。采通知说，体现了法律保障的均衡，既尊重债权人处分债权的权利和自由，又保障了债务人的合法权益。因此，我国《民法典》采通知说。[①]《民法典合同编通则司法解释》第50条第1款再次明确了只有在债务人接到债权转让通知之后，才对其产生债权转让的效力。

5. 债权转让通知的撤回和撤销

债权转让通知的撤回应发生在未对债务人发生效力之前。（1）撤回是否发生效力，因债权转让通知形式内容的不同而有所不同，主要体现在以下三种情形：第一种情形是，口头形式发出的债权转让通知，一旦发出即对债务人发生效力，无法撤回。第二种情形是，以书面形式发出的债权转让通知，但无明确接收人的，一旦发出即发生效力，无法撤回，如公告通知。[②]第三种情形是，以书面形式发出的债权转让通知，且有明确的接收人，撤回指示只有在先于或与通知同时到达债务人，撤回才发生效力。（2）撤回是否发生效力，因撤回主体不同而有所不同，主要体现在以下两种情形：第一种情形是，债权转让通知是由让与人或受让人共同发出的，若共同发出撤回指示，则可发生撤回效力。第二种情形是，让与人单独发出撤回指示，则效

---

① 我国《民法通则》第91条规定："合同一方将合同的权利、义务全部或者部分转让给第三人的，应当取得合同另一方的同意，并不得牟利。依照法律规定应当由国家批准的合同，需经原批准机关批准。但是，法律另有规定或者原合同另有约定的除外。"采用的是同意说。《合同法》第80条第1款规定："债权人转让合同的，应当通知债务人。未经通知，该转让对债务人不发生效力。"修正了需经债务人同意的观点，采用了通知说。《民法典》承继了这一立法取向。

② 此种情形适用于无明确债务人的情况。

力待定，需经过受让人的追认，否则不宜认定具有撤回的效力。原因在于：一方面债务人基于债权转让通知，有理由认为债权让与人的债权存在不确定性。让与人单方面的撤回指示不能够使债务人产生信赖。另一方面受让人是债权的预期或实有权利人，让与人单方的撤回指示若认定有效，则易产生让与人与债务人恶意串通损害受让人利益的情况，不利于对新债权人的保护。

债权转让通知的撤销发生在对债务人发生效力之后。对于债务人而言，债权所有人发生转移，受让人取得债权，撤销指示只能由受让人发出，撤销才会发生效力。实践中，若由让与人发出撤销指示，让与人已经对此债权失去所有权，属于无权处分，效力待定。如果取得了受让人的同意，则发生撤销的效力。如果未得到受让人的追认，则无效。《民法典》第 546 条也规定了债权转让通知未经受让人同意不得撤销。此外，撤销指示发生效力产生的法律结果只能对将来发生。撤销指示生效前，债务人的所有履行行为均有效，且可对抗债权让与人。

适用难点

1. 债权转让通知发出的时间问题

债权转让事实发生前发出的债权转让通知是否有效？从理论上说，债权转让通知是对债权转让事实的告知，应发生在债权转让发生之后。实践中，如果债权转让通知在转让事实发生前发出，若到达债务人时，转让事实已发生，则通知应对债务人产生效力。

2. 债权转让通知的接收主体问题

通知的接收主体即为债务人。基于连带债务的债权转让，应区分连带债务份额是否确定。不确定份额的，应认定为不可分之债，通知的接收主体应为全部连带债务人。确定份额的，应认定为可分之债，通知的接收主体应为转让的部分债权所涉及的部分连带债务人。涉及保证债务的债权转让，通知的接收主体应为主债务人。保证债务具有从属性，只有在主债务人不履行债务时，保证人才具有债务人的属性。基于未来债权或是不确定债务人的债权通知可以通过公告的方式进行通知。《最高人民法院关于审理涉及金融资产管理公司收购、管理、处置国有银行不良贷款形成的资产的案件适用法律若干问题的规定》第6条第1款规定，金融资产管理公司受让国有银行债权后，原债权银行在全国或者省级有影响的报纸上发布债权转让公告或通知的，人民法院可以认定债权人履行了《合同法》第80条第1款[①]规定的通知义务。

3. 债权转让通知与诉讼时效中断的问题

这一问题也就是债权转让通知是否可以引发诉讼时效中断法律效果的问题。我国《民法典》规定了诉讼时效中断的法定情形：权利人向义务人提出履行请求；义务人同意履行义务；权利人提起诉讼或者申请仲裁；与提起诉讼或者申请仲裁具有同等效力的其他情形。因此，判断债权转让通知是否具有引发诉讼时效中断的效力应着眼于通知中是否含有向债务人提出履行请求的意思表示。实践中，2007年的《北京市高级人民法院审理民商事案件若干问题的解答之五（试行）》第21条中就此问题作了规定，"债权转让已通知债务人，'通知'内容包括向债务人主张权利的意思表示，或'通知'上写明要求债务人向债权受让人偿还债务内容的，或债权让与人、债权受让人同时在'通知'上签字盖章，应该认定债权转让通知债务人的同时，债权人向债务人主张了权利，诉讼时效发生中断的法律后果"。换言之，债权转让通知并不必然发生诉讼时效中断的后果，只有通知中包含履行请求的意思表示，才引发诉讼时效中断。

类案指引

1. 武穴市发展和改革局、陈某清债权转让合同纠纷案[②]

裁判要旨：受让人在受让债权后即以原告身份向法院起诉要求债务人履行债权，并将出让人列为第三人，该起诉行为可视为通知。故郭某分向法院提起的债权转让合同纠纷之诉和陈某清向法院提起的债权转让和纠纷之诉均可视为通知。

---

① 现为《民法典》第546条第1款。

② 参见湖北省黄冈市中级人民法院（2017）鄂11民终2530号民事判决书。

法院认为： 由于《合同法》第80条对通知的方式未作明确的规定，故受让人在受让债权后即以原告身份向法院起诉要求债务人履行债权，并将出让人列为第三人，该起诉行为可视为通知。故郭某分向法院提起的债权转让合同纠纷之诉和陈某清向法院提起的债权转让和纠纷之诉均可视为通知。因通知是在债权多重转让时债权是否转让以及向哪一个受让人转让的判断标准，而郭某分是于2015年11月16日向法院起诉，陈某清是于2016年3月18日向法院起诉，故鑫雄公司与郭某分之间的债权转让通知时间先于徐某东（鑫雄公司）与陈某清之间的债权转让通知时间，鑫雄公司与郭某分之间的债权转让对武穴发展和改革局产生效力。

2. 兴业资产管理有限公司（以下简称兴业资产公司）与福建省厨师食品集团有限公司（以下简称厨师集团公司）、翁某金等确认合同无效纠纷案①

裁判要旨： 因刊登债权转让公告属于处置债权权利的一项内容，中行福建分行通过刊登债权转让公告的形式转让案涉债权的行为合法有效。

法院认为： 案涉债权先后经过两次转让，第一次转让系由中行福建分行将案涉债权转让给信达资产福建分公司。该次转让中行漳州分行已经出具确认函，认可中行福建分行有权全权处置作为其下属分支机构的债权资产，中行福建分行当然取得处分债权的权利。因刊登债权转让公告属于处置债权权利的一项内容，中行福建分行通过刊登债权转让公告的形式转让案涉债权的行为合法有效。至于信达资产福建分公司再次将案涉债权转让给兴业资产公司的行为，双方采取在《东南快报》上刊登联合公告的方式通知债务人。《东南快报》创刊于2000年8月28日，是经国家新闻出版署批准的省级都市报，可以认定为是福建省有影响的报纸，故该债权转让公告亦合法有效。依据《合同法》第80条的规定，债权人转让权利的，应当通知债务人。未经通知，该转让对债务人不发生效力。债权人转让权利的通知不得撤销，但经受让人同意的除外。《最

① 参见最高人民法院（2022）最高法民终258号民事判决书。

高人民法院关于审理涉及金融资产管理公司收购、管理、处置国有银行不良贷款形成的资产的案件适用法律若干问题的规定》第6条第1款规定，金融资产管理公司受让国有银行债权后，原债权银行在全国或者省级有影响的报纸上发布债权转让公告或通知的，人民法院可以认定债权人履行了《合同法》第80条第1款规定的通知义务。本案中，中行福建分行将案涉资产予以转让并进行公告，中行漳州分行事后也予以确认，故本案的债权转让已经对厨师集团公司发生效力。兴业资产公司依法受让取得案涉债权资产，厨师集团公司在前述债权资产中分别作为直接债务人和担保债务人。

相关条文

《民法典》

第五百四十五条　债权人可以将债权的全部或者部分转让给第三人，但是有下列情形之一的除外：

（一）根据债权性质不得转让；

（二）按照当事人约定不得转让；

（三）依照法律规定不得转让。

当事人约定非金钱债权不得转让的，不得对抗善意第三人。当事人约定金钱债权不得转让的，不得对抗第三人。

第五百四十六条　债权人转让债权，未通知债务人的，该转让对债务人不发生效力。

债权转让的通知不得撤销，但是经受让人同意的除外。

三、表见让与、债务人确认债权存在

释义条文

《民法典合同编通则司法解释》

第四十九条　债务人接到债权转让通知后，让与人以债权转让合同不成立、无效、被撤销或者确定不发生效力为由请求债务人向其履行的，人民法院不予支持。但是，该债权转让通知被依法撤销的除外。

受让人基于债务人对债权真实存在的确认受让债权后，债务人又以该债权不存在为由拒绝向受让人履行的，人民法院不予支持。但是，受让人知道或者应当知道该债权不存在的除外。

规范解读

本条规定了债权转让中表见让与和经债务人确认发生的债权纠纷的特殊情形。

1. 债权的表见让与

债务人接到债权转让通知后，即使债权转让事实并未真实发生或者基于其他原因，导致该债权转让行为无效，债务人基于具有足够信赖基础的债权转让通知而向受让人履行的行为产生履行的法律效力，一般称为债权的表见让与。在实践中，由于债务人并非债权转让交易的当事人，无法准确地辨别债权转让事实是否存在或确切地知悉债权转让本身是否存在瑕疵。因此，债务人收到转让通知，并有理由信赖该通知，向受让人进行清偿的行为，产生债务消灭的效果。对于债务人，履行债务行为有效，产生脱离债务的法律效果。赋予债务人以向受让人清偿的事实对抗让与人的权利，是对债务人的有效保护。对于让与人和受让人，由于债权转让未发生或无效，受让人因债务人的履行获得不当得利，让与人因此产生不当得利返还请求权。

2. 经债务人确认发生的债权转让纠纷

债权转让时，受让人为确保债权的实现，往往会向债务人调查核实所涉债权的状况，受让人经过核实，证明债权状况可以进行转让的情形下，受让债权，是基于债务人的确定，从而产生了信赖。故债务人又以债权不存在为由主张不承担债务，侵害了受让人的信赖利益，违反了合同法的古老原则——“禁反言”原则。排除受让人非善意的情形，债务人不得以债权不存在为由主张不承担债务。本条解释明确规定了受让人的善意为构成要件，受让人知道或者应当知道债权不存在，即使得到债务人的确认，也不得向债务人主张债权。而就债务人的主观因素，本条解释并未提及。基于对受让人利益的保护及“禁反言”原则的价值考量，可推定不必考虑债务人是否为善意，均应向受让人履行债务。本书以为，虽然从债务履行的角度，不必考虑债务人的主观因素，但是区分债务人是否为善意，对履行后产生的法律关系仍旧有所不同。债务人为恶意时，其权益不被保护，向受让人履行债务后，承受侵犯他人信赖利益的法律后果；债务人为善意时，即在受让人核查债权状况时，债务人并不知道债权存在无效、可撤销等瑕疵，向受让人履行债务后，可向让与人主张不当得利返还请求权。

适用难点

1. 构成表见让与的通知主体为让与人

《民法典》和《民法典合同编通则司法解释》均未就受让人作为通知主体作出明确规定，因此，在现有法律框架下，探讨是否构成债权表见让与时，通知主体为让与人是毋庸置疑的。实践中，需要识别虽然债权转让通知的发出主体是受让人，但是可以视为让与人发出的情形：一是以受让人名义发出，但是附有让与人的授权委托证明材料，能够在其中确切了解让与人转让债权的意思表示，该情形可以视为通知主体为让与人；二是以受让人名义发出，但是经让与人明示确认，使债务人产生合理信任的，该情形亦应等同于由让与人发出。

2. 表见让与中债务人的主观要素

债务人是否为善意能否成为认定构成债权表见让与的要件呢？本条解释未作明确规定。这是一个值得探讨的问题。国内外学界目前有两种观点：一是不考虑债务人主观上善意与否。德国学界通说认为，债权表见让与的效力，债务人善意与否无关紧要，即使债务人积极地知道债权让与本身的无效性，其依然可以主张根据《德国民法典》第 409 条第 1 款之规定，凭借让与人的通知而信赖债权让与之效力。我国台湾地区学界也持同样观点，认为无论债务人善意与否，即无论债务人是否知悉债权让与未发生抑或无效，皆能发生债权表见让与之效力。二是债务人主观上应为善意。日本学者我妻荣认为《德国民法典》和我国台湾地区“民法”在对表见代理作出的规定中均以相对人之善意为要件，而在债权表见让与的情形下却不问善意与否，难免失其权衡。[①] 除此之外，在德国和我国台湾地区也存在少数学者对前述不考虑债务人主观因素的观点持反对态度。认为债务人在已知晓债权转让事实不存在或存在无效情形时，仍向受让人履行债务，损害了让与人的利益，不应认定为表见让与。我国司法实践中，亦有判例认为债权表见让与的构成要件之一就是债务人需为善意。[②] 债权表见让与制度是体现私法上信赖保护的重要形式，在实践中意义重大。本条解释也是在征求意见稿的基础上新增的条款，体现该制度越来越受到关注。本书以为，分析是否考虑债务人的主观因素，还应回到构成债权表见让与的核心问题——债权转让通知是否能让债务人产生足够的信赖基础。除了让与人发出通知这一形式要件外，如果债务人通过值得信赖的途径，知道或者应当知道债权转让存在瑕疵，债务人仍旧依据债权转让通知，向受让人履行债务，则无法推定债务人对此债权转让通知产生足够信赖。因此，债务人的善意与否应该是构成债权表见让与的要件之一。在这里需要强调，此处对债务人善意的要求为“最低限度的善意”。此善意可以涵盖以下情况：一是“值得信赖的途径”应理解为具有权威性的公权力机关的决定文书或司法机关的裁判文书等。二是“知道或者应当知道”应理解为在债务人的认知范围内，不需要学习成本即可知道或者应当知道。例如法律明确规定不得转让的债权。本书将债务人的善意界定为“最低限度的善意”，基于以下考虑：一是对于债务人来说，让与人发出的合法的债权转让通知书，相较于债务人得知的并不确切的针对债权转让存在瑕疵的信息，更具有信赖价值。一般善意的要求会加大债务人的调查成本，不利于经济运行的平稳快速流转。同时，实践中往往存在债务履行期限届满，债务人急于履行的情况，一般善意的要求，亦会增大债务人的违约风险。二是对于受让人来说，一般善意的要求，使债务人不敢轻易向受让人履行债务，实践中，有债务人采取提存的方式保护自身利益，这就使受让人不

---

① 潘运华：《民法典中债权表见让与的解释空间及其构成要件》，载《北方法学》2021年第6期。

② 参见浙江省杭州市萧山区人民法院（2012）杭萧义商初字第410号民事判决书。

能够及时实现自己的债权，影响对交易的预期利益。此外，当债务人与受让人恶意串通，损害让与人利益时，当然不构成债权表见让与，可以构成侵权行为，负有损害赔偿的责任。

类案指引

1. 曾某深、李某军租赁合同纠纷案[①]

裁判要旨：债务人依据《债权转让通知书》向表见受让人履行了债务，则可消灭债务，此履行不因债权未转让而无效，履行后，债务人有权以债权已经消灭来对抗让与人。

法院认为：《债权转让通知书》对李某军、闫某国而言应当认定有效，如果李某军、闫某国依据《债权转让通知书》的内容向表见受让人邓某某履行了债务，则可消灭债务，此履行不因债权未转让而无效，履行后，纵使债权人曾某深向债务人李某军、闫某国主张债权，李某军、闫某国也有权以债权已经消灭来对抗曾某深。

2. 浙江蓝天鹤舞控股有限公司与杭州炬日电器有限公司企业借贷纠纷、民间借贷纠纷案[②]

裁判要旨：表见让与的要件有：债权让与未成立或未生效；对债务人做出了有效的让与通知；债务人为善意，即不知债权让与未生效力。

法院认为：由于让与协议效力的有效与否并不必然拘束债务人，因此有必要对被告作为债务人能否对债权让与的外观——债权让与通知产生合理信赖，构成表见让与进行认定。表见让与的要件有：（1）债权让与未成立或未生效；（2）对债务人做出了有效的让与通知；（3）债务人为善意，即不知债权让与未生效力。本案中，根据工商变更登记材料和对郑某恩的调查，在郑某恩作为原告法定代表人负责经营期间，原告公司确实使用过通知书所涉及的印章，因此在通常情形下作为债务人如果

① 参见广东省中山市中级人民法院（2018）粤20民终4474号民事判决书。

② 参见浙江省杭州市萧山区人民法院（2012）杭萧义商初字第410号民事判决书。

因相信表见让与而向受让人郑某恩清偿债务应为有效，被告的债务已经合法消灭，让与人无权再向债务人主张权利，而应向受让人要求损害赔偿。但在本案中，首先因通知的形成存在瑕疵，郑某恩对本案当事人双方的诉讼标的（580万元债权）是否有受让人的独立请求权本身存在争议。郑某恩在调查陈述中虽有不同意撤销受让的意见，但并未明确提起参与诉讼的请求。鉴于郑某恩与吴某芳间的纠纷因财产分割和协议履行问题产生，而吴某芳也已另行提起诉讼，故郑某恩的相关权利可以在［（2012）杭萧民初字第5238号］夫妻财产约定纠纷中主张或另行主张，在本案中可不再另行追加。其次被告对郑某恩与吴某芳的夫妻矛盾纠纷并非完全不知情，其在接受通知时未作必要核查，不能认定为善意。最后在被告也尚未向郑某恩清偿债务的情形下，要求被告仍向原告履行还款义务并未加重其应负的责任，而且回归原债务状态解决争议纠纷有助于减少无谓诉讼和真正解决矛盾。

相关条文

《民法典》

第五百四十六条 债权人转让债权，未通知债务人的，该转让对债务人不发生效力。

债权转让的通知不得撤销，但是经受让人同意的除外。

四、债权的多重转让

释义条文

《民法典合同编通则司法解释》

第五十条 让与人将同一债权转让给两个以上受让人，债务人以已经向最先通知的受让人履行为由主张其不再履行债务的，人民法院应予支持。债务人明知接受履行的受让人不是最先通知的受让人，最先通知的受让人请求债务人继续履行债务或者依据债权转让协议请求让与人承担违约责任的，人民法院应予支持；最先通知的受让人请求接受履行的受让人返还其接受的财产的，人民法院不予支持，但是接受履行的受让人明知该债权在其受让前已经转让给其他受让人的除外。

前款所称最先通知的受让人，是指最先到达债务人的转让通知中载明的受让人。当事人之间对通知到达时间有争议的，人民法院应当结合通知的方式等因素综合判断，而不能仅根据债务人认可的通知时间或者通知记载的时间予以认定。当事人采用邮寄、通讯电子系统等方式发出通知的，人民法院应当以邮戳时间或者通讯电子系统记载的时间等作为认定通知到达时间的依据。

规范解读

1. 优先顺位确定规则

债权多重转让会导致多个受让人产生对债权的期待利益，从而产生纠纷。为保护经济流转和受让人的债权利益，通过优先顺位确定规则来确定受让人，显得尤为重要。

理论上和实践中有以下三种观点：

（1）转让优先说[①]。在发生债权多重转让时，债权转让时间先后即为优先顺位规则。债权转让无须通知债务人和登记转让事实。转让优先可以加快交易运行，且节省转让成本。但是对于保障受让人和债务人则有诸多不利。对于受让人来说，一是事前审查成本较高。在没有公示，也没有通知债务人的情况下，受让人只能通过让与人获得信息，证明让与人拥有此债权，且没有瑕疵。而让与人是受让人的利益相对方，则受让人只能通过让与人的经营状况、财产状况和信用状况作综合评估，显而易见成本较高。二是让与人与其他受让人恶意串通的风险增加。由于转让优先仅考虑转让的时间是否优先，则存在让与人与其他受让人倒签日期，从而使受让人丧失优先顺位的可能。使受让人利益受损的同时，也危害了交易稳定。对于债务人来说，审查成本和履行错误的风险均会提升。债权发生转让，债务人在未知情况下向让

① 潘运华：《债权二重让与中的权利归属》，载《法学家》2018 年第 5 期。

与人或已知其他受让人履行债务，而造成履行错误的可能性较高。受让人向债务人要求履行债务，债务人需要对受让人是否拥有债权进行审查，增加了债务人的审查成本。

（2）登记优先说[①]。在发生债权多重转让时，受让人可以通过登记实现对拥有债权的公示，从而对抗其他第三人。民事活动中的公示制度适用范围很广，对规范交易秩序作用极大。通过公示，受让人的事前审查成本大大降低，有效规避让与人与其他受让人的恶意倒签风险。但登记优先说仍有不足之处：对于受让人来说，债权转让通知到达债务人时，转让才对债务人发生效力。债务人在履行债务前并没有查询债权转让登记的义务，仅对转让通知中确定的受让人履行，即可导致债务消灭，履行完成，但可能导致登记对受让人的债权保护失效。对于债务人来说，确定登记优先规则，则需相应规定债务人的查询登记义务。在履行债务前，应就是否存在债权转让事实进行确认，并对登记情况进行查询。此外，采用登记优先规则，需制定配套债权登记制度，建立债权登记场所及查询系统。这需要有成熟的市场推动和顶层的制度设计相结合，存在较高的门槛。

（3）通知优先说[②]。在发生债权多重转让时，以债务人收到的债权转让通知先后为优先顺位确定规则。通知优先可以充分保障债务人的权益，降低其审查成本和履行错误风险。但是对受让人来说，在受让不可分债权时，债务人可能数量众多，债务关系可能纷繁复杂，需要付出较大调查成本，进行逐一通知或公告通知，存在通知不到位的风险；在受让预期债权时，债务人并不明确，存在无法有效通知的风险；此外让与人、其他受让人与债务人恶意串通改变转让通知收到时间，危害受让人优先顺位的风险同样存在。

综上所述，无论是转让优先、登记优先或是通知优先，在均衡保障债权转让关系中多方权益时，都会存在利弊之分。基于我国的相关理论与司法实践，本条解释采通知优先说。

---

① 李宇：《债权让与的优先顺序与公示制度》，载《法学研究》2012 年第 6 期。

② 李永锋、李昊：《债权让与中的优先规则与债务人保护》，载《法学研究》2007 年第 1 期。

2. 优先顺位确定的效力

在债权多重转让中，具有优先顺位的受让人为享有权益的新债权人。因为优先顺位的确定，让与人（原债权人）、受让人（新债权人）、债务人和其他受让人之前的法律关系也会随之发生新的变化。

（1）债务人向优先顺位受让人履行的情况。优先顺位发生的效力包括：一是债务人与优先顺位受让人形成新的债权债务关系。受让人有权向债务人请求履行债务。债务人向在先顺位的受让人履行债务，合同目标实现，债权债务消失。债务人与受让人的法律关系终结。如果在履行中产生纠纷，也是基于基础合同的相关规定进行救济，与债权转让无关。二是让与人与其他受让人形成违约赔偿法律关系。多重转让情况下，让与人和其他受让人签订的转让协议应认定为无权处分，让与人已经不再拥有债权的所有权，构成合同违约，应承担违约赔偿责任。其他受让人对让与人具有赔偿请求权。

（2）债务人向其他受让人履行的情况。优先顺位发生的效力包括：一是债务人与优先顺位受让人的债权债务关系终结。除非债务人接到债权转让通知，恶意向让与人或其他受让人履行，否则就债务人来说，债务已经履行完毕。基础合同对债务人失去效力，受让人也失去向债务人请求履行的原因。二是受让人获得向债务人履行的其他受让人的不当得利返还请求权。由于优先顺位的确定，债务人向其他受让人进行履行，失去了法定根据，其他受让人接受债务人的履行符合不当得利的认定标准，受让人与其他受让人形成了不当得利之债。

适用难点

1. 解释中通知优先和保理合同中登记优先的理解

我国《民法典》在合同编保理合同中确定了多重转让的情况下，登记优先的优先顺位确定规则。[①] 本条解释确定的是通知优先的优先顺位确定规

① 《民法典》第768条规定，应收账款债权人就同一应收账款订立多个保理合同，致使多个保理人主张权利的，已经登记的先于未登记的取得应收账款；均已经登记的，按照登记时间的先后顺序取得应收账款；均未登记的，由最先到达应收账款债务人的转让通知中载明的保理人取得应收账款；既未登记也未通知的，按照保理融资款或者服务报酬的比例取得应收账款。

则，看似不同，实则二者并不矛盾。本条解释是对《民法典》合同编通则的解释，属于对一般规定的解释。而保理合同是《民法典》合同编具体类型的特殊合同，它属于特殊规定。特殊规定在法律适用上应优先适用。

2. 优先顺位确定规则的延伸问题

在多重转让中，除保理合同之外，一般规定通知优先规则。如果债务人未收到债权转让通知，如何确定优先顺位？依据公示对抗第三人原则，登记受让人先于未登记受让人，先登记受让人先于后登记受让人。如果债务人既未收到债权转让通知，又无登记受让人的，以债权转让合同签订先后确定优先顺位为宜。

3. 是否考虑受让人的主观因素

优先顺位确定规则发生效力，即排除了对善意取得的适用，无须区分受让人是否为善意。

类案指引

1. 王某旺与宋某、北京鑫畅路桥建设有限公司债权转让合同纠纷案①

裁判要旨：债权转让以转让人与受让人达成债权转让的合意，债权让与合同即告成立，同时在转让人和受让人之间发生法律效力。债权转让通知到达债务人时，对债务人发生效力。

法院认为：债权转让以转让人与受让人达成债权转让的合意，债权让与合同即告成立，同时在转让人和受让人之间发生法律效力。债权转让通知到达债务人时，对债务人发生效力。未经通知，债权转让对债务人不发生效力。因此，债权转让在转让人与受让人之间形成合意时即生效，至于转让通知是否到达债务人，仅发生能否对债务人产生拘束力问题，并不影响债权转让是否有效问题。而且债权只有一个，原债权人将债权转让给先受让人后，其对债权即不再有处分权，即原债权人对债权

① 参见北京市第三中级人民法院（2016）京03民终2737号民事判决书。

的二次转让不能发生债权转让的效果。因此，在确定债权双重转让的法律后果时，应当依照“先来后到”的规则确认。但是，鉴于债权人转让权利的，应当通知债务人。未经通知，该转让对债务人不发生法律效力。因此，对于债务人来说，如果其在不知债权存在双重或多重让与的情况下，已经向先通知的后受让人履行了给付义务，那么此时债务人向后受让人的给付行为发生清偿的法律效力。

2. 东莞市顺丰纸品制造有限公司（以下简称顺丰公司）、鹤山市卓越纸品包装有限公司（以下简称卓越公司）与东莞市天胜纸品有限公司（以下简称天胜公司）、东莞市智森环保科技有限公司（以下简称智森公司）债权转让合同纠纷案[①]

裁判要旨：两份《债权转让协议》作为确立债权转让人和债权受让人之间权利义务法律关系的合同，对于债权转让人智森公司和债权受让人天胜公司以及债权转让人智森公司和债权受让人顺丰公司而言，均已自成立时生效。对于债务人而言，债权转让对债务人发生效力应以通知为准，未经通知的，债权转让对债务人不发生法律效力。

法院认为：上述两份《债权转让协议》作为确立债权转让人和债权受让人之间权利义务法律关系的合同，对于债权转让人智森公司和债权受让人天胜公司以及债权转让人智森公司和债权受让人顺丰公司而言，均已自成立时生效。但由于债权转让行为涉及原合同的债权人和债务人之间的法律关系，原债权人的债权因转让行为而消灭，而债务人履行债务的接受主体将由原债权人转为新的债权受让人。根据《合同法》第80条“债权人转让权利的，应当通知债务人。未经通知，该转让对债务人不发生效力。债权人转让权利的通知不得撤销，但经受让人同意的除外”之规定，对于债务人而言，债权转让对债务人发生效力应以通知为准，未经通知的，债权转让对债务人不发生法律效力。本案中，虽然天胜公司早于顺丰公司与智森公司签订《债权转让协议》，但智森公司与

① 参见广东省江门市中级人民法院（2014）江中法民二终字第164号民事判决书。

顺丰公司的债权转让通知先于与天胜公司的债权转让通知到达债务人卓越公司。因此，在卓越公司于2013年7月31日收到智森公司将债权转让给顺丰公司的通知时，该债权转让即对卓越公司发生效力，即产生卓越公司对受让人顺丰公司负有履行支付341,859.39元债务的法律后果。因债权人转让权利的通知不得撤销，在未经受让人顺丰公司同意撤销的情况下，债权转让已自先通知原债务人卓越公司时发生法律效力，自通知之日起原债权人智森公司和债务人卓越公司的债权债务关系解除，新债权人顺丰公司即取代原债权人智森公司与债务人卓越公司形成债权债务关系。在顺丰公司和卓越公司已形成债权债务关系的情况下，卓越公司有权拒绝向新债权人顺丰公司以外的其他人履行债务。原债权人智森公司就同一债权先与天胜公司签订转让合同，又与顺丰公司签订转让合同，其与天胜公司签订的债权转让合同因无法履行而产生的法律责任，非本案纠纷争议范围，属另一法律关系，法院不予审查，当事人可另行救济。

相关条文

《民法典》

第七百六十八条　应收账款债权人就同一应收账款订立多个保理合同，致使多个保理人主张权利的，已经登记的先于未登记的取得应收账款；均已经登记的，按照登记时间的先后顺序取得应收账款；均未登记的，由最先到达应收账款债务人的转让通知中载明的保理人取得应收账款；既未登记也未通知的，按照保理融资款或者服务报酬的比例取得应收账款。

第二节　债务加入及其他权利

释义条文

《民法典合同编通则司法解释》

第五十一条　第三人加入债务并与债务人约定了追偿权，其履行债务后主张向债务人追偿的，人民法院应予支持；没有约定追偿权，第三人依照民法典关于不当得利等的规定，在其已经向债权人履行债务的范围内请求债务人向其履行的，人民法院应予支持，但是第三人知道或者应当知道加入债务会损害债务人利益的除外。

债务人就其对债权人享有的抗辩向加入债务的第三人主张的，人民法院应予支持。

规范解读

1. 债务加入的界定

债务加入是债务承担的方式之一。债务承担是指在保持债的同一性不变的情况下，债务人发生替换或者新的债务人加入，债务关系不因债务人的改变而消灭。债务承担可分为免责债务承担和并存债务承担两类。免责债务承担是指由第三人承担债务并且债务人从原债务关系中脱离，或者就原债务关系中的部分份额脱离，即为免责的债务承担。[①] 并存债务承担是指原债务人没有从债务中完全或部分解脱，而是与加入债务的第三人共同承担，并存债务承担即为债务加入。

债务加入曾经长期游离于我国民事法律体系之外，为了回应实践需求，2005 年的《江苏省高级人民法院关于适用〈中华人民共和国合同法〉若干

① 有学说认为，免责债务承担，是指债务人从原债务关系中脱离，未就部分份额免责作出定义，本书以为该学说不够全面，这涉及债务转移和债务加入的区分，后文会详细加以论述。

问题的讨论纪要（一）》设债务加入专题，并在第 17 条规定了债务加入的概念，“债务加入是指第三人与债权人、债务人达成三方协议或第三人与债权人达成双方协议或第三人向债权人单方承诺由第三人履行债务人的债务，但同时不免除债务人履行义务的债务承担方式”。[①] 通过列举的方式对债务加入加以界定。直到《民法典》出台，增设了债务加入制度。《民法典》第 552 条规定，“第三人与债务人约定加入债务并通知债权人，或者第三人向债权人表示愿意加入债务，债权人未在合理期限内明确拒绝的，债权人可以请求第三人在其愿意承担的债务范围内和债务人承担连带债务”。相比于江苏省高级人民法院的讨论纪要，《民法典》更进一步，从类型、条件和责任承担方面详细界定了债务加入制度。

2. 债务加入的类型

江苏省高级人民法院讨论纪要将债务加入分为三个类型：一是第三人与债权人、债务人达成三方协议；二是第三人与债权人达成双方协议；三是第三人向债权人单方承诺。《民法典》第 552 条将债务加入分为两个类型：第三人与债务人双方约定和第三人向债权人单方允诺。第 552 条规定了债务人和第三人通知或向债权人表达债务加入的意思表示，债权人在合理期限没有明确拒绝的，即可达成债务加入。债权人的明示与默示均可理解为债权人与债务人和第三人达成了合意，只不过可能是三方，也可能是双方。因此，没必要再单独强调三方协议。此外，三方协议在现代经济发展中的应用范围也在逐渐缩小，其作用体现在指示交付方面，《德国民法典》将之规定在第 783 条的指示清偿部分，只有《意大利民法典》第 1268 条还将之规定为债务承担的一种类型，但功能也主要体现为票据承兑。[②]

（1）第三人与债务人之间的债务加入。第三人与债务人就基础债务达成债务承担合意，形成新的债的关系。这一合意内容对于债权人不产生效力。在成立债务加入关系后，第三人成为新的债务人，与债务人处于同等地

① 《江苏省高级人民法院关于适用〈中华人民共和国合同法〉若干问题的讨论纪要（一）》（苏高发审〔2005〕委 16 号）。

② 肖俊：《债务加入的类型与结构——以民法典第 552 条为出发点》，载《东方法学》2020 年第 6 期。

位，所负同一债务，在向债权人作出负担债务意思表示的范围内与债务人负有连带责任。第三人和债务人约定债务加入的通知一旦到达债权人，即发生效力，视为不得撤销的承诺。如果债权人采取明示同意的方式，则无须等待期，债务加入关系成立。如果债权人采取默示的方式，则需经过合理期限，债务加入关系成立。

（2）第三人与债权人之间的债务加入。第三人直接向债权人作出单方允诺，并没有与债务人达成合意，债权人经过合理期限未拒绝的，也成立债务加入关系。就基础合同而言，第三人的单方允诺，并没有改变债务人和债权人的权利义务关系，在债权人明示或默示的同意之下，成立债务加入关系。值得注意的是，本条解释在《民法典》第 552 条规定的基础上对于第三人的单方允诺设定了一个限定条件，即“没有约定，第三人在履行债务的范围内请求债务人返还所获利益的，人民法院依法予以支持，但是第三人知道或者应当知道加入债务会损害债务人利益的除外”。也就是说，实践中要考虑第三人在加入债务时是否为善意，是否有损害债务人利益的主观故意。这里，本条解释用的是“知道或者应当知道”，对于第三人善意的判断可以直接证明也可以推定证明。笔者以为，这一条件限定是解释对《民法典》第 552 条的有益补充，弥补了对债务人异议权规定的缺失。第 552 条规定了债权人对债务加入的异议权，可以说具有一票否决权。但是在第三人和债权人之间的债务加入中，债务人并未参与合意，债务人是否具有异议权呢？答案应该是肯定的。例如，债务人为了与债权人保持长期稳定的合作关系，有积极履行债务的愿望，第三人的加入有可能会打破这样的合作关系。这种情况下，债务人的利益就有可能受损。

3. 第三人与债务人的责任承担方式

《民法典》第 552 条中规定，债权人可以请求第三人在其愿意承担的债务范围内和债务人承担连带债务。第 178 条中规定，连带责任，由法律规定或者当事人约定。债务加入关系中第三人与债务人之间的责任承担方式为法律规定的连带责任。第三人在清偿了其愿意承担范围内的债务之后，产生对债务人的追偿权。

本条解释对第三人与债务人之间的责任承担方式进行了区分，“第三人加入债务并与债务人约定了追偿权，其履行债务后主张向债务人追偿的，人民法院应予支持；没有约定追偿权，第三人依照民法典关于不当得利等的规定，在其已经向债权人履行债务的范围内请求债务人向其履行的，人民法院应予支持”。可以理解为，按照债务加入关系的类型，第三人与债务人之间达成双方协议，就债务履行有约定的，第三人向债权人履行债务后，可以依据连带责任规则行使对债务人的追偿权；第三人未与债务人达成协议，就债务履行没有约定的，第三人向债权人履行债务后，可以依据不当得利返回规则要求债务人返还所获利益。可以说，对于第三人向债权人单方允诺的债务加入，本解释作了不同于第 552 条的规定，没有赋予第三人基于连带责任的追偿权，而是使第三人获得了基于不当得利的返还权。

本书以为，解释对第三人单方允诺债务加入的责任承担方式作出特别规定，目的在于保护债务人的利益，但是似有可商榷之处。第一，第三人单方允诺的债务加入虽然没有第三人与债务人对于连带责任的合意。但是《民法典》第 178 条规定合同约定和法律规定两种形式均可产生连带责任。因此第 552 条的规定则可视为因法律规定所产生的连带责任。第二，债务人因第三人的履行而免除了债务，不宜确定为不当得利。《民法典》第 985 条中规定，“得利人没有法律根据取得不当利益的，受损失的人可以请求得利人返还取得的利益”。不当得利制度的前提是“没有法律依据”。第三人的履行行为使债务人的债务免除，获得了利益。这个利益是否没有法律依据？答案是否定的。第三人通过单方允诺加入债务，虽然未与债务人达成合意，但是形成的债务关系是包括第三人、债务人和债权人三方的，债务人并没有脱离债务关系。因此，第三人履行债务，债务人债务免除，是债务加入关系发生的法定效力，债务人因债务免除而获得的利益并非没有法律依据。第三，通过分析比较，适用连带责任追偿规则更加有利于保护各方权益。《民法典》第 519 条[①]规定了连带债务人之间的内部追偿权，履行债务的连带债务人享有债权人的权利，其他连带债务人对债权人的抗辩，可以向该债务人主

---

① 《民法典》第 519 条第 2 款规定：“实际承担债务超过自己份额的连带债务人，有权就超出部分在其他连带债务人未履行的份额范围内向其追偿，并相应地享有债权人的权利，但是不得损害债权人的利益。其他连带债务人对债权人的抗辩，可以向该债务人主张。”

张。适用到债务加入中，可以理解为，第三人履行债务后，向债务人追偿，可以获得债权人的代位权，行使债权人的权利。债务人在面对第三人的追偿时，可以使用对待债权人的抗辩事由对抗第三人。《民法典合同编通则司法解释》第 52 条第 2 款规定，“债务人就其对债权人享有的抗辩向加入债务的第三人主张的，人民法院依法予以支持”。也明确了债务人的抗辩权。而适用不当得利返还规则，第三人不具备代位权，债务人也无法主张抗辩。

适用难点

1. 债务加入与债务转移的区分

理论上，债务加入和债务转移可以用债务承担的两种方式，即免责债务承担和并存债务承担来表达。立法中，我国《民法典》第 521 条和第 522 条分别规定的是债务转移和债务加入。区分标准包括：一是是否取得债权人的同意。债务加入无论哪种类型只要通知或向债权人表示加入债务的意思表示，债权人未在合理期限内行使异议权，即成立债务加入。债务转移涉及债务在债务人和第三人间进行再分配，由于债务人偿还能力和信赖程度对债权实现影响重大，影响债权人合同利益，债权人的同意为前提要件。二是当事人之间是否存在债务转移的合意。第三人与债务人的协议中需要明确表明债务人全部或部分免除债务，就债务的转移达成合意。否则即使债权人明示同意，也不能推断出债务进行了转移。[①] 三是责任承担方式不同。债务加入中，第三人与债务人对于债权人来说就同一债务负有同一义务。此时债务不具有可分性，第三人与债务人承担连带责任。而债务转移中，在债权人的同意下，债务在第三人和债务人之间进行了重新分配，债务承担方式由三方当事人按照转移协议进行履行，不存在连带责任。

---

① 最高人民法院（2005）民二终字第 217 号判决指出：“一般而言，在当事人明确约定或表示原债务人退出原债权债务法律关系中，或者根据合同约定可以确切推断原债务人退出原债权债务法律关系，方可认定成立免责性的债务承担。”

2. 债务加入与第三人代为履行的区分

《民法典》第 524 条规定了第三人代为履行制度。[①] 区分标准包括：一是债的范畴不同。债务加入是合同变更和转让关系中的制度，第三人代为履行是合同履行关系中的制度，分属不同的范畴。二是第三人的地位不同。债务加入中，第三人成为新的债务人，与债务人具有同等地位，负有同一债务，是合同的一方当事人。第三人代为履行中，第三人是履行主体，并未进入基础合同的关系中，不是合同的一方当事人。三是债权人是否对第三人的行为具有异议权。债务加入中，赋予债权人一定合理期限的异议权，具有一票否决权。第三人代为履行，不需要债权人的同意，同时也未赋予其异议权。四是债务履行后效果不同。债务加入中，第三人履行后，拥有对债务人的追偿权，可以取得债权人的代位权。第三人代为履行中，发生法定债权转让，第三人成为新的债权人。

3. 债务加入与保证的区分

实践中，债务加入中的第三人与保证人易产生混淆。区分标准包括：一是确立方式不同。保证关系的达成由保证人、债务人和债权人三方共同确立。债务加入则可因两方协议或单方允诺而达成。二是合意属性不同。保证合意只是主合同的从合同，具有从属性，只有主债务不能履行的情况下，才会启动保证合同。三是第三人地位不同。保证人并非主合同的一方，只有在债务人不履行债务时，债权人才取得对保证人的履行请求权。保证人是排在债务人顺位之后的义务人。债务加入中的第三人是与债务人具有同等地位的义务人，没有顺位先后之说。

风险防范

当事人在签订合同时，应注意区分行政机关与一般民事主体。行政机关因为履行职责的原因，在民事合同上签字、盖章，或是出具相关材料，不能

---

① 《民法典》第 524 条规定："债务人不履行债务，第三人对履行该债务具有合法利益的，第三人有权向债权人代为履行；但是，根据债务性质、按照当事人约定或者依照法律规定只能由债务人履行的除外。债权人接受第三人履行后，其对债务人的债权转让给第三人，但是债务人和第三人另有约定的除外。"

直接认为行政机关作为保证人[①]或是债务加入人。在司法实践中，往往表现为：一是行政机关在合同上签字、盖章。在“宁夏红翔林草发展有限公司（以下简称红翔林草公司）、平罗县××乡××村村民委员会等土地承包经营权出租合同纠纷案”[②] 中，红崖子乡政府出具政府文件、作为鉴证单位在案涉相关合同上签字盖章等行为，是基于生态移民村土地开发利用为当事人正常履约进行的协调工作，属于履行政府职能的行政管理行为，不构成债务加入，红翔林草公司请求红崖子乡政府承担相关民事责任缺乏事实和法律依据，法院对红翔林草公司的该项请求不予支持。二是行政机关向建设方依据行政职责出具证明函件。以政府与社会资本合作建设的 PPP 协议为例，在“贵州贵安建设集团有限公司（以下简称贵安公司）、湄潭县交通运输局等建设工程施工合同纠纷案”[③] 中，湄潭县政府向贵安公司出具《湄潭县人民政府关于省道 204 线花江桥至枫香湾桥段公路改造（湄潭县建设工程 BT 项目回购资金的承诺函）》。湄潭县财政局出具《湄潭县财政局关于确认并按期支付省道 204 线花江桥至枫香湾桥段公路改造（湄潭县建设工程 BT 项目回购款的函）》，明确将按照框架协议约定的时间和金额纳入对应年度的财政基金支出预算。贵安公司认为这两份函件具有债务加入的意思表示。贵州省高级人民法院和最高人民法院均认为，湄潭县政府与湄潭县财政局出于行政管理职责出具的相关函件，不具有债务加入和担保的意思表示，贵安公司主张湄潭县政府与湄潭县财政局承担连带责任，缺乏法律依据。

类案指引

1. 成都银行股份有限公司西安分行（以下简称成都银行西安分行）、杨某恒等追偿权纠纷案[④]

裁判要旨：在债务加入法律关系中，债权人可以请求第三人在其愿

---

① 《民法典》第 8 条规定：“机关法人不得为保证人，但经国务院批准为使用外国政府或者国际经济组织贷款进行转贷的除外。”

② 参见最高人民法院（2021）最高法民再 363 号民事判决书。

③ 参见最高人民法院（2021）最高法民申 2507 号民事裁定书。

④ 参见最高人民法院（2021）最高法民申 1642 号民事裁定书。

意承担的债务范围内和债务人承担连带债务。在债务加入法律关系中，债务加入人承担连带债务后，不构成债权转移，其与债务人之间的关系，按照其与债务人之间法律关系的性质处理，法律未规定债务加入人承担连带债务后可以向债务人的保证人追偿。

法院认为： 关于成都银行西安分行是否有权向杨某恒、杨某晓追偿的问题。首先，在债务加入法律关系中，债权人可以请求第三人在其愿意承担的债务范围内和债务人承担连带债务。具体到本案，因荟鑫源公司怠于履行债务，马某卫向人民法院提起诉讼，要求成都银行西安分行在其愿意承担的债务范围内承担连带债务，成都银行西安分行亦根据人民法院生效判决向马某卫支付了相应款项。至此，案涉债权债务关系为马某卫（债权人）向荟鑫源公司（债务人）借款（杨某恒、杨某晓以全部财产为上述债权提供连带责任保证）这一债权债务关系，则基于成都银行西安分行的清偿而归于消灭。此外，保证合同属于从合同，从合同因主合同的无效或消灭而相应地无效或消灭。上述债权债务关系基于成都银行西安分行的清偿归于消灭，杨某恒、杨某晓提供的保证担保亦随着案涉新债权债务关系的消灭而归于消灭。其次，根据法律规定，在债务加入法律关系中，债务加入人承担连带债务后，不构成债权转移，其与债务人之间的关系，按照其与债务人之间法律关系的性质处理，法律未规定债务加入人承担连带债务后可以向债务人的保证人追偿。故成都银行西安分行无权向杨某恒、杨某晓追偿，成都银行西安分行关于原审判决认定成都银行西安分行作为债务加入人在向债权人马某卫清偿剩余债务后，不能取得对债权人马某卫的保证人杨某恒、杨某晓的追偿权有误的再审请求，法院不予支持。

2. 云南兴富高速公路管理有限公司与陕西诚创建设有限公司、山东通达路桥工程有限公司借款合同纠纷案①

裁判要旨： 有关郭某振代表兴富公司实施的行为究竟应当认定为共同借款行为还是保证行为存在不同理解时，如果无法确认是否具有明确

① 参见最高人民法院（2022）最高法民再259号民事判决书。

的共同承担债务或者债务加入的意思表示，应当将其认定为保证的意思表示。

法院认为：在对于当事人之间有关权利义务难以确定其性质时，除非有明确的例外规定，法律适用的一般原则是，应当作有利于债务人的解释。本案中，有关郭某振代表兴富公司实施的行为究竟应当认定为共同借款行为还是保证行为存在不同理解时，如果无法确认是否具有明确的共同承担债务或者债务加入的意思表示，应当将其认定为保证的意思表示。从当事人之间权利义务的内容分析，兴富公司法定代表人郭某振以公司名义签署的《承诺书》《协议书》《确认书》载明："兴富公司自愿为通达公司所付4500万元借款本金及全部利息的债务提供连带保证并承担共同还款人的还款责任……保证责任期限为至主债务本息还清""如通达公司未能在上述规定时间内履行还款义务，兴富公司愿承担连带支付责任"。上述内容，足以表明当事人的真实意思为在通达公司不能清偿债务的情况下，兴富公司为其承担连带保证责任，而非诚创公司主张的兴富公司有共同借款的意思表示。至于兴富公司是否最终实际使用了案涉借款，并不能以此作为判断其为共同借款人还是保证人的依据或理由。法院综合前述分析，认定兴富公司为案涉借款的保证人。原审法院根据债权人诚创公司的主张认定兴富公司为案涉借款的共同借款人，属于适用法律错误，法院予以纠正。

相关条文

《民法典》

第五百五十二条　第三人与债务人约定加入债务并通知债权人，或者第三人向债权人表示愿意加入债务，债权人未在合理期限内明确拒绝的，债权人可以请求第三人在其愿意承担的债务范围内和债务人承担连带债务。

专题七

合同的权利义务终止

第一节　协商解除的法律适用

释义条文

《民法典合同编通则司法解释》

第五十二条　当事人就解除合同协商一致时未对合同解除后的违约责任、结算和清理等问题作出处理，一方主张合同已经解除的，人民法院应予支持。但是，当事人另有约定的除外。

有下列情形之一的，除当事人一方另有意思表示外，人民法院可以认定合同解除：

（一）当事人一方主张行使法律规定或者合同约定的解除权，经审理认为不符合解除权行使条件但是对方同意解除；

（二）双方当事人均不符合解除权行使的条件但是均主张解除合同。

前两款情形下的违约责任、结算和清理等问题，人民法院应当依据民法典第五百六十六条、第五百六十七条和有关违约责任的规定处理。

新旧变化

《合同法》第 93 条第 1 款规定：“当事人协商一致，可以解除合同。”《民法典》第 562 条规定：“当事人协商一致，可以解除合同。”《民法典合同编通则司法解释》第 53 条对协商一致的情况进行了细化。

《合同法》第 97 条规定："合同解除后，尚未履行的，终止履行；已经履行的，根据履行情况和合同性质，当事人可以要求恢复原状、采取其他补救措施、并有权要求赔偿损失。"《民法典合同编通则司法解释》第 53 条进一步明确了合同解除后，违约责任、结算和清理等问题的处理。

规范解读

1. 协商解除的条件

《民法典》第 562 条规定了当事人可以协商解除合同，根据《民法典合同编通则司法解释》第 52 条第 1 款的规定，未就合同解除后的违约责任、结算清理事项达成一致不影响当事人协商解除合同。

（1）协商解除合同的关键是解除合同合意的达成。

协商解除，是指合同产生法律约束力后，当事人以解除合同为目的，经协商一致，订立一个解除原来合同的协议。协商解除是双方的民事法律行为，是通过订立一个新的合同而解除原来的合同，因此应当遵循民事法律行为和合同的一般规定，即双方当事人应当对解除合同意思表示一致，协议未达成之前，原合同仍然有效。如果协商解除违反了法律规定的法律行为有效的条件，如违背了公序良俗，那么解除合同的协议不能发生法律效力，原有的合同仍要履行。

在实践中，双方当事人可能对于解除的事由、违约责任及清理结算后果各执己见，但均追求"终止合同"这一单纯的解除效果，这种情况下是否属于《民法典》第 562 条规定的"当事人协商一致，可以解除合同"存在不同的认识。一种观点认为，如果当事人仅达成一致同意解除原合同的合意，但对于合同解除的后果未能达成一致意见，不能产生合意解除合同的法律效果。[①] 另一种观点认为，协议解除的后果可以由当事人协商，是否恢复原状、如何恢复原状可以由当事人协商决定。如果没有约定，则适用法律规

---

① 最高人民法院民法典贯彻实施工作领导小组主编：《中华人民共和国民法典合同编理解与适用》（一），人民法院出版社 2020 年版，第 633 页。

定。[①] 立法机关有关释义中持第二种观点，认为如果双方都明确同意解除，即使双方未就协商解除后的法律后果作出约定，只要双方解除合同的意思是目前形成一致的，一般也可以认为构成协商解除，除非协商解除的意思表示以对解除后果形成一致意见为前提。[②] 实践中也有法院持这一观点，例如《四川省高级人民法院关于审理合同解除纠纷案件若干问题的指导意见》第18条规定："当事人仅对合同解除协商一致，未对合同清结形成一致意见，一方当事人起诉请求清结合同的，人民法院应当根据合同法第九十七条的规定予以处理。"

《民法典合同编通则司法解释》第52条第1款明确当事人就合同解除达成一致但未对违约责任、结算和清理等问题协商一致的，人民法院应当认定合同协商解除，除非当事人对此另有约定。该规定充分尊重当事人意思自治，在当事人一致同意解除合同的情形下，对违约责任和结算清理的争议并不影响当事人解除合同的意愿，即使当事人未就承担违约责任和结算清理达成一致意见，仍可依照《民法典》第566条、第567条和有关违约责任的规定处理。同时，协商解除合同是对合同当事人意思自治的维护，旨在最大限度鼓励当事人通过沟通、协商或事先约定合同解除事由的方式来解决合同履行中可能出现的各种主观、客观障碍，使当事人能够从合同的拘束中及时解脱出来，实现市场资源的有效再配置。[③]

本条解释规定在当事人可以达成最低限度的解除合同的合意后可以解除合同，但仍尊重当事人对于解除合同进行特别约定，即但书条款规定的"但是，当事人另有约定的除外"。由此可见，约定解除要优于协商解除。

（2）协商解除与法定解除、约定解除的衔接适用。

根据《民法典》规定，合同解除有三种类型：协商解除、约定解除和法定解除。实践中存在当事人一方起诉请求解除合同，但不符合法律规定或者合同约定的解除权行使条件，如其仍然主张解除合同，且对方当事人也同

---

① 王利明主编：《中国民法典评注——合同编》（一），人民法院出版社2021年版，第379页。

② 黄薇主编：《中华人民共和国民法典合同编释义》，法律出版社2020年版，第221页。

③ 最高人民法院民法典贯彻实施工作领导小组主编：《中华人民共和国民法典合同编理解与适用》（一），人民法院出版社2020年版，第632页。

意解除合同的，以及双方当事人均不符合解除权行使条件但是均主张解除合同的情形。由于这两种情形本质上属于双方对合同解除达成一致意见，基于尊重当事人意思自治的原则，根据《民法典合同编通则司法解释》第52条第2款的规定，在不符合约定解除和法定解除条件的情况下，如果当事人均主张解除合同或者对方同意解除的，人民法院可以认定合同解除。这样可以尽快消除当事人对于合同是否已经解除、是否需要继续履行合同等的不确定感，尽快重新安排自己的经济生活。该款和公开征求意见稿存在较大修改，不仅增加规定“除当事人一方另有意思表示外”的排除性规定，还将“应当依据民法典第五百六十二条第一款的规定认定合同解除。”修改为“人民法院可以认定合同解除”。该条款的修改体现了对于不符合解除条件的情况认定解除的谨慎，既保留了尊重当事人解除合同意思表示的灵活性，又给予个案一定的认定空间。

2. 协商解除的法律后果

协商解除合同后，有关违约责任、结算和清理等问题，应当依据《民法典》第566条、第567条和有关违约责任的规定处理。具体而言，除当事人另有约定，协商解除合同不影响违约方承担违约责任；除担保合同另有规定，协商解除合同不影响担保人承担担保责任。

适用难点

本条解释旨在进一步明确《民法典》第562条规定的“当事人协商一致，可以解除合同”。如何确定“协商一致”以及如何确定合同解除的法律后果成为适用难点。

本条解释明确只要当事人就解除合同协商一致即可，无论是否就合同解除后的违约责任、结算和清理等问题作出处理，也无论当事人主张法定解除还是约定解除权，抑或一方当事人或双方当事人均不符合解除权行使条件但是只要双方当事人均主张解除合同即可，除非当事人一方另有意思表示。由此可见，本条解释为在诉讼前当事人协商解除合同、诉讼中同意解除合同均提供了法律依据。

本条解释第3款规定，有关违约责任、结算和清理等问题，人民法院应当依据《民法典》第566条、第567条和有关违约责任的规定处理。这是在实体法适用方面作出指引性规定。如果当事人诉前协商一致解除合同，可就违约责任等问题提起诉讼。但是，如果是在诉讼中，一方主张行使法律规定或者合同约定的解除权，经审理认为不符合解除权行使条件但是对方同意解除，或者双方当事人均不符合解除权行使条件但是均主张解除合同的，人民法院在判定合同解除的情况下，是否可以直接就违约责任等进行处理，司法解释并未作出规定。按照目前法律及司法解释的相关规定，一方当事人主张合同解除，如果没有就违约责任等提出主张，则人民法院只能根据当事人的诉讼请求作出处理。至于违约责任等问题仍需要当事人再提起专门的诉讼。

此外，如何准确确认协商解除的时点也是需要特别关注的问题。一般而言，双方当事人达成解除合同合意的时点为合同解除时间，这样有利于尽早明确合同状态，厘清各自的合同权利义务。如果是在诉讼中确认协商解除合同，则应以判决中确认的时间为合同解除的时间；如果判决中没有明确合同解除时间点，则应以判决生效之日作为合同解除时间点。

在实务中，协商解除往往会和约定解除发生混淆。协商解除本质上是通过双方缔结一个新的协议取代原合同，而约定解除则是合同中约定的解除条件成就而使合同发生解除。协商解除不存在行使解除权的问题，是双方当事人合意的结果，而约定解除存在解除权。协商解除通常发生在合同履行过程中，而约定解除则是在合同订立时事先约定的。

风险防范

本条旨在使当事人在其合同目的不能实现的情形中尽快摆脱现有合同权利义务关系的约束，重新获得交易自由。因此，虽然当事人未就合同解除后的违约责任、结算清理事项达成一致或进行处理均不影响当事人协商解除合同。故后续相关违约责任承担、结算清理等事项的处理会存在一定风险，特别对于守约方，没有了合同权利义务的约束，无法再要求违约方继续履行合同，对其造成的损失特别是间接损失等是否能够通过违约责任得到补充需要当事人进行理性评估。此外，在进入诉讼中，还应考虑诉讼请求与合同解除的关系，如果诉讼请求仅限于确认解除合同，则对于后续的违约责任、结算清理等事项如果协商不成，还需要另行提起诉讼。这样不仅造成诉累，也拖长了纠纷彻底解决的周期。当然，如果能够将诉讼请求涵盖解除合同及后续责任承担等相关事项，则可避免诉的再起，尽快彻底解决纠纷。

类案指引

1. 沈阳金溪源广告有限公司（以下简称金溪源公司）与沈阳景峰房地产开发有限公司（以下简称景峰公司）等公司租赁合同纠纷案[①]

裁判要旨：当事人一方主张行使法律规定的解除权，经审理认为不符合解除权行使条件，但是双方当事人均主张解除合同，以另一方当事人提出反诉并缴纳反诉费的时间为合同解除时间。

法院认为：本案证据不足以认定景峰公司、沈阳虹峰房地产开发有限公司（以下简称虹峰公司）、沈阳长峰房地产开发有限公司（以下简称长峰公司）构成根本违约，金溪源公司通知解除《媒体租赁合同》，缺乏事实和法律依据。鉴于双方均主张解除《媒体租赁合同》，以景峰公司、虹峰公司、长峰公司提出反诉并缴纳反诉费的2015年2月5日为合同解除时间，并无不当。

2. 武某灿与吴某东合伙纠纷案[②]

裁判要旨：一方当事人诉讼请求解除合同，另一方当事人明确表示同意的，属于当事人协商一致解除合同的情形。

法院认为：原判决认为武某灿、吴某东签订的《合伙协议》是双方的真实意思表示，内容不违反法律、行政法规的强制性规定，应为合法有效。武某灿在一审反诉中请求解除其与吴某东签订的《合伙协议》，

① 参见最高人民法院（2017）最高法民申3629号民事裁定书。
② 参见最高人民法院（2017）最高法民再316号民事判决书。

吴某东对此明确表示同意。法院再审庭审中，双方亦再次确认同意解除《合伙协议》，依据《合同法》第 93 条的规定，当事人协议一致，可以解除合同。故原审判决解除双方签订的《合伙协议》，并无不当。

相关条文

《民法典》

第五百六十二条　当事人协商一致，可以解除合同。

当事人可以约定一方解除合同的事由。解除合同的事由发生时，解除权人可以解除合同。

第五百六十六条　合同解除后，尚未履行的，终止履行；已经履行的，根据履行情况和合同性质，当事人可以请求恢复原状或者采取其他补救措施，并有权请求赔偿损失。

合同因违约解除的，解除权人可以请求违约方承担违约责任，但是当事人另有约定的除外。

主合同解除后，担保人对债务人应当承担的民事责任仍应当承担担保责任，但是担保合同另有约定的除外。

第五百六十七条　合同的权利义务关系终止，不影响合同中结算和清理条款的效力。

第二节　合同解除权的行使

一、通知解除合同的审查

释义条文

《民法典合同编通则司法解释》

第五十三条　当事人一方以通知方式解除合同，并以对方未在约定的异议期限或者其他合理期限内提出异议为由主张合同已经解除的，人民法院应当对其是否享有法律规定或者合同约定的解除权进行审查。经审查，享有解除权的，合同自通知到达对方时解除；不享有解除权的，不发生合同解除的效力。

新旧变化

《合同法》第96条规定，“当事人一方依照本法第九十三条第二款、第九十四条的规定主张解除合同的，应当通知对方。合同自通知到达对方时解除。对方有异议的，可以请求人民法院或者仲裁机构确认解除合同的效力”。《合同法》没有规定如果对方有异议，如何认定合同的解除时间以及是否应以当事人主张的法定解除权成立为合同解除的前提条件。

《合同法司法解释（二）》第24条规定：“当事人对合同法第九十六条、第九十九条规定的合同解除或者债务抵销虽有异议，但在约定的异议期限届满后才提出异议并向人民法院起诉的，人民法院不予支持；当事人没有约定异议期间，在解除合同或者债务抵销通知到达之日起三个月以后才向人民法院起诉的，人民法院不予支持。”

规范解读

本条是关于通知解除合同的审查的规定。

1. 通知解除合同的条件

本条主要解决单方解除合同是否需要以享有解除权为前提的问题。在司法实践中，对《合同法司法解释（二）》第24条规定的理解存在偏差，有观点认为不论发出解除通知的一方是否享有法定或者约定的解除权，只要当事人在收到解除合同通知后，未在法定或者约定期限内提出异议，合同就直接解除。[①] 这种观点不符合《民法典》第565条有关主张解除合同应当依法进行的精神。本条吸收《九民纪要》第46条的规定，旨在纠正上述观点的

① 最高人民法院民事审判第二庭编著：《〈全国法院民商事审判会议纪要〉理解与适用》，人民法院出版社2019年版，第310页。

认知偏差，明确通知解除合同的前提条件。当事人之间因合同解除发生争议时，无论对方是否在合同约定的异议期限或其他合理期限内提出异议，人民法院均应当对主张解除的一方是否享有解除权进行审查。经审查确认其享有解除权的，即适用《民法典》第 565 条的规定，合同自通知到达时解除。不享有解除权的，自然不发生解除的效果。人民法院不能仅以对方未在合同约定的异议期限或其他合理期限内提出异议而认定合同已经解除。

2. 合同解除时间的认定

我国对合同解除时间的确定系采通知到达的立法模式，即对方收到解除权人解除合同的意思表示的时间即为合同解除的时间。

合同解除权的行使既可以通过向对方发出解除通知的方式进行，也可以直接通过公力救济的方式进行，即直接向法院或者仲裁机构诉请解除，发出解除通知不是公力救济的前置程序。如果通过向对方发出解除通知的方式解除合同，则合同自通知到达对方时解除；如果直接通过公力救济的方式解除合同，且法院或者仲裁机构支持了当事人解除合同的诉请，则合同解除的时间为起诉状副本或者仲裁申请书副本送达对方的时间。

适用难点

本条解释明确通知解除仅适用于发出解除通知方享有解除权的情形。人民法院应当对发出解除通知一方是否享有法律规定或者合同约定的解除权进行审查。经审查，享有解除权的，合同自通知到达对方时解除；不享有解除权的，不发生合同解除的效力。但是，所谓的“解除合同通知”并非没有任何法律意义，其可以视为一方当事人要求解除合同的要约，如果对方承诺，则可以达成解除合同的合意，可以按照协商解除合同处理。

解除通知可以由解除权人直接发送给对方，也可以通过诉讼的方式行使。提起诉讼是解除权人意思表示的另一种表达方式，只不过不是解除权人直接通知对方解除合同，而是通过法院向对方送达法律文书，以起诉状方式间接通知对方解除合同。起诉状就是解除权行使的通知，载有解除请求的起诉状送达对方时，发生合同解除的效力。无论直接通知还是间接通知，只要解除权人行使解除权这一意思表示到达了对方，符合解除通知的条件，均应产生合同解除的法律效果。

风险防范

享有解除权的当事人在行使权利时应通知对方，否则解除权不当然发生法律效力。当事人一方行使解除合同的权利，必然引起合同的权利义务的终止。但是，解除权产生之后，并不导致合同权利义务自动解除。为了防止一方当事人因不确定对方已行使合同解除权而仍为履行的行为，避免债权人的消极反应使债务人误解债权人会接受履行，解除权人必须行使解除权才能使合同解除。

解除通知不限于书面形式，只要享有解除权的一方将解除合同的意思表示通知对方即可，并且解除通知中必须能够表明解除权人有解除合同的意思表示。为了避免争议，解除通知最好写明解除原因并附有初步证据。在司法实践中，享有解除权的一方主张已经行使了解除权，应当提交发出解除通知的证据。因此，建议留存解除通知发出以及对方签收证据。

类案指引

江苏聚力新能源有限公司（以下简称聚力公司）与北京七星华创电子股份有限公司（以下简称七星公司）买卖合同纠纷案①

裁判要旨：不享有法定解除权的当事人发出解除合同的通知，不发生解除合同的效力。

法院认为：聚力公司主张七星公司未对其发出的解除通知提出异议表明双方合同已经解除的观点能否成立，还应审查其解除合同的理由是否符《合同法》第93条、第94条规定的情形。《合同法》第93条第2款规定的是合同的约定解除，而本案合同并未对作出约定，双方也未达

① 参见最高人民法院（2016）最高法民申1049号民事裁定书。

成解除合同的新的合意，因本案不存在约定解除的情形。《合同法》第94条规定的是合同的法定解除。从聚力公司的主张看，其是以七星公司不按期交付货物致使其不能实现合同目的为由主张解除合同，因此本案应当审查该情形是否存在，以此判断聚力公司是否享有法定解除权。经审查，七星公司从2011年年初开始多次通知聚力公司交付第二批货物的货款，而聚力公司一直未支付，已构成违约，七星公司有权行使先履行抗辩权拒绝履行交付货物的合同义务，此种情况下聚力公司无法定解除权，其向七星公司发出的解除通知不发生解除合同的法律效力，故驳回聚力公司再审申请。

相关条文

《民法典》

第五百六十五条　当事人一方依法主张解除合同的，应当通知对方。合同自通知到达对方时解除；通知载明债务人在一定期限内不履行债务则合同自动解除，债务人在该期限内未履行债务的，合同自通知载明的期限届满时解除。对方对解除合同有异议的，任何一方当事人均可以请求人民法院或者仲裁机构确认解除行为的效力。

当事人一方未通知对方，直接以提起诉讼或者申请仲裁的方式依法主张解除合同，人民法院或者仲裁机构确认该主张的，合同自起诉状副本或者仲裁申请书副本送达对方时解除。

《九民纪要》

46.【通知解除的条件】审判实践中，部分人民法院对合同法司法解释（二）第24条的理解存在偏差，认为不论发出解除通知的一方有无解除权，只要另一方未在异议期限内以起诉方式提出异议，就判令解除合同，这不符合合同法关于合同解除权行使的有关规定。对该条的准确理解是，只有享有法定或者约定解除权的当事人才能以通知方式解除合同。不享有解除权的一方向另一方发出解除通知，另一方即便未在异议期限内提起诉讼，也不发生合同解除的效果。人民法院在审理案件时，应当审查发出解除通知的一方是否享有约定或者法定的解除权来决定合同应否解除，不能仅以受通知一方在约定或者法定的异议期限届满内未起诉这一事实就认定合同已经解除。

二、撤诉后再次起诉解除时合同解除时间的认定

释义条文

《民法典合同编通则司法解释》

第五十四条 当事人一方未通知对方，直接以提起诉讼的方式主张解除合同，撤诉后再次起诉主张解除合同，人民法院经审理支持该主张的，合同自再次起诉的起诉状副本送达对方时解除。但是，当事人一方撤诉后又通知对方解除合同且该通知已经到达对方的除外。

新旧变化

本条属于为适用《民法典》第565条规定而新制定的条文。

规范解读

本条是关于一方当事人撤诉后再次起诉解除时，合同解除时间认定的规定。

1. 自后诉的起诉状副本送达的时间为合同解除的时间

一方当事人直接以起诉方式主张解除合同，之后申请撤诉，后双方因该合同纠纷再次诉至法院，对于合同是自载有解除请求的前诉起诉状副本送达对方时予以解除，还是自后诉的起诉状副本送达时解除，实践中存在争议。

本条规定自后诉的起诉状副本送达的时间为合同解除的时间，主要理由是依照《民法典》第565条规定，起诉状副本送达时合同解除的前提条件是人民法院确认该主张。但当事人起诉后又撤诉的，其解除主张尚未经人民法院的审理确认，故无法认定其产生通知解除的效果。此后再次起诉的，如经法院审理确认合同解除，则合同自再次起诉的起诉状副本送达时解除。

这样规定的主要理由为：（1）起诉后又撤诉的，当事人嗣后又有履行

行为，或者两次起诉主张解除的理由不同，如规定第一次起诉状副本送达时解除，可能会产生不必要的麻烦。（2）在两次起诉的诉讼请求和理由不变的情况下，认定第二次起诉的起诉状副本送达时合同解除，也有利于减轻法院的负担。因为如果按第一次起诉状副本送达时解除，势必导致受理第二次起诉的法院须对第一次起诉的材料进行审查，无疑会使法院增加不必要的工作负担，也容易导致撤诉权利的滥用。因此，本条规定，当事人直接以提起诉讼的方式主张解除合同，撤诉后再次起诉主张解除合同，若符合解除合同条件并经人民法院确认，合同自再次起诉的起诉状副本送达对方当事人时解除。按照这一思路，在当事人一方撤诉后，对方同意继续履行合同的情况下，由于第一次起诉没有依法产生通知解除的效果，在第二次起诉时，人民法院仍应当按照《民法典》第 562 条至第 565 条的规定对合同解除条件是否满足进行实质性审查，满足合同解除条件的，予以解除。

2. 采取通知解除方式的合同解除时间确定

考虑到当事人一方撤诉后可能采取通知解除的方式解除合同，如其依法享有解除权，此时合同应当自通知到达对方时解除，故本条设置了但书规定，当事人一方撤诉后又通知对方解除合同且该通知已经到达对方的，仍以通知到达对方时作为合同解除时间。

适用难点

本条适用的难点在于先后两份起诉状副本均送达的情况下如何确定合同解除的时间。根据该条规定，合同自再次起诉的起诉状副本送达对方当事人时解除。

如前所述，本条之所以规定以再次起诉的起诉状副本送达对方当事人时确定合同解除，主要是因为前次诉讼并未经法院审查起诉方是否有解除权。换言之，本条在适用时的关键还在于确定起诉方是否有解除权。直接以提起诉讼的方式依法主张解除合同，人民法院确认解除权人享有解除权的，解除权人提起诉讼是解除权人解除合同的意思表示的一种表达方式，产生合同解除的法律效果。如果经审查，提起诉讼方不享有解除权，则不涉及以哪次起诉状副本送达为合同解除时点的判断问题。

风险防范

对于解除合同先后存在两次甚至多次起诉的情况，在起诉状副本已经送达对方后再撤诉的，本条规定以人民法院确认有解除权后，合同自该次起诉的起诉状副本送达对方当事人时解除。存在的风险在于，第一次起诉状副本送达被告后，被告随即停止履行合同义务，而合同解除是以再次起诉的起诉状副本送达对方当事人时解除，这两次起诉状副本送达的期间，被告因为停止履行造成起诉方的损失由谁承担？被告能否因为解除合同时间点发生争议起诉主张以第一次起诉状副本送达时合同解除？这些均是此类案件存在的风险点，可能会引起进一步的纠纷。为避免产生新的纠纷，尽快确定双方之间的权利义务关系，建议被告在收到原告提起解除合同之诉的起诉状副本后及时提交答辩意见，陈述是否同意解除合同的意见。如果原、被告就解除合同能够达成一致意见，则可依据协议解除而解除合同。如果原告起诉后又撤诉的，为了进一步明确其关于解除合同的意思表示，被告可向原告发出催告函。当然，原告撤诉后又主动通知对方解除合同且该通知已经到达对方的，则合同以通知到达对方时解除。

类案指引

1. 李某新与姬某房屋买卖合同纠纷案①

裁判要旨：一方当事人起诉时未明确要求解除合同，起诉状副本送达后对方答辩同意解除合同，但是因一方撤诉，合同是否解除未经人民法院确认，一方当事人再次起诉要求解除合同的，合同解除时间为新的诉讼起诉状副本送达之日。

① 参见山东省聊城市中级人民法院（2022）鲁15民终71号民事判决书。

法院认为：《民法典》第565条第2款规定，当事人一方未通知对方，直接以提起诉讼或者申请仲裁的方式依法主张解除合同，人民法院或者仲裁机构确认该主张的，合同自起诉状副本或者仲裁申请书副本送达对方时解除。合同自起诉状副本送达对方时解除的前提条件必须是已经法院的裁判进行确认的。本案中上诉人李某新于2018年8月17日提起诉讼，庭审笔录中记载李某新的诉讼请求为返还已付购房款16万元，并支付利息赔偿损失，损失以房屋现价值与购房时价格的差作为房屋损失，没有明确主张要求解除双方之间的楼房买卖协议，同时因李某新撤诉，双方是否已经解除合同并未得到人民法院的裁判予以确认。因此不能仅以2018年李某新在庭审过程中诉求姬某返还购房款及赔偿损失，目的是解除双方之间的买卖合同，姬某在庭审答辩时明确表示同意解除双方之间签订的合同即认定双方之间的楼房买卖协议已经于此时解除。

2. 宋某明与成都交通枢纽场站建设管理有限公司（以下简称场站公司）、成都金七浦投资管理有限公司商品房预售合同纠纷案①

裁判要旨：撤诉后不再认可合同解除效力，合同解除时间应以后诉的起诉状副本送达对方时为准。

法院认为：本案中场站公司的行为已构成根本违约，宋某蓉作为合同守约方依法享有合同法定解除权，有权解除《商品房买卖合同》及《补充协议》。对于合同解除时间，原告宋某蓉认为应以前诉的民事起诉状副本送达场站公司的时间作为商品房买卖合同及其补充协议的解除时间，但虽然其父宋某明曾向法院提起过诉讼，可在法院依法判决前宋某明自愿申请撤诉，故宋某蓉认为以前案起诉状副本送达时间作为本案认定合同解除时间于法无据，法院不予认可。故应以后诉的起诉状副本送达场站公司之日即2020年6月24日作为合同解除的时间。

---

① 参见四川省成都市高新技术开发区人民法院（2020）川0191民初4635号民事判决书。

相关条文

《民法典》

第五百六十五条 当事人一方依法主张解除合同的，应当通知对方。合同自通知到达对方时解除；通知载明债务人在一定期限内不履行债务则合同自动解除，债务人在该期限内未履行债务的，合同自通知载明的期限届满时解除。对方对解除合同有异议的，任何一方当事人均可以请求人民法院或者仲裁机构确认解除行为的效力。

当事人一方未通知对方，直接以提起诉讼或者申请仲裁的方式依法主张解除合同，人民法院或者仲裁机构确认该主张的，合同自起诉状副本或者仲裁申请书副本送达对方时解除。

《民事诉讼法》

第一百四十八条 宣判前，原告申请撤诉的，是否准许，由人民法院裁定。

人民法院裁定不准许撤诉的，原告经传票传唤，无正当理由拒不到庭的，可以缺席判决。

《民事诉讼法司法解释》

第二百一十四条 原告撤诉或者人民法院按撤诉处理后，原告以同一诉讼请求再次起诉的，人民法院应予受理。

原告撤诉或者按撤诉处理的离婚案件，没有新情况、新理由，六个月内又起诉的，比照民事诉讼法第一百二十七条第七项的规定不予受理。

第三百三十六条 在第二审程序中，原审原告申请撤回起诉，经其他当事人同意，且不损害国家利益、社会公共利益、他人合法权益的，人民法院可以准许。准许撤诉的，应当一并裁定撤销一审裁判。

原审原告在第二审程序中撤回起诉后重复起诉的，人民法院不予受理。

第四百零八条 一审原告在再审审理程序中申请撤回起诉，经其他当事人同意，且不损害国家利益、社会公共利益、他人合法权益的，人民法院可以准许。裁定准许撤诉的，应当一并撤销原判决。

一审原告在再审审理程序中撤回起诉后重复起诉的，人民法院不予受理。

第三节　抵销权的行使

一、抵销权行使的效力

释义条文

《民法典合同编通则司法解释》

第五十五条　当事人一方依据民法典第五百六十八条的规定主张抵销，人民法院经审理认为抵销权成立的，应当认定通知到达对方时双方互负的主债务、利息、违约金或者损害赔偿金等债务在同等数额内消灭。

新旧变化

我国《合同法》第99条规定当事人主张抵销的，应当通知对方。一般认为，该条规定的是法定抵销权在诉讼外的行使方式，即抵销权人应当以通知的方式将抵销的意思表示送达对方。至于在诉讼中当事人应当如何行使法定抵销权，是否必须以反诉的方式行使，《合同法》对此并没有明确的规定。一直到《九民纪要》第43条明确提出“抵销权既可以通知的方式行使，也可以提出抗辩或者提出反诉的方式行使”后，关于法定抵销权的行使方式争议才得以平息。与此同时，本条解释与《九民纪要》第43条的规定仍有了较大差异，即《九民纪要》认为抵销权具有溯及既往的效果，“双方互负的债务数额，是截至抵销条件成就之时各自负有的包括主债务、利息、违约金、赔偿金等在内的全部债务数额”，但该规定在本条解释中并未沿袭，而认定是作为形式要件的通知到达时双方互负的包括主债务、利息、违约金或者损害赔偿金等在内的债务在同等数额内消灭。

规范解读

抵销，是指二人互负债务，当事人有权分别以各自的债权冲抵对方债务之清偿，既不需要双方协商，也不存在清偿行为，就产生其债务与他方债务在等额内彼此消灭的法律后果。

首先，本条解释中“当事人一方依据民法典第五百六十八条规定主张抵销”的，即当事人法定抵销权行使要件是按照《民法典》第 568 条的规定，根据此条规定，一般认为，主动债权人行使法定抵销权的积极要件包括：合法的债权债务存在，双方债权具有相互性，抵销标的物种类、品质相同；抵销权的消极构成要件包括依照债务性质、按照当事人约定或者依照法律规定不得抵销的除外。

其次，本条解释明确规定了抵销是自通知到达对方时等额消灭，不再具有溯及至抵销适状时的效力，即抵销不具有溯及力。

最后，抵销权在性质上属于一种形成权，其本质为单方法律行为，只要一方意思表示到达对方即发生法律效力，从体系上看，本条解释填补了立法疏于诉讼抵销效果的漏洞，做到司法裁判有法可依，有利于在司法审判过程中更加公平和便捷地化解双方之间抵销权争议。

适用难点

1. 抵销的溯及效力规则

抵销溯及力理论一度成为大陆法系国家通例。《九民纪要》第 43 条是我国在立法上第一次明文规定抵销具有溯及力，此前抵销具有溯及力说也一度为法院审判所采纳，支持相应债权在重叠范围内消灭的时间点可以溯及可得抵销时。不过值得注意的是，抵销的溯及效力引发的排除债务人迟延责任、不再继续计算利息，且抵销适状后罹于时效的债权亦可作为主动债权等问题一直备受质疑和争议，抵销溯及力的正当性存疑，在逻辑上也并不必然存在抵销效果溯及抵销适状的债权人合理信赖。[①]

当前涉及抵销的审判多对于其溯及力持肯定态度，在“天津天资棉纺织物流有限公司与天津市九鼎实业发展有限公司委托合同纠纷案”[②] 中，最高人民法院认为，“在本案诉讼中提出抵销的抗辩，尽管其在提出反诉后又撤诉，但在其并未明示撤回抵销意思表示的情况下，应当认定其已经行使了抵销权。……抵销的意思表示一经到达对方，其效力就溯及自抵销条件成就之日，即主动债权履行期限届满之日 2017 年 7 月 20 日，故应当认为本案中双方互负的债务于该日起抵销”。不过应当指出的是，本条解释第 1 款并未保留《九民纪要》中对于抵销溯及力的规定，而是主张抵销的意思表示到达对方时成立并发生效力，这与当前大部分的裁判结果相反。

2. 诉讼抵销的效力规则

抵销作为债务消灭的方式之一，我国对此一直研究较为深刻且实务界运用广泛，我国《合同法》第 99 条和第 100 条分别规定了民事活动中的法定抵销和约定抵销。在此基础上，《民法典》承继了以上规定并对抵销的积极条件和消极条件、债权人对债权受让人的抵销权、债务承受人对债权人的抵销权等方面作出修改完善，删除了互负债务均到期的要求规定，构成了较为完善的实体层面债务抵销规则体系。在此之前，我国现有条文规定偏重于实体法方向，对于诉讼抵销的内容没有明确的民事程序法律规定。但我国司法实践中存在大量诉讼抵销的情形，具体而言，当债权人对债务人所提出的抵销存在异议并就此提出诉讼，抑或债权人为使债权实现时，债务人作为被告主张自己符合抵销条件用以抵销原告的诉讼债权的行为，继而达到消灭或者减少原告诉讼请求的目的。由于我国法律未对抵销权的诉讼行使范围、诉讼抵销效果以及禁止性条件作出明确规定，在当事人欲通过诉讼方式且满足法定抵销要件时存在被拒绝审理的情况，且在已有审判案例中也体现出对诉讼抵销的限制，认为被告提出的抵销抗辩与原告的起诉事实不属于同一“法律关系”，既没有实际的牵扯性，也不是针对原告的诉讼请求；被告的抵销

---

① 参见朱广新、谢鸿飞：《民法典评注：合同编通则》（二），中国法制出版社 2020 年版，第 227 页。

② 参见最高人民法院（2019）最高法民再 12 号民事裁定书。

抗辩超出了法院的审理范围；被告只提出抵销抗辩而不反诉或不另诉是为了躲避案件受理费等。

与众多民事权利一样，获得公权力的救济是民事权利实现的重要途径。法定抵销权作为当事人维护自身权益的一项基本权利，若对此进行过多限制将不利于此权利价值的实现和功能的发挥。

类案指引

1. 天津天资棉纺织品物流有限公司（以下简称天资公司）、天津市九鼎实业发展有限公司（以下简称九鼎公司）委托合同纠纷案①

裁判要旨：抵销的意思表示既可以通知的方式行使，也可通过提出抗辩或者反诉的方式行使。主动债权人于诉讼前向债务人发送抵销通知后，又在诉讼中提出抵销的抗辩的，尽管其在提出反诉后又撤诉，但在其并未明示撤回抵销意思表示的情况下，应当认定其已经行使了抵销权。抵销的意思表示一经到达对方，其效力就溯及自抵销条件成就之日，即主动债权履行期限届满之日，故案件中双方互负的债务于该日起抵销。

法院认为：关于通知公司是否行使以及何时抵销权问题。抵销的意思表示既可以通知的方式行使，也可通过提出抗辩或者反诉的方式行使。本案中，天资公司先是于诉讼前向九鼎公司发送抵销通知，后又在本案诉讼中提出抵销的抗辩，尽管其在提出反诉后又撤诉，但在其并未明示撤回抵销意思表示的情况下，应当认定其已经行使了抵销权。九鼎公司关于天资公司撤回反诉即表示放弃行使抵销权的主张于法无据，不予支持。抵销的意思表示一经到达对方，其效力就溯及自抵销条件成就之日，即主动债权履行期限届满之日2017年7月20日，故应当认定本案中双方互负的债务于该日起抵销。

① 参见最高人民法院（2019）最高法民再12号民事判决书。

2. 安徽盛仁投资有限公司（以下简称盛仁投资公司）、伟基建设集团有限公司（以下简称伟基建设公司）建设工程施工合同纠纷案①

裁判要旨：对于抵销权的行使，既可以在诉讼中也可以在诉讼之外而为抵销的意思表示，但在诉讼中的抵销，是为抵销抗辩或者反诉抵销，并无法律明确规定，需要人民法院根据具体情况进行确认。因双方互负债务数额已经确定，债权债务明确，且为同一建设工程施工合同法律关系项下发生的款项，标的物种类、品质相同。盛仁投资公司作为一审被告在诉讼中选择以抗辩的方式行使抵销权，要求以其超额支付的工程款抵销其应返还伟基建设公司的保证金债务，符合法律规定抵销权行使的构成要件，无须以被告提起反诉的方式主张抵销。

法院认为：关于盛仁投资公司主张伟基建设公司多收取的工程款能否与盛仁投资公司应返还的履约保证金相抵销的问题。法院认为，《合同法》第99条规定，当事人互负到期债务，该债务的标的物种类、品质相同的，任何一方可以将自己的债务与对方的债务抵销。当事人主张抵销的，应当通知对方。通知自到达对方时生效。根据该规定，行使抵销权是一种单方法律行为，只要具备法律构成要件，依据权利人单方意思表示即能发生权利义务变更或消灭的法律效力。对于抵销权的行使，既可以在诉讼中也可以在诉讼之外而为抵销的意思表示，但在诉讼中的抵销，是为抵销抗辩或者反诉抵销，并无法律明确规定，需要人民法院根据具体情况进行确认。本案中，盛仁投资公司所主张抵销的1000万元债务，系伟基建设公司在进场施工前向盛仁投资公司交付的履约保证金，因案涉建设工程施工合同归于无效，而应由盛仁投资公司返还伟基建设公司。经一、二审查明，盛仁投资公司已经支付工程款数额为49,200,000元，伟基建设公司实际应得工程款为40,111,058.63元，盛仁投资公司已超付工程款9,088,941.37元，伟基建设公司对该部分款项应予返还。因双方互负债务数额已经确定，债权债务明确，且为同一建

---

① 参见最高人民法院（2017）最高法民终518号民事判决书。

设工程施工合同法律关系项下发生的款项，标的物种类、品质相同。现双方纠纷已诉至法院，债务均已到期。故盛仁投资公司作为一审被告在诉讼中选择以抗辩的方式行使抵销权，要求以其超额支付的工程款抵销其应返还伟基建设公司的保证金债务，符合法律规定抵销权行使的构成要件，而无须以被告提起反诉的方式主张抵销。

相关条文

《民法典》

第五百六十八条 当事人互负债务，该债务的标的物种类、品质相同的，任何一方可以将自己的债务与对方的到期债务抵销；但是，根据债务性质、按照当事人约定或者依照法律规定不得抵销的除外。

当事人主张抵销的，应当通知对方。通知自到达对方时生效。抵销不得附条件或者附期限。

《九民纪要》

43. 【抵销】抵销权既可以通知的方式行使，也可以提出抗辩或者提起反诉的方式行使。抵销的意思表示自到达对方时生效，抵销一经生效，其效力溯及自抵销条件成就之时，双方互负的债务在同等数额内消灭。双方互负的债务数额，是截至抵销条件成就之时各自负有的包括主债务、利息、违约金、赔偿金等在内的全部债务数额。行使抵销权一方享有的债权不足以抵销全部债务数额，当事人对抵销顺序又没有特别约定的，应当根据实现债权的费用、利息、主债务的顺序进行抵销。

二、抵销参照适用抵充规则

释义条文

《民法典合同编通则司法解释》

第五十六条 行使抵销权的一方负担的数项债务种类相同，但是享有的债权不足以抵销全部债务，当事人因抵销的顺序发生争议的，人民法院可以参照民法典第五百六十条的规定处理。

行使抵销权的一方享有的债权不足以抵销其负担的包括主债务、利息、实现债权的有关费用在内的全部债务，当事人因抵销的顺序发生争议的，人民法院可以参照民法典第五百六十一条的规定处理。

新旧变化

本条解释继续沿袭了《九民纪要》第43条的规定，明确行使抵销权一方享有的债权不足以抵销全部债务数额，当事人对抵销顺序又没有特别约定的，应当根据实现债权的费用、利息、主债务的顺序进行抵销。同时从体系上看，本条解释填补了立法疏于规定法定抵销顺序的漏洞，规定了行使抵销权的一方债权不足以抵销全部债务数额时可参照适用抵充的规则，做到司法裁判有法可依。

规范解读

本条第1款的目的是解决现实生活中会经常出现的债务人对于所负担的数项债务的抵销顺序问题，第2款是关于债务人除主债务以外还应当支付利息和费用时，其给付不足以清偿全部债务的，债的抵销顺序如何确定的规定。

本条解释中表述的“行使抵销权的一方负担数项种类相同”的债务中所谓“种类相同”的债务是指拟发生抵销的各宗债务之标的应当相同，除标的的种类相同外，按照法定抵销权之规定，标的的性质也应当相同。盖因《民法典》第560条规定的是“债务人对同一债权人负担的数项债务种类相同”情形，因此本条解释中所指的“数项种类相同”系属同一债权人。“债务人的给付不足以清偿全部债务的，除当事人另有约定外，由债务人在清偿时指定其履行的债务”是对指定抵销的参照适用规则，意即债务人的指定抵销权仅在清偿时行使，债务人在清偿时指定了清偿某宗债务后，无须经过债权人同意就能发生该宗债务完整或部分地获得清偿的法律效果。尽管赋予了债务人指定权，但是债务人的指定权只能决定其清偿的某种债务，依照本条解释第 2 款的规定，清偿人应先抵销实现债权的有关费用，次销利息，最后决定抵销何种主债务，不允许债务人作出相反的指定。

抵销指定权原则上属于债务履行者，债务人不为指定时，视为放弃抵销指定权，继而参照适用《民法典》第 560 条第 2 款规定的法定抵销顺序。因此，法定抵销是在合意抵销、指定抵销之外的第三种抵销方式，用于补充当事人疏于适用合意抵销与指定抵销的场合。首先，法定抵销的第一顺位是“已到期的债务”，即债务人对同一债权人所负担的数宗相同种类债务中应优先抵销已到期的债务，以此保护债权人的时效利益；其次，根据“数项债务均到期，优先履行对债权人缺乏担保或者担保最少的债务”规定，法定抵销的第二顺位是数宗债务均到期情况下缺少担保或者担保最少的债务履行；再次，法定抵销的第三顺位是在数宗债务担保数额相同之情形下优先履行负担较重的债务，在负担相同时，为保护债权人的时效利益，应以债务到期的先后顺序进行抵销；最后，基于公平和比例原则，若债权人的前三项顺位均一致，各项债权的利益价值是平等的，则适用兜底条款，按照债务比例进行清偿。

在此基础上，在同一债权人的同一宗债务中，债务人的给付能力不足以清偿全部债务的情况下，且债务中涉及实现债权的有关费用、利息时，抵销顺序应首先适用债权人与债务人的约定。只有在当事人双方无特别约定或者约定产生争议的情况下，则人民法院可以依据《民法典》第 561 条以及本解释第 55 条的规定，按照实现债权的有关费用、利息、主债务的顺序清偿。

适用难点

需要注意的是，本条解释规范的情形不限于同一债务人对同一债权人仅负担一项债务，即使是同一债务人对同一债权人负担数项相同种类的债务，也在本条的含义射程范围。① 对此，本条解释对于清偿抵销规则参照抵充规则之适用顺序存在两种不同的解释，即优先适用《民法典》第 560 条或优

① 参见最高人民法院民法典贯彻实施工作领导小组主编：《中华人民共和国民法典合同编理解与适用》(一)，人民法院出版社 2020 年版，第 629 页。

先适用第561条规定。第一种是优先参照适用《民法典》第560条之规定，对于债务人的多宗债务应首先确定各债务之间的抵销顺序，再依据第561条，在每一宗债务中确认支付利息或实现债权的有关费用与主债权的抵销顺位；第二种是先依照第561条之规定，先抵偿多宗债务的全部的费用，再抵偿全部利息，最后全部主债务。在全部费用、全部利息、全部主债务之间，依照第560条来确定债权的优先抵销顺序。

在具体适用抵销顺序时因参照适用债务抵充的规则，因此在实践案例中的抵充顺序同样也反映出人民法院对于此条款的理解和适用。在最高人民法院审理的“哈尔滨誉衡集团有限公司（以下简称誉衡公司）、黑龙江金信融资租赁有限公司（以下简称金信公司）金融借款合同纠纷案”① 的二审中，最高人民法院对黑龙江省高级人民法院就誉衡公司两次向金信公司支付的价款，究竟是抵充本金还是利息，以及抵充何宗借款本金及利息的一审判决予以肯定，认为誉衡公司第一次还款优先抵充第一笔借款欠付的利息，第二次还款先抵充第一笔借款欠付的利息及罚息，然后充抵第二次欠付款之利息，其余予以充抵本金。在“胡某等与王某民间借贷纠纷上诉案”② 中，最高人民法院对一审江西省高级人民法院优先考虑债务到期顺序、担保情况确定一宗债务，然后依照费用、利息、本金的顺序进行充抵予以否认，并且在判决中明确列举了各宗借款所产生的利息以及逾期利息的总和，在所有利息优先获得抵充后再依照债务的到期先后顺序、担保情况来确定何宗债务的本金获得优先抵充。由此可以进一步认为，在抵销参照适用抵充规则时，如果债务人的给付不足以清偿对同一债权人所负的各宗债务的费用或者利息时，实现债权的各项费用和利息应优先抵销，且在各项债务的费用之间、各项债务的利息之间分别成立的费用之债、利息之债，参照《民法典》第560条第2款之规定进行抵销。③

---

① 参见最高人民法院（2020）最高法民终670号民事判决书。

② 参见最高人民法院（2018）最高法民终568号民事判决书。

③ 参见郑玉波著、陈容隆修订：《民法债编总论》，中国政法大学出版社2004年版，第498－499页。

类案指引

1. 天津天资棉纺织品物流有限公司（以下简称天资公司）与天津市九鼎实业发展有限公司（以下简称九鼎公司）委托合同纠纷再审案①

裁判要旨：如果债务人提出的给付不足以清偿对同一债权人所负的债务费用或者利息时，应按照实现债权的有关费用、利息、主债务的顺序进行抵销。

法院认为：关于抵销的法律效果问题，天资公司据以行使抵销权的债权不足以抵销其对九鼎公司负有的全部债务，参照《合同法司法解释（二）》第21条的规定，应当按照实现债权的有关费用、利息、主债务的顺序进行抵销，即天资公司对九鼎公司享有的8,296,517.52元，先用于抵销其对九鼎公司负有的5000万元债务中的利息，然后再用于抵本金。天资公司有关8,296,517.52元先用于抵销5000万元本金的再审申请缺乏事实和法律依据，不予支持。

2. 北京中基信和置业有限公司（以下简称中基公司）与上海笕尚服饰有限公司（以下简称笕尚公司）房屋租赁合同纠纷案②

裁判要旨：债务人在履行主债务外还应当支付利息和实现债权的有关费用，若双方在合同中对抵销顺序未进行约定，其给付不足以清偿全部债务，应当按照下列顺序履行：（1）实现债权的有关费用；（2）利息；（3）主债务。

法院认为：因双方在合同中对抵销顺序未进行约定，应当按照律师费用、违约金、房屋租金的顺序进行抵销，故经债务抵销后，笕尚公司无须再行支付律师费、违约金及部分房屋租金，但仍需向中基公司支付房屋租金费用602,116.68元。对于笕尚公司所主张因中基公司尚未其开具发票导致的税费损失，并要求以其主张数额进行抵销，但至庭审辩论终结前，笕尚公司所主张的上述损失并未实际发生，故法院对笕尚公司上述意见不予采纳。

---

① 参见最高人民法院（2019）最高法民再12号民事判决书。

② 参见北京市西城区人民法院（2020）京0102民初24187号民事判决书。

相关条文

《民法典》

第五百六十条　债务人对同一债权人负担的数项债务种类相同，债务人的给付不足以清偿全部债务的，除当事人另有约定外，由债务人在清偿时指定其履行的债务。

债务人未作指定的，应当优先履行已经到期的债务；数项债务均到期的，优先履行对债权人缺乏担保或者担保最少的债务；均无担保或者担保相等的，优先履行债务人负担较重的债务；负担相同的，按照债务到期的先后顺序履行；到期时间相同的，按照债务比例履行。

第五百六十一条　债务人在履行主债务外还应当支付利息和实现债权的有关费用，其给付不足以清偿全部债务的，除当事人另有约定外，应当按照下列顺序履行：

（一）实现债权的有关费用；

（二）利息；

（三）主债务。

《九民纪要》

43.【抵销】抵销权既可以通知的方式行使，也可以提出抗辩或者提起反诉的方式行使。抵销的意思表示自到达对方时生效，抵销一经生效，其效力溯及自抵销条件成就之时，双方互负的债务在同等数额内消灭。双方互负的债务数额，是截至抵销条件成就之时各自负有的包括主债务、利息、违约金、赔偿金等在内的全部债务数额。行使抵销权一方享有的债权不足以抵销全部债务数额，当事人对抵销顺序又没有特别约定的，应当根据实现债权的费用、利息、主债务的顺序进行抵销。

三、根据性质不得抵销的债务和已过诉讼时效债务的抵销

释义条文

《民法典合同编通则司法解释》

第五十七条　因侵害自然人人身权益，或者故意、重大过失侵害他人财

产权益产生的损害赔偿债务，侵权人主张抵销的，人民法院不予支持。

第五十八条 当事人互负债务，一方以其诉讼时效期间已经届满的债权通知对方主张抵销，对方提出诉讼时效抗辩的，人民法院对该抗辩应予支持。一方的债权诉讼时效期间已经届满，对方主张抵销的，人民法院应予支持。

规范解读

《民法典合同编通则司法解释》第57条是对于《民法典》中“根据债权性质不得抵销”情形的具体化规定。《民法典》第568条规定了抵销的消极要件之一——根据债务性质不得抵销。通常认为，此种情形指的是债务性质决定了其若不清偿就不能实现债权的目的，故债务人不得主张抵销，其中主要包括：（1）具有人身专属性债务，如提供劳务的债务、依法应当支付的抚恤金、基本养老保险金、失业保险金、最低生活保障金等债务；（2）不作为债务，双方当事人都享有对方互不作为为内容的权利；（3）因故意侵权而产生的损害赔偿债务，但债权人可以对此主张抵销；等等。

在法定抵销权的行使要件方面，《民法典合同编通则司法解释》第58条明确规定关于超过诉讼时效期间债权的抵销问题。对于诉讼时效已过的自然债务是否适宜抵销，可否作为主动债权进行抵销的情形在《合同法》《民法典》中均没有明文规定。但是结合《民法典》第568条中规定的允许进行法定抵销的“债务”应该受到的限制包括：双方债务具有相互性，债务标的物种类、品质相同，而且不存在根据债务性质、按照当事人约定或者依照法律规定禁止抵销的情形。除此之外，便没有了其他的消极性限定，更没有限定超过诉讼时效的债务不能抵销的额外补充规定，因此根据民法上的“法无禁止即自由”的原则，当事人互负债务的，一方的债权诉讼时效期间已经届满，对方主张抵销的，人民法院应予支持。同时基于抗辩权生效主义，对方对于已过诉讼时效的自然之债提出诉讼时效抗辩的，人民法院对该抗辩应予支持。

适用难点

自《九民纪要》颁布以来，因其对于抵销溯及力的肯定，即抵销结果的发生并非在主张之时，而是溯及至抵销适状之时。多数学者和法院判决认为已过时效债权主动抵销和抵销具有溯及力之间存在内在关联，《九民纪要》对于抵销溯及力的肯定就是对已过诉讼时效的自然之债抵销的可行性规定，强调已过时效的债权人基于此主张对于时效届满以前产生的抵销适状应具有优先的保护效力，因为抵销一旦成立，抵销的效果溯及至抵销适状期，即使已过诉讼时效，主动债权人依然享有以主动抵销的方式实现债权的权利。此后，抵销的溯及力效果以及“优先保护权利”的观念一度架空诉讼时效制度，这不仅违背了抵销的简化清偿和担保的功能，亦使《民法典》规定的抵销权和时效抗辩权产生冲突。在本司法解释公布以前，《民法典》以及其他立法、司法解释均未对此予以明确规定，各地法院往往会造成同案不同判的情况，一种审判思路认为已过诉讼时效的债权不能作为主动债权主张抵销，否则无异于强迫对方履行自然之债，违背了诉讼时效的设立目的[①]；另一种裁判结果则支持已过诉讼时效债权主张抵销权，认为自然债权人并没有丧失该债权，即使不能请求法院强制对方履行债务，也可以通过主张抵销的方式行使权利。对此，最高人民法院也缺少统一的裁判思路，在审判中曾提及已过诉讼时效的债权可以通过被动抵销的方式寻求救济，在“成都制药一厂与四川鼎鑫置业有限责任公司纠纷案”中明确表达“超过诉讼时效期间的债权法院不予保护，当事人自愿履行的，不受诉讼时效限制。如果允许以超出诉讼时效的债权行使抵销权，无异于赋予超出诉讼时效职权法律强制力，不符合抵销权和诉讼时效制度的法律精神”。[②] 但在“厦门源昌房地产有限公司与海南悦信集团有限公司委托合同纠纷案”中，最高人民法院又以一种较为复杂的方式阐述抵销权和诉讼抗辩权之间的关系，同时间接肯定了抵销的溯及效力，认为“如果主动债权于时效届满之前已经适

---

① 参见最高人民法院民法典贯彻实施工作领导小组主编：《中华人民共和国民法典合同编理解与适用》(一)，人民法院出版社 2020 年版，第 674－675 页。

② 参见最高人民法院（2017）最高法民申 854 号民事裁定书。

于被动债权抵销的，即便其后时效届满，亦不影响其抵销；如果主动债权于时效届满之后才适于被动债权抵销的，则不得抵销”。①

本条解释关联《民法典合同编通则司法解释》第58条抵销无溯及效力的规定，虽然解释允许已过时效债权主动抵销，但这不是基于抵销溯及力，而是出于主动债权人对于时效届满前产生的抵销适状及其存续之信赖利益保护。② 由于我国采用抗辩权发生主义，诉讼时效届满会导致债务人获得反驳债权人请求的防御手段，但不会当然导致债权人失去债权本身，债权的其他权能包括抵销权依然存在，而作为从权力的抵销权不适用于诉讼时效。在主动债权已到期时主动债权人主张抵销时，表面上是以时效利益对抗抵销权，究其本质依然是以时效限制债权实现，抵销权作为形成权仍不受到诉讼时效的限制而合理存在，因此本条解释允许已过时效债权主动抵销。但是本条解释也尊重诉讼时效在抵销制度中的适用效力和对方当事人的时效利益，抵销权虽然不受诉讼时效约束，但是抵销权会因赖以生存的基础债权受到限制而被约束，即无法得到法律强制力的保护。基于私法自治原则，抗辩权的行使与否在于义务人自己的选择，如果对方不提出时效抗辩，自然不必要禁止已过时效的主动债权抵销，同时明确诉讼时效作为对方当事人的抗辩权，一旦对方于合理期间内提出时效抗辩，已过时效债权人的抵销主张则不产生抵销的效力。综上所述，本条解释既有利于保护主动债权的抵销权利，同时给诉讼时效发挥的空间，二者是法院都支持的形成权。

类案指引

1. 厦门源昌房地产开发有限公司与海南悦信集团有限公司委托合同纠纷案③

裁判要旨：抵销权的行使不同于抵销权的形成。作为形成权，抵销

① 参见最高人民法院（2018）最高法民再51号民事判决书。

② 参见王洪亮：《债法总论》，北京大学出版社2016年版，第176页。

③ 参见最高人民法院（2018）最高法民再51号民事判决书。

权的行使不受诉讼时效的限制。我国法律并未对法定抵销权的行使设置除斥期间。在法定抵销权已经有效成立的情况下，如抵销权的行使不存在不合理迟延之情形，综合实体公平及抵销权的担保功能等因素，人民法院应认可抵销的效力。双方债务均已到期属于法定抵销权形成的积极条件之一。该条件不仅意味着双方债务均已届至履行期，同时还要求双方债务各自从履行期届至到诉讼时效期间届满的时间段，应当存在重合的部分。此后，在上述时间段的重合部分，双方债权均处于没有时效等抗辩的可履行状态，“双方债务均已到期”之条件即为成就，即使此后抵销权行使之时主动债权已经超过诉讼时效，亦不影响该条件的成立。因被动债权诉讼时效的抗辩可由当事人自主放弃，故在审查抵销权形成的积极条件时，当重点考察主动债权的诉讼时效，即主动债权的诉讼时效届满之前，被动债权进入履行期的，当认为满足双方债务均已到期之条件；反之则不得认定该条件已经成就。

法院认为：双方债务均已到期之条件当作如下理解：首先，双方债务均已届至履行期即进入得为履行之状态。其次，双方债务各自从履行期届至，到诉讼时效期间届满的时间段，应当存在重合的部分。亦即，就诉讼时效在先届满的债权而言，其诉讼时效届满之前，对方的债权当已届至履行期；就诉讼时效在后届满的债权而言，其履行期届至之时，对方债权诉讼时效期间尚未届满。在上述时间段的重合部分，双方债权均处于没有时效抗辩的可履行状态，“双方债务均已到期”之条件即已成就，即使此后抵销权行使之时主动债权已经超过诉讼时效，亦不影响该条件的成立。反之，上述时间段若无重合部分，即一方债权的诉讼时效期间届满时对方之债权尚未进入履行期，则在前债权可履行时，对方可以己方债权尚未进入履行期为由抗辩；在后债权可履行时，对方可以己方债权已过诉讼时效期间为由抗辩。如此，则双方债权并未同时处于无上述抗辩之可履行状态。即使在此后抵销权行使之时在后债务已进入履行期，亦难谓满足该条件。因被动债权诉讼时效的抗辩可由当事人自主放弃，故可认定，在审查抵销权形成的积极条件时，当重点考察主动债权的诉讼时效，即主动债权的诉讼时效届满之前，被动债权进入履行期的，当认为满足双方债务均已到期之条件；反之则不得认定该条件已经成就。

2. 中国农业银行福建省分行营业部与福清华信食品有限公司（以下简称华信公司）侵权纠纷案①

裁判要旨：《合同法》第99条关于法定抵销所规定的可用于抵销的债务应指合法成立且尚未消灭的债务，只要满足标的物种类、品质相同、已届清偿期，且不属于依照法律规定或者按照合同性质不得抵销的债务，都可列入允许行使抵销权的债务范围，包括超过诉讼时效的自然债务。

法院认为：虽然华信公司于2007年11月针对上述厂房占用费提起反诉，已超过2年的诉讼时效，华信公司享有的上述债权属于超过诉讼时效的自然债权，债权人丧失了通过诉讼程序强制债务人履行的权利，但债权人的实体债权仍然存在，在《合同法》第99条关于法定抵销权规定中没有相反的禁止性规定的情况下，当事人可以以诉讼时效已经届满的债权与对方的等额债权进行抵销。因此，华信公司以对农业银行享有的厂房占用费的债权主张抵销，可予支持。依据福建鑫玉融资产评估有限公司对涉案厂房2002—2005年各年的房地产市场平均月租金所做的鉴定意见得出的租金作为计算涉案厂房占用费的标准，得出相应租金额为1,798,024元，华信公司可以以该金额与农业银行主张的被告应承担的经济损失中的等额债权相互抵销。

3. 深圳市中建南方建设集团有限公司、重庆喜福实业有限公司（以下简称喜福实业公司）装饰装修合同纠纷案②

裁判要旨：诉讼时效届满的，义务人可以提出不履行义务的抗辩，当然也可以提出不同意抵销的抗辩，喜福实业公司主张即使反诉超过了诉讼时效期间，其也可以直接行使抵销权，无法律依据。

---

① 参见福建省福州市中级人民法院（2007）榕民初字第575号民事判决书。

② 参见最高人民法院（2018）最高法民终282号民事判决书。

法院认为：诉讼时效期间为法定期间，《承包合同》的相关约定实质系逾期竣工违约金如何支付的约定，并非对主张违约责任权利起算时间的约定。喜福实业公司主张根据《承包合同》约定，其有权在支付任何一笔应付工程款时，扣除逾期竣工违约金，此为双方关于诉讼时效期间的特别约定，无法律和事实依据，法院不予支持。根据《合同法》第91条的规定，债务相互抵销是合同权利义务终止的情形，与债务已经按照约定履行具有相同效力。诉讼时效届满的，义务人可以提出不履行义务的抗辩，当然也可以提出不同意抵销的抗辩，喜福实业公司主张即使反诉超过了诉讼时效期间，其也可以直接行使抵销权，无法律依据。

相关条文

《民法典》

第五百六十八条第一款　当事人互负债务，该债务的标的物种类、品质相同的，任何一方可以将自己的债务与对方的到期债务抵销；但是，根据债务性质、按照当事人约定或者依照法律规定不得抵销的除外。

专题八

违约责任

第一节　合同终止的时间

释义条文

《民法典合同编通则司法解释》

第五十九条　当事人一方依据民法典第五百八十条第二款的规定请求终止合同权利义务关系的，人民法院一般应当以起诉状副本送达对方的时间作为合同权利义务关系终止的时间。根据案件的具体情况，以其他时间作为合同权利义务关系终止的时间更加符合公平原则和诚信原则的，人民法院可以以该时间作为合同权利义务关系终止的时间，但是应当在裁判文书中充分说明理由。

新旧变化

《合同法》第110条规定："当事人一方不履行非金钱债务或者履行非金钱债务不符合约定的，对方可以要求履行，但有下列情形之一的除外：（一）法律上或者事实上不能履行；（二）债务的标的不适于强制履行或者履行费用过高；（三）债权人在合理期限内未要求履行。"该规定存在立法构造上的缺陷。在违约方已经不能履行合同的情况下，违约方虽然可以援引该条来对抗守约方的实际履行主张，但合同关系并不因此消灭，债务在合同预定的期限内始终存在。守约方可以解除合同，但却拒绝行使解除权，违约方想申请终止却无法律依据，形成了合同僵局。在此情形下，赋予违约方解除合同的权利，有利于破解合同僵局，实现实质正义，促进市场经济发展。对于不能履行的交易，以鼓励交易的名义强制履行，并不是鼓励交易的真义，应当允许违约方起诉请求解除合同。《九民纪要》第 48 条首次就违约方起诉请求解除合同作出了规定。该条规定允许在合同陷入僵局等特定情况下，由违约方通过起诉的方式由人民法院或仲裁机构决定是否解除合同，以打破合同僵局。

在《民法典》编纂过程中，在《民法典》第 580 条规定的合同不能履行抗辩情形之后增加了第 2 款规定，允许人民法院或者仲裁机构可以根据当事人的请求确认合同权利义务终止，但不影响违约责任的承担。出于淡化赋予违约方解除合同权的争议，立法最终将其表述为“人民法院或者仲裁机构可以根据当事人的请求终止合同权利义务关系”。

本条是新增规定，明确了《民法典》第 580 条第 2 款规定下合同终止的时间认定问题。

规范解读

在债权人无法请求债务人继续履行主要债务，致使不能实现合同目的时，债权人拒绝解除合同而主张继续履行，由于债权人已经无法请求债务人继续履行，合同继续存在并无实质意义。当事人均可以申请人民法院或者仲裁机构终止合同，最终由人民法院或者仲裁机构结合案件的实际情况根据公平原则决定终止合同的权利义务关系，在保障债权人合理利益的前提下，使双方当事人重新获得交易的自由，提高整体的经济效益。

合同自动终止后，债务人可被免除原给付义务，无须进行原给付，债权人的对待给付也发生消灭。但是，这可能导致合同终止的时间并不确定，尤其在履行费用过高或者债权人在合理期限内未请求履行导致不能请求继续履行的情形中最为明显。当然，如果对方当事人行使解除权，则合同终止时间会确定，但可能会出现对方当事人不行使解除权的情形。《民法典》第 580

条第2款规定的司法终止则能够避免上述两个问题。当然，该款规定不影响对方当事人依据法律规定或者约定所享有的法定解除权和约定解除权，对方当事人仍然可以行使解除权解除合同。[①]

关于合同终止的时间，我国各地法院实践存在不同做法。就本条规定的终止时间同样存在不同理解的分歧。例如有学者认为原则上应当适用我国《民法典》第565条第2款规定的确定合同终止的时间，即以起诉状副本或者仲裁申请书副本送达对方时作为合同终止时间。在例外情形下，法院可以根据公平原则合理确定合同终止的时间。其出发点主要是约束法官的自由裁量权。[②] 也有观点认为合同权利义务关系应自法院支持判决生效之日终止。理由是由于人民法院依照《民法典》第580条第2款所作判决系形成判决，故合同应自判决生效时终止。[③] 还有观点认为应由法院在判项中根据具体情况确定合理的时间。特别是可以根据《民法典》第580条第1款所列情形发生的时间，并参考其他因素确定。[④]

适用本条规定时，应注意如下问题：一是司法终止毕竟有别于合同解除，系不同的规则设计，故不宜照搬合同解除时间标准；换句话说，合同关系中的违约方不享有单方面的合同解除权，其发出的要求解除合同的通知不能产生使合同解除的法律后果，不能以该通知到达合同相对方时间作为合同解除时间。二是兼顾规则确定性和灵活性的平衡。前者要求相对明确的标准，便于操作，后者要求允许适度的自由裁量权，便于针对具体情况合理确定，体现公平，但自由裁量权不宜过宽。

基于上述考虑，对本条规定可作如下解读：

首先，《民法典》第580条第2款规定虽侧重违约方提出解除，但其文义并不以违约方提出解除为限。非违约方也可能循此路径申请司法终止，其实质仍是解除合同，故可按照《民法典》第565条第2款规定确定合同终止的

---

① 参见黄薇主编：《中华人民共和国民法典释义及适用指南》（中），中国民主法制出版社2020年版，第859页。

② 韩富鹏：《违约方申请司法终止权：质疑回应、规范解释与漏洞填补》，载《政治与法律》2020年第12期。

③ 武腾：《民法典实施背景下合同僵局的化解》，载《法学》2021年第3期。

④ 朱晓喆：《〈民法典〉合同法定解除权规则的体系重构》，载《财经法学》2020年第5期。

时间，即以起诉状副本或者仲裁申请书副本送达对方时作为合同终止时间。

其次，违约方依照《民法典》第 580 条第 2 款规定申请司法终止，需经法院经过实体审理才能认定。法院可综合考虑《民法典》第 580 条第 1 款所列情形发生的时间、当事人之间的协商情况以及合同权利义务关系终止给对方造成的损失，以及当事人过错程度以及当事人利益衡平等因素，判断根据哪一时间作为终止时间更加符合公平原则和诚信原则，并在裁判文书中充分说明理由。

适用难点

适用《民法典》第580 条第2 款的前提是满足第1 款的除外情形，而在一些合同尤其是长期性合同中，虽没有符合上述除外情形的事实，但却出现了合同僵局，法院无法依据该条款进行裁判。该款所适用的前提是《民法典》第 580 条第 1 款中的三种除外情形，而这三种除外情形针对的是非金钱债务的实际履行请求权，无法适用于金钱债务。实践中合同僵局高发领域诸如租赁合同、建设工程施工合同等合同类型中，承租人、发包人所负的义务一般为金钱债务，无法主张适用该条款请求终止合同。上述情形中，是否存在支持违约方行使解除权的必要和可能，需要通过漏洞填补加以适用。

适用《民法典合同编通则司法解释》第 59 条规定时，如何根据案件的具体情形在判项中明确合同权利义务关系终止的时间？一般而言，应考虑如下因素：《民法典》第 580 条第 1 款所列情形发生的时间、当事人之间的协商情况以及合同权利义务关系终止给对方造成的损失等因素，从公平原则和诚信原则出发，既要提高司法裁判的确定性，又要规范司法自由裁量权的行使。

具体而言，分析如下：

一是考虑《民法典》第 580 条第 1 款所列除外情形发生的时间。三种除外情形包括：（1）法律上或者事实上不能履行；（2）债务的标的不适于强制履行或者履行费用过高；（3）债权人在合理期限内未请求履行。

二是考虑当事人的意思表示因素。合同解除是根据一方或双方当事人的意思表示使合同关系终止的制度。故当事人有效的解除意思表示或合意应是首要的考虑因素。《民法典》第 565 条第 2 款对合同解除时间的认定作出了规定，规定具有解除权的守约方在收到违约方通知后向法院提起解除合同的诉讼，而法院判决合同解除，应以解除权人意思表示到达相对方即起诉状副本送达之日为合同解除之日。实践中，如守约方不解除合同，违约方向法院起诉解除合同，双方在诉讼中对合同解除达成合意，则可以该合意达成时间为合同解除时间。又如法院向当事人释明其可解除合同，如当事人未表示反对，可视为已经接受案涉合同权利义务终止的后果，可以该释明的时间节点作为合同权利义务终止时间。

三是考虑合同权利义务履行终止的时间。合同解除是合同权利义务终止的原因之一。在不存在有效的解除意思表示的情况下，合同权利义务履行终止的时间也可作为确定合同终止时间的重要参考因素。此外，剩余合同期限的长短在一定程度上不仅影响合同终止的必要性，同样是确定合同终止时间的重要参考因素之一。剩余的合同期限影响继续履行的社会成本。如果剩余期限较短，对当事人的利益影响相对较小。剩余的合同期限越长，执行成本也就越高，终止合同及终止时间对当事人的利益影响自然更高。

四是考虑当事人利益的衡平。特别是违约方解除合同仅为特定条件下的例外情形，并非在一般意义上赋予违约方合同解除权。在违约方申请终止合同的情形中，法院或仲裁机构应当坚持判决终止合同不得影响守约方合法权益和尽可能避免违约方不当获得利益的原则，妥善衡量当事人之间的利益关系。同时，在利益考量时，如果一方当事人存在义务违反行为且存在过错，法律对其利益的保障程度就较低，因此法院或仲裁机构在利益衡量时，需要考察当事人是否存在过错及过错程度。

风险防范

赋予违约方申请解除权的目的在于在履行不能情况下，对于已死亡且无实际意义的合同，经法院或仲裁机构审查后宣告其终结，因此，其适用应当予以严格限制，不能任意泛化。即使在合同陷入履行僵局等例外情形下允许违约方通过诉讼终止合同，法院或仲裁机构对是否存在合同僵局应当严格审查，对合同终止的裁判仍应审慎，并根据诚实信用原则，在保障守约方利益的基础上在是否终止合同以及合同终止时间问题上尽力实现双方当事人的利益均衡。

类案指引

1. 北京因联科技有限公司（以下简称因联公司）、广东豪特曼智能机器有限公司（以下简称豪特曼公司）计算机软件开发合同纠纷案①

裁判要旨：人民法院依照《民法典》第580条第2款根据当事人的请求而解除合同应依照《民法典》第565条第2款的规定，以主张解除合同一方当事人的起诉状副本送达对方的时间作为合同解除的时间。

法院认为：本案属于人民法院依照《民法典》第580条第2款，根据当事人的请求而解除合同的情形，故应依照《民法典》第565条第2款的规定，以主张解除合同一方当事人的起诉状副本送达对方的时间作为合同解除的时间。本案中，豪特曼公司在原审反诉中提出解除涉案合同，反诉起诉状副本于2020年3月24日送达因联公司，故涉案合同自该日起解除。原审判决涉案合同于2019年10月11日，即豪特曼公司的解除合同通知送达因联公司时解除，应予以纠正。

2. 长江航道局、湖北泓岩工程股份有限公司（以下简称泓岩公司）、荆州市正安工程有限公司（以下简称正安公司）航道、港口疏浚合同纠纷案②

裁判要旨：依照《民法典》第580条第2款规定根据当事人的请求终止合同权利义务关系，合同自解除合同起诉状副本送达时解除。

法院认为：根据《民法典》第580条第2款的规定，非金钱债务合同因法律上或者事实上不能履行致使不能实现合同目的的，人民法院可

① 参见最高人民法院（2020）最高法知民终1911号民事判决书。

② 参见辽宁省高级人民法院（2021）辽民终2445号民事判决书。

以根据当事人的请求终止合同权利义务关系，且不影响违约责任的承担。施工合作003号合同作为含非金钱债务内容的合同，自2017年9月停工以来历时多年无法复工，且在本案一审辩论终结前长江航道局未能提供证据证明合同存在复工的具体计划和日期，符合事实上不能履行致使合同目的不能实现的法定情形，泓岩公司、正安公司请求解除施工合作003号合同的主张，应予以支持。因泓岩公司、正安公司选择以提起诉讼的方式主张解除合同，根据《民法典》第565条第2款的规定，合同自解除合同诉请副本送达长江航道局时（2021年7月8日）解除。

3. 沈阳安怡物业管理有限公司、中国平安人寿保险股份有限公司房屋租赁合同纠纷案①

裁判要旨：根据公平原则与诚实信用原则认定合同解除的时间以及违约方应承担的违约责任。

法院认为：合同关系中的违约方不享有单方面的合同解除权，其发出的要求解除合同的通知不能产生使合同解除的法律后果，不能以该通知到达合同相对方时间作为合同解除时间。在审理因违约方主动要求解除合同致使合同不能继续履行的案件时，法院应结合案件事实、当事人过错程度、违约造成的损失等因素，根据公平原则与诚实信用原则，认定合同解除的时间以及违约方应承担的违约责任，尽力实现当事人利益的衡平。

相关条文

《民法典》

第五百六十五条第二款　当事人一方未通知对方，直接以提起诉讼或者申请仲裁的方式依法主张解除合同，人民法院或者仲裁机构确认该主张的，合同自起诉状副本或者仲裁申请书副本送达对方时解除。

第五百八十条　当事人一方不履行非金钱债务或者履行非金钱债务不符

① 参见辽宁高级人民法院（2019）辽民终1481号民事判决书。

合约定的，对方可以请求履行，但是有下列情形之一的除外：

（一）法律上或者事实上不能履行；

（二）债务的标的不适于强制履行或者履行费用过高；

（三）债权人在合理期限内未请求履行。

有前款规定的除外情形之一，致使不能实现合同目的的，人民法院或者仲裁机构可以根据当事人的请求终止合同权利义务关系，但是不影响违约责任的承担。

《合伙企业法》

第四十五条　合伙协议约定合伙期限的，在合伙企业存续期间，有下列情形之一的，合伙人可以退伙：

（一）合伙协议约定的退伙事由出现；

（二）经全体合伙人一致同意；

（三）发生合伙人难以继续参加合伙的事由；

（四）其他合伙人严重违反合伙协议约定的义务。

《民法典时间效力规定》

第十一条　民法典施行前成立的合同，当事人一方不履行非金钱债务或者履行非金钱债务不符合约定，对方可以请求履行，但是有民法典第五百八十条第一款第一项、第二项、第三项除外情形之一，致使不能实现合同目的，当事人请求终止合同权利义务关系的，适用民法典第五百八十条第二款的规定。

《九民纪要》

48.【违约方起诉解除】违约方不享有单方解除合同的权利。但是，在一些长期性合同如房屋租赁合同履行过程中，双方形成合同僵局，一概不允许违约方通过起诉的方式解除合同，有时对双方都不利。在此前提下，符合下列条件，违约方起诉请求解除合同的，人民法院依法予以支持：

（1）违约方不存在恶意违约的情形；

（2）违约方继续履行合同，对其显失公平；

（3）守约方拒绝解除合同，违反诚实信用原则。

人民法院判决解除合同的，违约方本应当承担的违约责任不能因解除合同而减少或者免除。

第二节　可得利益的赔偿

一、可得利益赔偿的一般规则

释义条文

《民法典合同编通则司法解释》

第六十条　人民法院依据民法典第五百八十四条的规定确定合同履行后可以获得的利益时，可以在扣除非违约方为订立、履行合同支出的费用等合理成本后，按照非违约方能够获得的生产利润、经营利润或者转售利润等计算。

非违约方依法行使合同解除权并实施了替代交易，主张按照替代交易价格与合同价格的差额确定合同履行后可以获得的利益的，人民法院依法予以支持；替代交易价格明显偏离替代交易发生时当地的市场价格，违约方主张按照市场价格与合同价格的差额确定合同履行后可以获得的利益的，人民法院应予支持。

非违约方依法行使合同解除权但是未实施替代交易，主张按照违约行为发生后合理期间内合同履行地的市场价格与合同价格的差额确定合同履行后可以获得的利益的，人民法院应予支持。

新旧变化

《合同法》第 113 条规定：“当事人一方不履行合同义务或者履行合同义务不符合约定，给对方造成损失的，损失赔偿额应当相当于因违约所造成的损失，包括合同履行后可以获得的利益，但不得超过违反合同一方订立合同时预见到或者应当预见到的因违反合同可能造成的损失。经营者对消费者提供商品或者服务有欺诈行为的，依照《中华人民共和国消费者权益保护法》的规定承担损害赔偿责任。”《民法典》第 584 条是在《合同法》第

113 条基础上进行的修改，除对《合同法》第 113 条第 1 款进行文字修改外，还删除了第 2 款。删除第 2 款的主要理由是《合同法》第 113 条第 2 款规定属于惩罚性赔偿问题，对此，《消费者权益保护法》第 55 条已有明确规定，且《民法典》第 179 条第 2 款也规定“法律规定惩罚性赔偿的，依照其规定”。为了逻辑体系的严谨，删除了重复部分。

《民商事合同指导意见》第 9 条对可得利益损失进行了类型化区分。根据交易的性质、合同的目的等因素，可得利益损失主要分为生产利润损失、经营利润损失和转售利润损失三种类型。生产设备和原材料等买卖合同违约中，因出卖人违约而造成买受人的可得利益损失通常属于生产利润损失。承包经营、租赁经营合同以及提供服务或劳务的合同中，因一方违约造成的可得利益损失通常属于经营利润损失。先后系列买卖合同中，因原合同出卖方违约而造成其后的转售合同出售方的可得利益损失通常属于转售利润损失。但上述规定只有反面的扣除规则，没有正面的计算规则，仍然有很大不足。

在损失计算上，传统民法有具体计算与抽象计算两种方法。“具体计算”是以非违约方的个人法律关系为计算基础的计算方法，非违约方需要就各个具体计算基础进行陈述并证明。“抽象计算”是指非违约方的损失赔偿请求权与损失是否实际发生无关的计算方法，且不允许违约方证明实际并无损失发生或损失较小，或者损失的证明难度很大。具体计算旨在恢复非违约方实际遭受的全部损失。对这两种计算方法，应以多元说为妥当，不要一律地以哪一者为原则，另者为例外，而应具体地辨别；在计算方法的最终确定上，一方面由债权人选择，另一方面可以适当地有条件地赋予法官以某些自由裁量权。

本条规定是新增规定，是关于可得利益的细化认定，包括实施了替代交易情形下以及未实施替代交易情形下可得利益损失赔偿金额的计算。本条第 2 款、第 3 款以合同解除权的依法行使为前提，根据非违约方是否实施了替代交易，分别采取了具体计算和抽象计算的计算方法。这是我国可得利益损失赔偿规则上的显著进步，值得肯定。[①]

规范解读

违约赔偿损失，是指行为人违反合同约定造成对方损失时，行为人向受害人支付一定数额的金钱以弥补其损失。赔偿的目的，最基本的是补偿损害，使受到损害的权利得到救济，使受害人能恢复到未受到损害前的状态。违约赔偿损失是合同债务的转化，与合同债务具有同一性。

违约的赔偿损失包括法定赔偿损失和约定赔偿损失。在法律没有特殊规定和当事人没有另行约定的情况下，应按完全赔偿原则赔偿全部损失，包括直接损失和间接损失。直接损失指财产上的直接减少。间接损失又称可得利益损失，是指失去的可以预期取得的利益。可得利益损失，是指当事人订立合同时能够合理预见到的，合同在履行以后可以实现和得到的利益。可得利益损失是纯利润损失，并不包括交易成本，即为取得该利益所支付的费用。可得利益损失适用完全赔偿原则：当事人一方不履行合同义务或者履行合同义务不符合约定，给对方造成损失的，损失赔偿额应当相当于因违约所造成的损失，包括合同履行后可以获得的利益。可得利益赔偿损失计算公式基本是：可得利益损失赔偿额 = 可得利益损失总额 − 不可预见的损失 − 扩大的损失 − 受害方因违约获得的利益 − 必要的成本。[②]

最高人民法院的相关书籍中对可得利益损失的计算提供了如下五种方法：[③]

1. 差额法

差额法，又称对比法，是以合同履行后的财产状况作为参考来计算可得利益损失，主要适用于买卖合同的场合。比如，房屋买卖合同因违约解除，

---

① 于飞：《合同的权利义务终止、违约责任的重要发展及释评》，载《中国法律评论》2023 年第 6 期。

② 宋晓明：《加强调查研究，探索解决之道——就在全国民商事审判工作会议中提出的若干疑难问题答记者问》，载最高人民法院民事审判第二庭编：《民商事审判指导》（总第 11 辑），人民法院出版社 2007 年版，第 80 页。

③ 最高人民法院民法典贯彻实施工作领导小组主编：《中华人民共和国民法典合同编理解与适用》（二），人民法院出版社 2020 年版，第 769 − 771 页。

合同签订时的房屋买卖价格与双方发生诉讼时房屋的市场价格之间的差价，可以作为计算可得利益的依据。应当注意的是，在其他类型的合同中，差额法并不完全适用。

2. 约定法

约定法，是指当事人事先在合同中直接约定赔偿损失的计算方法，该方法是当事人意思自治的体现。适用该种方法计算可得利益损失时，可能面临《民法典》第 585 条关于违约金过高的调整的规定，即在约定的损失赔偿数额与依照差额法计算的损失差异较大时，应受到实际损失的限制。

3. 类比法

类比法，是指比照与守约方相同或者类似的经营者在类似条件下可以获得利益来确定可得利益损失，是司法实践中较为常用的一种方法。采取类比法计算可得利益损失时，主要参照的依据包括守约方自身历史经营的利润数据、同类合同在同时期履行的净利润、其他企业同样设备投资产生的生产净利润等，使用该种方法的前提是，守约方通常能够获得比较稳定的财产收益。

4. 估算法

估算法，是指在难以确定损失数额时，鉴于法院不能拒绝裁判，根据案件具体情况，由法院酌定一个赔偿数额，通常根据守约方请求的赔偿数额，结合违约方的提供的抗辩证据，依照公平原则予以确定。在该种情形中，法院考虑的因素主要包括合同履行情况、当事人过错大小、行业利润情况等。

5. 综合衡量法

综合衡量法，是指在无法根据差额法、约定法、类比法、估算法等方法计算可得利益损失时采取的一种补充性的方法。法官在基于内心确信进行综合衡量时，通常需要综合考虑当事人的获利情况、过错程度以及合同履行时的经济形势等因素，以差额原则为基础综合确定可得利益损失。

《民法典合同编通则司法解释》第 60 条第 2 款、第 3 款则在借鉴《联合国国际货物销售合同公约》（CISG）、《国际商事合同通则》（PICC）、《欧洲合同法原则》、《欧洲示范民法典草案》等域外经验的基础上，规定了两种计算可得利益损失的方法，即替代交易法和市场价格法。

关于替代交易法，替代交易是操作性较强的违约损害赔偿计算方法，及时、合理的替代交易对合同双方当事人均为有利，也可实现社会效益的最大化。替代交易的价格与合同价格的差额能够使违约人无利可图，这将鼓励当事人信守合同。总体而言，非违约方应充分抓住时机，积极寻找替代交易，以保证其能够获得如合同按约履行的效果，尽量避免损失的扩大。如在合理期限内并未积极地寻找替代交易导致合同的预期利益不能完全实现，非违约方也负有一定的过错，因此对其预期利益的损害赔偿数额应当酌情扣减。在非违约方选择了替代交易的情况下，如果该替代性交易能够完全实现原合同目的，则其替代交易价格与合同约定价格的差额就是其能够获得的赔偿数额。但如替代交易并未完全实现合同目的，因此仍然需要对其未实现的预期利益进行合理赔偿。

一方违约，另一方基于法定或约定解除权而解除合同，并实施了替代交易，有以下两种情形：

第一，正常情况下，以替代交易价格与合同价格的差额确定可得利益。如在买卖合同中，买方违约拒绝受领，卖方解除合同后不得已另找买家降价出售了货物。则替代交易价值与原合同约定价格之间的差额，就是卖方的可得利益损失。

第二，替代交易价格明显偏离替代交易发生时当地的市场价格，则以市场价格与合同价格的差额确定可得利益。如前例中，若卖方另找买家时，出售价格明显低于市场价格，此时，将以市场价格取代替代交易价格，以市场价格与原合同约定价格来确定可得利益。这也说明，具体计算结果不能明显偏离抽象计算结果，否则会遭到抽象计算结果的修正，从而确保非违约方在替代交易时尽到合理注意义务。[①] 替代交易的确定存在可比性问题，因而具有其自身的局限性，例如，因买卖合同标的物具有高度独特性（如名人字画），或合同履行具有人身依赖性的情况，无法找到替代交易或者是一方违约，另一方解除合同后没有实施替代交易，此时可以采用抽象计算。抽象计算系以市场价格与合同价格的差额来计算可得利益。例如，卖方违约拒绝供

---

① 于飞：《合同的权利义务终止、违约责任的重要发展及释评》，载《中国法律评论》2023 年第 6 期。

货，买方解除合同后没有另行进货，此时应以市场价格与合同价格的差额计算可得利益，此时就有适用市场价格法的必要。

关于市场价格法，首先是需要确定是何时何地的市场价格。故本条明确规定为违约行为发生后合理期间内合同履行地的市场价格，并以该价格与合同约定价格的差额确定合同履行后可以获得的利益。“合理期间内”指向计算市场价格的时间点，“合同履行地”指向计算市场价格的空间点，保护了非违约方对合同履行的信赖利益。若当事人对履行地点没有约定或者约定不明的，则应依《民事诉讼法司法解释》第 18 条予以确定。“合理期间内”的规定既赋予非违约方接受合同违约情况并寻求相关救济措施的合理时间，同时对这一时间作出必要的限制。

适用难点

举证责任分配是可得利益损失认定时的难点问题。一般而言，违约方一般应当承担非违约方没有采取合理减损措施而导致损失扩大、非违约方因违约而获得利益，以及非违约方亦有过失的举证责任；非违约方应当承担其遭受的可得利益损失总额、必要的交易成本的举证责任。对于可以预见的损失，既可以由非违约方举证，也可以由人民法院根据具体情况予以裁量。

非违约方依法行使合同解除权并实施了替代交易，主张按照替代交易价格与合同约定价格的差额确定合同履行后可以获得的利益的，应就替代交易价格承担举证责任。如违约方主张替代交易价格偏离市场价格，并主张按照违约行为发生时合同履行地的市场价格与合同约定价格的差额确定合同履行后可以获得的利益的，应就违约行为发生时合同履行地的市场价格承担举证责任。非违约方如主张证明不进行替代交易将导致损失扩大的，应就损失扩大承担举证责任。

非违约方未实施替代交易，主张按照违约行为发生时合同履行地的市场价格与合同约定价格的差额确定合同履行后可以获得的利益的，应就违约行为发生时合同履行地的市场价格承担举证责任。

风险防范

计算和认定可得利益损失时，仍需要综合运用可预见规则、减损规则、损益相抵规则以及过失相抵规则等，从非违约方主张的可得利益赔偿总额中扣除违约方不可预见的损失、非违约方不当扩大的损失、非违约方因违约获得的利益、非违约方亦有过失所造成的损失以及必要的交易成本。

类案指引

1. 冀中能源张家口矿业集团有限公司与张某合同纠纷案①

裁判要旨：可得利益损失具有一定的确定性，在确定是否可以获得可得利益时，应当考虑一般的交易惯例、经验、市场情况等各种因素，双方在签订合同时，对于合同能否履行持不确定的态度，一方主张合同履行的可得利益无事实和法律依据。

法院认为：可得利益损失是指在生产、销售或提供服务的合同中，生产者、销售者或服务提供者因对方的违约行为而受到的预期纯利润的损失，具有一定的确定性，即只要合同如期履行，该利益就可能被当事人获得。在确定是否可以获得某种可得利益时，应当考虑一般的交易惯例、经验、市场情况等多种因素。无论是《整合重组协议》及《整合推进协议》对协议因政策原因或未审批通过而解除、不承担违约责任也进行了事先约定，如“因不可抗力、国家政策调整导致本协议无法执行时，本协议自动终止，双方均不承担违约责任”“因政府相关部门、甲方上级单位未批准本项目时，本协议自动解除，双方不承担违约责任”，可知双方在签订合同时，对于采矿权相关手续能否审批以及何时审批，均持不确定的态度，且事实上案涉煤矿的采矿权证也未审批。张某主张合同履行的可得利益无事实和法律依据，一审判决未予支持，并无不当。

① 参见最高人民法院（2019）最高法民终1985号民事判决书。

2. 云南泰康消防化工集团寻甸有限公司（以下简称寻甸公司）清算组与云南常青树化工有限公司（以下简称常青树公司）、泰康消防化工集团股份有限公司合同纠纷案[①]

裁判要旨：可得利益属于履行利益范畴，因可得利益实为交易利润，其必然要有构成信赖利益的相关成本支出，故不能对同一交易既赔偿利润又赔偿成本，当事人只能对可得利益损失或信赖利益损失择一主张，否则可能导致过度赔偿。

法院认为：因《合资协议》无法继续履行，致使寻甸公司产生相应的损失。根据F0901号评估报告：一是2010年1月8日至2011年1月8日因常青树公司供应的5773.428吨磷酸不合格，给当事人造成的亏损金额为0元；二是2011年1月8日至2015年11月26日寻甸公司被判决强制解散，因常青树公司停止供应磷酸而导致寻甸公司停产后所发生的房屋、设备折旧费用、土地成本摊销、工人怠工费用、财务费用、开办费等损失合计26,141,406.50元。就违约损失类型而言，第一项亏损为履行利益损失，但该损失金额为0元。第二项为信赖利益损失，即寻甸公司的上述损失是因信赖常青树公司能在2011年1月8日之后实现合同目的，继续依约提供合格磷酸而产生的费用。应将合同履行过程中产生的26,141,406.50元信赖利益损失纳入违约损害赔偿范围。另外，“合同履行后可以获得的利益”即可得利益属于履行利益范畴。因可得利益实为交易利润，其必然要有构成信赖利益的相关成本支出，故不能对同一交易既赔偿利润又赔偿成本，当事人只能对可得利益损失或信赖利益损失择一主张，否则可能导致过度赔偿。况且，可得利益受原料、技术、人力、市场销售、交易本身等众多因素影响，具有不确定性。具体到本案，根据F0901号评估报告，2010年1月8日至2011年1月8日假设磷酸合格，寻甸公司生产ABC干粉灭火剂利润为负值，没有证据证明2011年1月8日后寻甸公司继续生产将获得正利润或继续亏损。寻甸公司自行

① 参见最高人民法院（2021）最高法民终813号民事判决书。

委托的《经营损失资产评估报告》不能作为认定可得利益的裁判依据。因此，寻甸公司关于一审未对可得利益进行鉴定错误，其应当获得相应可得利益赔偿的主张，不予支持。寻甸公司停产是双方共同原因所致，双方均有违约行为，根据《合同法》第120条“当事人双方都违反合同的，应当各自承担相应的责任”之规定，对于26,141,406.50元信赖利益损失，双方应各自承担相应责任。因此，基于双方违约，并综合考量本案三方当事人关系、重复赔偿和损益相抵情形、《合资协议》约定的部分内容性质及双方损益事实等本案实际情况，常青树公司和寻甸公司应承担同等责任，即常青树公司赔偿寻甸公司50%的信赖利益损失13,070,703.25元。

3. 太原化学工业集团房地产开发有限公司（以下简称太化房地产公司）、太原市义井菜市场（以下简称义井菜市场）民事主体间房屋拆迁补偿合同纠纷案①

裁判要旨：一方当事人将房屋另行处置导致对方未能实现取得安置房屋的合同目的的，系根本违约，应赔偿相对方因违约所造成的损失，其赔偿数额的确定应当以能够使对方在当前市场上取得与约定交付的安置房屋相类似的房屋价格为依据。

法院认为：关于太化房地产公司应当赔偿的数额认定问题。首先，关于案涉房屋赔偿数额的基准日确定。《合同法》第113条第1款规定：“当事人一方不履行合同义务或者履行合同义务不符合约定，给对方造成损失的，损失赔偿额应当相当于因违约所造成的损失，包括合同履行后可以获得的利益，但不得超过违反合同时预见到或应当预见到的因违反合同可能造成的损失。”本案中，太化房地产公司将案涉房屋另行处置，导致义井菜市场未能实现取得安置房屋的合同目的，系其根本违约，故太化房地产公司赔偿数额的确定应当以能够使义井菜市场在当前市场上取得与约定交付的安置房屋相类似的房屋价格为依据。原审法院以

① 参见最高人民法院（2020）最高法民申4252号民事裁定书。

2019 年 2 月 18 日作为评估基准日评估出的案涉房屋市场价格作为太化房地产公司应当赔偿的数额，并无不当。

4. 万利建设公司（以下简称万利公司）与商丘华程房地产开发有限公司建设工程施工合同纠纷案①

裁判要旨：无效合同自始无效，当事人通过履行无效合同可能获得的利益，不受法律保护，当事人不能通过无效合同主张可得利益损失。

法院认为：合同有效，当事人通过履行合同而获取的利益应当依法保护。而无效合同自始无效，当事人通过履行无效合同可能获得的利益，不受法律保护。本案中，《施工总承包框架协议》中约定二期工程的工期、开工日期、履约保证金返还节点、具体的工程垫资及工程款支付办法均需另行签订施工总承包合同来约定，且二期工程按照当时的规定亦属于必须招标的建设项目。在二期工程招标时，招标代理机构向万利公司发出投标邀请书，万利公司未投标，且《施工总承包框架协议》为无效协议，万利公司主张可得利益损失缺乏事实和法律依据。

5. 漯河市永冠房地产开发有限公司（以下简称永冠房地产公司）与漯河市源汇区人民政府合同纠纷案②

裁判要旨：主张对方违约造成可得利益损失，应予赔偿，其应举证证明其可得利益损失数额。

法院认为：永冠房地产公司主张源汇区人民政府违约给该公司造成可得利益损失，应予赔偿，该公司应举证证明其可得利益损失数额。但永冠房地产公司一审时未就其可得利益损失进行举证，二审举证的《漯河市永冠房地产开发有限公司参与土地整理开发投资项目应得分配利益咨询报告》不具有客观真实性，无法证明其可得利益损失数额，因此永冠房地产公司上诉请求所主张的可得利益损失缺乏证据支持，不予支持。

---

① 参见最高人民法院（2020）最高法民终774号民事判决书。

② 参见最高人民法院（2019）最高法民终236号民事判决书。

6. 贵州鸭溪酒业有限公司（以下简称鸭溪公司）与贵州省冶金建设公司（以下简称冶金公司）、郑某、苏某建设工程施工合同纠纷案[①]

裁判要旨：当事人主张可得利益处于难以确定的状态，且亦无证据证明合同当事人在订立合同时对可得利益损失已预见到或者应当预见到的，法院对此不予支持。

法院认为：可得利益损失应为合同履行后可以获得的利益，并且为订立合同时违约方预见到或者应当预见到。本案中，鸭溪公司据以主张可得利益损失的根据是贵州省发展改革委关于案涉项目的《科研报告》，但白酒市场近年来波动较大，在此种市场环境下，鸭溪公司扩建后能否在该项目上实现盈利处于难以确定的状态，现其提供的证据难以证明履行合同后其可以获得46,677,476元利润，且亦无证据证明冶金公司在订立合同时对此已预见到或者应当预见到。因此，鸭溪公司主张可期待利润损失46,677,476元，没有事实依据，不予支持。

7. 湖南韶山毛家饭店发展有限公司（以下简称毛家饭店）与寇某华厨师管理服务合同赔偿纠纷案[②]

裁判要旨：在判断违约方能否或应否预见损害时，并不以违约方所声明的主观预见状态为确定标准，而应根据合同的性质、违约方的经验，以社会一般人的预见能力或行业的一般观念来衡量。

法院认为：追求商业利润是毛家饭店与寇某华签订《特许加盟合同书》的目的，双方获得商业利润并承担相应风险是由该合同的性质决定的，双方当事人签订该合同时就应预见。在判断违约方能否或应否遇见损害时，并不以违约方所声明的主观预见状态为确定标准，而应根据合同的性质、违约方的经验，以社会一般人的预见能力或行业的一般观念来衡量。就寇某华主张的可得利益损失而言，违约可得利益的赔偿就是指寇某华本来可以获得的经营利润，经营利润确实会受多种因素的影响

① 参见最高人民法院（2019）最高法民终235号民事判决书。

② 参见最高人民法院（2016）最高法民再282号民事判决书。

而具有不确定性，随着市场行情、经济形势、经营好坏和税收政策等多种因素变化而有所起伏，但这并不影响其成为违约可得利益认定的标准。就本案而言，毛家饭店违约造成合同不能履行，使寇某华的利润预期无法实现，寇某华客观上存在可得利益损失，这也是毛家饭店所应预见到的。故原审综合考虑合同履行情况，加盟手册上所做的投资回报分析，并参照济宁毛家饭店2008年8月的营业税完税证明，以及寇某华自愿放弃的部分可得利益等，根据公平原则，支持了寇某华的实际可得利益损失139.9万元，适用法律并无不当，予以维持。

8. 某石材公司与某采石公司买卖合同纠纷案

裁判要旨：非违约方主张按照违约行为发生后合理期间内合同履行地的市场价格与合同价格的差额确定合同履行后可以获得的利益的，人民法院依法予以支持。

法院认为：某采石公司提供的评估报告显示的石材荒料单价每立方米715.64元，是某石材公司在某采石公司违约后如采取替代交易的方法再购得每立方米同等质量的石料所需要支出的费用。以该价格扣除合同约定的供货价每立方米350元，即某石材公司受到的单位损失。

相关条文

《民法典》

第五百八十一条　当事人一方不履行债务或者履行债务不符合约定，根据债务的性质不得强制履行的，对方可以请求其负担由第三人替代履行的费用。

第五百八十四条　当事人一方不履行合同义务或者履行合同义务不符合约定，造成对方损失的，损失赔偿额应当相当于因违约所造成的损失，包括合同履行后可以获得的利益；但是，不得超过违约一方订立合同时预见到或者应当预见到的因违约可能造成的损失。

最高人民法院关于印发《全国法院贯彻实施民法典工作会议纪要》的通知

11. 民法典第五百八十五条第二款规定的损失范围应当按照民法典第五百八十四条规定确定，包括合同履行后可以获得的利益，但不得超过违约一方订立合同时预见到或者应当预见到的因违约可能造成的损失。

当事人请求人民法院增加违约金的，增加后的违约金数额以不超过民法典第五百八十四条规定的损失为限。增加违约金以后，当事人又请求对方赔偿损失的，人民法院不予支持。

当事人请求人民法院减少违约金的，人民法院应当以民法典第五百八十四条规定的损失为基础，兼顾合同的履行情况、当事人的过错程度等综合因素，根据公平原则和诚信原则予以衡量，并作出裁判。约定的违约金超过根据民法典第五百八十四条规定确定的损失的百分之三十的，一般可以认定为民法典第五百八十五条第二款规定的“过分高于造成的损失”。当事人主张约定的违约金过高请求予以适当减少的，应当承担举证责任；相对人主张违约金约定合理的，也应提供相应的证据。

《买卖合同纠纷司法解释》

第二十二条 买卖合同当事人一方违约造成对方损失，对方主张赔偿可得利益损失的，人民法院在确定违约责任范围时，应当根据当事人的主张，依据民法典第五百八十四条、第五百九十一条、第五百九十二条、本解释第二十三条等规定进行认定。

第二十三条 买卖合同当事人一方因对方违约而获有利益，违约方主张从损失赔偿额中扣除该部分利益的，人民法院应予支持。

《民间借贷规定》

第二十九条 出借人与借款人既约定了逾期利率，又约定了违约金或者其他费用，出借人可以选择主张逾期利息、违约金或者其他费用，也可以一并主张，但是总计超过合同成立时一年期贷款市场报价利率四倍的部分，人民法院不予支持。

《民商事合同指导意见》

9. 在当前市场主体违约情形比较突出的情况下，违约行为通常导致可得利益损失。根据交易的性质、合同的目的等因素，可得利益损失主要分为生产利润损失、经营利润损失和转售利润损失等类型。生产设备和原材料等买卖合同违约中，因出卖人违约而造成买受人的可得利益损失通常属于生产利润损失。承包经营、租赁经营合同以及提供服务或劳务的合同中，因一方违约造成的可得利益损失通常属于经营利润损失。先后系列买卖合同中，因原合同出卖方违约而造成其后的转售合同出售方的可得利益损失通常属于转售利润损失。

10. 人民法院在计算和认定可得利益损失时，应当综合运用可预见规则、减损规则、损益相抵规则以及过失相抵规则等，从非违约方主张的可得利益赔偿总额中扣除违约方不可预见的损失、非违约方不当扩大的损失、非违约方因违约获得的利益、非违约方亦有过失所造成的损失以及必要的交易成本。存在合同法第一百一十三条第二款规定的欺诈经营、合同法第一百一十四条第一款规定的当事人约定损害赔偿的计算方法以及因违约导致人身伤亡、精神损害等情形的，不宜适用可得利益损失赔偿规则。

11. 人民法院认定可得利益损失时应当合理分配举证责任。违约方一般应当承担非违约方没有采取合理减损措施而导致损失扩大、非违约方因违约而获得利益以及非违约方亦有过失的举证责任；非违约方应当承担其遭受的可得利益损失总额、必要的交易成本的举证责任。对于可以预见的损失，既可以由非违约方举证，也可以由人民法院根据具体情况予以裁量。

二、长期性合同中可得利益的赔偿

释义条文

《民法典合同编通则司法解释》

第六十一条　在以持续履行的债务为内容的定期合同中，一方不履行支付价款、租金等金钱债务，对方请求解除合同，人民法院经审理认为合同应当依法解除的，可以根据当事人的主张，参考合同主体、交易类型、市场价格变化、剩余履行期限等因素确定非违约方寻找替代交易的合理期限，并按照该期限对应的价款、租金等扣除非违约方应当支付的相应履约成本确定合同履行后可以获得的利益。

非违约方主张按照合同解除后剩余履行期限相应的价款、租金等扣除履约成本确定合同履行后可以获得的利益的，人民法院不予支持。但是，剩余履行期限少于寻找替代交易的合理期限的除外。

新旧变化

本条系新增条文。

规范解读

持续性定期合同又称继续性合同、长期性合同，是指合同的内容非一次给付即可完结，而是继续地实现的合同。其基本特点在于时间因素在合同履行上居于重要地位，总给付的内容取决于应为给付的时间长短，随着时间的推移，当事人之间不断产生新的权利义务。常见的持续性定期合同有委托代理合同，供用电、水、气合同，租赁合同，信用卡信贷合同，承揽合同，建筑施工合同等。持续性定期合同的特征是：合同的成立和维系往往基于某种信赖关系；履行时间较长；每次或每期的给付都不特定、总给付在履行完毕前不确定；多数合同履行内容包括了劳务或使用利益或涉及善意第三人；绝大多数情况下至少有一方当事人并非普通民事主体而是商事主体。

持续性定期合同合作时间长、资源投入大、合同履行的不确定性大，很可能出现如一方当事人订立合同后反悔恶意毁约或当事人之间丧失信任基础等主客观情况变化，导致合同不能继续履行。

此类合同持续时间久，案情复杂琐碎，当事人的争议主要集中于合同解除后的损害赔偿。本条明确了持续性定期合同中通过替代交易法计算可得利益的基本规则。

持续性定期合同计算可得利益损失时，需要注意以下几点：

第一，替代交易的选择，应参考合同主体、交易类型、市场价格变化、剩余期限、合同履行情况、履约背景等因素确定非违约方寻找替代交易的合理期限。换句话说，非违约方应当在合理期间内开始寻找替代交易，这也是减损义务的要求，而不能拖延不决，以对方的利益为代价进行投机，或利用剩余履行期限绑架合同相对方的利益，甚至意图双重获利。

第二，《民法典合同编通则司法解释》第60条规定了可得利益损失计算的一般规则，即应当扣除非违约方为订立、履行合同支出的费用等履约成本，故本条规定在计算持续性定期合同可得利益损失时也应扣除非违约方应当支付的相应履约成本，具体而言，可按照非违约方寻找替代交易的合理期限对应的价款、租金、报酬等扣除非违约方应当支付的相应履约成本。

第三，计算持续性定期合同的可得利益，要受到《民法典》第584条关于可预见性的规定。即可得利益损失不得超过违约一方订立合同时预见到或者应当预见到的违约可能造成的损失。例如，当事人主张可得利益损失的依据是合同正常履行后房屋将用于出租获益，可得利益损失包括预期租金损失。但是法院认为在订立案涉施工合同时项目为科研楼，被告难以预见合同一方将对案涉工程进行出租，无法预见违约将带来租金损失，故对此部分不予支持。诉讼中，对于损失是否可以预见需要结合合同订立时的目的、相应行业的市场情况、交易习惯等来综合判定，只有在可预见范围内的损失才能得到支持。同时可预见性规定的适用应考虑到持续性定期合同的特性。特别是持续性定期合同订立的时候，合同的内容尚无法确定，更难遇见合同解除后的损失。因此，在认定持续性定期合同可得利益损失的时候，对于可预见内容的把握不应过于严苛，否则可能实践中绝大部分持续性定期合同的可得利益损失的主张都难以获得支持。

第四，本条只解决可得利益的计算问题，当事人还有其他损失的，可一并主张。

第五，本条规定人民法院不应当支持按照合同权利义务关系终止后剩余履行期限相应的租金、价款等。因为这将使非违约方在不需要继续投入任何经营成本的情况下，直接获取经营利润。但是如果剩余履行期限少于寻找替代交易的合理期限，这一请求便具有合理性，故应予以支持。

适用难点

1. 经营性房屋租赁合同

房屋租赁合同作为一种继续性合同，合同解除的直接后果包括房屋返还、已经履行期间合同利益的结算以及装修扩建等添附物的处理等。如房屋租赁合同因违约解除，还涉及违约责任的承担。因经营性房屋的出租主要用于生产经营，合同解除时，出租人和承租人的可得利益损失如何认定往往成为双方争议的焦点。从出租人的角度，可得利益损失一般表现为租金利益损失，在存在转租的情况下，可得利益还包括转租租金的差价损失。相对于出租人可以租金标准作为可得利益损失的计算标准，承租人的可得利益损失计算更加复杂，实践中，存在以另行寻找替代房屋周转期间所受损失作为主张可得利益损失的基础的做法；也存在以经营利润作为主张可得利益损失的基础的做法。以经营利润损失作为主张可得利益损失的基础时，司法实践中的标准并不统一，存在如下多种做法：第一种是以剩余租赁期限为计算期间；第二种是以停产停业期间为计算期间；第三种是酌情认定一定的期限；第四种是法院综合多种因素酌定具体损失数额。

经营性房屋租赁合同可得利益损失的认定受诸多因素影响，举证也存在一定困难。因此，出租人和承租人可在订立租赁合同时，在意思自治的基础上约定合理的可得利益损失赔偿条款，明确其计算方式和标准。如果事先未约定可得利益损失赔偿条款的，则可以会计师事务所作的年度审计报告、公司的年度利润表、记账凭证以及银行交易流水等作为有关经营利润的相关证据。

2. 照付不议合同（Take－or－Pay）

全球能源贸易中普遍采用的照付不议合同也是一种典型的持续性定期合同。照付不议条款通常规定：在约定的较长时间段内，买方无论是否从卖方处实际提取货物，都有义务按照双方约定的价格和最低提货数量支付价款；除不可抗力等特殊情况外，任何一方不得单方终止或变更合同。而含有照付不议条款约定的合同被称为照付不议合同。照付不议合同由最初的天然气贸易领域已逐步扩展至石油销售、电力供应、电厂建设、新能源设备制造、矿产品开采与冶炼等产业，并显现出以下主要特点：（1）买方的付款义务与卖方的供货义务均具有绝对性。在照付不议合同中，双方的义务都是绝对的，根据合同约定的价格与最低数量，买方照付不议，卖方照供不议。（2）合同期限较长，通常达到10年至20年，甚至更长。（3）签约双方通常均具备良好的资信状况，或者提供了优质的信用保证。在中国法下，照付不议合同的性质（到底是第一性的合同义务条款，还是第二性的违约条款）可能面临较大争议，一种观点认为，照付不议为合同义务约定。根据当事人意思自治的原则，照付不议合同应认定为合法有效的合同义务条款。另一种观点认为，照付不议为违约金约定。法院或仲裁庭有权根据守约方的实际损失等因素对过高的违约金予以调整。照付不议合同的性质认定应结合具体语境讨论：在天然气、石油等前期成本巨大的行业，原则上应当认定照付不议条款为合同义务条款，为合同履行的方式之一；在除此之外的其他行业中，若未涉及前期的巨额投入，则从公平角度出发，原则上应当认定照付不议条款属于违约责任约定。①

3. 金融衍生品交易

金融衍生品交易也是一种新兴的持续性定期合同。ISDA主协议及其相关附件在场外金融衍生品交易中被广泛采用，其所确立的终止净额结算制度作为国际惯例，在规制金融衍生合同违约方面起到重要作用。终止净额结算制度的性质为继续性合同的约定解除，但是与传统民商法上合同解除的法律后果不同，根据终止净额结算制度规定，发生违约提前终止应付款项包括终止款项和未付款项两部分，也即合同提前终止后依然要兑现未来的全部盈亏，由违约方支付给守约方，合同提前终止的效果与假定合同在终止日全部履行完毕的效果相差不大。这是对传统民商法基础性理念的突破，导致司法实践中关于终止净额结算条款的效力认定出现争议。但是该条款是普遍认可的国际惯例，与我国现行法律法规及公序良俗不相违背，双方当事人在对交易将会产生的风险具有一定预期的基础上共同签署ISDA主协议，其中就包括终止净额结算条款。出于对合同法预见规则的恪守、对国际惯例的尊重、

---

① 崔强：《论“照付不议”合同及其法律问题》，载《上海法学研究》集刊2022年第2卷。

对商业风险自担原则的遵守，应肯定终止净额结算条款的效力并根据其约定的规则进行净额结算。①

风险防范

持续性定期合同中信赖利益损害和可得利益损失的择一主张。信赖利益损害一般指基于对合同信赖而发生的处境改变（主要是付出的成本）及错过订立其他合同的机会。为获得可得利益，要以支出相应的信赖利益为前提或代价，信赖利益的损失目的就是为实现合同目的，信赖利益转化为合同可得利益。一般来说，合同主体作为理性经济人应当计算好了自己的权利义务，可得利益应当大于信赖利益，信赖利益被履行可得吸收，故在请求赔偿可得利益损失的场合，便不应再允许其请求信赖利益损害的赔偿。如果难以证明自己遭受的可得利益损害，则可以选择请求信赖利益损害的赔偿。当然，因履行情况千差万别，成本、风险控制的问题，信赖利益损失可能大于可得利益，应当允许当事人择一主张。

类案指引

1. 谭某义诉湖南亿斐房地产开发有限公司（以下简称亿斐公司）土地租赁合同纠纷案②

裁判要旨：当事人一方不履行合同义务构成根本违约，给对方造成损失的，损失赔偿额应当包括合同履行后可以获得的利益。违约可得利益损失证明标准可以采用“合理确定性”的标准。违约可得利益损失的计算方法可以采用主观计算方法，计算标准可以采用自身利润标准。

法院认为：亿斐公司应当部分赔偿谭某义的预期利益损失。谭某义按合同约定在所租土地上投资建设钢结构厂房进行租赁经营，两份租赁合同租期分别为11年6个月和12年6个月，至2017年9月底亿斐公司

① 参见上海金融法院（2020）沪74民终533号民事判决书。

② 参见湖南省高级人民法院（2019）湘民终740号民事判决书。

通知解除合同，租期尚余5年5个月；至2017年11月底租户全部撤离，租期尚余5年3个月；至本案起诉时尚余5年零22天。谭某义主张剩余租期可获得租赁经营利益5500万元，实际主张4850万元。诉讼中，谭某义提供了35份转租合同证明其转租经营年纯利润950余万元。亿斐公司上诉提出其收取的年租金仅77万元，而谭某义主张的转租年租金高达1000多万元，投资回报过高、不真实。法院认为，原中意公司出租的是土地，谭某义出租的是其投入大额资金建设的厂房，两者完全不能等同，亿斐公司以土地租金标准来否定房屋租金标准，没有事实依据。亿斐公司也没有提供证据证明谭某义提供的租赁合同上的租赁价格明显高于当地市场价。因此，亿斐公司否认这些租赁合同的真实性的理由，法院不予采纳。谭某义根据这些租赁合同主张年租金收益950万元以上，具有可信性。谭某义在所租土地上建设厂房出租经营符合案涉土地租赁合同的约定用途，因此谭某义主张的厂房租赁经营收益符合《合同法》第113条关于预期利益的“可预见性”要求。但根据合同约定，谭某义在租赁土地上建设厂房仓库必须经原中意公司同意并以中意公司名义报建。二审中，谭某义一方自述出租厂房“总面积5万多m^2，其中报建面积4万多m^2，未报建面积1万m^2左右”，庭后亿斐公司提供的房屋产权证可以证明谭某义合法报建面积为36,171.49平方米，未报建的租赁面积不符合合同约定，因此，谭某义要求赔偿全部预期利益的主张不能成立。当然，案涉租赁土地处于绿心政策实施区域，绿心政策对谭某义的租赁经营产生一定的影响是客观事实，不符合绿心政策要求的租户退出后，新的租户是否能完全恢复到之前的水平具有市场不确定性。原审判决根据绿心政策和市场因素，以及谭某义确有部分租金、税费诉讼前未付的事实，对谭某义主张的预期利益予以调整具有合理性，符合本案实际。但其调整结果即酌情认定谭某义损失1300万元仅占谭某义主张且已证实的预期利益的约27%，明显与本案亿斐公司故意违约解除租赁合同的违约过错程度不相符。且本案中，谭某义仅主张预期利益损失，而未主张建设厂房等投资的直接损失，其系通过租金收益即其主张的预期利益来回收固定资产投资成本。因此，原判预期损失1300万元除弥补谭某义投资损失外，不足以体现对亿斐公司故意违约行为的惩罚。故法院对原判的预期利益损失酌情调整为1600万元。

2. 长沙康域投资有限公司（以下简称康域公司）与容某幸、林某勇股权转让纠纷案①

裁判要旨：房地产开发项目具有较大的风险性，受房价市场波动、建筑成本、政府政策等因素影响较大，特别是在开发单位存在资金严重不足，进一步加大开发成本的客观事实下，主张的巨额可得利益损失，法院不予认定。

法院认为：可得利益是指合同履行后将来可以获得的纯利润，该利益必须具有一定的实现性和可预见性。案涉项目属于房地产开发项目，而房地产开发具有较大的风险性，受房价市场波动、建筑成本、政府政策等因素影响较大，而康域公司提供的三亚市财政局文件所附《第三农贸市场及周边片区整体改造合作项目收益情况表》仅是对开发商净利润的估算，特别是在本案中康域公司存在资金严重不足，进一步加大开发成本的客观事实下，康域公司主张的巨额可得利益损失，不予认定。

3. 上海月星家居市场经营管理有限公司（以下简称月星公司）与浙江大众实业有限公司（以下简称大众公司）特许经营合同纠纷案②

裁判要旨：因加盟方违约而致特许经营合同提前终止，对于违约责任，应考虑合同的持续性特征，以特许方的损失为基础，酌情予以确定。

法院认为：本案中，大众公司在不符合合同约定和法律规定的条件下，单方解除合同的行为，已构成违约。对于违约责任的承担，合同中约定的违约金为“合同未履行年限的品牌使用费”，但大众公司指出，该约定违约金明显过高，不符合公平原则和诚实信用原则。在裁判时，从实际案情出发，综合考虑诸种因素，最终酌情确定了133万元的违约金数额。具体而言，违约金应与月星公司的损失相符。对于特许经营合同

① 参见最高人民法院（2017）最高法民终916号民事判决书。

② 参见上海市第二中级人民法院（2009）沪二中民五（知）初字第184号民事判决书。

这样的持续性合同，特许方的损失主要表现为合同终止后应收而未收的品牌使用费。本案中，按约定月星公司将其品牌许可大众公司在温州地区独占使用，在大众公司表明提前解除合同后，客观上合同已无法实际履行，月星公司可另行授权他人使用。月星公司与下家协商谈判需要一段时间，这段时间内的独占许可使用费可看作月星公司的损失。因特许经营合同一般期限较长，涉及内容较复杂，缔约过程也相应较长，故可在此基础上确定一段合理期限内的品牌使用费作为特许方因加盟方违约而受到的损失，并以此为基础计算违约金。本案中，考虑到合同仅履行了8个月，且月星公司在履约中也有未尽义务之处，最终法院确定的违约金数额约相当于8个月的品牌使用费。

4. 北京北方电联电力工程有限责任公司（以下简称北方公司）、乌鲁木齐市交通运输局（以下简称交通局）与乌鲁木齐天山大道投资管理有限责任公司合同纠纷案[①]

裁判要旨：因合同相关权利义务不明确，对于继续履行合同后，当事人的可得利益无法预见，继续履行合同是否必然盈利，存在不确定性的，主张可得利益赔偿不予支持。

法院认为：根据合同约定，交通局协助北方公司获得案涉项目的特许运营权（收费许可及收费权），由北方公司负责经营、收费，期满公路资产无偿返还给交通局；同时约定除本协议外，双方还需签订《乌拉泊至板房沟、水西沟公路特许经营协议书》。本案中，案涉工程投入使用后，经相关部门批准，北方公司可以试运营收费两年时间，在北方公司收费刚满一年后，被通知暂停收费，双方并未就案涉公路项目签订特许经营协议。因特许经营年限及相关权利义务不明确，对于继续履行合同后，北方公司的可得利益无法预见。同时，如BOT协议能够顺利履行，北方公司在特许经营期满后，应将案涉公路无偿返还交通局，北方公司对案涉公路项目的经营是否必然盈利，存在不确定性。现虽因交通

① 参见最高人民法院（2020）最高法民终896号民事判决书。

局原因导致北方公司的特许经营无法继续进行，但双方已达成合意由交通局以支付回购价的方式收回案涉公路项目，北方公司再行依据特许经营相关约定主张预期可得利益损失，缺乏依据。

5. 柴某与某管理公司房屋租赁合同纠纷案

裁判要旨：当事人一方违约后，对方没有采取适当措施致使损失扩大的，不得就扩大的损失请求赔偿。承租人已经通过多种途径向出租人作出了解除合同的意思表示，而出租人一直拒绝接收房屋，造成涉案房屋的长期空置，不得向承租人主张全部空置期内的租金。

法院认为：当事人一方违约后，对方应当采取适当措施防止损失的扩大；没有采取适当措施致使损失扩大的，不得就扩大的损失请求赔偿。合同终止前，某管理公司应当依约向柴某支付租金。但鉴于某管理公司已经通过多种途径向柴某表达解除合同的意思表示，并向其发送房屋密码锁密码，而柴某一直拒绝接收房屋，造成涉案房屋的长期空置。因此，柴某应当对其扩大损失的行为承担相应责任。法院结合双方当事人陈述、合同实际履行情况、在案证据等因素，酌情支持柴某主张的房屋租金至某管理公司向其发送电子密码后一个月，即2021年1月30日，应付租金为33,418.35元。

6. 海宁市民泰煤气有限责任公司诉杭州余杭獐山钢瓶有限公司买卖合同纠纷案①

裁判要旨：具体认定合同解除后的损失赔偿责任时，应结合合同性质、履行情况，综合运用减损规则、可预见规则、过失相抵规则，在合同完全履行后可得利益范围内酌减。

法院认为：首先，案涉双方在合同订立时对每月交货数量、合同履行期间均未作具体约定。案涉货物、货款的实际交付均系按月分批交付。整个合同持续履行期间过长对买卖物价格的影响也在一定程度上超出了被告在订立合同时的可预见范围。其次，涉案买卖合同性质上虽属持续性合同，但原告早在案涉两份合同订立时即已按照二份合同约定分别支

---

① 参见浙江省杭州市中级人民法院（2019）浙01民终6644号民事判决书。

付了总货款50%、43%的预付款，因此案涉合同虽然解除，但原告主张剩余全部货物的可得利益损失，符合双方订立合同的预期。就过失相抵规则而言，本案原告违约行为在先、被告违约行为在后。据此，法院综合考虑上述情况以及原告因合同解除可能减少的合理履行成本、费税等因素，酌情确定被告对原告可得利益损失承担60%的赔偿责任。

相关条文

《最高人民法院关于审理融资租赁合同纠纷案件适用法律问题的解释》

第十一条　出租人依照本解释第五条的规定请求解除融资租赁合同，同时请求收回租赁物并赔偿损失的，人民法院应予支持。

前款规定的损失赔偿范围为承租人全部未付租金及其他费用与收回租赁物价值的差额。合同约定租赁期间届满后租赁物归出租人所有的，损失赔偿范围还应包括融资租赁合同到期后租赁物的残值。

第十二条　诉讼期间承租人与出租人对租赁物的价值有争议的，人民法院可以按照融资租赁合同的约定确定租赁物价值；融资租赁合同未约定或者约定不明的，可以参照融资租赁合同约定的租赁物折旧以及合同到期后租赁物的残值确定租赁物价值。

承租人或者出租人认为依前款确定的价值严重偏离租赁物实际价值的，可以请求人民法院委托有资质的机构评估或者拍卖确定。

三、无法确定可得利益时的赔偿

释义条文

《民法典合同编通则司法解释》

第六十二条　非违约方在合同履行后可以获得的利益难以根据本解释第六十条、第六十一条的规定予以确定的，人民法院可以综合考虑违约方因违约获得的利益、违约方的过错程度、其他违约情节等因素，遵循公平原则和诚信原则确定。

新旧变化

本条系新增条文。

规范解读

《民法典合同编通则司法解释》第 62 条针对的是依据其他方式无法确定可得利益损失时，可以综合考虑违约方因违约获得的利益、违约方的过错程度、其他违约情节等因素，遵循公平原则和诚信原则确定作为守约方的可得利益损失。违约行为的发生，有时候是为了获取更大的利益，例如一物二卖，因此，这一规定以违约方因此获得的利益为基础确定合同正常履行完毕守约方可获得的转卖利润损是合情合理的。

如允许合同当事方为获取更大利益而实施违约行为，无疑会激励效率违约，使违约方不当获利，从而激励不道德行为。我国学界和司法实务界普遍没有接受效率违约理论。效率违约强调对违约的成本与收益进行经济分析，不可避免地造成一系列问题，主要体现在以下几个方面：效率违约违背了道德直觉，不符合诚实信用原则，更可能对整个社会信用体系造成破坏；效率违约使违约方不当获得利益，违背了禁止从不当行为中得利的基本法理；效率违约的前提需要双方对称的确定的信息和损害赔偿的充分性，而这很难真正得到保障。[①] 一旦违约获得的利益大于违约所付出的代价，则任何一个理性经济人均会选择违约，制度的设计应该避免此类现象的发生。将违约方因违约获得的利益作为守约方的可得利益损失无疑可以有效避免此种情况的发生。

违约获益在我国立法和司法实践中已有运用，例如《著作权法》第 54 条第 1 款、《专利法》第 71 条第 1 款、《商标法》第 63 条第 1 款、《反不正当竞争法》第 17 条第 3 款、《证券法》第 44 条第 1 款均有以侵权人的获益作为赔偿数额的规定。实践中，在当事人未约定违约金或者损失赔偿额的计算方法时，如果守约方确实无法举证证明自己的损失大小，但却能够证明违

① 孙良国、单平基：《效率违约理论批判》，载《当代法学》2010 年第 6 期。

约方因此所获利益的大小，人民法院也可推定违约方因违约所获的利益即守约方的实际损失，再将主观证明责任移转给违约方，让其就守约方的实际损失低于其所受利益进行举证。如果举证不能，则应按违约方所获利益认定守约方的期待利益或者可得利益。[①] 本条则是将违约获益赔偿规则引入合同法领域。

适用难点

从本条文义解释来看，本条适用应满足如下条件：

一是无法根据《民法典合同编通则司法解释》第 60 条、第 61 条确定非违约方在合同履行后可以获得的利益的情况下方可适用，也就是说本条的适用次序位于最后，以上述两条所规定方法无法适用为前提。

二是并非一概将违约方因违约获得的利益直接作为非违约方的可得利益损失的计算金额，而需要综合考虑违约方的过错程度、其他违约情节等因素，并遵循公平原则和诚信原则加以确定。

风险防范

实践中，违约方对外转售、收取对价、成本支出等环节的相关证据往往不为守约方所掌握，而违约方作为更接近证据的一方却不具有提交证据的动因，此时需要动态合理地对举证责任进行分配，在守约方能够提出初步表面证据时，将举证责任进行适度转移，责令由守约方提交相关交易凭证，以证明自身未通过违约而获利，并可结合书证提出命令制度和司法审计制度，全面查明违约方的收益情况。[②]

---

① 刘贵祥：《当前民商事审判中几个方面的法律适用问题》，载王利明主编：《判解研究》（总第 100 辑），人民法院出版社 2022 年版。

② 李非易：《涉疫商事合同解除后的违约收益交出》，载《人民司法》2023 年第 5 期。

类案指引

1. 陈某某诉江阴兰星房地产开发公司（以下简称兰星公司）等商品房预约合同纠纷案①

裁判要旨：作为预约合同的认购书订立后，预约双方须依诚信原则进行磋商，除法定事由及不可归责于双方的事由外，应当缔结本约，否则将承担违约责任。预约合同的违约赔偿范围应包括可得利益，出卖人不履行认购书并将房屋转卖，使缔结本约不成的，应负违约责任；出卖人从其违约行为中获取利益的，法院应综合考虑房产市场的发展态势及双方当事人履约情况，判决具体赔偿数额以出卖人因违约所实际获得的差价利益为准。

法院认为：本案中，认购书属于预约合同，其对拟购商铺的位置、价款、认购时间及双方的权利、义务作了明确约定，其他条款根据商品房预（销）售合同格式文本和交易习惯即可确定。兰星公司在达到销售条件后即负有与陈某某按照认购书的约定签订商品房买卖合同的义务，此时，陈某某可以要求继续履行并取得认购房屋，但因为兰星公司已经将认购房屋销售导致事实上不能履行，陈某某的可期待利益损失应以房屋价格的上涨部分为限。本案中，考虑到兰星公司因违约而实际获益的情况，原审法院认定具体赔偿数额为兰星公司实际获得的差价并返还给陈某某并无不当。

2. 海口万诺投资开发有限公司（以下简称万诺公司）、三亚亿泰投资有限公司（以下简称亿泰公司）合资、合作开发房地产合同纠纷案②

裁判要旨：可得利益的求偿应当坚持客观确定性，即该利益的取得，不仅在主观上是可能的，而且在客观上也是确定的，只是因为违约行为的发生，才使得该利益丧失；若无违约行为，该利益通常是必得的。实际遭受的损失无法确定的，可参照违约方因违约所获得的利润确定。

---

① 参见江苏省无锡市中级人民法院（2012）锡民终字第0024号民事判决书。

② 参见最高人民法院（2018）最高法民申5153号民事裁定书。

法院认为： 本案中，万诺公司“一地二卖”的违约行为，导致亿泰公司合同目的无法实现，从而使亿泰公司丧失了开发案涉土地所能获取的预期利益，根据前述法律规定，亿泰公司理应获得可得利益损失赔偿。万诺公司在与后手铭润公司的转售中，差价利润高达3500万元，可作为可得利益损失赔偿的计算基础。亿泰公司依约履行合同义务，未有违反合同约定行为或从万诺公司违约行为中获取利益，亦未对违约损害的发生和扩大具有过错，其可得利益损失无须扣减。原审法院判决万诺公司赔偿亿泰公司可得利益损失3500万元，未有不当。万诺公司关于合同无法履行未超出亿泰公司预期，其不应赔偿亿泰公司可得利益损失3500万元的申请再审理由不能成立。

3. 陈某新与贺州市欣荣星林业有限公司买卖合同纠纷案①

裁判要旨： 可得利益的求偿应当坚持客观确定性，即该利益的取得，不仅在主观上是可能的，在客观上也是确定的，只是因为违约行为的发生，才使得该利益丧失；若无违约行为，该利益通常是必得的。实际遭受的损失无法确定的，可参照违约方因违约所获得的利润确定。

法院认为： 被告将案涉林木转售给第三人所获得的价款为4, 963, 306元，减除软阔价值104, 895元和马尾松价值173, 283元，其余案涉杉木价值4, 685, 128元，与原告的合同差价利润为2, 525, 128元（4, 685, 128元－2, 160, 000元），可作为可得利益损失赔偿的计算基础。被告在与第三人的转售中获得差价利润2, 525, 128元，减除原告在（2019）桂1121民初1426号民事判决得到的损失932, 000元，确定原告的可得利益损失为1, 593, 128元，被告应当予以赔偿。

4. 郑某某与某物业发展公司商品房买卖合同纠纷再审检察建议案

裁判要旨：“一房二卖”民事纠纷中，房屋差价损失是当事人在订立合同时应当预见的内容，属可得利益损失，应当由违约方予以赔偿。对于法院行使自由裁量权明显失当的，检察机关应当合理选择监督方式，依法进行监督，促进案件公正审理。

① 参见广西壮族自治区昭平县人民法院（2020）桂1121民初1545号民事判决书。

最高人民检察院监督意见认为：一是审查郑某某主张的房屋差价损失1151.37万元是否属于可得利益损失及应否赔偿。本案中，郑某某依约支付购房款，其主要合同义务履行完毕，某物业发展公司亦已将案涉商铺交付郑某某。因不可归责于郑某某原因，案涉商铺未办理产权过户手续。其后，某物业发展公司再次出售案涉商铺给某百货公司并办理过户，构成违约，应当承担违约责任。依照《合同法》规定，违约损失赔偿额相当于因违约所造成的损失，包括合同履行后可以获得的利益，但不得超过违反合同一方订立合同时预见到或者应当预见到的因违反合同可能造成的损失。某物业发展公司作为从事房地产开发的专业企业，订立合同时应预见到，若违反合同约定，将承担包括差价损失赔偿在内的违约责任。某物业发展公司再次出售案涉商铺时，对案涉商铺市价应当知悉，对因此给郑某某造成的房屋差价损失也是明知的。因此，案涉房屋差价损失1151.37万元属于可得利益损失，某物业发展公司应予赔偿。二是审查生效判决酌定某物业发展公司赔偿郑某某可得利益损失503.54万元，是否属于适用法律确有错误。某物业发展公司擅自再次出售案涉商铺，主观恶意明显，具有过错，应受到法律否定性评价。郑某某出租商铺收取租金，是其作为房屋合法占有人所享有的权利，不应作为减轻某物业发展公司民事赔偿责任的事实依据。案涉商铺第二次出售价格虽仅为0.9万元/平方米，但郑某某所购商铺的评估价格为6.5731万元/平方米，某物业发展公司作为某百货公司发起人，将案涉商铺以较低价格出售给关联企业某百货公司，双方存在利害关系，故案涉商铺的第二次出售价格不应作为减轻某物业发展公司民事赔偿责任的事实依据。最高人民检察院在对郑某某主张的可得利益损失是否应予赔偿以及酌定调整可得利益损失数额是否属行使裁量权失当等情况进行全面、客观审查后，认为生效判决适用法律确有错误，且有失公平，遂于2019年1月21日依法向最高人民法院发出再审检察建议。最高人民法院于2020年3月31日作出民事裁定，再审本案。再审中，在法庭主持下，郑某某与某物业发展公司达成调解协议。

相关条文

《著作权法》

第五十四条第一款　侵犯著作权或者与著作权有关的权利的，侵权人应当按照权利人因此受到的实际损失或者侵权人的违法所得给予赔偿；权利人的实际损失或者侵权人的违法所得难以计算的，可以参照该权利使用费给予赔偿。对故意侵犯著作权或者与著作权有关的权利，情节严重的，可以在按照上述方法确定数额的一倍以上五倍以下给予赔偿。

《专利法》

第七十一条第一款　侵犯专利权的赔偿数额按照权利人因被侵权所受到的实际损失或者侵权人因侵权所获得的利益确定；权利人的损失或者侵权人获得的利益难以确定的，参照该专利许可使用费的倍数合理确定。对故意侵犯专利权，情节严重的，可以在按照上述方法确定数额的一倍以上五倍以下确定赔偿数额。

《商标法》

第六十三条第一款　侵犯商标专用权的赔偿数额，按照权利人因被侵权所受到的实际损失确定；实际损失难以确定的，可以按照侵权人因侵权所获得的利益确定；权利人的损失或者侵权人获得的利益难以确定的，参照该商标许可使用费的倍数合理确定。对恶意侵犯商标专用权，情节严重的，可以在按照上述方法确定数额的一倍以上五倍以下确定赔偿数额。赔偿数额应当包括权利人为制止侵权行为所支付的合理开支。

《反不正当竞争法》

第十七条第三款　因不正当竞争行为受到损害的经营者的赔偿数额，按照其因被侵权所受到的实际损失确定；实际损失难以计算的，按照侵权人因侵权所获得的利益确定。经营者恶意实施侵犯商业秘密行为，情节严重的，可以在按照上述方法确定数额的一倍以上五倍以下确定赔偿数额。赔偿数额还应当包括经营者为制止侵权行为所支付的合理开支。

《证券法》

第四十四条第一款　上市公司、股票在国务院批准的其他全国性证券交易场所交易的公司持有百分之五以上股份的股东、董事、监事、高级管理人员，将其持有的该公司的股票或者其他具有股权性质的证券在买入后六个月内卖出，或者在卖出后六个月内又买入，由此所得收益归该公司所有，公司董事会应当收回其所得收益。但是，证券公司因购入包销售后剩余股票而持有百分之五以上股份，以及有国务院证券监督管理机构规定的其他情形的除外。

《最高人民法院关于依法妥善审理涉新冠肺炎疫情民事案件若干问题的指导意见（二）》

3. 出卖人与买受人订立防疫物资买卖合同后，将防疫物资高价转卖他人致使合同不能履行，买受人请求将出卖人所得利润作为损失赔偿数额的，人民法院应予支持。

第三节 可预见性规则的适用

释义条文

《民法典合同编通则司法解释》

第六十三条 在认定民法典第五百八十四条规定的“违约一方订立合同时预见到或者应当预见到的因违约可能造成的损失”时，人民法院应当根据当事人订立合同的目的，综合考虑合同主体、合同内容、交易类型、交易习惯、磋商过程等因素，按照与违约方处于相同或者类似情况的民事主体在订立合同时预见到或者应当预见到的损失予以确定。

除合同履行后可以获得的利益外，非违约方主张还有其向第三人承担违约责任应当支出的额外费用等其他因违约所造成的损失，并请求违约方赔偿，经审理认为该损失系违约一方订立合同时预见到或者应当预见到的，人民法院应予支持。

在确定违约损失赔偿额时，违约方主张扣除非违约方未采取适当措施导致的扩大损失、非违约方也有过错造成的相应损失、非违约方因违约获得的额外利益或者减少的必要支出的，人民法院依法予以支持。

新旧变化

在违约损失赔偿范围上，《民法典》第584条基本延续《合同法》第113条第1款的规定，以可预见性规则作为限制违约损失赔偿范围的主要约束条件。不同的是，《民法典》并未吸收《合同法》第113条第2款关于可预见性规则适用的例外情形的规定。《合同法》第113条第2款规定："经营者对消费者提供商品或者服务有欺诈行为的，依照《消费者权益保护法》的规定承担损害赔偿责任。"《消费者权益保护法》第55条第1款规定："经营者提供商品或者服务有欺诈行为的，应当按照消费者的要求增加赔偿其受到的损失，增加赔偿的金额为消费者购买商品的价款或者接受服务的费用的三倍；增加赔偿的金额不足五百元的，为五百元。法律另有规定的，依照其规定。"经营者因欺诈行为所承担的是特别法上的惩罚性赔偿责任，而欺诈显然属于一种故意违约行为，因而有观点认为，《合同法》将其纳入合同违约损失赔偿一般条款之下，意在对可预见性规则的适用作例外性规定，即因故意或重大过失违约的，损失赔偿范围可不受可预见性规则的限制。需要注意的是，尽管《民法典》未作此规定，并不意味着特别法上关于违约损失赔偿的特殊规定就构成法律冲突。《民法典》第11条规定："其他法律对民事关系有特别规定的，依照其规定。"因此，诸如《海商法》第56条关于赔偿责任限额计算单位的规定以及《消费者权益保护法》第55条、《食品安全法》第148条关于惩罚性赔偿等规定，均属于特别法规范，不适用《民法典》第584条的规定。①

规范解读

1. 关于预见的主体

可预见性规则是对违约方承担损失赔偿责任范围的限定规则，将因违约

① 参见黄薇主编：《中华人民共和国民法典合同编释义》，法律出版社2020年版，第287页。

行为所应赔偿的损失限定在违约方基于订立合同时对各种缔约因素的衡量而合理预见到的损失限度范围内，以公平保护合同双方当事人的利益。根据《民法典》第584条的规定，预见的主体是“违约一方”，但在判断违约方能否或应否预见的标准上并未作进一步明确。《民法典合同编通则司法解释》第67条则采纳客观标准，将预见之主体判准解释为“与违约方处于相同或类似情况的民事主体”，即以一般民事主体在相同客观条件下所能作出的判断作为认定标准。

关于预见的主体标准，存在两种解释观点。一种观点认为，应以具体化的合同违约方作为判断主体，从该个体的特质和其所处具体情况出发，认定其能否合理预见到将来违约后所可能造成的损失。这种解释方法属于主观判断标准，虽有利于实现具体个案中的实质公平，但也有可能成为违约方逃脱责任的工具，进而损害守约方的利益。另一种观点认为，应以抽象化的一般主体的认识水平和理性能力作为标准，判断合同的违约方在缔约时是否能够或者应当预见到相应的损失结果。这种解释方法属于客观判断标准，且更加具有衡平性，也是理论界的通说观点。显然，司法解释坚持的是客观标准，要求以抽象的“理性人”标准，在综合衡量合同目的、合同内容等客观因素的基础上，作出违约方能否或应否预见到对方当事人主张的损失的认定。但从本条列明的各种衡量要素来看，违约方的个体特质并非完全可以忽略，而是还需要综合考量“合同主体”要素，这意味着具体个案中违约方的职业、身份、理性程度等可预见能力状况也是一项辅助性判断标准。

2. 关于预见的内容

《民法典》第584条仅规定违约方的赔偿范围不超过订立合同时实际预见或应当预见到的损失，但这里的“损失”的具体内容和构成应如何把握，或者说应当对损失的内容预见到何种程度，则需要进一步解释。对此，理论和实务上均有较大争议。最具代表性的观点有两种，第一种观点认为，违约方仅需要预见到损失的类型即可，而无须对损失的数额或范围存在明确的认识。第二种观点则认为，对于守约方主张的损失，违约方既应当预见到损失的类型和原因，也需要预见到损失的具体范围。司法解释并未明确作出立场选择，而是仅概括性地规定为“损失”。司法实践中，各级各地法院坚持两种裁判观点的案件均不在少数，且分歧较大。本书倾向于认为，仅要求违约方合理预见到损失类型的观点较为可取。其实益在于，此种解释立场更易于操作，也较为合理。实务中，要求民事主体在订立合同时即对将来违约所造成的损失的数额或范围有清晰认识并不现实，且裁判者事后回溯判断时也难以具体把握。相反，预见到损失类型则意味着，仅要求违约方在订立合同时即认识到特定违约行为可能造成某种类型的损失，而损失的数额和范围等则由裁判者依据个案证据和事实作出认定。例如，在房屋买卖合同纠纷中，卖方存在“一房二卖”违约行为的，一般民事主体在订立合同时应当预见到拒绝履行合同可能给对方造成因房价上涨而产生的差价损失，但并不要求其对房屋市场价格波动幅度以及由此产生的损失数额存在清晰的认识。至于具体的赔偿数额，可以通过司法评估等方式确定房屋市场价格的具体波动情况，进而作出认定。退一步讲，即使要求违约方合理预见到损失的程度和内容，也不应苛求其需要预见到详细具体的损失数额，而仅需预见一个大致的范围或程度即可。

3. 关于预见的衡量要素与动态体系

在规范适用层面，还需要特别注意的是，应当将本条列明的各种衡量因素与主体标准进行整体把握。即法官需要以一般民事主体的身份，判断自己处于案涉合同目的、合同主体、合同内容、交易类型、交易习惯、磋商过程等“相同或类似情况”下，所应当能够预见到的损失。在这些动态因素中，合同目的显然处于最核心地位，其他因素则属于综合衡量要素。具体适用中，应注意的要点包括以下几方面：

第一，合同目的是判断应否预见的主要根据。在我国合同法规范体系中，合同目的具有特殊的重要地位。《民法典》中共出现“合同目的”概念11 次，[①] 其规范情形主要涉及两种：一是用以认定合同权利义务关系是否解除或终止，二是作为合同当事人真实意思表示或者合同特定条款真意的解释根据。合同目的通常被区分为客观目的与主观目的，前者指“合同的典型

---

① 包括《民法典》合同编中使用的“合同目的”概念，以及其他编条文中使用的与合同的目的同义的表述，如《民法典》第 142 条、第 466 条、第 511 条、第 563 条等。

交易目的，即给予所欲实现的法律效果”，[①] 后者则多指当事人订立合同的动机。一般情况下，客观目的可以通过交易类型、合同内容以及约定的特殊条件等客观要素加以判断或推断，是确定当事人订立合同目的的主要依据。例如，出租人甲与承租人乙就某套住房订立房屋租赁合同，约定租期、租金及支付方式等事项，一般即可由此得出乙的合同目的是取得该房屋的使用权并可正常使用房屋。动机通常不能成为合同目的，但又不能一概而论。在一方存在事先声明告知其缔约动机或者有证据能够证明相应动机等情形下，该动机也应成为认定合同目的的依据，进而构成可预见性判断的内容要素。合同目的与损失之间的关联性在于，合同目的本质上是当事人订立合同所欲实现的法律效果以及其中内含的法律利益，当对方的违约行为导致这些期待的法效果和法利益不能完全实现时，就转化为了损失。因此，违约方在订立合同时所应当透过对方的合同目的而预见到的损失，即为其需要赔偿的损失。不过，很多情况下，合同目的并不明显，需要结合合同主体、交易类型和磋商过程等客观要素予以综合判断。

第二，合同主体要素的考量。合同主体的身份与特质，与可预见能力的大小相关。综合考量合同主体要素时，一方面，需要兼顾考察合同双方当事人的情况，而非仅限于违约方的状况。另一方面，在考量的内容上，应适度区分合同主体的身份、专业能力等不同类型。从违约方的角度，应着重考察其是否为商事主体、是否具有专业性的职业身份以及是否在行业内处于优势性地位等，进而衡量一般民事主体在具备这些条件的情况下，在订立合同时能否预见到相应的损失。需要注意的是，当违约方的实际预见能力高于一般民事主体时，应根据其客观能力状况来判断应否预见；而当其预见能力实际低于一般民事主体时，仍应以一般民事主体的预见能力作为判断标准。

第三，合同内容要素的考量。合同是一种利益与风险的分配机制。根据合同的权利义务内容，通常可以看出当事人想要经由合同履行而实现的利益或规避的风险。因此，在衡量合同内容与可预见性之间的关系程度时，可从如下几个方面分析。首先，依据合同约定的主要权利义务内容，考察各方当

---

① 崔建远：《论合同目的及其不能实现》，载《吉林大学社会科学学报》2015 年第 3 期。

事人期待最终获得的利益类型，包括履行利益等。其次，审查合同中约定的特别条款、违约责任承担方式等内容，尤其是其中与信息披露、权利声明和义务严格履行相关的条款。最后，标的物的性质、用途、数量等要素也会影响对可预见性的判断。例如，买卖合同中约定的标的物是机器设备还是消费性产品，其所对应的履行利益类型将可能完全不同。

第四，关于交易类型与可预见性。一方面，交易类型与当事人的合同目的密切相关，在认定不同类型合同的典型交易目的时，需要对交易的方式、内容和主体等要素作综合考量。另一方面，在长期性合同、框架合同项下的子合同交易中，由于当事人之间往往具有较为密切的合作关系，对于交易涉及的信息掌握更为全面，因而对违约所造成的损失类型也理应有更强的预见能力。

第五，交易习惯与商业惯例的影响。根据《民法典合同编通则司法解释》第 2 条的规定，《民法典》中的“交易习惯”既包括合同当事人之间的惯常交易做法，也包括地域或行业领域内的通常做法即商业惯例。这两种交易习惯均属于习惯事实，需要主张方予以证明。借助交易习惯，通常可以更加清晰地判断违约方的预见能力，因为通过这些习惯事实可以推定当事人应当知晓交易中所包含的各种信息和风险，以及行业领域内所共认的潜在损失类型。但是，有些情况下，商业惯例也会限制损失赔偿的范围，尤其是某些类型的间接损失。[①]

第六，衡量磋商过程的重要性。当合同条款约定粗疏或存在歧义时，磋商过程所提供的事实是判断当事人真意的重要依据。磋商过程对可预见性判断的影响主要表现在，当事人在磋商中披露的缔约信息或作出的事先声明，在满足一定条件时可以直接决定可预见损失的类型范围。最典型的事例是有关“人格物”的损失赔偿问题。如果一方有证据证明其在磋商中以适当方式明确告知对方，标的物存在特殊纪念意义或价值，则违约方应当预见到损坏该物品可能产生精神损失。这对于违约精神损害赔偿的认定具有重要意义。

---

① 参见孙良国：《可预见规则的现代难题》，载《现代法学》2012 年第 6 期。

适用难点

1. 合理性与可预见性规则的适用

可预见性规则本身具有很强的不确定性，在个案中多需要由法官运用自由裁量权解释适用。这种不确定性主要体现在两个方面：一是预见的可能性程度涉及判断上的不确定性，二是损失发生的可能性程度在判断上也是弹性的。只有将这些不确定性限制在合理的限度范围内，可预见性规则才具备适用上的正当性，也才能公平保护合同双方当事人的利益。其中，重点和难点在于对损失发生可能性的把握和认定。英美法上，对于损失类型的预见程度，通常要求具有较高的发生可能性，即损失必须是“合理可预见”的。[①]《民法典》第 584 条仅要求预见到“可能造成的损失”，对于损失发生的可能性程度要求较低。然而，这种可能性仍需要控制在一个较为合理的限度内，从而排除那些仅具有微小或极为模糊的发生程度的损失。

2. 可预见性规则适用于全部违约损失类型

根据《民法典》第 584 条的规定，违约方需要赔偿非违约方因违约所造成的全部损失。在类型上，因违约所造成的损失包括实际损失和可得利益损失，实际损失又可进一步区分为信赖利益损失和固有利益损失。《民法典合同编通则司法解释》第 63 条第 2 款规定的“非违约方向第三人承担违约责任应当支出的额外费用等其他因违约所造成的损失”，在类型上即属于信赖利益损失，只要该损失具有可预见性，违约方也需予以赔偿。但需要注意的是，此款规定的“额外费用等损失”并非《民法典合同编通则司法解释》第 60 条第 1 款规定的“非违约方为订立、履行合同支出的费用等合理成本”，二者的内容并不相同。该“合理成本”属于计算可得利益数额时的履行成本范围，通常是因采购原材料、接受劳务、租赁场地等而产生的费用损失，其与履行后的可得利益存在重复，故非违约方主张可得利益损失时需予以扣除。而非违约方因系争合同履行而向第三人承担的违约损失赔偿责任，应是指除合理成本费用之外的其他额外费用，因其并不与可得利益相重复，

---

① 参见毛瑞兆：《论合同法中的可预见规则》，载《中国法学》2003 年第 4 期；孙良国：《可预见规则的现代难题》，载《现代法学》2012 年第 6 期。

故如果该损失符合可预见性规则，违约方亦应予以赔偿。

3. 注意损失赔偿范围限制规则的衔接适用

除可预见性规则外，损失赔偿范围限制的法定规则还包括《民法典》第591条规定的减轻损害规则和第592条规定的与有过失规则。《民法典》第591条规定："当事人一方违约后，对方应当采取适当措施防止损失的扩大；没有采取适当措施致使损失扩大的，不得就扩大的损失请求赔偿。当事人因防止损失扩大而支出的合理费用，由违约方负担。"第592条规定："当事人都违反合同的，应当各自承担相应的责任。当事人一方违约造成对方损失，对方对损失的发生有过错的，可以减少相应的损失赔偿额。"此外，合同法理论上还包括损益相抵规则，即非违约方基于违约损害事实的发生，同时还获有利益的，应将该利益在损失赔偿额中予以扣除。《买卖合同纠纷司法解释》第23条即规定："买卖合同当事人一方因对方违约而获有利益，违约方主张从损失赔偿额中扣除该部分利益的，人民法院应予支持。"在相互的规范关系上，可预见规则属于具有普遍适用性的"基本限定规则"，而减轻损害规则、与有过失规则和损益相抵规则属于个案中裁量适用的"特别限定规则"。[①]《民法典合同编通则司法解释》第63条第3款即依照上述原理，明确将减轻损害、与有过失和损益相抵三项规则作为根据可预见性规则确定违约损失赔偿额的裁量规范。实务中，应当注意上述各项规则的衔接适用。

此外，在法律原则层面，当缺乏具体的法定限制规则适用条件或者适用后仍可能产生不当效果时，则还应寻求通过适用基本原则来进行利益的再衡平。例如，如果非违约方主张的损失数额与违约方根据合同约定所获得的价款严重不成比例，即使这些损失类型属于违约方订立合同时所应当预见到的范围，此种情况下，要求其全部赔偿相应损失也难谓公平。此时，有必要援用公平原则或权利义务对等原则，对违约损失赔偿数额予以适度调整。

---

① 参见韩世远：《合同法总论》，法律出版社2018年版，第792页。

风险防范

可预见性规则是一种法益衡平的法技术规则，民事主体在缔约时需要充分考量到可预见性规则的适用可能带来的影响。为规避将来合同相对方违约后援用可预见性规则来限制损失赔偿的范围，可以选择事先以适当方式将合同目的、特殊需求和履行后的利益等信息予以声明，通过风险的预先披露，强化对方预见将来可能发生的损失类型的判断和预期。但这种事先声明或告知需要满足一定条件，包括在缔约时以合理适当的方式确保对方知晓，声明或告知的内容应明确具体，使对方能够合理地感知和判断这些特殊情况下所可能承担的损失赔偿责任。就此而言，交易实践中，民事主体需要高度重视缔约磋商过程中的证据保存意识，事先声明和重要的磋商事项应以函件、电子邮件等书面方式进行，为争议发生后法官通过证据认定事实提供依据。

类案指引

1. 哈尔滨报达展览策划有限公司（以下简称报达展览公司）与哈尔滨振国房地产开发有限公司（以下简称振国公司）、哈尔滨报达海景房销售代理有限公司租赁合同纠纷案①

裁判要旨：根据一般理性人的标准判断，无法预见到的损失不属于违约赔偿范围。

法院认为：在签订房屋租赁合同时，振国公司无法预见之后报达展览公司与第三人之间签订的展览展示服务合同，当然也无法预见因之后合同的解除所造成的间接损失。以一般理性人的标准判断，即使振国公司对报达展览公司与第三人签订的展览展示服务合同有所知晓，也不可能预见因涉案房屋租赁合同解除会给报达展览公司造成900万元的损失。报达展览公司主张的900万元损失，本质上属于其与第三人的自由约定，

① 参见最高人民法院（2016）最高法民再351号民事判决书。

与振国公司的违约行为没有必然关系，超出了振国公司订立合同时可预见的范围。

2. 中山彤泰投资发展有限公司（以下简称彤泰公司）与中山火炬开发区建设发展有限公司（以下简称火炬公司）建设用地使用权转让合同纠纷案[①]

裁判要旨：判断违约方的预见能力，应综合考虑其在所处行业的身份以及所具备的专业能力。

法院认为：因本案已不存在火炬公司继续履行建设用地使用权转让义务的可能，火炬公司应当对彤泰公司所受损失包括合同履行后可以获得的利益承担相应赔偿责任。火炬公司作为专门从事土地投资开发及房地产开发的公司法人，应对土地市场发展变化趋势以及其违约行为可能给彤泰公司造成何种损失具有充分的预见能力。一审法院根据鉴定机构所出具的土地市场价值评估结论，确定彤泰公司所受损失数额，符合法律规定。此外，因彤泰公司没有明显怠于行使权利和不当扩大损失的行为，本案亦不产生减损原则的适用问题。同时，彤泰公司未因火炬公司的违约行为减少支出或降低损失，故损益相抵原则在本案中也不存在适用余地。

相关条文

《民法典》

第五百八十四条　当事人一方不履行合同义务或者履行合同义务不符合约定，造成对方损失的，损失赔偿额应当相当于因违约所造成的损失，包括合同履行后可以获得的利益；但是，不得超过违约一方订立合同时预见到或者应当预见到的因违约可能造成的损失。

第五百九十一条　当事人一方违约后，对方应当采取适当措施防止损失的扩大；没有采取适当措施致使损失扩大的，不得就扩大的损失请求赔偿。

① 参见最高人民法院（2014）民一终字第286号民事判决书。

当事人因防止损失扩大而支出的合理费用，由违约方负担。

第五百九十二条 当事人都违反合同的，应当各自承担相应的责任。

当事人一方违约造成对方损失，对方对损失的发生有过错的，可以减少相应的损失赔偿额。

《买卖合同纠纷司法解释》

第二十二条 买卖合同当事人一方违约造成对方损失，对方主张赔偿可得利益损失的，人民法院在确定违约责任范围时，应当根据当事人的主张，依据民法典第五百八十四条、第五百九十一条、第五百九十二条、本解释第二十三条等规定进行认定。

第二十三条 买卖合同当事人一方因对方违约而获有利益，违约方主张从损失赔偿额中扣除该部分利益的，人民法院应予支持。

《全国法院贯彻实施民法典工作会议纪要》

11. 民法典第五百八十五条第二款规定的损失范围应当按照民法典第五百八十四条规定确定，包括合同履行后可以获得的利益，但不得超过违约一方订立合同时预见到或者应当预见到的因违约可能造成的损失。

……

《全国法院涉外商事海事审判工作座谈会会议纪要》

65. 【集装箱超期使用费标准的认定】承运人依据海上货物运输合同主张集装箱超期使用费，运输合同对集装箱超期使用费有约定标准的，人民法院可以按照该约定确定费用；没有约定标准，但承运人举证证明集装箱提供者网站公布的标准或者同类集装箱经营者网站公布的同期用地的市场标准的，人民法院可以予以采信。

根据民法典第五百八十四条规定的可合理预见规则和第五百九十一条规定的减损规则，承运人应当及时采取措施减少因集装箱超期使用对其造成的损失，故集装箱超期使用费赔偿额应在合理限度之内。人民法院原则上以同类新集装箱市价1倍为基准确定赔偿额，同时可以根据具体案情适当浮动或者调整。

第四节　违约金调整规则

一、请求调整违约金的方式和举证责任

释义条文

《民法典合同编通则司法解释》

第六十四条　当事人一方通过反诉或者抗辩的方式，请求调整违约金的，人民法院依法予以支持。

违约方主张约定的违约金过分高于违约造成的损失，请求予以适当减少的，应当承担举证责任。非违约方主张约定的违约金合理的，也应当提供相应的证据。

当事人仅以合同约定不得对违约金进行调整为由主张不予调整违约金的，人民法院不予支持。

新旧变化

《民法典》第585条关于违约金司法调整的规定系延续《合同法》第114条，在基本内容上并无大的变化。关于违约金司法调整的程序规则，《合同法司法解释（二）》第27条规定："当事人通过反诉或者抗辩的方式，请求人民法院依照合同法第一百一十四条第二款的规定调整违约金的，人民法院应予支持。"《民法典合同编通则司法解释》第64条在此基础上，吸收司法实务中的裁判立场，增加关于违约金司法调整权预先放弃的规定。

规范解读

1. 违约金司法调整权的行使方式

当事人认为合同约定的违约金过分高于或者低于因违约造成的损失时，可以向人民法院或者仲裁机构请求调整违约金的数额。这种违约金司法调整

权是由违约金请求权所衍生出的一种权利。在性质上，虽然《民法典》第585条和《民法典合同编通则司法解释》第64条均使用“请求”的概念表述，但这并不意味着违约金司法调整权属于私法上的请求权。在学理上，多数观点认为该权利的性质为形成权，因须以向公权力机关提出的方式行使，故又具体属于形成诉权。即“形成权人必须提起诉讼，形成权也只有在判决具有了既判力后才能发生效力”。[①] 我国《民法典》拓展了提出权利主张的司法途径的形式，既可以向人民法院请求，也可以向仲裁机构申请。在权利的具体行使方式上，既可以提出反诉，也可以仅通过抗辩的方式行使。在请求的内容上，非违约方请求调增违约金的，需要明确增加的数额和理由，且调整后的违约金数额应当与损失大致相当；而违约方请求调减违约金的，通常并不需要提出明确的酌减金额，因为裁决机关有权根据对损失的认定以及对各种衡量因素的判断，确定最终的违约金数额。另外，违约方请求调减违约金的，以反诉或者抗辩两种方式中的任意一种均无不可；但由于调增违约金涉及提出一项具体的请求，故应当以诉的方式提出。实践中，这可能主要涉及两种情形：一是双方违约的情况下，一方起诉承担违约责任时，另一方以反诉的形式提出包含调整违约金在内的反请求；二是违约方依照《民法典》第580条的规定起诉请求终止合同权利义务关系时，对方以反诉的形式主张违约方承担赔偿损失或违约金责任。

此外，需要注意的一个问题是，当事人能否以独立之诉的方式请求司法调整违约金？比较法上，德国和我国台湾地区均认可当事人可以就酌减违约金单独提起诉讼。从对《民法典》第585条第2款的文义解释来看，“约定的违约金低于造成的损失的，人民法院或者仲裁机构可以根据当事人的请求予以增加；约定的违约金过分高于造成的损失的，人民法院或者仲裁机构可以根据当事人的请求予以适当减少”，该规定中并未限定当事人向人民法院或者仲裁机构提出调整违约金的具体途径，故可以得出当事人得单独提起诉讼的解释结论。另外，反诉也是诉的一种形式，既然当事人一方可以通过反诉的方式提出调整违约金的请求，自然也可类推其得以起诉或者申请仲裁的

---

① ［德］迪特尔・梅迪库斯：《德国民法总论》，邵建东译，法律出版社2013年版，第76页。

方式请求调整违约金。

2. 违约金司法调整权预先放弃条款的效力

当事人在合同中约定将来一方违约后，不得请求对违约金予以调整的，属于对违约金司法调整权的预先放弃。这种事先弃权行为是否有效，理论和实务上均存在较大争议。有效说认为，私权利的事先放弃属于当事人私法自治的范畴，故当事人在合同中预先约定不得请求调整违约金，是处分自身权利的体现，且这种处分行为的意思已经告知且得到对方确认，对双方当事人均有约束力。无效说认为，其一，合同订立之时违约金调整请求权仅是预期性的形成权，所处分的权利缺乏确定性，故不得预先放弃；其二，事先弃权易发生当事人意思表示存在瑕疵、扭曲等情形，违背公平原则、诚信原则；其三，合同约定的违约金过高但不允许当事人事后主张调整，将构成对当事人自由的过分限制，从而违背公序良俗；其四，违约金司法调整制度旨在实现对不特定债务人的实质公平保护，具有较强烈的公共利益属性；其五，违约金司法调整权的事先放弃无效，是比较法上的共识。[①]《民法典合同编通则司法解释》第 64 条采取的是无效说的立场。因此，在违约方提出违约金调整请求并提供违约金过高的相应证据后，另一方当事人仅以合同约定不得调整违约金进行抗辩的，人民法院不予支持。此时，违约金司法调整程序正式启动，法院需要根据本条第 2 款规定的证据规则，依法认定违约金是否合理并作出裁判。

关于事先弃权还需要注意两个特殊问题。一是违约金请求权产生后，违约方事后放弃违约金调整请求权的，属于对确定性权利的处分行为，其在诉讼中继续主张司法调减的，违背诚信原则，不应予以支持。二是格式合同中约定事先弃权条款的情形，应当适当区分提出调整违约金的主体。如果非格式条款提供方主张调减违约金的，一般可以认定约定条款无效；但是，如果格式条款提供方主张调减违约金的，则应充分考虑格式合同对于风险和利益的事先分配机制以及格式条款提供方的优势地位等因素，在特定情形也可确认预先弃权条款对该方当事人的约束力。

---

① 参见叶名怡：《论事前弃权的效力》，载《中外法学》2018 年第 2 期。

3. 违约金司法调整的举证责任分配

《民事诉讼法司法解释》第 91 条规定："人民法院应当依照下列原则确定举证证明责任的承担，但法律另有规定的除外：（一）主张法律关系存在的当事人，应当对产生该法律关系的基本事实承担举证证明责任；（二）主张法律关系变更、消灭或者权利受到妨害的当事人，应当对该法律关系变更、消灭或者权利受到妨害的基本事实承担举证证明责任。"违约金调整请求权是私法上的一种形成诉权，当事人在诉讼中主张该权利存在的，应当对权利产生的相关事实承担举证责任。这些基本事实主要是因违约所造成的损失的类型、范围和数额等。违约方主张调减违约金的，其证明义务是举证证明约定的违约金过分高于损失，故除举示有关损失的证据外，还可围绕《民法典合同编通则司法解释》第 65 条第 1 款规定的"合同主体、交易类型、合同的履行情况、当事人的过错程度、履约背景"等各项衡量因素相关的事实，以及《民法典》第 584 条、第 591 条、第 592 条和《买卖合同纠纷司法解释》第 23 条所规定的可预见性、减轻损害、与有过失和损益相抵等损失赔偿限定规则相关的事实举示证据。

在违约方举示有关证据后，关于违约金过高事实的举证责任是否发生责任转移，理论和实务上存在较大争议。有学者主张证明责任不能发生转移，但可通过事案解明义务或降低证明标准等方式来缓解损失证明的实践困境。[①] 司法实务中，2009 年的《民商事合同指导意见》第 8 条即已规定："为减轻当事人诉累，妥当解决违约金纠纷，违约方以合同不成立、合同未生效、合同无效或者不构成违约进行免责抗辩而未提出违约金调整请求的，人民法院可以就当事人是否需要主张违约金过高问题进行释明。人民法院要正确确定举证责任，违约方对于违约金约定过高的主张承担举证责任，非违约方主张违约金约定合理的，亦应提供相应的证据。合同解除后，当事人主张违约金条款继续有效的，人民法院可以根据合同法第九十八条的规定进行处理。"2021 年《全国法院贯彻实施民法典工作会议纪要》第 11 条第 4 款

---

① 参见吴泽勇：《违约金调减的证明责任问题》，载《法学评论》2022 年第 1 期；谭启平、张海鹏：《违约金调减权及其行使与证明》，载《现代法学》2016 年第 3 期。

也仍坚持违约金请求权人需提供关于约定违约金合理的相应证据的裁判立场。《九民纪要》第 50 条虽然没有作直接规定，但在最高人民法院编著的释义书中仍表达了前述裁判立场，并认为“鉴于衡量违约金是否过高的最重要标准是违约造成的损失，守约方因更了解违约造成损失的事实和相关证据而具有较强的举证能力，因此，违约方的举证责任也不能绝对化，守约方也要提供相应的证据”。[①]《民法典合同编通则司法解释》第 64 条充分延续了前述裁判立场，并作出进一步明确规定，即违约方的证明义务是证明“违约金过分高于造成的损失具有较大可能性”，此后，举证责任即转移至非违约方，由其证明损失的类型、范围和具体数额等事实。在理解与适用上，违约方对违约金合理性的证明标准为“较大可能性”，低于《民事诉讼法司法解释》第 108 条规定的“高度可能性”标准。故当违约方举示的证据“足以让法官对违约金约定公平性产生怀疑”的，违约金约定合理性的举证责任即相应地转移至非违约方。[②]

适用难点

1. 法院能否依职权调减违约金

违约金司法调减请求权是民事主体享有的一项私法权利，只能由当事人依照其意思表示而行使，否则将违背私法自治原则。因此，法院或仲裁机构应当根据当事人的申请，启动违约金调减的审查认定程序，原则上不得依职权主动适用《民法典》第 585 条第 2 款的规定。对此，《合同法司法解释(二)》的起草者也持相同立场，即“人民法院未经当事人请求不得调整违约金的数额，但对明显过高或过低的违约金约定应当向当事人进行释明”。[③]

但是，司法实务中，法院依职权调整违约金的案件并不少见。主要包括

① 最高人民法院民事审判第二庭编著：《〈全国法院民商事审判工作会议纪要〉理解与适用》，人民法院出版社 2019 年版，第 328 页。

② 最高人民法院研究室编著：《最高人民法院关于合同法司法解释（二）理解与适用》，人民法院出版社 2009 年版，第 211 页。

③ 最高人民法院研究室编著：《最高人民法院关于合同法司法解释（二）理解与适用》，人民法院出版社 2009 年版，第 214 页。

两种情形：一是对违约方缺席审判的案件中，法官对合同约定的畸高违约金予以调减；二是在违约方经释明后仍不提出申请的，法官主动对畸高违约金予以调减。对于缺席判决情形，虽然违约方经传唤后仍不到庭参加诉讼，可以视为其放弃了提出抗辩、举证等诉讼权利，但如果禁止法官对畸高违约金进行调整，也不符合公平原则。而对于释明后仍不请求调整违约金的情形，最高人民法院在对《九民纪要》的释解中则认为，“如果按照约定违约金标准判决将严重违反公序良俗原则、诚信原则和公平原则并导致利益严重失衡的，人民法院可以根据《合同法》第 5 条、第 6 条的规定进行调整”。[①] 由此可见，法院对于合同约定的畸高违约金予以主动调整，实质上是适用民法基本原则对失衡的利益关系予以再调整，属于个案中的利益衡量范畴，具有合法性与合理性。

2. 损失无法证明时的违约金酌定

不论违约方主张调减违约金还是非违约方主张调增违约金，判断的基准都是违约金与损失之间的比例关系。因此，因违约造成的损失事实的证明将至关重要。然而，实践中，很多情形下损失的证明却极为困难或者成本极高。当损失无法精确证明时，如何判断违约金是否过高或过低，以及依照何种标准予以调整？对此，可以参考 2021 年 9 月《民法典合同编通则部分司法解释讨论稿》中的处理方式，即“合同双方当事人均不能证明因违约所造成的损失的数额的，人民法院可以结合合同的类型和履行情况，非违约方为准备履行合同的合理支出、当事人的过错程度以及预期利益等因素，根据公平原则、诚信原则酌定违约金的数额”。具体案件中，不同交易类型下的实际损失、可得利益损失难以确定的，还可以“斟酌考虑合同标的的总价款、一定倍数的租金或者承包金、通常利率的一定倍数、投资性合同中投资总额的一定比例等”作为酌定违约金数额的参考标准。[②]

---

① 最高人民法院民事审判第二庭编著：《〈全国法院民商事审判工作会议纪要〉理解与适用》，人民法院出版社 2019 年版，第 328 页。

② 郭锋等：《〈全国法院贯彻实施民法典工作会议纪要〉理解与适用》，载《人民司法》2021 年第 19 期。

风险防范

在合同起草或合同审查阶段，需要注意规范设置违约责任条款。一方面，违约金的计算标准不宜约定过高，否则相对方违约后主张调减违约金的，如果损失无法具体证明，法院或仲裁机构通常会以资金利息损失为参照基准进行酌减。在诉讼阶段，如果按照合同约定的过高标准的违约金提出诉讼请求，在法院调减违约金后，守约方也需要承担未获支持部分违约金所对应的诉讼费用，增加不必要的维权成本。另一方面，在交易中使用格式合同文本时，以事先约定的方式限制违约金调整权的，即使该合同条款符合《民法典》第496条第2款规定的条件，即“采用格式条款订立合同的，提供格式条款的一方应当遵循公平原则确定当事人之间的权利和义务，并采取合理的方式提示对方注意免除或者减轻其责任等与对方有重大利害关系的条款，按照对方的要求，对该条款予以说明；提供格式条款的一方未履行提示或者说明义务，致使对方没有注意或者理解与其有重大利害关系的条款的，对方可以主张该条款不成为合同的内容”，违约方也可主张该预先弃权条款无效；而当格式条款提供方违约后主张该条款无效时，却可能得不到法院支持。因此，在定型化交易中，更需要合理设置违约金条款的内容。

类案指引

1. 杨某与常州嘉腾置业有限公司商品房销售合同纠纷案[①]

裁判要旨：合同中关于不得要求调整违约金的约定系格式条款，对相对人无法律约束力。

法院认为：双方签订的《商品房买卖合同》以及《补充协议》均是房地产开发商制作的格式文本。双方在《补充协议》中关于不得要求调整违约金的约定系格式条款，请求调整违约金是法律赋予当事人的法定权利，该格式条款排除了买受人的法定权利，且格式条款的提供人也未

① 参见江苏省常州市中级人民法院（2017）苏04民终2549号民事判决书。

履行提示和说明义务，故该约定对买受人无约束力、无法律效力。

2. 程某栋与浙江永乐影视制作有限公司（以下简称永乐公司）合同纠纷案[①]

裁判要旨：违约方应承担违约金过高的证明责任，守约方主张违约金合理的，也应当提供相应的证据。

法院认为：关于认定违约金是否过高的举证责任承担问题，根据《民事诉讼法》的规定，原则上“谁主张，谁举证”，即由提出调整违约金的一方承担证明责任。但是，考虑到现实中违约方证明守约方损失的困难性，当违约方提出违约金过高要求调整的主张时，只要违约方举出让法官对违约金的合理性产生怀疑的证据即可。并且，守约方主张违约金合理的，也应当提供相应的证据。因此，原审法院并未违反“谁主张，谁举证”的证据规则。衡量违约金是否过高的基础是实际损失。除此之外，当事人的过错程度也是重要的考量因素。第一，关于申请人主张的当代东方投资股份有限公司（以下简称东方公司）故意操纵东方公司的控制权变更以为重组制造障碍，法院认为，公司的控制权变更系企业运营过程中的商业行为，不能据此认为北方公司存在阻碍重组的主观恶意。第二，关于北方公司与和永乐公司业务范围有所重叠的案外人达成重大资产重组协议，北方公司的该行为违反了《框架协议》约定的排他期条款，构成违约，该行为主观恶意明显。第三，关于申请人主张的北方公司恶意起诉并冻结程某栋在永乐公司的股权，法院认为，北方公司提起（2018）浙0105民初13744号案件的诉讼并冻结程某栋在永乐公司的股权系正常行使诉讼权利，并不具有主观上的恶意。故原审在综合本案诸多因素下，根据公平原则、诚实信用原则予以衡量，将违约金调减至1000万元的做法并无不当。

① 参见最高人民法院（2021）最高法民申2522号民事裁定书。

相关条文

《民法典》

第五百八十五条　当事人可以约定一方违约时应当根据违约情况向对方支付一定数额的违约金，也可以约定因违约产生的损失赔偿额的计算方法。

约定的违约金低于造成的损失的，人民法院或者仲裁机构可以根据当事人的请求予以增加；约定的违约金过分高于造成的损失的，人民法院或者仲裁机构可以根据当事人的请求予以适当减少。

当事人就迟延履行约定违约金的，违约方支付违约金后，还应当履行债务。

《买卖合同纠纷司法解释》

第二十条　买卖合同因违约而解除后，守约方主张继续适用违约金条款的，人民法院应予支持；但约定的违约金过分高于造成的损失的，人民法院可以参照民法典第五百八十五条第二款的规定处理。

《九民纪要》

50.【违约金过高标准及举证责任】认定约定违约金是否过高，一般应当以《合同法》第113条规定的损失为基础进行判断，这里的损失包括合同履行后可以获得的利益。除借款合同外的双务合同，作为对价的价款或者报酬给付之债，并非借款合同项下的还款义务，不能以受法律保护的民间借贷利率上限作为判断违约金是否过高的标准，而应当兼顾合同履行情况、当事人过错程度以及预期利益等因素综合确定。主张违约金过高的违约方应当对违约金是否过高承担举证责任。

《全国法院贯彻实施民法典工作会议纪要》

11. 民法典第五百八十五条第二款规定的损失范围应当按照民法典第五百八十四条规定确定，包括合同履行后可以获得的利益，但不得超过违约一方订立合同时预见到或者应当预见到的因违约可能造成的损失。

当事人请求人民法院增加违约金的，增加后的违约金数额以不超过民法典第五百八十四条规定的损失为限。增加违约金以后，当事人又请求对方赔偿损失的，人民法院不予支持。

当事人请求人民法院减少违约金的，人民法院应当以民法典第五百八十四条规定的损失为基础，兼顾合同的履行情况、当事人的过错程度等综合因素，根据公平原则和诚信原则予以衡量，并作出裁判。约定的违约金超过根据民法典第五百八十四条规定确定的损失的百分之三十的，一般可以认定为民法典第五百八十五条第二款规定的“过分高于造成的损失”。当事人主张约定的违约金过高请求予以适当减少的，应当承担举证责任；相对人主张违约金约定合理的，也应提供相应的证据。

二、违约金的司法酌减

释义条文

《民法典合同编通则司法解释》

第六十五条 当事人主张约定的违约金过分高于违约造成的损失，请求予以适当减少的，人民法院应当以民法典第五百八十四条规定的损失为基础，兼顾合同主体、交易类型、合同的履行情况、当事人的过错程度、履约背景等因素，遵循公平原则和诚信原则进行衡量，并作出裁判。

约定的违约金超过造成损失的百分之三十的，人民法院一般可以认定为过分高于造成的损失。

恶意违约的当事人一方请求减少违约金的，人民法院一般不予支持。

新旧变化

《合同法司法解释（二）》第29条规定：“当事人主张约定的违约金过高请求予以适当减少的，人民法院应当以实际损失为基础，兼顾合同的履行情况、当事人的过错程度以及预期利益等综合因素，根据公平原则和诚实信用原则予以衡量，并作出裁决。当事人约定的违约金超过造成损失的百分之三十的，一般可以认定为合同法第一百一十四条第二款规定的‘过分高于造成的损失’。”相较而言，《民法典合同编通则司法解释》第65条更加细化了认定违约金过高的判断基准和衡量要素，主要是将“实际损失”明确为《民法典》第584条规定的全部损失，包括可得利益损失；相应地，在衡量要素中不再强调“预期利益”的影响，因为它已为损失中的可得利益所吸纳。同时，合同主体、交易类型和履约背景也被纳入重点考量的要素范围。此外，本条还新增关于恶意违约的违约方不得请求调减违约金的规定。

规范解读

1. 认定违约金过高的动态规则体系

认定合同约定的违约金是否过高是一个动态衡量的过程，需要法官或仲裁员综合考量个案中的各种影响因素，通过行使自由裁量权酌定具体的违约金数额。结合本条的规范构成，在法律适用过程中，除遵循“是否过分高于因违约造成的损失”的基本规则要件，以及动态衡量合同主体、交易类型、过错程度等客观要素外，还需要接受公平、诚信两项基本原则的检验和约束。正因如此，最高人民法院在不同场合多次强调，切忌机械地适用统一的固定比例标准来裁量违约金的合理性以及调减的幅度。《民法典》规定的各类有名合同以及其他大量的无名合同，在性质、特点、履行、交易习惯等诸多方面存在较大的差异，不宜采用固定比例的判断标准，否则将引发新的裁判规则不公平的问题。[①] 不过应当注意的是，《商品房买卖合同纠纷司法解释》第 12 条规定损失的 30% 的衡量标准，主要是基于商品房买卖领域消费者通常处于弱势地位的特殊情况，“既按照《合同法》第 114 条规定的基本精神，又考虑到制裁违约方的违约行为”,[②] 故仅能适用于商品房买卖合同纠纷审理，而不具有对其他类型合同纠纷的参照适用效力。

在规范适用中，关于各项综合衡量要素的认识和把握，应注意以下几个方面的问题：

第一，关于损失的认定。《民法典》第 584 条规定的因违约造成的损失，包括实际损失和可得利益损失。实际损失主要指因违约而导致的现有利益的减少，包括信赖利益损失和固有利益损失。可得利益损失则指合同履行

---

① 最高人民法院研究室编著：《最高人民法院关于合同法司法解释（二）理解与适用》，人民法院出版社 2009 年版，第 213 页。

② 最高人民法院民事审判第一庭编著：《最高人民法院关于审理商品房买卖合同纠纷案件司法解释的理解与适用》，人民法院出版社 2003 年版，第 220 页。

后可以获得的利益，通常是交易后产生的纯利润。[①] 根据《民商事合同指导意见》第 9 条的规定，“可得利益损失主要分为生产利润损失、经营利润损失和转售利润损失等类型：生产设备和原材料等买卖合同违约中，因出卖人违约而造成买受人的可得利益损失通常属于生产利润损失；承包经营、租赁经营合同以及提供服务或劳务的合同中，因一方违约造成的可得利益损失通常属于经营利润损失；先后系列买卖合同中，因原合同出卖方违约而造成其后的转售合同出售方的可得利益损失通常属于转售利润损失”。《合同法司法解释（二）》第 29 条规定以实际损失作为违约金是否过高的计算基准，但从《九民纪要》第 50 条开始，该基准已调整为违约造成的全部损失。该损失的确定，也需要参照《民商事合同指导意见》第 10 条关于可得利益损失限定规则的规定，即“应当综合运用可预见规则、减损规则、损益相抵规则以及过失相抵规则等，从非违约方主张的可得利益赔偿总额中扣除违约方不可预见的损失、非违约方不当扩大的损失、非违约方因违约获得的利益、非违约方亦有过失所造成的损失以及必要的交易成本”。

第二，关于合同主体与类型的影响。交易的主体和类型往往与履行能力以及当事人对违约后可能造成的后果的认识程度密切相关。最为典型的情形是，在衡量违约金合理性时需要适当区分商事合同与民事合同。相较于民事活动，商事交往的专业性、审慎性更强，交易双方对合同订立、履行以及违约后果的法律意义认识得更为深入和全面。因此，“如果债务人是商事主体，其对违约风险的预见和控制能力更强，因此在酌减违约金时就要更加审慎”。[②] 而在一般民事交往中，合同主体并不经常从事交易活动，对专业性的违约责任条款的确切含义和法律效果通常缺少足够了解，故调减违约金时也需要合理考虑违约方的认识水平、磋商能力等具体情况。此外，衡量合同主体和交易类型要素时，还需要关注《民商事合同指导意见》第 7 条中提及的“当事人缔约地位强弱和是否适用格式合同或条款”两项因素，从实

① 参见黄薇主编：《中华人民共和国民法典合同编释义》，法律出版社 2020 年版，第 282－284 页。

② 郭锋等：《〈全国法院贯彻实施民法典工作会议纪要〉理解与适用》，载《人民司法》2021 年第 19 期。

质公平的角度综合判断违约金是否过高。例如，格式条款提供方主张调减违约金的，一般可不予支持或者采取更为严格的审查裁量尺度。

第三，关于合同履行情况的影响。合同的履行情况通常关乎违约的严重程度以及对相对方造成不利影响的范围大小。按照《全国法院贯彻实施民法典工作会议纪要》起草者的解读，“合同履行情况包括瑕疵履行的严重程度、迟延履行的时间长短、部分履行对合同的影响程度等；例如，如果部分履行对合同整体的影响程度很轻，可以适当调整违约金数额，但如果部分履行直接影响合同目的的实现，则应当审慎酌减违约金”。其实，除瑕疵履行、迟延履行和部分履行三种情形外，拒绝履行合同将使交易相对方的合同目的无法实现，且主观的违法性更强，故调减违约金应更为审慎；而履行不能情形下，违约方是无能力履行，并非有能力而不履行，故违约金的调整幅度可酌情适当倾斜。这两种违约情形更多地与当事人的主观认识相关联，可以结合过错程度要素进行综合考量。

第四，关于当事人过错程度的影响。我国司法实务中，违约金通常具有以补偿性为主、惩罚性为辅的性质，并具有一定的履约担保功能。虽然违约金的法律功能主要是填补因违约所造成的损失，但司法机关在认定和调整违约金时也不应忽略其违约惩罚功能。所以，“对于当事人恶意违约的场合，人民法院在调整违约金时应当体现出对当事人主观恶性的惩罚。双方都有违约的，在调整违约金时也要充分考虑双方违约程度的大小、主观恶性的大小等”。①《民法典合同编通则司法解释》第 65 条第 3 款规定：“恶意违约的当事人一方请求减少违约金的，人民法院一般不予支持”，即体现了对恶意违约方的惩罚。最高人民法院第 166 号指导案例的裁判要点即指出：“当事人双方就债务清偿达成和解协议，约定解除财产保全措施及违约责任。一方当事人依约申请人民法院解除了保全措施后，另一方当事人违反诚实信用原则不履行和解协议，并在和解协议违约金诉讼中请求减少违约金的，人民法院不予支持。”需要注意的是，违约方严重违背诚信原则恶意违约的，属于司

---

① 郭锋等：《〈全国法院贯彻实施民法典工作会议纪要〉理解与适用》，载《人民司法》2021 年第 19 期。

法调减违约金制度的例外情形，违约方并不享有违约金调减请求权，故无须再审查违约金是否过分高于损失以及其他综合衡量要素。

第五，关于履约背景的影响。履约背景主要指合同履行时所处的宏观经济形势、社会经济发展变化情况等。宏观背景和社会情势的变化会对合同的履行产生一定影响，当事人的履行能力有时也因此受到较大限制。例如，在新冠疫情期间，服务行业领域的商业租赁合同的履行受疫情影响巨大，承租方如果主张对因延期支付租金所产生的过高违约金予以调减的，人民法院应当综合考虑疫情背景下商业租赁行业的总体状况，依照公平原则合理确定酌减违约金的数额。

2. 区分违约金过高的判断基准和酌减标准

在具体案件中，法官适用违约金司法酌减规范时，需要进行两次衡量判断：一是违约金合理性的判断，即约定的违约金是否过高；二是认定违约金过高后，对违约金酌减幅度的确定。对于前者，根据司法解释的规定，须以损失为基础，在综合衡量各项要素并接受公平原则和诚信原则的检验后，得出违约金是否合理的认定结论。关于动态衡量标准和“超过损失的30%”比例标准之间的关系，《合同法司法解释（二）》起草者的解释是“以参考相关司法裁量重要因素为主，以一定比例为辅”，[①] 即采取一种弹性与刚性标准相结合但以弹性规则为主的认定方法。在理解和适用上，一般情形下，约定的违约金超过损失的30%的，可以认定违约金过高；但是，如果经过综合衡量合同主体地位、交易类型、过错程度等因素后，发现违约金虽然超过损失的30%但不调整亦不违反公平原则和诚信原则，则亦可以不作调整。

对于后者，在《民法典合同编通则司法解释》出台之前，法律和司法解释并未明确酌减幅度的具体标准。实践中，有些法院在认定违约金过高后，或将违约金调减至过低水平，或调减过后仍远高于损失的30%，裁判尺度不统一的问题明显。其中，最为典型的是对逾期付款违约金的司法酌减中，普遍倾向于以贷款利率的某个倍数为标准调减违约金数额，如贷款利率

---

① 最高人民法院研究室编著：《最高人民法院关于合同法司法解释（二）理解与适用》，人民法院出版社2009年版，第212页。

的1.3倍、1.5倍乃至2倍或4倍等。对此问题，一般原则仍是遵循本条第1款、第2款确定的基本判断规则，不能机械地适用固定比例标准。不过，鉴于逾期付款违约行为通常仅造成资金占用利息损失，在双方均未举示关于实际损失的证据的情况下，一般也可以推定资金占用利息即为违约所造成的损失，并综合案件具体情况酌情确定调减违约金的比例。

适用难点

1. 惩罚性违约金能否请求调减

在学理上，违约金可以分为补偿性违约金和惩罚性违约金两种类型。补偿性违约金在性质上属于当事人对于损害赔偿额的预先确定，目的在于填补当事人因违约所产生的损失。而惩罚性违约金则是意在对存在过错的违约方予以惩罚的一种违约金，功能主要是威慑和惩戒不诚信的违约一方当事人。根据《民法典》第585条和《民法典合同编通则司法解释》第69条的规定，违约金在性质上兼具补偿性和惩罚性的双重功能，“当约定的违约金低于造成的损失的情况下，违约金属于赔偿性质”，而当违约金高于损失的情况下，经过司法酌减，“违约金与损失相等的部分，违约金应解释为赔偿性质，超过损失的部分，违约金被作为惩罚性质”。[①] 因此，在合同并未对违约金的性质作明确约定时，即便该违约金具有惩罚性质，也当然属于可以适用司法酌减规范的范围。

问题在于，当合同中明确将违约金约定为惩罚性违约金时，是否还可以适用司法酌减规范？我们认为，答案应是肯定的，理由在于：首先，从文义解释上，《民法典》第585条和《民法典合同编通则司法解释》第69条均未对违约金的性质和类型作特殊区分，并且，在认定违约金是否过高时，还需要重点衡量当事人过错程度等主观性因素，恶意违约的当事人亦不得主张调减违约金。这些均表明司法酌减规范得类推适用于惩罚性违约金。其次，在制度功能上，违约金司法酌减制度的功能主要在于通过司法干预来平衡当

---

① 最高人民法院研究室编著：《最高人民法院关于合同法司法解释（二）理解与适用》，人民法院出版社2009年版，第209页。

事人之间的利益关系，以实现和维持相对公平、公正的利益分配格局。因此，当合同约定的惩罚性违约金适用后将产生严重不公平的后果，或者违背诚信原则的，存在司法介入和干预的必要性。最后，从司法立场上，最高人民法院早在《民商事合同指导意见》第5条中即已明确可对惩罚性违约金进行酌减。该条规定："现阶段由于国内宏观经济环境的变化和影响，民商事合同履行过程中违约现象比较突出。对于双方当事人在合同中所约定的过分高于违约造成的损失的违约金或者极具惩罚性的违约金条款，人民法院应根据合同法第一百一十四条第二款和最高人民法院《关于适用中华人民共和国合同法若干问题的解释（二）》（以下简称《合同法解释（二）》）第二十九条等关于调整过高违约金的规定内容和精神，合理调整违约金数额，公平解决违约责任问题。"

但是，在适用司法酌减规范时，也需要注意对惩罚性违约金与补偿性违约金有所区分。对于惩罚性违约金，在进行违约金合理性的动态衡量时，一方面，应尊重当事人赋予该违约金的履约威慑担保功能，具体而言，"如果当事人约定违约金的目的本身带有惩罚性质，又不存在其他显失公平的因素，此时就要尊重当事人的意思自治，不能因为司法干预而使当事人约定的违约金目的完全落空"。[①] 另一方面，需重点审查违约方的主观过错情况，如果故意违约且主观恶性较大，则不应调整违约金；如果仅存在重大过失等情形，则可以酌情提高主观过错在综合衡量因素中的"权重"。此外，如果格式条款提供方违约，也可以考虑不予调整合同约定的惩罚性违约金。

2. 司法调增违约金的基准

《民法典》第585条规定了违约金司法酌减和酌增两项规则，但《民法典合同编通则司法解释》仅对司法酌减规则进行了细化规定。实践中，应当如何把握违约金司法酌增规则的适用标准？对此，一方面，应从违约金的基本性质出发，将约定的低于违约造成的损失的违约金界定为赔偿性违约金，故调增违约金的上限应确定为违约造成的损失数额。在我国民法体系

---

① 郭锋等：《〈全国法院贯彻实施民法典工作会议纪要〉理解与适用》，载《人民司法》2021年第19期。

中，补偿性违约金和损失赔偿均属于违约责任的具体承担形式，两者之间是选择性竞合关系，故当事人若选择主张对方支付违约金的，则申请调增违约金至损失额后，不得再主张赔偿损失。另一方面，可继续参考适用违约金司法酌增的原有法律规则。《合同法司法解释（二）》第28条规定："当事人依照合同法第一百一十四条第二款的规定，请求人民法院增加违约金的，增加后的违约金数额以不超过实际损失额为限。增加违约金以后，当事人又请求对方赔偿损失的，人民法院不予支持。"《全国法院贯彻实施民法典工作会议纪要》第11条第2款也延续了该规定，即"当事人请求人民法院增加违约金的，增加后的违约金数额以不超过民法典第五百八十四条规定的损失为限。增加违约金以后，当事人又请求对方赔偿损失的，人民法院不予支持"。区别在于，酌增后的违约金不再以实际损失为限，而是与司法酌减规则保持一致，以违约造成的全部损失为限。

风险防范

违约金司法酌减规则适用的难点与重点是违约所造成的损失的证明问题。这无论是对违约方还是非违约方而言，都会构成潜在的诉讼风险。违约方不能证明损失的全部内容的，将面临违约金被大幅酌减的风险。非违约方不能证明对方的损失情况的，则通常无法获准调减违约金。实践中，为规避以上损失证明困境，确保合同履行的稳定性，当事人可以在约定违约金的同时，针对不同违约情形分别约定相应的损失赔偿计算方法，并设置一定的兜底条款，即按照约定的损失赔偿计算方法赔偿后仍存在损失的，非违约方还可以主张赔偿损失或支付违约金。

类案指引

1. 冯某军等与陕西中实投资集团有限公司撤销权纠纷案[①]

裁判要旨：损失无法证明时，人民法院可以根据公平原则综合衡量

① 参见最高人民法院（2010）民二终字第54-1号民事判决书。

违约金是否过高并进行适当酌减。

法院认为：因双方当事人均未能提供违约损失的具体数额，所以无法根据实际损失与违约金的差额作出违约金是否过高的判断。在此情形下，人民法院可以结合合同的履行情况、当事人的过错程度以及预期利益等，根据公平原则对违约金是否过高作出裁量。从合同履行的情况看，边某标向冯某军实际支付了股权转让款1000万元，而其向冯某军主张的违约金达1500万元，原审法院据此认为违约金过高，并按照公平原则将违约金调整为协议约定数额的一半。双方当事人虽对此提出异议，但均未能提供足够证据证明该项自由裁量权的行使存在程序违法或实体有失公正之处。故原审法院按照公平原则调低违约金的判决并无不当，依法应予维持。

2. 江苏新世纪江南环保股份有限公司（以下简称江南环保公司）与神木市洁能综合利用发电有限公司建设工程施工合同纠纷案①

裁判要旨：衡量违约金是否过高应考虑合同主体、交易类型等因素，不应简单类比借款合同，以贷款利率作为判断违约金是否过高的标准。

法院认为：本案双方当事人均系合法存续的商事主体，对违约金的约定应是建立在合理预判预期收益及违约后果的基础之上，在无特别法定事由情形下，一般不应进行调整。同时，江南环保公司主张违约金过分高于损失，应提交证据予以证明，但该公司未能提交相应证据。此外，本案是脱硫装置项目建设工程施工合同纠纷，工期延误必将对业主的后续生产经营造成严重影响，此种法律关系与金融借款法律关系不具有同一性，此种违约金与银行贷款利率亦不具有可比性。江南环保公司以银行贷款利率类比本案违约金，不具有法律依据。

3. 贵州省遵义金兰（集团）伟明铝业有限公司（以下简称金兰公司）等与贵州电网有限责任公司遵义供电局（以下简称遵义供电局）、贵州粤黔电力有限责任公司（以下简称粤黔电力公司）等供用电合同纠纷案②

裁判要旨：通常情况下，逾期付款违约行为的损失是资金占用成本，

① 参见最高人民法院（2019）最高法民申1196号民事裁定书。

② 参见最高人民法院（2019）最高法民终154号民事判决书。

约定的违约金过高的，依法应予以调减。

法院认为：按照约定，金兰公司向遵义供电局支付的违约金按日千分之三计算，折合年利率为108%。一审法院认为，按此约定，违约金明显过高，应予调减。因遵义供电局及粤黔电力公司所受损失系资金占用成本，故一审法院判决金兰公司以其欠付电费为基数按照中国人民银行同期贷款基准利率上浮30%向遵义供电局及粤黔电力公司支付违约金。鉴于一审法院已经根据金兰公司的申请调减了违约金计算标准，且金兰公司主张违约金的计算标准参照同期人民银行存款利率进行计算无法律依据，二审法院不予支持。

4. 北京隆昌伟业贸易有限公司（以下简称隆昌贸易公司）诉北京城建重工有限公司（以下简称城建重工公司）合同纠纷案①

裁判要旨：当事人双方就债务清偿达成和解协议，约定解除财产保全措施及违约责任。一方当事人依约申请人民法院解除了保全措施后，另一方当事人违反诚实信用原则不履行和解协议，并在和解协议违约金诉讼中请求减少违约金的，人民法院不予支持。

法院认为：隆昌贸易公司与城建重工公司签订协议书约定城建重工公司如未能于2016年10月14日前向隆昌贸易公司支付人民币300万元，或未能于2016年12月31日前支付剩余的本金2,284,648.68元、利息462,406.72元及诉讼费25,802元（共计2,772,857.4元），则隆昌贸易公司有权申请执行原一审判决并要求城建重工公司承担80万元违约金。现城建重工公司于2016年12月31日前未依约向隆昌贸易公司支付剩余的2,772,857.4元，隆昌贸易公司的损失主要为尚未得到清偿的2,772,857.4元。城建重工公司在诉讼期间与隆昌贸易公司达成和解协议并撤回上诉，隆昌贸易公司按协议约定申请解除了对城建重工公司账户的冻结。而城建重工公司作为商事主体自愿给隆昌贸易公司出具和解协议并承诺高额违约金，但在账户解除冻结后城建重工公司并未依约履

① 参见最高人民法院第166号指导性案例，北京市第二中级人民法院（2017）京02民终8676号民事判决书。

行后续给付义务，具有主观恶意，有悖诚实信用。一审法院判令城建重工公司依约支付80万元违约金，并无不当。

相关条文

《民法典》

第五百八十四条 当事人一方不履行合同义务或者履行合同义务不符合约定，造成对方损失的，损失赔偿额应当相当于因违约所造成的损失，包括合同履行后可以获得的利益；但是，不得超过违约一方订立合同时预见到或者应当预见到的因违约可能造成的损失。

第五百八十五条 当事人可以约定一方违约时应当根据违约情况向对方支付一定数额的违约金，也可以约定因违约产生的损失赔偿额的计算方法。

约定的违约金低于造成的损失的，人民法院或者仲裁机构可以根据当事人的请求予以增加；约定的违约金过分高于造成的损失的，人民法院或者仲裁机构可以根据当事人的请求予以适当减少。

当事人就迟延履行约定违约金的，违约方支付违约金后，还应当履行债务。

《买卖合同纠纷司法解释》

第十八条 买卖合同对付款期限作出的变更，不影响当事人关于逾期付款违约金的约定，但该违约金的起算点应当随之变更。

买卖合同约定逾期付款违约金，买受人以出卖人接受价款时未主张逾期付款违约金为由拒绝支付该违约金的，人民法院不予支持。

买卖合同约定逾期付款违约金，但对账单、还款协议等未涉及逾期付款责任，出卖人根据对账单、还款协议等主张欠款时请求买受人依约支付逾期付款违约金的，人民法院应予支持，但对账单、还款协议等明确载有本金及逾期付款利息数额或者已经变更买卖合同中关于本金、利息等约定内容的除外。

买卖合同没有约定逾期付款违约金或者该违约金的计算方法，出卖人以买受人违约为由主张赔偿逾期付款损失，违约行为发生在2019年8月19日之前的，人民法院可以中国人民银行同期同类人民币贷款基准利率为基础，参照逾期罚息利率标准计算；违约行为发生在2019年8月20日之后的，人民法院可以违约行为发生时中国人民银行授权全国银行间同业拆借中心公布的一年期贷款市场报价利率（LPR）标准为基础，加计30%—50%计算逾期付款损失。

第二十条 买卖合同因违约而解除后，守约方主张继续适用违约金条款的，人民法院应予支持；但约定的违约金过分高于造成的损失的，人民法院可以参照民法典第五百八十五条第二款的规定处理。

第二十二条 买卖合同当事人一方违约造成对方损失，对方主张赔偿可得利益损失的，人民法院在确定违约责任范围时，应当根据当事人的主张，依据民法典第五百八十四条、第五百九十一条、第五百九十二条、本解释第二十三条等规定进行认定。

第二十三条 买卖合同当事人一方因对方违约而获有利益，违约方主张从损失赔偿额中扣除该部分利益的，人民法院应予支持。

《商品房买卖合同纠纷司法解释》

第十二条 当事人以约定的违约金过高为由请求减少的，应当以违约金超过造成的损失30%为标准适当减少；当事人以约定的违约金低于造成的损失为由请求增加的，应当以违约造成的损失确定违约金数额。

三、违约金调整的释明与改判

释义条文

《民法典合同编通则司法解释》

第六十六条 当事人一方请求对方支付违约金，对方以合同不成立、无效、被撤销、确定不发生效力、不构成违约或者非违约方不存在损失等为由抗辩，未主张调整过高的违约金的，人民法院应当就若不支持该抗辩，当事人是否请求调整违约金进行释明。第一审人民法院认为抗辩成立且未予释明，第二审人民法院认为应当判决支付违约金的，可以直接释明，并根据当事人的请求，在当事人就是否应当调整违约金充分举证、质证、辩论后，依法判决适当减少违约金。

被告因客观原因在第一审程序中未到庭参加诉讼，但是在第二审程序中到庭参加诉讼并请求减少违约金的，第二审人民法院可以在当事人就是否应当调整违约金充分举证、质证、辩论后，依法判决适当减少违约金。

新旧变化

本条是在吸收和延续《买卖合同纠纷司法解释》第 21 条和《民商事合同指导意见》第 8 条的基础上，扩充修订而来。《民商事合同指导意见》第 8 条规定："为减轻当事人诉累，妥当解决违约金纠纷，违约方以合同不成立、合同未生效、合同无效或者不构成违约进行免责抗辩而未提出违约金调整请求的，人民法院可以就当事人是否需要主张违约金过高问题进行释明。人民法院要正确确定举证责任，违约方对于违约金约定过高的主张承担举证责任，非违约方主张违约金约定合理的，亦应提供相应的证据。合同解除后，当事人主张违约金条款继续有效的，人民法院可以根据合同法第九十八条的规定进行处理。"《买卖合同纠纷司法解释》第 21 条将当事人免责抗辩的事由进行扩增，并将抗辩类型由完全列举改为开放式列举，同时将人民法院的释明由裁量权力调整为义务，即由"可以释明"改为"应当释明"。《民法典合同编通则司法解释》第 66 条在此基础上，进一步增加列明了免责抗辩的典型情形，以增强规则适用的指导性；同时，还增加了二审释明并改判的具体适用类型，强化了对当事人的权利保障。

规范解读

1. 释明权行使的条件

在民事诉讼中，"法官释明是指法官对于当事人陈述不清、不充分或者未主张的事项通过提示、发问、解释或者说明的方式予以明确，其目的在于通过法官的积极行为来消除当事人之间隐形的地位不平等，促进诉讼程序的顺畅进行和纠纷的一次性解决”。[①] 可见，在违约方没有明确提出调减过高违约金的情况下，要求法官向其进行释明，并不违背意思自治原则，也不构成对中立原则的违反。相反，恰当的诉讼释明有利于促进公平交易，并有效减轻诉累。但是，法官在行使释明权时应满足两项基本条件。一是合同约定的违约金过高，若不予调整将产生实质不公平的结果。由于释明前尚未启动违约金合理性的衡量程序，法官并不能准确地判断合同约定的违约金是否过高，因而此时仅需大致比较违约金与违约行为可能造成的损失之间的比例关系，初步判断可能会过分高于损失的，即可予以释明。对于约定的违约金具有明显的合理性的情形，法官无须予以释明。实践中，可以结合违约行为的类型进行辅助判断。例如，就逾期还款或逾期付款违约行为而言，在无确切证据证明实际损失的情况下，通常可以推定违约所造成的是资金占用利息损失，故如果合同约定的违约金显著高于按照贷款利率上浮30%标准计算的数额，即可初步判断该违约金过高，进而在释明后引导当事人进一步通过举证证明违约金是否合理。

二是须当事人提出了明确的免责抗辩。在性质上，酌减违约金是一项请求，一般应由当事人明确提出申请，否则法官不应依职权干预。但实践中，在对合同履行事实发生争议时，当事人常常仅提出否认违约行为存在的抗辩，而未提出酌减违约金的请求。这在逻辑上也具有合理性，因为当事人通常认为如果请求调减违约金即意味着承认了违约行为。法官释明即是在此情形下，告知当事人其在提出否认抗辩的同时也享有主张调减违约金的权利，以利于纠纷的一次性解决，减轻当事人诉累。因此，释明的前提条件之一是当事人提出了否认违约事实的免责抗辩，法官可据此推断其否定违约金责任的成立以及违约金内容的合理性。

在抗辩事由的类型上，基本分为合同效力抗辩、否认违约事实抗辩和否认损失发生抗辩等类型。其共性在于，违约方均主张违约金条款不生效或无效，或者违约事实或损失不存在，进而否认违约责任的承担。并且，抗辩事由的类型是开放性的，不限于本条第1款所列举的几种典型情形，只要当事

---

① 张海燕：《论法官对民事实体抗辩的释明》，载《法律科学》2017年第3期。

人在抗辩中存在免除违约金责任的意思，即可认为其提出了免责抗辩，法官须进一步进行释明。

2. 释明的原则与方式

释明权在性质上属于诉讼指挥权，法官在行使释明权时必须遵循一定的基本原则，并采取适当的方式。首先，法官应当秉持中立原则，在释明的语言上不应表达出明显的偏向性，即“一般不要明确表达出本案中违约金已经过分高于损失这一看法，仅需要稳妥地向当事人说明违约金调整制度存在及运用的相关规定即可”，① 以避免令对方当事人产生法官存在偏袒一方的误解。具体而言，由于当事人尚未围绕违约金是否过高进行举证和辩论，且违约方主张的免责抗辩与违约金调减请求在逻辑上不能并存，因此，最为适宜的释明表达方式是以假设性询问来指引当事人决定是否请求调减违约金。例如，在告知当事人存在违约金司法酌减制度的基础上，询问其如果违约金责任成立，是否认为合同约定的违约金过高以及是否依法申请调减违约金数额。

其次，释明权的行使应当遵循公开原则，在双方当事人均在场时进行释明，而不宜采取单方询问的方式释明。“公开进行释明不仅有利于增加裁判的透明度以消除当事人的不当怀疑，还有利于对法官的释明行为进行合理监督。”② 实务中，建议在庭前准备阶段以召开庭前会议或者双方到庭询问等方式释明违约金调整问题。因为违约金是否过高本质上是一个事实问题，需要双方当事人围绕损失、履约情况、主观过错等事实举证质证，如果在庭审过程中释明，当事人可能还需新的举证期限提交证据，进而影响诉讼效率。而在庭前准备阶段，法官在释明后即可根据具体情况指定适当的举证期限，从而确保庭审如期进行，使诉讼程序更加顺畅地流转运行。

最后，必须坚持充分尊重当事人处分权的原则，法官释明只是协助当事人决定是否需要提出调整违约金的申请，而违约金调整审查程序的启动仍然

---

① 最高人民法院民事审判第二庭编著：《最高人民法院关于买卖合同司法解释理解与适用》，法律出版社 2012 年版，第 436 页。

② 谭启平、张海鹏：《违约金调减权及其行使与证明》，载《现代法学》2016 年第 3 期。

仅以当事人主动申请为前提。[①] 换言之，法官在释明后，当事人是否认为约定的违约金过高以及是否提出调减申请，均须由其自行决定；如经明确释明仍不提出申请的，应视为其放弃违约金调减请求权，法官原则上不得依职权调减违约金。此外，从对《民法典合同编通则司法解释》第 66 条第 1 款、第 2 款的体系解释的角度，当事人在第一审程序中经法官释明后仍未提出违约金调减申请的，应当认定其在第二审程序中不得再主张调减违约金。

适用难点

1. 违约方因认知能力不足而未申请酌减违约金时能否进行释明

司法实践中，有些案件的违约一方当事人囿于法律认知能力等限制，并未对违约金责任予以否认，也未提出其他免责抗辩。此种情形下，人民法院能否释明违约金调整问题，实务中存在不同认识和处理方法。根据私法自治和处分原则，法官应当尊重当事人依照其意思表示作出的权利处分行为，在当事人自认违约事实且不行使违约金调整请求权的情况下，不宜向其进行酌减违约金的释明，更不能依职权调整违约金数额。不过，在极端情况下，如果合同约定的违约金畸高，且能够较为明显地判断出该违约金过分高于损失，不进行调整将严重违背公平原则或者诚信原则，但当事人由于法律认知能力等因素，未主张司法酌减违约金的，人民法院有必要对其进行恰当的释明，告知其存在相应法律规则以及具体的权利行使方式。对于认知能力的判断，可以从是否有律师代理诉讼、当事人的年龄、教育程度、职业背景等因素进行辅助判断。

在法院释明后，当事人若仍未请求调减违约金数额的，对于畸高违约金是否绝对不得予以调整？基于前述分析，法官依职权释明或者依职权调减违约金，实质上是主动适用民法基本原则来调整失衡的利益关系，进而实现对当事人的平等保护等价值目标。因此，可以继续坚持《买卖合同纠纷司法解释》起草者的解释立场，“如果按照约定违约金标准判决将严重违反公序

---

① 参见最高人民法院民事审判第二庭编著：《最高人民法院关于买卖合同司法解释理解与适用》，法律出版社 2012 年版，第 434 页。

良俗原则、诚信原则和公平原则并导致双方利益严重失衡的，人民法院可以根据《合同法》第 5 条[①]关于公平原则之规定进行调整；但这种依职权进行的调整是绝对的例外情形”。[②]

2. 因客观原因未到庭参加诉讼的具体情形

司法实践中，人民法院在审理类型化案件或者集团性案件时，由于被告缺席裁判率高，法官常面临违约金调减问题上的“同案不同判”的困惑和困境。尤其是集团性案件，诉讼标的种类、基本诉讼请求乃至案件基本事实都具有极高的相似性和一致性，违约方到庭并提出违约金调减请求的案件，法官经审查认定违约金过高并判决调减后，对于须缺席裁判的大量同类案件中的违约金能否予以调整，实践中的裁判立场并不统一。为缓解这种裁判困境，本条第 3 款确认了因客观原因而未参加一审诉讼程序的违约方在二审程序中得以行使违约金调减请求权。实践中，这里的“客观原因”主要包括三种情形。第一种情形是，因被告下落不明，一审法院在穷尽其他送达方式后进行公告送达并缺席判决。第二种情形是，当事人在合同中约定了法律文书送达条款，确认诉讼程序中人民法院可按照约定的联系地址送达传票等法律文书。一审法院根据该约定地址送达开庭传票但无人签收，进而依法缺席作出判决。第三种情形是，当事人收到人民法院送达的开庭传票后，因自身的客观原因无法按时到庭参加诉讼，但该客观事由并不符合延期审理的合理条件或者当事人未依法申请延期审理，人民法院依法作出缺席判决。对于以上情形中的“客观原因”所涉及的事实，请求调减违约金的当事人需要举示相应证据予以证明。

此外，本条第 1 款和第 2 款中均使用了“可以”释明或者改判的表述，这是否意味着二审法院在该两种情形下还“可以”发回重审？对此问题，《买卖合同纠纷司法解释》起草过程中即发生过争议和讨论，且在该司法解释送审稿中还曾规定“一审法院未予释明，当事人就违约金过高提起上诉，对此未能达成调解协议的，二审法院应当发回重审”。但是，最高人民法院

---

① 现《民法典》第 6 条。

② 最高人民法院民事审判第二庭编著：《最高人民法院关于买卖合同司法解释理解与适用》，法律出版社 2012 年版，第 437 页。

审判委员会经讨论认为不宜采取该种处理方式，而是规定“可以直接释明并改判”。[①] 由于请求调减违约金并不涉及事实认定问题，是否应当酌减违约金主要是一个以个案事实为基础的法律适用层面的价值判断问题，故二审法院认为应当释明或者应当调减的，应当直接改判或释明后改判，而不应轻易发回重审。

风险防范

当事人或律师在诉讼活动中，需要准确理解法律和司法解释关于违约金司法酌减制度的规范要求，确定合理有效的诉讼攻防策略。这其中比较重要的问题包括：首先，针对违约金责任需要采取类似于“预备性合并之诉”的诉讼策略，在否认违约责任成立的同时，提出预备性的违约金司法酌减请求。具体而言，可以在答辩阶段提出否认违约事实或损失不存在等免责抗辩，同时主张若法院认定违约责任成立，也请求对合同约定的过高违约金数额进行调减。其次，在自认违约责任事实存在的情形下，仍然可以围绕违约造成的损失与合同约定的违约金之间的比例关系，提出违约金过高的抗辩并申请司法酌减。最后，充分认识到违约金酌减程序规则的重要性，准确把握违约金调减请求权行使的程序和时间要求，避免因怠于履行诉讼义务而导致“失权”后果。

类案指引

1. 山东菏泽黄河工程局（以下简称黄河工程局）与济源市大河砼业有限公司买卖合同纠纷案[②]

裁判要旨：当事人在一审中仅提出否认违约事实的抗辩，法院未予以释明调整过高违约金的，二审法院可根据当事人的请求直接判决酌减

---

① 参见最高人民法院民事审判第二庭编著：《最高人民法院关于买卖合同司法解释理解与适用》，法律出版社2012年版，第439页。

② 参见河南省济源市中级人民法院（2017）豫96民终241号民事判决书。

违约金。

法院认为： 案涉商品砼供需合同中约定违约方需承担5‰的违约金，该约定明显过高。一审中，黄河工程局仅针对其公司不应履行支付货款责任进行抗辩，而未主张调整过高的违约金，原审也未适时释明，应予纠正。二审中，黄河工程局要求调整违约金，法院依法确定黄河工程局按照年利率24%的标准支付违约金。

2. 嘉兴清眸科技合伙企业（以下简称清眸企业）、曾某华服务合同纠纷案①

裁判要旨： 当事人仅主张否认违约事实，法院向其释明是否主张调整违约金，不构成程序违法。

法院认为： 曾某华以清眸企业未提供服务，其未支付费用不构成违约为由进行免责抗辩。法院以若不支持免责抗辩，当事人是否需要主张调整违约金进行释明。这种释明仅是程序控制之需，并非通过干预诉讼影响当事人的实体权利。故法院以清眸企业的实际损失为基础，兼顾合同的履行情况，根据公平原则和诚信原则调整违约金，亦无明显不当。

相关条文

《买卖合同纠纷司法解释》

第二十一条 买卖合同当事人一方以对方违约为由主张支付违约金，对方以合同不成立、合同未生效、合同无效或者不构成违约等为由进行免责抗辩而未主张调整过高的违约金的，人民法院应当就法院若不支持免责抗辩，当事人是否需要主张调整违约金进行释明。

一审法院认为免责抗辩成立且未予释明，二审法院认为应当判决支付违约金的，可以直接释明并改判。

① 参见浙江省嘉兴市中级人民法院（2020）浙04民终2807号民事判决书。

第五节　定金规则与定金罚则

一、定金规则

释义条文

《民法典合同编通则司法解释》

第六十七条　当事人交付留置金、担保金、保证金、订约金、押金或者订金等，但是没有约定定金性质，一方主张适用民法典第五百八十七条规定的定金罚则的，人民法院不予支持。当事人约定了定金性质，但是未约定定金类型或者约定不明，一方主张为违约定金的，人民法院应予支持。

当事人约定以交付定金作为订立合同的担保，一方拒绝订立合同或者在磋商订立合同时违背诚信原则导致未能订立合同，对方主张适用民法典第五百八十七条规定的定金罚则的，人民法院应予支持。

当事人约定以交付定金作为合同成立或者生效条件，应当交付定金的一方未交付定金，但是合同主要义务已经履行完毕并为对方所接受的，人民法院应当认定合同在对方接受履行时已经成立或者生效。

当事人约定定金性质为解约定金，交付定金的一方主张以丧失定金为代价解除合同的，或者收受定金的一方主张以双倍返还定金为代价解除合同的，人民法院应予支持。

新旧变化

虽然《担保法解释》已经废止，但该解释涉及定金适用规则的条款应纳入合同编解释，法律适用规则并未变化。《担保法》第 89 条第 3 款规定：“给付定金的一方不履行约定的债务的，无权要求返还定金；收受定金的一方不履行约定的债务的，应当双倍返还定金。”《民法典》第 587 条第 2 款规定：“给付定金的一方不履行债务或者履行债务不符合约定，致使不能实现合同目的的，应当双倍返还定金。”可见，《担保法》仅规定一方不履行约定时才可以适用定金罚则，而《民法典》则将定金罚则的适用范围扩张至一方履行债务不符合约定的情形，但在结果上则要求当事人的违约行为必须“致使不能实现合同目的”，才能适用定金罚则。《担保法》关于定金罚则适用范围虽然比较窄，但《担保法解释》第 120 条第 1 款进行了补救，明确规定：“因当事人一方迟延履行或者其他违约行为，致使合同目的不能实现，可以适用定金罚则。但法律另有规定或者当事人另有约定的除外。”我们认为，《民法典》第 587 条就是充分吸收《担保法解释》第 120 条的规定。

规范解读

定金合同是民事法律行为的一种，适用民事法律行为的一般规则，可以在合同的主文中载明，也可以单独设立。定金规则安放于《民法典》合同编第八章违约责任部分，强调定金除了是一种违约责任的承担方式，还具有一定的违约惩罚功能。又因《民法典担保制度司法解释》未对定金制度进行规定，故而已经废止的《担保法解释》相关规则应纳入最高人民法院的合同通则编解释当中，为了维护交易规范的稳定性，《民法典》及其《民法典合同编通则司法解释》保持了相关规则的延续稳定可靠。定金制度的适用方式主要包括以下几个方面：

第一，关于定金的性质问题。关于定金的性质，一般应当由当事人明确约定。当事人交付留置金、担保金、保证金、订约金、押金或者订金等，但没有约定定金性质的，不构成定金合同。本条第 1 款沿用了《担保法解释》第 118 条的规定。实践中定金的种类非常多，最为常见的是违约定金，即在接受定金以后，一方当事人不履行债务或者履行债务不符合约定，致使不能实现合同目的的，应按照定金罚则予以处理。除了违约定金之外，常见的还有立约定金、成约定金、证约定金、解约定金等。通常认为，我国现行法律体系中的定金概念系以违约定金为核心，以其他类型的定金为特例。一般要以当事人明确约定特定类型的定金条款且具有较强的可预测性与可操作性，即如果合同当事人约定定金条款时未明确定金性质的，一方主张为违约定金的，应解释为违约定金；明确约定定金性质或从约定内容能够直接判断出定金性质的，定金性质从其约定。①

第二，关于不同类型定金的适用问题。定金主要分为立约定金、成约定金、解约定金等，本条第2款至第4款基本沿用《担保法解释》第115条至第117条的规定，对立约定金、成约定金和解约定金分别作出规定。具体而言，本条第2款是对立约定金的规定，来源于《担保法解释》第115条："当事人约定以交付定金作为订立主合同担保的，给付定金的一方拒绝订立主合同的，无权要求返还定金；收受定金的一方拒绝订立合同的，应当双倍返还定金。"主要的修改是将"收受定金的一方拒绝订立合同的"变更为"一方无正当理由拒绝订立合同或者在磋商订立合同时违背诚信原则导致未能订立合同"。本条第3款是对成约定金的规定，来源于《担保法解释》第116条："当事人约定以交付定金作为主合同成立或者生效要件的，给付定金的一方未支付定金，但主合同已经履行或者已经履行主要部分的，不影响主合同的成立或者生效。"主要的修改是将"主合同已经履行或者已经履行主要部分的"变更为"合同主要义务已经履行完毕并为对方所接受的"。本条第4款是对解约定金的规定，来源于《担保法解释》第117条："定金交付后，交付定金的一方可以按照合同的约定以丧失定金为代价而解除主合同，收受定金的一方可以双倍返还定金为代价而解除主合同。对解除主合同后责任的处理，适用《中华人民共和国合同法》的规定。"对该条并未作太大修改，只是改变了表述方式。

第三，关于定金与违约金的关系问题。在收受定金的一方不履行约定债务的或者部分履行债务导致合同目的不能实现的，应当双倍返还定金。如果当事人提出对方实际损失低于定金时，即定金明显高于实际损失时，是否可以请求人民法院与仲裁机构适当减少定金数额呢？答案是否定的。如果当事人约定的定金没有超过主合同标的的20%，但实际损失又低于约定的定金数，当事人也无权请求人民法院调整定金。另外，买卖合同约定的定金不足

① 最高人民法院民事审判第二庭编著：《最高人民法院关于买卖合同司法解释的理解与适用》，人民法院出版社2016年版，第442页。

以弥补一方违约造成的损失，对方请求赔偿超过定金部分的损失的，人民法院可以并处，但定金和损失赔偿的数额总和不应高于因违约造成的损失。据此，定金应计算入损害赔偿数额，如果损害超过定金数额的，守约方可以要求定金之后，再请求赔偿超过定金部分的损失，总之两者不能单独计算后两者合并，而是定金数额融合进违约金数额。当事人既约定违约金，又约定定金的，一方违约时，相对方可以选择违约金条款或定金条款，只能二选一。

适用难点

实践中，需要注意定金合同或定金条款具有法定的生效要件，不仅需要双方当事人意思表示一致，还需要实际交付定金，定金条款或定金合同才能生效，即“实践性”合同，而非“诺成性”合同。如果双方当事人仅约定了定金条款或定金合同，并未实际交付定金，那么该合同或条款不能生效，以定金进行诉请也不能得到人民法院或仲裁机构的支持。另外，如果实际交付的定金与约定定金不符，视为对定金条款的变更，以实际交付定金数额为准，当然受定金数额不得超过主合同标的的 20%，超过部分不发生定金效力，应当予以返还或者按照约定抵作价款，但未超过部分仍然产生定金效力。如果约定定金金额在交付时不足约定，一方提出异议，仍然在接受定金范围内，则仍然发生定金效力。

风险防范

根据《民法典》第 586 条和第 587 条，定金仅仅具有部分违约“震慑”效果，对非违约方不一定能够全部“填平”或“补偿”全部损失，所以说定金具有一定的担保功能，但不构成担保法律关系。对于非违约方来说或者是债权人来说，该制度对债权保障的安全性来说偏弱，具有象征意义和部分保障意义。另外，定金具有双向性和惩罚性功能。定金功能上具有双方约束性，而保证、抵押、质押、留置等不具有双向约束。那么对于合同双方来说约定履约情况执行力就需要小心的预判，也就是说，对各自行为完成度方面就具有更强的约束力，强调了双方的均衡义务和均衡补偿。进而，司法裁判确定使用定金规则时还需要对合同履行情况，特别是履约过错方加以评判，再确定谁会受到定金罚则的“惩处”，总而言之，履约能力就是各自风险点。

类案指引

1. 北京京港物业发展有限公司（以下简称京港公司）与北京首商集团股份有限公司（以下简称首商公司）租赁合同纠纷上诉案①

裁判要旨：当事人交付履约保证金没有约定定金性质的，当事人主张定金权利的，不予支持。

法院认为：关于履约保证金应否返还的问题。京港公司认为首商公司存在未能“全面履行本合同约定的各项义务或责任”的重大违约行为，故首商公司无权要求返还履约保证金。其实质是将履约保证金作为定金对待，认为交付定金一方不履行约定债务的，无权要求返还定金。根据《租赁合同》第7条的约定，“为了确保合同的履行，保证承租人经营的稳定性和连续性”，承租人应向业主交付履约保证金，“作为承租人履行本合同义务的保证金”。该条还约定了履约保证金的返还条件：“在本合同期满时，承租人全面履行了本合同约定的各项义务或责任后，在承租人完全撤出租赁标的，双方办理完毕场地交接手续后七个工作日内，业主将履约保证金返还给承租人且不计利息。”双方还一致同意履约保证金不得折抵拖欠的租金等相关费用。可见，本案当事人在合同中并未约定履约保证金具有定金性质。此外，本案履约保证金的作用在于确保租赁合同履行，合同已经解除，无须再对履行提供担保。

2. 青岛梧桐投资发展有限公司（以下简称梧桐公司）与青岛北海岸建设投资有限公司合资、合作开发房地产合同纠纷案②

裁判要旨：合同约定以交付定金作为主合同成立或生效要件的，给

① 参见最高人民法院（2019）最高法民终378号民事判决书。

② 参见最高人民法院（2014）民一终字第14号民事判决书。

付定金的一方未依约支付定金，合同已经履行的，不影响主合同的成立或者生效；实际交付的定金数额与约定数额不符，收受定金一方未提出异议并接受定金的，视为双方同意变更定金数额。

法院认为：梧桐公司前期投资，办理完毕各项手续并于2008年9月上旬开工建设，已经履行了合同，并且，龙腾源公司、青岛市九〇一重点工程指挥部从未依据九〇一合同第六条之约定行使合同解除权，而是又签订《补充协议》约定继续履行九〇一合同，故九〇一合同是成立并生效的。高密梧桐公司向龙腾源公司交纳保证金300万元后，龙腾源公司、青岛市九〇一重点工程指挥部并未提出异议并拒绝接受，应当视为双方变更了定金的数额。因此，不能得出高密梧桐公司交纳300万元定金的行为构成违约，龙腾源公司主张高密梧桐公司违约的上诉理由不能成立，依法不予支持。

3. 江苏悦达卡特新能源有限公司（以下简称悦达新能源公司）与富锋生物能源（泰兴）有限公司（以下简称富锋公司）承揽合同纠纷案①

裁判要旨：交付定金属于解约定金性质的，交付定金的一方单方解除主合同的，不得要求返还解约定金。

法院认为：关于《委托加工合同》约定的100万元保证金的性质问题。从《委托加工合同》第11条第3项“如乙方（即悦达新能源公司、悦达新材料公司）单方面终止合同，需要提前一个月书面通知甲方（即富锋公司），甲方不退还合同保证金100万元人民币；如甲方单方面终止合同，需要提前一个月书面通知乙方，甲方需退还100万元人民币保证金给乙方，并向乙方支付违约金100万元”的约定看，该100万元是针对单方解除合同情形而非针对合同履行中的违约情形所作的规定，且包含定金罚则的主要内容，故其性质应认定为解约定金。由于悦达新能源公司、悦达新材料公司于2014年4月27日单方面通知富锋公司解除《委托加工合同》，符合该合同的上述约定，故依据定金罚则的相关规定，其无权请求富锋公司返还该100万元款项。

① 参见最高人民法院（2016）最高法民申994号民事裁定书。

相关条文

《民法典》

第五百八十六条　当事人可以约定一方向对方给付定金作为债权的担保。定金合同自实际交付定金时成立。

定金的数额由当事人约定；但是，不得超过主合同标的额的百分之二十，超过部分不产生定金的效力。实际交付的定金数额多于或者少于约定数额的，视为变更约定的定金数额。

第五百八十七条　债务人履行债务的，定金应当抵作价款或者收回。给付定金的一方不履行债务或者履行债务不符合约定，致使不能实现合同目的的，无权请求返还定金；收受定金的一方不履行债务或者履行债务不符合约定，致使不能实现合同目的的，应当双倍返还定金。

《商品房买卖合同纠纷司法解释》

第四条　出卖人通过认购、订购、预订等方式向买受人收受定金作为订立商品房买卖合同担保的，如果因当事人一方原因未能订立商品房买卖合同，应当按照法律关于定金的规定处理；因不可归责于当事人双方的事由，导致商品房买卖合同未能订立的，出卖人应当将定金返还买受人。

第十九条　商品房买卖合同约定，买受人以担保贷款方式付款、因当事人一方原因未能订立商品房担保贷款合同并导致商品房买卖合同不能继续履行的，对方当事人可以请求解除合同和赔偿损失。因不可归责于当事人双方的事由未能订立商品房担保贷款合同并导致商品房买卖合同不能继续履行的，当事人可以请求解除合同，出卖人应当将收受的购房款本金及其利息或者定金返还买受人。

《最高人民法院关于依法妥善审理涉新冠肺炎疫情民事案件若干问题的指导意见（二）》

1. 疫情或者疫情防控措施导致当事人不能按照约定的期限履行买卖合同或者履行成本增加，继续履行不影响合同目的实现，当事人请求解除合同的，人民法院不予支持。

疫情或者疫情防控措施导致出卖人不能按照约定的期限完成订单或者交

付货物，继续履行不能实现买受人的合同目的，买受人请求解除合同，返还已经支付的预付款或者定金的，人民法院应予支持；买受人请求出卖人承担违约责任的，人民法院不予支持。

5. 承租房屋用于经营，疫情或者疫情防控措施导致承租人资金周转困难或者营业收入明显减少，出租人以承租人没有按照约定的期限支付租金为由请求解除租赁合同，由承租人承担违约责任的，人民法院不予支持。

为展览、会议、庙会等特定目的而预订的临时场地租赁合同，疫情或者疫情防控措施导致该活动取消，承租人请求解除租赁合同，返还预付款或者定金的，人民法院应予支持。

二、定金罚则的法律适用

释义条文

《民法典合同编通则司法解释》

第六十八条 双方当事人均具有致使不能实现合同目的的违约行为，其中一方请求适用定金罚则的，人民法院不予支持。当事人一方仅有轻微违约，对方具有致使不能实现合同目的的违约行为，轻微违约方主张适用定金罚则，对方以轻微违约方也构成违约为由抗辩的，人民法院对该抗辩不予支持。

当事人一方已经部分履行合同，对方接受并主张按照未履行部分所占比例适用定金罚则的，人民法院应予支持。对方主张按照合同整体适用定金罚则的，人民法院不予支持，但是部分未履行致使不能实现合同目的的除外。

因不可抗力致使合同不能履行，非违约方主张适用定金罚则的，人民法院不予支持。

新旧变化

虽然《担保法解释》已经废止，但该解释涉及定金适用规则的条款应纳入合同编解释，法律适用规则并未变化。

规范解读

本条是关于定金罚则适用的规定。

《民法典》第 587 条明确了定金罚则只适用于履行债务不符合约定导致合同目的不能实现的情形（根本违约），但对于非根本违约的情形如何适用定金罚则，以及定金罚则是否可以根据违约情况按比例适用等问题，没有相应的规定。这在实践中产生了《民法典》之前的法律和司法解释，特别是《担保法解释》的相关规定精神是否沿用的问题。本条是在《担保法解释》第 115 条、第 117 条、第 120 条、第 122 条等规定的基础上修改整合而来的，意在具体规定定金罚则的适用规则，回应实践中产生的问题。

第一，关于定金罚则的适用范围问题。《民法典》第 587 条对定金罚则的适用作了修改，规定履行不符合约定致使不能实现合同目的的，也可以适用定金罚则。从《民法典》的规定来看，主要规定了违约定金，即在一方违约以后，如按定金罚则接受了制裁，该当事人仍负有继续履行合同的义务。因为从当事人订立合同的目的来看，是希望通过设置定金制度来保障合同的顺利履行。定金罚则是针对违约行为而设定的，但并不是说在出现任何违约，特别是出现轻微违约的情况下，也可以运用定金罚则。定金责任可以运用于完全不履行合同的行为，也可以运用于不完全履行合同的行为。但对于不完全履行行为来说，只有在这些违约行为构成根本违约，使当事人缔约目的不能实现的情况下才能运用定金罚则。由于定金罚则体现了对违约一方当事人的制裁，运用这种制裁会给违约一方经济上带来极为不利的后果，特别是这种制裁也可以与违约金、实际履行等补救方式并用，因此必须将定金罚则的运用限定在特定的范围。如果认为任何违约，哪怕是轻微的违约都要运用定金罚则，那么将会导致定金罚则的滥用。一方出现轻微违约就运用定金罚则，给违约一方强加极为沉重的经济负担，也不利于其继续履行合同，并且与法律上的诚实信用原则相悖。一般迟延履行合同的行为，若不构成根本性违约，不可适用定金罚则。

本条的语义表明，定金罚则通常只适用于根本违约的情形。在调研过程中，天津市高级人民法院建议进一步明确定金罚则的适用规则，主要理由为：

定金罚则属于惩罚性较强的一种违约责任，对其适用应当限于一方违约（根本性违约）的情形，当存在双方违约（根本性违约）时，定金罚则没有适用空间，此时应根据双方的违约情形，依法适用相应的违约金、赔偿金予以制裁，让违约方承担相应的责任。当然，若一方存在根本性违约，另一方仅存在轻微违约（瑕疵履行）的情况下，依然可以适用定金罚则。经研究，采纳该建议。本条第1款规定一方有根本违约而另一方仅有轻微违约的，轻微违约方仍可主张适用定金罚则；双方均有根本违约的，不得主张适用定金罚则。

第二，关于部分履行时定金罚则是否可以根据违约情况按比例适用的问题。《担保法解释》第120条第2款规定："当事人一方不完全履行合同的，应当按照未履行部分所占合同约定内容的比例，适用定金罚则。"有观点认为，该规定已经与《民法典》第587条的精神不符，因为本条的语义表明，定金罚则只适用于根本违约的情形。即使在部分履行导致根本违约的情形下，定金罚则也应当按照全有或全无的规则适用，而不再按比例适用。我们认为，在合同标的可分的情况下，如果部分履行不致合同目的完全不能实现，当事人也愿意接受部分履行，应当按照未履行部分所占合同标的数量比例适用定金罚则。《民法典》第632条和第633条规定标的物可分情况下可就部分标的物解除合同，对定金的部分适用具有参考意义，可以比照。《民法典》第632条规定："标的物为数物，其中一物不符合约定的，买受人可以就该物解除。但是，该物与他物分离使标的物的价值显受损害的，买受人可以就数物解除合同。"第633条规定："出卖人分批交付标的物的，出卖人对其中一批标的物不交付或者交付不符合约定，致使该批标的物不能实现合同目的的，买受人可以就该批标的物解除。出卖人不交付其中一批标的物或者交付不符合约定，致使之后其他各批标的物的交付不能实现合同目的的，买受人可以就该批以及之后其他各批标的物解除。买受人如果就其中一批标的物解除，该批标的物与其他各批标的物相互依存的，可以就已经交付和未交付的各批标的物解除。"因此，本条第2款明确规定了定金罚则可以根据违约情况按比例适用。

第三，关于不可抗力致使合同不能履行情形下定金罚则的适用问题。本条第3款吸收了《担保法解释》第122条的规定。该解释第122条规定，因不可抗力、意外事件致使合同不能履行的，不适用定金罚则。该规定与《民法典》不冲突，但在司法实践中具有指导价值，且未纳入《民法典担保制度司法解释》中，故有必要在合同编的解释中予以规定。但根据调研意见删除“意外事件”，主要考虑是《民法典》仅规定不可抗力作为违约免责事由。另外，如果不可抗力是造成合同不能履行的部分原因，还有部分人为因素或者商业条件的变化，那么仍然可按照定金比例原则予以适用。

适用难点

适用定金罚则需具备条件：一是以违反有效合同为前提。如果合同被判定无效，那么定金条款的效力一般无效，那么无效合同的法律后果是返还或恢复到订立合同之前的状态，定金条款一般不予适用，而是以无效后无过错方向有过错方请求损害赔偿。注意主合同因违约被解除后，解除权人可以请求违约方承担违约责任，当事人另有约定的除外，那么解除权人有权依据定金罚则请求违约方承担责任。二是针对不履行的违约形态。对于部分履行或者部分违约，非根本性违约的情况，通说认为按照比例原则确定定金罚则能促进当事人尽量守约，维护交易安全。如定金不足以弥补守约方损失，法律赋予人民法院或仲裁机构司法酌增的权力，定金加部分违约金可以突破主合同标的的20%，此时定金与损失赔偿的数额总和不高于因违约的损失，有助于对守约方利益的充分保护，又避免了守约方获得超过其损失的利益，必须坚守传统的“填平”原则。

风险防范

当事人在既约定违约金，又约定定金的，一方违约时，对方可以选择适用违约金或者定金条款。定金不足以弥补一方违约造成的损失的，对方可以请求赔偿超过定金数额的损失。合同签订过程中尽量约定一类保障措施，确定合理的定金数额，同时要预判自身履约能力情况，如果自身履约状况不佳，同样会受定金罚则的制约。另外，可以在约定定金时附带提及实际损失的计算标准，为将来得到完全损失弥补创造条件。

类案指引

1. 佛山市南海区万科乐恒置业有限公司（以下简称万科乐恒公司）与佛山乐意投资管理有限公司（以下简称乐意公司）合同纠纷案①

裁判要旨：双方当事人均构成根本违约的情形下，双方均不得请求适用定金罚则规定。

裁判理由：法院认为，关于澳盈公司、乐意公司是否违约，万科乐恒公司是否有权没收其已支付的2亿元定金的问题。本案中澳盈公司、乐意公司确实存在逾期支付合同约定款项的行为，该行为已经构成根本违约。而万科乐恒公司违反《预约合同》第1条和第7条致使澳盈公司、乐意公司的合同目的落空，后者亦取得合同解除的权利。在当事人双方都违反合同的，应当各自承担相应的责任。故在本案双方均构成违约的情况下，一方无视自身违约的事实，就对方逾期付款行为主张定金罚则的请求不应得到支持。

2. 中控国融新能源开发有限公司（以下简称中控公司）与福州大德实业有限公司（以下简称大德公司）买卖合同纠纷案②

裁判要旨：合同当事人应当遵守诚实信用原则严格履行合同义务，以促成合同目的的实现。一方当事人部分履行或不完全履行合同义务时，可按未履行部分所占比例适用定金罚则；未按照合同约定导致合同解除，构成根本违约的，可以直接适用定金罚则。

法院认为：首先，中控公司未按约定支付购房款导致合同解除，合同目的已不能实现，应当直接适用定金罚则。中控公司按约定应当支付购房款13,000万元，但实际仅付1190万元，在双方签订《备忘录》约定付款延期后，中控公司仍然未能按照约定付款，大德公司依照双方约定有权解除合同，案涉《房产转让框架协议》已解除。在《房

① 参见最高人民法院（2017）最高法民申4604号民事判决书。

② 参见最高人民法院（2019）最高法民再183号民事判决书。

产转让框架协议》解除的情况下，中控公司实际已因违约行为而致使合同解除，大德公司合同目的不能实现。其次，案涉《房产转让框架协议》为整栋房产及相关车位的购买，并未约定分期分割购买，不存在部分履行或不完全履行之情形。案涉协议为整体房产购买合同，双方没有约定合同标的可以区分，实际履行过程中亦未约定可根据付款金额分割交付，因此，中控公司仅支付1190万元，并不构成对协议的部分履行，而是因其违约行为导致合同目的不能实现，案涉协议已解除，中控公司并不属于不完全履行合同。最后，从案涉《房产转让框架协议》解除的后果来看，大德公司应当全部退还中控公司所交房款1190万元，说明该部分款项并没有完成案涉协议约定内容的部分履行，大德公司亦未由此获取任何合同利益，其合同目的未得到任何实现。而按比例适用定金罚则立法本意在于合同部分履行后，守约方已因合同部分履行获得一定的收益，故从利益平衡角度将已履行部分按比例扣除罚金。

相关条文

《民法典》

第五百八十六条　当事人可以约定一方向对方给付定金作为债权的担保。定金合同自实际交付定金时成立。

定金的数额由当事人约定；但是，不得超过主合同标的额的百分之二十，超过部分不产生定金的效力。实际交付的定金数额多于或者少于约定数额的，视为变更约定的定金数额。

第五百八十七条　债务人履行债务的，定金应当抵作价款或者收回。给付定金的一方不履行债务或者履行债务不符合约定，致使不能实现合同目的的，无权请求返还定金；收受定金的一方不履行债务或者履行债务不符合约定，致使不能实现合同目的的，应当双倍返还定金。

《九民纪要》

49.【合同解除的法律后果】合同解除时，一方依据合同中有关违约金、约定损害赔偿的计算方法、定金责任等违约责任条款的约定，请求另一方承担违约责任的，人民法院依法予以支持。

双务合同解除时人民法院的释明问题，参照本纪要第 36 条的相关规定处理。

专题九

司法解释生效时间

释义条文

《民法典合同编通则司法解释》

第六十九条 本解释自2023年12月5日起施行。

民法典施行后的法律事实引起的民事案件，本解释施行后尚未终审的，适用本解释；本解释施行前已经终审，当事人申请再审或者按照审判监督程序决定再审的，不适用本解释。

新旧变化

《合同法司法解释（一）》第1条规定：“合同法实施以后成立的合同发生纠纷起诉到人民法院的，适用合同法的规定；合同法实施以前成立的合同发生纠纷起诉到人民法院的，除本解释另有规定的以外，适用当时的法律规定，当时没有法律规定的，可以适用合同法的有关规定。”该司法解释直接明确规定了《合同法》施行以后《合同法》在时间上的适用范围的一般原则和司法解释的适用，但从最高人民法院自2014年以来公布的主要民商事司法解释看，有关时间效力的规定大致有以下几种类型：

（1）适用于其施行后新受理的一审案件，不适用于其施行前已经受理、施行后尚未审结的一审、二审案件，以及再审案件。例如，《最高人民法院关于适用〈中华人民共和国婚姻法〉若干问题的解释（二）的补充规定》等。

（2）适用于其施行后尚未终审的案件，不适用于再审案件。例如，《最高人民法院关于适用〈中华人民共和国公司法〉若干问题的规定（五）》《建设工程施工合同司法解释》等。

（3）规定司法解释对施行前事件和行为没有溯及力。例如，《最高人民法院关于执行程序中计算迟延履行期间的债务利息适用法律若干问题的解释》。

（4）只规定施行前司法解释与本规定不一致的，不再适用。例如，《民事诉讼证据规定》《民事诉讼法司法解释》等。

（5）对溯及力没有作出规定。例如，《最高人民法院关于适用〈中华人民共和国公司法〉若干问题的规定（一）》《最高人民法院关于适用〈中华人民共和国公司法〉若干问题的规定（二）》《最高人民法院关于适用〈中华人民共和国公司法〉若干问题的规定（三）》[①]。

考察以上五类解释可以看出，最高人民法院民商事司法解释基本遵守以下两点：（1）体现了“实体从旧、程序从新”的法律溯及力原则，有关程序法司法解释（前述第四种类型）多贯彻“程序从新”的精神，对于尚未终审和启动再审程序审理的案件，均可以适用新作出的司法解释。（2）实体法司法解释大多实行有限度溯及既往原则，多规定“施行后尚未终审的一、二审案件适用”或“施行后新受理的一审案件适用”。

规范解读

法的适用效力，又称法的效力范围，主要指对人、对事以及地域、时间的适用范围。法的时间效力是法的适用效力的重要内容，是指法律何时生效、何时终止生效及法律对其颁布实施前的事件和行为是否具有溯及力的问题。对于司法解释而言，同样存在时间效力问题，包括司法解释何时生效、何时失效以及司法解释对其生效以前的事件和行为有无溯及力的问题。由于本解释属于对《民法典》合同编通则若干问题的解释，因此，本解释的适

① 参见最高人民法院研究室编著：《最高人民法院民法典时间效力司法解释理解与适用》，人民法院出版社 2021 年版，第 316 页。

用也要遵循民法典适用的时间逻辑，即适用于民法典施行后的法律事实引起的尚未终审的民事纠纷案件。

最高人民法院可以对属于审判工作中具体应用法律的问题进行解释。司法解释是对如何具体适用法律的释明，一般是在法律施行之后作出，故其在生效之日就应适用于审判实践，因此，司法解释原则上适用于其所解释的法律施行之后的法律事实引起的民事纠纷案件。法不溯及既往原则的理论基础是信赖利益保护原则，其目的在于保护当事人的权利不因新法受到损害，[①] 但该原则并不绝对。如果因为社会发展变化，旧法已经不利于保护当事人权益的，应允许通过新法来修改旧法，此时如果仍然坚持法不溯及既往原则与保护当事人权利的目的相违背。司法解释的溯及既往应受既判力的限制，故已经生效的裁判当然不宜适用新的司法解释，否则会导致已经生效的裁判被推翻，不利于维护裁判的稳定性，也不符合当事人的合理期待。[②] 维护裁判的既判力也是法的安定性的一项基本要求，如果溯及力优于既判力，则势必在一定程度上动摇法的安定性和生效裁判的权威性、公信力。因此，除了既判力之外，司法解释的溯及力应统一规定适用于一、二审案件，不需要区分新受理的一审案件与审理中的案件。

“新法优于旧法”原则的基本要求是，由同一部门法就相同的问题，在不同时期先后作出的规定应该以最新规定为准。一般而言，在后的规范性规定均较在先的规定更科学，更符合实际情况，更有利于保护自然人、法人、非法人组织的合法权益，因此，新法优于旧法是法的适用的一般原则，司法解释也应遵循该原则，故本条第3款明确规定：“本院以前发布的司法解释与本解释不一致的，以本解释为准。”

---

① 参见最高人民法院研究室编著：《最高人民法院民法典时间效力司法解释理解与适用》，人民法院出版社2021年版，第19页。

② 参见最高人民法院民事审判第一庭编著：《最高人民法院关于买卖合同司法解释理解与适用》，人民法院出版社2016年版，第688－689页。

适用难点

司法解释施行前通过审判监督程序指令再审或提审后发回重审、施行后尚未审结的一审、二审案件是否适用本司法解释？由于司法解释对于其实施之前已经终审的案件不再适用新司法解释，而前述问题所涉案件虽然处于指令再审、发回重审后的一审或二审审理阶段，与普通的一审或二审案件在程序上没有本质区别，但就其实质而言，是曾经“已终审”的案件，根据“法不溯及既往”的一般原则，不应再适用新司法解释。①

类案指引

1. 郑照某、郑兆某等与郑某齐、周曙某确认合同无效纠纷案②

裁判要旨：司法解释的生效时间应溯及至相关法律实施之日，同时受既判力的限制。

法院认为：《买卖合同纠纷司法解释》（法释〔2012〕8号）规定：“本解释施行后尚未终审的买卖合同纠纷案件，适用本解释；本解释施行前已经终审，当事人申请再审或者按照审判监督程序决定再审的，不适用本解释。”即该司法解释的生效时间应溯及至《合同法》实施之日，同时受既判力的限制，本案在二审时属于尚未终审的二审案件，故二审法院适用该司法解释正确，郑照某的该再审申请理由不能成立。

2. 王某、付成某等民间借贷纠纷案③

裁判要旨：一审受理时间早于司法解释的生效时间，故案件的审理并不适用该司法解释。

法院认为：2020年8月20日起施行的《民间借贷规定》（法释〔2020〕6号）第32条和2021年1月1日起施行的《民间借贷规定》

---

① 参见最高人民法院研究室编著：《最高人民法院民法典时间效力司法解释理解与适用》，人民法院出版社2021年版，第319页。

② 参见江苏省高级人民法院（2020）苏民申10075号民事裁定书。

③ 参见湖北省高级人民法院（2021）鄂民申1514号民事裁定书。

（法释〔2020〕17号）第31条均规定，“本规定施行后，人民法院新受理的一审民间借贷纠纷案件，适用本规定”。本案一审受理时间为2020年5月12日，早于上述司法解释的生效时间，故本案的审理并不适用上述司法解释，原审法院按照2020年8月20日之前的司法解释确定30万元按年利率24%计算利息数额并无不当。

相关条文

《民法典》

第一千二百六十条　本法自2021年1月1日起施行。

《民法典时间效力规定》

第一条　民法典施行后的法律事实引起的民事纠纷案件，适用民法典的规定。

民法典施行前的法律事实引起的民事纠纷案件，适用当时的法律、司法解释的规定，但是法律、司法解释另有规定的除外。

民法典施行前的法律事实持续至民法典施行后，该法律事实引起的民事纠纷案件，适用民法典的规定，但是法律、司法解释另有规定的除外。

附录一

合同关联司法解释一览表

合同编通则解释	民法典及其关联法规	原合同法解释一二
第一条 人民法院依据民法典第一百四十二条第一款、第四百六十六条第一款的规定解释合同条款时，应当以词句的通常含义为基础，结合相关条款、合同的性质和目的、习惯以及诚信原则，参考缔约背景、磋商过程、履行行为等因素确定争议条款的含义。 有证据证明当事人之间对合同条款有不同于词句的通常含义的其他共同理解，一方主张按照词句的通常含义理解合同条款的，人民法院不予支持。 对合同条款有两种以上解释，可能影响该条款效力的，人民法院应当选择有利于该条款有效的解释；属于无偿合同的，应当选择对债务人负担较轻的解释。	《民法典》 **第一百四十二条** 有相对人的意思表示的解释，应当按照所使用的词句，结合相关条款、行为的性质和目的、习惯以及诚信原则，确定意思表示的含义。无相对人的意思表示的解释，不能完全拘泥于所使用的词句，而应当结合相关条款、行为的性质和目的、习惯以及诚信原则，确定行为人的真实意思。 **第四百六十六条** 当事人对合同条款的理解有争议的，应当依据本法第一百四十二条第一款的规定，确定争议条款的含义。合同文本采用两种以上文字订立并约定具有同等效力的，对各文本使用的词句推定具有相同含义。各文本使用的词句不一致的，应当根据合同的相关条款、性质、目的以及诚信原则等予以解释。	
第二条 下列情形，不违反法律、行政法规的强制性规定且不违背公序良俗的，人民法院可以认定为民法典所称的“交易习惯”： （一）当事人之间在交易活动中的惯常做法； （二）在交易行为当地	《民法典》 **第十条** 处理民事纠纷，应当依照法律；法律没有规定的，可以适用习惯，但是不得违背公序良俗。 **第一百四十条** 行为人可以明示或者默示作出意思表示。 沉默只有在有法律规定、当事	《合同法司法解释（二）》 **第七条** 下列情形，不违反法律、行政法规强制性规定的，人民法院可以认定为合同法所称“交易习惯”：

续表

合同编通则解释	民法典及其关联法规	原合同法解释一二
或者某一领域、某一行业通常采用并为交易对方订立合同时所知道或者应当知道的做法。 对于交易习惯，由提出主张的当事人一方承担举证责任。	人约定或者符合当事人之间的交易习惯时，才可以视为意思表示。 **《民法典总则编司法解释》** **第二条**　在一定地域、行业范围内长期为一般人从事民事活动时普遍遵守的民间习俗、惯常做法等，可以认定为民法典第十条规定的习惯。 当事人主张适用习惯的，应当就习惯及其具体内容提供相应证据；必要时，人民法院可以依职权查明。 适用习惯，不得违背社会主义核心价值观，不得违背公序良俗。	（一）在交易行为当地或者某一领域、某一行业通常采用并为交易对方订立合同时所知道或者应当知道的做法； （二）当事人双方经常使用的习惯做法。 对于交易习惯，由提出主张的一方当事人承担举证责任。
第三条　当事人对合同是否成立存在争议，人民法院能够确定当事人姓名或者名称、标的和数量的，一般应当认定合同成立。但是，法律另有规定或者当事人另有约定的除外。 根据前款规定能够认定合同已经成立的，对合同欠缺的内容，人民法院应当依据民法典第五百一十条、第五百一十一条等规定予以确定。 当事人主张合同无效或者请求撤销、解除合同等，人民法院认为合同不成立的，应当依据《最高人民法院关于民事诉讼证据的若干规定》第五十三条的规定将合同是否成立作为焦点问题进行审理，并可以根据案件的具体情况重新指定举证期限。	**《民法典》** **第四百六十九条**　当事人订立合同，可以采用书面形式、口头形式或者其他形式。 书面形式是合同书、信件、电报、电传、传真等可以有形地表现所载内容的形式。 以电子数据交换、电子邮件等方式能够有形地表现所载内容，并可以随时调取查用的数据电文，视为书面形式。 **第四百七十条**　合同的内容由当事人约定，一般包括下列条款： （一）当事人的姓名或者名称和住所； （二）标的； （三）数量； （四）质量； （五）价款或者报酬； （六）履行期限、地点和方式； （七）违约责任； （八）解决争议的方法。 当事人可以参照各类合同的示范文本订立合同。	**《合同法司法解释（二）》** **第一条**　当事人对合同是否成立存在争议，人民法院能够确定当事人名称或者姓名、标的和数量的，一般应当认定合同成立。但法律另有规定或者当事人另有约定的除外。 对合同欠缺的前款规定以外的其他内容，当事人达不成协议的，人民法院依照合同法第六十一条、第六十二条、第一百二十五条等有关规定予以确定。

续表

合同编通则解释	民法典及其关联法规	原合同法解释一二
	第四百七十一条　当事人订立合同，可以采取要约、承诺方式或者其他方式。 **第四百七十二条**　要约是希望与他人订立合同的意思表示，该意思表示应当符合下列条件： （一）内容具体确定； （二）表明经受要约人承诺，要约人即受该意思表示约束。 **第五百一十条**　合同生效后，当事人就质量、价款或者报酬、履行地点等内容没有约定或者约定不明确的，可以协议补充；不能达成补充协议的，按照合同相关条款或者交易习惯确定。 **第五百一十一条**　当事人就有关合同内容约定不明确，依据前条规定仍不能确定的，适用下列规定： （一）质量要求不明确的，按照强制性国家标准履行；没有强制性国家标准的，按照推荐性国家标准履行；没有推荐性国家标准的，按照行业标准履行；没有国家标准、行业标准的，按照通常标准或者符合合同目的的特定标准履行。 （二）价款或者报酬不明确的，按照订立合同时履行地的市场价格履行；依法应当执行政府定价或者政府指导价的，依照规定履行。 （三）履行地点不明确，给付货币的，在接受货币一方所在地履行；交付不动产的，在不动产所在地履行；其他标的，在履行义务一方所在地履行。 （四）履行期限不明确的，债务人可以随时履行，债权人也可以随时请求履行，但是应当给对方必要的准备时间。	

续表

合同编通则解释	民法典及其关联法规	原合同法解释一二
	（五）履行方式不明确的，按照有利于实现合同目的的方式履行。 （六）履行费用的负担不明确的，由履行义务一方负担；因债权人原因增加的履行费用，由债权人负担。 **《全国法院贯彻实施民法典工作会议纪要》** **第六条**　对合同欠缺的当事人名称或者姓名、标的和数量以外的其他内容，当事人达不成协议的，人民法院依照民法典第四百六十六条、第五百一十条、第五百一十一条等规定予以确定。 **《民事诉讼证据规定》** **第五十三条**　诉讼过程中，当事人主张的法律关系性质或者民事行为效力与人民法院根据案件事实作出的认定不一致的，人民法院应当将法律关系性质或者民事行为效力作为焦点问题进行审理。但法律关系性质对裁判理由及结果没有影响，或者有关问题已经当事人充分辩论的除外。	
第四条　采取招标方式订立合同，当事人请求确认合同自中标通知书到达中标人时成立的，人民法院应予支持。合同成立后，当事人拒绝签订书面合同的，人民法院应当依据招标文件、投标文件和中标通知书等确定合同内容。 采取现场拍卖、网络拍卖等公开竞价方式订立合同，当事人请求确认合同自拍卖师落槌、电子交易系统确认成交时成立的，人民法院应予支持。合同成立后，	**《招标投标法》** **第四十六条第一款**　招标人和中标人应当自中标通知书发出之日起三十日内，按照招标文件和中标人的投标文件订立书面合同。招标人和中标人不得再行订立背离合同实质性内容的其他协议。 **《拍卖法》** **第五十一条**　竞买人的最高应价经拍卖师落槌或者以其他公开表示买定的方式确认后，拍卖成交。 第五十二条　拍卖成交后，买受人和拍卖人应当签署成交确认书。	

续表

合同编通则解释	民法典及其关联法规	原合同法解释一二
当事人拒绝签订成交确认书的，人民法院应当依据拍卖公告、竞买人的报价等确定合同内容。 产权交易所等机构主持拍卖、挂牌交易，其公布的拍卖公告、交易规则等文件公开确定了合同成立需要具备的条件，当事人请求确认合同自该条件具备时成立的，人民法院应予支持。		
第五条 第三人实施欺诈、胁迫行为，使当事人在违背真实意思的情况下订立合同，受到损失的当事人请求第三人承担赔偿责任的，人民法院依法予以支持；当事人亦有违背诚信原则的行为的，人民法院应当根据各自的过错确定相应的责任。但是，法律、司法解释对当事人与第三人的民事责任另有规定的，依照其规定。	《民法典》 **第一百四十九条** 第三人实施欺诈行为，使一方在违背真实意思的情况下实施的民事法律行为，对方知道或者应当知道该欺诈行为的，受欺诈方有权请求人民法院或者仲裁机构予以撤销。 **第一百五十条** 一方或者第三人以胁迫手段，使对方在违背真实意思的情况下实施的民事法律行为，受胁迫方有权请求人民法院或者仲裁机构予以撤销。 **《民法典总则编司法解释》** **第二十一条** 故意告知虚假情况，或者负有告知义务的人故意隐瞒真实情况，致使当事人基于错误认识作出意思表示的，人民法院可以认定为民法典第一百四十八条、第一百四十九条规定的欺诈。	
第六条 当事人以认购书、订购书、预订书等形式约定在将来一定期限内订立合同，或者为担保在将来一定期限内订立合同交付了定金，能够确定将来所要订立合同的主体、标的等内容的，人民法院应当认定预约合同成立。	《民法典》 **第四百九十五条** 当事人约定在将来一定期限内订立合同的认购书、订购书、预订书等，构成预约合同。 当事人一方不履行预约合同约定的订立合同义务的，对方可以请求其承担预约合同的违约责任。	

续表

合同编通则解释	民法典及其关联法规	原合同法解释一二
当事人通过签订意向书或者备忘录等方式，仅表达交易的意向，未约定在将来一定期限内订立合同，或者虽然有约定但是难以确定将来所要订立合同的主体、标的等内容，一方主张预约合同成立的，人民法院不予支持。 当事人订立的认购书、订购书、预订书等已就合同标的、数量、价款或者报酬等主要内容达成合意，符合本解释第三条第一款规定的合同成立条件，未明确约定在将来一定期限内另行订立合同，或者虽然有约定但是当事人一方已实施履行行为且对方接受的，人民法院应当认定本约合同成立。	**《商品房买卖合同纠纷司法解释》** **第四条**　出卖人通过认购、订购、预订等方式向买受人收受定金作为订立商品房买卖合同担保的，如果因当事人一方原因未能订立商品房买卖合同，应当按照法律关于定金的规定处理；因不可归责于当事人双方的事由，导致商品房买卖合同未能订立的，出卖人应当将定金返还买受人。 **第五条**　商品房的认购、订购、预订等协议具备《商品房销售管理办法》第十六条规定的商品房买卖合同的主要内容，并且出卖人已经按照约定收受购房款的，该协议应当认定为商品房买卖合同。	
第七条　预约合同生效后，当事人一方拒绝订立本约合同或者在磋商订立本约合同时违背诚信原则导致未能订立本约合同的，人民法院应当认定该当事人不履行预约合同约定的义务。 人民法院认定当事人一方在磋商订立本约合同时是否违背诚信原则，应当综合考虑该当事人在磋商时提出的条件是否明显背离预约合同约定的内容以及是否已尽合理努力进行协商等因素。		
第八条　预约合同生效后，当事人一方不履行订立本约合同的义务，对方请求其赔偿因此造成的损失的，人民法院依法予以支持。 前款规定的损失赔偿，		

续表

合同编通则解释	民法典及其关联法规	原合同法解释一二
当事人有约定的，按照约定；没有约定的，人民法院应当综合考虑预约合同在内容上的完备程度以及订立本约合同的条件的成就程度等因素酌定。		
第九条　合同条款符合民法典第四百九十六条第一款规定的情形，当事人仅以合同系依据合同示范文本制作或者双方已经明确约定合同条款不属于格式条款为由主张该条款不是格式条款的，人民法院不予支持。 从事经营活动的当事人一方仅以未实际重复使用为由主张其预先拟定且未与对方协商的合同条款不是格式条款的，人民法院不予支持。但是，有证据证明该条款不是为了重复使用而预先拟定的除外	**《民法典》** **第四百九十六条第二款**　采用格式条款订立合同的，提供格式条款的一方应当遵循公平原则确定当事人之间的权利和义务，并采取合理的方式提示对方注意免除或者减轻其责任等与对方有重大利害关系的条款，按照对方的要求，对该条款予以说明。提供格式条款的一方未履行提示或者说明义务，致使对方没有注意或者理解与其有重大利害关系的条款的，对方可以主张该条款不成为合同的内容。 **《消费者权益保护法》** **第二十六条**　经营者在经营活动中使用格式条款的，应当以显著方式提请消费者注意商品或者服务的数量和质量、价款或者费用、履行期限和方式、安全注意事项和风险警示、售后服务、民事责任等与消费者有重大利害关系的内容，并按照消费者的要求予以说明。 经营者不得以格式条款、通知、声明、店堂告示等方式，作出排除或者限制消费者权利、减轻或者免除经营者责任、加重消费者责任等对消费者不公平、不合理的规定，不得利用格式条款并借助技术手段强制交易。 格式条款、通知、声明、店堂告示等含有前款所列内容的，其内容无效。 **《保险法》** **第十七条**　订立保险合同，采用保险人提供的格式条款的，保险	

续表

合同编通则解释	民法典及其关联法规	原合同法解释一二
	人向投保人提供的投保单应当附格式条款，保险人应当向投保人说明合同的内容。 对保险合同中免除保险人责任的条款，保险人在订立合同时应当在投保单、保险单或者其他保险凭证上作出足以引起投保人注意的提示，并对该条款的内容以书面或者口头形式向投保人作出明确说明；未作提示或者明确说明的，该条款不产生效力。 **《最高人民法院关于审理使用人脸识别技术处理个人信息相关民事案件适用法律若干问题的规定》** **第十一条**　信息处理者采用格式条款与自然人订立合同，要求自然人授予其无期限限制、不可撤销、可任意转授权等处理人脸信息的权利，该自然人依据民法典第四百九十七条请求确认格式条款无效的，人民法院依法予以支持。 **《全国法院贯彻实施民法典工作会议纪要》** **7.** 提供格式条款的一方对格式条款中免除或者减轻其责任等与对方有重大利害关系的内容，在合同订立时采用足以引起对方注意的文字、符号、字体等特别标识，并按照对方的要求以常人能够理解的方式对该格式条款予以说明的，人民法院应当认定符合民法典第四百九十六条所称“采取合理的方式”。提供格式条款一方对已尽合理提示及说明义务承担举证责任	
第十条　提供格式条款的一方在合同订立时采用通常足以引起对方注意的文字、符号、字体等明显标识，提示对方注意免除或者减轻其责任、排除或者限制	**《民法典》** **第四百九十六条第一款**　格式条款是当事人为了重复使用而预先拟定，并在订立合同时未与对方协商的条款。	

续表

合同编通则解释	民法典及其关联法规	原合同法解释一二
对方权利等与对方有重大利害关系的异常条款的，人民法院可以认定其已经履行民法典第四百九十六条第二款规定的提示义务。 提供格式条款的一方按照对方的要求，就与对方有重大利害关系的异常条款的概念、内容及其法律后果以书面或者口头形式向对方作出通常能够理解的解释说明的，人民法院可以认定其已经履行民法典第四百九十六条第二款规定的说明义务。 提供格式条款的一方对其已经尽到提示义务或者说明义务承担举证责任。对于通过互联网等信息网络订立的电子合同，提供格式条款的一方仅以采取了设置勾选、弹窗等方式为由主张其已经履行提示义务或者说明义务的，人民法院不予支持，但是其举证符合前两款规定的除外。		
第十一条　当事人一方是自然人，根据该当事人的年龄、智力、知识、经验并结合交易的复杂程度，能够认定其对合同的性质、合同订立的法律后果或者交易中存在的特定风险缺乏应有的认知能力的，人民法院可以认定该情形构成民法典第一百五十一条规定的“缺乏判断能力”。	《民法典》 **第一百五十一条**　一方利用对方处于危困状态、缺乏判断能力等情形，致使民事法律行为成立时显失公平的，受损害方有权请求人民法院或者仲裁机构予以撤销。	
第十二条　合同依法成立后，负有报批义务的当事人不履行报批义务或者履行报批义务不符合合同的约定	《民法典》 **第一百三十六条**　民事法律行为自成立时生效，但是法律另有规定或者当事人另有约定的除外。	

续表

合同编通则解释	民法典及其关联法规	原合同法解释一二
或者法律、行政法规的规定，对方请求其继续履行报批义务的，人民法院应予支持；对方主张解除合同并请求其承担违反报批义务的赔偿责任的，人民法院应予支持。 人民法院判决当事人一方履行报批义务后，其仍不履行，对方主张解除合同并参照违反合同的违约责任请求其承担赔偿责任的，人民法院应予支持。 合同获得批准前，当事人一方起诉请求对方履行合同约定的主要义务，经释明后拒绝变更诉讼请求的，人民法院应当判决驳回其诉讼请求，但是不影响其另行提起诉讼。 负有报批义务的当事人已经办理申请批准等手续或者已经履行生效判决确定的报批义务，批准机关决定不予批准，对方请求其承担赔偿责任的，人民法院不予支持。但是，因迟延履行报批义务等可归责于当事人的原因导致合同未获批准，对方请求赔偿因此受到的损失的，人民法院应当依据民法典第一百五十七条的规定处理。	行为人非依法律规定或者未经对方同意，不得擅自变更或者解除民事法律行为。 **第一百五十七条**　民事法律行为无效、被撤销或者确定不发生效力后，行为人因该行为取得的财产，应当予以返还；不能返还或者没有必要返还的，应当折价补偿。有过错的一方应当赔偿对方由此所受到的损失；各方都有过错的，应当各自承担相应的责任。法律另有规定的，依照其规定。 **第五百零二条**　依法成立的合同，自成立时生效，但是法律另有规定或者当事人另有约定的除外。 依照法律、行政法规的规定，合同应当办理批准等手续的，依照其规定。未办理批准等手续影响合同生效的，不影响合同中履行报批等义务条款以及相关条款的效力。应当办理申请批准等手续的当事人未履行义务的，对方可以请求其承担违反该义务的责任。 依照法律、行政法规的规定，合同的变更、转让、解除等情形应当办理批准等手续的，适用前款规定。 **《九民纪要》** **37.**［未经批准合同的效力］法律、行政法规规定某类合同应当办理批准手续生效的，如商业银行法、证券法、保险法等法律规定购买商业银行、证券公司、保险公司5%以上股权须经相关主管部门批准，依据《合同法》第44条第2款的规定，批准是合同的法定生效条件，未经批准的合同因欠缺法律规定的特别生效条件而未生效。实践中的一个突出问题是，把未生效合同认定为无效合同，或者虽认定为未生效，却按无效合同处理。无	

续表

合同编通则解释	民法典及其关联法规	原合同法解释一二
	效合同从本质上来说是欠缺合同的有效要件，或者具有合同无效的法定事由，自始不发生法律效力。而未生效合同已具备合同的有效要件，对双方具有一定的拘束力，任何一方不得擅自撤回、解除、变更，但因欠缺法律、行政法规规定或当事人约定的特别生效条件，在该生效条件成就前，不能产生请求对方履行合同主要权利义务的法律效力。 **38.** ［报批义务及相关违约条款独立生效］须经行政机关批准生效的合同，对报批义务及未履行报批义务的违约责任等相关内容作出专门约定的，该约定独立生效。一方因另一方不履行报批义务，请求解除合同并请求其承担合同约定的相应违约责任的，人民法院依法予以支持。 **39.** ［报批义务的释明］须经行政机关批准生效的合同，一方请求另一方履行合同主要权利义务的，人民法院应当向其释明，将诉讼请求变更为请求履行报批义务。一方变更诉讼请求的，人民法院依法予以支持；经释明后当事人拒绝变更的，应当驳回其诉讼请求，但不影响其另行提起诉讼。 **40.** ［判决履行报批义务后的处理］人民法院判决一方履行报批义务后，该当事人拒绝履行，经人民法院强制执行仍未履行，对方请求其承担合同违约责任的，人民法院依法予以支持。一方依据判决履行报批义务，行政机关予以批准，合同发生完全的法律效力，其请求对方履行合同的，人民法院依法予以支持；行政机关没有批准，合同不具有法律上的可履行性，一方请求解除合同的，人民法院依法予以支持。	

续表

合同编通则解释	民法典及其关联法规	原合同法解释一二
第十三条　合同存在无效或者可撤销的情形，当事人以该合同已在有关行政管理部门办理备案、已经批准机关批准或者已依据该合同办理财产权利的变更登记、移转登记等为由主张合同有效的，人民法院不予支持。	**《民法典》** **第一百五十五条**　无效的或者被撤销的民事法律行为自始没有法律约束力。 **《城市房地产法》** **第四十五条第二款**　商品房预售人应当按照国家有关规定将预售合同报县级以上人民政府房产管理部门和土地管理部门登记备案。 **《城市商品房预售管理办法》** **第十条第一款**　商品房预售，开发企业应当与承购人签订商品房预售合同。开发企业应当自签约之日起30日内，向房地产管理部门和市、县人民政府土地管理部门办理商品房预售合同登记备案手续。	
第十四条　当事人之间就同一交易订立多份合同，人民法院应当认定其中以虚假意思表示订立的合同无效。当事人为规避法律、行政法规的强制性规定，以虚假意思表示隐藏真实意思表示的，人民法院应当依据民法典第一百五十三条第一款的规定认定被隐藏合同的效力；当事人为规避法律、行政法规关于合同应当办理批准等手续的规定，以虚假意思表示隐藏真实意思表示的，人民法院应当依据民法典第五百零二条第二款的规定认定被隐藏合同的效力。 依据前款规定认定被隐藏合同无效或者确定不发生效力的，人民法院应当以被隐藏合同为事实基础，依据民法典第一百五十七条的规定确定当事人的民事责任。但是，法律另有规定的除外。	**《民法典》** **第一百四十六条**　行为人与相对人以虚假的意思表示实施的民事法律行为无效。 以虚假的意思表示隐藏的民事法律行为的效力，依照有关法律规定处理。 **《商品房买卖合同纠纷司法解释》** **第六条**　当事人以商品房预售合同未按照法律、行政法规规定办理登记备案手续为由，请求确认合同无效的，不予支持。 当事人约定以办理登记备案手续为商品房预售合同生效条件的，从其约定，但当事人一方已经履行主要义务，对方接受的除外。 **第二十一条**　以担保贷款为付款方式的商品房买卖合同的当事人一方请求确认商品房买卖合同无效或者撤销、解除合同的，如果担保权人作为有独立请求权第三人提出诉讼请求，应当与商品房担保贷款合同纠纷合并审理；未提出诉讼请求的，仅处理商品房买卖合同纠纷。	

续表

合同编通则解释	民法典及其关联法规	原合同法解释一二
当事人就同一交易订立的多份合同均系真实意思表示，且不存在其他影响合同效力情形的，人民法院应当在查明各合同成立先后顺序和实际履行情况的基础上，认定合同内容是否发生变更。法律、行政法规禁止变更合同内容的，人民法院应当认定合同的相应变更无效。	担保权人就商品房担保贷款合同纠纷另行起诉的，可以与商品房买卖合同纠纷合并审理。 商品房买卖合同被确认无效或者被撤销、解除后，商品房担保贷款合同也被解除的，出卖人应当将收受的购房贷款和购房款的本金及利息分别返还担保权人和买受人。	
第十五条 人民法院认定当事人之间的权利义务关系，不应当拘泥于合同使用的名称，而应当根据合同约定的内容。当事人主张的权利义务关系与根据合同内容认定的权利义务关系不一致的，人民法院应当结合缔约背景、交易目的、交易结构、履行行为以及当事人是否存在虚构交易标的等事实认定当事人之间的实际民事法律关系。	**《民间借贷规定》** **第十四条** 原告以借据、收据、欠条等债权凭证为依据提起民间借贷诉讼，被告依据基础法律关系提出抗辩或者反诉，并提供证据证明债权纠纷非民间借贷行为引起的，人民法院应当依据查明的案件事实，按照基础法律关系审理。 当事人通过调解、和解或者清算达成的债权债务协议，不适用前款规定。 **第二十三条** 当事人以订立买卖合同作为民间借贷合同的担保，借款到期后借款人不能还款，出借人请求履行买卖合同的，人民法院应当按照民间借贷法律关系审理。当事人根据法庭审理情况变更诉讼请求的，人民法院应当准许。 按照民间借贷法律关系审理作出的判决生效后，借款人不履行生效判决确定的金钱债务，出借人可以申请拍卖买卖合同标的物，以偿还债务。就拍卖所得的价款与应偿还借款本息之间的差额，借款人或者出借人有权主张返还或者补偿。	

续表

合同编通则解释	民法典及其关联法规	原合同法解释一二
第十六条　合同违反法律、行政法规的强制性规定，有下列情形之一，由行为人承担行政责任或者刑事责任能够实现强制性规定的立法目的的，人民法院可以依据民法典第一百五十三条第一款关于“该强制性规定不导致该民事法律行为无效的除外”的规定认定该合同不因违反强制性规定无效： （一）强制性规定虽然旨在维护社会公共秩序，但是合同的实际履行对社会公共秩序造成的影响显著轻微，认定合同无效将导致案件处理结果有失公平公正； （二）强制性规定旨在维护政府的税收、土地出让金等国家利益或者其他民事主体的合法利益而非合同当事人的民事权益，认定合同有效不会影响该规范目的的实现； （三）强制性规定旨在要求当事人一方加强风险控制、内部管理等，对方无能力或者无义务审查合同是否违反强制性规定，认定合同无效将使其承担不利后果； （四）当事人一方虽然在订立合同时违反强制性规定，但是在合同订立后其已经具备补正违反强制性规定的条件却违背诚信原则不予补正； （五）法律、司法解释规定的其他情形。 法律、行政法规的强制性规定旨在规制合同订立后的履行行为，当事人以合同	**《民法典》** **第一百五十三条**　违反法律、行政法规的强制性规定的民事法律行为无效。但是，该强制性规定不导致该民事法律行为无效的除外。 违背公序良俗的民事法律行为无效。 **第一千零七条**　禁止以任何形式买卖人体细胞、人体组织、人体器官、遗体。 违反前款规定的买卖行为无效。 **《民商事合同指导意见》** **15.** 正确理解、识别和适用合同法第五十二条第（五）项中的“违反法律、行政法规的强制性规定”，关系到民商事合同的效力维护以及市场交易的安全和稳定。人民法院应当注意根据《合同法解释（二）》第十四条之规定，注意区分效力性强制规定和管理性强制规定。违反效力性强制规定的，人民法院应当认定合同无效；违反管理性强制规定的，人民法院应当根据具体情形认定其效力。 **16.** 人民法院应当综合法律法规的意旨，权衡相互冲突的权益，诸如权益的种类、交易安全以及其所规制的对象等，综合认定强制性规定的类型。如果强制性规范规制的是合同行为本身即只要该合同行为发生即绝对地损害国家利益或者社会公共利益的，人民法院应当认定合同无效。如果强制性规定规制的是当事人的“市场准入”资格而非某种类型的合同行为，或者规制的是某种合同的履行行为而非某类合同行为，人民法院对于此类合同效力的认定，应当慎重把握，必要时应当征求相关立法部门的意见或者请示上级人民法院。	**《合同法司法解释（一）》** **第十条**　当事人超越经营范围订立合同，人民法院不因此认定合同无效。但违反国家限制经营、特许经营以及法律、行政法规禁止经营规定的除外。

续表

合同编通则解释	民法典及其关联法规	原合同法解释一二
违反强制性规定为由请求认定合同无效的，人民法院不予支持。但是，合同履行必然导致违反强制性规定或者法律、司法解释另有规定的除外。 依据前两款认定合同有效，但是当事人的违法行为未经处理的，人民法院应当向有关行政管理部门提出司法建议。当事人的行为涉嫌犯罪的，应当将案件线索移送刑事侦查机关；属于刑事自诉案件的，应当告知当事人可以向有管辖权的人民法院另行提起诉讼。	《九民纪要》 **30.** 合同法施行后，针对一些人民法院动辄以违反法律、行政法规的强制性规定为由认定合同无效，不当扩大无效合同范围的情形，合同法司法解释（二）第14条将《合同法》第52条第5项规定的“强制性规定”明确限于“效力性强制性规定”。此后，《最高人民法院关于当前形势下审理民商事合同纠纷案件若干问题的指导意见》进一步提出了“管理性强制性规定”的概念，指出违反管理性强制性规定的，人民法院应当根据具体情形认定合同效力。随着这一概念的提出，审判实践中又出现了另一种倾向，有的人民法院认为凡是行政管理性质的强制性规定都属于“管理性强制性规定”，不影响合同效力。这种望文生义的认定方法，应予纠正。 人民法院在审理合同纠纷案件时，要依据《民法总则》第153条第1款和合同法司法解释（二）第14条的规定慎重判断“强制性规定”的性质，特别是要在考量强制性规定所保护的法益类型、违法行为的法律后果以及交易安全保护等因素的基础上认定其性质，并在裁判文书中充分说明理由。下列强制性规定，应当认定为“效力性强制性规定”：强制性规定涉及金融安全、市场秩序、国家宏观政策等公序良俗的；交易标的禁止买卖的，如禁止人体器官、毒品、枪支等买卖；违反特许经营规定的，如场外配资合同；交易方式严重违法的，如违反招投标等竞争性缔约方式订立的合同；交易场所违法的，如在批准的交易场所之外进行期货交易。关于经营范围、交易时间、	
第十七条 合同虽然不违反法律、行政法规的强制性规定，但是有下列情形之一，人民法院应当依据民法典第一百五十三条第二款的规定认定合同无效： （一）合同影响政治安全、经济安全、军事安全等国家安全的； （二）合同影响社会稳定、公平竞争秩序或者损害社会公共利益等违背社会公共秩序的； （三）合同背离社会公德、家庭伦理或者有损人格尊严等违背善良风俗的。 人民法院在认定合同是否违背公序良俗时，应当以社会主义核心价值观为导向，综合考虑当事人的主观动机和交易目的、政府部门的监管强度、一定期限内当事人从事类似交易的频次、行为的社会后果等因素，并在裁判文书中充分说理。当		

续表

合同编通则解释	民法典及其关联法规	原合同法解释一二
事人确因生活需要进行交易，未给社会公共秩序造成重大影响，且不影响国家安全，也不违背善良风俗的，人民法院不应当认定合同无效。 **第十八条**　法律、行政法规的规定虽然有“应当”“必须”或者“不得”等表述，但是该规定旨在限制或者赋予民事权利，行为人违反该规定将构成无权处分、无权代理、越权代表等，或者导致合同相对人、第三人因此获得撤销权、解除权等民事权利的，人民法院应当依据法律、行政法规规定的关于违反该规定的民事法律后果认定合同效力。	交易数量等行政管理性质的强制性规定，一般应当认定为“管理性强制性规定”。 **31.** 违反规章一般情况下不影响合同效力，但该规章的内容涉及金融安全、市场秩序、国家宏观政策等公序良俗的，应当认定合同无效。人民法院在认定规章是否涉及公序良俗时，要在考察规范对象基础上，兼顾监管强度、交易安全保护以及社会影响等方面进行慎重考量，并在裁判文书中进行充分说理。 **101.** 票据贴现属于国家特许经营业务，合法持票人向不具有法定贴现资质的当事人进行“贴现”的，该行为应当认定无效，贴现款和票据应当相互返还。当事人不能返还票据的，原合法持票人可以拒绝返还贴现款。人民法院在民商事案件审理过程中，发现不具有法定资质的当事人以“贴现”为业的，因该行为涉嫌犯罪，应当将有关材料移送公安机关。民商事案件的审理必须以相关刑事案件的审理结果为依据的，应当中止诉讼，待刑事案件审结后，再恢复案件的审理。案件的基本事实无须以相关刑事案件的审理结果为依据的，人民法院应当继续审理。 根据票据行为无因性原理，在合法持票人向不具有贴现资质的主体进行“贴现”，该“贴现”人给付贴现款后直接将票据交付其后手，其后手支付对价并记载自己为被背书人后，又基于真实的交易关系和债权债务关系将票据进行背书转让的情形下，应当认定最后持票人为合法持票人。	

续表

合同编通则解释	民法典及其关联法规	原合同法解释一二
	《建设工程施工合同司法解释（一）》 **第一条** 建设工程施工合同具有下列情形之一的，应当依据民法典第一百五十三条第一款的规定，认定无效： （一）承包人未取得建筑业企业资质或者超越资质等级的； （二）没有资质的实际施工人借用有资质的建筑施工企业名义的； （三）建设工程必须进行招标而未招标或者中标无效的。 承包人因转包、违法分包建设工程与他人签订的建设工程施工合同，应当依据民法典第一百五十三条第一款及第七百九十一条第二款、第三款的规定，认定无效。 **第三条** 当事人以发包人未取得建设工程规划许可证等规划审批手续为由，请求确认建设工程施工合同无效的，人民法院应予支持，但发包人在起诉前取得建设工程规划许可证等规划审批手续的除外。 发包人能够办理审批手续而未办理，并以未办理审批手续为由请求确认建设工程施工合同无效的，人民法院不予支持。 **《商品房买卖合同纠纷司法解释》** **第二条** 出卖人未取得商品房预售许可证明，与买受人订立的商品房预售合同，应当认定无效，但是在起诉前取得商品房预售许可证明的，可以认定有效。 **《城镇房屋租赁合同纠纷司法解释》** **第二条** 出租人就未取得建设工程规划许可证或者未按照建设工程规划许可证的规定建设的房屋，与承租人订立的租赁合同无效。但	

续表

合同编通则解释	民法典及其关联法规	原合同法解释一二
	在一审法庭辩论终结前取得建设工程规划许可证或者经主管部门批准建设的，人民法院应当认定有效。 **第三条**　出租人就未经批准或者未按照批准内容建设的临时建筑，与承租人订立的租赁合同无效。但在一审法庭辩论终结前经主管部门批准建设的，人民法院应当认定有效。 租赁期限超过临时建筑的使用期限，超过部分无效。但在一审法庭辩论终结前经主管部门批准延长使用期限的，人民法院应当认定延长使用期限内的租赁期间有效。	
第十九条　以转让或者设定财产权利为目的订立的合同，当事人或者真正权利人仅以让与人在订立合同时对标的物没有所有权或者处分权为由主张合同无效的，人民法院不予支持；因未取得真正权利人事后同意或者让与人事后未取得处分权导致合同不能履行，受让人主张解除合同并请求让与人承担违反合同的赔偿责任的，人民法院依法予以支持。 前款规定的合同被认定有效，且让与人已经将财产交付或者移转登记至受让人，真正权利人请求认定财产权利未发生变动或者请求返还财产的，人民法院应予支持。但是，受让人依据民法典第三百一十一条等规定善意取得财产权利的除外。	**《民法典》** **第二百一十五条**　当事人之间订立有关设立、变更、转让和消灭不动产物权的合同，除法律另有规定或者当事人另有约定外，自合同成立时生效；未办理物权登记的，不影响合同效力。 **第三百一十一条**　无处分权人将不动产或者动产转让给受让人的，所有权人有权追回；除法律另有规定外，符合下列情形的，受让人取得该不动产或者动产的所有权： （一）受让人受让该不动产或者动产时是善意； （二）以合理的价格转让； （三）转让的不动产或者动产依照法律规定应当登记的已经登记，不需要登记的已经交付给受让人。 受让人依据前款规定取得不动产或者动产的所有权的，原所有权人有权向无处分权人请求损害赔偿。 当事人善意取得其他物权的，参照适用前两款规定。	**《合同法司法解释（一）》** **第九条**　依照合同法第四十四条第二款的规定，法律、行政法规规定合同应当办理批准手续，或者办理批准、登记等手续才生效，在一审法庭辩论终结前当事人仍未办理批准手续的，或者仍未办理批准、登记等手续的，人民法院应当认定该合同未生效；法律、行政法规规定合同应当办理登记手续，但未规定登记后生效的，当事人未办理登记手续不影响合同的效力，合同标的物所有权及其他物权不能转移。

续表

合同编通则解释	民法典及其关联法规	原合同法解释一二
	第五百九十七条　因出卖人未取得处分权致使标的物所有权不能转移的，买受人可以解除合同并请求出卖人承担违约责任。 法律、行政法规禁止或者限制转让的标的物，依照其规定。 **《民法典物权编司法解释（一）》** **第十四条**　受让人受让不动产或者动产时，不知道转让人无处分权，且无重大过失的，应当认定受让人为善意。 真实权利人主张受让人不构成善意的，应当承担举证证明责任。 **第十五条**　具有下列情形之一的，应当认定不动产受让人知道转让人无处分权： （一）登记簿上存在有效的异议登记； （二）预告登记有效期内，未经预告登记的权利人同意； （三）登记簿上已经记载司法机关或者行政机关依法裁定、决定查封或者以其他形式限制不动产权利的有关事项； （四）受让人知道登记簿上记载的权利主体错误； （五）受让人知道他人已经依法享有不动产物权。 真实权利人有证据证明不动产受让人应当知道转让人无处分权的，应当认定受让人具有重大过失。 **第十六条**　受让人受让动产时，交易的对象、场所或者时机等不符合交易习惯的，应当认定受让人具有重大过失。 **《民法典担保制度司法解释》** **第三十七条**　当事人以所有权、使用权不明或者有争议的财产抵押，经审查构成无权处分的，人民法院应当依照民法典第三百一十一条的规定处理。	

续表

合同编通则解释	民法典及其关联法规	原合同法解释一二
	当事人以依法被查封或者扣押的财产抵押，抵押权人请求行使抵押权，经审查查封或者扣押措施已经解除的，人民法院应予支持。抵押人以抵押权设立时财产被查封或者扣押为由主张抵押合同无效的，人民法院不予支持。 以依法被监管的财产抵押的，适用前款规定。 **《买卖合同纠纷司法解释》** **第三条**　当事人一方以出卖人在缔约时对标的物没有所有权或者处分权为由主张合同无效的，人民法院不予支持。 出卖人因未取得所有权或者处分权致使标的物所有权不能转移，买受人要求出卖人承担违约责任或者要求解除合同并主张损害赔偿的，人民法院应予支持。 **《最高人民法院关于适用〈中华人民共和国公司法〉若干问题的规定（三）》** **第二十五条**　名义股东将登记于其名下的股权转让、质押或者以其他方式处分，实际出资人以其对于股权享有实际权利为由，请求认定处分股权行为无效的，人民法院可以参照民法典第三百一十一条的规定处理。 名义股东处分股权造成实际出资人损失，实际出资人请求名义股东承担赔偿责任的，人民法院应予支持。	
第二十条　法律、行政法规为限制法人的法定代表人或者非法人组织的负责人的代表权，规定合同所涉事项应当由法人、非法人组织的权力机构或者决策机构决议，或者应当由法人、非法人组织的执行机构决定，法	**《民法典》** **第六十一条**　依照法律或者法人章程的规定，代表法人从事民事活动的负责人，为法定代表人。 法定代表人以法人名义从事的民事活动，其法律后果由法人承受。 法人章程或者法人权力机构对	

续表

合同编通则解释	民法典及其关联法规	原合同法解释一二
定代表人、负责人未取得授权而以法人、非法人组织的名义订立合同，未尽到合理审查义务的相对人主张该合同对法人、非法人组织发生效力并由其承担违约责任的，人民法院不予支持，但是法人、非法人组织有过错的，可以参照民法典第一百五十七条的规定判决其承担相应的赔偿责任。相对人已尽到合理审查义务，构成表见代表的，人民法院应当依据民法典第五百零四条的规定处理。 合同所涉事项未超越法律、行政法规规定的法定代表人或者负责人的代表权限，但是超越法人、非法人组织的章程或者权力机构等对代表权的限制，相对人主张该合同对法人、非法人组织发生效力并由其承担违约责任的，人民法院依法予以支持。但是，法人、非法人组织举证证明相对人知道或者应当知道该限制的除外。 法人、非法人组织承担民事责任后，向有过错的法定代表人、负责人追偿因越权代表行为造成的损失的，人民法院依法予以支持。法律、司法解释对法定代表人、负责人的民事责任另有规定的，依照其规定。	法定代表人代表权的限制，不得对抗善意相对人。 **第一百五十七条** 民事法律行为无效、被撤销或者确定不发生效力后，行为人因该行为取得的财产，应当予以返还；不能返还或者没有必要返还的，应当折价补偿。有过错的一方应当赔偿对方由此所受到的损失；各方都有过错的，应当各自承担相应的责任。法律另有规定的，依照其规定。 **第五百零四条** 法人的法定代表人或者非法人组织的负责人超越权限订立的合同，除相对人知道或者应当知道其超越权限外，该代表行为有效，订立的合同对法人或者非法人组织发生效力。 **《九民纪要》** **17.** 为防止法定代表人随意代表公司为他人提供担保给公司造成损失，损害中小股东利益，《公司法》第16条对法定代表人的代表权进行了限制。根据该条规定，担保行为不是法定代表人所能单独决定的事项，而必须以公司股东（大）会、董事会等公司机关的决议作为授权的基础和来源。法定代表人未经授权擅自为他人提供担保的，构成越权代表，人民法院应当根据《合同法》第50条关于法定代表人越权代表的规定，区分订立合同时债权人是否善意分别认定合同效力：债权人善意的，合同有效；反之，合同无效。 **18.** 前条所称的善意，是指债权人不知道或者不应当知道法定代表人超越权限订立担保合同。《公司法》第16条对关联担保和非关联担保的决议机关作出了区别规定，相应地，在善意的判断标准上也应当有所区别。一种情形是，为	

续表

合同编通则解释	民法典及其关联法规	原合同法解释一二
	公司股东或者实际控制人提供关联担保，《公司法》第16条明确规定必须由股东（大）会决议，未经股东（大）会决议，构成越权代表。在此情况下，债权人主张担保合同有效，应当提供证据证明其在订立合同时对股东（大）会决议进行了审查，决议的表决程序符合《公司法》第16条的规定，即在排除被担保股东表决权的情况下，该项表决由出席会议的其他股东所持表决权的过半数通过，签字人员也符合公司章程的规定。另一种情形是，公司为公司股东或者实际控制人以外的人提供非关联担保，根据《公司法》第16条的规定，此时由公司章程规定是由董事会决议还是股东（大）会决议。无论章程是否对决议机关作出规定，也无论章程规定决议机关为董事会还是股东（大）会，根据《民法总则》第61条第3款关于“法人章程或者法人权力机构对法定代表人代表权的限制，不得对抗善意相对人”的规定，只要债权人能够证明其在订立担保合同时对董事会决议或者股东（大）会决议进行了审查，同意决议的人数及签字人员符合公司章程的规定，就应当认定其构成善意，但公司能够证明债权人明知公司章程对决议机关有明确规定的除外。 　　债权人对公司机关决议内容的审查一般限于形式审查，只要求尽到必要的注意义务即可，标准不宜太过严苛。公司以机关决议系法定代表人伪造或者变造、决议程序违法、签章（名）不实、担保金额超过法定限额等事由抗辩债权人非善意的，人民法院一般不予支持。但是，公司有证据证明债权人明知	

续表

合同编通则解释	民法典及其关联法规	原合同法解释一二
	决议系伪造或者变造的除外。 **19.** 存在下列情形的，即便债权人知道或者应当知道没有公司机关决议，也应当认定担保合同符合公司的真实意思表示，合同有效： （1）公司是以为他人提供担保为主营业务的担保公司，或者是开展保函业务的银行或者非银行金融机构； （2）公司为其直接或者间接控制的公司开展经营活动向债权人提供担保； （3）公司与主债务人之间存在相互担保等商业合作关系； （4）担保合同系由单独或者共同持有公司三分之二以上有表决权的股东签字同意。 **22.** 债权人根据上市公司公开披露的关于担保事项已经董事会或者股东大会决议通过的信息订立的担保合同，人民法院应当认定有效。 **《民法典担保制度司法解释》** **第七条** 公司的法定代表人违反公司法关于公司对外担保决议程序的规定，超越权限代表公司与相对人订立担保合同，人民法院应当依照民法典第六十一条和第五百零四条等规定处理： （一）相对人善意的，担保合同对公司发生效力；相对人请求公司承担担保责任的，人民法院应予支持。 （二）相对人非善意的，担保合同对公司不发生效力；相对人请求公司承担赔偿责任的，参照适用本解释第十七条的有关规定。 法定代表人超越权限提供担保造成公司损失，公司请求法定代表人承担赔偿责任的，人民法院应予支持。	

续表

合同编通则解释	民法典及其关联法规	原合同法解释一二
	第一款所称善意，是指相对人在订立担保合同时不知道且不应当知道法定代表人超越权限。相对人有证据证明已对公司决议进行了合理审查，人民法院应当认定其构成善意，但是公司有证据证明相对人知道或者应当知道决议系伪造、变造的除外。 **第八条**　有下列情形之一，公司以其未依照公司法关于公司对外担保的规定作出决议为由主张不承担担保责任的，人民法院不予支持： （一）金融机构开立保函或者担保公司提供担保； （二）公司为其全资子公司开展经营活动提供担保； （三）担保合同系由单独或者共同持有公司三分之二以上对担保事项有表决权的股东签字同意。 上市公司对外提供担保，不适用前款第二项、第三项的规定。 **第九条**　相对人根据上市公司公开披露的关于担保事项已经董事会或者股东大会决议通过的信息，与上市公司订立担保合同，相对人主张担保合同对上市公司发生效力，并由上市公司承担担保责任的，人民法院应予支持。 相对人未根据上市公司公开披露的关于担保事项已经董事会或者股东大会决议通过的信息，与上市公司订立担保合同，上市公司主张担保合同对其不发生效力，且不承担担保责任或者赔偿责任的，人民法院应予支持。 相对人与上市公司已公开披露的控股子公司订立的担保合同，或者相对人与股票在国务院批准的其他全国性证券交易场所交易的公司订立的担保合同，适用前两款规定。	

续表

合同编通则解释	民法典及其关联法规	原合同法解释一二
	第十七条 主合同有效而第三人提供的担保合同无效，人民法院应当区分不同情形确定担保人的赔偿责任： （一）债权人与担保人均有过错的，担保人承担的赔偿责任不应超过债务人不能清偿部分的二分之一； （二）担保人有过错而债权人无过错的，担保人对债务人不能清偿的部分承担赔偿责任； （三）债权人有过错而担保人无过错的，担保人不承担赔偿责任。 主合同无效导致第三人提供的担保合同无效，担保人无过错的，不承担赔偿责任；担保人有过错的，其承担的赔偿责任不应超过债务人不能清偿部分的三分之一。 **第二十条** 依据前述 3 条规定，担保合同有效，债权人请求公司承担担保责任的，人民法院依法予以支持；担保合同无效，债权人请求公司承担担保责任的，人民法院不予支持，但可以按照担保法及有关司法解释关于担保无效的规定处理。公司举证证明债权人明知法定代表人超越权限或者机关决议系伪造或者变造，债权人请求公司承担合同无效后的民事责任的，人民法院不予支持。	
第二十一条 法人、非法人组织的工作人员就超越其职权范围的事项以法人、非法人组织的名义订立合同，相对人主张该合同对法人、非法人组织发生效力并由其承担违约责任的，人民法院不予支持。但是，法人、非法人组织有过错的，人民法院可以参照民法典第	**《民法典》** **第一百五十七条** 民事法律行为无效、被撤销或者确定不发生效力后，行为人因该行为取得的财产，应当予以返还；不能返还或者没有必要返还的，应当折价补偿。有过错的一方应当赔偿对方由此所受到的损失；各方都有过错的，应当各自承担相应的责任。法律另有规定的，依照其规定。	

续表

合同编通则解释	民法典及其关联法规	原合同法解释一二
一百五十七条的规定判决其承担相应的赔偿责任。前述情形，构成表见代理的，人民法院应当依据民法典第一百七十二条的规定处理。 合同所涉事项有下列情形之一的，人民法院应当认定法人、非法人组织的工作人员在订立合同时超越其职权范围： （一）依法应当由法人、非法人组织的权力机构或者决策机构决议的事项； （二）依法应当由法人、非法人组织的执行机构决定的事项； （三）依法应当由法定代表人、负责人代表法人、非法人组织实施的事项； （四）不属于通常情形下依其职权可以处理的事项。 合同所涉事项未超越依据前款确定的职权范围，但是超越法人、非法人组织对工作人员职权范围的限制，相对人主张该合同对法人、非法人组织发生效力并由其承担违约责任的，人民法院应予支持。但是，法人、非法人组织举证证明相对人知道或者应当知道该限制的除外。 法人、非法人组织承担民事责任后，向故意或者有重大过失的工作人员追偿的，人民法院依法予以支持。	**第一百七十条**　执行法人或者非法人组织工作任务的人员，就其职权范围内的事项，以法人或者非法人组织的名义实施的民事法律行为，对法人或者非法人组织发生效力。 法人或者非法人组织对执行其工作任务的人员职权范围的限制，不得对抗善意相对人。 **第一百七十一条**　行为人没有代理权、超越代理权或者代理权终止后，仍然实施代理行为，未经被代理人追认的，对被代理人不发生效力。 相对人可以催告被代理人自收到通知之日起三十日内予以追认。被代理人未作表示的，视为拒绝追认。行为人实施的行为被追认前，善意相对人有撤销的权利。撤销应当以通知的方式作出。 行为人实施的行为未被追认的，善意相对人有权请求行为人履行债务或者就其受到的损害请求行为人赔偿。但是，赔偿的范围不得超过被代理人追认时相对人所能获得的利益。 相对人知道或者应当知道行为人无权代理的，相对人和行为人按照各自的过错承担责任。 **第一百七十二条**　行为人没有代理权、超越代理权或者代理权终止后，仍然实施代理行为，相对人有理由相信行为人有代理权的，代理行为有效。 **第五百零三条**　无权代理人以被代理人的名义订立合同，被代理人已经开始履行合同义务或者接受相对人履行的，视为对合同的追认。	

续表

合同编通则解释	民法典及其关联法规	原合同法解释一二
	《民商事合同指导意见》 **12.** 当前在国家重大项目和承包租赁行业等受到全球性金融危机冲击和国内宏观经济形势变化影响比较明显的行业领域，由于合同当事人采用转包、分包、转租方式，出现了大量以单位部门、项目经理乃至个人名义签订或实际履行合同的情形，并因合同主体和效力认定问题引发表见代理纠纷案件。对此，人民法院应当正确适用合同法第四十九条关于表见代理制度的规定，严格认定表见代理行为。 **13.** 合同法第四十九条规定的表见代理制度不仅要求代理人的无权代理行为在客观上形成具有代理权的表象，而且要求相对人在主观上善意且无过失地相信行为人有代理权。合同相对人主张构成表见代理的，应当承担举证责任，不仅应当举证证明代理行为存在诸如合同书、公章、印鉴等有权代理的客观表象形式要素，而且应当证明其善意且无过失地相信行为人具有代理权。 **14.** 人民法院在判断合同相对人主观上是否属于善意且无过失时，应当结合合同缔结与履行过程中的各种因素综合判断合同相对人是否尽到合理注意义务，此外还要考虑合同的缔结时间、以谁的名义签字、是否盖有相关印章及印章真伪、标的物的交付方式与地点、购买的材料、租赁的器材、所借款项的用途、建筑单位是否知道项目经理的行为、是否参与合同履行等各种因素，作出综合分析判断。	

续表

合同编通则解释	民法典及其关联法规	原合同法解释一二
第二十二条 法定代表人、负责人或者工作人员以法人、非法人组织的名义订立合同且未超越权限，法人、非法人组织仅以合同加盖的印章不是备案印章或者系伪造的印章为由主张该合同对其不发生效力的，人民法院不予支持。 合同系以法人、非法人组织的名义订立，但是仅有法定代表人、负责人或者工作人员签名或者按指印而未加盖法人、非法人组织的印章，相对人能够证明法定代表人、负责人或者工作人员在订立合同时未超越权限的，人民法院应当认定合同对法人、非法人组织发生效力。但是，当事人约定以加盖印章作为合同成立条件的除外。 合同仅加盖法人、非法人组织的印章而无人员签名或者按指印，相对人能够证明合同系法定代表人、负责人或者工作人员在其权限范围内订立的，人民法院应当认定该合同对法人、非法人组织发生效力。 在前三款规定的情形下，法定代表人、负责人或者工作人员在订立合同时虽然超越代表或者代理权限，但是依据民法典第五百零四条的规定构成表见代表，或者依据民法典第一百七十二条的规定构成表见代理的，人民法院应当认定合同对法人、非法人组织发生效力。	**《民法典》** **第六十一条** 依照法律或者法人章程的规定，代表法人从事民事活动的负责人，为法人的法定代表人。 法定代表人以法人名义从事的民事活动，其法律后果由法人承受。 法人章程或者法人权力机构对法定代表人代表权的限制，不得对抗善意相对人。 **第一百七十条** 执行法人或者非法人组织工作任务的人员，就其职权范围内的事项，以法人或者非法人组织的名义实施的民事法律行为，对法人或者非法人组织发生效力。 法人或者非法人组织对执行其工作任务的人员职权范围的限制，不得对抗善意相对人。 **《九民纪要》** **41.** 司法实践中，有些公司有意刻制两套甚至多套公章，有的法定代表人或者代理人甚至私刻公章，订立合同时恶意加盖非备案的公章或者假公章，发生纠纷后法人以加盖的是假公章为由否定合同效力的情形并不鲜见。人民法院在审理案件时，应当主要审查签约人于盖章之时有无代表权或者代理权，从而根据代表或者代理的相关规则来确定合同的效力。 法定代表人或者其授权之人在合同上加盖法人公章的行为，表明其是以法人名义签订合同，除《公司法》第16条等法律对其职权有特别规定的情形外，应当由法人承担相应的法律后果。法人以法定代表人事后已无代表权、加盖的是假章、所盖之章与备案公章不一致等为由否定合同效力的，人民法院不予支持。	

续表

合同编通则解释	民法典及其关联法规	原合同法解释一二
	代理人以被代理人名义签订合同，要取得合法授权。代理人取得合法授权后，以被代理人名义签订的合同，应当由被代理人承担责任。被代理人以代理人事后已无代理权、加盖的是假章、所盖之章与备案公章不一致等为由否定合同效力的，人民法院不予支持。	
第二十三条 法定代表人、负责人或者代理人与相对人恶意串通，以法人、非法人组织的名义订立合同，损害法人、非法人组织的合法权益，法人、非法人组织主张不承担民事责任的，人民法院应予支持。 法人、非法人组织请求法定代表人、负责人或者代理人与相对人对因此受到的损失承担连带赔偿责任的，人民法院应予支持。 根据法人、非法人组织的举证，综合考虑当事人之间的交易习惯、合同在订立时是否显失公平、相关人员是否获取了不正当利益、合同的履行情况等因素，人民法院能够认定法定代表人、负责人或者代理人与相对人存在恶意串通的高度可能性的，可以要求前述人员就合同订立、履行的过程等相关事实作出陈述或者提供相应的证据。其无正当理由拒绝作出陈述，或者所作陈述不具合理性又不能提供相应证据的，人民法院可以认定恶意串通的事实成立。	**《民法典》** **第一百五十四条** 行为人与相对人恶意串通，损害他人合法权益的民事法律行为无效 **《民事诉讼证据规定》** **第四条** 一方当事人对于另一方当事人主张的于己不利的事实既不承认也不否认，经审判人员说明并询问后，其仍然不明确表示肯定或者否定的，视为对该事实的承认。 **第八十六条** 当事人对于欺诈、胁迫、恶意串通事实的证明，以及对于口头遗嘱或赠与事实的证明，人民法院确信该待证事实存在的可能性能够排除合理怀疑的，应当认定该事实存在。	

续表

合同编通则解释	民法典及其关联法规	原合同法解释一二
第二十四条　合同不成立、无效、被撤销或者确定不发生效力，当事人请求返还财产，经审查财产能够返还的，人民法院应当根据案件具体情况，单独或者合并适用返还占有的标的物、更正登记簿册记载等方式；经审查财产不能返还或者没有必要返还的，人民法院应当以认定合同不成立、无效、被撤销或者确定不发生效力之日该财产的市场价值或者以其他合理方式计算的价值为基准判决折价补偿。 除前款规定的情形外，当事人还请求赔偿损失的，人民法院应当结合财产返还或者折价补偿的情况，综合考虑财产增值收益和贬值损失、交易成本的支出等事实，按照双方当事人的过错程度及原因力大小，根据诚信原则和公平原则，合理确定损失赔偿额。 合同不成立、无效、被撤销或者确定不发生效力，当事人的行为涉嫌违法且未经处理，可能导致一方或者双方通过违法行为获得不当利益的，人民法院应当向有关行政管理部门提出司法建议。当事人的行为涉嫌犯罪的，应当将案件线索移送刑事侦查机关；属于刑事自诉案件的，应当告知当事人可以向有管辖权的人民法院另行提起诉讼。	**《民法典》** **第一百五十五条**　无效的或者被撤销的民事法律行为自始没有法律约束力。 **第一百五十六条**　民事法律行为部分无效，不影响其他部分效力的，其他部分仍然有效。 **第一百五十七条**　民事法律行为无效、被撤销或者确定不发生效力后，行为人因该行为取得的财产，应当予以返还；不能返还或者没有必要返还的，应当折价补偿。有过错的一方应当赔偿对方由此所受到的损失；各方都有过错的，应当各自承担相应的责任。法律另有规定的，依照其规定。 **《民法典总则编司法解释》** **第二十三条**　民事法律行为不成立，当事人请求返还财产、折价补偿或者赔偿损失的，参照适用民法典第一百五十七条的规定。 **《九民纪要》** **32.**《合同法》第58条就合同无效或者被撤销时的财产返还责任和损害赔偿责任作了规定，但未规定合同不成立的法律后果。考虑到合同不成立时也可能发生财产返还和损害赔偿责任问题，故应当参照适用该条的规定。 在确定合同不成立、无效或者被撤销后财产返还或者折价补偿范围时，要根据诚实信用原则的要求，在当事人之间合理分配，不能使不诚信的当事人因合同不成立、无效或者被撤销而获益。合同不成立、无效或者被撤销情况下，当事人所承担的缔约过失责任不应超过合同履行利益。比如，依据《最高人民法院关于审理建设工程施工合同纠纷案件适用法律问题的解释》第2条规定，建设工程施工合同无	**《合同法司法解释（二）》** **第八条**　依照法律、行政法规的规定经批准或者登记才能生效的合同成立后，有义务办理申请批准或者申请登记等手续的一方当事人未按照法律规定或者合同约定办理申请批准或者未申请登记的，属于合同法第四十二条第（三）项规定的"其他违背诚实信用原则的行为"，人民法院可以根据案件的具体情况和相对人的请求，判决相对人自己办理有关手续；对方当事人对由此产生的费用和给相对人造成的实际损失，应当承担损害赔偿责任。

续表

合同编通则解释	民法典及其关联法规	原合同法解释一二
	效，在建设工程经竣工验收合格情况下，可以参照合同约定支付工程款，但除非增加了合同约定之外新的工程项目，一般不应超出合同约定支付工程款。 **33.** 合同不成立、无效或者被撤销后，在确定财产返还时，要充分考虑财产增值或者贬值的因素。双务合同不成立、无效或者被撤销后，双方因该合同取得财产的，应当相互返还。应予返还的股权、房屋等财产相对于合同约定价款出现增值或者贬值的，人民法院要综合考虑市场因素、受让人的经营或者添附等行为与财产增值或者贬值之间的关联性，在当事人之间合理分配或者分担，避免一方因合同不成立、无效或者被撤销而获益。在标的物已经灭失、转售他人或者其他无法返还的情况下，当事人主张返还原物的，人民法院不予支持，但其主张折价补偿的，人民法院依法予以支持。折价时，应当以当事人交易时约定的价款为基础，同时考虑当事人在标的物灭失或者转售时的获益情况综合确定补偿标准。标的物灭失时当事人获得的保险金或者其他赔偿金，转售时取得的对价，均属于当事人因标的物而获得的利益。对获益高于或者低于价款的部分，也应当在当事人之间合理分配或者分担。 **34.** 双务合同不成立、无效或者被撤销时，标的物返还与价款返还互为对待给付，双方应当同时返还。关于应否支付利息问题，只要一方对标的物有使用情形的，一般应当支付使用费，该费用可与占有价款一方应当支付的资金占用费相互抵销，故在一方返还原物前，另一方仅须支付本金，而无须支付	

续表

合同编通则解释	民法典及其关联法规	原合同法解释一二
	利息。 **35.** 合同不成立、无效或者被撤销时，仅返还财产或者折价补偿不足以弥补损失，一方还可以向有过错的另一方请求损害赔偿。在确定损害赔偿范围时，既要根据当事人的过错程度合理确定责任，又要考虑在确定财产返还范围时已经考虑过的财产增值或者贬值因素，避免双重获利或者双重受损的现象发生。	
第二十五条 合同不成立、无效、被撤销或者确定不发生效力，有权请求返还价款或者报酬的当事人一方请求对方支付资金占用费的，人民法院应当在当事人请求的范围内按照中国人民银行授权全国银行间同业拆借中心公布的一年期贷款市场报价利率（LPR）计算。但是，占用资金的当事人对于合同不成立、无效、被撤销或者确定不发生效力没有过错的，应当以中国人民银行公布的同期同类存款基准利率计算。 双方互负返还义务，当事人主张同时履行的，人民法院应予支持；占有标的物的一方对标的物存在使用或者依法可以使用的情形，对方请求将其应支付的资金占用费与应收取的标的物使用费相互抵销的，人民法院应予支持，但是法律另有规定的除外。 **第二十六条** 当事人一方未根据法律规定或者合同约定履行开具发票、提供证	**《民法典》** **第五百零九条** 当事人应当按照约定全面履行自己的义务。 当事人应当遵循诚信原则，根据合同的性质、目的和交易习惯履行通知、协助、保密等义务。 **第五百七十七条** 当事人一方不履行合同义务或者履行合同义务不符合约定的，应当承担继续履行、采取补救措施或者赔偿损失等违约责任。 **第五百九十九条** 出卖人应当按照约定或者交易习惯向买受人交付提取标的物单证以外的有关单证和资料。 **《买卖合同纠纷司法解释》** **第四条** 民法典第五百九十九条规定的“提取标的物单证以外的有关单证和资料”，主要应当包括保险单、保修单、普通发票、增值税专用发票、产品合格证、质量保证书、质量鉴定书、品质检验证书、产品进出口检疫书、原产地证明书、使用说明书、装箱单等。 **第十九条** 出卖人没有履行或者不当履行从给付义务，致使买受人不能实现合同目的，买受人主张解除合同的，人民法院应当根据民法典第五百六十三条第一款第四项的规定，予以支持。	

续表

合同编通则解释	民法典及其关联法规	原合同法解释一二
明文件等非主要债务，对方请求继续履行该债务并赔偿因怠于履行该债务造成的损失的，人民法院依法予以支持；对方请求解除合同的，人民法院不予支持，但是不履行该债务致使不能实现合同目的或者当事人另有约定的除外。		
第二十七条 债务人或者第三人与债权人在债务履行期限届满后达成以物抵债协议，不存在影响合同效力情形的，人民法院应当认定该协议自当事人意思表示一致时生效。 债务人或者第三人履行以物抵债协议后，人民法院应当认定相应的原债务同时消灭；债务人或者第三人未按照约定履行以物抵债协议，经催告后在合理期限内仍不履行，债权人选择请求履行原债务或者以物抵债协议的，人民法院应予支持，但是法律另有规定或者当事人另有约定的除外。 前款规定的以物抵债协议经人民法院确认或者人民法院根据当事人达成的以物抵债协议制作成调解书，债权人主张财产权利自确认书、调解书生效时发生变动或者具有对抗善意第三人效力的，人民法院不予支持。 债务人或者第三人以自己不享有所有权或者处分权的财产权利订立以物抵债协议的，依据本解释第十九条的规定处理。	**《民法典》** **第五百一十五条** 标的有多项而债务人只需履行其中一项的，债务人享有选择权；但是，法律另有规定、当事人另有约定或者另有交易习惯的除外。 享有选择权的当事人在约定期限内或者履行期限届满未作选择，经催告后在合理期限内仍未选择的，选择权转移至对方。 **《九民纪要》** **44.** 当事人在债务履行期限届满后达成以物抵债协议，抵债物尚未交付债权人，债权人请求债务人交付的，人民法院要着重审查以物抵债协议是否存在恶意损害第三人合法权益等情形，避免虚假诉讼的发生。经审查，不存在以上情况，且无其他无效事由的，人民法院依法予以支持。	

续表

合同编通则解释	民法典及其关联法规	原合同法解释一二
第二十八条　债务人或者第三人与债权人在债务履行期限届满前达成以物抵债协议的，人民法院应当在审理债权债务关系的基础上认定该协议的效力。 当事人约定债务人到期没有清偿债务，债权人可以对抵债财产拍卖、变卖、折价以实现债权的，人民法院应当认定该约定有效。当事人约定债务人到期没有清偿债务，抵债财产归债权人所有的，人民法院应当认定该约定无效，但是不影响其他部分的效力；债权人请求对抵债财产拍卖、变卖、折价以实现债权的，人民法院应予支持。 当事人订立前款规定的以物抵债协议后，债务人或者第三人未将财产权利转移至债权人名下，债权人主张优先受偿的，人民法院不予支持；债务人或者第三人已将财产权利转移至债权人名下的，依据《最高人民法院关于适用〈中华人民共和国民法典〉有关担保制度的解释》第六十八条的规定处理。	**《民法典》** **第四百一十条**　债务人不履行到期债务或者发生当事人约定的实现抵押权的情形，抵押权人可以与抵押人协议以抵押财产折价或者以拍卖、变卖该抵押财产所得的价款优先受偿。协议损害其他债权人利益的，其他债权人可以请求人民法院撤销该协议。 抵押权人与抵押人未就抵押权实现方式达成协议的，抵押权人可以请求人民法院拍卖、变卖抵押财产。 抵押财产折价或者变卖的，应当参照市场价格。 **第四百二十八条**　质权人在债务履行期限届满前，与出质人约定债务人不履行到期债务时质押财产归债权人所有的，只能依法就质押财产优先受偿。 **《民法典担保制度司法解释》** **第六十八条**　债务人或者第三人与债权人约定将财产形式上转移至债权人名下，债务人不履行到期债务，债权人有权对财产折价或者以拍卖、变卖该财产所得价款偿还债务的，人民法院应当认定该约定有效。当事人已经完成财产权利变动的公示，债务人不履行到期债务，债权人请求参照民法典关于担保物权的有关规定就该财产优先受偿的，人民法院应予支持。 债务人或者第三人与债权人约定将财产形式上转移至债权人名下，债务人不履行到期债务，财产归债权人所有的，人民法院应当认定该约定无效，但是不影响当事人有关提供担保的意思表示的效力。当事人已经完成财产权利变动的公示，债务人不履行到期债务，债权人请求对该财产享有所有权的，人	

续表

合同编通则解释	民法典及其关联法规	原合同法解释一二
	民法院不予支持；债权人请求参照民法典关于担保物权的规定对财产折价或者以拍卖、变卖该财产所得的价款优先受偿的，人民法院应予支持；债务人履行债务后请求返还财产，或者请求对财产折价或者以拍卖、变卖所得的价款清偿债务的，人民法院应予支持。 债务人与债权人约定将财产转移至债权人名下，在一定期间后再由债务人或者其指定的第三人以交易本金加上溢价款回购，债务人到期不履行回购义务，财产归债权人所有的，人民法院应当参照第二款规定处理。回购对象自始不存在的，人民法院应当依照民法典第一百四十六条第二款的规定，按照其实际构成的法律关系处理。 **《九民纪要》** **45.** 当事人在债务履行期届满前达成以物抵债协议，抵债物尚未交付债权人，债权人请求债务人交付的，因此种情况不同于本纪要第 71 条规定的让与担保，人民法院应当向其释明，其应当根据原债权债务关系提起诉讼。经释明后当事人仍拒绝变更诉讼请求的，应当驳回其诉讼请求，但不影响其根据原债权债务关系另行提起诉讼。	
第二十九条 民法典第五百二十二条第二款规定的第三人请求债务人向自己履行债务的，人民法院应予支持；请求行使撤销权、解除权等民事权利的，人民法院不予支持，但是法律另有规定的除外。 合同依法被撤销或者被解除，债务人请求债权人返还财产的，人民法院应予支持。	**《民法典》** **第五百二十二条** 当事人约定由债务人向第三人履行债务，债务人未向第三人履行债务或者履行债务不符合约定的，应当向债权人承担违约责任。 法律规定或者当事人约定第三人可以直接请求债务人向其履行债务，第三人未在合理期限内明确拒绝，债务人未向第三人履行债务或者履行债务不符合约定的，第三人	

续表

合同编通则解释	民法典及其关联法规	原合同法解释一二
债务人按照约定向第三人履行债务，第三人拒绝受领，债权人请求债务人向自己履行债务的，人民法院应予支持，但是债务人已经采取提存等方式消灭债务的除外。第三人拒绝受领或者受领迟延，债务人请求债权人赔偿因此造成的损失的，人民法院依法予以支持。	可以请求债务人承担违约责任；债务人对债权人的抗辩，可以向第三人主张。	
第三十条　下列民事主体，人民法院可以认定为民法典第五百二十四条第一款规定的对履行债务具有合法利益的第三人： （一）保证人或者提供物的担保的第三人； （二）担保财产的受让人、用益物权人、合法占有人； （三）担保财产上的后顺位担保权人； （四）对债务人的财产享有合法权益且该权益将因财产被强制执行而丧失的第三人； （五）债务人为法人或者非法人组织的，其出资人或者设立人； （六）债务人为自然人的，其近亲属； （七）其他对履行债务具有合法利益的第三人。 第三人在其已经代为履行的范围内取得对债务人的债权，但是不得损害债权人的利益。 担保人代为履行债务取得债权后，向其他担保人主张担保权利的，依据《最高人民法院关于适用〈中华人	《民法典》 **第五百二十三条**　当事人约定由第三人向债权人履行债务，第三人不履行债务或者履行债务不符合约定的，债务人应当向债权人承担违约责任。 **第五百二十四条**　债务人不履行债务，第三人对履行该债务具有合法利益的，第三人有权向债权人代为履行；但是，根据债务性质、按照当事人约定或者依照法律规定只能由债务人履行的除外。 债权人接受第三人履行后，其对债务人的债权转让给第三人，但是债务人和第三人另有约定的除外。 **《民法典担保制度司法解释》** **第十三条**　同一债务有两个以上第三人提供担保，担保人之间约定相互追偿及分担份额，承担了担保责任的担保人请求其他担保人按照约定分担份额的，人民法院应予支持；担保人之间约定承担连带共同担保，或者约定相互追偿但是未约定分担份额的，各担保人按照比例分担向债务人不能追偿的部分。 同一债务有两个以上第三人提供担保，担保人之间未对相互追偿作出约定且未约定承担连带共同担保，但是各担保人在同一份合同书上签字、盖章或者按指印，承担了	

续表

合同编通则解释	民法典及其关联法规	原合同法解释一二
民共和国民法典〉有关担保制度的解释》第十三条、第十四条、第十八条第二款等规定处理。	担保责任的担保人请求其他担保人按照比例分担向债务人不能追偿部分的，人民法院应予支持。 除前两款规定的情形外，承担了担保责任的担保人请求其他担保人分担向债务人不能追偿部分的，人民法院不予支持。 **第十四条** 同一债务有两个以上第三人提供担保，担保人受让债权的，人民法院应当认定该行为系承担担保责任。受让债权的担保人作为债权人请求其他担保人承担担保责任的，人民法院不予支持；该担保人请求其他担保人分担相应份额的，依照本解释第十三条的规定处理。 **第十八条** 承担了担保责任或者赔偿责任的担保人，在其承担责任的范围内向债务人追偿的，人民法院应予支持。 同一债权既有债务人自己提供的物的担保，又有第三人提供的担保，承担了担保责任或者赔偿责任的第三人，主张行使债权人对债务人享有的担保物权的，人民法院应予支持。	
第三十一条 当事人互负债务，一方以对方没有履行非主要债务为由拒绝履行自己的主要债务的，人民法院不予支持。但是，对方不履行非主要债务致使不能实现合同目的或者当事人另有约定的除外。 当事人一方起诉请求对方履行债务，被告依据民法典第五百二十五条的规定主张双方同时履行的抗辩且抗辩成立，被告未提起反诉的，人民法院应当判决被告在原告履行债务的同时履行	**《民法典》** **第五百二十五条** 当事人互负债务，没有先后履行顺序的，应当同时履行。一方在对方履行之前有权拒绝其履行请求。一方在对方履行债务不符合约定时，有权拒绝其相应的履行请求。 **第五百二十六条** 当事人互负债务，有先后履行顺序，应当先履行债务一方未履行的，后履行一方有权拒绝其履行请求。先履行一方履行债务不符合约定的，后履行一方有权拒绝其相应的履行请求。	

续表

合同编通则解释	民法典及其关联法规	原合同法解释一二
自己的债务，并在判项中明确原告申请强制执行的，人民法院应当在原告履行自己的债务后对被告采取执行行为；被告提起反诉的，人民法院应当判决双方同时履行自己的债务，并在判项中明确任何一方申请强制执行的，人民法院应当在该当事人履行自己的债务后对对方采取执行行为。 　　当事人一方起诉请求对方履行债务，被告依据民法典第五百二十六条的规定主张原告应先履行的抗辩且抗辩成立的，人民法院应当驳回原告的诉讼请求，但是不影响原告履行债务后另行提起诉讼。		
第三十二条　合同成立后，因政策调整或者市场供求关系异常变动等原因导致价格发生当事人在订立合同时无法预见的、不属于商业风险的涨跌，继续履行合同对于当事人一方明显不公平的，人民法院应当认定合同的基础条件发生了民法典第五百三十三条第一款规定的“重大变化”。但是，合同涉及市场属性活跃、长期以来价格波动较大的大宗商品以及股票、期货等风险投资型金融产品的除外。 　　合同的基础条件发生了民法典第五百三十三条第一款规定的重大变化，当事人请求变更合同的，人民法院不得解除合同；当事人一方请求变更合同，对方请求解除合同的，或者当事人一方	《民法典》 　　**第五百三十三条**　合同成立后，合同的基础条件发生了当事人在订立合同时无法预见的、不属于商业风险的重大变化，继续履行合同对于当事人一方明显不公平的，受不利影响的当事人可以与对方重新协商；在合理期限内协商不成的，当事人可以请求人民法院或者仲裁机构变更或者解除合同。 　　人民法院或者仲裁机构应当结合案件的实际情况，根据公平原则变更或者解除合同。 　　**第五百六十三条**　有下列情形之一的，当事人可以解除合同： 　　（一）因不可抗力致使不能实现合同目的； 　　（二）在履行期限届满前，当事人一方明确表示或者以自己的行为表明不履行主要债务； 　　（三）当事人一方迟延履行主要债务，经催告后在合理期限内仍	**《合同法司法解释（二）》** 　　**第二十六条**　合同成立以后客观情况发生了当事人在订立合同时无法预见的、非不可抗力造成的不属于商业风险的重大变化，继续履行合同对于一方当事人明显不公平或者不能实现合同目的，当事人请求人民法院变更或者解除合同的，人民法院应当根据公平原则，并结合案件的实际情况确定是否变更或者解除。

续表

合同编通则解释	民法典及其关联法规	原合同法解释一二
请求解除合同，对方请求变更合同的，人民法院应当结合案件的实际情况，根据公平原则判决变更或者解除合同。 人民法院依据民法典第五百三十三条的规定判决变更或者解除合同的，应当综合考虑合同基础条件发生重大变化的时间、当事人重新协商的情况以及因合同变更或者解除给当事人造成的损失等因素，在判项中明确合同变更或者解除的时间。 当事人事先约定排除民法典第五百三十三条适用的，人民法院应当认定该约定无效。	未履行； （四）当事人一方迟延履行债务或者有其他违约行为致使不能实现合同目的； （五）法律规定的其他情形。 以持续履行的债务为内容的不定期合同，当事人可以随时解除合同，但是应当在合理期限之前通知对方。	
第三十三条 债务人不履行其对债权人的到期债务，又不以诉讼或者仲裁方式向相对人主张其享有的债权或者与该债权有关的从权利，致使债权人的到期债权未能实现的，人民法院可以认定为民法典第五百三十五条规定的“债务人怠于行使其债权或者与该债权有关的从权利，影响债权人的到期债权实现”。	**《民法典》** **第五百三十五条** 因债务人怠于行使其债权或者与该债权有关的从权利，影响债权人的到期债权实现的，债权人可以向人民法院请求以自己的名义代位行使债务人对相对人的权利，但是该权利专属于债务人自身的除外。 代位权的行使范围以债权人的到期债权为限。债权人行使代位权的必要费用，由债务人负担。 相对人对债务人的抗辩，可以向债权人主张。 **第五百三十六条** 债权人的债权到期前，债务人的债权或者与该债权有关的从权利存在诉讼时效期间即将届满或者未及时申报破产债权等情形，影响债权人的债权实现的，债权人可以代位向债务人的相对人请求其向债务人履行、向破产管理人申报或者作出其他必要的行为。	**《合同法司法解释（一）》** **第十一条** 债权人依照合同法第七十三条的规定提起代位权诉讼，应当符合下列条件： （一）债权人对债务人的债权合法； （二）债务人怠于行使其到期债权，对债权人造成损害； （三）债务人的债权已到期； （四）债务人的债权不是专属于债务人自身的债权。 **第十三条** 合同法第七十三条规定的“债务人怠于行使其到期债权，对债权人造成损害的”，是指债务人不履行其对债

续表

合同编通则解释	民法典及其关联法规	原合同法解释一二
		权人的到期债务，又不以诉讼方式或者仲裁方式向其债务人主张其享有的具有金钱给付内容的到期债权，致使债权人的到期债权未能实现。 次债务人（即债务人的债务人）不认为债务人有怠于行使其到期债权情况的，应当承担举证责任。
第三十四条　下列权利，人民法院可以认定为民法典第五百三十五条第一款规定的专属于债务人自身的权利： （一）抚养费、赡养费或者扶养费请求权； （二）人身损害赔偿请求权； （三）劳动报酬请求权，但是超过债务人及其所扶养家属的生活必需费用的部分除外； （四）请求支付基本养老保险金、失业保险金、最低生活保障金等保障当事人基本生活的权利； （五）其他专属于债务人自身的权利。		**《合同法司法解释（一）》** **第十二条**　合同法第七十三条第一款规定的专属于债务人自身的债权，是指基于扶养关系、抚养关系、赡养关系、继承关系产生的给付请求权和劳动报酬、退休金、养老金、抚恤金、安置费、人寿保险、人身伤害赔偿请求权等权利。
第三十五条　债权人依据民法典第五百三十五条的规定对债务人的相对人提起代位权诉讼的，由被告住所地人民法院管辖，但是依法应当适用专属管辖规定的除外。 债务人或者相对人以双方之间的债权债务关系订有管辖协议为由提出异议的，人民法院不予支持。	**《民事诉讼法》** **第二十四条**　因合同纠纷提起的诉讼，由被告住所地或者合同履行地人民法院管辖。 **第三十四条**　下列案件，由本条规定的人民法院专属管辖： （一）因不动产纠纷提起的诉讼，由不动产所在地人民法院管辖； （二）因港口作业中发生纠纷	**《合同法司法解释（一）》** **第十四条**　债权人依照合同法第七十三条的规定提起代位权诉讼的，由被告住所地人民法院管辖。 **《合同法司法解释（二）》** **第十七条**　债权

续表

合同编通则解释	民法典及其关联法规	原合同法解释一二
	提起的诉讼，由港口所在地人民法院管辖； （三）因继承遗产纠纷提起的诉讼，由被继承人死亡时住所地或者主要遗产所在地人民法院管辖。 **第三十五条** 合同或者其他财产权益纠纷的当事人可以书面协议选择被告住所地、合同履行地、合同签订地、原告住所地、标的物所在地等与争议有实际联系的地点的人民法院管辖，但不得违反本法对级别管辖和专属管辖的规定。 **第二百七十二条** 因合同纠纷或者其他财产权益纠纷，对在中华人民共和国领域内没有住所的被告提起的诉讼，如果合同在中华人民共和国领域内签订或者履行，或者诉讼标的物在中华人民共和国领域内，或者被告在中华人民共和国领域内有可供扣押的财产，或者被告在中华人民共和国领域内设有代表机构，可以由合同签订地、合同履行地、诉讼标的物所在地、可供扣押财产所在地、侵权行为地或者代表机构住所地人民法院管辖。 **《民事诉讼法司法解释》** **第二十八条** 民事诉讼法第三十四条第一项规定的不动产纠纷是指因不动产的权利确认、分割、相邻关系等引起的物权纠纷。 农村土地承包经营合同纠纷、房屋租赁合同纠纷、建设工程施工合同纠纷、政策性房屋买卖合同纠纷，按照不动产纠纷确定管辖。 不动产已登记的，以不动产登记簿记载的所在地为不动产所在地；不动产未登记的，以不动产实际所在地为不动产所在地。	人以境外当事人为被告提起的代位权诉讼，人民法院根据《中华人民共和国民事诉讼法》第二百四十一条的规定确定管辖。

续表

合同编通则解释	民法典及其关联法规	原合同法解释一二
第三十六条　债权人提起代位权诉讼后，债务人或者相对人以双方之间的债权债务关系订有仲裁协议为由对法院主管提出异议的，人民法院不予支持。但是，债务人或者相对人在首次开庭前就债务人与相对人之间的债权债务关系申请仲裁的，人民法院可以依法中止代位权诉讼。	**《民事诉讼法》** **第一百五十三条**　有下列情形之一的，中止诉讼： （一）一方当事人死亡，需要等待继承人表明是否参加诉讼的； （二）一方当事人丧失诉讼行为能力，尚未确定法定代理人的； （三）作为一方当事人的法人或者其他组织终止，尚未确定权利义务承受人的； （四）一方当事人因不可抗拒的事由，不能参加诉讼的； （五）本案必须以另一案的审理结果为依据，而另一案尚未审结的； （六）其他应当中止诉讼的情形。 中止诉讼的原因消除后，恢复诉讼。	
第三十七条　债权人以债务人的相对人为被告向人民法院提起代位权诉讼，未将债务人列为第三人的，人民法院应当追加债务人为第三人。 两个以上债权人以债务人的同一相对人为被告提起代位权诉讼的，人民法院可以合并审理。债务人对相对人享有的债权不足以清偿其对两个以上债权人负担的债务的，人民法院应当按照债权人享有的债权比例确定相对人的履行份额，但是法律另有规定的除外。	**《民事诉讼法》** **第一百四十三条**　原告增加诉讼请求，被告提出反诉，第三人提出与本案有关的诉讼请求，可以合并审理。	**《合同法司法解释（一）》** **第十六条**　债权人以次债务人为被告向人民法院提起代位权诉讼，未将债务人列为第三人的，人民法院可以追加债务人为第三人。 两个或者两个以上债权人以同一次债务人为被告提起代位权诉讼的，人民法院可以合并审理。
第三十八条　债权人向人民法院起诉债务人后，又向同一人民法院对债务人的相对人提起代位权诉讼，属于该人民法院管辖的，可以合并审理。不属于该人民法		**《合同法司法解释（一）》** **第十五条**　债权人向人民法院起诉债务人以后，又向同一人民法院对次债务人

续表

合同编通则解释	民法典及其关联法规	原合同法解释一二
院管辖的，应当告知其向有管辖权的人民法院另行起诉；在起诉债务人的诉讼终结前，代位权诉讼应当中止。 **第三十九条** 在代位权诉讼中，债务人对超过债权人代位请求数额的债权部分起诉相对人，属于同一人民法院管辖的，可以合并审理。不属于同一人民法院管辖的，应当告知其向有管辖权的人民法院另行起诉；在代位权诉讼终结前，债务人对相对人的诉讼应当中止。		提起代位权诉讼，符合本解释第十四条的规定和《中华人民共和国民事诉讼法》第一百零八条规定的起诉条件的，应当立案受理；不符合本解释第十四条规定的，告知债权人向次债务人住所地人民法院另行起诉。 受理代位权诉讼的人民法院在债权人起诉债务人的诉讼裁决发生法律效力以前，应当依照《中华人民共和国民事诉讼法》第一百三十六条第（五）项的规定中止代位权诉讼。
第四十条 代位权诉讼中，人民法院经审理认为债权人的主张不符合代位权行使条件的，应当驳回诉讼请求，但是不影响债权人根据新的事实再次起诉。 债务人的相对人仅以债权人提起代位权诉讼时债权人与债务人之间的债权债务关系未经生效法律文书确认为由，主张债权人提起的诉讼不符合代位权行使条件的，人民法院不予支持。		**《合同法司法解释（一）》** **第十八条** 在代位权诉讼中，次债务人对债务人的抗辩，可以向债权人主张。 债务人在代位权诉讼中对债权人的债权提出异议，经审查异议成立的，人民法院应当裁定驳回债权人的起诉。

续表

合同编通则解释	民法典及其关联法规	原合同法解释一二
第四十一条　债权人提起代位权诉讼后，债务人无正当理由减免相对人的债务或者延长相对人的履行期限，相对人以此向债权人抗辩的，人民法院不予支持。	**《民法典》** **第五百三十七条**　人民法院认定代位权成立的，由债务人的相对人向债权人履行义务，债权人接受履行后，债权人与债务人、债务人与相对人之间相应的权利义务终止。债务人对相对人的债权或者与该债权有关的从权利被采取保全、执行措施，或者债务人破产的，依照相关法律的规定处理。	
第四十二条　对于民法典第五百三十九条规定的“明显不合理”的低价或者高价，人民法院应当按照交易当地一般经营者的判断，并参考交易时交易地的市场交易价或者物价部门指导价予以认定。 转让价格未达到交易时交易地的市场交易价或者指导价百分之七十的，一般可以认定为“明显不合理的低价”；受让价格高于交易时交易地的市场交易价或者指导价百分之三十的，一般可以认定为“明显不合理的高价”。 债务人与相对人存在亲属关系、关联关系的，不受前款规定的百分之七十、百分之三十的限制。	**《民法典》** **第五百三十八条**　债务人以放弃其债权、放弃债权担保、无偿转让财产等方式无偿处分财产权益，或者恶意延长其到期债权的履行期限，影响债权人的债权实现的，债权人可以请求人民法院撤销债务人的行为。 **第五百三十九条**　债务人以明显不合理的低价转让财产、以明显不合理的高价受让他人财产或者为他人的债务提供担保，影响债权人的债权实现，债务人的相对人知道或者应当知道该情形的，债权人可以请求人民法院撤销债务人的行为。 **第五百四十条**　撤销权的行使范围以债权人的债权为限。债权人行使撤销权的必要费用，由债务人负担。 **第五百四十一条**　撤销权自债权人知道或者应当知道撤销事由之日起一年内行使。自债务人的行为发生之日起五年内没有行使撤销权的，该撤销权消灭。 **第五百四十二条**　债务人影响债权人的债权实现的行为被撤销的，自始没有法律约束力。 **第一百五十七条**　民事法律行为无效、被撤销或者确定不发生效	**《合同法司法解释（二）》** **第十九条**　对于合同法第七十四条规定的“明显不合理的低价”，人民法院应当以交易当地一般经营者的判断，并参考交易当时交易地的物价部门指导价或者市场交易价，结合其他相关因素综合考虑予以确认。 转让价格达不到交易时交易地的指导价或者市场交易价百分之七十的，一般可以视为明显不合理的低价；对转让价格高于当地指导价或者市场交易价百分之三十的，一般可以视为明显不合理的高价。 债务人以明显不合理的高价收购他人财产，人民法院可以根据债权人的申请，参照合同法第七十四条的规定予以撤销。

续表

<table>
<tr><th>合同编通则解释</th><th>民法典及其关联法规</th><th>原合同法解释一二</th></tr>
<tr><td>第四十三条　债务人以明显不合理的价格，实施互易财产、以物抵债、出租或者承租财产、知识产权许可使用等行为，影响债权人的债权实现，债务人的相对人知道或者应当知道该情形，债权人请求撤销债务人的行为的，人民法院应当依据民法典第五百三十九条的规定予以支持。</td><td rowspan="2">力后，行为人因该行为取得的财产，应当予以返还；不能返还或者没有必要返还的，应当折价补偿。有过错的一方应当赔偿对方由此所受到的损失；各方都有过错的，应当各自承担相应的责任。法律另有规定的，依照其规定。
第三百一十一条　无处分权人将不动产或者动产转让给受让人的，所有权人有权追回；除法律另有规定外，符合下列情形的，受让人取得该不动产或者动产的所有权：
（一）受让人受让该不动产或者动产时是善意；
（二）以合理的价格转让；
（三）转让的不动产或者动产依照法律规定应当登记的已经登记，不需要登记的已经交付给受让人。
受让人依据前款规定取得不动产或者动产的所有权的，原所有权人有权向无处分权人请求损害赔偿。
当事人善意取得其他物权的，参照适用前两款规定。
第一百五十四条　行为人与相对人恶意串通，损害他人合法权益的民事法律行为无效。
《九民纪要》
32.《合同法》第58条就合同无效或者被撤销时的财产返还责任和损害赔偿责任作了规定，但未规定合同不成立的法律后果。考虑到合同不成立时也可能发生财产返还和损害赔偿责任问题，故应当参照适用该条的规定。
在确定合同不成立、无效或者被撤销后财产返还或者折价补偿范围时，要根据诚实信用原则的要求，在当事人之间合理分配，不能使不诚信的当事人因合同不成立、</td><td></td></tr>
<tr><td>第四十四条　债权人依据民法典第五百三十八条、第五百三十九条的规定提起撤销权诉讼的，应当以债务人和债务人的相对人为共同被告，由债务人或者相对人的住所地人民法院管辖，但是依法应当适用专属管辖规定的除外。
两个以上债权人就债务人的同一行为提起撤销权诉讼的，人民法院可以合并审理。</td><td>《合同法司法解释（一）》
第二十三条　债权人依照合同法第七十四条的规定提起撤销权诉讼的，由被告住所地人民法院管辖。
第二十四条　债权人依照合同法第七十四条的规定提起撤销权诉讼时只以债务人为被告，未将受益人或者受让人列为第三人的，人民法院可以追加该受益人或者受让人为第三人。
第二十五条　债权人依照合同法第七十四条的规定提起撤销权诉讼，请求人民法院撤销债务人放弃债权或转让财产的行为，人民法院应当就债权人主张的部分进行审理，依法撤销的，该行为自始无效。
两个或者两个以上债权人以同一债务人为被告，就同一标的提起撤销权诉讼的，人民法院可以合并审理。</td></tr>
</table>

续表

合同编通则解释	民法典及其关联法规	原合同法解释一二
第四十五条　在债权人撤销权诉讼中，被撤销行为的标的可分，当事人主张在受影响的债权范围内撤销债务人的行为的，人民法院应予支持；被撤销行为的标的不可分，债权人主张将债务人的行为全部撤销的，人民法院应予支持。 债权人行使撤销权所支付的合理的律师代理费、差旅费等费用，可以认定为民法典第五百四十条规定的“必要费用”。	无效或者被撤销而获益。合同不成立、无效或者被撤销情况下，当事人所承担的缔约过失责任不应超过合同履行利益。比如，依据《最高人民法院关于审理建设工程施工合同纠纷案件适用法律问题的解释》第2条规定，建设工程施工合同无效，在建设工程经竣工验收合格情况下，可以参照合同约定支付工程款，但除非增加了合同约定之外新的工程项目，一般不应超出合同约定支付工程款。	**《合同法司法解释（一）》** **第二十五条**　债权人依照合同法第七十四条的规定提起撤销权诉讼，请求人民法院撤销债务人放弃债权或转让财产的行为，人民法院应当就债权人主张的部分进行审理，依法撤销的，该行为自始无效。 两个或者两个以上债权人以同一债务人为被告，就同一标的提起撤销权诉讼的，人民法院可以合并审理。
第四十六条　债权人在撤销权诉讼中同时请求债务人的相对人向债务人承担返还财产、折价补偿、履行到期债务等法律后果的，人民法院依法予以支持。 债权人请求受理撤销权诉讼的人民法院一并审理其与债务人之间的债权债务关系，属于该人民法院管辖的，可以合并审理。不属于该人民法院管辖的，应当告知其向有管辖权的人民法院另行起诉。 债权人依据其与债务人的诉讼、撤销权诉讼产生的生效法律文书申请强制执行的，人民法院可以就债务人对相对人享有的权利采取强制执行措施以实现债权人的债权。债权人在撤销权诉讼中，申请对相对人的财产采取保全措施的，人民法院依法予以准许。		

续表

合同编通则解释	民法典及其关联法规	原合同法解释一二
第四十七条 债权转让后，债务人向受让人主张其对让与人的抗辩的，人民法院可以追加让与人为第三人。 债务转移后，新债务人主张原债务人对债权人的抗辩的，人民法院可以追加原债务人为第三人。 当事人一方将合同权利义务一并转让后，对方就合同权利义务向受让人主张抗辩或者受让人就合同权利义务向对方主张抗辩的，人民法院可以追加让与人为第三人。	**《民法典》** **第五百四十五条** 债权人可以将债权的全部或者部分转让给第三人，但是有下列情形之一的除外： （一）根据债权性质不得转让； （二）按照当事人约定不得转让； （三）依照法律规定不得转让。 当事人约定非金钱债权不得转让的，不得对抗善意第三人。当事人约定金钱债权不得转让的，不得对抗第三人。 **第五百四十八条** 债务人接到债权转让通知后，债务人对让与人的抗辩，可以向受让人主张。 **第五百五十三条** 债务人转移债务的，新债务人可以主张原债务人对债权人的抗辩；原债务人对债权人享有债权的，新债务人不得向债权人主张抵销。	
第四十八条 债务人在接到债权转让通知前已经向让与人履行，受让人请求债务人履行的，人民法院不予支持；债务人接到债权转让通知后仍然向让与人履行，受让人请求债务人履行的，人民法院应予支持。 让与人未通知债务人，受让人直接起诉债务人请求履行债务，人民法院经审理确认债权转让事实的，应当认定债权转让自起诉状副本送达时对债务人发生效力。债务人主张因未通知而给其增加的费用或者造成的损失从认定的债权数额中扣除的，人民法院依法予以支持。	**《民法典》** **第五百四十六条** 债权人转让债权，未通知债务人的，该转让对债务人不发生效力。债权转让的通知不得撤销，但是经受让人同意的除外。 **第六百九十六条** 债权人转让全部或者部分债权，未通知保证人的，该转让对保证人不发生效力。保证人与债权人约定禁止债权转让，债权人未经保证人书面同意转让债权的，保证人对受让人不再承担保证责任。	

续表

合同编通则解释	民法典及其关联法规	原合同法解释一二
第四十九条　债务人接到债权转让通知后，让与人以债权转让合同不成立、无效、被撤销或者确定不发生效力为由请求债务人向其履行的，人民法院不予支持。但是，该债权转让通知被依法撤销的除外。 受让人基于债务人对债权真实存在的确认受让债权后，债务人又以该债权不存在为由拒绝向受让人履行的，人民法院不予支持。但是，受让人知道或者应当知道该债权不存在的除外。		
第五十条　让与人将同一债权转让给两个以上受让人，债务人以已经向最先通知的受让人履行为由主张其不再履行债务的，人民法院应予支持。债务人明知接受履行的受让人不是最先通知的受让人，最先通知的受让人请求债务人继续履行债务或者依据债权转让协议请求让与人承担违约责任的，人民法院应予支持；最先通知的受让人请求接受履行的受让人返还其接受的财产的，人民法院不予支持，但是接受履行的受让人明知该债权在其受让前已经转让给其他受让人的除外。 前款所称最先通知的受让人，是指最先到达债务人的转让通知中载明的受让人。当事人之间对通知到达时间有争议的，人民法院应当结合通知的方式等因素综合判断，而不能仅根据债务人认可的通知时间或者通知	**《民法典》** **第五百四十六条**　债权人转让债权，未通知债务人的，该转让对债务人不发生效力。 债权转让的通知不得撤销，但是经受让人同意的除外。 **第七百六十八条**　应收账款债权人就同一应收账款订立多个保理合同，致使多个保理人主张权利的，已经登记的先于未登记的取得应收账款；均已经登记的，按照登记时间的先后顺序取得应收账款；均未登记的，由最先到达应收账款债务人的转让通知中载明的保理人取得应收账款；既未登记也未通知的，按照保理融资款或者服务报酬的比例取得应收账款。 **《诉讼时效规定》** **第十七条第一款**　债权转让的，应当认定诉讼时效从债权转让通知到债务人之日起中断。	

续表

合同编通则解释	民法典及其关联法规	原合同法解释一二
记载的时间予以认定。当事人采用邮寄、通讯电子系统等方式发出通知的，人民法院应当以邮戳时间或者通讯电子系统记载的时间等作为认定通知到达时间的依据。		
第五十一条 第三人加入债务并与债务人约定了追偿权，其履行债务后主张向债务人追偿的，人民法院应予支持；没有约定追偿权，第三人依照民法典关于不当得利等的规定，在其已经向债权人履行债务的范围内请求债务人向其履行的，人民法院应予支持，但是第三人知道或者应当知道加入债务会损害债务人利益的除外。 债务人就其对债权人享有的抗辩向加入债务的第三人主张的，人民法院应予支持。	《民法典》 **第五百五十二条** 第三人与债务人约定加入债务并通知债权人，或者第三人向债权人表示愿意加入债务，债权人未在合理期限内明确拒绝的，债权人可以请求第三人在其愿意承担的债务范围内和债务人承担连带债务。 **第五百五十三条** 债务人转移债务的，新债务人可以主张原债务人对债权人的抗辩；原债务人对债权人享有债权的，新债务人不得向债权人主张抵销。 **第五百一十九条** 连带债务人之间的份额难以确定的，视为份额相同。实际承担债务超过自己份额的连带债务人，有权就超出部分在其他连带债务人未履行的份额范围内向其追偿，并相应地享有债权人的权利，但是不得损害债权人的利益。其他连带债务人对债权人的抗辩，可以向该债务人主张。 被追偿的连带债务人不能履行其应分担份额的，其他连带债务人应当在相应范围内按比例分担。	
第五十二条 当事人就解除合同协商一致时未对合同解除后的违约责任、结算和清理等问题作出处理，一方主张合同已经解除的，人民法院应予支持。但是，当事人另有约定的除外。 有下列情形之一的，除当事人一方另有意思表示	《民法典》 **第五百六十二条** 当事人协商一致，可以解除合同。当事人可以约定一方解除合同的事由。解除合同的事由发生时，解除权人可以解除合同。 **第五百六十六条** 合同解除后，尚未履行的，终止履行；已经履行的，根据履行情况和合同性质，	

续表

合同编通则解释	民法典及其关联法规	原合同法解释一二
外，人民法院可以认定合同解除： （一）当事人一方主张行使法律规定或者合同约定的解除权，经审理认为不符合解除权行使条件但是对方同意解除； （二）双方当事人均不符合解除权行使的条件但是均主张解除合同。 前两款情形下的违约责任、结算和清理等问题，人民法院应当依据民法典第五百六十六条、第五百六十七条和有关违约责任的规定处理。	当事人可以请求恢复原状或者采取其他补救措施，并有权请求赔偿损失。 合同因违约解除的，解除权人可以请求违约方承担违约责任，但是当事人另有约定的除外。主合同解除后，担保人对债务人应当承担的民事责任仍应当承担担保责任，但是担保合同另有约定的除外。 **第五百六十七条** 合同的权利义务关系终止，不影响合同中结算和清理条款的效力。 **《买卖合同纠纷司法解释》** **第二十条** 买卖合同因违约而解除后，守约方主张继续适用违约金条款的，人民法院应予支持；但约定的违约金过分高于造成的损失的，人民法院可以参照民法典第五百八十五条第二款的规定处理。 **《九民纪要》** **49.** 合同解除时，一方依据合同中有关违约金、约定损害赔偿的计算方法、定金责任等违约责任条款的约定，请求另一方承担违约责任的，人民法院依法予以支持。 双务合同解除时人民法院的释明问题，参照本纪要第 36 条的相关规定处理。	
第五十三条 当事人一方以通知方式解除合同，并以对方未在约定的异议期限或者其他合理期限内提出异议为由主张合同已经解除的，人民法院应当对其是否享有法律规定或者合同约定的解除权进行审查。经审查，享有解除权的，合同自通知到达对方时解除；不享有解除权的，不发生合同解除的效力。	**《民法典》** **第五百六十五条** 当事人一方依法主张解除合同的，应当通知对方。合同自通知到达对方时解除；通知载明债务人在一定期限内不履行债务则合同自动解除，债务人在该期限内未履行债务的，合同自通知载明的期限届满时解除。对方对解除合同有异议的，任何一方当事人均可以请求人民法院或者仲裁机构确认解除行为的效力。 当事人一方未通知对方，直接	**《合同法司法解释（二）》** **第二十四条** 当事人对合同法第九十六条、第九十九条规定的合同解除或者债务抵销虽有异议，但在约定的异议期限届满后才提出异议并向人民法院起诉的，人民法院不予支持；当事人没有约定异议期

续表

合同编通则解释	民法典及其关联法规	原合同法解释一二
	以提起诉讼或者申请仲裁的方式依法主张解除合同，人民法院或者仲裁机构确认该主张的，合同自起诉状副本或者仲裁申请书副本送达对方时解除。	间，在解除合同或者债务抵销通知到达之日起三个月以后才向人民法院起诉的，人民法院不予支持。
第五十四条 当事人一方未通知对方，直接以提起诉讼的方式主张解除合同，撤诉后再次起诉主张解除合同，人民法院经审理支持该主张的，合同自再次起诉的起诉状副本送达对方时解除。但是，当事人一方撤诉后又通知对方解除合同且该通知已经到达对方的除外。	**《民法典》** **第五百六十五条** 当事人一方依法主张解除合同的，应当通知对方。合同自通知到达对方时解除；通知载明债务人在一定期限内不履行债务则合同自动解除，债务人在该期限内未履行债务的，合同自通知载明的期限届满时解除。对方对解除合同有异议的，任何一方当事人均可以请求人民法院或者仲裁机构确认解除行为的效力。 当事人一方未通知对方，直接以提起诉讼或者申请仲裁的方式依法主张解除合同，人民法院或者仲裁机构确认该主张的，合同自起诉状副本或者仲裁申请书副本送达对方时解除。 **《民法典时间效力规定》** **第十条** 民法典实施前，当事人一方未通知对方而直接以提起诉讼方式依法主张解除合同的，适用民法典第五百六十五条第二款的规定。 **《民事诉讼法》** **第一百四十八条** 宣判前，原告申请撤诉的，是否准许，由人民法院裁定。	
第五十五条 当事人一方依据民法典第五百六十八条的规定主张抵销，人民法院经审理认为抵销权成立的，应当认定通知到达对方时双方互负的主债务、利息、违约金或者损害赔偿金等债务在同等数额内消灭。	**《民法典》** **第一百三十七条** 以对话方式作出的意思表示，相对人知道其内容时生效。 以非对话方式作出的意思表示，到达相对人时生效。以非对话方式作出的采用数据电文形式的意思表示，相对人指定特定系统接收	

续表

合同编通则解释	民法典及其关联法规	原合同法解释一二
	数据电文的，该数据电文进入该特定系统时生效；未指定特定系统的，相对人知道或者应当知道该数据电文进入其系统时生效。当事人对采用数据电文形式的意思表示的生效时间另有约定的，按照其约定。 **第五百六十五条** 当事人一方依法主张解除合同的，应当通知对方。合同自通知到达对方时解除；通知载明债务人在一定期限内不履行债务则合同自动解除，债务人在该期限内未履行债务的，合同自通知载明的期限届满时解除。对方对解除合同有异议的，任何一方当事人均可以请求人民法院或者仲裁机构确认解除行为的效力。 当事人一方未通知对方，直接以提起诉讼或者申请仲裁的方式依法主张解除合同，人民法院或者仲裁机构确认该主张的，合同自起诉状副本或者仲裁申请书副本送达对方时解除。 **第五百六十八条** 当事人互负债务，该债务的标的物种类、品质相同的，任何一方可以将自己的债务与对方的到期债务抵销；但是，根据债务性质、按照当事人约定或者依照法律规定不得抵销的除外。 当事人主张抵销的，应当通知对方。通知自到达对方时生效。抵销不得附条件或者附期限。 **《九民纪要》** **43.** 抵销权既可以通知的方式行使，也可以提出抗辩或者提起反诉的方式行使。抵销的意思表示自到达对方时生效，抵销一经生效，其效力溯及自抵销条件成就之时，双方互负的债务在同等数额内消灭。双方互负的债务数额，是截至抵销条件成就之时各自负有的包括	

续表

合同编通则解释	民法典及其关联法规	原合同法解释一二
	主债务、利息、违约金、赔偿金等在内的全部债务数额。行使抵销权一方享有的债权不足以抵销全部债务数额，当事人对抵销顺序又没有特别约定的，应当根据实现债权的费用、利息、主债务的顺序进行抵销。	
第五十六条 行使抵销权的一方负担的数项债务种类相同，但是享有的债权不足以抵销全部债务，当事人因抵销的顺序发生争议的，人民法院可以参照民法典第五百六十条的规定处理。 行使抵销权的一方享有的债权不足以抵销其负担的包括主债务、利息、实现债权的有关费用在内的全部债务，当事人因抵销的顺序发生争议的，人民法院可以参照民法典第五百六十一条的规定处理。	**《民法典》** **第五百六十条** 债务人对同一债权人负担的数项债务种类相同，债务人的给付不足以清偿全部债务的，除当事人另有约定外，由债务人在清偿时指定其履行的债务。 债务人未作指定的，应当优先履行已经到期的债务；数项债务均到期的，优先履行对债权人缺乏担保或者担保最少的债务；均无担保或者担保相等的，优先履行债务人负担较重的债务；负担相同的，按照债务到期的先后顺序履行；到期时间相同的，按照债务比例履行。 **第五百六十一条** 债务人在履行主债务外还应当支付利息和实现债权的有关费用，其给付不足以清偿全部债务的，除当事人另有约定外，应当按照下列顺序履行： （一）实现债权的有关费用； （二）利息； （三）主债务。 **《九民纪要》** **43.** 抵销权既可以通知的方式行使，也可以提出抗辩或者提起反诉的方式行使。抵销的意思表示自到达对方时生效，抵销一经生效，其效力溯及自抵销条件成就之时，双方互负的债务在同等数额内消灭。双方互负的债务数额，是截至抵销条件成就之时各自负有的包括主债务、利息、违约金、赔偿金等在内的全部债务数额。行使抵销权一方享有的债权不足以抵销全部债	

续表

合同编通则解释	民法典及其关联法规	原合同法解释一二
	务数额，当事人对抵销顺序又没有特别约定的，应当根据实现债权的费用、利息、主债务的顺序进行抵销。	
第五十七条 因侵害自然人人身权益，或者故意、重大过失侵害他人财产权益产生的损害赔偿债务，侵权人主张抵销的，人民法院不予支持。	**《企业破产法》** **第四十条** 债权人在破产申请受理前对债务人负有债务的，可以向管理人主张抵销。但是，有下列情形之一的，不得抵销： （一）债务人的债务人在破产申请受理后取得他人对债务人的债权的； （二）债权人已知债务人有不能清偿到期债务或者破产申请的事实，对债务人负担债务的；但是，债权人因为法律规定或者有破产申请一年前所发生的原因而负担债务的除外； （三）债务人的债务人已知债务人有不能清偿到期债务或者破产申请的事实，对债务人取得债权的；但是，债务人的债务人因为法律规定或者有破产申请一年前所发生的原因而取得债权的除外。 **《证券投资基金法》** **第六条** 基金财产的债权，不得与基金管理人、基金托管人固有财产的债务相抵销；不同基金财产的债权债务，不得相互抵销。 **《信托法》** **第十八条** 受托人管理运用、处分信托财产所产生的债权，不得与其固有财产产生的债务相抵销。受托人管理运用、处分不同委托人的信托财产所产生的债权债务，不得相互抵销。 **《执行异议和复议规定》** **第十九条** 当事人互负到期债务，被执行人请求抵销，请求抵销的债务符合下列情形的，除依照法律规定或者按照债务性质不得抵销	

续表

合同编通则解释	民法典及其关联法规	原合同法解释一二
	的以外，人民法院应予支持： （一）已经生效法律文书确定或者经申请执行人认可； （二）与被执行人所负债务的标的物种类、品质相同。 **《农村土地承包纠纷案件解释》** **第十七条** 发包方或者其他组织、个人擅自截留、扣缴承包收益或者土地经营权流转收益，承包方请求返还的，应予支持。发包方或者其他组织、个人主张抵销的，不予支持。 **《基本养老保险基金投资管理办法》** **第九条** 养老基金资产的债权，不得与委托人、受托机构、托管机构、投资管理机构和其他为养老基金投资管理提供服务的自然人、法人或者其他组织固有财产的债务相互抵销；养老基金不同投资组合基金资产的债权债务，不得相互抵销。	
第五十八条 当事人互负债务，一方以其诉讼时效期间已经届满的债权通知对方主张抵销，对方提出诉讼时效抗辩的，人民法院对该抗辩应予支持。一方的债权诉讼时效期间已经届满，对方主张抵销的，人民法院应予支持。	**《最高人民法院关于审理民事案件适用诉讼时效制度若干问题的规定》** **第十一条** 下列事项之一，人民法院应当认定与提起诉讼具有同等诉讼时效中断的效力： （一）申请支付令； （二）申请破产、申报破产债权； （三）为主张权利而申请宣告义务人失踪或死亡； （四）申请诉前财产保全、诉前临时禁令等诉前措施； （五）申请强制执行； （六）申请追加当事人或者被通知参加诉讼； （七）在诉讼中主张抵销； （八）其他与提起诉讼具有同等诉讼时效中断效力的事项。	

续表

合同编通则解释	民法典及其关联法规	原合同法解释一二
第五十九条　当事人一方依据民法典第五百八十条第二款的规定请求终止合同权利义务关系的，人民法院一般应当以起诉状副本送达对方的时间作为合同权利义务关系终止的时间。根据案件的具体情况，以其他时间作为合同权利义务关系终止的时间更加符合公平原则和诚信原则的，人民法院可以以该时间作为合同权利义务关系终止的时间，但是应当在裁判文书中充分说明理由。	《民法典》 **第五百五十七条**　有下列情形之一的，债权债务终止： （一）债务已经履行； （二）债务相互抵销； （三）债务人依法将标的物提存； （四）债权人免除债务； （五）债权债务同归于一人； （六）法律规定或者当事人约定终止的其他情形。 合同解除的，该合同的权利义务关系终止。 **第五百六十三条**　有下列情形之一的，当事人可以解除合同： （一）因不可抗力致使不能实现合同目的； （二）在履行期限届满前，当事人一方明确表示或者以自己的行为表明不履行主要债务； （三）当事人一方迟延履行主要债务，经催告后在合理期限内仍未履行； （四）当事人一方迟延履行债务或者有其他违约行为致使不能实现合同目的； （五）法律规定的其他情形。 以持续履行的债务为内容的不定期合同，当事人可以随时解除合同，但是应当在合理期限之前通知对方。 **第五百八十条**　当事人一方不履行非金钱债务或者履行非金钱债务不符合约定的，对方可以请求履行，但是有下列情形之一的除外： （一）法律上或者事实上不能履行； （二）债务的标的不适于强制履行或者履行费用过高； （三）债权人在合理期限内未请求履行。 有前款规定的除外情形之一，	

续表

合同编通则解释	民法典及其关联法规	原合同法解释一二
	致使不能实现合同目的的，人民法院或者仲裁机构可以根据当事人的请求终止合同权利义务关系，但是不影响违约责任的承担。 **《买卖合同纠纷司法解释》** **第十九条** 出卖人没有履行或者不当履行从给付义务，致使买受人不能实现合同目的，买受人主张解除合同的，人民法院应当根据民法典第五百六十三条第一款第四项的规定，予以支持。	
第六十条 人民法院依据民法典第五百八十四条的规定确定合同履行后可以获得的利益时，可以在扣除非违约方为订立、履行合同支出的费用等合理成本后，按照非违约方能够获得的生产利润、经营利润或者转售利润等计算。 非违约方依法行使合同解除权并实施了替代交易，主张按照替代交易价格与合同价格的差额确定合同履行后可以获得的利益的，人民法院依法予以支持；替代交易价格明显偏离替代交易发生时当地的市场价格，违约方主张按照市场价格与合同价格的差额确定合同履行后可以获得的利益的，人民法院应予支持。 非违约方依法行使合同解除权但是未实施替代交易，主张按照违约行为发生后合理期间内合同履行地的市场价格与合同价格的差额确定合同履行后可以获得的利益的，人民法院应予支持。	**《民法典》** **第五百八十四条** 当事人一方不履行合同义务或者履行合同义务不符合约定，造成对方损失的，损失赔偿额应当相当于因违约所造成的损失，包括合同履行后可以获得的利益；但是，不得超过违约一方订立合同时预见到或者应当预见到的因违约可能造成的损失。 **第五百九十一条** 当事人一方违约后，对方应当采取适当措施防止损失的扩大；没有采取适当措施致使损失扩大的，不得就扩大的损失请求赔偿。 当事人因防止损失扩大而支出的合理费用，由违约方负担。 **第五百九十二条** 当事人都违反合同的，应当各自承担相应的责任。 当事人一方违约造成对方损失，对方对损失的发生有过错的，可以减少相应的损失赔偿额。 **《买卖合同纠纷司法解释》** **第二十二条** 买卖合同当事人一方违约造成对方损失，对方主张赔偿可得利益损失的，人民法院在确定违约责任范围时，应当根据当事人的主张，依据民法典第五百八十四条、第五百九十一条、第五百九十二条、本解释第二十三条等规	

续表

合同编通则解释	民法典及其关联法规	原合同法解释一二
	定进行认定。 **第二十三条**　买卖合同当事人一方因对方违约而获有利益，违约方主张从损失赔偿额中扣除该部分利益的，人民法院应予支持。 **《九民纪要》** **33.** 合同不成立、无效或者被撤销后，在确定财产返还时，要充分考虑财产增值或者贬值的因素。双务合同不成立、无效或者被撤销后，双方因该合同取得财产的，应当相互返还。应予返还的股权、房屋等财产相对于合同约定价款出现增值或者贬值的，人民法院要综合考虑市场因素、受让人的经营或者添附等行为与财产增值或者贬值之间的关联性，在当事人之间合理分配或者分担，避免一方因合同不成立、无效或者被撤销而获益。在标的物已经灭失、转售他人或者其他无法返还的情况下，当事人主张返还原物的，人民法院不予支持，但其主张折价补偿的，人民法院依法予以支持。折价时，应当以当事人交易时约定的价款为基础，同时考虑当事人在标的物灭失或者转售时的获益情况综合确定补偿标准。标的物灭失时当事人获得的保险金或者其他赔偿金，转售时取得的对价，均属于当事人因标的物而获得的利益。对获益高于或者低于价款的部分，也应当在当事人之间合理分配或者分担。 **34.** 双务合同不成立、无效或者被撤销时，标的物返还与价款返还互为对待给付，双方应当同时返还。关于应否支付利息问题，只要一方对标的物有使用情形的，一般应当支付使用费，该费用可与占有价款一方应当支付的资金占用费相互抵销，故在一方返还原物前，另	

续表

合同编通则解释	民法典及其关联法规	原合同法解释一二
	一方仅须支付本金，而无须支付利息。 **35.** 合同不成立、无效或者被撤销时，仅返还财产或者折价补偿不足以弥补损失，一方还可以向有过错的另一方请求损害赔偿。在确定损害赔偿范围时，既要根据当事人的过错程度合理确定责任，又要考虑在确定财产返还范围时已经考虑过的财产增值或者贬值因素，避免双重获利或者双重受损的现象发生。	
第六十一条 在以持续履行的债务为内容的定期合同中，一方不履行支付价款、租金等金钱债务，对方请求解除合同，人民法院经审理认为合同应当依法解除的，可以根据当事人的主张，参考合同主体、交易类型、市场价格变化、剩余履行期限等因素确定非违约方寻找替代交易的合理期限，并按照该期限对应的价款、租金等扣除非违约方应当支付的相应履约成本确定合同履行后可以获得的利益。 非违约方主张按照合同解除后剩余履行期限相应的价款、租金等扣除履约成本确定合同履行后可以获得的利益的，人民法院不予支持。但是，剩余履行期限少于寻找替代交易的合理期限的除外	**《民商事合同指导意见》** **9.** 在当前市场主体违约情形比较突出的情况下，违约行为通常导致可得利益损失。根据交易的性质、合同的目的等因素，可得利益损失主要分为生产利润损失、经营利润损失和转售利润损失等类型。生产设备和原材料等买卖合同违约中，因出卖人违约而造成买受人的可得利益损失通常属于生产利润损失。承包经营、租赁经营合同以及提供服务或劳务的合同中，因一方违约造成的可得利益损失通常属于经营利润损失。先后系列买卖合同中，因原合同出卖方违约而造成其后的转售合同出售方的可得利益损失通常属于转售利润损失。 **10.** 人民法院在计算和认定可得利益损失时，应当综合运用可预见规则、减损规则、损益相抵规则以及过失相抵规则等，从非违约方主张的可得利益赔偿总额中扣除违约方不可预见的损失、非违约方不当扩大的损失、非违约方因违约获得的利益、非违约方亦有过失所造成的损失以及必要的交易成本。存在合同法第一百一十三条第二款规定的欺诈经营、合同法第一百一十四条第一款规定的当事人约定损害	

续表

合同编通则解释	民法典及其关联法规	原合同法解释一二
	赔偿的计算方法以及因违约导致人身伤亡、精神损害等情形的，不宜适用可得利益损失赔偿规则。 **11.** 人民法院认定可得利益损失时应当合理分配举证责任。违约方一般应当承担非违约方没有采取合理减损措施而导致损失扩大、非违约方因违约而获得利益以及非违约方亦有过失的举证责任；非违约方应当承担其遭受的可得利益损失总额、必要的交易成本的举证责任。对于可以预见的损失，既可以由非违约方举证，也可以由人民法院根据具体情况予以裁量。	
第六十二条　非违约方在合同履行后可以获得的利益难以根据本解释第六十条、第六十一条的规定予以确定的，人民法院可以综合考虑违约方因违约获得的利益、违约方的过错程度、其他违约情节等因素，遵循公平原则和诚信原则确定。	**《民法典》** **第五百七十七条**　当事人一方不履行合同义务或者履行合同义务不符合约定的，应当承担继续履行、采取补救措施或者赔偿损失等违约责任。 **第五百八十四条**　当事人一方不履行合同义务或者履行合同义务不符合约定，造成对方损失的，损失赔偿额应当相当于因违约所造成的损失，包括合同履行后可以获得的利益；但是，不得超过违反合同一方订立合同时预见到或者应当预见到的因违反合同可能造成的损失。 **第五百八十五条**　当事人可以约定一方违约时应当根据违约情况向对方支付一定数额的违约金，也可以约定因违约产生的损失赔偿额的计算方法。 约定的违约金低于造成的损失的，人民法院或者仲裁机构可以根据当事人的请求予以增加；约定的违约金过分高于造成的损失的，人民法院或者仲裁机构可以根据当事人的请求予以适当减少。 当事人就迟延履行约定违约金的，违约方支付违约金后，还应当履行债务。	

续表

合同编通则解释	民法典及其关联法规	原合同法解释一二
第六十三条 在认定民法典第五百八十四条规定的“违约一方订立合同时预见到或者应当预见到的因违约可能造成的损失”时，人民法院应当根据当事人订立合同的目的，综合考虑合同主体、合同内容、交易类型、交易习惯、磋商过程等因素，按照与违约方处于相同或者类似情况的民事主体在订立合同时预见到或者应当预见到的损失予以确定。 除合同履行后可以获得的利益外，非违约方主张还有其向第三人承担违约责任应当支出的额外费用等其他因违约所造成的损失，并请求违约方赔偿，经审理认为该损失系违约一方订立合同时预见到或者应当预见到的，人民法院应予支持。 在确定违约损失赔偿额时，违约方主张扣除非违约方未采取适当措施导致的扩大损失、非违约方也有过错造成的相应损失、非违约方因违约获得的额外利益或者减少的必要支出的，人民法院依法予以支持。	《民法典》 **第五百八十四条** 当事人一方不履行合同义务或者履行合同义务不符合约定，造成对方损失的，损失赔偿额应当相当于因违约所造成的损失，包括合同履行后可以获得的利益；但是，不得超过违约一方订立合同时预见到或者应当预见到的因违约可能造成的损失。 **第五百八十五条** 当事人可以约定一方违约时应当根据违约情况向对方支付一定数额的违约金，也可以约定因违约产生的损失赔偿额的计算方法。 约定的违约金低于造成的损失的，人民法院或者仲裁机构可以根据当事人的请求予以增加；约定的违约金过分高于造成的损失的，人民法院或者仲裁机构可以根据当事人的请求予以适当减少。 当事人就迟延履行约定违约金的，违约方支付违约金后，还应当履行债务。 **第五百八十六条** 当事人可以约定一方向对方给付定金作为债权的担保。定金合同自实际交付定金时成立。 定金的数额由当事人约定；但是，不得超过主合同标的额的百分之二十，超过部分不产生定金的效力。实际交付的定金数额多于或者少于约定数额的，视为变更约定的定金数额。 **第五百八十七条** 债务人履行债务的，定金应当抵作价款或者收回。给付定金的一方不履行债务或者履行债务不符合约定，致使不能实现合同目的的，无权请求返还定金；收受定金的一方不履行债务或者履行债务不符合约定，致使不能实现合同目的的，应当双倍返还定金。	

续表

合同编通则解释	民法典及其关联法规	原合同法解释一二
	第五百八十八条 当事人既约定违约金，又约定定金的，一方违约时，对方可以选择适用违约金或者定金条款。 定金不足以弥补一方违约造成的损失的，对方可以请求赔偿超过定金数额的损失。 **第五百八十九条** 债务人按照约定履行债务，债权人无正当理由拒绝受领的，债务人可以请求债权人赔偿增加的费用。 在债权人受领迟延期间，债务人无须支付利息。 **第五百九十条** 当事人一方因不可抗力不能履行合同的，根据不可抗力的影响，部分或者全部免除责任，但是法律另有规定的除外。因不可抗力不能履行合同的，应当及时通知对方，以减轻可能给对方造成的损失，并应当在合理期限内提供证明。 当事人迟延履行后发生不可抗力的，不免除其违约责任。 **第五百九十一条** 当事人一方违约后，对方应当采取适当措施防止损失的扩大；没有采取适当措施致使损失扩大的，不得就扩大的损失请求赔偿。 当事人因防止损失扩大而支出的合理费用，由违约方负担。 **第五百九十二条** 当事人都违反合同的，应当各自承担相应的责任。 当事人一方违约造成对方损失，对方对损失的发生有过错的，可以减少相应的损失赔偿额。 **《买卖合同纠纷司法解释》** **第十五条** 买受人在检验期限、质量保证期、合理期限内提出质量异议，出卖人未按要求予以修理或者因情况紧急，买受人自行或	

续表

合同编通则解释	民法典及其关联法规	原合同法解释一二
	者通过第三人修理标的物后，主张出卖人负担因此发生的合理费用的，人民法院应予支持。 **第十六条** 标的物质量不符合约定，买受人依照民法典第五百八十二条的规定要求减少价款的，人民法院应予支持。当事人主张以符合约定的标的物和实际交付的标的物按交付时的市场价值计算差价的，人民法院应予支持。 价款已经支付，买受人主张返还减价后多出部分价款的，人民法院应予支持。 **第十七条** 标的物质量不符合约定，买受人依照民法典第五百八十二条的规定要求减少价款的，人民法院应予支持。当事人主张以符合约定的标的物和实际交付的标的物按交付时的市场价值计算差价的，人民法院应予支持。 价款已经支付，买受人主张返还减价后多出部分价款的，人民法院应予支持。 **第十八条** 买卖合同对付款期限作出的变更，不影响当事人关于逾期付款违约金的约定，但该违约金的起算点应当随之变更。 买卖合同约定逾期付款违约金，买受人以出卖人接受价款时未主张逾期付款违约金为由拒绝支付该违约金的，人民法院不予支持。 买卖合同约定逾期付款违约金，但对账单、还款协议等未涉及逾期付款责任，出卖人根据对账单、还款协议等主张欠款时请求买受人依约支付逾期付款违约金的，人民法院应予支持，但对账单、还款协议等明确载有本金及逾期付款利息数额或者已经变更买卖合同中关于本金、利息等约定内容的除外。	

续表

合同编通则解释	民法典及其关联法规	原合同法解释一二
	买卖合同没有约定逾期付款违约金或者该违约金的计算方法，出卖人以买受人违约为由主张赔偿逾期付款损失，违约行为发生在2019年8月19日之前的，人民法院可以中国人民银行同期同类人民币贷款基准利率为基础，参照逾期罚息利率标准计算；违约行为发生在2019年8月20日之后的，人民法院可以违约行为发生时中国人民银行授权全国银行间同业拆借中心公布的一年期贷款市场报价利率（LPR）标准为基础，加计30—50%计算逾期付款损失。	
第六十四条 当事人一方通过反诉或者抗辩的方式，请求调整违约金的，人民法院依法予以支持。 违约方主张约定的违约金过分高于违约造成的损失，请求予以适当减少的，应当承担举证责任。非违约方主张约定的违约金合理的，也应当提供相应的证据。 当事人仅以合同约定不得对违约金进行调整为由主张不予调整违约金的，人民法院不予支持。	**《民法典》** **第五百八十四条** 当事人一方不履行合同义务或者履行合同义务不符合约定，造成对方损失的，损失赔偿额应当相当于因违约所造成的损失，包括合同履行后可以获得的利益；但是，不得超过违约一方订立合同时预见到或者应当预见到的因违约可能造成的损失。 **第五百八十五条** 当事人可以约定一方违约时应当根据违约情况向对方支付一定数额的违约金，也可以约定因违约产生的损失赔偿额的计算方法。 约定的违约金低于造成的损失的，人民法院或者仲裁机构可以根据当事人的请求予以增加；约定的违约金过分高于造成的损失的，人民法院或者仲裁机构可以根据当事人的请求予以适当减少。 当事人就迟延履行约定违约金的，违约方支付违约金后，还应当履行债务。 **《商品房买卖合同纠纷司法解释》** **第十二条** 当事人以约定的违约金过高为由请求减少的，应当以	**《合同法司法解释（二）》** **第二十七条** 当事人通过反诉或者抗辩的方式，请求人民法院依照合同法第一百一十四条第二款的规定调整违约金的，人民法院应予支持。 **第二十八条** 当事人依照合同法第一百一十四条第二款的规定，请求人民法院增加违约金的，增加后的违约金数额以不超过实际损失额为限。增加违约金以后，当事人又请求对方赔偿损失的，人民法院不予支持。

续表

合同编通则解释	民法典及其关联法规	原合同法解释一二
	违约金超过造成的损失 30% 为标准适当减少；当事人以约定的违约金低于造成的损失为由请求增加的，应当以违约造成的损失确定违约金数额。 《九民纪要》 **50.** 认定约定违约金是否过高，一般应当以《合同法》第 113 条规定的损失为基础进行判断，这里的损失包括合同履行后可以获得的利益。除借款合同外的双务合同，作为对价的价款或者报酬给付之债，并非借款合同项下的还款义务，不能以受法律保护的民间借贷利率上限作为判断违约金是否过高的标准，而应当兼顾合同履行情况、当事人过错程度以及预期利益等因素综合确定。主张违约金过高的违约方应当对违约金是否过高承担举证责任。 《买卖合同纠纷司法解释》 **第二十条** 买卖合同因违约而解除后，守约方主张继续适用违约金条款的，人民法院应予支持；但约定的违约金过分高于造成的损失的，人民法院可以参照民法典第五百八十五条第二款的规定处理。	
第六十五条 当事人主张约定的违约金过分高于违约造成的损失，请求予以适当减少的，人民法院应当以民法典第五百八十四条规定的损失为基础，兼顾合同主体、交易类型、合同的履行情况、当事人的过错程度、履约背景等因素，遵循公平原则和诚信原则进行衡量，并作出裁判。 约定的违约金超过造成	《民法典》 **第五百八十四条** 当事人一方不履行合同义务或者履行合同义务不符合约定，造成对方损失的，损失赔偿额应当相当于因违约所造成的损失，包括合同履行后可以获得的利益；但是，不得超过违约一方订立合同时预见到或者应当预见到的因违约可能造成的损失。 **第五百八十五条** 当事人可以约定一方违约时应当根据违约情况向对方支付一定数额的违约金，也	

续表

合同编通则解释	民法典及其关联法规	原合同法解释一二
损失的百分之三十的，人民法院一般可以认定为过分高于造成的损失。 恶意违约的当事人一方请求减少违约金的，人民法院一般不予支持。	可以约定因违约产生的损失赔偿额的计算方法。 约定的违约金低于造成的损失的，人民法院或者仲裁机构可以根据当事人的请求予以增加；约定的违约金过分高于造成的损失的，人民法院或者仲裁机构可以根据当事人的请求予以适当减少。 当事人就迟延履行约定违约金的，违约方支付违约金后，还应当履行债务。 **《商品房买卖合同纠纷司法解释》** **第十二条**　当事人以约定的违约金过高为由请求减少的，应当以违约金超过造成的损失30%为标准适当减少；当事人以约定的违约金低于造成的损失为由请求增加的，应当以违约造成的损失确定违约金数额。 **《民商事合同指导意见》** **5.** 现阶段由于国内宏观经济环境的变化和影响，民商事合同履行过程中违约现象比较突出。对于双方当事人在合同中所约定的过分高于违约造成损失的违约金或者极具惩罚性的违约金条款，人民法院应根据合同法第一百一十四条第二款和最高人民法院《关于适用中华人民共和国合同法若干问题的解释（二）》（以下简称《合同法解释（二）》）第二十九条等关于调整过高违约金的规定内容和精神，合理调整违约金数额，公平解决违约责任问题。 **6.** 在当前企业经营状况普遍较为困难的情况下，对于违约金数额过分高于违约造成损失的，应当根据合同法规定的诚实信用原则、公平原则，坚持以补偿性为主、以惩罚性为辅的违约金性质，合理调	

续表

合同编通则解释	民法典及其关联法规	原合同法解释一二
	整裁量幅度，切实防止以意思自治为由而完全放任当事人约定过高的违约金。 **7.** 人民法院根据合同法第一百一十四条第二款调整过高违约金时，应当根据案件的具体情形，以违约造成的损失为基准，综合衡量合同履行程度、当事人的过错、预期利益、当事人缔约地位强弱、是否适用格式合同或条款等多项因素，根据公平原则和诚实信用原则予以综合权衡，避免简单地采用固定比例等“一刀切”的做法，防止机械司法而可能造成的实质不公平。 **8.** 为减轻当事人诉累，妥当解决违约金纠纷，违约方以合同不成立、合同未生效、合同无效或者不构成违约进行免责抗辩而未提出违约金调整请求的，人民法院可以就当事人是否需要主张违约金过高问题进行释明。人民法院要正确确定举证责任，违约方对于违约金约定过高的主张承担举证责任，非违约方主张违约金约定合理的，亦应提供相应的证据。合同解除后，当事人主张违约金条款继续有效的，人民法院可以根据合同法第九十八条的规定进行处理。	
第六十六条 当事人一方请求对方支付违约金，对方以合同不成立、无效、被撤销、确定不发生效力、不构成违约或者非违约方不存在损失等为由抗辩，未主张调整过高的违约金的，人民法院应当就若不支持该抗辩，当事人是否请求调整违约金进行释明。第一审人民法院认为抗辩成立且未予释	《民法典》 **第五百八十五条** 当事人可以约定一方违约时应当根据违约情况向对方支付一定数额的违约金，也可以约定因违约产生的损失赔偿额的计算方法。 约定的违约金低于造成的损失的，人民法院或者仲裁机构可以根据当事人的请求予以增加；约定的违约金过分高于造成的损失的，人民法院或者仲裁机构可以根据当事	《合同法司法解释（二）》 **第二十九条** 当事人主张约定的违约金过高请求予以适当减少的，人民法院应当以实际损失为基础，兼顾合同的履行情况、当事人的过错程度以及预期利益等综合因素，根据公平

续表

合同编通则解释	民法典及其关联法规	原合同法解释一二
明，第二审人民法院认为应当判决支付违约金的，可以直接释明，并根据当事人的请求，在当事人就是否应当调整违约金充分举证、质证、辩论后，依法判决适当减少违约金。 被告因客观原因在第一审程序中未到庭参加诉讼，但是在第二审程序中到庭参加诉讼并请求减少违约金的，第二审人民法院可以在当事人就是否应当调整违约金充分举证、质证、辩论后，依法判决适当减少违约金。	人的请求予以适当减少。 **《买卖合同纠纷司法解释》** **第二十一条**　买卖合同当事人一方以对方违约为由主张支付违约金，对方以合同不成立、合同未生效、合同无效或者不构成违约等为由进行免责抗辩而未主张调整过高的违约金的，人民法院应当就法院若不支持免责抗辩，当事人是否需要主张调整违约金进行释明。 一审法院认为免责抗辩成立且未予释明，二审法院认为应当判决支付违约金的，可以直接释明并改判。	原则和诚实信用原则予以衡量，并作出裁决。 当事人约定的违约金超过造成损失的百分之三十的，一般可以认定为合同法第一百一十四条第二款规定的“过分高于造成的损失”。
第六十七条　当事人交付留置金、担保金、保证金、订约金、押金或者订金等，但是没有约定定金性质，一方主张适用民法典第五百八十七条规定的定金罚则的，人民法院不予支持。当事人约定了定金性质，但是未约定定金类型或者约定不明，一方主张为违约定金的，人民法院应予支持。 当事人约定以交付定金作为订立合同的担保，一方拒绝订立合同或者在磋商订立合同时违背诚信原则导致未能订立合同，对方主张适用民法典第五百八十七条规定的定金罚则的，人民法院应予支持。 当事人约定以交付定金作为合同成立或者生效条件，应当交付定金的一方未交付定金，但是合同主要义务已经履行完毕并为对方所	**《民法典担保制度司法解释》** **第一百一十五条**　当事人约定以交付定金作为订立主合同担保的，给付定金的一方拒绝订立主合同的，无权要求返还定金；收受定金的一方拒绝订立合同的，应当双倍返还定金。 **第一百一十六条**　当事人约定以交付定金作为主合同成立或者生效要件的，给付定金的一方未支付定金，但主合同已经履行或者已经履行主要部分的，不影响主合同的成立或者生效。 **第一百一十七条**　定金交付后，交付定金的一方可以按照合同的约定以丧失定金为代价而解除主合同，收受定金的一方可以双倍返还定金为代价而解除主合同。对解除主合同后责任的处理，适用《中华人民共和国合同法》的规定。 **第一百一十八条**　当事人交付留置金、担保金、保证金、订约金、押金或者订金等，但没有约定定金性质的，当事人主张定金权利	

续表

合同编通则解释	民法典及其关联法规	原合同法解释一二
接受的，人民法院应当认定合同在对方接受履行时已经成立或者生效。 当事人约定定金性质为解约定金，交付定金的一方主张以丧失定金为代价解除合同的，或者收受定金的一方主张以双倍返还定金为代价解除合同的，人民法院应予支持。	的，人民法院不予支持。 **第一百一十九条** 实际交付的定金数额多于或者少于约定数额，视为变更定金合同；收受定金一方提出异议并拒绝接受定金的，定金合同不生效。 **第一百二十条** 因当事人一方迟延履行或者其他违约行为，致使合同目的不能实现，可以适用定金罚则。但法律另有规定或者当事人另有约定的除外。 当事人一方不完全履行合同的，应当按照未履行部分所占合同约定内容的比例，适用定金罚则。 **第一百二十二条** 因不可抗力、意外事件致使主合同不能履行的，不适用定金罚则。因合同关系以外第三人的过错，致使主合同不能履行的，适用定金罚则。受定金处罚的一方当事人，可以依法向第三人追偿。 **《商品房买卖合同纠纷司法解释》** **第四条** 出卖人通过认购、订购、预订等方式向买受人收受定金作为订立商品房买卖合同担保的，如果因当事人一方原因未能订立商品房买卖合同，应当按照法律关于定金的规定处理；因不可归责于当事人双方的事由，导致商品房买卖合同未能订立的，出卖人应当将定金返还买受人。	
第六十八条 双方当事人均具有致使不能实现合同目的的违约行为，其中一方请求适用定金罚则的，人民法院不予支持。当事人一方仅有轻微违约，对方具有致使不能实现合同目的的违约行为，轻微违约方主张适用	**《民法典担保制度司法解释》** **第一百一十五条** 当事人约定以交付定金作为订立主合同担保的，给付定金的一方拒绝订立主合同的，无权要求返还定金；收受定金的一方拒绝订立合同的，应当双倍返还定金。 **第一百一十六条** 当事人约定	

续表

合同编通则解释	民法典及其关联法规	原合同法解释一二
定金罚则，对方以轻微违约方也构成违约为由抗辩的，人民法院对该抗辩不予支持。 当事人一方已经部分履行合同，对方接受并主张按照未履行部分所占比例适用定金罚则的，人民法院应予支持。对方主张按照合同整体适用定金罚则的，人民法院不予支持，但是部分未履行致使不能实现合同目的的除外。 因不可抗力致使合同不能履行，非违约方主张适用定金罚则的，人民法院不予支持。	以交付定金作为主合同成立或者生效要件的，给付定金的一方未支付定金，但主合同已经履行或者已经履行主要部分的，不影响主合同的成立或者生效。 **第一百一十七条** 定金交付后，交付定金的一方可以按照合同的约定以丧失定金为代价而解除主合同，收受定金的一方可以双倍返还定金为代价而解除主合同。对解除主合同后责任的处理，适用《中华人民共和国合同法》的规定。	
第六十九条 本解释自2023年12月5日起施行。 民法典施行后的法律事实引起的民事案件，本解释施行后尚未终审的，适用本解释；本解释施行前已经终审，当事人申请再审或者按照审判监督程序决定再审的，不适用本解释。		**《合同法司法解释（一）》** **第一条** 合同法实施以后成立的合同发生纠纷起诉到人民法院的，适用合同法的规定；合同法实施以前成立的合同发生纠纷起诉到人民法院的，除本解释另有规定的以外，适用当时的法律规定，当时没有法律规定的，可以适用合同法的有关规定。 **《合同法司法解释（二）》** **第三十条** 合同法施行后成立的合同发生纠纷的案件，本解释施行后尚未终审的，适用本解释；本解释施行前已经终审，当事人申请再审或者按照审判监督程序决定再审的，不适用本解释。

附录二

最高人民法院发布《关于适用〈中华人民共和国民法典〉合同编通则若干问题的解释》相关典型案例

（2023 年 12 月 5 日最高人民法院发布）

案例一

某物业管理有限公司与某研究所房屋租赁合同纠纷案

【裁判要点】

招投标程序中，中标通知书送达后，一方当事人不履行订立书面合同的义务，相对方请求确认合同自中标通知书到达中标人时成立的，人民法院应予支持。

【简要案情】

2021 年 7 月 8 日，某研究所委托招标公司就案涉宿舍项目公开发出投标邀请。2021 年 7 月 28 日，某物业管理有限公司向招标公司发出《投标文件》，表示对招标文件无任何异议，愿意提供招标文件要求的服务。2021 年 8 月 1 日，招标公司向物业管理公司送达中标通知书，确定物业管理公司为中标人。2021 年 8 月 11 日，研究所向物业管理公司致函，要求解除与物业管理公司之间的中标关系，后续合同不再签订。物业管理公司主张中标通知书送达后双方租赁合同法律关系成立，研究所应承担因违约给其造成的损失。研究所辩称双方并未签订正式书面租赁合同，仅成立预约合同关系。

【判决理由】

法院生效裁判认为，从合同法律关系成立角度，招投标程序中的招标行为应为要约邀请，投标行为应为要约，经评标后招标人向特定投标人发送中标通知书的行为应为承诺，中标通知书送达投标人后承诺生效，合同成立。预约合同是指约定将来订立本约合同的合同，其主要目的在于将来成立本约合同。《中华人民共和国招标投标法》第四十六条第一款规定："招标人和中标人应当自中标通知书发出之日起三十日内，按照招标文件和中标人的投标文件订立书面合同。招标人和中标人不得再行订立背离合同实质性内容的其他协议。"从该条可以看出，中标通知书发出后签订的书面合同必须按照招投标文件订立。本案中招投标文件对租赁合同内容已有明确记载，故应认为中标通知书到达投标人时双方当事人已就租赁合同内容达成合意。该合意与主要目的为签订本约合同的预约合意存在区别，应认为租赁合同在中标通知书送达时成立。中标通知书送达后签订的书面合同，按照上述法律规定其实质性内容应与招投标文件一致，因此应为租赁合同成立后法律要求的书面确认形式，而非新的合同。由于中标通知书送达后租赁合同法律关系已成立，故研究所不履行合同义务，应承担违约责任。

【司法解释相关条文】

《最高人民法院关于适用〈中华人民共和国民法典〉合同编通则若干问题的解释》第四条　采取招标方式订立合同，当事人请求确认合同自中标通知书到达中标人时成立的，人民法院应予支持。合同成立后，当事人拒绝签订书面合同的，人民法院应当依据招标文件、投标文件和中标通知书等确定合同内容。

采取现场拍卖、网络拍卖等公开竞价方式订立合同，当事人请求确认合同自拍卖师落槌、电子交易系统确认成交时成立的，人民法院应予支持。合同成立后，当事人拒绝签订成交确认书的，人民法院应当依据拍卖公告、竞买人的报价等确定合同内容。

产权交易所等机构主持拍卖、挂牌交易，其公布的拍卖公告、交易规则等文件公开确定了合同成立需要具备的条件，当事人请求确认合同自该条件具备时成立的，人民法院应予支持。

案例二

某通讯公司与某实业公司房屋买卖合同纠纷案

【裁判要点】

判断当事人之间订立的合同是本约还是预约的根本标准应当是当事人是否有意在将来另行订立一个新的合同，以最终明确双方之间的权利义务关系。即使当事人对标的、数量以及价款等内容进行了约定，但如果约定将来一定期间仍须另行订立合同，就应认定该约定是预约而非本约。当事人在签订预约合同后，已经实施交付标的物或者支付价款等履行行为，应当认定当事人以行为的方式订立了本约合同。

【简要案情】

2006 年 9 月 20 日，某实业公司与某通讯公司签订《购房协议书》，对买卖诉争房屋的位置、面积及总价款等事宜作出约定，该协议书第三条约定在本协议原则下磋商确定购房合同及付款方式，第五条约定本协议在双方就诉争房屋签订房屋买卖合同时自动失效。通讯公司向实业公司的股东某纤维公司共转款 1000 万元，纤维公司为此出具定金收据两张，金额均为 500 万元。次年 1 月 4 日，实业公司向通讯公司交付了诉争房屋，此后该房屋一直由通讯公司使用。2009 年 9 月 28 日，通讯公司发出《商函》给实业公司，该函的内容为因受金融危机影响，且房地产销售价格整体下调，请求实业公司将诉争房屋的价格下调至 6000 万元左右。当天，实业公司发函给通讯公司，要求其在 30 日内派员协商正式的房屋买卖合同。通讯公司于次日回函表示同意商谈购房事宜，商谈时间为同年 10 月 9 日。2009 年 10 月 10 日，实业公司发函致通讯公司，要求通讯公司对其拟定的《房屋买卖合同》作出回复。当月 12 日，通讯公司回函对其已收到上述合同文本作出确认。2009 年 11 月 12 日，实业公司发函给通讯公司，函件内容为双方因对买卖合同的诸多重大问题存在严重分歧，未能签订《房屋买卖合同》，故双方并未成立买卖关系，通讯公司应支付场地使用费。通讯公司于当月 17 日回函，称双方已实际履行了房屋买卖义务，其系合法占有诉争房屋，故无需支付场地占用费。2010 年 3 月 3 日，实业公司发函给通讯公司，解除其与通讯公司签订于 2006 年 9 月 20 日的《购房协议书》，且要求通讯公司腾出诉争房屋并支付场地使用费、退还定金。通讯公司以其与实业公司就诉争房屋的买卖问题签订了《购房协议书》，且其已支付 1000 万元定金，实业公司亦已将诉争房屋交付给其使用，双方之间的《购房协议书》合法有效，且以已实际履行为由，认为其与实业公司于 2006 年 9 月 20 日签订的《购房协议书》已成立并合法有效，请求判令实业公司向其履行办理房屋产权过户登记的义务。

【判决理由】

法院生效裁判认为，判断当事人之间订立的合同系本约还是预约的根本标准应当是当事人的意思表示，即当事人是否有意在将来订立一个新的合同，以最终明确在双方之间形成某种法律关系的具体内容。如果当事人存在明确的将来订立本约的意思，那么，即使预约的内容与本约已经十分接近，且通过合同解释，从预约中可以推导出本约的全部内容，也应当尊重当事人的意思表示，排除这种客观解释的可能性。不过，仅就案涉《购房协议书》而言，虽然其性质应为预约，但结合双方当事人在订立《购房协议书》之后的履行事实，实业公司与通讯公司之间已经成立了房屋买卖法律关系。对于当事人之间存在预约还是本约关系，不能仅凭一份孤立的协议就简单地加以认定，而是应当综合审查相关协议的内容以及当事人嗣后为达成交易进行的磋商甚至具体的履行行为等事实，从中探寻当事人的真实意思，并据此对当事人之间法律关系的性质作出准确的界定。本案中，双方当事人在签订《购房协议书》时，作为买受人的通讯公司已经实际交付了定金并约定在一定条件下自动转为购房款，作为出卖人的实业公司也接受了通讯公司的交付。在签订《购房协议书》的三个多月后，实业公司将合同项下的房屋交付给了通讯公司，通讯公司接受了该交付。而根据《购房协议书》的预约性质，实业公司交付房屋的行为不应视为对该合同的履行，在当事人之间不存在租赁等其他有偿使用房屋的法律关系的情形下，实业公司的该行为应认定为系基于与通讯公司之间的房屋买卖关系而为的交付。据此，可以认定当事人之间达成了买卖房屋的合意，成立了房屋买卖法律关系。

【司法解释相关条文】

《最高人民法院关于适用〈中华人民共和国民法典〉合同编通则若干问题的解释》第六条 当事人以认购书、订购书、预订书等形式约定在将来一定期限内订立合同，或者为担保在将来一定期限内订立合同交付了定金，能够确定将来所要订立合同的主体、标的等内容的，人民法院应当认定预约合同成立。

当事人通过签订意向书或者备忘录等方式，仅表达交易的意向，未约定在将来一定期限内订立合同，或者虽然有约定但是难以确定将来所要订立合同的主体、标的等内容，一方主张预约合同成立的，人民法院不予支持。

当事人订立的认购书、订购书、预订书等已就合同标的、数量、价款或者报酬等主要内容达成合意，符合本解释第三条第一款规定的合同成立条件，未明确约定在将来一定期限内另行订立合同，或者虽然有约定但是当事人一方已实施履行行为且对方接受的，人民法院应当认定本约合同成立。

案例三

某甲银行和某乙银行合同纠纷案

【裁判要点】

案涉交易符合以票据贴现为手段的多链条融资交易的基本特征。案涉《回购协议》是双方虚假意思表示，目的是借用银行承兑汇票买入返售的形式为某甲银行向实际用资人提供资金通道，真实合意是资金通道合同。在资金通道合同项下，各方当事人的权利义务是，过桥行提供资金通道服务，由出资银行提供所需划转的资金并支付相应的服务费，过桥行无交付票据的义务，但应根据其过错对出资银行的损失承担相应的赔偿责任。

【简要案情】

票据中介王某与某甲银行票据部员工姚某等联系以开展票据回购交易的方式进行融资，2015 年 3 月至 12 月间，双方共完成 60 笔交易。交易的模式是：姚某与王某达成票据融资的合意后，姚某与王某分别联系为两者之间的交易提供资金划转服务的银行即过桥行，包括某乙银行、某丙银行、某丁银行等。所有的交易资金最终通过过桥行流入由王某控制的企业账户中；在票据的交付上，王某从持票企业收购票据后，通过其控制的村镇银行完成票据贴现，并直接向某甲银行交付。资金通道或过桥的特点是过桥行不需要见票、验票、垫资，没有资金风险，仅收取利差。票据回购到期后，由于王某与姚某等人串通以虚假票据入库，致使某甲银行的资金遭受损失，王某与姚某等人亦因票据诈骗、挪用资金等行为被判处承担刑事责任。之后，某甲银行以其与某乙银行签订的《银行承兑汇票回购合同》（以下简称《回购合同》）为据，以其与某乙银行开展票据回购交易而某乙银行未能如期交付票据为由提起诉讼，要求某乙银行承担回购合同约定的违约责任。

【判决理由】

生效判决认为：《回购合同》系双方虚假合意，该虚假合意隐藏的真实合意是由某乙银行为某甲银行提供资金通道服务，故双方之间的法律关系为资金通道合同法律关系。具体理由为：第一，某甲银行明知以票据回购形式提供融资发生在其与王某之间，亦明知是在无票据作为担保的情况下向王某融出资金，而某乙银行等过桥行仅凭某甲银行提供的票据清单开展交易，为其提供通道服务。因此，本案是以票据贴现为手段，以票据清单交易为形式的多链条融资模式，某甲银行是实际出资行，王某是实际用资人，某乙银行是过桥行。第二，某甲银行与某乙银行之间不交票、不背书，仅凭清单交易的事实可以证明，《回购合同》并非双方当事人的真实合意。第三，案涉交易存在不符合正常票据回购交易顺序的倒打款，进一步说明《回购合同》并非双方的真实意思表示。《回购合同》表面约定的票据回购系双方的虚假意思而无效；隐藏的资金通道合同违反了金融机构审慎经营原则，且扰乱了票据市场交易秩序、引发金融风险，因此双方当事人基于真实意思表示形成的资金通道合同属于违背公序良俗、损害社会公共利益的合同，依据《中华人民共和国民法总则》第一百五十三条第二款及《中华人民共和国合同法》第五十二条第四项的规定，应为无效。在《回购合同》无效的情形下，某甲银行请求某乙银行履行合同约定的义务并承担违约责任，缺乏法律依据，但某乙银行应根据其过错对某甲银行的损失承担相应的赔偿责任。

【司法解释相关条文】

《最高人民法院关于适用〈中华人民共和国民法典〉合同编通则若干问题的解释》第十五条 人民法院认定当事人之间的权利义务关系，不应当拘泥于合同使用的名称，而应当根据合同约定的内容。当事人主张的权利义务关系与根据合同内容认定的权利义务关系不一致的，人民法院应当结合缔约背景、交易目的、交易结构、履行行为以及当事人是否存在虚构交易标的等事实认定当事人之间的实际民事法律关系。

案例四

某旅游管理公司与某村村民委员会等合同纠纷案

【裁判要点】

当事人签订具有合作性质的长期性合同，因政策变化对当事人履行合同产生影响，但该变化不属于订立合同时无法预见的重大变化，按照变化后的政策要求予以调整亦不影响合同继续履行，且继续履行不会对当事人一方明显不公平，该当事人不能依据《中华人民共和国民法典》第五百三十三条请求变更或者解除合同。该当事人请求终止合同权利义务关系，守约方不同意终止合同，但双方当事人丧失合作可能性导致合同目的不能实现的，属于《中华人民共和国民法典》第五百八十条第一款第二项规定的“债务的标的不适于强制履行”，应根据违约方的请求判令终止合同权利义务关系并判决违约方承担相应的违约责任。

【简要案情】

2019 年初，某村村委会、村股份经济合作社（甲方）与某旅游管理有限公司（乙方）就某村村域范围内旅游资源开发建设签订经营协议，约定经营期限 50 年。2019 年底，某村所在市辖区水务局将经营范围内河沟两侧划定为城市蓝线，对蓝线范围内的建设活动进行管理。2019 年 11 月左右，某旅游管理有限公司得知河沟两侧被划定为城市蓝线。2020 年 5 月 11 日，某旅游管理有限公司书面通知要求解除相关协议。经调查，经营协议确定的范围绝大部分不在蓝线范围内，且对河道治理验收合格就能对在蓝线范围内的部分地域进行开发建设。

【判决理由】

生效判决认为，双方约定就经营区域进行民宿与旅游开发建设，因流经某村村域的河道属于签订经营协议时既有的山区河道，不属于无法预见的重大变化，城市蓝线主要是根据江、河、湖、库、渠和湿地等城市地标水体来进行地域界限划定，主要目的是为了水体保护和控制，某旅游管理有限公司可在履行相应行政手续审批或符合政策文件的具体要求时继续进行开发活动，故城市蓝线划定不构成情势变更。某村村委会、村股份经济合作社并不存在违约行为，某旅游管理有限公司明确表示不再对经营范围进行民宿及旅游资源开发，属于违约一方。某旅游管理有限公司以某村村委会及村股份经济合作社根本违约为由要求解除合同，明确表示不再对经营范围进行民宿及旅游资源开发，某村村委会及村股份经济合作社不同意解除合同或终止合同权利义务，双方已构成合同僵局。考虑到双方合同持续履行长达50年，须以双方自愿且相互信赖为前提，如不允许双方权利义务终止，既不利于充分发挥土地等资源的价值利用，又不利于双方利益的平衡保护，案涉经营协议已丧失继续履行的现实可行性，合同权利义务关系应当终止。

【司法解释相关条文】

《最高人民法院关于适用〈中华人民共和国民法典〉合同编通则若干问题的解释》第三十二条　合同成立后，因政策调整或者市场供求关系异常变动等原因导致价格发生当事人在订立合同时无法预见的、不属于商业风险的涨跌，继续履行合同对于当事人一方明显不公平的，人民法院应当认定合同的基础条件发生了民法典第五百三十三条第一款规定的“重大变化”。但是，合同涉及市场属性活跃、长期以来价格波动较大的大宗商品以及股票、期货等风险投资型金融产品的除外。

合同的基础条件发生了民法典第五百三十三条第一款规定的重大变化，当事人请求变更合同的，人民法院不得解除合同；当事人一方请求变更合同，对方请求解除合同的，或者当事人一方请求解除合同，对方请求变更合同的，人民法院应当结合案件的实际情况，根据公平原则判决变更或者解除合同。

人民法院依据民法典第五百三十三条的规定判决变更或者解除合同的，应当综合考虑合同基础条件发生重大变化的时间、当事人重新协商的情况以及因合同变更或者解除给当事人造成的损失等因素，在判项中明确合同变更或者解除的时间。

当事人事先约定排除民法典第五百三十三条适用的，人民法院应当认定该约定无效。

案例五

某控股株式会社与某利公司等债权人代位权纠纷案

【裁判要点】

在代位权诉讼中，相对人以其与债务人之间的债权债务关系约定了仲裁条款为由，主张案件不属于人民法院受理案件范围的，人民法院不予支持。

【简要案情】

2015 年至 2016 年，某控股株式会社与某利国际公司等先后签订《可转换公司债发行及认购合同》及补充协议，至 2019 年 3 月，某利国际公司欠付某控股株式会社款项 6400 余万元。2015 年 5 月，某利公司与其母公司某利国际公司签订《贷款协议》，由某利国际公司向某利公司出借 2.75 亿元用于公司经营。同年 6 月，某利国际公司向某利公司发放了贷款。案涉《可转换公司债发行及认购合同》及补充协议、《贷款协议》均约定了仲裁条款。某控股株式会社认为某利国际公司怠于行使对某利公司的债权，影响了某控股株式会社到期债权的实现，遂提起代位权诉讼。一审法院认为，虽然某控股株式会社与某利公司之间并无直接的仲裁协议，但某控股株式会社向某利公司行使代位权时，应受某利公司与某利国际公司之间仲裁条款的约束。相关协议约定的仲裁条款排除了人民法院的管辖，故裁定驳回某控股株式会社的起诉。某控股株式会社不服提起上诉。二审法院依据《最高人民法院关于适用〈中华人民共和国合同法〉若干问题的解释（一）》第十四条的规定，裁定撤销一审裁定，移送被告住所地人民法院审理。

【判决理由】

生效裁判认为，虽然案涉合同中均约定了仲裁条款，但仲裁条款只约束签订合同的各方当事人，对合同之外的当事人不具有约束力。本案并非债权转让引起的诉讼，某控股株式会社既非《贷款协议》的当事人，亦非该协议权利义务的受让人，一审法院认为某控股株式会社行使代位权时应受某利公司与某利国际公司之间仲裁条款的约束缺乏依据。

【司法解释相关条文】

《最高人民法院关于适用〈中华人民共和国民法典〉合同编通则若干问题的解释》第三十六条　债权人提起代位权诉讼后，债务人或者相对人以双方之间的债权债务关系订有仲裁协议为由对法院主管提出异议的，人民法院不予支持。但是，债务人或者相对人在首次开庭前就债务人与相对人之间的债权债务关系申请仲裁的，人民法院可以依法中止代位权诉讼。

案例六

周某与丁某、薛某债权人撤销权纠纷案

【裁判要点】

在债权人撤销权诉讼中，债权人请求撤销债务人与相对人的行为并主张相对人向债务人返还财产的，人民法院依法予以支持。

【简要案情】

周某因丁某未能履行双方订立的加油卡买卖合同，于 2020 年 8 月提起诉讼，请求解除买卖合同并由丁某返还相关款项。生效判决对周某的诉讼请求予以支持，但未能执行到位。执行中，周某发现丁某于 2020 年 6 月至 7 月间向其母亲薛某转账 87 万余元，遂提起债权人撤销权诉讼，请求撤销丁某无偿转让财产的行为并同时主张薛某向丁某返还相关款项。

【判决理由】

生效裁判认为，丁某在其基于加油卡买卖合同关系形成的债务未能履行

的情况下，将名下银行卡中的款项无偿转账给其母亲薛某的行为客观上影响了债权人周某债权的实现。债权人周某在法定期限内提起撤销权诉讼，符合法律规定。丁某的行为被撤销后，薛某即丧失占有案涉款项的合法依据，应当负有返还义务，遂判决撤销丁某的行为、薛某向丁某返还相关款项。

【司法解释相关条文】

《最高人民法院关于适用〈中华人民共和国民法典〉合同编通则若干问题的解释》第四十六条第一款 债权人在撤销权诉讼中同时请求债务人的相对人向债务人承担返还财产、折价补偿、履行到期债务等法律后果的，人民法院依法予以支持。

案例七

孙某与某房地产公司合资、合作开发房地产合同纠纷案

【裁判要点】

合同一方当事人以通知形式行使合同解除权的，须以享有法定或者约定解除权为前提。不享有解除权的一方向另一方发出解除通知，另一方即便未在合理期限内提出异议，也不发生合同解除的效力。

【简要案情】

2014 年 5 月，某房地产开发有限公司（以下简称房地产公司）与孙某签订《合作开发协议》。协议约定：房地产公司负有证照手续办理、项目招商、推广销售的义务，孙某承担全部建设资金的投入；房地产公司拟定的《项目销售整体推广方案》，应当与孙某协商并取得孙某书面认可；孙某投入 500 万元（保证金）资金后，如果销售额不足以支付工程款，孙某再投入 500 万元，如不到位按违约处理；孙某享有全权管理施工项目及承包商、施工场地权利，房地产公司支付施工方款项必须由孙某签字认可方能转款。

同年 10 月，房地产公司向孙某发出协调函，双方就第二笔 500 万元投资款是否达到支付条件产生分歧。2015 年 1 月 20 日，房地产公司向孙某发出《关于履行的通知》，告知孙某 5 日内履行合作义务，向该公司支付 500

万元投资款，否则将解除《合作开发协议》。孙某在房地产公司发出协调函后，对其中提及的需要支付的工程款并未提出异议，亦未要求该公司提供依据，并于2015年1月23日向该公司发送回复函，要求该公司近日内尽快推出相关楼栋销售计划并取得其签字认可，尽快择期开盘销售，并尽快按合同约定设立项目资金管理共同账户。房地产公司于2015年3月13日向孙某发出《解除合同告知函》，通知解除《合作开发协议》。孙某收到该函后，未对其形式和内容提出异议。2015年7月17日，孙某函告房地产公司，请该公司严格执行双方合作协议约定，同时告知"销售已近半月，望及时通报销售进展实况"。后孙某诉至法院，要求房地产公司支付合作开发房地产收益分红总价值3000万元；房地产公司提出反诉，要求孙某给付违约金300万元。一审、二审法院认为，孙某收到解除通知后，未对通知的形式和内容提出异议，亦未在法律规定期限内请求人民法院或者仲裁机构确认解除合同的效力，故认定双方的合同已经解除。孙某不服二审判决，向最高人民法院申请再审。

【判决理由】

生效裁判认为，房地产公司于2015年3月13日向孙某发送《解除合同告知函》，通知解除双方签订的《合作开发协议》，但该《解除合同告知函》产生解除合同的法律效果须以该公司享有法定或者约定解除权为前提。从案涉《合作开发协议》的约定看，孙某第二次投入500万元资金附有前置条件，即房地产公司应当对案涉项目进行销售，只有在销售额不足以支付工程款时，才能要求孙某投入第二笔500万元。结合《合作开发协议》的约定，能否认定房地产公司作为守约方，享有法定解除权，应当审查该公司是否依约履行了己方合同义务。包括案涉项目何时开始销售，销售额是否足以支付工程款；房地产公司在房屋销售前后，是否按照合同约定，将《项目销售整体推广方案》报孙某审批；工程款的支付是否经由孙某签字等一系列事实。一审、二审法院未对上述涉及房地产公司是否享有法定解除权的事实进行审理，即以孙某"未在法律规定期限内请求人民法院或者仲裁机构确认解除合同的效力"为由，认定《合作开发协议》已经解除，属于认定事实不清，适用法律错误。

【司法解释相关条文】

《最高人民法院关于适用〈中华人民共和国民法典〉合同编通则若干问题的解释》第五十三条 当事人一方以通知方式解除合同，并以对方未在约定的异议期限或者其他合理期限内提出异议为由主张合同已经解除的，人民法院应当对其是否享有法律规定或者合同约定的解除权进行审查。经审查，享有解除权的，合同自通知到达对方时解除；不享有解除权的，不发生合同解除的效力。

案例八

某实业发展公司与某棉纺织品公司委托合同纠纷案

【裁判要点】

据以行使抵销权的债权不足以抵销其全部债务，应当按照实现债权的有关费用、利息、主债务的顺序进行抵销。

【简要案情】

2012 年 6 月 7 日，某实业发展公司与某棉纺织品公司签订《委托协议》，约定某实业发展公司委托某棉纺织品公司通过某银行向案外人某商贸公司发放贷款 5000 万元。该笔委托贷款后展期至 2015 年 6 月 9 日。某商贸公司在贷款期间所支付的利息，均已通过某棉纺织品公司支付给某实业发展公司。2015 年 6 月 2 日，某商贸公司将 5000 万元本金归还某棉纺织品公司，但某棉纺织品公司未将该笔款项返还给某实业发展公司，形成本案诉讼。另，截至 2015 年 12 月 31 日，某实业发展公司欠某棉纺织品公司 8296517.52 元。某棉纺织品公司于 2017 年 7 月 20 日向某实业发展公司送达《债务抵销通知书》，提出以其对某实业发展公司享有的 8296517.52 元债权抵销案涉 5000 万元本金债务。某实业发展公司以某棉纺织品公司未及时归还所欠款项为由诉至法院，要求某棉纺织品公司归还本息。在本案一审期间，某棉纺织品公司又以抗辩的形式就该笔债权向一审法院提出抵销，并提起反诉，后主动撤回反诉。

【判决理由】

生效裁判认为，某棉纺织品公司据以行使抵销权的债权不足以抵销其对某实业发展公司负有的全部债务，参照《最高人民法院关于适用〈中华人民共和国合同法〉若干问题的解释（二）》第二十一条的规定，应当按照实现债权的有关费用、利息、主债务的顺序进行抵销，即某棉纺织品公司对某实业发展公司享有的8296517.52元债权，先用于抵销其对某实业发展公司负有的5000万元债务中的利息，然后再用于抵销本金。某棉纺织品公司有关8296517.52元先用于抵销5000万元本金的再审申请缺乏事实和法律依据，故不予支持。

【司法解释相关条文】

《最高人民法院关于适用〈中华人民共和国民法典〉合同编通则若干问题的解释》第五十六条第二款　行使抵销权的一方享有的债权不足以抵销其负担的包括主债务、利息、实现债权的有关费用在内的全部债务，当事人因抵销的顺序发生争议的，人民法院可以参照民法典第五百六十一条的规定处理。

案例九

某石材公司与某采石公司买卖合同纠纷案

【裁判要点】

非违约方主张按照违约行为发生后合理期间内合同履行地的市场价格与合同价格的差额确定合同履行后可以获得的利益的，人民法院依法予以支持。

【简要案情】

某石材公司与某采石公司签订《大理石方料买卖合同》，约定自某采石公司在某石材公司具备生产能力后前两年每月保证供应石料1200立方米至1500立方米。合同约定的大理石方料收方价格根据体积大小，主要有两类售价：每立方米350元和每立方米300元。自2011年7月至2011年9月，某采石公司向某石材公司供应了部分石料，但此后某采石公司未向某石材公司供货，某石材公司遂起诉主张某采石公司承担未按照合同供货的违约损失。某采石公司提供的评估报告显示荒料单价为每立方米715.64元。

【判决理由】

生效裁判认为，某采石公司提供的评估报告显示的石材荒料单价每立方米715.64元，是某石材公司在某采石公司违约后如采取替代交易的方法再购得每立方米同等质量的石料所需要支出的费用。以该价格扣除合同约定的供货价每立方米350元，即某石材公司受到的单位损失。

【司法解释相关条文】

《最高人民法院关于适用〈中华人民共和国民法典〉合同编通则若干问题的解释》第六十条第三款 非违约方依法行使合同解除权但是未实施替代交易，主张按照违约行为发生后合理期间内合同履行地的市场价格与合同价格的差额确定合同履行后可以获得的利益的，人民法院应予支持。

案例十

柴某与某管理公司房屋租赁合同纠纷案

【裁判要点】

当事人一方违约后，对方没有采取适当措施致使损失扩大的，不得就扩大的损失请求赔偿。承租人已经通过多种途径向出租人作出了解除合同的意思表示，而出租人一直拒绝接收房屋，造成涉案房屋的长期空置，不得向承租人主张全部空置期内的租金。

【简要案情】

2018年7月21日，柴某与某管理公司签订《资产管理服务合同》，约定：柴某委托某管理公司管理运营涉案房屋，用于居住；管理期限自2018年7月24日起至2021年10月16日止。合同签订后，柴某依约向某管理公司交付了房屋。某管理公司向柴某支付了服务质量保证金，以及至2020年10月16日的租金。后某管理公司与柴某协商合同解除事宜，但未能达成一致，某管理公司向柴某邮寄解约通知函及该公司单方签章的结算协议，通知柴某该公司决定于2020年11月3日解除《资产管理服务合同》。柴某对某管理公司的单方解除行为不予认可。2020年12月29日，某管理公司向柴某签约时留存并认可的手机号码发送解约完成通知及房屋密码锁的密码。2021年10月8日，法院判决终止双方之间的合同权利义务关系。柴某起诉请求某管理公司支付2020年10月17日至2021年10月16日房屋租金114577.2元及逾期利息、违约金19096.2元、未履行租期年度对应的空置期部分折算金额7956.75元等。

【判决理由】

生效裁判认为，当事人一方违约后，对方应当采取适当措施防止损失的扩大；没有采取适当措施致使损失扩大的，不得就扩大的损失请求赔偿。合同终止前，某管理公司应当依约向柴某支付租金。但鉴于某管理公司已经通过多种途径向柴某表达解除合同的意思表示，并向其发送房屋密码锁密码，而柴某一直拒绝接收房屋，造成涉案房屋的长期空置。因此，柴某应当对其扩大损失的行为承担相应责任。法院结合双方当事人陈述、合同实际履行情况、在案证据等因素，酌情支持柴某主张的房屋租金至某管理公司向其发送电子密码后一个月，即2021年1月30日，应付租金为33418.35元。

【司法解释相关条文】

《最高人民法院关于适用〈中华人民共和国民法典〉合同编通则若干问题的解释》第六十一条第二款　非违约方主张按照合同解除后剩余履行期限相应的价款、租金等扣除履约成本确定合同履行后可以获得的利益的，人民法院不予支持。但是，剩余履行期限少于寻找替代交易的合理期限的除外。

第六十三条第三款　在确定违约损失赔偿额时，违约方主张扣除非违约方未采取适当措施导致的扩大损失、非违约方也有过错造成的相应损失、非违约方因违约获得的额外利益或者减少的必要支出的，人民法院依法予以支持。

附录三

最高人民法院民二庭、研究室负责人就民法典合同编通则司法解释答记者问

《民法典》颁布后，最高人民法院废止了根据原合同法制定的《合同法解释一》和《合同法司法解释（二）》，司法实践急需出台关于民法典合同编通则的司法解释。为此，最高人民法院在清理相关司法解释的基础上，结合审判实践中遇到的疑难问题，制定了《关于适用〈中华人民共和国民法典〉合同编通则若干问题的解释》（以下简称解释），于2023年12月5日公告公布，并自公布之日起施行。为准确理解解释的内容，记者采访了最高人民法院民二庭、研究室负责人。

问：能否请您们简要介绍一下解释的起草背景、指导思想和过程？

答：2020年5月28日《民法典》颁布。5月29日中共中央政治局就“切实实施民法典”举行第二十次集体学习。习近平总书记强调，要充分认识颁布实施民法典的重大意义，推动民法典实施，以更好推进全面依法治国、建设社会主义法治国家，更好保障人民权益。最高法院为贯彻落实习近平总书记的重要讲话精神，对当时有效的591件司法解释进行了清理，废止116件，修改111件，继续有效适用364件。废止的116件司法解释中，包括根据原合同法制定的《合同法解释一》和《合同法解释二》。考虑到这两件废止的司法解释中的一些内容对统一裁判尺度仍有指导意义，一些内容需要根据民法典的新的规定作出调整，特别是民法典合同编通则规定的有些内容在审判实践中仍需细化标准，最高法院决定制定解释。解释的制定，以习近平新时代中国特色社会主义思想为指导，深入学习贯彻习近平法治思想及习近平总书记关于切实实施民法典的重要讲话精神，紧密结合人民法院审判

工作实际，广泛征求各方面意见特别是全国人大常委会法工委意见，反复研究论证，力争形成最大共识，保证解释的条文既符合立法原意，又能解决审判实践中的问题，还与学界通说吻合。

解释起草的过程是，2020 年 6 月，根据最高法院党组的统一部署，我们开展了《合同法解释一》《合同法解释二》等司法解释的清理工作，并通过在杭州、武汉等地进行调研，形成了初稿。此后，我们先后在上海、成都、南通、深圳、北京等地进行调研，并在清华大学、中国人民大学、中国社科院法学所召开了专家讨论会，在进一步充实初稿的基础上形成了司法解释草案。为确保起草工作的科学性，我们就司法解释草案又书面征求了十个高院有关业务庭室的意见，在国家法官学院召开了由部分地方法院法官参加的座谈会，与中华全国律协联合举行了由各地律师代表参加的座谈会，与中国法学会民法学研究会联合举办了由知名学者和实务专家参加的研讨会，充分听取了实务界、理论界和立法机关的意见。

2022 年 10 月，我们结合立法机关、司法实务部门和法学理论界的意见，对司法解释草案进行了逐条研究，再次对草案进行了全面修改，形成了征求意见稿，同时向中央政法委、最高人民检察院、国务院有关部门、全国各高院征求意见。在此基础上，我们于 2022 年 11 月向全社会征求意见，共收到各方面意见 2000 余条。与此同时，我们还委托了二十多家法学院校和科研机构就征求意见稿进行研究并提出意见。2022 年 12 月至 2023 年 2 月，在充分吸收各方面意见的基础上，我们又先后两次向全国人大常委会法工委书面征求意见，并在此基础上形成了提请最高人民法院审判委员会讨论的解释。此后，经最高人民法院审判委员会第 1889 次会议审议，解释获得通过。

问：请问制定该司法解释遵循了哪些工作思路？

答：为做好起草工作，确保调研充分，接地气、有实效，我们采取了以下工作思路：

一是尊重立法原意。起草工作始终将准确理解贯彻民法典的立法意图作为最高标准，特别注重听取吸收全国人大常委会法工委民法室有关同志的意见，坚决避免规则设计偏离立法原意。严格依照立法法赋予的司法解释制定权限，坚守不创设新规则的基本立场，坚决做到根据民商事审判执行工作的实际需要作配套补充细化，确保民法典合同编的优秀制度设计在司法审判中准确落实落地。例如民法典相对于原合同法，进一步强化了债的保全制度，其目的是防止债务人“逃废债”，即通过赋予债权人代位权和撤销权，防止债务人的责任财产该增加的不增加，不该减少的却人为减少。为充分保障这一制度功能的实现，解释针对实践中存在的疑难问题，就代位权诉讼、撤销权诉讼的管辖、当事人等作了大量具体操作性规定。特别是对理论界、实务界热切期盼解决的代位权诉讼与仲裁协议的关系、撤销权行使的法律效果等问题作了明确回应，进一步统一了法律适用标准。

二是坚持问题导向。党的二十大报告在谈到“开辟马克思主义中国化时代化新境界”时指出，“必须坚持问题导向”。这一指导思想同样适用于司法解释的制定。在司法解释的起草过程中，我们始终坚持以问题为导向，在内容上要求所有条文必须具有针对性，要有场景意识，致力于解决实际问题，所提出的方案要具有可操作性。在形式上不追求大而全，尽可能做到小而精。例如，预约合同是运用较多的一类特殊合同，虽然民法典吸收原《买卖合同司法解释》的规定，对预约合同的内涵和外延都作出了明确规定，但实践中的问题还是很多，涉及预约合同的认定（包括预约和交易意向的区分、预约与本约的区分）、违反预约合同的认定以及违反预约合同的违约责任等。为此，解释在“合同的订立部分”，将预约合同作为重点予以规定，而没有对要约、承诺等一般规则再作具体规定。又如，民法典合同编通则部分就无权代理所订合同的效力作了规定，但实践中较为突出的问题是法人或者非法人组织的工作人员（如项目经理）在以法人或者非法人组织的名义订立合同时，何时构成职务代理，何时构成无权代理，常常发生认识上的分歧。为此，解释就职务代理的认定进行了规定。再如，关于抵销有无溯及效力的问题，司法实践中形成两种截然相反的裁判观点，亟需统一裁判尺度。为此，解释综合实务界、理论界的多数意见并征求全国人大常委会法工委意见后，明确抵销自通知到达时发生效力，有助于从根本上解决自原合同法施行以来长期困扰司法实践的难题。

三是保持司法政策的延续性。在起草司法解释的过程中，对于原《合同法解释一》《合同法解释二》《担保法解释》中与民法典并无冲突且仍然行之有效的规定，尽可能保留或者在适当修改后予以保留。此外，对于《全国法院民商事审判工作会议纪要》《最高人民法院关于当前形势下审理民商事合同纠纷案件若干问题的指导意见》等的相关规定，也根据实施情况及时总结经验，将被实践证明既符合民法典精神又切实可行的规定上升为司法解释，从而对实践发挥更重要的指导作用。例如在违约金、定金等法律适用问题上，解释尽量做到保持司法政策的延续性，原则上保留了原司法解释或者司法政策性文件的基本精神，并根据时代发展作出相应调整。

四是坚持系统观念和辩证思维。党的二十大报告指出："万事万物是相互联系、相互依存的。只有用普遍联系的、全面系统的、发展变化的观点观察事物，才能把握事物发展规律"。在司法解释的起草过程中，我们始终坚持系统观念，重视制度之间的联系，做到全面解决问题。例如，无权处分所订合同效力问题就涉及与民法典物权编的衔接与适用，债务加入则涉及到与保证合同和不当得利等制度之间的协调。在司法解释的起草过程中，我们还十分注意辩证思维的运用。例如，关于格式条款的认定以及格式条款提供方对格式条款的提示义务和说明义务，就涉及平等保护和倾斜保护的辩证关系；"阴阳合同"和"名实不符"的认定与处理，则要求法官在民商事审判过程中要做到透过现象看本质；此外，在认定价格变化是否构成情势变更以及合同是否因违反强制性规定或者违背公序良俗而无效时，都涉及从量变到质变的辩证关系。

问：在较为复杂的交易中，当事人先签订意向书再签订正式合同的情况较为常见。实践中，人民法院对于各种各样的意向书、备忘录等究竟是交易的意向还是预约合同，往往难以作出判断，解释就预约合同的认定是否提供了更加明确的裁判规则？此外，实践中究竟应如何判断当事人是否违反预约合同？当事人一方违反预约合同，对方是否有权请求强制其订立本约合同？

答：《民法典》第 495 条第 1 款规定了预约合同及其表现形式，但这并不意味着所有认购书、订购书、预订书等都能构成预约合同。预约合同为合同的一种，自应具备合同的一般成立要件，即内容具体确定且表明当事人受意思表示的约束。关于内容具体确定的程度，考虑到预约合同是为将来订立本约而订立的合同，不能完全以本约内容的具体明确程度来要求预约的内容。因此，如果能够确定将来所要订立合同的主体、标的等内容，即可认定意思表示的内容已经具体确定。此外，如果当事人在协议中明确约定不受意思表示的约束，或者明确约定该文件不具有法律约束力，则即使当事人意思表示的内容具体确定，也不能认为构成预约合同。从实践的情况看，意向书、备忘录等通常情形下仅仅表明当事人有订立合同的意向，不构成预约合同。但是，如果意向书、备忘录等具备前述预约合同的成立要件，也应认定构成预约合同。此外，当事人虽然没有签订认购书、订购书、预订书、意向书、备忘录等书面文件，但为将来订立合同交付了定金，也应认为当事人之间已经成立预约合同关系。

当事人之所以先订立预约而不直接订立本约，是因为当事人一方面想将阶段化的谈判成果固定下来并赋予其法律约束力，另一方面又想将未能协商一致的内容留待将来进一步磋商，从而保留最终是否完成交易的决策权。尽管当事人对是否将交易推进到订立本约享有决策权，但预约合同生效后，当事人一方拒绝订立本约合同或者在磋商订立本约合同时违背诚信原则导致未能订立本约合同，都属于违反预约合同，应承担违反预约合同的违约责任。至于如何判断当事人在磋商订立本约合同时是否违背诚信原则导致未能订立本约合同，则应当综合考虑该当事人在磋商订立本约合同时提出的条件是否明显背离预约合同的内容以及是否已尽合理努力进行协商等因素。

关于违反预约合同的违约责任，历来存在“应当磋商说”和“必须缔约说”两种不同的观点。前者旨在落实意思自治，认为预约合同仅产生继续磋商义务，不能强制当事人订立本约；后者则旨在防止不诚信行为，认为预约合同可产生意定强制缔约的效力，可由法院的判决代替当事人的意思表示，并赋予强制执行的效力。解释仅规定当事人一方违反预约合同须承担损失赔偿的责任，没有规定当事人违反预约合同是否可以采取强制履行的救济方式，主要是考虑到民事强制执行法仍在起草过程中，现行法并无对意思表示进行强制执行的规定，且既然当事人在签订预约合同后仍然保留了对是否订立本约的决策权，从合同自由的原则出发，也不应以法院判决的方式来代替当事人的意思表示。如果今后通过的民事强制执行法对此有新的规定，当然按新的规定处理，自不待言。

问：违反强制性规定哪些情形下导致合同无效，哪些情形下合同仍然有效，是一直困扰司法实践的疑难问题。解释对《民法典》第 153 条第 1 款规定是如何解释的？

答：这一问题是民商法学界公认的世界性难题。起草小组在院领导带领下对此问题进行了 30 多次专题讨论。继原合同法第 52 条将影响合同效力的强制性规定严格限定为法律、行政法规的强制性规定后，原《合同法解释二》第 14 条又进一步将导致合同无效的强制性规定限制在效力性强制性规定。这对于确立违反法律、行政法规的强制性规定并不必然导致合同无效的观念具有重要意义。民法典第 153 条第 1 款虽然没有采用效力性强制性规定的表述，但在规定法律行为因违反法律、行政法规的强制性规定而无效的同时，明确规定“但是，该强制性规定不导致该民事法律行为无效的除外”。在解释的起草过程中，考虑到效力性强制性规定的表述已被普遍接受，不少同志建议继续将效力性强制性规定作为判断合同是否因违反强制性规定而无效的标准。经过反复研究并征求各方面的意见，解释没有继续采用这一表述。一是因为，虽然有的强制性规定究竟是效力性强制性规定还是管理性强制性规定十分清楚，但是有的强制性规定的性质却很难区分。问题出在区分的标准不清晰，没有形成共识，特别是没有形成简便易行、务实管用的可操作标准，导致审判实践中有时裁判尺度不统一。二是因为，在有的场合，合同有效还是无效，是裁判者根据一定的因素综合进行分析的结果，而不是其作出判决的原因。三是因为，自效力性强制性规定的概念提出以来，审判实践中出现了望文生义的现象，即大量公法上的强制性规定被认为属于管理性强制性规定，不是效力性强制性规定。根据民法典第 153 条第 1 款的表述，我们没有采取原《合同法解释二》第 14 条将强制性规定区分为效力性强制性规定和管理性强制性规定的做法，而是采取了直接对民法典第 153 条第 1 款规定的“但书”进行解释的思路，回应广大民商事法官的现实需求。

需要指出的是，解释这样规定，不妨碍民商法学界继续对效力性强制性规定和管理性强制性规定区分标准的研究。我们也乐见优秀研究成果服务审判实践，共同解决这一世界难题，共同助力司法公正。

解释具体列举了违反强制性规定不影响合同效力的五种情形：

其一，强制性规定虽然旨在维护社会公共秩序，但是合同的实际履行对社会公共秩序造成的影响显著轻微，且认定合同无效将导致案件处理结果有失公平公正。这是比例原则在民法上的适用，也与刑法第 13 条关于“情节显著轻微危害不大的，不认为是犯罪”的规定具有内在的一致性。

其二，强制性规定旨在维护政府的税收、土地出让金等国家利益或者其他民事主体的合法利益而非合同当事人的民事权益，认定合同有效不会影响该规范目的的实现。例如，开发商违反城市房地产管理法第 39 条第 1 款规定未按照出让合同约定已经支付全部土地使用权出让金即签订转让土地使用权的协议。该规定并非为了保护当事人的民事权益而是为了维护政府的土地出让金利益，且即使认定合同有效，通常也不会影响这一规范目的的实现。

其三，强制性规定旨在要求当事人一方加强风险控制、内部管理等，对方无能力或者无义务就合同是否违反强制性规定进行审查，认定合同无效将使其承担不利后果。例如银行违反商业银行法第 39 条规定的资产负债比例发放贷款，因该规定旨在要求银行加强内部管理和风险控制，借款人无从获知银行是否违反该规定，自然不应仅因银行违反该规定就认定合同无效，否则借款人的交易安全将无法获得有效保障。

其四，当事人一方虽然在订立合同时违反强制性规定，但是在合同订立后其已经具备补正违反强制性规定的条件却违背诚信原则不予补正。例如开发商未取得预售许可证明即签订商品房买卖合同，但在合同订立后，其已经具备申请预售许可证明的条件却违背诚信原则不向行政管理部门提交申请，而是因房价上涨受利益的驱动主张合同无效，就不应获得支持。

其五，法律、司法解释规定的其他情形。例如当事人订立房屋租赁合同后，未依法办理备案登记，依据《民法典》第 706 条的规定，不应影响房屋租赁合同的效力。

问：《民法典》第 533 条规定了情势变更原则。实践中，较难处理的是如何区分情势变更与商业风险。在很多人看来，凡是价格的波动都应该认定为商业风险而不能认定为情势变更。这种观点对不对？此外，在发生情势变更的情况下，人民法院究竟是变更合同还是解除合同？当事人事先能否约定排除情势变更原则的适用？

答：根据《民法典》第 533 条的规定，情势变更是不同于商业风险的重大变化。一般认为，正常的价格变动是商业风险，但因政策变动或者供求关系的异常变动导致价格发生当事人在订立合同时无法预见的涨跌，按照原定价格履行合同将带来显失公平的结果，则应当认定发生了情势变更。这里有一个从量变到质变的过程。正常的价格变动是量变，是商业风险，但如果超出了量的积累，达到了质的变化，则应当认定为情势变更。所谓质的变化，要求价格的变化必须异常，从而使当事人一方依照合同的约定履行将导致明显不公平。当然，合同涉及市场属性活跃、长期以来价格波动较大的大宗商品以及股票、期货等风险投资型金融产品的除外。另外，根据民法典第 533 条的规定，在发生情势变更的情形下，人民法院可以根据当事人的请求变更或者解除合同。问题是，如果当事人请求变更合同，人民法院能否解除合同；如果当事人请求解除合同，人民法院能否变更合同？对此，解释规定，当事人请求变更合同的，人民法院不得解除合同；当事人一方请求变更合同，对方请求解除合同的，或者当事人一方请求解除合同，对方请求变更合同的，人民法院应当结合案件的实际情况，根据公平原则判决变更或者解除合同。人民法院依据情势变更原则变更或者解除合同，不同于当事人一方行使合同变更权或者解除权导致合同变更或者解除，而是通过裁判来变更或者解除合同。因此，在确定具体的变更或者解除合同的时间时，人民法院应综合考量合同基础条件发生重大变化的时间、当事人重新协商的情况以及因合同变更或者解除给当事人造成的损失等因素确定。最后，情势变更原则体现了国家通过司法权对合同自由的干预，因此，当事人事先约定排除情势变更原则适用的约定应被认定无效。

问：合同的保全制度对于维护债权人利益，防止债务人不当减少财产具有重要作用。我们注意到，解释第五部分以较大篇幅对合同的保全问题作了规定，能否具体介绍一下本部分的主要考虑？

答：《民法典》合同编通则第五章“合同的保全”完善了债权人代位权、撤销权制度，进一步强化对债权人的保护。解释第五部分紧扣民法典的立法精神，在传承原《合同法解释一》《合同法解释二》既有规则的基础上对合同的保全制度作了配套、补充、细化。本部分的主要考虑是：

一是贯彻产权保护政策精神，为债权人合法权益提供更加充分的保护。例如，民法典适当扩大了代位权的行使范围，因此解释第 33 条对原《合同法解释一》第 13 条作了修改，对于债权人可以代位行使的债务人的债权不再限定为“具有金钱给付内容的到期债权”，同时根据民法典的规定相应增加“与该债权有关的从权利”为可以代位行使的权利。又如，解释第 41 条规定，债权人提起代位权诉讼后，债务人对其债权的处分行为应当受到相应限制，如不能无正当理由减免相对人的债务等；第 43 条在民法典第 539 条规定的基础上进一步补充了债权人可以行使撤销权的不合理交易的类型，包括以明显不合理的价格实施互易财产、以物抵债等。这些规定有利于进一步织密防止债务人“逃废债”的法网，指导司法实践更好地贯彻产权保护政策要求，使民法典的制度价值通过司法审判充分转化为保护产权的治理效能。

二是统一裁判尺度，积极回应合同保全制度法律适用中的突出问题。自原《合同法解释一》《合同法解释二》施行以来，人民法院在适用合同保全制度时遇到了一些新的突出问题。典型例子是，债务人与相对人订有仲裁协议时债权人能否对相对人提起代位权诉讼。解释紧扣“公正与效率”的工作主题，综合各方意见，对这些新问题作了回应。对于前述例子，解释第 36 条规定，债务人或者其相对人不能以双方之间的债权债务关系订有仲裁协议为由对法院主管提出异议，但是债务人或者其相对人在首次开庭前申请仲裁的，人民法院可以依法中止代位权诉讼。这一规定既有利于统一裁判尺度，又能满足债权人保护的需求，最大限度尊重仲裁协议，兼顾各方利益。

三是坚持为人民司法，尽可能方便债权人行使代位权和撤销权。便利人民群众进行诉讼，是本章起草时的一个重要考虑因素。例如，本章总体延续了原《合同法解释一》中有关管辖、合并审理等程序性规则，原因在于：民法典规定代位权和撤销权应当通过诉讼方式行使，只有设置相应的配套程序规则，做好实体法与程序法的衔接，才能保证民法典赋予的权利有效实现。同时，沿用这些规则也有利于保持司法政策延续性，方便法官和人民群众找法用法，并尽可能减少诉累，促进纠纷一次性解决。又如，如何实现撤销权诉讼的胜诉权益，是各方普遍关注的问题。为此，解释第 46 条规定通过执行程序实现债权人的胜诉权益，有利于让债权人少“走程序”，更加快捷地获得救济。

问：解释在合同的变更和转让部分重点解决了哪些问题？体现了什么价值导向？

答：解释第六部分主要针对司法实践中以下三个方面的问题进行规定：

一是债权债务转让纠纷的诉讼第三人问题。原《合同法解释一》第 27 条至第 29 条规定了债权债务转让纠纷中诉讼第三人的列明问题。这一规定有利于人民法院准确查明案件事实，依法作出公正裁判。因此，解释沿用了上述规则，并根据民法典的规定作了修改完善，分 3 款在第 47 条中规定。

二是债权转让中的有关法律适用问题。解释重点针对债权转让中的债务人保护和受让人保护问题作了规定。对于前者，解释明确：债务人在接到转让通知前向债权人履行的，可以产生债务消灭效果；债务人接到转让通知后，让与人不能以债权转让合同无效等为由要求债务人向其履行；多重转让情形下，债务人已经向最先通知的受让人履行的，产生债务消灭效果。对于后者，解释明确：未经通知受让人直接起诉债务人的，债权转让自起诉状副本送达时对债务人发生效力；债务人确认债权真实存在后不能再以债权不存在为由进行抗辩。由于缺乏有效公示方法，债权转让在实践中容易出现多重转让，影响债务人、受让人利益，引发纠纷后往往成为人民法院适用法律的难点问题，亟需明确相关处理规则。对此，起草小组在院领导带领下进行了 10 多次专题研究，并广泛征求专家学者意见，最终就已经达成共识的债务人已经履行的情形做出了规定。对于债务人尚未履行的情形，考虑到未完全形成共识，暂不作规定，留待司法实践进一步积累经验，必要时可通过指导性案例等形式解决。

三是债务加入的细化适用问题。《民法典》第 552 条新增了债务加入规则，实践中对债务加入人履行债务后能否向债务人追偿问题认识不完全统一。解释第 51 条对此予以明确，即约定了追偿权或者符合民法典有关不当得利等规定的，人民法院应当支持债务加入人的求偿请求，旨在充分发挥债务加入制度的增信功能。

总体而言，本部分鲜明体现了以下指导思想：其一是贯彻诚信原则，依法保护善意当事人权益。其二是维护交易安全，避免债务人因债权转让承受不合理负担，避免债务人、受让人因多重转让蒙受不测风险。其三是促进纠纷解决，通过细化规则确保民法典的制度功能经由司法实践充分释放，有效定分止争。这些指导思想，最终都统一于为市场主体提供更加充分司法保护，为优化营商环境提供更加有力司法支持的政策导向。

问：合同的权利义务终止是合同法律制度的重要组成部分，请问解释在该部分就哪些问题统一了裁判思路？

答：解释在第七部分“合同的权利义务终止”中重点规定合同解除和抵销两方面内容。其中第 52 条至第 54 条是关于合同解除的规定，第 55 条至第 58 条是关于抵销的规定。这些规定系针对司法实践中认识不一致的突出问题而作出，主要目的是为了进一步统一法律适用标准，为打造稳定公平透明、可预期的法治化营商环境提供更加有力的司法保障。

在合同解除部分，解释重点作了以下规定：一是细化协商解除的法律适用问题。包括协商解除是否应当对结算、清理等问题达成一致，不享有解除权的一方主张解除合同在何种条件下构成协商解除。二是明确通知解除合同欲发生解除合同的效果，需以通知方享有解除权为前提。因此，不论对方是否在约定或者合理期限内提出异议，人民法院均应当对通知方是否享有解除权进行审查。三是明确当事人在撤诉后再次起诉解除合同的，合同自再次起诉的起诉状副本送达对方当事人时解除。

在债的抵销部分，解释重点作了以下规定：一是规定抵销自通知到达时发生效力，有利于解决司法实践中长期存在的抵销是否具有溯及力的认识分歧。二是明确债权不足以抵销全部债务时，可以参照适用民法典有关清偿抵充的规定，补充完善了抵销的法律适用规则。三是规定了侵权行为人不得主张抵销的情形，有利于加强对自然人人身权益的保护，打击故意或者重大过失的侵权。四是明确已过诉讼时效的债权作为主动债权主张抵销时，对方可以援引诉讼时效抗辩，有利于平息司法实践中对此问题的争议。

问：违约损害赔偿的认定是合同纠纷案件中经常遇到的问题。能否介绍一下有关情况？

答：解释第八部分是关于违约责任的规定，共计 10 条，主要涉及四个方面的内容。其中，第 59 条是关于合同司法终止的时间的规定，第 60 条至第 63 条是关于违约损害赔偿的计算规则，第 64 条至第 66 条是关于违约金司法调整的规定，第 67 条、第 68 条是关于定金的规定。

在解释的起草过程中，我们对违约损害赔偿的计算问题进行了重点调研，目的是深入贯彻以习近平同志为核心的党中央提出的关于“以保护产权、维护契约、统一市场、平等交换、公平竞争、有效监管为导向”的政策要求，通过完善违约损害赔偿计算规则，强化对守约方的保护，旗帜鲜明地体现保护交易安全、弘扬契约精神、促进公平交易的工作思路。解释第 60 条至第 63 条以 2009 年《最高人民法院关于当前形势下审理民商事合同纠纷案件若干问题的指导意见》中的相应内容为基础，针对司法实践中急需解决的突出问题，综合吸收司法案例、学术观点、域外经验等，从三个层次健全完善违约损害赔偿的计算规则：第一，确定违约损失范围。解释积极弘扬诚信精神，贯彻完全赔偿原则，明确非违约方因违约所造成的损失的计算方式为可得利益损失加其他损失。其中，第 60 条规定可得利益损失可以采取利润法、替代交易法、市场价格法等方法进行计算。第 63 条第 2 款明确除可得利益损失外还有其他因违约所造成的损失，经审理认为该损失系违约一方订立合同时预见到或者应当预见到的，也应当予以赔偿。第二，适用可预见性规则。第 63 条第 1 款对可预见性规则的适用作了进一步细化，引导法官在根据前述方法确定违约损失范围时要接受可预见性规则的检验。第三，确定违约损害赔偿金额。第 63 条第 3 款进一步规定要综合运用损益相抵规则、与有过失规则、防止损失扩大规则等确定违约方最终应当承担的违约损害赔偿数额。

问：我们注意到，最高人民法院在公布解释的同时，还配套发布了十个典型案例，能否简要谈谈此次配套发布的典型案例的情况？

答：制定解释和发布典型案例，都是最高人民法院指导全国法院正确适用法律，统一裁判尺度的重要抓手。典型案例更加生动、形象、直观，能够很好地发挥指引、评价、示范作用，与解释具有很强的互补性。因此，我们在公布解释的同时，还配套发布了十个典型案例，从而形成指导合同纠纷审判实践的“组合拳”。具体而言，配套发布典型案例可以发挥两个方面的作用：

一是帮助大家更好地理解解释的具体规定。解释涉及合同纠纷案件审判实践中的大量疑难复杂问题，配发相应的典型案例，可使相关裁判规则更加具体、形象地呈现在社会公众面前，从而帮助大家准确理解掌握规则的含义。同时，这些案例的生效裁判都是在解释发布前就已经作出，是我们制定解释的重要参考。因此，发布这些案例也可以帮助大家更好地了解我们制定相应规则的主要目的。例如，案例二的裁判要点不仅明确了预约和本约的区分标准，而且明确当事人签订预约合同后，已经实施交付标的物或者支付价款等履行行为的，应当认定其以行为方式订立了本约。该案例对于帮助大家正确理解适用本解释第 6 条具有积极意义。

二是可以和解释确定的裁判规则形成有效互补。合同纠纷的具体情况纷繁复杂，解释确定的裁判规则不可能完全涵盖所有情形，只能针对司法实践中更为典型、突出的问题进行规定。通过配发相关典型案例，对类似情形的处理进行指引，就可以起到相互配合、相得益彰的效果。例如，本解释第 61 条明确，持续性定期合同解除后，非违约方主张按照合同解除后剩余履行期限相应的价款、租金等扣除履约成本确定合同履行后可以获得的利益的，人民法院原则上不予支持。实践中，对于持续性定期合同，除依法解除外，还存在人民法院判决终止的情形。对于后者，原则上也不能按照合同终止后剩余履行期限相应的价款、租金等扣除履约成本来确定合同履行后可以获得的利益。考虑到有关司法终止的一些问题在理论上还未完全形成共识，但在司法实践中又确实存在，故解释暂时只对解除的情形作出规定，而对于司法判决终止的情形，我们选择了案例十作为配套案例，供司法实践参考。

需要说明的是，为了突出典型案例的针对性，我们在发布这些典型案例时对案件事实和判决理由都进行了简化处理，仅将涉及解释具体规定且与解释具体规定没有冲突的案件事实和判决理由予以保留。这就意味着，只有保留下来的案件事实和判决理由具有典型意义，未保留下来的案件事实和判决理由并不当然具有典型意义。

后　记

习近平总书记指出，民法典颁布实施，并不意味着一劳永逸解决了民事法治建设的所有问题，仍然有许多问题需要在实践中检验、探索，还需要不断配套、补充、细化。①《民法典》一共1260个条文，其中合同编共计526条，分为通则、典型合同、准合同三个分编。《民法典》合同编通则部分共计132条，12,000余字。《民法典合同编通则司法解释》共计69条，16,000余字。《民法典合同编通则司法解释》是对《民法典》合同编通则部分的解释，但其自身也面临着正确理解和准确诠释的问题。如何准确科学解释《民法典合同编通则司法解释》相应条款的规范意旨，妥当解决司法适用中的难点、疑点，成为实务界面临的重大问题。

为此，我们组织精通合同理论和熟悉合同司法实务的学者、法官、律师等，共同编写了《民法典合同编通则司法解释适用指南：专题解读·适用难点·风险防范·类案指引》，重点解决司法适用中的真问题。本书共分9个专题，包括一般规定、合同的订立、合同的效力、合同的履行、合同的保全、合同的变更和转让、合同的权利义务终止、违约责任、司法解释生效时间。每个专题都包括"规范解读""适用难点""类案指引""相关条文"四个部分，一些专题还包括"新旧变化""风险防范"等内容。在进行规范解读时，我们采用文义解释、体系解释和目的解释等法解释学的方法，力争把脉《民法典》相关条文的立法原意，准确把握司法解释的原意。在阐释适用难点时，我们坚持从实践问题出发的导向，全面总结实践中的争议点，并提前研判未来可能发生的各种纠纷类型。我们精心挑选法律适用正确、说

---

① 习近平：《充分认识颁布实施民法典重大意义　依法更好保障人民合法权益》，载《人民日报》2020年5月30日，第1版。

理透彻、具有类案指引意义的典型案例。

在编写过程中，我们特别强调体系化的思维，突出《民法典合同编通则司法解释》与其他民商事司法解释的逻辑体系。第一，《民法典合同编通则司法解释》与《民法典总则编司法解释》的体系。《民法典总则编司法解释》对“民事法律行为”和“代理”作出了相应的解释。《民法典合同编通则司法解释》的理解与适用，需要体系化看待《民法典总则编司法解释》。第二，《民法典合同编通则司法解释》与具体合同相关司法解释的体系。《买卖合同纠纷司法解释》《商品房买卖合同纠纷司法解释》《民间借贷规定》《城镇房屋租赁合同纠纷司法解释》《融资租赁合同司法解释》《建设工程施工合同司法解释（一）》《关于审理物业服务纠纷案件适用法律若干问题的解释》《关于审理涉及国有土地使用权合同纠纷案件适用法律问题的解释》《关于审理旅游纠纷案件适用法律若干问题的规定》《民法典担保制度司法解释》等司法解释，规定了买卖合同、租赁合同、借款合同、融资租赁合同、建设工程合同、物业服务合同、国有土地使用权合同、旅游合同、担保合同等具体合同的相关司法解释。这些司法解释，需要按照总分的逻辑关系，按照《民法典合同编通则司法解释》相关条款进行解释适用。第三，《民法典合同编通则司法解释》与商事领域相关司法解释的体系。《公司法司法解释》《票据法司法解释》《外商投资企业纠纷司法解释》《保险法司法解释》《关于审理银行卡民事纠纷案件若干问题的规定》等司法解释，规定了发起人协议、股权转让协议、关联交易、承兑协议、票据保证协议、票据质押协议、保险合同、银行卡合同等商事合同的解释适用。这些商事领域的司法解释，也需要按照《民法典合同编通则司法解释》相关条款进行体系化的解释适用。

《民法典合同编通则司法解释》第 1 条开宗明义地指出其制定依据不仅包括《民法典》，还包括《民事诉讼法》。最高人民法院院长张军指出，老百姓到法院是为了解决问题的，绝不是来“走程序”的。《民法典合同编通则司法解释》第 3 条第 3 款规定：“当事人主张合同无效或者请求撤销、解除合同等，人民法院认为合同不成立的，应当依据《最高人民法院关于民事诉讼证据的若干规定》第五十三条的规定将合同是否成立作为焦点问题进行审理，并可以根据案件的具体情况重新指定举证期限。”该条明确了当事人诉讼请求与法院审理范围的关系，为实质性解决纠纷提供了法理依据。《民法典合同编通则司法解释》第31条关于履行抗辩权的规定、第36条关于代位权诉讼与仲裁协议关系的规定、第66条关于对当事人是否请求调整违约金进行释明的规定等都有强烈的场景意识，也都强调解决方案的可操作性。在编写过程中，我们特别强调实体法与程序法的有效衔接，科学阐释《民法典合同编通则司法解释》相关条款，贯彻落实避免程序空转的司法政策。

同时既注重对新规则的解释，也对新规则的形成过程进行适当讲解，坚持知识传承与创新。如《民法典合同编通则司法解释》第16条没有采用自2009年以来形成的区分效力性强制性与管理性强制性规定的主流观点，而是采取对《民法典》第153条第1款“该强制性规定不导致该民事法律行为无效”进行解释的方法。对此，需要从合同无效制度演变的角度，进行科学的分析。根据1981年颁布的《经济合同法》第7条，违反法律和国家政策、计划的合同无效。根据1986年颁布的《民法通则》第58条，违反法律、行政法规、地方法规、部门规章等广义法律，民事法律行为无效。根据1999年颁布的《合同法》第52条，只有违反法律、行政法规中的强制性规定，合同才无效。根据2009年颁布的《合同法司法解释（二）》第14条，只有违反法律、行政法规中的效力性强制性规定，合同才无效。根据2020年颁布的《民法典》第153条第1款，违反法律、行政法规的强制性规定的民事法律行为无效，但该强制性规定不导致该民事法律行为无效的除外。根据2023年颁布的《民法典合同编通则司法解释》第16条，由行为人承担行政责任或者刑事责任能够实现强制性规定的立法目的的，人民法院可以认定该合同不因违反强制性规定无效。从历史沿革看，随着意思自治观念的逐步增强，随着市场决定性作用的观念确立，合同无效的范围逐步在限缩，合同无效的知识体系逐步在进行更新。实践中，很难准确区分效力性强制性与管理性强制性规定，没有形成简便易行、务实管用的可操作标准，导致裁判尺度不统一。合同有效还是无效，是裁判者根据一定的因素综合进行分析的结果，而不是简单判定强制性规范的性质。因此，《民法典合同编通则司法解释》第16条采取了整体主义法治的立场，不区分效力性强制性规定和管理性强制性规定，强调民事法治与行政法治、刑事法治的统一，强调运用比例原则在个案中判定违反强制性规定的效力。然而，效力性强制性规定和管理性强制性规定区分的传统知识体系，在未来很长时间仍然会影响司法裁判，需要学术界进一步探讨。再如抵销的效力是否溯及自抵销条件成就之时，存在较大的争议。《民法典合同编通则司法解释》第55条规定："当事人一方依据民法典第五百六十八条的规定主张抵销，人民法院经审理认为抵销权成立的，应当认定通知到达对方时双方互负的主债务、利息、违约金或者损害赔偿金等债务在同等数额内消灭。"而《九民纪要》第43条规定："抵销的意思表示自到达对方时生效，抵销一经生效，其效力溯及自抵销条件成就之时，双方互负的债务在同等数额内消灭。"《民法典合同编通则司法解释》第55条采取无溯及力说，有利于督促抵销权人行使权利，使法律关系尽快归于确定，有利于与清偿、诉讼时效制度的协调，更为科学合理。因此，涉及《民法典合同编通则司法解释》的新规则或者新表述，我们严格按照《民法典》的立法原意，结合学术界的新知识、新观点进行阐释，做到与时俱进，同时对传统观点的优势和不足进行讲解。

本书由曹守晔（最高人民法院前资深高级法官，中国应用法学研究所原副所长）担任主编，由申惠文（郑州大学法学院教授，河南省法学会民法学研究会副会长兼秘书长，中国应用法学研究所博士后）、何建（上海市第一中级人民法院商事审判庭副庭长、高级法官，中国应用法学研究所博士后）、周杲（江西省景德镇市中级人民法院副院长，中国应用法学研究所博士后）、刘玉妹（重庆市第五中级人民法院执行局实施处处长，法学博士）担任副主编。

本书各专题的具体写作分工如下：

专题一第一节　曹守晔、乔娇（浙江省高级人民法院高级法官，中国人民大学法学博士）

专题一第二节　曹夏梦（北京市君合律师事务所律师，康奈尔大学法学硕士）

专题二第一、二节　任容庆（南开大学房地产法与破产法研究中心研究员、中国应用法学研究所博士后）

专题二第三节　方斯远（华东政法大学法律学院副教授，中国应用法学研究所博士后）

专题二第四节　孙东雅（中国应用法学研究所博士后，副研究员，现就职于国家金融监管总局）

专题三第一节　方斯远（华东政法大学法律学院副教授，中国应用法学研究所博士后）

专题三第二节　乔娇（浙江省高级人民法院高级法官，中国人民大学法学博士）

专题三第三节　张建银（北京市东方律师事务所律师，北京师范大学法学硕士）

专题三第四节第一、三部分　申惠文（郑州大学法学院教授，河南省法学会民法学研究会副会长兼秘书长，中国应用法学研究所博士后）

专题三第四节第二部分　赵筝（河南省高级人民法院民一庭副庭长，法学博士）

专题三第五节　何建（上海市第一中级人民法院商事审判庭副庭长、高级法官，中国应用法学研究所博士后）

专题三第六节　张一凡（新疆大学法学院副教授，法学博士）

专题三第七节　周杲（江西省景德镇市中级人民法院副院长，中国应用法学研究所博士后）

专题四第一、二节　刘玉妹（重庆市第五中级人民法院执行局实施处处长，法学博士）

专题四第三、四节　孙莹（西南政法大学教授，西南政法大学法学博士、博士后）

专题四第五节　何建（上海市第一中级人民法院商事审判庭副庭长、高级法官，中国应用法学研究所博士后）

专题五第一节第一、二、三、六部分　吴晓倩（甘肃政法大学民商经济法学院副教授，法学博士）

专题五第一节第四、五、六、七、八部分　杨夏（北京市第三中级人民法院民二庭副庭长）

专题五第一节第九部分　周杲（江西省景德镇市中级人民法院副院长，中国应用法学研究所博士后）

专题五第二节　曹守晔、张钱（辽宁省大连市中级人民法院高级法官，法学博士）

专题六　唐晶晶（辽宁省沈阳市政府法律顾问室主任、法学博士）

专题七第一、二节　张玲玲（最高人民法院民三庭高级法官，中国社会科学院和中国应用法学研究所博士后）

专题七第三节　潘静（北京邮电大学副教授，法学博士，中国应用法学研究所博士后）

专题八第一、二节　陈延忠（厦门海事法院高级法官、庭长，中国应用法学研究所博士后）、郑林（厦门大学法学院 2021 级博士生）

专题八第三、四节　肖明明（重庆自贸区法院法官，法学博士）

专题八第五节　周杲（江西省景德镇市中级人民法院副院长，中国应用法学研究所博士后）

专题九　何建（上海市第一中级人民法院商事审判庭副庭长、高级法官，中国应用法学研究所博士后）

此外，刘沫言、刘关杭、毛国延、高雨参与了本书第 6～8 条和第 11 条的写作。

合同是进行市场交易的主要形式，是财富生产和流通的重要载体。合同是实现意思自治的重要工具，是优化营商环境的重要方式，是推进国家治理体系和治理能力现代化的重要手段。根据 2022 年全国法院司法统计公报，2022 年全国民事一审案件收案 1582. 7199 万件，其中合同、准合同纠纷 1090. 9728 万件。《民法典合同编通则司法解释》是妥当解决合同纠纷、预防合同法律风险的重要司法依据，在中国民事法治建设进程中将发挥不可替代的关键作用。

文章千古事，得失寸心知。虽然本书各位作者呕心沥血付出很大努力，力求准确解读，但由于能力有限，时间又紧，书中难免有不足或者甚至错误之处，欢迎各位读者批评指正，提出修改完善的建议。我们将根据需要适时进行修订。

编　者

2023 年 12 月